Martina Daus

Die insolvenzrechtliche Einordnung der betrieblichen Altersversorgung in der Insolvenz des Arbeitgebers

PL ACADEMIC RESEARCH

Bibliografische Information der Deutschen Nationalbibliothek
Die Deutsche Nationalbibliothek verzeichnet diese Publikation in der Deutschen Nationalbibliografie; detaillierte bibliografische Daten sind im Internet über http://dnb.d-nb.de abrufbar.

Zugl.: Gießen, Univ., Fachbereich Rechtswissenschaften, Diss., 2012

D 26
ISSN 1619-344X
ISBN 978-3-631-64720-2 (Print)
E-ISBN 978-3-653-04333-4 (E-Book)
DOI 10.3726/ 978-3-653-04333-4

PL Academic Research ist ein Imprint der Peter Lang GmbH.
Peter Lang – Frankfurt am Main · Bern · Bruxelles · New York · Oxford · Warszawa · Wien

Diese Publikation wurde begutachtet.

www.peterlang.com

Danksagung

Die vorliegende Arbeit wurde im Sommersemester 2012 vom Fachbereich Rechtswissenschaft der Justus-Liebig-Universität Gießen als Dissertation angenommen. Nachfolgende Entwicklungen sowie später veröffentlichte Rechtsprechung und Literatur wurden punktuell nachgetragen.

Mein Dank gilt all denjenigen, die mich während des Verfassens dieser Arbeit so großartig unterstützt haben.

Ganz herzlich bedanken möchte ich mich zunächst bei meinem Doktorvater Herrn Prof. Dr. Jens Adolphsen für die fachliche Unterstützung, seine wertvollen Anregungen und sein immer offenes Ohr in der Zeit der Promotion. Sowohl als studentische Hilfskraft als auch als wissenschaftliche Mitarbeiterin war ich immer äußerst gerne Teil seines Teams. Auch dass sich die Tätigkeit an seinem Lehrstuhl immer sehr gut mit der Erstellung dieser Arbeit vereinbaren ließ und mir gerade in der „kritischen Phase" ungefragt der Rücken frei gehalten wurde, hat einen sehr großen Anteil daran, dass ich diese Arbeit erfolgreich fertig stellen konnte.

Ein großer Dank gilt auch meinen Kollegen am Lehrstuhl, die stets wertvolle Diskussionspartner waren und einen großen Anteil daran haben, dass ich mich an die Zeit der Promotion sehr gerne zurückerinnere.

Herzlich bedanken möchte ich mich auch bei Herrn Prof. Dr. Martin Gutzeit für die zügige Erstellung des Zweitgutachtens.

Mein größter Dank gilt jedoch an dieser Stelle meiner Familie: meinem Mann, meinen Eltern und meinem Bruder Markus.

Meinem Mann Heiko danke ich für seine unendliche Geduld, seine aufmunternden Worte und seine liebevolle Unterstützung. Ihn an meiner Seite zu haben, hat mir das notwendige Durchhaltevermögen gegeben und mir trotz der manchmal großen Belastung immer die schönen Seiten des Lebens gezeigt.

Meinen Eltern, Doris Adam-Mutz und Manfred Mutz, möchte ich von Herzen für ihren immerwährenden Beistand in jeglicher Hinsicht danken. Sie haben mir die Freiheit und die Unterstützung gegeben, meinen Weg zu finden. Ohne sie wäre ich niemals dort, wo ich heute bin. Auch wenn mein Vater dieses Buch leider nicht mehr in den Händen halten kann, bin ich froh und dankbar, dass er den Abschluss der Prüfung noch miterleben und so treffend feststellen konnte: „Endlich ist das Ding rum!"

Frankfurt, März 2014

Martina Daus

Inhalt

Abkürzungsverzeichnis

aA	andere Ansicht
Abs.	Absatz
a.E.	am Ende
a.F.	alte Fassung
AG	Aktiengesellschaft
AGB	Allgemeine Geschäftsbedingungen
AGG	Allgemeines Gleichbehandlungsgesetz
AktG	Aktiengesetz
ALB	Allgemeine Bedingungen für die kapitalbildende Lebensversicherung
Alt.	Alternative
Anm.	Anmerkung
ArbGG	Arbeitsgerichtsgesetz
ArbPlSchG	Arbeitsplatzschutzgesetz
AVB-KLV	Allgemeine Versicherungsbedingungen für die kapitalbildende Lebensversicherung
AVmG	Altersvermögensgesetz
BA	Bundesagentur für Arbeit
BaFin	Bundesanstalt für Finanzdienstleistungsaufsicht
BAG	Bundesarbeitsgericht
BAT	Bundesangestelltentarifvertrag
BEEG	Bundeselterngeld- und Elternzeitgesetz
Begr.	Begründung
BetrAVG	Gesetz zur Verbesserung der betrieblichen Altersversorgung
BetrVG	Betriebsverfassungsgesetz
BGB	Bürgerliches Gesetzbuch
BGH	Bundesgerichtshof
BilMoG	Bilanzrechtsmodernisierungsgesetz
BMF	Bundesministerium der Finanzen
BVerfG	Bundesverfassungsgericht
BVerwG	Bundesverwaltungsgericht
BUrlG	Bundesurlaubsgesetz
bzgl.	bezüglich

bzw.	beziehungsweise
ca.	circa
CTA	Contractual Trust Arrangement
d.h.	das heißt
Diss.	Dissertation
EGHGB	Einführungsgesetz zum Handelsgesetzbuch
EGInsO	Einführungsgesetz zur Insolvenzordnung
EStG	Einkommensteuergesetz
EuGH	Europäischer Gerichtshof (mit Inkrafttreten des Vertrags von Lissabon am 1.12.2009: Gerichtshof der Europäischen Union)
EuInsVO	Verordnung (EG) 1346/2000 des Rates vom 29.5.2000 über Insolvenzverfahren
e.V.	eingetragener Verein
f.	folgende
ff.	fortfolgende
FmStG	Finanzmarktstabilisierungsgesetz
Fn	Fußnote
FS	Festschrift
GG	Grundgesetz
GmbH	Gesellschaft mit beschränkter Haftung
GS	Großer Senat
	Gedenkschrift
HGB	Handelsgesetzbuch
hM	herrschende Meinung
HZvNG	Hüttenknappschaftliches Zusatzversicherungs-Neuregelungs-Gesetz
i.d.F.	in der Fassung
i.E.	im Ergebnis
InsO	Insolvenzordnung
i.S.d.	im Sinne des/der
i.S.v.	im Sinne von
i.w.S.	im weitere Sinne
i.V.m.	in Verbindung mit
Kap.	Kapitel
Kfz	Kraftfahrzeug
KO	Konkursordnung

KSchG	Kündigungsschutzgesetz
m.w.N.	mit weiteren Nachweisen
MuSchG	Mutterschutzgesetz
NachwG	Nachweisgesetz
n.F.	neue Fassung
Nr.	Nummer
OLG	Oberlandesgericht
PSV	Pensions-Sicherungs-Verein Versicherung Sicherungsverein auf Gegenseitigkeit
PVaG	Pensionsfondsverein auf Gegenseitigkeit
RegE	Regierungsentwurf
Rn.	Randnummer
RRG	Rentenreformgesetz
Rspr.	Rechtsprechung
RsprEinhG	Rechtsprechungs-Einheitlichkeitsgesetz
S.	Seite
	Satz
SGB	Sozialgesetzbuch
st. Rspr.	ständige Rechtsprechung
TVG	Tarifvertragsgesetz
TVöD	Tarifvertrag für den Öffentlichen Dienst
TzBfG	Teilzeit- und Befristungsgesetz
UrhG	Urhebergesetz
v.a.	vor allem
VerglO	Vergleichsordnung
VAG	Versicherungsaufsichtsgesetz
Var.	Variante
VG	Verwaltungsgericht
vgl.	vergleiche
Vorb.	Vorbemerkung
VVaG	Versicherungsverein auf Gegenseitigkeit
VVG	Versicherungsvertragsgesetz
z.B.	zum Beispiel
ZPO	Zivilprozessordnung
ZVG	Zwangsversteigerungsgesetz

§ 1 Einführung

29.500 Unternehmensinsolvenzen, die geschätzte 346.000 Arbeitnehmer betrafen – das ist die Bilanz des Jahres 2012, des vierten Jahres nach der im Jahr 2008 aufgetretenen Wirtschafts- und Finanzkrise.[1] Im Krisenjahr 2009 waren aufgrund der Vielzahl an Großunternehmensinsolvenzen (wie z.B. Arcandor, Woolworth oder Escada) von 32.930 Unternehmensinsolvenzen sogar geschätzte 521.000 Arbeitnehmer betroffen.[2] Allein die Arcandor-Pleite betraf auf einen Schlag 52.000 Mitarbeiter.[3] Doch wie die Zahlen des ersten Halbjahres 2013 mit bereits 15.430 Unternehmensinsolvenzen und 148.000 betroffenen Arbeitnehmern[4] zeigen, spielt sich selbst in Zeiten, die allgemein als Zeiten des konjunkturellen Aufschwungs angesehen werden,[5] das Insolvenzgeschehen in Deutschland in nur schwer greifbaren Größenordnungen ab.

Die Eröffnung des Insolvenzverfahrens über das Vermögen des Arbeitgebers ruft naturgemäß unter seinen Mitarbeitern existenzielle Sorgen und Unsicherheiten hervor. Wird ihr Arbeitsplatz in Zukunft weiter Bestand haben oder müssen sie mit der baldigen Kündigung rechnen? Wird ihr Betrieb unter Umständen von einem anderen Rechtsträger übernommen, so dass sie sich einem neuen Arbeitgeber gegenüber-gestellt sehen, oder wird der Betrieb vollständig eingestellt und liquidiert, kurz gesagt: Gibt es für sie eine Zukunft in ihrem bisherigen Arbeitsumfeld und zu den gleichen Arbeitsbedingungen? Können sie

1 Zahlen entnommen aus der Analyse von Creditreform: Insolvenzen in Deutschland, Jahr 2012, abrufbar unter http://www.creditreform.de/fileadmin/user_upload/crefo/download_de/news_termine/wirtschaftsforschung/insolvenzen-deutschland/Insolvenzen_in_Deutschland_2012.pdf (20.1.2014).

2 Creditreform: Insolvenzen, Neugründungen, Löschungen, Jahr 2010, abrufbar unter http://www.creditreform.de/fileadmin/user_upload/crefo/download_de/news_termine/wirtschaftsforschung/insolvenzen-deutschland/Insolvenzen_in_Deutschland_2010.pdf (20.1.2014).

3 Creditreform: Insolvenzen, Neugründungen, Löschungen, Jahr 2009, abrufbar unter http://www.creditreform.de/fileadmin/user_upload/crefo/download_de/news_termine/wirtschaftsforschung/insolvenzen-deutschland/Insolvenzen_in_Deutschland_2009.pdf (20.1.2014).

4 Creditreform: Insolvenzen in Deutschland, 1. Halbjahr 2013, abrufbar unter http://www.creditreform.de/fileadmin/user_upload/crefo/download_de/news_termine/wirtschaftsforschung/insolvenzen-deutschland/Insolvenzen_Deutschland_2013-01.pdf (20.1.2014).

5 Gemeinschaftsdiagnose der CESifo-Gruppe für das Frühjahr 2013, abrufbar unter http://www.cesifo-group.de/de/ifoHome/facts/Forecasts/Gemeinschaftsdiagnose/Archiv/GD-20130418.html (20.1.2014).

mit weiteren Lohnzahlungen rechnen oder sind sie von nun an – zumindest bis zum Eintritt in ein neues Arbeitsverhältnis – vom staatlichen Sozialversicherungsnetz abhängig?

Doch nicht nur in der Phase, in der Arbeitnehmer erwerbstätig sind, besteht ein Abhängigkeitsverhältnis zu ihrem Arbeitgeber, das dazu führt, dass die wirtschaftliche Situation des Arbeitgebers Einfluss auf die Lebenssituation der Arbeitnehmer hat. Auch im Anschluss an die Erwerbstätigkeit kann der Lebensstandard der ehemaligen Mitarbeiter in hohem Maße abhängig von der finanziellen Leistungsfähigkeit des ehemaligen Arbeitgebers sein. Das ist immer dann der Fall, wenn die finanziellen Mittel, die den Arbeitnehmern im Alter oder im Falle der Invalidität bzw. ihren Hinterbliebenen zur Verfügung stehen, zumindest zum Teil auch aus Leistungen bestehen, deren Ursprung in dem mittlerweile beendeten Arbeitsverhältnis liegt und die – unmittelbar oder mittelbar – auf Vorkehrungen des ehemaligen Arbeitgebers zurückzuführen sind. Es handelt sich um Leistungen der betrieblichen Altersversorgung, die dazu führen, dass auch noch nach Beendigung des Arbeitsverhältnisses mit dem Arbeitgeber dessen finanzielle Leistungsfähigkeit von großer Bedeutung für seine ehemaligen Arbeitnehmer, die Betriebsrentner, sein kann. Nicht gemeint sind damit Leistungen der gesetzlichen Rentenversicherung nach dem SGB VI sowie Rentenleistungen, die auf einer privaten Altersvorsorge des Arbeitnehmers beruhen. Die Leistungsfähigkeit der staatlichen Rentenversicherung bzw. des privaten Vorsorgeunternehmens steht in keinem Abhängigkeitsverhältnis zur finanziellen Leistungsfähigkeit des einzelnen Arbeitgebers.

Besteht eine betriebliche Altersversorgung, führt die Bedrohung der wirtschaftlichen Existenz des Arbeitgebers also auf den ersten Blick zu einer Bedrohung der Versorgung der Arbeitnehmer im Alter bzw. im Falle der Invalidität. Schließlich kann ein zahlungsunfähiger Arbeitgeber keine Versorgungsleistungen erbringen.

Die Beantwortung der Frage, inwieweit Arbeitnehmer, denen eine betriebliche Altersversorgung seitens des Arbeitgebers zugesagt wurde, im Falle der Insolvenz des Arbeitgebers um die ihnen zugesagten Leistungen fürchten müssen, soll ein Gegenstand dieser Arbeit sein. Dabei ist nicht nur die Situation der Betriebsrentner zu berücksichtigen, die bereits aus dem Erwerbsleben ausgeschieden sind und schon Leistungen der betrieblichen Altersversorgung erhalten. Auch ist die Frage zu stellen, welche Position denjenigen Arbeitnehmern zukommt, die noch aktiv im Erwerbsleben stehen, denen aber bereits eine betriebliche Altersversorgung zugesagt wurde. Denn auch diese Arbeitnehmer haben ein gewisses Vertrauen darauf entwickelt, dass sie im Alter Leistungen der betrieblichen Altersversorgung erhalten werden. Ob und inwieweit diese „Anwartschaft“ auf Leistungen der betrieblichen Altersversorgung in der Insolvenz des

Arbeitgebers zu berücksichtigen ist, wird im Folgenden ebenfalls zu beantworten sein.

Die Frage der insolvenzrechtlichen Einordnung der betrieblichen Altersversorgung ist jedoch auch noch aus einem anderen Blickwinkel als dem der versorgungsberechtigten Arbeitnehmer zu betrachten. Denn für die Leistungen, die der Arbeitgeber an Betriebsrentner zu erbringen hat, müssen Vermögensmassen zur Seite gelegt werden, da aus irgendeiner Reserve bei Eintritt des Versorgungsfalls schließlich die Leistungen erbracht werden müssen. Dieses Vermögen stellt aus Sicht des Insolvenzverwalters des Arbeitgebers natürlich eine äußerst interessante Option dar, die Insolvenzmasse so weit wie möglich zu vergrößern und damit bei der gemeinschaftlichen Befriedigung der Insolvenzgläubiger eine besonders hohe Quote zu erreichen.

Insofern bestehen hier widerstreitende Interessen. Auf der einen Seite sind dies die Interessen der Versorgungsberechtigten, deren Bestreben es ist, dass die Vermögensmasse weiterhin auch für die eigentlich vorgesehene Verwendung – die Erfüllung ihrer Versorgungsansprüche – zur Verfügung steht. Auf der anderen Seite besteht das Interesse des Insolvenzverwalters, eine möglichst große Insolvenzmasse zur Verfügung zu haben, aus der die Insolvenzgläubiger gemeinschaftlich zu befriedigen sind, so dass dem Interesse des Insolvenzverwalters auch das Interesse der Gemeinschaft der sonstigen Insolvenzgläubiger zur Seite steht. Sie profitieren schließlich von der Zuordnung zur Insolvenzmasse durch das Erreichen einer höheren Quote.

Wie sich im Verlauf dieser Arbeit zeigen wird, ist die Beantwortung der Frage, wem die für die betriebliche Altersversorgung vorgesehenen finanziellen Mittel zustehen, in erster Linie abhängig von der Wahl des Durchführungsweges der betrieblichen Altersversorgung (siehe zum Begriff des Durchführungswegs und den verschiedenen Formen unten unter § 2A.II.2., S. 27 ff.). Doch auch innerhalb eines Durchführungsweges ist es aufgrund unterschiedlicher vertraglicher Gestaltungen möglich, dass die insolvenzrechtliche Einordnung vollständig konträr erfolgt. In einigen Bereichen gibt es hierzu nicht nur unterschiedliche Ansichten in der Literatur, sondern auch Unstimmigkeiten in der Rechtsprechung der verschiedenen Rechtswege. Diese gipfelten in einem Fall in der Anrufung des Gemeinsamen Senats der Obersten Gerichtshöfe des Bundes, der das Verfahren nach einer Umformulierung der Vorlagefrage zwar im Jahr 2010 mit der Begründung einstellte, es gebe keine unterschiedlichen Ansichten mehr zwischen den Gerichtshöfen, wie unten unter § 3B.II.3.b., S. 231 ff. jedoch zu zeigen sein wird, trifft dies nur vordergründig zu. In einem anderen Fall (siehe unten unter § 3A.III.2.b(1), S. 119 f.) wurde die an und für sich erforderliche Anrufung des Gemeinsamen Senats der Obersten Gerichtshöfe einfach unterlassen.

Aus Sicht der versorgungsberechtigten Arbeitnehmer ist die komplexe Fragestellung der Folgen der Insolvenz des Arbeitgebers bei der Vereinbarung einer betrieblichen Altersversorgung kaum zu überblicken, zumal in vielen Fällen weder die juristische Fachliteratur noch die Rechtsprechung eine einheitliche Einschätzung zeigt. Die Arbeitnehmer werden in Deutschland jedoch insoweit vor den Folgen der Insolvenz des Arbeitgebers geschützt, als seit dem Jahr 1974 eine gesetzliche Pflichtversicherung für die betriebliche Altersversorgung für den Fall der Insolvenz des Arbeitgebers besteht (siehe dazu unten unter § 2C., S. 69 ff.). Doch auch diese gesetzliche Insolvenzsicherung greift nicht für alle Personen, denen eine Versorgungszusage erteilt wird, nicht in unbegrenzter Höhe und auch nicht für alle Durchführungswege. Die Frage, ob Lücken bestehen, in denen weder die insolvenzrechtliche Einordnung der betrieblichen Altersversorgung zugunsten des Versorgungsberechtigten ausfällt noch die gesetzliche Insolvenzsicherung greift, soll ebenfalls in dieser Arbeit berücksichtigt werden.

Die Frage der insolvenzrechtlichen Einordnung der betrieblichen Altersversorgung verbindet eine Vielzahl unterschiedlicher Rechtsgebiete. Neben dem Insolvenzrecht sind vor allem arbeitsrechtliche Regelungen, insbesondere die des Gesetzes zur Verbesserung der betrieblichen Altersversorgung (BetrAVG), zu berücksichtigen. Innerhalb der verschiedenen Durchführungswege sind weitere Regelungsbereiche, wie z.B. das Versicherungsrecht (VVG/VAG), Bilanzierungsregeln nach dem HGB oder auch vereinsrechtliche oder aktienrechtliche Vorschriften zu beachten. Es zeigt sich, dass das Insolvenzrecht als Basis für die Lösung dieser Fragestellung trotz eines grundsätzlich einheitlichen Betrachtungsobjekts, der betrieblichen Altersversorgung, dazu zwingt, weit über den Tellerrand der Insolvenzordnung hinaus zu schauen. Diese Verzahnung der verschiedensten Regelungsbereiche macht – neben der praktischen Relevanz – den Reiz des Themas aus.

Im Folgenden sollen zunächst die für die insolvenzrechtliche Einordnung der betrieblichen Altersversorgung erforderlichen rechtlichen Grundlagen erläutert werden. Dabei geht es anfangs um die Frage, welche Leistungsversprechen der Begriff der betrieblichen Altersversorgung überhaupt umfasst und welche Ausgestaltungsmöglichkeiten der betrieblichen Altersversorgung bestehen (siehe unten unter § 2A., S. 6 ff.). Da es um die Frage der insolvenzrechtlichen Einordnung geht, soll anschließend ein kurzer Überblick über die Voraussetzungen für die Eröffnung eines Insolvenzverfahrens sowie über die verschiedenen Arten von Gläubigern, die im Rahmen eines Insolvenzverfahrens Befriedigung verlangen können, gegeben werden (siehe unten unter § 2B., S. 49 ff.). Anschließend folgt eine Übersicht über die Voraussetzungen für die Eintrittspflicht der gesetzlichen Insolvenzsicherung (siehe unten unter § 2C., S. 69 ff.).

Im Anschluss an die Darstellung dieser rechtlichen Grundlagen werden die Folgen der Insolvenz des Arbeitgebers für die betriebliche Altersversorgung dargestellt. Dies geschieht differenzierend nach den für die insolvenzrechtliche Einordnung ausschlaggebenden Durchführungswegen der betrieblichen Altersversorgung (siehe unten unter § 3A. - § 3C., S. 96 ff.). Dabei werden neben der insolvenzrechtlichen Einordnung der für die betriebliche Altersversorgung vorgesehenen finanziellen Mittel sowohl die Gläubigerstellung des Arbeitnehmers im Insolvenzverfahren als auch die Handlungsmöglichkeiten des Insolvenzverwalters beleuchtet. Auch in der Praxis häufig anzutreffende Sonderkonstellationen wie z.B. die Begründung eines Contractual Trust Arrangements (siehe unten unter § 3A.IV.3., S. 152 ff.) oder die Abtretung oder Verpfändung einer Rückdeckungsversicherung (siehe unten unter § 3A.IV.2., S. 147 ff.) werden berücksichtigt.

Im Anschluss an die insolvenzrechtliche Einordnung der verschiedenen Durchführungswege folgt noch die insolvenzrechtliche Einordnung der Ausfallhaftung des Arbeitgebers nach § 1 Abs. 1 S. 3 BetrAVG (siehe unten unter § 3D., S. 296 ff.). Wie sich im Laufe der Darstellungen zeigen wird, greift diese Haftung immer dann, wenn ein anderer Versorgungsträger, also z.B. eine Pensionskasse oder eine Unterstützungskasse, die Leistungen der betrieblichen Altersversorgung nicht erbringt, was verschiedene Ursachen haben kann (siehe dazu unten unter § 3A.II., S. 99 ff.). Insofern ist es für den Versorgungsberechtigten in der Insolvenz des Arbeitgebers von Bedeutung, wie er diesen Anspruch geltend machen kann und ob der gesetzliche Insolvenzschutz greift.

Zwischenzusammenfassungen jeweils im Anschluss an die Darstellung der einzelnen Durchführungswege sollen es dem Leser ermöglichen, sich die zuvor herausgearbeiteten Resultate noch einmal für den vorangegangenen begrenzten Bereich zu vergegenwärtigen, bevor zum Schluss eine umfassende Zusammenfassung der in der Arbeit gefundenen Ergebnisse vorgenommen wird. Finales Ziel ist es, dem Leser einen Überblick darüber zu verschaffen, wem die betriebliche Altersversorgung in der Insolvenz des Arbeitgebers zuzuordnen ist: der Insolvenzmasse oder den versorgungsberechtigten Arbeitnehmern.

§ 2 Grundlagen

A. Betriebliche Altersversorgung

Die betriebliche Altersversorgung stellt neben der staatlichen Rentenversicherung und der privaten Altersvorsorge eine der drei Säulen des Alterssicherungssystems in Deutschland dar.[6] Diese drei Systeme sollen in Kombination für eine ausreichende Versorgung des Arbeitnehmers in der Zeit nach der Erwerbstätigkeit sorgen, ihre Leistungen sollen es dem Leistungsbeziehenden ermöglichen, seinen Lebensstandard nach dem Ausscheiden aus dem Berufsleben beibehalten zu können. Dabei ist die gesetzliche Rentenversicherung (erste Säule) eine Pflichtversicherung für Arbeitnehmer und abhängig Beschäftigte, die auf dem Solidaritätsprinzip beruht und die die von ihr zu erbringenden Leistungen im Umlageverfahren finanziert.[7] Die private Altersvorsorge (dritte Säule) kennt eine Vielzahl von Ausgestaltungen: private Kapital- oder Rentenversicherungen, Investitionen in Kapitalmarktprodukte oder auch Wohneigentum. Für ihre Finanzierung sorgt der spätere Leistungsbeziehende selbst.[8]

Der Ursprung der betrieblichen Altersversorgung als zweite Säule der Alterssicherung in Deutschland liegt schon weit vor der Einführung der gesetzlichen Rentenversicherung im Jahr 1889.[9] Bereits Anfang des 19. Jahrhunderts richteten einige Unternehmen Versorgungswerke ein, die ihren Mitarbeitern im Alter oder bei Invalidität bzw. ihren Hinterbliebenen im Falle des Todes des Mitarbeiters Unterstützungsleistungen zukommen lassen sollten. Vor allem zum Ende des 19. Jahrhunderts hin wurde die betriebliche Altersversorgung immer weiter ausgebaut und stellte damit den Gegenpol zur bereits bestehenden gesetz-

---

6 Informationen des Bundesministeriums für Arbeit und Soziales zur zusätzlichen Altersvorsorge, http://www.bmas.de/DE/Themen/Rente/Zusaetzliche-Altersvorsorge/inhalt.html (20.1.2014).

7 Informationen des Bundesministeriums für Arbeit und Soziales zur Finanzierung der gesetzlichen Rentenversicherung, http://www.bmas.de/DE/Themen/Rente/Gesetzliche-Rentenversicherung/finanzierung-der-gesetzlichen-rentenversicherung.html (20.1.2014).

8 Informationen des Bundesministeriums für Arbeit und Soziales zur privaten Altersvorsorge, http://www.bmas.de/DE/Themen/Rente/Zusaetzliche-Altersvorsorge/Private-Altersvorsorge/private-altersvorsorge.html (20.1.2014).

9 Informationen zur Geschichte der betrieblichen Altersversorgung von der Arbeitsgemeinschaft für betriebliche Altersversorgung e.V.: Mit der Betriebsrente in eine sicherer Zukunft, S. 11 ff. ; abrufbar unter http://www.infonetz-altersvorsorge.de/nn_10368/DE/Service/Downloads/BetrieblicheVorsorge/betriebsrente__aba,templateId=raw,property=publicationFile.pdf/betriebsrente_aba (20.1.2014).

lichen Rentenversicherung für Arbeiter dar. Für die Angestellten war zu dieser Zeit die betriebliche Altersversorgung eine noch wichtigere Institution, da eine gesetzliche Rentenversicherung für sie erst im Jahr 1911 eingeführt wurde.[10]

Gesetzlich reglementiert wurde die betriebliche Altersversorgung erst im Jahr 1974 durch das „Gesetz zur Verbesserung der betrieblichen Altersversorgung" (Betriebsrentengesetz - BetrAVG).[11] Sie ist in Ihrer klassischen Ausgestaltung eine freiwillige Leistung des Arbeitgebers. Mit der Einführung des § 1a BetrAVG im Jahr 2002[12] hat jedoch der Aspekt der Freiwilligkeit in gewisser Weise seine Berechtigung verloren: Seitdem hat der Arbeitnehmer grundsätzlich das Recht, einen Teil seines Lohns im Wege der Entgeltumwandlung (siehe dazu unten unter § 2A.II.3.b(4), S. 43 ff.) in die Finanzierung einer betrieblichen Altersversorgung zu investieren. Die Finanzierung der betrieblichen Altersversorgung kann aber auch allein vom Arbeitgeber übernommen werden oder von Arbeitnehmer und Arbeitgeber anteilig.[13]

Eine vom Bundesministerium für Arbeit und Soziales in Auftrag gegebene Untersuchung der TNS Infratest Sozialforschung[14], die auf der Befragung von sozialversicherungspflichtigen Beschäftigten im Alter zwischen 25 und 65 Jahren beruht, hat ergeben, dass im Jahr 2011 in Deutschland insgesamt etwa 56 % der sozialversicherungspflichtigen Beschäftigten über eine Anwartschaft auf betriebliche Altersversorgung verfügten. Diese Zahl umfasst sowohl solche Beschäftigte, die über die Zusatzversorgung im öffentlichen Dienst abgesichert sind, als auch solche, die in der Privatwirtschaft Anwartschaften aus einer betrieblichen Altersversorgung innehaben. Begrenzt man die Betrachtungen auf die Beschäftigten in der Privatwirtschaft, so verfügen 47% über eine Anwart-

10 Arbeitsgemeinschaft für betriebliche Altersversorgung e.V., Mit der Betriebsrente in eine sicherer Zukunft, S. 11, http://www.infonetz-altersvorsorge.de/nn_10368/DE/Service/Downloads/BetrieblicheVorsorge/betriebsrente__aba,templateId=raw,property=publicationFile.pdf/betriebsrente_aba (20.1.2014).

11 Gesetz vom 19.12.1974, BGBl. I S. 3610.

12 Eingefügt durch das Gesetz zur Reform der gesetzlichen Rentenversicherung und zur Förderung eines kapitalgedeckten Altersvorsorgevermögens (Altersvermögensgesetz) vom 26.6.2001, BGBl I 2001, 1310.

13 Informationen des Bundesministeriums für Arbeit und Soziales zur betrieblichen Altersvorsorge, abrufbar unter http://www.bmas.de/DE/Themen/Rente/Zusaetzliche-Altersvorsorge/Betriebliche-Altersvorsorge/betriebliche-altersvorsorge.html (20.1.2014).

14 Bundesministerium für Arbeit und Soziales, Forschungsbericht Sozialforschung 430: Verbreitung der Altersvorsorge 2013, abrufbar unter http://www.bmas.de/SharedDocs/Downloads/DE/PDF-Publikationen/Forschungsberichte/fb-430-verbreitung-altersvorsorge.pdf?__blob=publicationFile (21.1.2014).

schaft.[15] Große Unterschiede lassen sich insbesondere im Hinblick auf die berufliche Bildung (Personen ohne Bildungsabschluss verfügen signifikant seltener über eine Anwartschaft (39%) als solche mit höherem Bildungsabschluss (mehr als 60%)) und die Höhe des Gehalts (unterste Einkommensgruppe nur 31%, höchste Einkommensgruppe 78%) feststellen.[16]

Weiter wurde im Rahmen der Untersuchung festgestellt, dass etwa ein Drittel (35%) der sozialversicherungspflichtig Beschäftigten zwischen 25 und 65 Jahren über eine geförderte private Altersvorsorge (sog. Riester-Rente) verfügen.[17] Insgesamt sorgen 71% neben der gesetzlichen Rentenversicherung für das Alter vor, sei es über eine betriebliche Altersversorgung, eine Riester-Rente oder durch eine Kombination von beidem.[18]

Um erst einmal einen Eindruck davon zu bekommen, wie vielfältig die Möglichkeiten sind, einem Arbeitnehmer eine betriebliche Altersversorgung zu gewähren, und um den Gegenstand der hier aufgeworfenen Fragestellung genauer zu skizzieren, soll im Folgenden auf den Begriff der betrieblichen Altersversorgung eingegangen und dargestellt werden, welche Arten der betrieblichen Altersversorgung es gibt.

I. Begriff der betrieblichen Altersversorgung

Nach der Legaldefinition in § 1 Abs. 1 S. 1 BetrAVG liegt betriebliche Altersversorgung vor, wenn einem Arbeitnehmer Leistungen der Alters-, Invaliditäts- oder Hinterbliebenenversorgung aus Anlass seines Arbeitsverhältnisses vom Arbeitgeber zugesagt werden. Sie beschreibt den Grundbegriff der betrieblichen Altersversorgung, der sich seit Einführung des BetrAVG im Jahr 1974 nicht verändert hat.[19] Die Rechtsprechung hat aus dieser gesetzlichen Vorgabe drei Voraussetzungen für das Vorliegen einer betrieblichen Altersversorgung entwickelt: Die Zusage muss einem Versorgungszweck dienen, die Leistungspflicht muss nach dem Inhalt der Zusage durch ein im Gesetz genanntes biologisches Ereignis (Alter, Invalidität oder Tod) ausgelöst werden und es muss sich um die

15 Bundesministerium für Arbeit und Soziales, Forschungsbericht Sozialforschung 430: Verbreitung der Altersvorsorge 2013, S. 18.

16 Bundesministerium für Arbeit und Soziales, Forschungsbericht Sozialforschung 430: Verbreitung der Altersvorsorge 2013, S. 28 ff.

17 Bundesministerium für Arbeit und Soziales, Forschungsbericht Sozialforschung 430: Verbreitung der Altersvorsorge 2013, S. 33.

18 Bundesministerium für Arbeit und Soziales, Forschungsbericht Sozialforschung 430: Verbreitung der Altersvorsorge 2013, S. 37.

19 *Blomeyer/Rolfs/Otto*, § 1 Rn. 4.

Zusage eines Arbeitgebers aus Anlass eines Arbeitsverhältnisses handeln.[20] Zur Bewertung, ob eine betriebliche Altersversorgung vorliegt, müssen objektive Maßstäbe herangezogen werden; welchen Begriff die Vertragsparteien im konkreten Fall für die versprochenen Leistungen verwenden, ist unerheblich.[21]

1. Versorgungszweck

Die Leistung muss einem bestimmten Versorgungszweck dienen, nämlich der Alters-, Invaliditäts- oder Hinterbliebenenversorgung. Sie muss die Versorgung des Arbeitnehmers im Alter oder bei Invalidität und damit die Sicherung des Lebensstandards nach dem Ausscheiden aus dem Berufs- oder Erwerbsleben bezwecken.[22] Aufgrund dieser erforderlichen Zwecksetzung ist die betriebliche Altersversorgung von anderen Zuwendungsformen zu unterscheiden, z.B. von Leistungen zur Vermögensbildung und zur Überbrückung von Arbeitslosigkeit und von Abfindungen für den Verlust des Arbeitsplatzes.[23] Ob der Arbeitgeber mit der Zusage tatsächlich andere – zum Beispiel personalpolitische oder eigene wirtschaftliche – Ziele verfolgt, ist unerheblich. Wenn Leistungen zur Alters-, Invaliditäts- oder Hinterbliebenenversorgung zugesagt werden, um einen potentiellen Arbeitnehmer anzuwerben oder einen Arbeitnehmer von der Kündigung abzuhalten, handelt es sich trotzdem um betriebliche Altersversorgung. Denn entscheidend ist der Zweck der versprochenen Leistung und nicht der Grund oder die Motivation des Arbeitgebers für das Versprechen.[24]

2. Biologisches Ereignis

Die Fälligkeit des Anspruchs auf die Leistung muss von dem Eintreten eines bestimmten biologischen Ereignisses abhängig sein. Es genügt jedoch nicht, dass die Leistung lediglich auf ein betriebsrentenrechtlich relevantes biologisches Ereignis abstellt, vielmehr muss durch die Leistung ein im BetrAVG vorgesehenes Risiko (teilweise) übernommen werden.[25] Die Altersversorgung deckt

---

20 Ständige Rechtsprechung des BAG: BAG, Urteil vom 28.10.2008 – 3 AZR 317/07, NZA 2009, 844, 846; Urteil vom 30.10.1980 – 3 AZR 805/79, NJW 1981, 1470, 1471.

21 BAG, Urteil vom 28.1.1986 – 3 AZR 312/84, NZA 1987, 126, 127; Urteil vom 3.11.1998 – 3 AZR 545/97, NZA 1999, 594, 595.

22 BAG, Urteil vom 30.9.1986 – 3 AZR 22/85, NZA 1987, 456, 457.

23 BAG, Urteil vom 8.5.1990 – 3 AZR 121/89, NZA 1990, 931, 932.

24 BAG, Urteil vom 8.12.1977 – 3 AZR 324/76, NJW 1978, 1343; Urteil vom 8.5.1990 – 3 AZR 121/89, NZA 1990, 931, 932; BAG, Urteil vom 28.10.2008 – 3 AZR 317/07, NZA 2009, 844, 847.

25 BAG, Urteil vom 28.10.2008 – 3 AZR 317/07, NZA 2009, 844, 846.

das „Langlebigkeitsrisiko“, die Hinterbliebenenversorgung das Todesfallrisiko und die Invalidenversorgung einen Teil der Invaliditätsrisiken.[26] Wird die Gewährung der Leistung nicht durch ein biologischen Ereignis ausgelöst, sondern zum Beispiel durch den Verlust des Arbeitsplatzes[27], handelt es sich nicht um eine Leistung der betrieblichen Altersversorgung. Bei der Beihilfe im Krankheitsfall wird der Anspruch zwar von dem biologischen Ereignis „Krankheit“ ausgelöst, allerdings wird dieses biologische Ereignis in § 1 Abs. 1 S. 1 BetrAVG nicht erwähnt und stellt keinen Fall der betrieblichen Altersversorgung dar.[28] Die betriebliche Altersversorgung setzt die Übernahme ganz bestimmter biologischer Risiken voraus.

a. Biologische Ereignis: Tod

Im Falle einer Hinterbliebenenversorgung (§ 1 Abs. 1 S. 1 Var. 3 BetrAVG) ist das biologische Ereignis, das den Anspruch auf die Leistung fällig werden lässt, der Tod des Arbeitnehmers. Leistungsempfänger sind seine Hinterbliebenen. Dabei ist auf das Recht der gesetzlichen Rentenversicherung (§§ 46, 48 SGB VI) Bezug zu nehmen, so dass es sich bei der Hinterbliebenenversorgung um eine Witwen- bzw. Witwerrente oder um eine Waisenrente handeln kann[29], je nachdem, wer Leistungsempfänger sein soll: die hinterbliebene Ehefrau bzw. der hinterbliebene Ehemann oder die Kinder, die nach dem Tod des Arbeitnehmers als Waisen/Halbwaisen zurückbleiben. Grundsätzlich kommt es aber nur darauf an, wer in der Versorgungsordnung als Hinterbliebener angesehen wird bzw. wer durch Vereinbarung zwischen Arbeitgeber und Arbeitnehmer als Versorgungsberechtigter festgelegt wird. Dem Arbeitgeber steht es auch offen, den Begriff der Hinterbliebenen im Rahmen der Vertragsfreiheit weiter oder enger zu definieren, so dass z.B. auch ein (nichtehelicher) Lebensgefährte hierunter fallen kann.[30]

Eingeschränkter ist die Vertragsfreiheit des Arbeitgebers für die eingetragene Lebenspartnerschaft. Der EuGH[31] entschied auf Vorlage des VG München[32], dass eine Regelung in einer Versorgungsordnung, wonach der überlebende Partner nach Versterben seines Lebenspartners keine Hinterbliebenenversorgung

26 BAG, Urteil vom 12.12.2006 – 3 AZR 476/05, NZA-RR 2007, 653, 657.

27 BAG, Urteil vom 26.4.1988 – 3 AZR 411/86, AP BetrAVG § 7 Nr. 45.

28 BAG, Urteil vom 12.12.2006 – 3 AZR 476/05, NZA-RR 2007, 653, 657.

29 ErfK/*Steinmeyer*, § 1 BetrAVG Rn. 8.

30 BAG, Urteil vom 18.11.2008 – 3 AZR 277/07, NZA-RR 2009, 153, 156; *Blomeyer/Rolfs/Otto*, § 1 Rn. 27.

31 EuGH, Urteil vom 1.4.2008 – C-276/06 Tadao Maruko/Versorgungsanstalt der deutschen Bühnen, NJW 2008, 1649, 1653.

32 VG München, Beschluss vom 1.6.2006 – M 3 K 05.1595, Beck RS 2006, 23871.

entsprechend einem Ehegatten erhält, obwohl die Lebenspartnerschaft nach nationalem Recht Personen gleichen Geschlechts in eine Situation versetzt, die in Bezug auf diese Hinterbliebenenversorgung mit der von Ehegatten vergleichbar ist, gegen die Gleichbehandlungsrahmenrichtlinie[33] verstößt, da es sich um eine Diskriminierung wegen der sexuellen Ausrichtung handle. Diesem Urteil folgend entschied das BAG[34], dass eingetragene Lebenspartnerschaften im Rahmen der Hinterbliebenenversorgung Ehen gleichzustellen sind. Es ergibt sich damit ein Anspruch des hinterbliebenen Lebenspartners auf Leistungen der Hinterbliebenenversorgung aus dem AGG bzw. dem allgemeinen Gleichheitssatz, allerdings nur in den Fällen, in denen am 1.1.2005 noch ein Rechtsverhältnis zwischen dem Versorgungsberechtigten und dem Versorgungsschuldner bestand. Denn erst mit Inkrafttreten des Gesetzes zur Überarbeitung des Lebenspartnerschaftsgesetzes[35] am 1.1.2005 wurde das Recht der eingetragenen Lebenspartnerschaft so weit an das Recht der Ehe angeglichen, dass die vom EuGH verlangte vergleichbare Lage zwischen eingetragener Lebenspartnerschaft und Ehe entstand, die für das Vorliegen einer Diskriminierung erforderlich ist.[36] Zum gleichen Ergebnis kam auch das Bundesverfassungsgericht in einem Urteil, in dem es sich mit der Ungleichbehandlung von Ehe und eingetragener Lebenspartnerschaft bei der Hinterbliebenenversorgung im öffentlichen Dienst auseinandersetzen musste; es sah hierin einen Verstoß gegen Art. 3 Abs. 1 GG.[37]

Im Falle der eingetragenen Lebenspartnerschaft sind der ansonsten bestehenden Vertragsfreiheit für die Wahl der Leistungsbezieher im Rahmen einer Hinterbliebenenversorgung also Grenzen gesetzt. Es ist dem Arbeitgeber aber durchaus möglich, anderweitig im Rahmen einer Witwen- bzw. Witwerrente Einschränkungen vorzunehmen. So wurden vom BAG Mindestehedauerklauseln[38], Spätehenklauseln[39] und Wiederverheiratungsklauseln[40] als wirksam ange-

33 Richtlinie 2000/78/EG des Rates vom 27.11.2000 zur Festlegung eines allgemeinen Rahmens für die Verwirklichung der Gleichbehandlung in Beschäftigung und Beruf, ABl. Nr. L 303 S. 16.

34 BAG, Urteil vom 14.1.2009 – 3 AZR 20/07, NZA 2009, 489, 491.

35 Gesetz zur Überarbeitung des Lebenspartnerschaftsgesetzes vom 15.12.2004, BGBl. I S. 3396.

36 BAG, Urteil vom 14.1.2009 – 3 AZR 20/07, NZA 2009, 489, 492.

37 BVerfG, Urteil vom 7.7.2009 – 1 BvR 1164/07, VersR 2009, 1607, 1612.

38 BAG, Urteil vom 11.8.1987 – 3 AZR 6/86, NZA 1988, 158, 159; hier wurde eine Versorgungsordnung, die eine Mindestdauer der Ehe von zwei Jahren vorsah, für rechtswirksam erachtet.

39 BAG, Urteil vom 26.8.1997 – 3 AZR 235/96, AP BetrAVG § 1 Nr. 27 Ablösung, für den Fall einer Versorgungsordnung, die einem hinterbliebenen Ehegatten keine Leistungen zuspricht, wenn die Ehe erst nach Eintreten des Arbeitnehmers in den Ruhestand geschlossen wurde.

sehen. Heftig umstritten ist hingegen die Wirksamkeit von Altersdifferenzierungsklauseln, die z.B. den Ausschluss einer Hinterbliebenenversorgung für Ehegatten vorsehen, die um einiges jünger als ihre verstorbenen Ehegatten sind.[41]

Hinterbliebenenversorgungsleistungen können neben den Witwen/Witwern auch die Kinder der verstorbenen Arbeitnehmer begünstigen. Es handelt sich dann um Waisen- oder Halbwaisenrenten. Die Versorgungsleistungen beziehen in diesem Fall eheliche, für ehelich erklärte, an Kindes statt angenommene und nichteheliche Kinder.[42] Eine Differenzierung zwischen ehelichen und nichtehelichen Kindern würde einen Verstoß gegen Art. 6 Abs. 5 GG darstellen, eine Differenzierung danach, ob ein Kind im Haushalt des Verstorbenen lebte oder der Verstorbene das Sorgerecht für das Kind hatte, ist hingegen zulässig.[43]

b. Biologisches Ereignis: Invalidität

Im Fall der Invaliditätsversorgung ist das biologische Ereignis, das die Fälligkeit des Anspruchs zur Folge hat, die teilweise oder volle Minderung der Erwerbsfähigkeit des Arbeitnehmers. Sie soll den Einkommensausfall, den der Arbeitnehmer infolge dessen erleidet, dass er aufgrund gesundheitlicher Probleme seiner Erwerbstätigkeit nicht mehr oder nur noch eingeschränkt nachgehen kann, zumindest zum Teil ausgleichen.[44] Das BetrAVG liefert keine Definition des Begriffs Invalidität. Es besteht also grundsätzlich Gestaltungsfreiheit für die Vertragsparteien für die Frage, wann die Leistungen der Invaliditätsversorgung fällig sein sollen.[45] Als Auslegungshilfe für Vereinbarungen, die die Begriffe der Erwerbsminderung nicht selbst definieren, können die sozialversicherungsrechtlichen Legaldefinitionen herangezogen werden.[46] Gemäß § 43 Abs. 1 S. 2 SGB VI ist teilweise erwerbsgemindert, wer wegen Krankheit oder Behinderung auf nicht absehbare Zeit außerstande ist, unter den üblichen Bedingungen des allgemeinen Arbeitsmarktes mindestens sechs Stunden täglich erwerbstätig zu sein. Volle Erwerbsminderung liegt gemäß § 43 Abs. 2 S. 2 SGB VI vor, wenn jemand wegen Krankheit oder Behinderung auf nicht absehbare Zeit außerstan-

---

40 BAG, Urteil vom 16.4.1997 – 3 AZR 28/96, AP BetrAVG § 1 Nr. 16 Hinterbliebenenversorgung; neben der Rechtswirksamkeit eines Ausschlusses der Hinterbliebenenversorgung im Falle der Wiederverheiratung der Witwe/des Witwers wird auch ein Wiederaufleben des Anspruchs im Falle der Scheidung der zweiten Ehe verneint.

41 Siehe zu diesem Problem: *Bauer/Arnold*, NJW 2008, 3377 – 3383.

42 Förster/Cisch/Karst/*Cisch*, § 1 Rn. 66.

43 BAG, Urteil vom 20.8.2002 – 3 AZR 463/01, AP BetrAVG § 1 Nr. 55.

44 ErfK/*Steinmeyer*, § 1 BetrAVG Rn. 7.

45 *Blomeyer/Rolfs/Otto*, § 1 Rn. 23.

46 BAG, Urteil vom 24.6.1998 – 3 AZR 288/97, NZA 1999, 318, 219; *Urbatsch*, S. 14.

de ist, unter den üblichen Bedingungen des allgemeinen Arbeitsmarktes mindestens drei Stunden täglich erwerbstätig zu sein. Es steht den Vertragsparteien frei, Vereinbarungen für einen Nachweis über den Eintritt des Versorgungsfalls (z.B. durch die Vorlage des Rentenbescheids eines Sozialversicherungsträgers[47]) oder über den Beginn der Leistungserbringung (z.B. erst mit Beginn der Zahlungen des gesetzlichen Rentenversicherungsträgers[48]) zu treffen.

c. *Biologisches Ereignis: Alter*

Die Altersversorgung setzt voraus, dass die Fälligkeit des Anspruchs vom Erreichen einer bestimmten Altersgrenze abhängig gemacht wird. Wird diese Altersgrenze erreicht, bekommt der Arbeitnehmer die Rente ausbezahlt. Jedoch reicht hier nicht jede beliebige Altersgrenze aus, um die Leistungen als betriebliche Altersversorgung zu qualifizieren. Es ist vielmehr entscheidend, dass die Leistungen zur Alterssicherung bestimmt sind und die Versorgung des Arbeitnehmers nach dem Ausscheiden aus dem Erwerbs- oder Berufsleben sichern sollen.[49] Es ist also der Zweck der versprochenen Leistungen ausschlaggebend. Die Bezeichnung, die die Vertragsparteien verwenden, ist – wie oben unter § 2A.I., S. 9 bereits erwähnt – unerheblich.[50]

Das BAG hat sich dagegen entschieden, eine bestimmte Altersgrenze als eindeutiges Anzeichen für das Vorliegen einer betrieblichen Altersversorgung zu bestimmen.[51] In einem Urteil aus dem Jahr 2008 wurden zwar erneut 60 Jahre als Altersgrenze, die ohne weitere Voraussetzungen für das Vorliegen einer betrieblichen Altersversorgung ausreicht, angesprochen, im Ergebnis die Frage dann aber offen gelassen.[52] Insofern bleibt es dabei, dass die Wahl einer früheren Altersgrenze als die des gesetzlichen Renteneintrittsalters auf sachlichen, nicht außerhalb des Arbeitsverhältnisses liegenden Gründen beruhen muss, die immer noch den Zweck erkennen lassen, dass die Leistungen dem Arbeitnehmer nach seinem Ausscheiden aus dem Arbeitsleben bei der Sicherung seines Lebensstandards im Alter helfen sollen.[53] Dann kann es sich auch bei einer früheren Altersgrenze um eine betriebliche Altersversorgung handeln.

Dass es den Vertragsparteien möglich sein soll, auch eine frühere Altersgrenze als die des Eintritts der gesetzlichen Rentenversicherung festzulegen,

---

47 Förster/Cisch/Karst/*Cisch*, § 1 Rn. 50.
48 BAG, Urteil vom 14.1.1986 – 3 AZR 473/84, AP BetrAVG § 1 Nr. 6 Invaliditätsrente.
49 BAG, Urteil vom 28.1.1986 – 3 AZR 312/84, NZA 1987, 126, 127.
50 BAG, Urteil vom 3.11.1998 – 3 AZR 454/97, NZA 1999, 594, 595.
51 BAG, Urteil vom 3.11.1998 – 3 AZR 454/97, NZA 1999, 594, 595.
52 BAG, Urteil vom 28.10.2008 – 3 AZR 317/07, NZA 2009, 844, 846.
53 BAG, Urteil vom 2.8.1983 – 3 AZR 370/81, AP BetrAVG § 7 Nr. 19.

ergibt sich aus § 2 Abs. 1 S. 1 2. Halbs. BetrAVG.[54] Dort wird ausdrücklich von einer in der Versorgungsordnung festgelegten „festen Altersgrenze" gesprochen, die von der gesetzlichen Regelaltersgrenze abweicht und die als Grundlage der für die Berechnung der Vollrente maßgeblichen erreichbaren Höchstdauer des Arbeitsverhältnisses genommen wird. Eine regelmäßige Altersgrenze, deren Unterschreitung grundsätzlich die Annahme einer Altersversorgung ausschließt, ist nach Auffassung des BAG aufgrund der Vielgestaltigkeit der Arbeitsverhältnisse und der unterschiedlichen Anforderungen und Erwartungen an die Leistungsfähigkeit von Arbeitnehmern im fortgeschrittenen Alter in der betrieblichen Altersversorgung nicht anzuerkennen und würde die vom BetrAVG vorgesehen Vertragsfreiheit der Vertragsparteien zu sehr einengen.[55] Zudem ist zu bedenken, dass das Lebensalter, von dessen Erreichen der Anspruch auf die Leistungen abhängig ist, nach der Verkehrsanschauung als Beginn des Ruhestands gilt.[56] Dieser kann jedoch auch bei einer weit unter dem gesetzlichen Renteneintrittsalter liegenden Altersgrenze beginnen, wenn zum Beispiel tarifliche oder gesetzliche Regelungen in einer bestimmten Branche die Arbeitnehmer zu einem vorzeitigen Ausscheiden aus dem Berufsleben zwingen, wie zum Beispiel bei Bordpersonalangehörigen von Luftfahrtunternehmen.[57]

Besondere Schwierigkeiten bereitet die Abgrenzung zu sogenannten „Übergangsgeldern". Zweck der Übergangsgelder ist es, im Falle des Verlusts des Arbeitsplatzes die Zeit bis zum Eintritt in den Ruhestand oder in ein neues Arbeitsverhältnis zu überbrücken.[58] Der Überbrückungszweck fehlt, wenn die Leistung erst mit dem Eintritt in den Ruhestand beginnen soll; das gilt auch dann, wenn das Alter für das Ende des Arbeitsverhältnisses von 65 auf 60 Jahre herabgesetzt wird und für diesen Zeitraum bis zum Erhalt der zunächst vorgesehenen Betriebsrente „Übergangsbezüge" gewährt werden. Da die Bezeichnung durch die Vertragsparteien unerheblich ist und die Leistungen ab dem Zeitpunkt gewährt werden, an dem von dem Ausscheiden des Arbeitnehmers aus dem Erwerbsleben ausgegangen wird, ist hierbei von einer – bis zum Eintritt der eigentlichen Betriebsrente – befristeten betrieblichen Altersversorgung auszugehen.[59]

---

54 *Blomeyer/Rolfs/Otto*, § 1 Rn. 20.

55 BAG, Urteil vom 24.6.1986 – 3 AZR 645/84, NZA 1987, 309, 311.

56 BAG, Urteil vom 3.11.1998 – 3 AZR 454/97, NZA 1999, 594, 595; *Blomeyer/Rolfs/Otto*, § 1 Rn. 20.

57 BAG, Urteil vom 17.9.2008 – 3 AZR 865/06, NZA 2009, 440, 442; Urteil vom 10.3.1992 – 3 AZR 153/91, NZA 1993, 25, 26; *Blomeyer/Rolfs/Otto*, § 1 Rn. 21.

58 BAG, Urteil vom 28.10.2008 – 3 AZR 317/07, NZA 2009, 844, 846; BAG, Urteil vom 3.11.1998 – 3 AZR 454/97, NZA 1999, 594, 595; BAG, Urteil vom 10.3.1992 – 3 AZR 153/91, NZA 1993, 25, 26.

59 BAG, Urteil vom 28.10.2008 – 3 AZR 317/07, NZA 2009, 844, 846.

Anders liegt der Fall, wenn ein Arbeitnehmer auf Druck von Kreditgebern im Rahmen eines Sanierungsprogramms entlassen wird und als Entschädigung hierfür Rentenzahlungen zugesagt bekommt. In diesem Fall ist die frühzeitige Leistungserbringung nicht auf sachliche Gründe zurückzuführen, die innerhalb des Dienstverhältnisses liegen, sondern beruht gerade auf äußeren Einflüssen.[60] Insofern handelt es sich nicht um Leistungen der betrieblichen Altersversorgung sondern um eine Entschädigung des Arbeitnehmers für den Verlust seines Arbeitsplatzes. Auch wenn „Ruhegehalt" schon vor dem Erreichen der eigentlich vorgesehenen Altersgrenze bei Verlust des Arbeitsplatzes gezahlt werden soll, dies aber davon abhängig gemacht wird, dass eine arbeitgeberseitige Kündigung bzw. eine einvernehmliche Aufhebung des Arbeitsverhältnisses vorliegt und der Arbeitnehmer im Anschluss daran kein anderweitiges Gehalt bezieht, ist von einer Überbrückungsfunktion der Leistungen auszugehen und nicht von einer Versorgungsfunktion im Ruhestand.[61] Ebenso steht es bei Übergangsgeldern, die der Arbeitgeber nach der Leistungsordnung des Essener Verbandes[62] bei arbeitgeberseitiger Kündigung älterer Arbeitnehmer zu zahlen verpflichtet ist; dabei ist es auch unerheblich, wenn die Höhe der Leistungen sich an der Berechnung der Betriebsrenten orientiert.[63]

3. Aus Anlass eines Arbeitsverhältnisses

Die Zusage der Leistungen muss gem. § 1 Abs. 1 S. 1 BetrAVG aus Anlass eines Arbeitsverhältnisses erfolgt sein. Das bedeutet, dass ein Kausalzusammenhang zwischen der Zusage und dem Arbeitsverhältnis bestehen muss.[64] Aus anderen Gründen erteilte Zusagen werden durch das BetrAVG nicht geschützt.[65] Der Bezug zum Arbeitsverhältnis soll insbesondere Ruhegeldversprechen ausgrenzen, die auf verwandtschaftlichen, ehelichen, freundschaftlichen oder sonstigen Beziehungen beruhen, die nichts mit einem Arbeitsverhältnis zu tun haben.[66] Sind diese Motive allerdings nur „mitursächlich" für die Versorgungszu-

---

60 BAG, Urteil vom 2.8.1983 – 3 AZR 370/81, AP BetrAVG § 7 Nr. 19.

61 BAG, Urteil vom 3.11.1998 – 3 AZR 454/97, BB 1999, 905, 906 f.

62 Beim Essener Verband handelt es sich um einen Richtlinienverband, der einheitliche Versorgungsregelungen für seine Mitgliedsunternehmen schafft, Moll/*Rengier*, MAH Arbeitsrecht, § 36 Rn. 152.

63 BAG, Urteil vom 26.4.1988 – 3 AZR 411/86, AP BetrAVG § 7 Nr. 45.

64 *Blomeyer/Rolfs/Otto*, § 1 Rn. 30; ErfK/*Steinmeyer*, § 1 BetrAVG Rn. 9.

65 BAG, Urteil vom 20.4.2004 – 3 AZR 297/03, NZA 2005, 927, 928; BAG, Urteil vom 25.1.2000 – 3 AZR 769/89, NZA 2001, 959, 962.

66 BAG; Urteil vom 8.5.1990 – 3 AZR 121/89, NZA 1990, 931, 932; *Blomeyer/Rolfs/Otto*, § 1 Rn. 30.

sage, so steht dies einer Einordnung als betriebliche Altersversorgung nicht im Wege.[67]

Bei der Kausalitätsprüfung sind alle Umstände des Einzelfalls zu berücksichtigen.[68] Unter anderem kommt es auch darauf an, ob die zugesagte Versorgung nach Art und Höhe auch bei anderen Arbeitnehmern, die nicht in einer besonderen Beziehung zum Arbeitgeber stehen, wirtschaftlich vernünftig und üblich gewesen wäre. Werden die Versorgungszusagen nur den Gesellschaftern gegenüber und dann auch noch in einer wirtschaftlich nicht zu erklärenden Höhe erteilt, so deutet dies auf einen Zusammenhang mit ihrer Gesellschafterstellung hin.[69] Wurde auch allen anderen Arbeitnehmern die gleiche Zusage erteilt, so lässt dies vermuten, dass die Zusage nicht aufgrund anderer besonderer Beziehungen, sondern aus Anlass des Arbeitsverhältnisses erteilt wurde.[70]

Werden einem Arbeitnehmer aufgrund von außerhalb des Arbeitsverhältnisses liegenden Gründen erheblich höhere Leistungen versprochen als dies bei vergleichbaren „Fremdbewerbern" der Fall wäre, so sollen nur die im Bereich des Üblichen liegenden Leistungen unter das BetrAVG fallen.[71]

Es ist allerdings nicht erforderlich, dass die Zusage während oder im Hinblick auf die Fortdauer des Arbeitsverhältnisses erfolgt. Auch eine vor Beginn des Arbeitsverhältnisses erteilte Zusage kann betriebliche Altersversorgung sein, jedoch muss das Arbeitsverhältnis dann auch im Anschluss daran tatsächlich entstehen.[72] Es kann sogar eine nach Beendigung des Arbeitsverhältnisses versprochene Rente eine Leistung der betrieblichen Altersversorgung darstellen.[73]

4. Nicht erforderliche Merkmale

Nachfolgend werden diejenigen Merkmale dargestellt, die zwar häufig Teil der von Arbeitgebern vorgenommenen Zusagen oder Beweggründe hierfür sind, deren Existenz aber nicht erforderlich ist, um sie als betriebliche Altersversorgung im Sinne des BetrAVG zu qualifizieren.

---

67 LAG Köln, Urteil vom 15.1.1999 – 11 Sa 886/98, EWiR 1999, 541; ErfK/*Steinmeyer*, § 1 BetrAVG Rn. 9.

68 BAG, Urteil vom 25.1.2000 – 3 AZR 769/98, NZA 2001, 959, 962.

69 BAG, Urteil vom 19.1.2010 – 3 AZR 660/09, ZIP 2010, 1663, 1665; Urteil vom 25.1.2000 – 3 AZR 769/98, NZA 2001, 959, 962.

70 BAG, Urteil vom 20.7.1993 – 3 AZR 99/93, NZA 1994, 121, 123.

71 BGH, Urteil vom 28.9.1981 – II ZR 181/80, AP BetrAVG § 7 Nr. 12; *Blomeyer/Rolfs/Otto*, § 1 Rn. 30.

72 *Blomeyer/Rolfs/Otto*, § 1 Rn. 31.

73 BAG, Urteil vom 8.5.1990 – 3 AZR 121/89, NZA 1990, 931, 932; ErfK/*Steinmeyer*, § 1 BetrAVG Rn. 9.

a. Betriebstreue

Eine Entscheidung des BAG aus dem Jahr 1980 konnte zu der Annahme führen, dass der Zweck der betrieblichen Altersversorgung, die Betriebstreue des Arbeitnehmers zu entlohnen, vom Gericht als konstitutiv für den Begriff der betrieblichen Altersversorgung angesehen wurde.[74] Die Aussage, dass die „dem Arbeitnehmer eingeräumte Beteiligung (…) der Sache nach eine Abgeltung der vom Arbeitnehmer erbrachten Betriebstreue insgesamt darstellen" muss, erfolgte im Rahmen einer Abgrenzung der Leistungen der betrieblichen Altersversorgung von Sonderformen des Arbeitsentgelts. Es gab auch Urteile von Instanzgerichten[75] und Stimmen in der Literatur[76], die die Abgeltung der Betriebstreue des Arbeitnehmers als Teil der gesetzlichen Definition der betrieblichen Altersversorgung ansahen.

Später stellte das BAG dann jedoch klar, dass die Abgeltung der Betriebstreue bei dieser Abgrenzung eine Rolle spielen könne, sie aber keinesfalls ein Merkmal der betrieblichen Altersversorgung sei, auch wenn dies in der Regel der Fall sei.[77] Eine betriebliche Altersversorgung könne auch dann Gegenstand des Leistungsversprechens sein, wenn der Arbeitgeber die Rente unabhängig von einer schon erbrachten oder noch zu erbringenden Betriebstreue zugesagt habe.[78] Dieser Ansicht folgt heute weitestgehend auch die Literatur.[79]

b. Freiwilligkeit

Teilweise wird vertreten, dass es sich nur dann um eine betriebliche Altersversorgung handelt, wenn die Leistung vom Arbeitgeber freiwillig erbracht wird.[80] Zutreffend ist, dass die betriebliche Altersversorgung zumeist auf einem freiwilligen Entschluss des Arbeitgebers beruht und der Grundsatz der Vertragsfreiheit gilt, so dass der Arbeitgeber frei darüber entscheiden kann, ob und in welchem Umfang er Mittel für die betriebliche Altersversorgung bereit stellen will, welchen Durchführungsweg er wählt und welche Personen in den Versorgungskreis

---

74 BAG, Urteil vom 30.10.1980 – 3 AZR 805/79, NJW 1981, 1470, 1471; siehe auch BAG, Urteil vom 10.3.1972 – 3 AZR 278/71, AP BGB § 242 Nr. 156 Ruhegehalt.

75 LAG Köln, Urteil vom 19.1.1989 – 10 Sa 704/88, DB 1989, 1291, 1292.

76 *Höfer/Küpper*, BB 1990, 849, 849; *Paulsdorff*, FS Ahrend, 195, 202 ff.

77 BAG, Urteil vom 8.5.1990 – 3 AZR 121/89, NZA 1990, 931, 932.

78 BAG, Urteil vom 8.5.1990 – 3 AZR 121/89, NZA 1990, 931, 932.

79 *Blomeyer/Rolfs/Otto*, § 1 Rn. 15; Schaub/*Vogelsang*, § 84 Rn. 87; *Steinmeyer*, S. 70.

80 H/W/K/*Schipp*, Vorb. BetrAVG Rn. 23.

aufgenommen werden.[81] Gegen die Freiwilligkeit als Wesensmerkmal der betrieblichen Altersversorgung sprechen jedoch zwei Normen des BetrAVG: Zum einen sieht § 17 Abs. 3 BetrAVG vor, dass die Grundlage der Zusage auch in einem Tarifvertrag zu finden sein kann (siehe dazu unten unter § 2A.II.1.f., S. 26 f.). Durch diesen kann der Arbeitgeber – insbesondere wenn der Tarifvertrag nach § 5 TVG für allgemeinverbindlich erklärt wurde – sehr wohl dazu gezwungen sein, seinen Arbeitnehmern betriebliche Versorgungsleistungen zuzusagen.[82] Auch der im Jahr 2002 eingefügte § 1a BetrAVG[83], der einen gesetzlichen Anspruch des Arbeitnehmers auf eine durch Entgeltumwandlung finanzierte betriebliche Altersversorgung normiert[84], zeigt, dass der Arbeitgeber auch gegen seinen Willen zur Einführung einer betrieblichen Altersversorgung gezwungen werden kann.[85]

II. Arten der betrieblichen Altersversorgung

Die verschiedenen Arten der betrieblichen Altersversorgung lassen sich nach verschiedenen Merkmalen differenzieren: zum einen nach der Rechtsgrundlage, also der Frage, wie die Verpflichtung zur betrieblichen Altersversorgung entstanden ist, zum anderen nach den verschiedenen Durchführungswegen der betrieblichen Altersversorgung, die durch das BetrAVG gesetzlich festgelegt sind und die für die Frage der Folgen der Insolvenz des Arbeitgebers für die betriebliche Altersversorgung der Arbeitnehmer von großer Bedeutung sind. Zudem stellt sich die Frage, welche Arten der Leistung im Rahmen der betrieblichen Altersversorgung versprochen werden können.

1. Die Rechtsgrundlage

Naturgemäß bedarf die Versorgungsverpflichtung des Arbeitgebers einer Rechtsgrundlage. Sie ergibt sich nicht aus der allgemeinen Fürsorgepflicht des

---

81 BAG, Urteil vom 10.3.1972 – 3 AZR 278/71, AP BGB § 242 Nr. 156 Ruhegehalt; BAG, Beschluss vom 12.6.1975 – 3 ABR 13/74, AP BetrVG 1972 § 87 Nr. 1; Förster/Cisch/Karst/*Cisch*, § 1 Rn. 7 f.

82 *Blomeyer/Rolfs/Otto*, § 1 Rn. 42; Schaub/*Vogelsang*, § 84 Rn. 89.

83 Eingefügt durch das Gesetz zur Reform der gesetzlichen Rentenversicherung und zur Förderung eines kapitalgedeckten Altersvorsorgevermögens (Altersvermögensgesetz - AVmG) vom 26.6.2001, BGBl. I, S. 1310.

84 Siehe zu Entgeltumwandlungszusagen unten unter § 2A.II.3.b(4), S. 43 ff.

85 *Blomeyer/Rolfs/Otto*, § 1 Rn. 42.

Arbeitgebers[86], sondern bedarf eines besonderen Rechtsbegründungsaktes.[87] Dieser kann auf verschiedenen Tatbeständen beruhen, die sowohl individual- als auch kollektivrechtlicher Natur sein können. Individualrechtlich kommen Einzelvereinbarungen, eine arbeitgeberseitige Gesamtzusage oder arbeitsvertragliche Einheitsregelung sowie die Entstehung eines Anspruchs aufgrund betrieblicher Übung in Betracht. Auch aus dem Grundsatz der Gleichbehandlung kann sich ein Anspruch eines Arbeitnehmers ergeben. Als kollektive Rechtsgrundlagen sind auf Betriebsebene eine Betriebsvereinbarung oder überbetrieblich eine tarifvertragliche Regelung denkbar.

Da die unterschiedlichen Rechtsgrundlagen, auf denen die Versorgungszusage des Arbeitgebers im Verhältnis zu den Versorgungsberechtigten beruhen kann, keine Unterschiede für die insolvenzrechtliche Einordnung der für die betrieblichen Altersversorgung vorgesehenen Mittel mit sich bringt, sollen diese im Folgenden nur kurz dargestellt werden. Zur Frage, inwieweit die erteilte Versorgungszusage von der Eröffnung des Insolvenzverfahrens beeinflusst wird, siehe unten unter § 3A.III.2.c., S. 132 f.

a. Einzelvereinbarung

Eine individuell ausgehandelte Einzelvereinbarung als Rechtsgrundlage für eine betriebliche Altersversorgung findet sich in der Praxis eher selten. Denkbar ist sie insbesondere in Fällen, in denen nur vom Arbeitgeber für besonders wichtig befundene Arbeitnehmer mit einer betrieblichen Altersversorgung ausgestattet werden sollen oder wenn individuelle Interessen oder Gegebenheiten besonders berücksichtigt werden sollen, wie z.B. bei leitenden Angestellten oder Geschäftsführern.[88]

Die Einzelvereinbarung kommt nach den allgemeinen Regeln zum Vertragsschluss zustande, durch Angebot und Annahme (§ 145 ff. BGB). Das Angebot des Arbeitgebers muss nicht schon in allen Einzelheiten die Versorgungsbedingungen regeln, um bereits eine Verpflichtung zu begründen. Es genügt, dass der Arbeitgeber den objektiv erkennbaren Willen zeigt, eine Versorgungszusage erteilen zu wollen.[89] Es handelt sich dann um eine sogenannte Blankettzusage, bei der der Arbeitgeber dem Arbeitnehmer zwar seinen Entschluss mitteilt, eine Altersversorgung einzuführen und sich an diese Aussage auch binden lassen will, sich aber vorbehält, Voraussetzungen, Art und Höhe der Versorgungsleistungen

86 BAG, Urteil vom 13.7.1956 – 1 AZR 492/54, NJW 1956, 1732, 1732.

87 Förster/Cisch/Karst/*Cisch*, § 1 Rn. 85.

88 *Blomeyer/Rolfs/Otto*, Anhang zu § 1 Rn. 3.

89 BAG, Urteil vom 17.5.1966 – 3 AZR 477/65, AP BGB § 242 Nr. 110 Ruhegehalt.

im Einzelnen noch zu regeln.[90] Ob der Arbeitgeber sich bereits mit der Ankündigung rechtlich binden wollte oder nicht, ist durch Auslegung zu ermitteln.[91] Sein Bindungswille fehlt z.B., wenn eine bloße Vorankündigung einer Versorgungszusage vorliegt.[92] Eine Versorgungszusage kann auch durch Verweisung auf die jeweils gültigen Versorgungsregelung in einem Tarifvertrag oder einer Betriebsvereinbarung (sogenannte Jeweiligkeitsklausel) entstehen.[93] Ein Bindungswille ist jedoch nicht anzunehmen, wenn alle Arbeitsverträge zwar pauschal auf einen Tarifvertrag (z.B. BAT bzw. TVöD) verweisen, der in Verbindung mit speziellen Versorgungstarifverträgen eine Zusatzversicherung vorsieht, der Arbeitgeber aber gar nicht in den Geltungsbereich des Tarifvertrags fällt und auch nicht Mitglied in einer Zusatzversorgungskasse werden kann.[94]

Besteht ein Bindungswillen und hat der Arbeitgeber lediglich eine Blankettzusage erteilt, so hat die im Nachhinein festzulegende inhaltliche Ausgestaltung der Versorgungszusage gemäß § 315 Abs. 3 S. 1 BGB nach billigem Ermessen zu erfolgen.[95] Entspricht die Ausgestaltung nicht der Billigkeit oder bleibt der Arbeitgeber ganz untätig, so erfolgt die Ausgestaltung gemäß § 315 Abs. 3 S. 2 BGB auf Antrag des Arbeitnehmers vom Gericht durch Urteil.[96]

Einer ausdrücklichen Annahme des Angebots durch den Arbeitnehmer bedarf es gemäß § 151 S. 1 BGB zumeist nicht, die Zusage ist für den Arbeitnehmer außerhalb der Entgeltumwandlung rein begünstigend,[97] sein Schweigen kann insofern als konkludente Annahme gewertet werden.[98]

b. Arbeitsvertragliche Einheitsregelung / Gesamtzusage

Die Gesamtzusage und die arbeitsvertragliche Einheitsregelung haben als Rechtsgrundlage für eine Verpflichtung des Arbeitgebers gemeinsam, dass sie zwar individualvertraglich wirken, jedoch einen kollektiven Bezug aufweisen. Vor allem ältere Versorgungszusagen beruhen auf arbeitsvertraglichen Einheitsregelungen bzw. Gesamtzusagen, da früher dem Betriebsrat beim Erlass einer Versorgungsordnung kein Mitbestimmungsrecht gewährt wurde, so dass seltener

---

90 BAG, Urteil vom 13.3.1975 – 3 AZR 446/74, AP BGB § 242 Nr. 167 Ruhegehalt.

91 *Blomeyer/Rolfs/Otto*, Anhang zu § 1 Rn. 5; Schaub/*Vogelsang*, § 85 Rn. 4.

92 Vgl. BAG, Urteil vom 13.3.1975 – 3 AZR 446/74, AP BGB § 242 Nr. 167 Ruhegehalt.

93 Förster/Cisch/Karst/*Cisch*, § 1 Rn. 99.

94 BAG, Urteil vom 29.7.1986 – 3 AZR 71/85, NZA 1987, 668.

95 BAG, Urteil vom 17.5.1966 – 3 AZR 477/65, AP BGB § 242 Nr. 110 Ruhegehalt.

96 BAG, Urteil vom 13.3.1975 – 3 AZR 446/74, AP BGB § 242 Nr. 167 Ruhegehalt.

97 BAG, Urteil vom 12.6.1957 – 4 AZR 5/55, AP BGB § 242 Nr. 24 Ruhegehalt (für den öffentlichen Dienst); Urteil vom 13.3.1975 – 3 AZR 446/74, AP BGB § 242 Nr. 167 Ruhegehalt; Urteil vom 10.12.2002 – 3 AZR 671/01, NZA 2003, 1360.

98 Vgl. MüKo-BGB/*Kramer*, § 151 Rn. 5.

Versorgungszusagen in Betriebsvereinbarungen geregelt wurden.[99] Heutzutage spielen die Einheitsregelung und die Gesamtzusage angesichts der dem Betriebsrat gewährten Mitbestimmungsrechte kaum mehr eine Rolle, da der Abschluss einer Betriebsvereinbarung insofern bevorzugt wird.[100]

Eine arbeitsvertragliche Einheitsregelung liegt vor, wenn der Arbeitgeber sich mit einer Versorgungszusage an jeden einzelnen Arbeitnehmer wendet, obwohl diese für jeden Arbeitnehmer die identischen Regelungen enthält. Es wird also eine Vielzahl von Einzelverträgen nach einem vorbestimmten Plan abgeschlossen.[101] Die Vertragsbedingungen sind vom Arbeitgeber vorformuliert.

Im Falle einer Gesamtzusage gibt der Arbeitgeber einseitig bekannt, dass er jedem Arbeitnehmer, sofern er die von ihm abstrakt festgelegten Voraussetzungen erfüllt, bestimmte Leistungen gewährt.[102] Dies kann z.B. durch einen Aushang am Schwarzen Brett erfolgen. Im Grunde handelt es sich um eine Mehrzahl gleichlautender Zusagen, der Arbeitgeber nutzt aber die Form der Gesamtzusage aus Gründen der Vereinfachung, um nicht jeden einzelnen Arbeitnehmer kontaktieren zu müssen.[103]

Nach herrschender Meinung handelt es sich auch bei der Gesamtzusage um einen individualrechtlichen Rechtsbegründungsakt,[104] bei dem der Arbeitgeber den Arbeitnehmern ein Angebot unterbreitet, dessen Annahme durch den einzelnen Arbeitnehmer ausdrücklich oder konkludent gemäß § 151 S. 1 BGB erfolgen kann.[105] Insofern ergeben sich bei der arbeitsvertraglichen Einheitsregelung und bei der Gesamtzusage was Auslegung, Formerfordernisse oder Blankettzusage anbetrifft, keine Unterschiede im Verhältnis zur Einzelvereinbarung.[106]

---

99 Förster/Cisch/Karst/*Rihn*, § 1 Rn. 284.

100 Förster/Cisch/Karst/*Cisch*, § 1 Rn. 105.

101 Schaub/*Vogelsang*, § 85 Rn. 7.

102 MünchHdb. ArbR/*Richardi*, § 7 Rn. 44.

103 Förster/Cisch/Karst/*Cisch*, § 1 Rn. 103.

104 Siehe dazu die Grundsatzentscheidung des Großen Senats des BAG aus dem Jahr 1986: BAG GS, Beschluss vom 16.9.1986 – GS 1/82, NZA 1987, 168 – 177; dazu ausführlich und überzeugend MünchHdb. ArbR/*Richardi*, § 7 Rn. 45 f.; aA: *Hilger*, S. 51 ff., die in der Gesamtzusage einen weiteren anspruchsbegründenden Tatbestand auf kollektivrechtlicher Ebene sieht.

105 BAG GS, Beschluss vom 16.9.1986 – GS 1/82, NZA 1987, 168, 171; aA: *Bötticher*, Anm. zu BAG, Urteil vom 17.5.1966 – 3 AZR 477/65, AP BGB § 242 Nr. 110 Ruhegehalt; *Söllner*, S. 32 ff., die in der Gesamtzusage die Ausübung eines Gestaltungsrechts sehen, mit der der Arbeitgeber seine vertragliche Fürsorgepflicht konkretisiert und die daher davon ausgehen, dass es keines Zugangs der Gesamtzusage bei jedem einzelnen Arbeitnehmer bedarf.

106 Schaub/*Vogelsang*, § 85 Rn. 7.

c. *Betriebliche Übung*

Die betriebliche Übung als Rechtsbegründungsakt für eine Versorgungsverpflichtung wird in § 1b Abs. 1 S. 4 BetrAVG ausdrücklich erwähnt. Nach der ständigen Rechtsprechung des BAG ist die betriebliche Übung ein gleichförmiges und wiederholtes Verhalten des Arbeitgebers, das den Inhalt des Arbeitsverhältnisses gestaltet und geeignet ist, vertragliche Ansprüche auf Leistungen zu begründen, wenn die Arbeitnehmer aus dem Verhalten des Arbeitgebers schließen durften, ihnen werde die Leistung auch zukünftig gewährt.[107] Das anspruchsbegründende wiederholte Verhalten im Bereich der betrieblichen Altersversorgung kann Verschiedenes sein: Die Zahlung von Ruhestandsbezügen bei Eintritt in den Ruhestand (Zahlungsübung) oder die Erteilung von Versorgungszusagen nach dem Eintritt von bestimmten Voraussetzungen (Zusageübung).[108]

Nach welchem Zeitraum und nach der wievielten Wiederholung sich eine Verpflichtung des Arbeitgebers ergibt, hängt davon ab, um welche Leistung es sich handelt. Die Regel, dass eine dreimalige vorbehaltlose Leistung zur Entstehung einer betrieblichen Übung ausreicht, wurde für jährlich an die Belegschaft gewährte Gratifikationen festgelegt.[109] Dies gilt auch für an Betriebsrentner ausgezahlte Weihnachtsgratifikationen.[110] Bei anderen Sozialleistungen ist auf die Art, Dauer und die Intensität der Leistungen abzustellen. Es kommt auf die Zahl der Anwendungsfälle im Verhältnis zur Belegschaftsstärke und auch auf Art und Inhalt der Leistung an: Bei für den Arbeitnehmer weniger wichtigen Leistungen sind höhere Anforderungen an die Zahl der Wiederholungen zu stellen als bei bedeutsameren Leistungsinhalten.[111] Die Zahlung eines betrieblichen Ruhegeldes bzw. die Erteilung einer Ruhegeldzusage sind wohl zu Letzeren zu zählen. Insofern müssen immer die Gegebenheiten des Einzelfalls beurteilt werden.[112]

Auch die betriebliche Übung ist ein individualrechtliches Gestaltungsmittel mit kollektivem Bezug, das einen einzelvertraglichen Anspruch auf Versorgung

---

107 BAG, Urteil vom 16.7.1996 – 3 AZR 352/95, NZA 1997, 664, 665; Urteil vom 25.6.2002 – 3 AZR 360/01, NZA 2003, 875, 876.

108 MünchHdb. ArbR/*Andresen/Cisch*, § 144 Rn. 30; zur Zahlungsübung: BAG, Urteil vom 17.2.1969 – II ZR 19/68, WM 1969, 686, 686 ff.; zur Zusageübung: BAG, Urteil vom 29.10.1985 – 3 AZR 462/83, NZA 1986, 786, 786.

109 BAG, Urteil vom 23.4.1963 – 3 AZR 173/62, AP BGB § 611 Nr. 26 Gratifikation; BAG, Urteil vom 14.8.1996 – 10 AZR 69/96, NZA 1996, 1323, 1323; BAG, Urteil vom 24.3.2010 – 10 AZR 43/09, NZA 2010, 759, 760.

110 BAG, Urteil vom 12.12.2006 – 3 AZR 57/06, AP BGB § 242 Nr. 77 Betriebliche Übung.

111 BAG, Urteil vom 28.7.2004 – 10 AZR 19/04, NZA 2004, 1152, 1154.

112 BAG, Urteil vom 12.1.1994 – 5 AZR 41/93, NZA 1994, 694, 694.

entstehen lässt.[113] Sind ihre Voraussetzungen gegeben, wird der daraus folgende Anspruch Inhalt des Arbeitsvertrags.[114]

Eine betriebliche Übung kann für alle Arbeitnehmer, aber auch nur für einen Teil der Belegschaft entstehen.[115] Besteht eine betriebliche Übung für die betriebliche Altersversorgung abhängig beschäftigter Arbeitnehmer, so kann ein Organmitglied einer juristischen Person daraus keinen Anspruch ableiten.[116]

d. *Grundsatz der Gleichbehandlung*

Ebenfalls in § 1b Abs. 1 S. 4 BetrAVG ausdrücklich als Rechtsgrundlage für einen Versorgungsanspruch anerkannt ist der arbeitsrechtliche Gleichbehandlungsgrundsatz. Dieser stellt die zivilrechtliche Ausprägung des verfassungsrechtlichen Gleichheitssatzes in Art. 3 GG dar.[117] Eine weitere Implementierung findet sich seit August 2006 im Allgemeinen Gleichbehandlungsgesetz (AGG).[118] Zwar ist in § 2 Abs. 2 Nr. 2 AGG festgelegt, dass für die betriebliche Altersvorsorge das Betriebsrentengesetz gilt, dabei handelt es sich aber nicht um eine Bereichsausnahme, sondern um eine Kollisionsnorm, so dass das BetrAVG lex specialis zum AGG ist.[119]

Aus dem arbeitsrechtlichen Gleichbehandlungsgrundsatz ergibt sich ein Anspruch, wenn der Arbeitgeber gegen ihn verstößt, indem er ein typisiertes Verhalten bzgl. der Gewährung von betrieblichen Ruhegeldern an den Tag legt und er einzelne Arbeitnehmer oder Teile von Arbeitnehmern ohne sachlichen Grund

---

113 BAG, Urteil vom 19.2.2008 – 3 AZR 61/06, NZA-RR 2008, 597; *Bepler*, RdA 2005, 323, 324; *Blomeyer/Rolfs/Otto*, Anhang zu § 1 Rn. 17. Die dogmatische Einordnung dieses Anspruchs ist umstritten: Zur von der Rechtsprechung vertretenen Vertragstheorie vgl. BAG, Urteil vom 1.3.1972 – 4 AZR 200/71, AP BGB § 242 Nr. 11 Betriebliche Übung; Urteil vom 24.3.1993 – 5 AZR 16/92, AP BGB § 242 Nr. 38 Betriebliche Übung; zur Entwicklung der Rechtsprechung zur betrieblichen Übung siehe *Bepler*, RdA 2004, 226 ff. Dem gegenüber steht die sogenannte Vertrauenstheorie, die von einer Vertrauenshaftung des Arbeitgebers ausgeht, vgl. dazu *Otto*, Arbeitsrecht, Rn. 166; *Zöllner/Loritz/Hergenröder*, S. 61.

114 BAG, Urteil vom 1.3.1972 – 4 AZR 200/71, NJW 1972, 1248.

115 MünchHdb. ArbR/*Andresen/Cisch*, § 144 Rn. 31.

116 BGH, Urteil vom 20.12.1993 – II ZR 217/92, NZA 1994, 367, 368.

117 BAG, Urteil vom 21.8.2007 – 3 AZR 269/06, NZA-RR 2008, 649, 650.

118 Allgemeines Gleichbehandlungsgesetz (AGG) vom 14.8.2006, BGBl. I, S. 1897, zur Umsetzung der RL 2000/87/EG des Rates vom 27.11.2000, ABl. Nr. L 303, S. 16.

119 BAG, Urteil vom 11.12.2007 – 3 AZR 249/06, NZA 2008, 532, 534; so auch MünchHdb. ArbR/*Andresen/Cisch*, § 140 Rn. 67; *Cisch/Böhm*, BB 2007, 602, 602 f.; aA: *Bauer/Göpfert/Krieger*, § 2 Rn. 46; *Langohr-Plato*, BetrAV 2006, 451, 453; *Steinmeyer*, BetrAV 2006, 601, 601, die davon ausgehen, dass das AGG wegen § 2 Abs. 2 S. 2 AGG keine Anwendung auf die betriebliche Altersversorgung findet.

von dieser Gewährung ausschließt.[120] Der Arbeitgeber muss dem rechtswidrig benachteiligten Arbeitnehmer dann das Ruhegeld zahlen, das er einem vergleichbaren begünstigten Arbeitnehmer schuldet.[121]

Es muss zunächst einmal ein typisiertes Verhalten vorliegen. Dieses fehlt, wenn der Arbeitgeber lediglich einzelnen Arbeitnehmern aus besonderem Anlass eine betriebliche Altersversorgung gewährt und die anderen ausschließt.[122] Erforderlich ist, dass er die Leistungen nach einem erkennbaren Prinzip in Gestalt abstrakter Regelungen gewährt.[123] Der Gleichbehandlungsgrundsatz verbietet sowohl die sachfremde Schlechterstellung einzelner Arbeitnehmer in vergleichbarer Lage als auch eine sachfremde Gruppenbildung.[124] Die Gründe für die Ungleichbehandlung sind nicht sachfremd, wenn sie auf vernünftigen, einleuchtenden Erwägungen beruhen und nicht gegen verfassungsrechtliche oder sonstige übergeordnete Wertentscheidungen verstoßen; ob der Arbeitgeber hingegen die zweckmäßigste oder gerechteste Lösung gewählt hat, ist nicht zu überprüfen.[125]

Zulässige Differenzierungsmerkmale können sich z.B. aus sozialen Gesichtspunkten ergeben. So ist eine Differenzierung nach unterschiedlichen Vergütungssystemen zulässig, wenn die ausgeschlossene Arbeitnehmergruppe durchschnittlich eine erheblich höhere Vergütung als die begünstigte Arbeitnehmergruppe erhält; Erstere sind in der Lage, Eigenvorsorge zu betreiben, so dass der unterschiedliche Versorgungsbedarf eine Ungleichbehandlung rechtfertigt.[126] Eine Ungleichbehandlung, die nur am Status „Arbeiter“ oder „Angestellter“ festgemacht wird, ist jedoch unwirksam.[127] Differenziert werden kann auch nach unterschiedlicher Arbeitsleistung, Qualifikation, Berufserfahrung oder nach unterschiedlichen Anforderungen am Arbeitsplatz.[128] Der Arbeitgeber kann neben dem unterschiedlichen Versorgungsbedarf der Arbeitnehmer im Alter auch eigene wirtschaftliche Interessen verfolgen, wenn er z.B. danach differen-

---

120 Schaub/*Vogelsang*, § 85 Rn. 13.

121 BAG, Urteil vom 20.7.1993 – 3 AZR 52/93, NZA 1994, 125, 127.

122 BAG, Urteil vom 11.11.1986 – 3 ABR 74/85, NZA 1987, 449, 450.

123 BAG, Urteil vom 28.7.1992 – 3 AZR 173/92, NZA 1993, 215, 217.

124 BAG, Urteil vom 9.12.1997 – 3 AZR 661/96, NZA 1998, 1173, 1174; Urteil vom 10.3.1998 – 1 AZR 509/97, NZA 1998, 1297, 1298.

125 BAG, Urteil vom 18.9.2001 – 3 AZR 656/00, NZA 2002, 148, 149.

126 BAG, Urteil vom 21.8.2007 – 3 AZR 269/06, NZA-RR 2008, 649, 651; Urteil vom 10.12.2002 – 3 AZR 3/02, NZA 2004, 321, 324.

127 BAG, Urteil vom 10.12.2002 – 3 AZR 3/02, NZA 2004, 321, 323, wobei die Versorgungsschuldner bis zum 30.6.1993 auf die Wirksamkeit der Differenzierung vertrauen konnten.

128 BAG, Urteil vom 28.7.1992 – 3 AZR 173/92, NZA 1993, 215, 216.

ziert, wie groß sein Interesse an der fortdauernden Betriebstreue unterschiedlicher Arbeitnehmergruppen ist.[129] Es steht ihm frei, nur denjenigen eine betriebliche Altersversorgung zu gewähren, die er unbedingt im Betrieb halten will. Daher ist ein Ausschluss von nur befristet angestellten Arbeitnehmern zulässig, weil der Arbeitgeber bei nur vorübergehender Beschäftigung nicht daran interessiert ist, den Arbeitnehmer an den Betrieb zu binden.[130] Auch die Gewährung betrieblicher Altersversorgung als Gegenleistung zu einer flexiblen Arbeitszeitgestaltung, um einen kostengünstigeren Personaleinsatz zu erreichen, dient den wirtschaftlichen Interessen des Arbeitgebers und ist zulässig.[131]

Unzulässig ist eine Differenzierung aufgrund des Geschlechts, was sich schon aus dem Wortlaut des Art. 3 Abs. 2 GG, § 1 AGG und § 75 BetrVG ergibt. Darunter fallen sowohl unmittelbare als auch mittelbare Diskriminierungen.[132] So ist es als unmittelbare Diskriminierung der Frauen unzulässig, Zeiten des Mutterschutzes nicht in die Berechnung der Rentenanwartschaft mit einzubeziehen.[133] Unzulässig ist grundsätzlich auch eine Differenzierung nach dem Arbeitsumfang, konkret also der komplette Ausschluss von Teilzeitarbeitskräften, der allein auf dem unterschiedlichen Umfang der Arbeitsleistung beruht.[134] § 4 Abs. 1 TzBfG schreibt ausdrücklich vor, dass Teilzeitbeschäftigte nicht gegenüber Vollzeitbeschäftigten benachteiligt werden dürfen. Zudem stellte der komplette Ausschluss der Teilzeitbeschäftigten von der Versorgung eine mittelbare Diskriminierung wegen des Geschlechts dar, weil der weit überwiegende Teil der Teilzeitbeschäftigten Frauen sind.[135] Zulässig ist allerdings, die konkrete Ausgestaltung der Versorgungsregelung entsprechend der geringeren Arbeits-

---

129 BAG, Urteil vom 9.12.1997 – 3 AZR 661/96, NZA 1998, 1173, 1175.

130 BAG, Urteil vom 20.8.2002 – 3 AZR 14/01, AP BetrAVG §1 Nr. 9 Überversorgung; Urteil vom 26.1.1999 – 3 AZR 381/97, AP BetrAVG § 1 Nr. 48 Zusatzversorgungskassen; Urteil vom 13.12.1994 – 3 AZR 367/94, AP BertAVG § 1 Nr. 23 Gleichbehandlung.

131 BAG, Urteil vom 18.9.2007 – 3 AZR 639/06, NZA 2008, 56, 58.

132 Eine mittelbare Diskriminierung liegt vor, wenn eine auf den ersten Blick geschlechtsneutral formulierte Regelung im Ergebnis überwiegend ein Geschlecht in besonderer Weise betrifft und dies auf natürliche oder gesellschaftliche Unterschiede zwischen den Geschlechtern zurückzuführen ist, BVerfG, Beschluss vom 7.11.2008 – 2 BvR 1870/07, NJW 2009, 661, 662.

133 BGH, Urteil vom 1.6.2005 – IV ZR 100/02, NJW-RR 2005, 1161, 1162; im Anschluss an EuGH, Urteil vom 13.1.2005 – C-356/03 Elisabeth Mayer/Versorgungsanstalt des Bundes und der Länder, NZA 2005, 347, 348.

134 BAG, Urteil vom 6.4.1982 – 3 AZR 134/79, NJW 1982, 2013, 2014.

135 BAG, Urteil vom BAG, Urteil vom 5.10.1993 – 3 AZR 695/92, BB 1994, 222, 222; im Anschluss an EuGH, Urteil vom 13.5.1986 – C-179/84 Piercarlo Bozzetti/Invernizzi SpA und Schatzministerium, DB 1986, 1525.

leistung zu modifizieren, also eine Abstufung der Versorgungsleistungen je nach Arbeitsumfang vorzunehmen.[136]

e. Betriebsvereinbarung

Ein Anspruch auf Leistungen der betrieblichen Altersversorgung kann sich auch aus einer Betriebsvereinbarung ergeben. Die Betriebsvereinbarung ist eine Vereinbarung zwischen Arbeitgeber und Betriebsrat, die zu ihrer Wirksamkeit gemäß § 77 Abs. 2 BetrVG der Schriftform bedarf. Zwar ist die Rechtsnatur der Betriebsvereinbarung umstritten[137], die Rechtsfolge hingegen ist gesetzlich festgelegt: Die Betriebsvereinbarung gilt gem. § 77 Abs. 4 BetrVG unmittelbar und zwingend, sie wirkt also normativ auf das Arbeitsverhältnis.[138] Dies gilt allerdings nicht uneingeschränkt: Seit Einführung des Günstigkeitsprinzips in die Betriebsverfassung durch den Großen Senat des BAG im Jahr 1986[139] kann eine günstigere arbeitsvertragliche Regelung nur dann durch eine ungünstigere Betriebsvereinbarung verdrängt werden, wenn zuvor vertraglich festgehalten wurden, dass eine Abänderung durch Betriebsvereinbarung erfolgen kann.

Ein zwingendes Mitbestimmungsrecht des Betriebsrats ergibt sich allerdings nur für die Verteilungsgrundsätze einer bereits eingeführten betrieblichen Altersversorgung aus § 87 Abs. 1 Nr. 8, 10 BetrVG; die Einführung einer betrieblichen Altersversorgung kann nur Gegenstand einer freiwilligen Betriebsvereinbarung nach § 88 Nr. 2 BetrVG sein.[140]

Die Regelungen einer Betriebsvereinbarung erfassen allerdings nicht diejenigen, die zur Zeit des Abschlusses bereits Betriebsrentner sind oder bereits aus dem Betrieb ausgeschieden sind. Der Betriebsrat kann nur die aktive Belegschaft vertreten, ist aber nicht legitimiert in Rechte von Pensionären einzugreifen.[141]

f. Tarifvertrag

Dass ein Tarifvertrag Rechtsgrundlage für einen Ruhegeldanspruch sein kann, ergibt sich aus § 17 Abs. 3 BetrAVG. Danach kann durch Tarifvertrag von an-

---

136 BAG, Urteil vom BAG, Urteil vom 5.10.1993 – 3 AZR 695/92, BB 1994, 222, 223; Förster/Cisch/Karst/*Cisch*, § 1 Rn. 140; MünchHdb. ArbR/*Andresen/Cisch*, § 144 Rn. 54.

137 Siehe dazu Richardi/*Richardi*, § 77 Rn. 23 ff.

138 ErfK/*Kania*, § 77 BetrVG Rn. 5.

139 BAG GS, Beschluss vom 16.9.1986 – GS 1/82, AP BetrVG 1972 § 77 Nr. 17.

140 Dazu ausführlicher Schaub/*Vogelsang*, § 84 Rn. 127 ff.

141 BAG GS, Beschluss vom 16.3.1956 – GS 1/55, NJW 1956, 1086, 1087; BAG, Urteil vom 18.5.1977 – 3 AZR 371/76, NJW 1977, 1982, 1982.

sonsten zwingenden Vorschriften des BetrAVG (§ 17 Abs. 3 S. 3 BetrAVG) sogar zu Ungunsten des Arbeitnehmers abgewichen werden. Die tarifvertraglichen Regelungen haben gemäß § 17 Abs. 3 S. 2 BetrAVG auch bei nichttarifgebundenen Arbeitgebern und Arbeitnehmern dann Wirkung für das Arbeitsverhältnis, wenn im Arbeitsvertrag auf den Tarifvertrag verwiesen wird. Dann haben die tarifvertraglichen Regelungen aber nicht (wie bei tarifgebundenen Arbeitgebern und Arbeitnehmern) gemäß § 4 Abs. 1 TVG normative Wirkung, sondern stellen eine arbeitsvertragliche Regelung dar.[142] Eine über die Tarifvertragsparteien hinausgehende normative Wirkung entfaltet die tarifvertragliche Regelung, wenn der Tarifvertrag gemäß § 5 TVG vom Bundesministerium für Arbeit und Soziales für allgemeinverbindlich erklärt wurde. Dann haben die Tarifnormen normative Wirkung für alle nicht tarifgebundenen Arbeitgeber und Arbeitnehmer im Geltungsbereich des Tarifvertrags (§ 5 Abs. 4 TVG).[143]

In der Privatwirtschaft sind Tarifverträge über betriebliche Altersversorgung eher selten.[144] Große Bedeutung hat diese Rechtsgrundlage allerdings im öffentlichen Dienst, wo die Zusatzversorgung tarifvertraglich geregelt ist.[145]

Die Regelungsmacht der Tarifvertragsparteien erfasst auch bereits aus dem Arbeitsleben ausgeschiedene Betriebsrentner.[146] Dies wird aus der Koalitionsfreiheit nach Art. 9 Abs. 3 GG abgeleitet, der im Rahmen des Tarifvertragsgesetzes lediglich konkretisiert wurde und der dem Wortlaut nach für „jedermann" gilt, so dass auch Ruhestandsverhältnisse von tarifvertraglichen Regelungen erfasst werden können.[147]

2. Durchführungswege

Die Frage, welchen Durchführungsweg der Arbeitgeber für die Durchführung der betrieblichen Altersversorgung gewählt hat, betrifft die Organisation der betrieblichen Altersversorgung.[148] Es geht darum, wer bei Eintritt des Versorgungsfalls die Leistungen zu erbringen hat und wie die hierfür erforderlichen finanziellen Mittel aufgebracht und verwaltet werden.

---

142 *Löwisch/Rieble*, § 3 Rn. 510.

143 *Löwisch/Rieble*, § 5 Rn. 25.

144 Schaub/*Vogelsang*, § 85 Rn. 21 m.w.N.

145 Vgl. § 25 TVöD, wonach die Beschäftigten nach Maßgabe des ATV bzw. des ATV-K einen Anspruch auf zusätzliche Alters- und Hinterbliebenenversorgung haben.

146 BAG, Urteil vom 21.8.2007 – 3 AZR 102/06, NZA 2008, 182, 186; Urteil vom 27.2.2007 – 3 AZR 734/05, NZA 2007, 1371, 1374.

147 BAG, Urteil vom 21.8.2007 – 3 AZR 102/06, NZA 2008, 182, 186.

148 Förster/Cisch/Karst/*Löschhorn*, § 1b Rn 27.

Die möglichen Durchführungswege für eine betriebliche Altersversorgung sind im BetrAVG abschließend aufgeführt, insgesamt sind es fünf Alternativen, aus denen der Arbeitgeber wählen kann. Grob unterschieden wird zwischen der unmittelbaren Durchführung durch den Arbeitgeber (Direktzusage, § 1 Abs. 1 S. 2 BetrAVG) und den mittelbaren Durchführungswegen (Direktversicherung, Pensionskasse, Pensionsfonds und Unterstützungskasse, § 1b Abs. 2 – 4 BetrAVG).

Bei der unmittelbaren Leistungszusage werden die versprochenen Leistungen unmittelbar aus dem Vermögen des Arbeitgebers erbracht. Im Falle der mittelbaren Durchführungswege bedient sich der Arbeitgeber externer Versorgungsträger. Allerdings haftet der Arbeitgeber gemäß § 1 Abs. 1 S. 3 BetrAVG unabhängig vom Durchführungsweg immer dafür, dass der Arbeitnehmer die zugesagten Leistungen auch tatsächlich erhält.[149] Dies war auch vor der gesetzlichen Normierung schon ein von der Rechtsprechung festgeschriebener Grundsatz.[150]

Die Unterscheidung zwischen den verschiedenen Durchführungswegen ist für die Frage der Insolvenz des Arbeitgebers und ihrer Folgen für den versorgungsberechtigten Arbeitnehmer von großer Bedeutung. Welche Gläubigerstellung dem Arbeitnehmer aufgrund seiner Versorgungszusage zusteht, inwieweit die gesetzliche Insolvenzsicherung greift und inwieweit der Insolvenzverwalter des Arbeitgebers auf das Vermögen, das für die Versorgung der Arbeitnehmer angesammelt wurde, zugreifen kann – das alles entscheidet sich im Grundsatz nach der Art des gewählten Durchführungswegs.

a. Direktzusage

Die Direktzusage (auch unmittelbare Zusage genannt) ist als einzige Durchführungsform der betrieblichen Altersversorgung nicht in § 1b BetrAVG, sondern direkt - sozusagen als „Grundform“ der betrieblichen Altersversorgung - in § 1 Abs. 1 S. 2 BetrAVG geregelt. Bei der Direktzusage verpflichtet sich der Arbeitgeber, die dem Arbeitnehmer versprochenen Leistungen selbst zu erbringen. Er haftet mit dem Betriebsvermögen, ein persönlich haftender Gesellschafter oder Einzelkaufmann auch mit dem Privatvermögen für die Erfüllung der Zusa-

---

149 MünchHdb. ArbR/*Andresen/Cisch*, § 143 Rn. 2; § 1 Abs. 1 S. 3 BetrAVG wurde im Jahr 2001 eingefügt durch das Altersvermögensgesetz (AVmG) vom 26.6.2001, BGBl. I S. 1310; siehe ausführlich zur Natur dieses Anspruchs unten unter § 3A.II.1., S. 100 f. und zur insolvenzrechtlichen Einordnung des Anspruchs unten unter § 3D., S. 296 ff.

150 BVerfG, Beschluss vom 3.12.1998 – 1 BvR 484/96, NZA 1999, 321, 322; BAG, Urteil vom 28.7.1992 – 3 AZR 173/92, AP BetrAVG § 1 Nr. 18 Gleichbehandlung; Urteil vom 15.5.1979 – 3 AZR 257/74, AP BGB § 242 Nr. 7 Ruhegehalt-VBL; ausführlich unten unter § 3A.II.1., S. 100 f.

ge.[151] Es wird kein externer Dritter in das Versorgungsverhältnis mit einbezogen.

Für die Verpflichtungen aus der Direktzusage muss der Arbeitgeber gemäß § 249 Abs. 1 S. 1 HGB Rückstellungen in der Unternehmensbilanz bilden. Denn Ansprüche der Arbeitnehmer aus betrieblicher Altersversorgung sind ungewisse Verbindlichkeiten im Sinne der Vorschrift.[152] Die Ungewissheit resultiert daraus, dass nicht feststeht, ob ein Versorgungsfall eintritt, und wenn ja, wie lange die Leistungen erbracht werden müssen.[153] Die Pensionsverpflichtungen sind nicht nur rückstellungsfähig, sondern es besteht sogar eine Pflicht, diese Rückstellungen zu bilden, also eine Passivierungspflicht nach § 249 Abs. 1 S. 1 HGB.[154] Diese Pflicht ergibt sich nach allgemeinen Bilanzierungsgrundsätzen schon bei der Entstehung der Verpflichtung, also bei der Erteilung der Versorgungszusage, und nicht erst bei deren Erfüllung.[155] Dies gilt nach Art. 28 Abs. 1 EGHGB aber nicht für Altzusagen, bei denen der Pensionsberechtigte seinen Rechtsanspruch vor dem 1.1.1987 erworben hat oder sich ein vor diesem Zeitpunkt erworbener Rechtsanspruch nach dem 31. 12.1986 erhöht. Für diese besteht ein Passivierungswahlrecht, wie es nach höchstrichterlicher Rechtsprechung bis zum Inkrafttreten des neuen Bilanzrechts 1986 der Fall war.[156]

Die Bewertung der Verpflichtungen nach steuerlichen Gesichtspunkten erfolgt nach § 6a EStG. Eine Pensionsrückstellung darf danach nur gebildet werden, wenn die Versorgungszusage mit einem Rechtsanspruch ausgestattet ist (§ 6a Abs. 1 Nr. 1 EStG), das Versorgungsversprechen nur unter eingeschränkten Voraussetzungen gemindert oder entzogen werden darf (§ 6a Abs. 1 Nr. 2 EStG) und die Pensionszusage schriftlich erteilt wurde (§ 6a Abs. 1 Nr. 3 EStG). Die fehlende Schriftform hat allerdings auf die arbeitsrechtliche Wirksamkeit der Versorgungszusage keine Auswirkung.[157]

Finanzwirtschaftlich gesehen bedeutet die Vorausfinanzierung über Pensionsrückstellungen, dass das für die betriebliche Altersversorgung vorgesehene

---

151 Förster/Cisch/Karst/*Löschhorn*, § 1b Rn. 30; MünchHdb. ArbR/*Andresen/Cisch*, § 143 Rn. 3.

152 Baumbach/Hopt/*Merkt*, § 249 HGB Rn. 5; MüKo-HGB/*Ballwieser*, § 249 HGB Rn. 28.

153 MünchHdb. ArbR/*Andresen/Cisch*, § 143 Rn. 11.

154 BGH, Urteil vom 28.1.1991 – II ZR 20/90, NJW 1991, 1890, 1890; Koller/Roth/Morck/*Morck*, § 249 HGB Rn. 3.

155 Blümich/*Heger*, § 6a EStG Rn. 1.

156 BGH, Urteil vom 27. 2. 1961 - II ZR 292/59, NJW 1961, 1063, 1064; MüKo-HGB/*Ballwieser*, § 249 Rn. 31; siehe zu den Neu- und Altfällen genauer unten unter § 3A.I., S. 96 ff.

157 BGH, Urteil vom 20.12.1992 – II ZR 217/92, AP BetrAVG § 1 Nr. 5 Unverfallbarkeit.

Kapital im Unternehmen verbleibt und für Investitionen zur Verfügung steht. Zudem fließen keine Finanzierungsbeiträge an externe Versorgungsträger ab.[158] Das Risiko des Eintritts des Versorgungsfalls und der Frage, wie lange Rentenzahlungen zu leisten sind, liegt bei der Direktzusage ausschließlich beim Arbeitgeber. Dieses Risiko wird umso weniger schwerwiegend, je breiter es gestreut ist, so dass es in größeren Unternehmen kalkulierbarer ist als in kleineren.[159] Das ist der Grund, warum die Direktzusage in größeren Unternehmen auch weiter verbreitet ist. Auch die langfristige Belastung, die durch eine Direktzusage entsteht, macht sie für kleinere Betriebe weniger attraktiv.[160]

Häufig werden zur Absicherung von Direktzusagen Rückdeckungsversicherungen abgeschlossen (siehe dazu unten unter § 3A.IV.2., S. 147 ff.). Dabei sichert der Arbeitgeber sich gegen die finanziellen Risiken der von ihm zugesagten Pensionsversprechen ganz oder teilweise durch Abschluss einer Rückdeckungsversicherung ab, die auf die Person des Arbeitnehmers bei einem Lebensversicherungsunternehmen abgeschlossen wird.[161] Lässt sich der Arbeitgeber die Versicherung vor Eintritt des Versorgungsfalls auszahlen, ist das für den Anspruch des Arbeitnehmers aus der Versorgungszusage ohne Bedeutung.[162] Häufig werden die Ansprüche aus diesen Versicherungen dem Arbeitnehmer abgetreten oder das Bezugsrecht an ihn verpfändet, um die Versorgungsanwartschaft abzusichern.[163]

b. Direktversicherung

Die Direktversicherung als Durchführungsweg der betrieblichen Altersversorgung ist in § 1b Abs. 2 S. 1 BetrAVG legal definiert. Es handelt sich bei ihr um eine Lebensversicherung, die durch den Arbeitgeber auf das Leben des Arbeitnehmers abgeschlossen wird und bei der der Arbeitnehmer oder seine Hinterbliebenen hinsichtlich der Leistungen des Versicherers ganz oder teilweise bezugsberechtigt sind. Direktversicherungen erbringen Versorgungsleistungen nach versicherungsrechtlichen Grundsätzen, unterfallen damit dem Versicherungsaufsichtsgesetz (VAG) und unterstehen folglich der Aufsicht der Bundes-

158 MünchHdb. ArbR/*Andresen/Cisch*, § 143 Rn. 17 ff. m.w.N.

159 *Blomeyer/Rolfs/Otto*, § 1 Rn. 204 m.w.N.

160 Schaub/*Vogelsang*, § 84 Rn. 119.

161 *Blomeyer/Rolfs/Otto*, § 1 Rn. 208.

162 BAG, Urteil vom 14.7.1972 – 3 AZR 63/72, AP BGB § 242 Nr. 2 Ruhegehalt-Lebensversicherung.

163 Schaub/*Vogelsang*, § 84 Rn. 116; zur den insolvenzrechtlichen Folgen siehe unten unter § 3B.V, S. 260 ff.; zu weiteren Finanzierungsoptionen siehe *Blomeyer/Rolfs/Otto*, § 1 Rn. 205 ff.

anstalt für Finanzdienstleistungen (BaFin).[164] Wegen des geringen Verwaltungsaufwands und ihrer Übersichtlichkeit ist die Direktversicherung insbesondere bei mittelständischen Unternehmen sehr beliebt.[165]

Die Direktversicherung ist geprägt von einem dreiseitigen Vertragsverhältnis (siehe dazu ausführlicher unten unter § 3B.I., S. 169 f.): Zwischen Arbeitgeber und Arbeitnehmer besteht das Valutaverhältnis (oder auch Innenverhältnis), innerhalb dessen der Arbeitgeber dem Arbeitnehmer eine Zusage auf Leistungen der betrieblichen Altersversorgung aus der Direktversicherung erteilt. Mit dem Versicherungsunternehmen schließt der Arbeitgeber einen Versicherungsvertrag, zwischen ihnen besteht das Deckungs- oder auch Außenverhältnis. Der Arbeitnehmer wird in dem Versicherungsvertrag als versicherte Person, dem die Bezugsberechtigung[166] für die Versicherungsleistungen zusteht, bestimmt. Vertragspartner der Versicherung ist aber nur der Arbeitgeber. Schließt der Arbeitnehmer den Vertrag selbst mit dem Versicherungsunternehmen, handelt es sich nicht um eine Direktversicherung im Sinne des BetrAVG, selbst wenn der Arbeitgeber die Beiträge erstattet oder der Vertragsschluss im Rahmen eines zuvor vom Arbeitgeber ausgehandelten Gruppenversicherungsvertrags erfolgt.[167] Der Versicherungsvertrag zwischen Arbeitgeber und Versicherungsunternehmen wird für fremde Rechnung geschlossen und stellt somit einen echten Vertrag zugunsten Dritter (§ 328 Abs. 1 BGB) dar.[168]

Zwischen dem Versicherungsunternehmen und dem Arbeitnehmer besteht das Zuwendungsverhältnis, das jedoch keinerlei vertragliche Vereinbarung beinhaltet. Aufgrund des im Versicherungsvertrag mit dem Arbeitgeber vereinbarten Bezugsrechts des Arbeitnehmers ist die Versicherung verpflichtet, die Leistungen aus der Versicherung im Versorgungsfall an den Arbeitnehmer zu entrichten (siehe unten unter § 3B.I., S. 169 f.). Dieses Bezugsrecht kann verschieden ausgestaltet sein. Es kann widerruflich oder unwiderruflich vereinbart werden.

---

164 MünchHdb. ArbR/*Andresen/Cisch*, § 143 Rn. 21.

165 Förster/Cisch/Karst/*Löschhorn*, § 1b Rn. 44.

166 Als Bezugsberechtigung wird versicherungsrechtlich die Anwartschaft des Arbeitnehmers auf die Versorgungsleistungen bezeichnet; *Blomeyer/Rolfs/Otto*, § 1b Rn. 160, siehe dazu genauer unten unter § 3B.I., S. 169 f.

167 BAG, Urteil vom 10.3.1992 – 3 AZR 153/91, NZA 1993, 25, 26; *Blomeyer/Rolfs/Otto*, § 1 Rn. 215; Schaub/*Vogelsang*, § 87 Rn. 40.

168 ErfK/*Steinmeyer*, § 1b BetrAVG Rn. 41; MüKo-BGB/*Gottwald*, § 328 Rn. 39, 80; Palandt/*Grüneberg*, § 328 Rn. 12; siehe zur Herleitung genauer unten unter § 3B.I., S. 169 f.

Im Falle des widerruflichen Bezugsrechts[169] kann der Arbeitgeber als Versicherungsnehmer die Person des Bezugsberechtigten einseitig ändern. Tut der Arbeitgeber dies vor Eintritt des Versicherungsfalls, so hat der Arbeitnehmer keinen Anspruch auf Leistungen aus dem Versicherungsvertrag. Er erwirbt gemäß § 159 Abs. 2 VVG das Recht auf die Leistung erst mit Eintritt des Versicherungsfalls. Zudem kann der Arbeitgeber in diesem Fall den Anspruch aus dem Versicherungsvertrag beleihen, abtreten oder verpfänden.[170] Insofern hat der Arbeitnehmer zwar eine versicherungsrechtliche Anwartschaft, die jedoch keine gesicherte Rechtsposition darstellt, da sie ihm jederzeit durch den Arbeitgeber entzogen werden kann. Gemäß § 159 Abs. 1 VVG ist im Zweifel von einem widerruflichen Bezugsrecht auszugehen. Versicherungsrechtlich ist es dem Arbeitgeber in diesem Fall jederzeit möglich, das Bezugsrecht zu widerrufen. Arbeitsrechtlich kann er sich allerdings gegenüber dem Arbeitnehmer schadensersatzpflichtig machen, denn ein Widerruf ist arbeitsrechtlich gesehen unter bestimmten Voraussetzungen unzulässig. Dies ist zum einen gemäß § 1b Abs. 5 S. 2 BetrAVG der Fall, wenn die Direktversicherung durch Entgeltumwandlung finanziert wird, denn der Arbeitgeber ist dann von Anfang an zur Einräumung eines unwiderruflichen Bezugsrechts verpflichtet. Zum anderen ist gemäß § 1b Abs. 2 S. 1, 2 BetrAVG ein Widerruf rechtswidrig, wenn die Anwartschaft bereits unverfallbar ist.[171] Eine Vereinbarung, die eine Widerruflichkeit nach diesem Zeitpunkt vorsieht, ist unwirksam. Das alles ändert jedoch nichts daran, dass der Arbeitgeber im Verhältnis zum Versicherungsunternehmen das Bezugsrecht immer noch widerrufen kann. Allerdings haftet er dann – neben einem möglichen Schadensersatzanspruch – aufgrund seiner Ausfallhaftung gemäß § 1 Abs. 1 S. 3 BetrAVG gegenüber dem Arbeitnehmer unmittelbar und muss den Versorgungsberechtigte so stellen, als sei der Widerruf nicht erfolgt.[172] (Siehe zum Ganzen ausführlich unten unter § 3B.II.1.a., S. 174 ff.)

Das unwiderrufliche Bezugsrecht verschafft dem Arbeitnehmer eine ungleich sicherere Position.[173] Gemäß § 159 Abs. 3 VVG erwirbt er das Recht auf die Versicherungsleistung schon mit der Bezeichnung als Bezugsberechtigter. Dem Arbeitgeber ist es dann weder arbeitsrechtlich noch versicherungsrechtlich

---

169 Siehe zur insolvenzrechtlichen Einordnung ausführlich unten unter § 3B.II.1., S. 172 ff.

170 ErfK/*Steinmeyer*, § 1b BetrAVG Rn. 42; Förster/Cisch/Karst/*Löschhorn*, § 1b Rn. 38; siehe zu den Möglichkeiten der wirtschaftlichen Nutzung der Direktversicherung vor Fälligkeit der Leistungen *Leichum*, S. 57 ff.

171 Zum Zeitpunkt der Unverfallbarkeit von Versorgungsanwartschaften siehe unten unter § 2C.III.3.b(2), S. 87 ff.

172 BAG, Urteil vom 28.7.1987 – 3 AZR 694/85, NZA 1988, 159, 160; *Blomeyer/Rolfs/Otto*, Anhang zu § 1 Rn. 732; ErfK/*Steinmeyer*, § 1b BetrAVG Rn. 44.

173 Zur insolvenzrechtlichen Einordnung siehe unten unter § 3B.II.2., S. 198 ff.

möglich, das Bezugsrecht zu widerrufen.[174] Der Arbeitgeber darf die Ansprüche aus der Versicherung nur mit Zustimmung des Arbeitnehmers verwerten[175], der Arbeitnehmer hingegen kann als unwiderruflich Bezugsberechtigter sein Recht wirtschaftlich nutzen und es beleihen oder verpfänden.[176] Dieses Recht wird jedoch zumeist vertraglich ausgeschlossen sein, da eine Beleihung oder Verpfändung dem Sinn der betrieblichen Altersversorgung, den Lebensstandard im Alter aufrecht erhalten zu können, entgegensteht.[177] Für den Fall des Ausscheidens des Arbeitnehmers aus dem der Versorgungszusage zugrunde liegenden Arbeitsverhältnis verbietet § 2 Abs. 2 S. 4 BetrAVG sogar eine Beleihung oder Verpfändung der Ansprüche insoweit, als sie aus den Beitragszahlungen des Arbeitgebers resultieren.[178]

Eine weitere Ausgestaltungsmöglichkeit für die Bezugsberechtigung ist das sog. beschränkt unwiderrufliche Bezugsrecht. Dabei wird dem Arbeitnehmer zwar grundsätzlich ein unwiderrufliches Bezugsrecht gewährt, was jedoch unter gewissen Vorbehalten steht. Sind diese Vorbehalte erfüllt, so ist das Bezugsrecht doch widerruflicher Natur. Der vom Arbeitgeber hierbei gesetzte Vorbehalt ist typischerweise die Beendigung des Arbeitsverhältnisses vor Eintritt der Unverfallbarkeit der Versicherungsanwartschaft. Für den Arbeitgeber ist diese Form der Bezugsberechtigung von Vorteil, weil hierdurch seine Beitragszahlungen zur Insolvenzsicherung begrenzt werden (§ 10 Abs. 3 Nr. 2 BetrAVG).[179] (Siehe zum Ganzen und zur Frage der insolvenzrechtlichen Einordnung unten unter § 3B.II.3., S. 226 ff.)

Die Frage, welche Art des Bezugsrechts der Arbeitgeber dem Arbeitnehmer gewährt, ist von großer Bedeutung für die Folgen der Insolvenz des Arbeitgebers für die Ansprüche des Arbeitnehmers aus der Direktversicherung. Insbesondere zu den beschränkt unwiderruflichen Bezugsrechten bestehen hier große Unklarheiten und eine uneinheitliche Rechtsprechung.[180]

---

174 *Blomeyer/Rolfs/Otto*, Anhang zu § 1 Rn. 734; Schaub/*Vogelsang*, § 87 Rn. 51.

175 BGH, Urteil vom 19.6.1996 – IV ZR 243/95, NJW 1996, 2731, 2732.

176 ErfK/*Steinmeyer,* § 1b BetrAVG Rn. 42; Schaub/*Vogelsang*, § 87 Rn. 51.

177 *Blomeyer/Rolfs/Otto*, Anhang zu § 1 Rn. 734; Schaub/ *Vogelsang*, § 87 Rn. 51.

178 Siehe dazu *Leichum*, S. 62 f.; zur Frage, inwieweit die Vorschrift die Einziehung des Rückkaufswerts durch den Arbeitnehmer hindert, siehe unten unter § 3B.II.2.d(4), S. 222 ff.

179 Zur Beitragszahlung zur Insolvenzsicherung der betrieblichen Altersversorgung siehe unten unter § 2C.II., S. 77 ff.

180 Siehe dazu unten unter § 3B.II.3., S. 226 ff.

c. *Pensionskasse*

Nach der Legaldefinition des § 1b Abs. 3 S. 1 BetrAVG ist eine Pensionskasse eine rechtsfähige Versorgungseinrichtung, die dem Arbeitnehmer oder seinen Hinterbliebenen einen Rechtsanspruch auf ihre Leistungen gewährt. Das unterscheidet sie von der Unterstützungskasse, die nach der Legaldefinition des § 1b Abs. 4 S. 1 BetrAVG gerade keinen Rechtsanspruch auf Leistungen gewährt (siehe unten unter § 2A.II.2.e., S. 36 ff.). Zumeist erfolgt die Errichtung einer Pensionskasse in der Privatwirtschaft als Versicherungsverein auf Gegenseitigkeit (VVaG), in neuerer Zeit auch als Aktiengesellschaft.[181]

Als Unternehmen, das ein Versicherungsgeschäft betreibt, fällt die Pensionskasse unter § 1 VAG und somit unter die Versicherungsaufsicht der BaFin. Mit der Definition in § 118a VAG, wonach die Pensionskasse ein rechtlich selbständiges Lebensversicherungsunternehmen ist, dessen Zweck die Absicherung wegfallenden Erwerbseinkommens wegen Alters, Invalidität oder Tod ist, lehnt sich das VAG an das BetrAVG an. Aufgrund des sachlich, örtlich oder dem Personenkreis nach begrenzten Wirkungskreises sind viele der Pensionskassen kleinere Verein im Sinne von § 53 VAG[182], für die in den §§ 53, 53b VAG besondere Vorschriften gelten.

Auch im Falle der Pensionskasse bestehen, wie auch schon bei der Direktversicherung, dreiseitige Vertragsverhältnisse. Allerdings ist hier – zumindest im Falle des weiter verbreiteten VVaG – in der Regel nicht wie bei der Direktversicherung der Arbeitgeber, sondern der Arbeitnehmer selbst Versicherungsnehmer.[183] Er wird freiwillig oder auch aufgrund einer Verpflichtung durch den Arbeitsvertrag Mitglied in der Pensionskasse und gehört ihr grundsätzlich nur während des Bestandszeitraums des Arbeitsverhältnisses an.[184] Parallel zu diesem Mitgliedschaftsverhältnis besteht das Versicherungsverhältnis (sog. regulierte Pensionskasse). Bei der Rechtsform der AG hingegen ist auch bei der Pensionskasse der Arbeitgeber Versicherungsnehmer (sog. deregulierte Pensionskasse).[185] Zwischen Arbeitgeber und Arbeitnehmer besteht auch hier im Rahmen des Arbeitsverhältnisses die Versorgungszusage, für die der Arbeitgeber im Zweifel auch selbst gemäß § 1 Abs. 1 S. 3 BetrAVG einzustehen hat. Die Finan-

---

181 *Blomeyer/Rolfs/Otto*, Anhang zu § 1 Rn. 806; zur insolvenzrechtlichen Einordnung in Abhängigkeit von der Rechtsform der Pensionskasse siehe oben unter § 3C.I., S. 266 ff.

182 *Klatt*, S. 70.

183 *Blomeyer/Rolfs/Otto*, Anhang zu § 1 Rn. 806; *Klatt*, S. 109; siehe auch unten unter § 3C.I.1., S. 268 f.

184 Schaub/*Vogelsang*, § 84 Rn. 120.

185 *Blomeyer/Rolfs/Otto*, Anhang zu § 1 Rn. 806; siehe auch oben unter § 3C.I.2., S. 272.

zierung der Pensionskasse erfolgt meist durch den Arbeitgeber, kann aber auch durch Arbeitnehmeranteile mitfinanziert werden.[186]

Im öffentlichen Dienst sind die Pensionskassen öffentlich-rechtlich organisiert und werden dann als Zusatzversorgungseinrichtungen oder als Zusatzversorgungsanstalten bezeichnet.[187]

d. Pensionsfonds

Der Pensionsfonds wurde zum 1.1.2002 als neuer Durchführungsweg der betrieblichen Altersversorgung eingeführt.[188] Er unterfällt der gleichen gesetzlichen Definition in § 1b Abs. 3 S. 1 BetrAVG wie die Pensionskasse, ist also eine rechtsfähige Versorgungseinrichtung, die dem Arbeitnehmer oder seinen Hinterbliebenen einen Rechtsanspruch gewährt. Auch der Pensionsfonds unterliegt gemäß § 1 Abs. 1 Nr. 2 VAG der Versicherungsaufsicht der BaFin. Genauer bestimmt werden der Begriff und die Merkmale des Pensionsfonds durch die §§ 112 ff. VAG. (Siehe dazu ausführlicher unten unter § 3C.II., S. 274 ff.)

Im Vergleich zur Direktversicherung und zur Pensionskasse zeichnet sich der Pensionsfonds dadurch aus, dass ihm größere Freiheiten für die Anlage der auf ihn übertragenen Vermögensbestandteile zustehen und damit im Umkehrschluss ein höheres Anlagerisiko erlaubt ist.[189] Der versicherungsrechtlich entscheidende Unterschied zur Pensionskasse liegt darin, dass der Pensionsfonds gemäß § 112 Abs. 1 Nr. 2 VAG die Höhe der Leistungen oder die Höhe der für diese Leistungen zu entrichtenden künftigen Beiträge nicht für alle vorgesehenen Leistungsfälle durch versicherungsförmige Garantien zusagen darf.[190] Im Unterschied zu Pensionskassen oder Versicherungsunternehmen bei Lebensversicherungen in Form von Direktversicherungen muss also entweder die Höhe der Leistung unbestimmt bleiben oder aber die Höhe der Beiträge für einzelne Leistungsfälle.[191] Unter Umständen muss der Arbeitgeber selbst die Differenz zwischen den dem Arbeitnehmer zugesagten Leistungen und den vom Pensions-

---

186 MünchHdb. ArbR/*Andresen/Cisch*, § 143 Rn. 54; Schaub/*Vogelsang*, § 84 Rn. 120.

187 Siehe zu den verschiedenen Versorgungsanstalten *Blomeyer/Rolfs/Otto*, § 18 Rn. 5 f. m.w.N.

188 Eingefügt durch das Gesetz zur Reform der gesetzlichen Rentenversicherung und zur Förderung eines kapitalgedeckten Altersvorsorgevermögens (Altersvermögensgesetz - AVmG) vom 26.6.2001, BGBl. I, S. 1310.

189 Bericht des Ausschusses für Arbeit und Sozialordnung zum AVmG, BT-Drucks. 14/5150, S. 53; MünchHdb. ArbR/*Andresen/Cisch*, § 143 Rn. 65; Schaub/*Vogelsang*, § 84 Rn. 126.

190 *Ulrbich/Nattermann*, DZWIR 2002, 449, 452.

191 Fahr/Kaulbach/Bähr/Pohlmann/*Bähr*, § 112 Rn. 14.

fonds tatsächlich erbrachten Leistungen nach § 1 Abs. 1 S. 3 BetrAVG aufbringen.[192]

Als Rechtsformen für den Pensionsfonds kommen gemäß § 113 Abs. 2 Nr. 3 VAG die Aktiengesellschaft und der Pensionsfondsverein auf Gegenseitigkeit (PVaG) in Betracht.[193]

Auch beim Pensionsfonds besteht ein dreiseitiges Vertragsverhältnis. Im Rahmen des arbeitsvertraglichen Grundverhältnisses entsteht der Versorgungsanspruch des Arbeitnehmers gegen den Arbeitgeber. Vertragspartner des Pensionsfonds ist regelmäßig der Arbeitgeber.[194] Nach der Definition des § 1b Abs. 3 S. 1 BetrAVG bzw. nach § 112 Abs. 2 Nr. 3 VAG muss dem Arbeitnehmer jedoch auch ein eigener Rechtsanspruch gegen den Pensionsfonds eingeräumt werden.[195] Der Arbeitgeber ist zur Beitragszahlung gegenüber dem Pensionsfonds verpflichtet.[196]

e. *Unterstützungskasse*

Eine Unterstützungskasse ist gemäß § 1b Abs. 4 S. 1 BetrAVG eine rechtsfähige Versorgungseinrichtung, die auf ihre Leistungen keinen Rechtsanspruch gewährt. Der Ausschluss eines Rechtsanspruchs des Arbeitnehmers auf die Versorgungsleistungen der Unterstützungskasse unterscheidet sie von der Pensionskasse, die per Definition dem Arbeitnehmer einen Rechtsanspruch gewähren muss (siehe oben unter § 2A.II.2.c., S. 34). Unterstützungskassen unterliegen nicht der staatlichen Versicherungsaufsicht.

Der nach der Legaldefinition ausgeschlossene Rechtsanspruch auf Leistungen der Unterstützungskasse hat historische Gründe[197] und vermeidet die Anwendung des Versicherungsaufsichtsrechts.[198] Trotzdem stehen die Arbeitnehmer nicht schutzlos der Willkür der Unterstützungskasse und des Arbeitgebers gegenüber. Faktisch ist der Ausschluss des Anspruchs aufgrund der Rechtsprechung des BAG und des BVerfG bedeutungslos geworden.[199] Das BAG sieht in dem Anspruchsausschluss lediglich ein an sachliche Gründe gebundenes Wider-

192 Förster/Cisch/Karst/*Löschhorn* § 1b Rn. 67.

193 Siehe dazu und zur Frage der insolvenzrechtlichen Einordnung genauer unten unter § 3C.II.2., S. 277 ff.

194 Siehe dazu unten unter § 3C.II.1., S. 276 f..

195 MünchHdb. ArbR/*Andresen/Cisch*, § 143 Rn. 71.

196 Siehe dazu unten unter § 3C.II.2., S. 277.

197 Siehe dazu *Blomeyer*, BB 1980, 789, 789 f.

198 *Ahnert*, S. 73.

199 MünchHdb. ArbR/*Andresen/Cisch*, § 143 Rn. 86.

rufsrecht.[200] Begründet wird dies mit dem Grundsatz des Vertrauensschutzes, dem im Rahmen der betrieblichen Altersversorgung eine besondere Bedeutung zugesprochen wird. Die Rechtsprechung des BAG wurde vom BVerfG bestätigt.[201] Das Gericht spricht dem Grundsatz des Vertrauensschutzes als Ausfluss des Rechtsstaatsprinzips Verfassungsrang zu und billigt die Auslegungsregel des BAG, wonach eine Ausschlussklausel als ein bei sachlichen Gründen bestehendes Widerrufsrecht ausgelegt werden kann. Faktisch steht damit dem Arbeitnehmer ein Anspruch auf Leistungen der Unterstützungskasse zu.

Die Wahl der Rechtsform für die Unterstützungskasse ist grundsätzlich frei. Es wird zumeist die Form der GmbH oder eines eingetragenen Vereins gewählt, vereinzelt auch die der Stiftung, die dann jedoch einer Vielzahl an bundes- und landesrechtlichen Vorschriften und der Stiftungsaufsicht unterliegt.[202] Eine Unterstützungskasse kann die Arbeitnehmer eines oder mehrerer Arbeitgeber versorgen. Tut sie es für mehrere Arbeitgeber des gleichen Konzerns, handelt es sich um eine Konzern-Unterstützungskasse; handelt es sich um mehrere voneinander unabhängige Arbeitgeber, spricht man von einer Gruppen-Unterstützungskasse.[203]

Auch bei der Unterstützungskasse handelt es sich um einen externen Versorgungsträger, bei dem ein Sondervermögen für die Versorgung der Betriebsrentner angelegt wird, das durch Zuwendungen der Trägerunternehmen oder durch Vermögenserträge aufgebaut wird; selten geschieht dies auch durch Zuwendungen Dritter.[204] Da die Unterstützungskasse wegen des nach der Legaldefinition nicht bestehenden Rechtsanspruchs nicht der Versicherungsaufsicht unterliegt, ist sie in Wahl der Anlageformen für das Sondervermögen frei; es kann z.B. auch als Darlehen dem Trägerunternehmen wieder zur Verfügung gestellt werden.[205]

---

200 St. Rspr.: BAG, Urteil vom 18.11.2008 – 3 AZR 417/07, DB 2009, 1079, 1079; Urteil vom 31.7.2007 – 3 AZR 373/06, ZIP 2007, 2326, 2327; Urteil vom 26.8.1997 – 3 AZR 235/96, NZA 1998, 817, 819; Urteil vom 5.6.1984 – 3 AZR 33/84, NZA 1985, 22, 22; Urteil vom 10.11.1977 – 3 AZR 705/76, AP BGB § 242 Nr. 8 Ruhegehalt-Unterstützungskassen.

201 BVerfG, Beschluss vom 16.2.1987 – 1 BvR 957/79, AP BetrAVG § 1 Nr. 12 Unterstützungskassen; Beschluss vom 19.10.1983 – 2 BvR 298/81, NJW 1984, 476, 478.

202 *Ahnert*, S. 74; *Blomeyer*, BB 1980, 789, 789; *Blomeyer/Rolfs/Otto*, § 1 Rn. 257; MünchHdb. ArbR/*Andresen/Cisch*, § 143 Rn. 84.

203 MünchHdb. ArbR/*Andresen/Cisch*, § 143 Rn. 83.

204 *Blomeyer/Rolfs/Otto*, § 1 Rn. 259.

205 *Blomeyer/Rolfs/Otto*, § 1 Rn. 263 f.; Förster/Cisch/Karst/*Löschhorn*, § 1b Rn. 82; MünchHdb. ArbR/*Andresen/Cisch*, § 143 Rn. 85.

Auch im Falle der betrieblichen Altersversorgung über eine Unterstützungskasse bestehen drei verschiedene Rechtsbeziehungen. Der Arbeitgeber ist der Unterstützungskasse gegenüber regelmäßig im Rahmen von besonderen Vereinbarungen über die Dotierung zur Gewährung von Zuwendungen verpflichtet, damit die Kasse ihren satzungsmäßigen Zweck erfüllen kann.[206] Grundsätzlich steht es dem Arbeitgeber mangels gesetzlicher Vorgaben aber frei, inwieweit er die Kasse ausstatten will und welche Verpflichtungen er deswegen eingeht.[207] Scheidet ein Arbeitgeber aus einer Gruppenunterstützungskasse aus, muss die Kasse nicht mehr für die Versorgung seiner Arbeitnehmer aufkommen. Der Arbeitgeber muss die Rentenzahlungen dann selbst übernehmen.[208] Die Kasse übernimmt mit der Gewährung des Ruhegeldes ein Geschäft des Arbeitgebers, zu dem dieser aus der Versorgungszusage heraus verpflichtet ist. Insofern besteht ein Auftragsverhältnis, was dazu führt, dass die Kasse einen Anspruch auf Gewährung der erforderlichen Mittel zur Versorgung der Betriebsrentner aus § 670 BGB hat.[209]

Zwischen Arbeitnehmer und Arbeitgeber besteht auch hier im arbeitsrechtlichen Grundverhältnis die Versorgungszusage. Auch im Falle der Unterstützungskasse haftet der Arbeitgeber selbst bei Nichterfüllung der versprochenen Leistungen durch die Unterstützungskasse (z.B. wegen nicht ausreichender Ausstattung oder – wie oben schon erwähnt – durch den Austritt des Arbeitgebers aus einer Gruppen-Unterstützungskasse) gemäß § 1 Abs. 1 S. 3 BetrAVG.[210] Gegen diese Risiken kann sich der Arbeitgeber durch den Abschluss einer Rückdeckungsversicherung absichern (siehe dazu unten unter § 3C.III.3., S. 292 f.).

---

206 Notwendig ist eine solchen Vereinbarung aber nicht zwingend, vgl. Schaub/*Vogelsang*, § 87 Rn. 18.

207 *Ahnert*, S. 56.

208 BAG, Urteil vom 22.10.1991 – 3 AZR 486/90, NZA 1992, 934, 935; Urteil vom 3.2.1987 – 3 AZR 208/85, NZA 1989, 22, 22.

209 BAG, Urteil vom 10.11.1977 – 3 AZR 705/76, AP BGB § 242 Nr. 8 Ruhegehalt-Unterstützungskassen.

210 BAG, Urteil vom 25.1.2000 – 3 AZR 908/98, EzA BetrAVG § 1 Nr. 12 Unterstützungskasse; Urteil vom 23.2.1987 – 3 AZR 208/85, NZA 1989, 22, 23; siehe zur der Entwicklung der verschiedenen Begründungen der Rechtsprechung für dieses Ergebnis Schaub/*Vogelsang*, § 87 Rn. 15 f.; *Blomeyer/Rolfs/Otto*, Anhang zu § 1 Rn. 967; Förster/Cisch/Karst/*Löschhorn*, § 1b Rn. 86; MünchHdb. ArbR/*Andresen/Cisch*, § 143 Rn. 88; zur insolvenzrechtlichen Einordnung des Anspruchs siehe unten unter § 3D.II., S. 304 ff.

3. Inhalt der Zusage

Neben der Frage, wie Ansprüche auf betriebliche Altersversorgung entstehen können und welche Durchführungswege für sie zur Verfügung stehen, ist für den Arbeitnehmer vor allem von Bedeutung, was er von der erteilten Zusage erwarten kann. Zum einen wird er sich fragen, was der Arbeitgeber verspricht zu leisten: eine konkret festgelegte Versorgungsleistung oder vielleicht nur das Aufbringen bestimmter Finanzierungsbeiträge? Erstere geht mit einer weitaus größeren Planungssicherheit für die Arbeitnehmer einher, sie können sich konkret darauf einstellen, was sie im Alter bzw. im Falle der Invalidität bzw. ihre Hinterbliebenen im Falle ihres Todes an Zuwendungen zu erwarten haben. Im zweiten Fall können sie darauf nicht vertrauen. Spiegelbildlich dazu bringt eine Versorgungzusage, die sich nur auf bestimmte Finanzierungsbeiträge bezieht, dem Arbeitgeber die größere Planungssicherheit. Zudem stellt sich die Frage der Finanzierung: Wird sie komplett vom Arbeitgeber übernommen oder teilweise oder sogar ganz vom Arbeitnehmer selbst finanziert?

Außerdem stellt sich auch die Frage, was der Arbeitnehmer als Versorgungsleistung erhalten kann: eine laufende Rentenleistung, eine einmalige Kapitalzahlung oder auch andere, nicht monetäre Leistungen, wie Rabatte oder andere Vergünstigungen.

Bevor nun die verschiedenen möglichen Inhalte der Zusage beschrieben werden, soll zunächst kurz dargestellt werden, für was der im Verlauf der Darstellung schon häufig verwendete Begriff der Zusage eigentlich steht.

a. Begriff der Zusage

Das BetrAVG enthält keine Definition des Begriffs Zusage. Es verwendet es in zwei unterschiedlichen Arten: In §§ 1 Abs. 1 S. 1, 7 Abs. 5 und 17 Abs. 1 S. 2 BetrAVG wird die Zusage als Oberbegriff für alle Versorgungsvereinbarungen zwischen Arbeitgeber und Arbeitnehmer unabhängig von der Durchführungsform oder der Rechtsgrundlage verwendet. Darunter fallen dann sowohl über externe Versorgungsträger (Direktversicherung, Pensionskasse, Pensionsfonds, Unterstützungskasse) als auch aus dem Arbeitgeber-Vermögen direkt erbrachte Versorgungsleistungen (Direktzusage). Unerheblich ist auch die Rechtsgrundlage der Versorgungsverpflichtung. Sie kann auf einer zwischen Arbeitgeber und Arbeitnehmer (Einzelvereinbarung, arbeitsvertragliche Einheitsregelung, Gesamtzusage), aber auch auf zwischen Arbeitgeber und Betriebsrat (Betriebsvereinbarung) oder auf zwischen den Tarifvertragsparteien getroffenen Vereinbarungen beruhen. Die Betriebsvereinbarung und der Grundsatz der Gleichbehandlung werden dem in § 1b Abs. 1 S. 4 BetrAVG gleichgestellt. Auch die Finanzierung ist für diesen Oberbegriff unerheblich, er kann sowohl arbeitgeberseitige als auch arbeitnehmerseitige Finanzierung betreffen.

Anders wird der Begriff der Zusage in § 7 Abs. 1 S. 1 BetrAVG verwendet, nämlich als „unmittelbare Versorgungszusage". In diesem Zusammenhang bezieht sich der Begriff lediglich auf die Direktzusage (siehe oben unter § 2A.II.2.a, S. 28 ff.) als Durchführungsform.

Allgemein wird der isolierte Begriff der Zusage allerdings als der oben beschriebene Oberbegriff für alle aus dem Valutaverhältnis zwischen Arbeitgeber und Arbeitnehmer entstammenden Versorgungsvereinbarungen verwendet.[211] Auch das BAG benutzt den Begriff i.w.S., also als Oberbegriff für alle Durchführungswege, Rechtsgrundlagen und Finanzierungsformen.[212]

b. Versorgungsversprechen

Nachdem oben aufgezeigt wurde, dass der Begriff der Zusage isoliert keine Einschränkung des Inhalts der Versorgungszusage des Arbeitgebers erlaubt, soll nun genauer darauf eingegangen werden, welche Arten von Versorgungsversprechen dem Arbeitgeber nach dem BetrAVG zur Verfügung stehen. Denn nicht nur die Durchführungswege der betrieblichen Altersversorgung sind vom BetrAVG abschließend festgelegt, auch die verschiedenen Leistungsformen, die ein Arbeitgeber zusagen kann, sind in § 1 Abs. 1 S. 1, Abs. 2 BetrAVG aufgeführt. Das BetrAVG kennt die Leistungszusage, die beitragsorientierte Leistungszusage und die Beitragszusage mit Mindestleistung. Die Finanzierung kann allein vom Arbeitgeber vorgenommen werden, es ist aber auch möglich, dass eine teilweise (Arbeitnehmerbeiträge) oder komplette Finanzierung (Entgeltumwandlung) durch den Arbeitnehmer erfolgt. Die Unterscheidung des Versorgungsversprechens ist u.a. bei der Berechnung der Höhe der unverfallbaren Anwartschaften nach § 2 BetrAVG von Bedeutung (siehe dazu unten unter § 3D.I.2., S. 302 und § 3D.II.1., S. 306); die Entgeltumwandlung zieht eine große Anzahl an Sonderregelungen nach sich und hat auch bei der Frage der Folgen der Insolvenz des Arbeitgebers zu Streitigkeiten geführt.[213]

---

211 *Blomeyer/Rolfs/Otto*, § 1 Rn. 33; ErfK/*Steinmeyer*, § 1 BetrAVG Rn. 10; MünchHdb. ArbR/*Andresen/Cisch*, § 140 Rn. 13 ff.; *Stief*, S. 20.

212 BAG, Urteil vom 7.7.1977 – 3 AZR 572/76, AP BetrAVG § 1 Nr. 3 Wartezeit.

213 Siehe zur Direktversicherung unten unter § 3B.IV., S. 255 ff. und ausführlich zur Entgeltumwandlung *Steigenberger*, Entgeltumwandlung in der Insolvenz, 2007.

(1) Leistungszusage

Die Leistungszusage[214] ist die in § 1 Abs. 1 S. 1 BetrAVG vorgesehene „Grundform" der betrieblichen Altersversorgung. Der Arbeitgeber verspricht hierbei bei Eintritt des Versorgungsfalls eine konkrete Leistung an den Arbeitnehmer zu erbringen. Fixiert sind also die Leistungen, nicht aber die dafür aufzuwendenden Kosten für den Arbeitgeber.[215] Diese Leistung kann der Höhe nach konkret festgelegt sein, sie kann sich aber auch an dem zuletzt gezahlten Gehalt oder dem „Karrieredurchschnittsgehalt" orientieren oder als Lückenfüller zusätzlich zur gesetzlichen Rentenversicherung bis zu einer bestimmtem Gesamtversorgung definiert sein.[216]

Das Gegenstück zur reinen Leistungszusage wäre die reine Beitragszusage[217], bei der die für den Arbeitgeber aufzubringenden Kosten, nicht aber die Leistungen für den Arbeitnehmer festgelegt sind.[218] Diese Art eines Versorgungsversprechens ist vor allem in den angelsächsischen Ländern verbreitet.[219] Die Risikoverteilung ist klar: Bei der Leistungszusage liegt sie beim Arbeitgeber, der irgendwie die fixierten Leistungen aufbringen muss. Bei der Beitragszusage liegt sie beim Arbeitnehmer, der sich unter Umständen mit geringeren oder im Extremfall ganz ausbleibenden Versorgungsleistungen abfinden muss.[220] Die reine Beitragszusage wird vom BetrAVG nicht als betriebliche Altersversorgung anerkannt. (Siehe dazu unten unter § 2A.II.3.b(3), S. 43 und § 2C.I.1., S. 72.)

(2) Beitragsorientierte Leistungszusage

Die beitragsorientierte Leistungszusage wurde mit dem Rentenreformgesetz[221] zum 1.1.1999 in § 1 Abs. 6 BetrAVG a.F. eingefügt. Damit wurde die beitragsorientierte Leistungszusage als Leistungsform der betrieblichen Altersversorgung vom Gesetzgeber ausdrücklich anerkannt. Heute ist sie legal definiert in § 1 Abs. 2 Nr. 1 BetrAVG als Zusage, durch die sich der Arbeitgeber verpflichtet, bestimmte Beiträge in eine Anwartschaft auf Alters-, Invaliditäts- oder Hinterbliebenenversorgung umzuwandeln. Auf den ersten Blick könnte diese Defi-

214 Die Leistungszusage wird häufig auch mit dem englischen Begriff defined benefit bezeichnet.
215 *Reinecke*, NJW 2001, 3511, 3512.
216 MünchHdb. ArbR/*Andresen/Cisch*, § 141 Rn. 6.
217 Der englische Begriff hierfür ist defined contribution.
218 *Reinecke*, NJW 2001, 3511, 3512.
219 *Schmeisser/Blömer*, DStR 1999, 334, 340.
220 *Reinecke*, NJW 2001, 3511, 3512.
221 Gesetz zur Reform der gesetzlichen Rentenversicherung (Rentenreformgesetz 1999 – RRG 1999) vom 16.12.1997, BGBl. I S. 2998.

nition zu der Annahme verleiten, es handele sich um eine reine Beitragszusage. Tatsächlich ist die beitragsorientierte Leistungszusage aber eine reine Leistungszusage, bei der zwar nicht die konkrete spätere Leistungshöhe sondern lediglich der Beitrag, den der Arbeitgeber für die Leistungen aufwenden wird, genannt wird. Die Beiträge werden dann aber nach zuvor festgelegten Grundsätzen (unter Berücksichtigung des Lebensalters, der biometrischen Risiken, des Zinses und der Zinseszinsen[222]) in Versorgungsanwartschaften umgerechnet, die dann selbst Gegenstand des Versorgungsversprechens sind. Konkret genannt werden zwar nur die vom Arbeitgeber zu leistenden Beiträge, trotzdem erhält der Arbeitnehmer aufgrund der festgelegten Umrechnungsmodalitäten ein klar definiertes Leistungsversprechen.[223] Die beitragsorientierte Leistungszusage ist sowohl bei der Direktzusage als auch bei allen zulässigen Trägern eines mittelbaren Durchführungswegs möglich.

(3) Beitragszusage mit Mindestleistung

Die Beitragszusage mit Mindestleistung hingegen stellt tatsächlich einen Mittelweg zwischen Beitragszusage und Leistungszusage dar. Sie wurde durch das Altersvermögensgesetz[224] zum 1.1.2002 als zulässige Art des Versorgungsversprechens in das BetrAVG eingefügt. Sie stellt einen Kompromiss des Gesetzgebers mit der Forderung der Praxis nach der Möglichkeit einer reinen Beitragszusage dar.[225] Die Beitragszusage mit Mindestleistung ist nur zulässig, wenn die betriebliche Altersversorgung über einen Pensionsfonds, eine Pensionskasse oder eine Direktversicherung durchgeführt wird. Nach der Legaldefinition des § 1 Abs. 2 Nr. 2 BetrAVG verpflichtet sich der Arbeitgeber hierbei, „Beiträge zur Finanzierung von Leistungen der betrieblichen Altersversorgung an einen Pensionsfonds, eine Pensionskasse oder eine Direktversicherung zu zahlen und für Leistungen zur Altersversorgung das planmäßig zuzurechnende Versorgungskapital auf der Grundlage der gezahlten Beiträge (Beiträge und die daraus erzielten Erträge), mindestens die Summe der zugesagten Beiträge (…) hierfür zur Verfügung zu stellen“. Das bedeutet, dass sich der Arbeitgeber zunächst nur dazu verpflichtet, Beiträge in einer bestimmten Höhe zu leisten. Das würde das Risiko der nicht ertragreichen Anlage dieser Beiträge komplett auf den Arbeitneh-

222 MünchHdb. ArbR/*Andresen/Cisch*, § 141 Rn. 10.

223 BAG, Urteil vom 7.9.2004 – 3 AZR 550/03, NZA 2005, 1239, 1241; *Blomeyer/Rolfs/Otto*, § 1 Rn. 83; ErfK/*Steinmeyer*, § 1 BetrAVG Rn. 15; *Meier*, in Höfer: Neue Chancen für Betriebsrenten, S. 93, 96.

224 Gesetz zur Reform der gesetzlichen Rentenversicherung und zur Förderung eines kapitalgedeckten Altersvorsorgevermögens (Altersvermögensgesetz – AvmG) vom 26.6.2001, BGBl. I S: 1310.

225 *Blomeyer/Rolfs/Otto*, § 1 Rn. 87 m.w.N.

mer abwälzen. Um dies abzumildern, hat der Arbeitgeber aber zusätzlich dafür einzustehen, dass bei Eintritt des Versorgungsfalls zumindest die Summe der zugesagten Beiträge dem Arbeitnehmer auch tatsächlich ausbezahlt wird. Das heißt, der Arbeitnehmer trägt zwar immer noch das Risiko der „guten" oder „schlechten" Anlage der Beiträge, aber nur bis zu der durch das Gesetz bestimmten Grenze. Kann der Pensionsfonds, die Pensionskasse oder die Direktversicherung aufgrund einer schlechten Performance die Mindestleistung nicht erbringen, haftet der Arbeitgeber nach § 1 Abs. 1 S. 3 BetrAVG bis zu deren Höhe.[226] Dies kann insbesondere bei einem Pensionsfonds, der im Vergleich zu anderen Durchführungswegen eine größere Anlagefreiheit besitzt, von Bedeutung sein. (Siehe zur insolvenzrechtlichen Einordnung unten unter § 3D.II.1., S. 305 ff.)

Eine Beitragszusage mit Mindestleistung entsteht nach Ansicht einiger im Wege der Umdeutung auch dann, wenn vom Arbeitgeber eine (unzulässige) reine Beitragszusage erteilt wird (siehe dazu unten unter § 2C.I.1., S. 72).

(4) Entgeltumwandlung

Die Entgeltumwandlung wurde als Versorgungsversprechen mit dem RRG 1999[227] zum 1.1.1999 für alle Durchführungswege der betrieblichen Altersversorgung vom Gesetzgeber zugelassen. Die Entgeltumwandlung war aber auch zuvor schon von der Rechtsprechung als betriebliche Altersversorgung anerkannt worden.[228] Die Entgeltumwandlung ist heute in § 1 Abs. 2 Nr. 3 BetrAVG legal definiert. Sie liegt vor, wenn künftige Entgeltansprüche in eine wertgleiche Anwartschaft auf Versorgungsleistungen umgewandelt werden. Der Arbeitgeber erteilt dem Arbeitnehmer also eine Versorgungzusage verbunden mit der Vereinbarung, dass der bereits begründete, aber noch nicht entstandene Anspruch des Arbeitnehmers auf Arbeitsentgelt entsprechend dem Wert der Versorgungsanwartschaft gekürzt wird.[229] Faktisch finanziert der Arbeitnehmer selbst seine betriebliche Altersversorgung.

Der Begriff der „Entgeltansprüche" in § 1 Abs. 2 Nr. 3 BetrAVG zeigt, dass für die Entgeltsbestandteile, die in Anwartschaften umgewandelt werden, bereits eine Rechtsgrundlage im Sinne des § 194 Abs. 1 BGB bestehen muss. Diese kann in einer Individualvereinbarungen, einer Betriebsvereinbarung oder auch

226 *Welker*, S. 146.

227 Gesetz zur Reform der gesetzlichen Rentenversicherung (Rentenreformgesetz 1999 – RRG 1999) vom 16.12.1997, BGBl. I S. 2998.

228 BAG, Urteil vom 17.10.1995 – 3 AZR 622/94, NZA-RR 1996, 343, 344; Urteil vom 26.6.1990 – 3 AZR 641/88, NZA 1991, 144, 145 f.

229 *Blomeyer*, NZA 2000, 281, 281.

einem Tarifvertrag liegen.[230] Zu beachten ist allerdings, dass gemäß § 17 Abs. 5 BetrAVG für tarifliches Entgelt nur dann eine Entgeltumwandlung vorgenommen werden kann, wenn der Tarifvertrag dies ausdrücklich vorsieht oder zulässt. Diese Vorschrift gilt nach § 30h BetrAVG aber nur für Zusagen, die nach dem 29.6.2001 erteilt worden sind.[231] Wenn auf das Entgelt noch kein Anspruch besteht, sondern nur Chancen oder Aussichten (etwa eine künftige Gehaltserhöhung, die noch nicht fest vereinbart war) und für dieses vom Arbeitgeber – anstatt es dem Arbeitnehmer auszubezahlen – eine Versorgungsanwartschaft begründet wird, handelt es sich nicht um Entgeltumwandlung im Sinne von § 1 Abs. 2 Nr. 3 BetrAVG. Diese Vereinbarung stellt eine klassische arbeitgeberfinanzierte betriebliche Altersversorgung nach § 1 Abs. 1 S. 1 BetrAVG dar, die dann auch unter den Schutz des BetrAVG fällt, für die aber nicht die Sonderregelungen der Entgeltumwandlung gelten.[232]

Es muss sich außerdem um die Umwandlung künftiger Entgeltansprüche handeln. Das bedeutet, dass die Ansprüche noch nicht fällig gewesen sein dürfen, dem Arbeitnehmer noch nicht zur Verfügung gestanden haben dürfen.[233] Denn fällige Ansprüche sind schon Teil des Arbeitnehmervermögens, so dass es sich nicht mehr um betriebliche Altersversorgung handelt.[234]

Der Begriff des Entgelts geht in diesem Zusammenhang über den arbeitsrechtlichen Entgeltbegriff hinaus. Der Entgeltanspruch ist jeder geldwerte Anspruch, der Gegenleistung für eine Tätigkeit des Arbeitnehmers ist, also auch Gewinnanteile, Tantiemen oder Sachleistungen wie das Zurverfügungstellen eines Dienstwagens oder einer mietfreien Werkwohnung.[235] Verzichtet der Arbeitnehmer auf diese und wird anstatt dessen eine Versorgungsanwartschaft aufgebaut, handelt es sich um Entgeltumwandlung. Da nach § 17 Abs. 1 S. 2 BetrAVG das Betriebsrentengesetz auch für Nicht-Arbeitnehmer gilt, die für ein Unternehmen tätig werden (siehe dazu unten unter § 2C.I.2., S. 73 ff.), fallen auch Vergütungen von Organmitgliedern oder für das Unternehmen tätige Freiberufler unter den Entgeltbegriff des § 1 Abs. 2 Nr. 3 BetrAVG.

Umstritten ist die dogmatische Einordnung des Verfügungsgeschäfts der Entgeltumwandlung, also der Frage, wie die Umwandlung selbst vonstattengeht.

---

230 *Blomeyer/Rolfs/Otto*, § 1 Rn. 114.

231 Siehe dazu *Schliemann*, DB 2001, 2554 ff.

232 BAG, Urteil vom 8.6.1999 – 3 AZR 136/98, NZA 1999, 1103, 1005; *Blomeyer/Rolfs/Otto*, § 1 Rn. 115, die von „unechter Entgeltumwandlung“ sprechen; Erfk/*Steinmeyer*, § 1 BetrAVG Rn. 23; MünchHdb. ArbR/*Andresen/Cisch*, § 141 Rn. 47.

233 ErfK/*Steinmeyer*, § 1 BetrAVG Rn. 23;

234 *Blomeyer/Rolfs/Otto*, § 1 Rn. 120; aA: *Höfer*, BetrAVG, § 1 Rn. 2560; *Heither*, S. 74.

235 ErfK/*Steinmeyer*, § 1 BetrAVG Rn. 22; *Blomeyer*, NZA 2000, 281, 282.

Die Vorschläge reichen von einem Schuldänderungsvertrag über einen Erlassvertrag bis hin zur Leistung an Erfüllung statt. [236]

Die Entgeltumwandlung wird durch eine Reihe spezieller Regelungen zugunsten des Arbeitnehmers besser geschützt als andere Versorgungsversprechen, die sich teilweise auch im Falle der Insolvenz des Arbeitgebers auswirken. Es gibt in § 1b Abs. 5 BetrAVG eine Sonderregelung für die Unverfallbarkeitsfristen, wonach für Anwartschaften aus Entgeltumwandlung sofortige Unverfallbarkeit eintritt (siehe dazu unten unter § 2C.III.3.b(2), S. 88). Eine Sonderregelung besteht auch für die Höhe der unverfallbaren Anwartschaft in § 2 Abs. 5a BetrAVG. Zudem gilt gemäß § 7 Abs. 5 S. 3 Nr. 1 BetrAVG die Missbrauchsvermutung (siehe dazu unten unter § 2C.III.4.c., S. 92) bei kurz vor Insolvenz erteilten Entgeltumwandlungszusagen nicht. Eine weitere Sonderregelung gibt es in § 16 Abs. 5 BetrAVG für die Anpassungsprüfungspflicht für laufende Leistungen. Zu beachten ist aber, dass diese Sonderregelungen häufig nicht für Altzusagen gelten (vgl. §§ 30c Abs. 3, 30f Abs. 1 S. 2, 30g Abs. 1 BetrAVG).

Mit dem AVmG[237] wurde zum 1.1.2002 ein Anspruch des Arbeitnehmers auf betriebliche Altersversorgung durch Entgeltumwandlung in § 1a BetrAVG normiert. Dadurch wurde mit der traditionellen Einordnung der betrieblichen Altersversorgung als freiwillige Sozialleistung des Arbeitgebers gebrochen. Ein Arbeitnehmer kann gemäß § 1a Abs. 1 S. 1 BetrAVG von seinem Arbeitgeber verlangen, dass bis zu 4% der jeweiligen Renten-Beitragsbemessungsgrenze (im Jahr 2014 in den alten Bundesländern 71.400 €[238] x 0.04 = 2.856 €) von seinem Arbeitsentgelt durch Entgeltumwandlung für seine betriebliche Altersversorgung verwendet werden. Die Grenze ist eine gesetzliche Höchstgrenze, von der aber durch Vereinbarung zwischen Arbeitgeber und Arbeitnehmer abgewichen werden kann.[239] Mindestens muss aber ein Hundertsechzigstel der Bezugsgröße nach § 18 Abs. 1 SGB IV umgewandelt werden (§ 1a Abs. 1 S. 4 BetrAVG). Das sind in den alten Bundesländern im Jahr 2014 (33.180 €[240] : 160 =) 207, 38 €. Obwohl die Sozialversicherungsrechengrößen grundsätzlich für die

---

236 Siehe dazu *Steigenberger*, S. 28 ff.

237 Gesetz zur Reform der gesetzlichen Rentenversicherung und zur Förderung eines kapitalgedeckten Altersvorsorgevermögens (Altersvermögensgesetz – AvmG) vom 26.6.2001, BGBl. I S. 1310.

238 Siehe Information des Bundesministeriums für Arbeit und Soziales zu den Sozialversicherungsrechengrößen 2014: http://www.bmas.de/DE/Service/Presse/Pressemitteilungen/rechengroessen-sozialversicherung-2014.html (20.1.2014).

239 Schaub/*Vogelsang*, § 87 Rn. 64.

240 http://www.bmas.de/DE/Service/Presse/Pressemitteilungen/rechengroessen-sozialversicherung-2014.html (20.1.2014).

alten und die neuen Bundesländer unterschiedlich hoch angesetzt werden, sollen in dem speziellen Fall des § 1a Abs. 1 BetrAVG länderübergreifend nur die für die alten Bundesländer geltenden Sozialversicherungsrechnungsgrößen Anwendung finden.[241]

(5) Umfassungszusage

Die sogenannte Umfassungszusage (oder auch Eigenbeitragszusage) ist in § 1 Abs. 2 Nr. 4 BetrAVG geregelt. Sie wurde mit dem HZvNG[242] zum 1.7.02 in das BetrAVG eingefügt. Seitdem liegt auch dann betriebliche Altersversorgung vor, wenn der Arbeitnehmer Beiträge aus seinem Arbeitsentgelt zur Finanzierung von Leistungen der betrieblichen Altersversorgung an einen Pensionsfonds, eine Pensionskasse oder eine Direktversicherung leistet. Weitere Voraussetzung ist aber, dass die Zusage des Arbeitgebers auch diese Beiträge umfasst (daher der Begriff Umfassungszusage).[243] Denn eine arbeitnehmerfinanzierte betriebliche Altersversorgung liegt nur dann vor, wenn sich die Rechte des Arbeitnehmers aus einem Versprechen des Arbeitgebers auf Versorgung aus Anlass des Arbeitsverhältnisses ergeben.[244] Sonst liegt eine private Altersvorsorge vor. Folge der Umfassungszusage ist, dass der Arbeitgeber auch für die Leistungen, die der Arbeitnehmer aus seinem Entgelt leistet, gemäß § 1 Abs. 1 S. 3 BetrAVG haftet.[245]

Das BetrAVG enthält also zwei verschiedene Formen der arbeitnehmerfinanzierten betrieblichen Altersversorgung: die Entgeltumwandlung und die Umfassungszusage. Die Abgrenzung kann hier schwierig sein. Grundsätzlich handelt es sich bei den durch Entgeltumwandlung finanzierten Beiträgen um Beiträge des Arbeitgebers und bei den durch die Umfassungszusage finanzierten Beiträgen um Beiträge des Arbeitnehmers.[246] Bei der Entgeltumwandlung erteilt der Arbeitgeber dem Arbeitnehmer eine Versorgungszusage verbunden mit der Vereinbarung, dass der bereits begründete, aber noch nicht entstandene Anspruch des Arbeitnehmers auf Arbeitsentgelt entsprechend dem Wert der Versorgungsanwartschaft gekürzt wird (siehe oben unter § 2A.II.3.b(4), S. 43 ff.). Bei der Umfassungszusage entstammen die Beiträge dem (versteuerten) Arbeitsentgelt

---

241 Bericht des Ausschusses für Arbeit und Sozialordnung zum AvmG, BT-Drucks. 14/5150, S. 43.

242 Gesetz zur Einführung einer kapitalgedeckten Hüttenknappschaftlichen Zusatzversicherung und zur Änderung anderer Gesetze (Hüttenknappschaftliches Zusatzversicherungs-Neuregelungsgesetz-Gesetz – HZvNG) vom 21.6.2002, BGBl. I S. 2167.

243 *Höfer*, BetrAVG, § 1 Rn. 2584.

244 *Hopfner*, DB 2002, 1050, 1051.

245 BT-Drucks. 14/9007, S. 35; *Höfer*, BetrAVG, § 1 Rn. 2584.

246 *Schwark/Gunia*, DB 2003, 338, 338.

des Arbeitnehmers.[247] Wer die Beiträge dann tatsächlich an den Versorgungsträger abführt, ist nicht von Bedeutung.[248]

Gemäß § 1 Abs. 2 Nr. 4 a.E. BetrAVG sind die Regelungen für die Entgeltumwandlung auf die Eigenbeiträge des Arbeitnehmers bei der Umfassungszusage entsprechend anzuwenden. Dies gilt allerdings nicht für § 17 Abs. 5 BetrAVG, der die Entgeltumwandlung für Tarif-Entgelt unter den Vorbehalt stellt, dass diese im Tarifvertrag vorgesehen oder durch ihn zugelassen ist. [249]

c. *Leistungsarten*

Neben der Frage nach den Versorgungsversprechen stellt sich noch die Frage, welche Arten der Leistungen dem Arbeitnehmer versprochen werden. In Frage kommen sowohl Geld-, als auch Sach- und Nutzungsleistungen.

In der Regel handelt es sich bei den Leistungen der betrieblichen Altersversorgung um Geldleistungen. Sie können in der Form von laufenden Leistungen (Rentenzahlungen) als auch in Form von einmaligen Kapitalleistungen gewährt werden.[250] Der Begriff der laufenden Leistung meint periodische Leistungen; es ist nicht erforderlich, dass sie dem Arbeitnehmer bis zum Tod gewährt werden.[251] Eine Rente mit Höchstlaufzeit kann daher auch betriebliche Altersversorgung darstellen.[252] Es kann auch eine Leistung der betrieblichen Altersversorgung sein, wenn der Arbeitgeber die Krankenversicherungsbeiträge seiner Pensionäre trägt[253] oder den Betriebsrentnern Personalrabatte wie z.B. vergünstigten Strombezug gewährt[254].

Die betriebliche Altersversorgung kann auch in Form von Sach- oder Nutzungsleistungen erbracht werden. Diese müssen dann aber auch einen Versorgungszweck haben, also die Versorgung des Arbeitnehmers im Alter oder bei Invalidität und damit die Sicherung des Lebensstandards nach dem Ausscheiden aus dem Berufs- oder Erwerbsleben bezwecken (siehe oben unter § 2A.I.1.,

---

247 *Blomeyer/Rolfs/Otto*, § 1 Rn. 167,

248 Förster/Cisch/Karst/*Cisch*, § 1 Rn. 25; *Schwark/Gunia*, DB 2003, 338, 338.

249 RegE HZvNG, BT-Drucks. 14/9442, S. 47.

250 BAG, Urteil vom 30.9.1986 – 3 AZR 22/85, NZA 1987, 456, 457.

251 *Blomeyer/Rolfs/Otto*, § 1 Rn. 10.

252 BAG, Urteil vom 28.10.2008 – 3 AZR 317/07, NZA 2009, 844, 847; Urteil vom 18.3.2003 – 3 AZR 313/02, NZA2004, 848, 849 über eine Rente mit einer Höchstlaufzeit von 10 Jahren.

253 LAG Hessen, Urteil vom 22.4.1998 – 8 Sa 2150/96, NZA-RR 1999, 205, 206.

254 BAG, Urteil vom 19.2.2008 – 3 AZR 61/06, NZA-RR 2008, 597, 600; BAG, Urteil vom 12.12.2006 – 3 AZR 476/05, AP BetrAVG § 1 Nr. 45.

S. 9). Beispiele können Kohlendeputate[255] oder auch Wohnungsrechte bei Werkswohnungen[256] sein. Kann der Arbeitgeber die Sachleistung nicht mehr länger erbringen bzw. kann der Arbeitnehmer sie nicht länger verwerten, wandelt sich der Anspruch auf die Sachleistung in einen Anspruch auf Geldleistung und damit auf Rentenzahlung um.[257]

255 BAG, Urteil vom 2.12.1986 – 3 AZR 123/86, AP BGB § 611 Nr. 9 Deputat.
256 Förster/Cisch/Karst/*Cisch*, § 1 Rn. 43; Schaub/*Vogelsang*, § 84 Rn. 84.
257 BAG, Urteil vom 2.12.1986 – 3 AZR 123/86, AP BGB § 611 Nr. 9 Deputat.

B. Das Insolvenzverfahren

Nachdem die verschiedenen Merkmale der Definition des Begriffs der betrieblichen Altersversorgung erläutert wurden und die verschiedenen Arten, klassifiziert nach Rechtsgrundlage, Durchführungsweg und dem Inhalt der Zusage, aufgezeigt wurden, hat sich gezeigt, wie vielfältig die Variationsmöglichkeiten sind, eine betriebliche Altersversorgung zu vereinbaren. Von der Wahl der oben aufgeführten Gestaltungsmöglichkeit ist es abhängig, wie sich die Situation des Versorgungsberechtigten darstellt, wenn der Arbeitgeber insolvent wird. Die vorliegende Arbeit konzentriert sich insoweit auf die Situationen, die sich aus der Wahl der unterschiedlichen Durchführungswege ergeben.

Im Folgenden sollen die gesetzlichen Grundlagen dargestellt werden, die entscheidend sind für die Frage, welche Konsequenzen der Arbeitnehmer bzw. die Gläubiger in der Insolvenz zu erwarten haben.

Das Schicksal der für die betriebliche Altersversorgung der Arbeitnehmer vorgesehenen Vermögensbestandteile resultiert zunächst einmal aus den grundsätzlichen insolvenzrechtlichen Regelungen der Insolvenzordnung (InsO).[258] Die grundlegende Frage ist die folgende: Stehen die Vermögensbestandteile dem Arbeitnehmer zu oder gehören sie zur Insolvenzmasse? Sie stellt sich denklogisch allerdings nur, wenn der Arbeitgeber auch insolvent wird.

Die Insolvenz eines Schuldners liegt vor, wenn sein Vermögen nicht mehr ausreicht, um alle Gläubiger zu befriedigen.[259] In diesem Fall soll das Insolvenzverfahren nach § 1 S. 1 InsO dazu dienen, die Gläubiger eines Schuldners gemeinschaftlich zu befriedigen, indem das Vermögen des Schuldners verwertet und der Erlös verteilt wird. Abweichend besteht auch die Möglichkeit in einem Insolvenzplan abweichende Regelungen zu treffen, die den Erhalt des Unternehmens zum Ziel haben (§§ 1 S. 1 a.E., 217 ff. InsO). Im Gegensatz zur Einzelzwangsvollstreckung, bei der derjenige Gläubiger befriedigt wird, der zuerst in das Vermögen des Schuldners vollstreckt (Prioritätsgrundsatz, § 804 Abs. 3 ZPO), soll im Insolvenzverfahren wegen des nicht ausreichenden Vermögens des Schuldners das, was übrig geblieben ist, möglichst gleichmäßig auf alle Schuldner verteilt werden (Prinzip der Gläubigergleichbehandlung). Denn wenn das Vermögen nicht mehr ausreicht, würden die „aggressiveren" Gläubiger, die zuerst die Zwangsvollstreckung betreiben, bevorzugt gegenüber den anderen

258 Insolvenzordnung (InsO) vom 5.10.1994, BGBl. I S. 2866. Die Insolvenzordnung hat mit Inkrafttreten im Jahr 1999 die Konkursordnung (KO) als Regelungswerk für vermögensarme Schuldner abgelöst.

259 *Bork*, Rn. 1.

Gläubigern, die dann unter Umständen leer ausgingen.[260] Dem will das Insolvenzverfahren entgegenwirken, indem es eine quotale Befriedigung aller nicht bevorrechtigten Gläubiger vorsieht.

I. Eröffnung des Insolvenzverfahrens

Im Folgenden soll ein kurzer Überblick über die Situationen gegeben werden, in denen die Eröffnung des Insolvenzverfahrens über das Vermögen eines Schuldners erfolgt.

Erforderlich ist gemäß § 16 InsO das Vorliegen eines Eröffnungsgrundes. Die Eröffnungsgründe sind von der InsO abschließend aufgeführt: die Zahlungsunfähigkeit (§ 17 InsO), die drohende Zahlungsunfähigkeit (§ 18 InsO) und die Überschuldung bei einer juristischen Person (§ 19 InsO).

1. Zahlungsunfähigkeit

Zahlungsunfähig ist ein Schuldner nach § 17 Abs. 2 S. 1 InsO, wenn er nicht in der Lage ist, die fälligen Zahlungspflichten zu erfüllen. Der BGH hat in einer Grundsatzentscheidung im Jahr 2005[261] den Begriff der Zahlungsunfähigkeit genauer bestimmt. Danach soll eine nur vorübergehende Zahlungsstockung nicht ausreichen, von Zahlungsunfähigkeit also nur dann auszugehen sein, wenn es dem Schuldner wegen eines objektiven, kurzfristig nicht zu behebenden Mangels an Zahlungsmitteln nicht möglich ist, die fälligen Zahlungspflichten zu erfüllen. Um dies festzustellen, werden im Rahmen einer Liquiditätsbilanz die aktuell verfügbaren und kurzfristig verfügbar werdenden Mittel in Beziehung gesetzt zu den am Stichtag fälligen und eingeforderten Verbindlichkeiten.[262] Stichtag ist nicht der Moment der Entscheidung des Insolvenzgerichts über den Antrag auf Eröffnung des Insolvenzverfahrens, denn in diesem Moment muss ein Eröffnungsgrund vorliegen.[263] Eine lediglich vorübergehende Zahlungsstockung liegt nach Ansicht des BGH vor, wenn die Illiquidität einen Zeitraum nicht überschreitet, den eine kreditwürdige Person benötigt, um sich die erforderlichen Mittel zu leihen.[264] Dies sollen zwei bis drei Wochen sein. In Aus-

---

260 *Bork*, Rn. 1; *Hess/Weis*, Rn. 1.

261 BGH, Urteil vom 24.5.2005 – IX ZR 123/04, NJW 2005, 3062 - 3066.

262 BGH, Urteil vom 24.5.2005 – IX ZR 123/04, NJW 2005, 3062, 3063.

263 BGH, Beschluss vom 27.7.2006 – IX ZB 204/04, NJW 2006, 3553, 3553.

264 BGH, Urteil vom 24.5.2005 – IX ZR 123/04, NJW 2005, 3062, 3064.

nahmefällen soll den Gläubigern aber auch ein längeres Zuwarten zuzumuten sein, wenn es die Umstände des Einzelfalls erlauben.[265]

Auch eine nur „geringfügige Liquiditätslücke“ soll nicht ausreichen, um die Zahlungsunfähigkeit des Schuldners zu begründen. Von einer solchen geht der BGH aus, wenn der Schuldner mehr als 90 % seiner Verbindlichkeiten erfüllen kann, die Bagatellgrenze liegt also bei 10 %.[266] Grundsätzlich ist also derjenige zahlungsunfähig, der nicht innerhalb von drei Wochen die zur Begleichung von ca. 90 % seiner Verbindlichkeiten benötigten finanziellen Mittel beschaffen kann.[267]

In § 17 Abs. 2 S. 2 InsO findet sich zusätzlich die widerlegbare Vermutung, dass von Zahlungsunfähigkeit auszugehen ist, wenn der Schuldner seine Zahlungen eingestellt hat. Dafür ist nicht erforderlich, dass der Schuldner überhaupt nicht mehr zahlt, die tatsächliche Nichtzahlung eines erheblichen Teils der fälligen Verbindlichkeiten reicht für eine Zahlungseinstellung aus.[268]

Die Berechtigung, einen Insolvenzantrag im Falle der Zahlungsunfähigkeit zu stellen, haben sowohl die Gläubiger als auch der Schuldner selbst, §§ 13 Abs. 1, 17 InsO.

2. Drohende Zahlungsunfähigkeit

Die drohende Zahlungsunfähigkeit als Eröffnungsgrund ist gemäß § 18 Abs. 1 InsO nur bei einem Eröffnungsantrag des Schuldners zulässig, Gläubigeranträge können – um Missbräuche zu vermeiden - nicht darauf gestützt werden. Die drohende Zahlungsunfähigkeit wurde mit Inkrafttreten der InsO im Jahr 1999 als neuer Eröffnungsgrund mit dem Ziel eingeführt, ein in die Krise geratenes Unternehmen mittels eines Insolvenzverfahrens zu sanieren, wozu es im Falle der Zahlungsunfähigkeit bzw. Überschuldung (siehe unten unter § 2B.I.3., S. 52 ff.) häufig schon zu spät ist.[269] Zudem soll es den Schuldner vor Gläubigern schützen, die mit Druckanträgen drohen und damit einer möglichen Sanierung im Wege stehen.[270] Es handelt sich um ein Recht des Schuldners, er ist nicht dazu

265 BGH, Urteil vom 12.10.2006 – IX ZR 228/03, NZI 2007, 36, 37.

266 BGH, Urteil vom 24.5.2005 – IX ZR 123/04, NJW 2005, 3062, 3065.

267 *Reischl*, Rn. 106.

268 BGH, Urteil vom 21.6.2007 – IX ZR 231/04, NJW-RR 2007, 1419, 1421.

269 Andres/Leithaus/*Leithaus*, § 18 Rn. 2; Braun/*Bußhardt*, § 18 Rn. 2; Nerlich/Römermann/*Mönning*, § 18 Rn. 16; allerdings wird der Erfolg der Regelung als eher gering angesehen, vgl. MüKo-InsO/*Drukarczyk*, § 18 InsO Rn. 3 ff.

270 *Reischl*, Rn. 113.

verpflichtet, im Falle der drohenden Zahlungsunfähigkeit einen Insolvenzantrag zu stellen.[271]

Nach § 18 Abs. 2 InsO droht der Schuldner zahlungsunfähig zu werden, wenn er voraussichtlich nicht in der Lage sein wird, die bestehenden Zahlungspflichten im Zeitraum der Fälligkeit zu erfüllen. Die Kriterien der Zahlungsunfähigkeit nach § 17 Abs. 2 InsO müssen voraussichtlich – und zwar mit überwiegender Wahrscheinlichkeit – eintreten.[272] Die Wahrscheinlichkeit hierfür muss so hoch sein, dass der Eintritt der Zahlungsunfähigkeit wahrscheinlicher als ihre Vermeidung ist.[273] Hierfür ist eine Prognose über einen bestimmten Zeitraum zu erstellen, der beginnt, wenn bei Betrachtung der bereits bestehenden, aber noch nicht fälligen Zahlungspflichten feststeht, dass der Schuldner diese oder einige von diesen im Zeitpunkt der Fälligkeit nicht bezahlen können wird.[274] Das Ende des Prognosezeitraums liegt grundsätzlich im spätesten Fälligkeitszeitpunkt der Zahlungspflichten, was bei langfristigen Verbindlichkeiten mehrere Jahre sein können.[275]

3. Überschuldung

Das Insolvenzverfahren kann im Falle von juristischen Personen (§ 19 Abs. 1 InsO) und Gesellschaften ohne Rechtspersönlichkeit, bei denen kein Gesellschafter eine natürliche Person ist (§ 19 Abs. 3 S. 1 InsO), nicht nur bei Zahlungsunfähigkeit, sondern auch bei Überschuldung eröffnet werden. Überschuldung liegt gemäß § 19 Abs. 2 S. 1 InsO vor, wenn das Vermögen des Schuldners die bestehenden Verbindlichkeiten nicht mehr deckt. Die Insolvenzgründe werden also erweitert, wenn auf Schuldnerseite keine natürliche Person haftet. Grund hierfür ist, dass erfahrungsgemäß das Insolvenzrisiko sinkt, sobald ein Mensch haftet, da davon auszugehen ist, dass er all sein unternehmerisches Können einsetzen wird, um das angeschlagene Unternehmen zu sanieren.[276] Zudem ist im Fall von natürlichen Personen und Personengesellschaften (abgesehen von der Ausnahme des § 19 Abs. 3 InsO) der Erfolg des Unternehmens stark von den persönlichen Fähigkeiten des Unternehmers abhängig, der im

271 Braun/*Bußhardt*, § 18 Rn. 1.

272 Nerlich/Römermann/*Mönning*, § 18 Rn. 23.

273 *Pape/Uhlenbruck/Voigt-Salus*, Kap. 17 Rn 23.

274 Nerlich/Römermann/*Mönning*, § 18 Rn. 25.

275 *Pape/Uhlenbruck/Voigt-Salus*, Kap. 17 Rn. 22; ob und inwieweit dieser Grundsatz zugunsten eines unter Umständen kürzeren Prognosezeitraums eingeschränkt werden soll, ist umstritten: Die Vorschläge gehen von mehreren Monaten als längsten Prognosezeitraum bis hin zu mehreren Jahren, siehe dazu Braun/*Bußhardt*, § 18 Rn. 8 m.w.N.

276 Siehe dazu *Foerste*, Rn. 114.

Rahmen einer Vermögensbilanz aber nicht bewertet werden kann, so dass die rechnerische Überschuldung als Eröffnungsgrund nicht sachgerecht wäre.[277]

Zur Feststellung der Überschuldung ist eine Überschuldungsbilanz anzufertigen, wobei die Aktiva mit dem Liquidationswerten anzusetzen sind, also den Werten, die die Gegenstände im Falle der Zerschlagung des Unternehmens im Wege der Einzelveräußerung einbringen würden.[278] Hierbei sind auf der Aktivseite alle materiellen und immateriellen Vermögenswerte zu berücksichtigten, die im Rahmen einer Liquidation verwertbar wären, während alle bestehenden (auch die noch nicht fälligen) Verbindlichkeiten passiviert werden müssen.[279] Es wird also die hypothetische Insolvenzmasse, die im Falle eines Insolvenzverfahrens zur Verfügung stehen würde, mit den Verbindlichkeiten gegenüber den Insolvenzgläubigern verglichen.[280] Fällt dieser Vergleich negativ aus, so ist von einer Überschuldung auszugehen, es sei denn, die Fortführung des Unternehmens ist nach den Umständen überwiegend wahrscheinlich (§ 19 Abs. 2 S. 1 a.E. InsO). Dies setzt den Fortführungswillen des Schuldners und die mittelfristige Überlebensfähigkeit des Unternehmens – belegt durch ein tragfähiges Unternehmenskonzept in Form eines dokumentierten Finanz- und Ertragsplans – voraus.[281] Fällt die Fortbestehensprognose negativ aus, liegt Überschuldung vor, fällt sie positiv aus, ist keine Überschuldung gegeben.

Dieser Überschuldungsbegriff wurde als Reaktion auf die Wirtschaftskrise mit dem Finanzmarktstabilisierungsgesetz[282] im Oktober 2008, zunächst befristet bis zum 31.12.2013[283], neu gefasst. Er entspricht dem schon vor Inkrafttreten der Insolvenzordnung maßgeblichen „zweistufigen modifizierten Überschuldungsbegriff", den der Gesetzgeber im Rahmen des Gesetzgebungsverfahrens zur InsO wegen der Gefahr einer fehlerhaften Fortführungsprognose als zu unsicher für die Gläubiger abgelehnt hatte.[284] 2012 entschied sich der Gesetzgeber nun

277 *Bork*, Rn. 91.

278 *Bork*, Rn. 92.

279 *Nerlich/Römermann/Mönning*, § 19 Rn. 15, 16.

280 *Nerlich/Römermann/Mönning*, § 19 Rn. 16.

281 BGH, Beschluss vom 9.10.2006 – II ZR 303/05, NZI 2007, 44; *Wackerbarth*, NZI 2009, 145, 145.

282 Gesetz zur Umsetzung eines Maßnahmenpakets zur Stabilisierung des Finanzmarktes (Finanzmarkstabilisierungsgesetz – FMStG) vom 17.10.2008, BGBl. I S. 1982.

283 Gesetz zur Erleichterung der Sanierung von Unternehmen vom 24.9.2009, BGBl. I S. 3151.

284 Beschlussempfehlung des Rechtsausschusses zu § 23 RegE-InsO, BT-Drucks. 12/7302, S. 157; zur Frage, inwieweit die Neufassung des Überschuldungbegriffs durch das Finanzmarkstabilisierungsgesetz eine Rückkehr zur Rechtslage vor der InsO darstellt: *Wackerbarth*, NZI 2009, 145 – 149.

doch, diesen Überschuldungsbegriff dauerhaft beizubehalten.[285] Diese Entscheidung beruhte auf einem von der Bundesregierung in Auftrag gegebenen Gutachten, das für den Fall der Rückkehr zu dem vor 2008 geltenden Überschuldungsbegriff davor warnte, dass zur Zeit lebensfähige Unternehmen in eine Insolvenz gedrängt würden, und außerdem den alten Überschuldungsbegriff für unpraktikabel befand.[286]

Der Antrag auf Eröffnung des Insolvenzverfahrens kann sowohl von Gläubiger- als auch von Schuldnerseite auf die Überschuldung gestützt werden (§§ 13 Abs. 1 S. 2, 19 Abs. 1 InsO).

II. Rechtsfolgen der Insolvenz

Hat das Insolvenzgericht dem Antrag auf Eröffnung des Insolvenzverfahrens zugestimmt, stellt sich die Frage nach den Rechtsfolgen der Eröffnung. Die wichtigste Wirkung ist die Beschlagnahme der Insolvenzmasse, die sich aus § 80 Abs. 1 S. 1 InsO ergibt. Danach geht das Recht des Schuldners, das zur Insolvenzmasse gehörende Vermögen zu verwalten und über es zu verfügen, auf den Insolvenzverwalter über. Das bedeutet nicht, dass der Insolvenzschuldner seine Rechts- oder Geschäftsfähigkeit verliert, er bleibt auch weiterhin Eigentümer der Gegenstände der Insolvenzmasse.[287] Allerdings kann er sie nicht mehr verwalten und nicht mehr über sie verfügen, was prozessual dazu führt, dass er

---

285 Art. 18 des Gesetzes zur Einführung einer Rechtsbehelfsbelehrung im Zivilprozess und zur Änderung anderer Vorschriften vom 5.12.2012, BGBl. I S. 2418.

286 Beschlussempfehlung und Bericht des Rechtsausschusses zu dem Gesetzesentwurf der Bundesregierung zur Einführung einer Rechtsbehelfsbelehrung im Zivilprozess und zur Änderung anderer Vorschriften, BT-Drucks. 17/11385, S. 20. Ab 2014 sollte eigentlich wieder die seit Inkrafttreten der InsO bis zum Jahr 2008 maßgebliche Regelung gelten, nach der auch nach positiver Fortführungsprognose eine zweite Überschuldungsbilanz zu erstellen war, in der die Aktiva nicht mit dem Liquiditätswert, sondern mit dem Wert, den sie bei Fortführung des Unternehmens erbringen würden (Fortführungswert), angesetzt werden musste; *Reischl*, Rn. 130 f. Ergab dies immer noch eine Überschuldung, so lag ein Eröffnungsgrund vor, andernfalls nicht. Von diesem zusätzlichen Hindernis auch bei positiver Fortführungprognose hatte der Gesetzgeber im Rahmen der Wirtschaftskrise abgesehen, um Unternehmen, bei denen es in Folge der Finanzkrise zu erheblichen Wertverlusten bei Aktien und Immobilien gekommen war, trotz positiver Fortführungsprognose den Gang in die Insolvenz zu ersparen; *Hoos/Kleinschmidt*, NZG 2009, 1172, 1172.

287 *Bork*, Rn. 125.

seine Prozessführungsbefugnis verliert, die im Wege der gesetzlichen Prozessstandschaft auf den Insolvenzverwalter als Partei kraft Amtes übergeht.[288]

Die Beschlagnahme der Insolvenzmasse erfolgt kraft Gesetzes mit Eröffnung des Insolvenzverfahrens; es ist grundsätzlich nicht erforderlich, dass der Insolvenzverwalter einen Gegenstand erst als massezugehörig in Anspruch nimmt.[289] Mit der Eröffnung des Insolvenzverfahrens und der Beschlagnahme der Insolvenzmasse soll die in § 1 S. 1 InsO vorgesehene gemeinsame Befriedigung der Gläubiger sichergestellt werden: Um die für sie vorgesehene Haftungsmasse zu schützen, darf der Gemeinschuldner nicht über sie verfügen.[290] Dadurch wird sozusagen „ein Strich gezogen“: Das bei Verfahrenseröffnung vorhandene Schuldnervermögen soll für die in diesem Moment berechtigten Gläubiger zur Verfügung stehen.[291] Die Vermögensmasse hat nun ausschließlich die Funktion der Gläubigerbefriedigung, sie wird den Gläubigern haftungsrechtlich zugewiesen.[292]

Im Folgenden wird kurz abstrakt dargestellt, welche Vermögensbestandteile zur Insolvenzmasse zu zählen sind. Anschließend werden die verschiedenen Gläubigergruppen, die im Insolvenzverfahren zu unterscheiden sind, beschrieben. Die Zuordnung von Vermögensbestandteilen zur Insolvenzmasse und die Unterscheidung der Gläubigergruppen ist grundlegend für die in dieser Arbeit aufgestellte Frage nach der Wirkung der Insolvenz auf die Ansprüche aus betrieblicher Altersversorgung bzw. auf die Zuweisung der für die betriebliche Altersversorgung vorgesehenen Vermögensbestandteile. Entscheidend ist, ob sie zur Insolvenzmasse gehören und somit zur quotalen Befriedigung aller Gläubiger verwendet werden (siehe unten unter § 2B.II.2.a., S. 58 ff.) oder ob sie unter Umständen doch dem Versorgungsberechtigten zuzuordnen sind, da er eine besondere Gläubigerstellung innehat oder sogar gar nicht am Insolvenzverfahren beteiligt ist.

---

288 *Adolphsen*, Zivilprozessrecht, § 7 Rn. 44.

289 BGH, Urteil vom 5.10.1994 – XII ZR 53/93, NJW 1994, 3232, 3233; eine Ausnahme besteht gemäß § 35 Abs. 2 InsO für Vermögen aus einer selbständigen Tätigkeit des Schuldners, der Insolvenzverwalter muss hier erklären, ob es zur Insolvenzmasse gehört.

290 Braun/*Kroth*, § 80 Rn. 1.

291 *Bork*, Rn. 117.

292 *Foerste*, Rn. 140; *Häsemeyer*, Rn. 9.01; *Henckel*, FS Weber, S. 237, 252; MüKo-InsO/*Peters*, § 35 Rn. 22; Uhlenbruck/*Hirte*, § 35 Rn. 7; zur (streitigen) rechtlichen Konstruktion der haftungsrechtlichen Zuweisung sowie genauer zu ihrem Begriff siehe Jaeger/*Henckel*, § 35 Rn. 3 ff.

1. Die Insolvenzmasse

Die Insolvenzmasse ist nach der Legaldefinition des § 35 Abs. 1 InsO das gesamte Vermögen, das dem Schuldner zur Zeit der Eröffnung des Verfahrens gehört und das er während des Verfahrens erlangt. Zu unterscheiden ist also zwischen den Vermögenswerten, die dem Gemeinschuldner bei Verfahrenseröffnung bereits gehören und denjenigen, die während des Verfahrens hinzukommen, dem sogenannten Neuerwerb.

Weiterhin zu unterscheiden ist zwischen der sogenannten Soll-Masse und der Ist-Masse. Die Vermögensmasse, die der Insolvenzverwalter bei Verfahrenseröffnung tatsächlich im Verwaltungsbesitz hat oder für die Insolvenzmasse in Anspruch nimmt, wird Ist-Masse genannt.[293] Es ist die Masse, die der Insolvenzverwalter bei Beginn des Verfahrens vorfindet.[294] Die Soll-Masse ist die Vermögensmasse, die am Ende tatsächlich zur Befriedigung der Gläubiger zur Verfügung steht.[295] Im Vergleich zur Ist-Masse gehören zu ihr nicht mehr die Gegenstände, die nach den Vorschriften der InsO nicht zur gemeinschaftlichen Befriedigung der Gläubiger verwertet werden sollen. Aufgabe des Insolvenzverwalters ist es also, die Ist-Masse zur Soll-Masse zu dezimieren[296] oder unter Umständen im Wege der Insolvenzanfechtung auch anzureichern.

Zur Insolvenzmasse gehören zunächst alle geldwerten Rechte des Insolvenzschuldners, also unbewegliche und bewegliche Sachen, Forderungen und sonstige Vermögenswerte.[297] Auch das Auslandsvermögen des Schuldners wird nach dem im deutschen internationalen Insolvenzrecht geltenden Universalitätsprinzip von der Insolvenzmasse umfasst.[298]

---

293 MüKo-InsO/*Peters*, § 35 InsO Rn. 20.

294 Nerlich/Römermann/*Andres*, § 35 Rn. 4.

295 Andres/Leithaus/*Leithaus*, § 35 Rn. 2.

296 Nerlich/Römermann/*Andres*, § 35 Rn. 4.

297 *Pape/Uhlenbruck/Voigt-Salus*, Kap. 22 Rn. 2; eine Auflistung ist zu finden bei Nerlich/Römernmann/*Andres*, § 35 Rn. 22 ff.

298 BGH, Urteil vom 13.7.1983 – VIII ZR 246/82, NJW 1983, 2147, 2147; Nerlich/Römermann/*Andres*, § 35 Rn. 12; *Häsemeyer*, Rn. 35.08; *Reischl*, Rn. 227. Die für die im Verhältnis zwischen den EU-Mitgliedsstaaten maßgebliche EuInsVO (Verordnung (EG) Nr. 1346/2000 des Rates vom 29.5.2000 über Insolvenzverfahren, ABl. Nr. L 160 S. 1.) bestimmt in ihrem Art. 4 Abs. 1, dass kollisionsrechtlich das Recht des Staates Anwendung findet, in dem das Insolvenzverfahren eröffnet wird (Staat der Verfahrenseröffnung). Darunter fallen gemäß Art. 4 Abs. 2 S. 2 lit. b) EuInsVO auch die Regelungen darüber, welche Vermögenswerte zur Masse gehören. Wird also ein Insolvenzverfahren in Deutschland eröffnet, bestimmt auch das deutsche Insolvenzrecht, was zur Insolvenzmasse gehört.

Nicht zur Insolvenzmasse gehören grundsätzlich gemäß § 36 Abs. 1 InsO unpfändbare Gegenstände, denn das Insolvenzverfahren als Gesamtvollstreckungsverfahren kann den Gläubigern keine größere Haftungsmasse zugestehen als es die Einzelzwangsvollstreckung täte.[299]

§ 35 InsO spricht vom Vermögen des Schuldners. Insofern fallen zwar die Vermögensrechte, nicht aber die Personenrechte des Schuldners in die Insolvenzmasse.[300] So muss der Schuldner z.B. nicht seine Arbeitskraft einsetzen, um die Insolvenzmasse zu vergrößern.[301]

Immaterialgüterrechte fallen grundsätzlich auch in die Insolvenzmasse[302], allerdings mit einigen Einschränkungen wie z.B. bei einer Firma[303] oder einer Marke[304], die den Namen des Gemeinschuldners enthält.

Seit Inkrafttreten der InsO im Jahr 1999 gehört auch der sogenannte Neuerwerb zur Insolvenzmasse, also das Vermögen, das der Gemeinschuldner während des Insolvenzverfahrens erlangt. Dies war im Geltungszeitraum der Konkursordnung (KO) noch anders: Danach stand der Neuerwerb nur den Neugläubigern zu, die Konkursgläubiger hatten darauf keinen Zugriff, um dem Konkurs-

---

299 *Bork*, Rn. 121; Ausnahmen regelt § 36 Abs. 2 InsO unter anderem für die Geschäftsbücher des Schuldners, um eine ordnungsgemäße Durchführung des Insolvenzverfahrens sicherstellen zu können; Braun/*Bäuerle*, § 36 Rn. 20. Nach § 36 Abs. 3 InsO gehört auch der Hausrat des Schuldners, dessen Verwertungserlös in keinem Verhältnis zum Wert der Sache steht, nicht zur Insolvenzmasse. Darunter fallen nicht Luxusgegenstände, Antiquitäten oder Sammlungen, wenn diese einen eigenständigen Wert haben; Nerlich/Römermann/*Andres*, § 36 Rn. 62.

300 Braun/*Bäuerle*, § 35 Rn. 3; *Bork*, Rn. 118; *Häsemeyer*, Rn. 9.06 f..

301 OLG Düsseldorf, Beschluss vom 23.12.1981 – 3 Ws 243/81, NJW 1982, 1712, 1713.; Auch die Annahme oder Ausschlagung eines Erbes steht gemäß § 83 Abs. 1 InsO als höchstpersönliches Rechtsgeschäft nur dem Schuldner selbst zu; Braun/*Kroth*, § 83 Rn. 1; Nerlich/Römermann/*Wittkowski/Kruth*, § 83 Rn. 2. Nimmt er das Erbe allerdings an, so fällt es in die Insolvenzmasse; MüKo-InsO/*Schumann*, § 83 Rn. 5.

302 Braun/*Bäuerle*, § 35 Rn. 19; MüKo-InsO/*Peters*, § 35 Rn. 283.

303 Siehe dazu BGH, Urteil vom 26.6.1960 – I ZR 159/58, NJW 1960, 1008, 1009; Urteil vom 27.9.1982 – II ZR 51/82, NJW 1983, 755, 756; *Steinbeck*, NZG 1999, 133 – 140 (bei Einzelkaufmann oder handelsrechtlicher Personenhandelsgesellschaft Zustimmung des Namensgebers bei Veräußerung erforderlich); der Auffassung, dass diese Rechtsprechung nach der Änderung des Firmenrechts nicht mehr aufrecht erhalten werden kann, ist Nerlich/Römermann/*Andres*, § 35 Rn. 76 m.w.N.

304 Ohne Zustimmung bei GmbH & Co.KG: BGH, Urteil vom 14.12.1989 – I ZR 17/88, NJW 1990, 1605, 1607; nur mit Zustimmung bei einem Einzelkaufmann: BGH, Urteil vom 26.6.1960 – I ZR 159/58, NJW 1960, 1008, 1010.

schuldner einen Neuanfang zu ermöglichen. Diese Funktion übernimmt jetzt die Restschuldbefreiung nach §§ 286 ff. InsO.[305]

Der Insolvenzverwalter hat zudem die Möglichkeit, die Masse von Gegenständen zu befreien, die keine gewinnbringende Verwertung versprechen oder sogar z.B. aufgrund zu erfüllender öffentlich-rechtlicher Pflichten (z.B. Kfz-Steuer, Grundsteuer) eine Belastung für die Masse darstellen würden. Dieser Vorgang nennt sich Freigabe. Er ist nicht ausdrücklich in der InsO geregelt, wird aber von ihr als existierend vorausgesetzt (vgl. § 32 Abs. 3 S. 1 InsO). Durch die Freigabe wird ein massezugehöriges Recht in das insolvenzfreie Vermögen des Schuldners überführt.[306]

Ebenfalls nicht zur Soll-Masse, aber häufig noch zur Ist-Masse gehören die Gegenstände, an denen ein Gläubiger gemäß § 47 InsO ein Aussonderungsrecht besitzt. (Siehe dazu unten unter § 2B.II.2.d., S. 65 ff.).

2. Arten der Gläubiger

Welche Folgen sich aus der Insolvenz des Schuldners für den einzelnen Gläubiger ergeben, ist abhängig davon, welchen Gläubigerstatus dieser innehat. Die Insolvenzordnung kennt vier verschiedene Arten von Gläubigern: die Insolvenzgläubiger, die Massegläubiger, die Absonderungsberechtigten und die Aussonderungsberechtigten. Die ersten drei Arten der Gläubiger werden aus der Insolvenzmasse befriedigt, die Aussonderungsberechtigten hingegen haben einen Anspruch darauf, dass ein Gegenstand aus der Insolvenzmasse ausgesondert wird, weil er nicht zu ihr gehört, sondern dem Vermögen des Gläubigers zuzuordnen ist. Sie sind folglich nicht an dem Insolvenzverfahren selbst beteiligt.

a. Insolvenzgläubiger

Nach § 38 InsO sind die Insolvenzgläubiger die persönlichen Gläubiger, die einen zur Zeit der Eröffnung des Insolvenzverfahrens begründeten Vermögensanspruch gegen den Schuldner haben. Der Begriff „persönliche Gläubiger" dient der Abgrenzung zu den „dinglichen Gläubigern", die entweder gemäß §§ 47, 48 InsO ein Aussonderungsrecht haben oder nach §§ 49 ff. InsO zur abgesonderten Befriedigung berechtigt sind (siehe unten unter § 2B.II.2.d., S. 65 ff. und §

---

305 RegE InsO, BT-Drucks. 12/2443, S. 122; kritisch dazu K/P/B/*Holzer*, § 35 Rn. 33 ff.; *Pape/UhlenbruckVoigt-Salus*, Kap. 22 Rn. 4 ff..

306 *Häsemeyer*, Rn. 13.14; seit 2007 ist in § 35 Abs. 2 InsO ein Sonderfall der Freigabe für Vermögen des Schuldners aus selbständiger Tätigkeit geregelt, siehe dazu *Smid*, DZWIR 2008, 133 – 142.

2B.II.2.c., S. 63 ff.).[307] Insolvenzgläubiger sind also diejenigen Gläubiger, die obligatorische Rechte gegen den Schuldner geltend machen können und kein den anderen Gläubigern gegenüber vorrangiges Recht auf ausschließliche Befriedigung an in der Masse vorhandenen Gegenständen haben.[308]

Der Vermögensanspruch muss bereits bei Verfahrenseröffnung begründet, also der anspruchsbegründende Tatbestand bereits vor Eröffnung des Insolvenzverfahrens abgeschlossen gewesen sein; die Forderung selbst muss hingegen noch nicht entstanden sein.[309] Genügend ist also, dass das Schuldverhältnis schon zum Zeitpunkt der Eröffnung bestand, selbst wenn der Anspruch erst später entsteht.[310]

Weiterhin muss es sich um einen Vermögensanspruch handeln. Der Anspruch muss aus der Insolvenzmasse heraus zu befriedigen sein, was voraussetzt, dass es sich um eine geldwerte, aus dem Vermögen des Schuldners erlangbare Leistung handelt, also um eine Geldforderung oder um eine Forderung, die gemäß § 45 InsO in eine Geldforderung umgerechnet werden kann. [311] Damit scheiden unter anderem Ansprüche auf Vornahme einer nicht vertretbaren Handlung nach § 888 ZPO[312], Ansprüche rein familienrechtlicher Natur[313] und Gestaltungsrechte[314] als Insolvenzforderungen aus.

Auf die Insolvenzgläubiger ist das Insolvenzverfahren zugeschnitten: Ihnen wird gemäß § 1 S. 1 InsO die gemeinsame Befriedigung aus der Insolvenzmasse heraus zuteil. Die Teilnahme an der gemeinsamen Befriedigung bedeutet für die Insolvenzgläubiger, dass sie gemäß § 89 Abs. 1 InsO während des Insolvenzverfahrens nicht mehr (im Wege der Einzelzwangsvollstreckung) vollstrecken dürfen und am Ende nur quotale Befriedigung aus der übrig gebliebenen Restmasse

307 Uhlenbruck/*Sinz*, § 38 Rn. 5.

308 Gottwald/*Klopp/Kluth*, Insolvenzrechts-Handbuch, § 19 Rn. 8; wobei obligatorische Ansprüche unter Umständen auch zur Aussonderung berechtigen können (siehe unten unter § 2B.II.2.d(2), S. 67 f.).

309 BGH, Beschluss vom 7.4.2005 – IX ZB 129/03, ZinsO 2005, 537, 538; Uhlenbruck/*Sinz*, § 38 Rn. 26.

310 BGH, Beschluss vom 6.12.2007 – IX ZR 215/06, WM 2008, 260; BAG, Urteil vom 27.9.2007 – 6 AZR 975/06, NZA 2009, 89, 91; BGH, Beschluss vom 7.4.2005 – IX ZB 195/03, NJW-RR 2005, 990, 991.

311 Nerlich/Römermann/*Andres*, § 38 Rn. 5.

312 OLG Neustadt, Urteil vom 6.10.1964 – 1 U 67/64; NJW 1965, 257.

313 Z.B. das elterliche Umgangsrecht, der Anspruch auf Ehescheidung oder auf Anerkennung der Vaterschaft; familienrechtliche Vermögensansprüche wie z.B. aus einem Scheidungsfolgenvergleich können hingegen Insolvenzforderungen darstellen, Uhlenbruck/*Sinz*, § 38 Rn. 11.

314 Gestaltungsrechte stellen schon an sich keine Ansprüche dar, aus ihrer Ausübung können sich aber Vermögensansprüche ergeben: Nerlich/Römermann/*Andres*, § 38 Rn. 6.

erhalten. Wenn in der Insolvenzordnung von „Gläubigern" die Rede ist, bezieht sich dies auf die Insolvenzgläubiger. Wer nicht in die Gruppe der Insolvenzgläubiger fällt, wird zwar nicht automatisch aus der Gruppe der im Insolvenzverfahren zu befriedigenden Gläubiger ausgeschlossen, nimmt aber nicht an der in § 1 S. 1 InsO vorgesehenen gemeinschaftlichen Befriedigung teil und stellt somit in gewissen Maße eine „Ausnahme" zum von der Insolvenzordnung vorgesehenen Normalfall dar.

Eine eigene Gruppe innerhalb der Insolvenzgläubiger stellen die nachrangigen Insolvenzgläubiger nach § 39 InsO dar. Sie werden nur dann in der vom Gesetzgeber festgelegten Reihenfolge aus der Insolvenzmasse befriedigt, wenn bereits alle „normalen" (nicht nachrangigen) Insolvenzgläubiger vollständig befriedigt wurden – was in der Praxis nur äußerst selten der Fall ist.[315]

b. Massegläubiger

Die Massegläubiger haben im Vergleich zu den Insolvenzgläubigern eine weitaus günstigere Stellung. Sie haben gemäß § 53 InsO einen Anspruch auf Vollbefriedigung ihrer Forderungen, können nach Maßgabe des § 90 InsO auch im Wege der Einzelzwangsvollstreckung vorgehen und haben möglicherweise sogar einen Schadensersatzanspruch gegen den Insolvenzverwalter, wenn die Verbindlichkeit durch diesen begründet wurde und nicht voll erfüllt werden kann (§ 61 InsO).

Masseforderungen sind gemäß §§ 53, 54 InsO zunächst einmal die Kosten des Insolvenzverfahrens, also die Gerichtskosten sowie die Vergütungen und Auslagen des vorläufigen Insolvenzverwalters, des Insolvenzverwalters und der Mitglieder des Gläubigerausschusses. Reicht die Insolvenzmasse nicht einmal aus, um diese Kosten zu decken, wird das Insolvenzverfahren gar nicht erst eröffnet. Es erfolgt die Abweisung mangels Masse nach § 26 InsO.

Massegläubiger sind auch solche, die Forderungen aus sogenannten „sonstigen Masseverbindlichkeiten" nach § 55 InsO haben. Diese entstehen zum einen durch Handlungen des Insolvenzverwalters oder in anderer Weise durch die Verwaltung, Verwertung und Verteilung der Insolvenzmasse (solange sie nicht zu den Kosten des Insolvenzverfahrens gehören), § 55 Abs. 1 Nr. 1 InsO. Denk-

---

315 Daher kann ein nachrangiger Gläubiger gemäß § 174 Abs. 3 S. 1 InsO seine nachrangige Forderung nur dann zur Insolvenztabelle anmelden, wenn er vom Gericht dazu aufgefordert wird. Sinn der Einführung des § 39 InsO ist es, diese Art der Gläubiger überhaupt am Insolvenzverfahren teilnehmen zu lassen. Die KO kannte nachrangige Forderungen nur im Bereich des Nachlasskonkurses. Alle anderen nun unter § 39 InsO fallenden Forderungen wurden grundsätzlich nicht berücksichtigt (§ 63 KO), Andres/Leithaus/*Leithaus*, § 39 Rn. 1; Gottwald/*Klopp/Kluth*, Insolvenzrechts-Handbuch, § 19 Rn. 36.

bar sind z.B. Abschlüsse neuer Verträge durch den Insolvenzverwalter im Rahmen einer Betriebsfortführung. Dann fallen auch daraus eventuell resultierende Sekundäransprüche unter die Masseverbindlichkeiten.[316] Die Verpflichtungen, die aus der Rückabwicklung von vor Insolvenzeröffnung abgeschlossenen Verträgen entstehen, sind jedoch keine Masseverbindlichkeiten, sondern Insolvenzforderungen.[317] Aus unerlaubten Handlungen des Insolvenzverwalters resultierende Ansprüche sind grundsätzlich Masseverbindlichkeiten. Dies gilt allerdings nicht, wenn die unerlaubte Handlung ohne jeden Zusammenhang mit der Insolvenzverwaltung begangen wurde (z.B. ein schuldhafter Verkehrsunfall bei einer Privatfahrt, auch sog. „insolvenzzweckwidrige Handlungen“).[318]

Nach § 55 Abs. 1 Nr. 2 Alt. 1 InsO entstehen Masseverbindlichkeiten auch aus gegenseitigen Verträgen, für die der Insolvenzverwalter nach den §§ 103 ff. InsO Erfüllung verlangt. Nach § 103 InsO hat der Insolvenzverwalter das Recht zu wählen, ob er einen vor Eröffnung des Insolvenzverfahrens vom Schuldner geschlossenen gegenseitigen Vertrag, der noch nicht oder noch nicht vollständig erfüllt ist, erfüllen möchte oder nicht. Lehnt er die Erfüllung ab, stellen die Schadensersatzansprüche des Vertragspartners wegen Nichterfüllung gemäß § 103 Abs. 2 S. 1 InsO lediglich Insolvenzforderungen dar. Wählt er die Erfüllung des Vertrags, stellen die Erfüllungsansprüche des Vertragspartners eine Masseverbindlichkeit nach § 55 Abs. 1 Nr. 2 Alt. 1 InsO dar, und zwar sowohl die Haupt- als auch alle Nebenansprüche.[319] Die Masseverbindlichkeiten nach § 55 Abs. 1 Nr. 2 Alt. 2 InsO (auch oktroyierte (aufgezwungene) Masseverbindlichkeiten genannt) resultieren aus den Verträgen, die trotz Verfahrenseröffnung fortbestehen (§ 108 InsO) und für die besondere Kündigungsfristen bestehen (§§ 109, 113 InsO). Die Verbindlichkeiten, die aus diesen Verträgen bis zum Beendigungszeitpunkt entstehen (insbesondere Mietzahlungen, Lohn oder Gehalt), stellen ebenfalls Masseverbindlichkeiten dar und werden gemäß § 53 InsO bevorzugt befriedigt. Im Rahmen der betrieblichen Altersversorgung können Masseverbindlichkeiten insbesondere aufgrund von nach Eröffnung des Insol-

---

316 Braun/*Bäuerle/Schneider*, § 55 Rn. 1.

317 Andres/Leithaus/*Leithaus*, § 55 Rn. 5; siehe daher zur Einordnung des Schadensersatzanspruchs des Versorgungsberechtigten, wenn der Insolvenzverwalter den Versicherungsvertrag einer Direktversicherung kündigt und den Rückkaufswert einzieht, unten unter § 3 B.II.1.b(2)(b), S. 180 ff.

318 *Hess*, § 55 Rn. 89; Uhlenbruck/*Uhlenbruck/Berscheid*, § 55 Rn. 22; zu Steuerforderungen, die aufgrund von Handlungen des Insolvenzverwalters und im Rahmen der Verwaltung oder Verwertung der Insolvenzmasse entstehen vgl. Nerlich/Römermann/*Andres*, § 55 Rn. 27 ff.

319 Braun/*Bäuerle/Schneider*, § 55 Rn. 36.

venzverfahrens erdienten Anwartschaften entstehen (siehe dazu unten unter § 3A.III.2.c., S. 132 ff.).

Nach § 55 Abs. 1 Nr. 3 InsO sind auch Verbindlichkeiten, die aus einer ungerechtfertigten Bereicherung der Masse herrühren, Masseverbindlichkeiten. Die InsO bezieht sich dabei auf die §§ 812 ff. BGB, wobei zu beachten ist, dass es darauf ankommt, dass die Insolvenzmasse als Vermögensmasse etwas erlangt hat i.S.d. Vorschriften, nicht etwa der Schuldner selbst. Es muss etwas in das nach den §§ 35 – 37 InsO haftende Vermögen gelangt sein und dieser rechtsgrundlose Erwerb muss nach Verfahrenseröffnung erfolgt sein.[320]

Weitere Masseverbindlichkeiten ergeben sich nach § 55 Abs. 2 InsO aus Handlungen des vorläufigen Insolvenzverwalters. Allerdings fallen darunter nur Handlungen des sogenannten „starken“ vorläufigen Insolvenzverwalters, also desjenigen, der gemäß § 22 Abs. 1 InsO die Verwaltungs- und Verfügungsbefugnis über das Vermögen des Schuldners inne hat, während dem Schuldner ein allgemeines Verfügungsverbot auferlegt wird.[321]

Weitere Masseverbindlichkeiten finden sich über die ganze InsO verteilt, z.B. gemäß § 123 Abs. 2 S. 1 InsO die Verbindlichkeiten aus einem nach Eröffnung des Insolvenzverfahrens aufgestellten Sozialplan oder nach § 81 Abs. 1 S. 3 InsO die Rückgewährung der Gegenleistung für eine vom Schuldner vorgenommene unwirksame Verfügung über einen Gegenstand aus der Insolvenzmasse (§ 81 Abs. 1 S. 1 InsO).

Massegläubiger werden bevorzugt befriedigt. Regelmäßig führt das dazu, dass sie nicht nur anteilig, sondern voll befriedigt werden.[322] Reicht die Insolvenzmasse allerdings nicht aus, um alle Massegläubiger voll zu befriedigen, sieht § 209 InsO eine Reihenfolge vor, in der die Befriedigung vorzunehmen ist. Deckt die Insolvenzmasse nicht einmal die Verfahrenskosten, so ist nach § 207 Abs. 1 S. 1 InsO das Insolvenzverfahren einzustellen. Sind die Kosten des Insolvenzverfahrens zwar gedeckt, reicht aber die Masse nicht zur Deckung der sonstigen Masseverbindlichkeiten, muss der Insolvenzverwalter diese Masseun-

---

320 Jaeger/*Henckel*, § 55 Rn. 78 f.

321 OLG Hamm, Urteil vom 7.3.2001 – 30 U 192/00, NZI 2002, 162, 162. Der „schwache“ vorläufige Insolvenzverwalter, dessen Bestellung gemäß § 22 Abs. 2 InsO erfolgt, ohne dass dem Schuldner ein allgemeines Verfügungsverbot auferlegt wird und dessen Befugnisse daher nur neben der Verfügungsbefugnis des Schuldners stehen, kann hingegen keine Masseverbindlichkeiten nach § 55 Abs. 2 InsO begründen; BGH, Urteil vom 18.7.2002 – IX ZR 195/01, NJW 2002, 3326, 3328. Anders kann dies gemäß § 55 Abs. 4 InsO bei Verbindlichkeiten aus dem Steuerschuldverhältnis sein; diese gelten auch dann als Masseverbindlichkeit, wenn sie vom Schuldner mit Zustimmung des vorläufigen Insolvenzverwalters begründet wurden.

322 Jaeger/*Henckel*, § 55 Rn. 2.

zulänglichkeit nach § 208 Abs. 1 InsO bei Gericht anzeigen. Dann greift der Verteilungsschlüssel des § 209 InsO. Demnach werden zunächst die Kosten des Insolvenzverfahrens gedeckt (§ 209 Abs. 1 Nr. 1 InsO), danach die sogenannten Neumasseverbindlichkeiten, die nach der Anzeige der Masseunzulänglichkeit begründet wurden (§ 209 Abs. 1 Nr. 2, Abs. 2 InsO), und zuletzt die Altmasseverbindlichkeiten, die bereits vor Anzeige der Unzulänglichkeit begründet wurden, sowie die Unterhaltsverpflichtungen nach §§ 100, 101 Abs. 1 S. 3 InsO. Bei gleichem Rang werden die Verbindlichkeiten nach dem Verhältnis ihrer Beträge befriedigt.

c. *Absonderungsberechtigte*

Die Absonderungsrechte in § 49 ff. InsO schützen Gläubiger, die ein Sicherungsrecht an einem zur Insolvenzmasse gehörenden Gegenstand innehaben. Im Gegensatz zur Aussonderung (siehe unten unter § 2B.II.2.d., S. 65 ff.) gehört in diesem Fall der Gegenstand immer noch zur Insolvenzmasse, der Absonderungsgläubiger kann ihn nicht aus der Insolvenzmasse heraus verlangen. Die Absonderung gewährt dem Gläubiger allerdings eine vorrangige Befriedigung durch den Sicherungsgegenstand, nach § 170 Abs. 1 S. 2 InsO ist er unverzüglich aus dem Erlös der Verwertung heraus zu befriedigen.[323] Übersteigt der Erlös der Verwertung den Wert der durch den Gegenstand gesicherten Forderung, verbleibt der übrige Erlös in der Insolvenzmasse und kommt somit der Befriedigung der Insolvenz- und der Massegläubiger zugute.[324]

Das Absonderungsrecht an einem Gegenstand kann gemäß § 91 InsO grundsätzlich nur vor Eröffnung des Insolvenzverfahrens begründet werden.[325]

Das Gesetz unterscheidet zwischen Absonderungsrechten an unbeweglichen und an beweglichen Gegenständen. Bewegliche Gegenstände sind gemäß § 49 InsO solche, die gemäß §§ 864, 865 ZPO der Zwangsvollstreckung in das unbewegliche Vermögen unterliegen, also vor allem Grundstücke, grundstücksgleiche Rechte, Schiffe und Schiffsbauwerke sowie alle Gegenstände und Forderungen, die dem Haftungsverband der Hypothek (§§ 1120 ff. BGB) bzw. der Schiffshypothek unterliegen.[326] § 49 InsO verweist für die Absonderung dieser Gegenstände auf das Zwangsversteigerungsgesetz (ZVG). Wer aus dem ZVG heraus ein Recht auf Befriedigung besitzt, ist also auch absonderungsberechtigt

---

323 Im Rahmen der Einzelzwangsvollstreckung übernimmt die Klage auf vorzugsweise Befriedigung nach § 805 ZPO diese Funktion; Gottwald/*Gottwald/Adolphsen*, Insolvenzrechts-Handbuch, § 42 Rn. 1.

324 BGH, Urteil vom 13.10.1959 – VIII ZR 186/58, NJW 1959, 2251, 2251.

325 *Hess*, § 49 Rn. 15.

326 Uhlenbruck/*Brinkmann*, § 49 Rn. 10.

i.S.d. § 49 InsO.[327] Wer ein Recht auf Befriedigung hat und in welcher Rangordnung diese Rechte stehen, ergibt sich aus § 10 ZVG.

Die Absonderungsrechte an beweglichen Gegenständen ergeben sich aus §§ 50, 51 InsO. Im Gegensatz zu den unbeweglichen Gegenständen sind die Absonderungsrechte hier in der InsO unmittelbar aufgelistet. „Prototyp“ ist nach § 50 InsO das Pfandrecht.[328] Dabei ist es unerheblich, ob es sich um ein durch Rechtsgeschäft oder durch Pfändung oder aufgrund Gesetzes erlangtes Pfandrecht handelt; für jedes Pfandrecht besteht ein Absonderungsrecht an der Pfandsache.[329]

Im Rahmen der betrieblichen Altersversorgung können Absonderungsrechte der Versorgungsberechtigten dadurch entstehen, dass ihnen Pfandrechte an Versicherungsansprüchen aus Rückdeckungsversicherung zur Absicherung einer Direktzusage bestellt werden (siehe dazu unten unter § 3A.IV.2.b., S. 152 ff. und § 3B.V., S. 260 ff.). Auch im Rahmen der Bildung von sogenannten Contractual Trust Arrangements kann die Verpfändung von Ansprüchen an den Versorgungsberechtigten eine Rolle spielen (siehe dazu unten unter § 3A.IV.3., S. 152 ff.).

Durch § 51 Nr. 1 InsO werden dem Pfandrecht das Sicherungseigentum bzw. die Sicherungszession gleichgestellt. Zwar geht der Sicherungsgegenstand bzw. die Forderung in diesem Fall rechtlich in das Eigentum des Sicherungsnehmers über, doch wirtschaftlich gesehen soll dem Sicherungsnehmer nur der wirtschaftliche Wert der Sache in Form des Verwertungserlöses zugute kommen, so dass es dem Pfandrecht näher steht als dem Eigentum.[330] Dies war auch schon zu Zeiten der KO anerkannt[331], wurde nun in der InsO aber auch gesetzlich festgeschrieben.[332]

Wenn dem Absonderungsberechtigten nicht nur der Absonderungsgegenstand haftet, sondern er auch einen persönlichen Anspruch gegen den Insolvenzschuldner hat, so ist er aufgrund dieses Anspruchs gemäß § 52 S. 1 InsO nur In-

---

327 Jaeger/*Henckel*, § 49 Rn. 2.

328 Gottwald/*Gottwald/Adolphsen*, Insolvenzrechts-Handbuch, § 42 Rn. 1.

329 Gottwald/*Gottwald/Adolphsen*, Insolvenzrechts-Handbuch, § 42 Rn. 32, 48.

330 *Bork*, Rn. 249; *Foerste*, Rn. 349.

331 RG, Urteil vom 14.10.1927 – VII 122/27, RGZ 118, 209; BGH, Urteil vom 12.2.1959 – VII ZR 215/58, WM 1959, 372; Urteil vom 23.11.1977 – VIII ZR 7/76, NJW 1978, 632, 633.

332 Unter § 51 Abs. 1 Nr. 1 InsO werden auch der verlängerte und der erweiterte Eigentumsvorbehalt subsumiert, während der einfache Eigentumsvorbehalt gemäß § 47 InsO zur Aussonderung berechtigt, Begr. zu § 58 InsO RegE, BT-Drucks. 12/2443, S 125; BGH, Urteil vom 27.3.2008 – IX ZR 220/05, NJW 2008, 1803, 1805; siehe dazu ausführlich *Adolphsen*, in: Kölner Schrift zur Insolvenzordnung, Kap. 41 Rn. 11 ff.

solvenzgläubiger. Allerdings nimmt er an der anteilsmäßigen Befriedigung nur insoweit teil, als er auf die abgesonderte Befriedigung verzichtet hat oder bei ihr ausgefallen ist.

Wer die Verwertung der Gegenstände, an denen ein Absonderungsrecht besteht, vornehmen darf, ergibt sich aus §§ 165 ff. InsO. Grundsätzlich kann nach § 49 InsO der Absonderungsgläubiger selbst nach den Vorschriften des ZVG die Zwangsversteigerung oder Zwangsverwaltung unbeweglicher Gegenstände betreiben.[333] Gemäß § 165 InsO kann dies aber auch der Insolvenzverwalter tun. Er muss allerdings nicht diesen Weg gehen, er kann das Objekt auch selbst verwalten bzw. es später freihändig veräußern.[334] Das Verwertungsrecht des Insolvenzverwalters ist nicht vorranigig gegegenüber dem des Absonderungsberechtigten, sondern ist diesem gleichwertig.[335]

Wer die Verwertung von beweglichen Gegenständen vornehmen darf, ist davon abhängig, wer den Besitz an der Sache innehat. Ist die Sache im Besitz des Insolvenzverwalters, steht ihm gemäß § 166 Abs. 1 InsO das Verwertungsrecht zu. Ist er es nicht, so kann der Absonderungsgläubiger die Sache verwerten, § 173 Abs. 1 InsO. Tut er dies nicht, kann das Insolvenzgericht eine Frist für die Verwertung des Gegenstandes festlegen. Nach Ablauf dieser Frist geht das Verwertungsrecht auf den Insolvenzverwalter über, § 173 Abs. 2 InsO. (Siehe dazu für den Anwendungsfall der CTA's unten unter § 3A.IV.3.a(2)(a), S. 156 ff.)

Für Forderungen, die der Schuldner zur Sicherung eines Anspruchs abgetreten hat, besteht gemäß § 166 Abs. 2 InsO grundsätzlich ein Verwertungsrecht des Schuldners.[336]

d. *Aussonderungsberechtigte*

Auch das Insolvenzrecht respektiert den Grundsatz der Eigentumsordnung, dass Vermögensgegenstände bestimmten Vermögensträgern zugeordnet sind.[337] Sind diese Vermögensgegenstände in der Insolvenzmasse des Schuldners vorhanden, obwohl sie eigentlich einem anderen Vermögensträger zuzuordnen sind, muss die Möglichkeit bestehen, sie aus der Insolvenzmasse zu entfernen und sie dem

333 *Bork*, Rn. 252.
334 Nerlich/Römermann/*Becker*, § 165 Rn. 17.
335 Braun/*Dithmar/Schneider*, § 165 Rn. 3.
336 Zur Frage, wem das Verwertungsrecht im Falle von verpfändeten Herausgabeansprüchen gegen den Treuhänder eines CTAs zusteht, siehe unten unter § 3A.IV.3.a(2), S. 155 ff. Zur Frage, wem das Verwertungsrecht im Falle einer verpfändeten Rückdeckungsversicherung zur Absicherung einer Direktzusage zusteht, siehe unten unter § 3B.V., S. 260 ff.
337 Andres/Leithaus/*Leithaus*, § 47 Rn. 1.

eigentlichen Vermögensträger zukommen zu lassen. In der Einzelzwangsvollstreckung verschafft diese Möglichkeit die Drittwiderspruchsklage nach § 771 ZPO.[338] Im Insolvenzverfahren sorgt dafür das Aussonderungsrecht nach § 47 InsO. Die Aussonderung berechtigt also nicht wie die Masseverbindlichkeit oder die Absonderung zu einer bevorzugten Befriedigung aus der Insolvenzmasse bzw. aus einem Gegenstand aus der Insolvenzmasse. Sie führt dazu, dass ein Gegenstand aus der Insolvenzmasse entfernt wird, und zwar deshalb, weil er nicht zur Insolvenzmasse gehört. Im Wege der Aussonderung wird die bei Beginn des Verfahrens vorgefundene Ist-Masse zur Soll-Masse verkleinert (siehe dazu bereits oben unter § 2B.II.1., S. 56).

Nach § 47 InsO ist zur Aussonderung berechtigt, wer aufgrund eines dinglichen oder persönlichen Rechts geltend machen kann, dass ein Gegenstand nicht zur Insolvenzmasse gehört. Ob dies der Fall ist, bestimmt sich nach den Gesetzen, die außerhalb des Insolvenzverfahrens gelten. Das bedeutet, dass das Bürgerliche Recht und das Zivilprozessrecht bestimmen, ob jemandem ein Aussonderungsrecht zusteht und wie derjenige es durchzusetzen hat.[339] Das materielle Recht muss dem Gläubiger eine Rechtsposition zuschreiben, die dazu führt, dass der Gegenstand nicht der Insolvenzmasse zuzuordnen ist. Dieses Recht muss der Aussonderungsberechtigte dann in einem normalen Zivilprozess gegen den Insolvenzverwalter geltend machen.[340]

Dass ein Gegenstand nicht zur Insolvenzmasse gehört, kann sich aus dinglichen, aber auch aus persönlichen Rechten ergeben.

(1) Dingliche Rechte

Wer Inhaber eines dinglichen Rechts an einem Gegenstand ist, aufgrund dessen der Gegenstand nicht zur Insolvenzmasse gehört, kann gem. § 47 S. 1 Fall 1 InsO aussondern. Ein dingliches Recht in diesem Sinne ist in erster Linie das Eigentum. Der Eigentümer (auch der Mit- oder Gesamthandseigentümer) kann vom Insolvenzverwalter verlangen, dass dieser die Sache herausgibt, sei es im Wege der Herausgabe einer beweglichen Sache (§ 985 BGB) oder der Zustimmung zur Berichtigung des Grundbuchs (§ 894 BGB), oder die Erklärung verlangen, dass ein Recht oder ein Anspruch nicht für die Masse beansprucht wird.[341] Auch der Besitz kann zu einem Aussonderungsrecht führen, das dann z.B. nach §§ 861, 1007 BGB geltend gemacht werden kann, genauso wie Forde-

338 Gottwald/*Gottwald/Adolphsen*, Insolvenzrechts-Handbuch, § 40 Rn. 1.

339 *Bork*, Rn. 243.

340 *Bork*, Rn. 237.

341 *Frege/Keller/Riedel*, Rn. 1491.

rungen, die endgültig abgetreten wurden und somit nicht mehr dem Insolvenzschuldner zustehen.[342]

Ausgesondert werden können – entsprechend dem sachenrechtlichen Bestimmheitsgrundsatz – nur individuell bestimmte Gegenstände, nicht etwa eine Geldsumme als solche oder ein Wertbetrag.[343]

Beschränkt dingliche Rechte können ebenfalls ein Aussonderungsrecht begründen. Das hat zur Folge, dass der Insolvenzverwalter das Recht während der Laufzeit anerkennen muss.[344]

Der Eigentumsvorbehaltsverkäufer, der sich das Eigentum an der Kaufsache bis zur vollständigen Kaufpreiszahlung vorbehalten hat, ist zur Aussonderung nach § 47 InsO berechtigt, nicht jedoch derjenige, der eine Sache zur Sicherung eines Anspruchs übereignet bekommen hat. Der Sicherungseigentümer ist zwar sachenrechtlich Eigentümer des Gegenstandes, nach § 51 Nr. 1 InsO aber nur zur Absonderung berechtigt, da ihm eigentlich nur der wirtschaftliche Wert zugute kommen soll (siehe oben unter § 2B.II.2.c., S. 64). Im Gegensatz dazu sichert der Vorbehaltsverkäufer durch den Eigentumsvorbehalt zunächst einmal sein Interesse an der Rückgewähr der Sache selbst, die er im Insolvenzverfahren ohne Rücktritt vom Kaufvertrag kraft seines Eigentums zurück verlangen kann, wenn der Insolvenzverwalter nicht Erfüllung wählt.[345]

(2) Persönliche Rechte

Auch schuldrechtliche Ansprüche können ein Aussonderungsrecht nach § 47 InsO begründen. Voraussetzung dafür ist jedoch, dass die Ansprüche dazu führen, dass der Gegenstand nicht dem Schuldnervermögen und damit nicht der Insolvenzmasse zuzuordnen ist. Hierunter fallen unter anderem Herausgabeansprüche wie der des Vermieters gegenüber dem Mieter nach § 546 Abs. 1 BGB (und damit auch des Leasinggeber eines Leasingguts), der des Verleihers für eine verliehenen Sache aus § 604 BGB und der des Bestellers für das Werkstück.[346]

---

342 K/P/B/*Prütting*, § 47 Rn. 43, 54, wobei hier eine genaue Trennlinie zur Sicherungszession zu ziehen ist, die gemäß § 51 Nr. 1 InsO nur zur Absonderung berechtigt, siehe dazu auch unten unter § 3B.V.1., S. 261 f.

343 BGH, Urteil vom 8.3.1972 – VIII ZR 40/71, NJW 1972, 872, 872.

344 Gottwald/*Gottwald/Adolphsen*, Insolvenzrechts-Handbuch, § 40 Rn. 17; der Inhaber kann dann das verlangen, auf das das Recht abzielt, also beispielweise Nutzungsherausgabe im Falle des Nießbrauchs (§ 1030 Abs. 1 BGB) oder den Besitz der Wohnung beim Wohnungsrecht gemäß § 1093 BGB; Reischl, Rn. 285.

345 Jaeger/*Henckel*, § 47 Rn. 43; Gottwald/*Gottwald/Adolphsen*, § 43 Rn. 11.

346 *Foerste*, Rn. 359. Somit können auch Vermieter oder Verleiher, die nicht Eigentümer der Miet- bzw. Leihsache sind, im Falle der Insolvenz des Mieters bzw. Leihers ausson-

Bei der Treuhand ist das Treugut dem Vermögen des Treunehmers zuzuordnen. Bei der unechten Treuhand, bei der Gegenstände zur Verwaltung übergeben, aber das Eigentum an ihnen nicht übertragen wird, ist dies schon gemäß § 985 BGB der Fall. Aber auch bei der echten Treuhand, bei der das Eigentum an den Treuhänder zur Verwaltung übertragen wird, bleibt der Treugeber wirtschaftlich gesehen trotzdem Inhaber des Vermögenswertes und kann damit bei Insolvenz des Treuhänders aussondern (siehe dazu ausführlich im Rahmen der CTAs unten unter § 3A.IV.3., S. 152 ff.).[347]

Interessant ist auch die Frage, inwieweit ein Rückgewähranspruch (§ 143 Abs. 1 S. 1 InsO) aufgrund Insolvenzanfechtung nach den §§ 129 ff. InsO ein Aussonderungsrecht begründet. Sie stellt sich, wenn ein Insolvenzverwalter eine Rechtshandlung wirksam anficht und der Anfechtungsgegner anschließend insolvent wird. Die Meinungen hierzu sind geteilt.[348] Der BGH spricht mittlerweile dem Rückgewähranspruch aus Insolvenzanfechtung Aussonderungswirkung zu, soweit der Gegenstand noch unterscheidbar im Vermögen des Anfechtungsgegners vorhanden ist.[349]

---

dern, während reine Verschaffungsansprüche wie z.B. § 433 Abs. 1 S. 1 BGB oder § 535 Abs. 1 S. 1 BGB kein Aussonderungsrecht begründen, MüKo-InsO/*Ganter*, § 47 Rn. 343, 347.

347 Dies ist sowohl bei der eigennützigen als auch der uneigennützigen Treuhand der Fall; vgl. dazu Gottwald/*Gottwald/Adolphsen*, Insolvenzrechts-Handbuch, § 40 Rn. 31 ff.

348 Für ein Aussonderungsrecht: Andres/Leithaus/*Leithaus*, § 47 Rn. 11; Braun/*Bäuerle*, § 47 Rn. 62; MüKo-InsO/*Ganter*, § 47 Rn. 346 jeweils m.w.N.; dagegen: *Häsemeyer*, Rn. 21.16, früher auch BGH, Urteil vom 11.1.1990 – IX ZR 27/89, NJW 1990, 990, 992.

349 BGH, Urteil vom 23.10.2003 – IX ZR 252/01, NZI 2004, 78, 80 f.; Urteil vom 24.6.2003 – IX ZR 228/02, NZI 2003, 537, 538.

C. Die gesetzliche Insolvenzsicherung der betrieblichen Altersversorgung

Wird über das Vermögen des Arbeitgebers das Insolvenzverfahren eröffnet, kann dies für die versorgungsberechtigten Arbeitnehmer schwerwiegende Folgen haben. Für sie stellt sich die Frage, ob und inwieweit die durch das Insolvenzverfahren vorgesehene gemeinschaftliche gleichmäßige Befriedigung der Gläubiger auch Auswirkungen auf ihre betriebliche Altersversorgung hat. Schließlich ist der Vertragspartner des Vertragsverhältnisses, auf dem die betriebliche Altersversorgung basiert, zahlungsunfähig und das Insolvenzverfahren sieht vor, dass sein Vermögen auf alle Gläubiger verteilt werden soll. Für den Arbeitnehmer, dessen betriebliche Altersversorgung ihm im Alter die Aufrechterhaltung eines gewissen Lebensstandards ermöglichen sollte, kann die Aussicht, unter Umständen lediglich einen Bruchteil der eigentlich vorgesehenen Versorgung zu erhalten, existenzielle Probleme hervorrufen.

Dieses Problem wurde in Deutschland ab den späten 1960er Jahren Gegenstand einer öffentlichen sozialpolitischen Diskussion, die in die Einführung der gesetzlichen Insolvenzsicherung der betrieblichen Altersversorgung mit Schaffung des BetrAVG im Jahr 1974 mündete.[350] Es handelt sich dabei um eine gesetzliche Pflichtversicherung, die die Versorgungsberechtigten in der Insolvenz des Arbeitgebers vor einem insolvenzbedingten Ausfall ihrer Versorgungsleistungen schützt und sie somit gegenüber anderen Gläubigern des Arbeitgebers privilegiert.[351]

Träger der Insolvenzsicherung ist der Pensions-Sicherungs-Verein Versicherungsverein auf Gegenseitigkeit (§ 14 Abs. 1 S. 1 BetrAVG), im Folgenden als PSV abgekürzt. Er wurde im Jahr 1974 als „Selbsthilfeeinrichtung der deutschen Wirtschaft" durch die Bundesvereinigung der deutschen Arbeitgeberverbände e.V., den Bundesverband der deutschen Industrie e.V. und den Verband der Lebensversicherungs-Unternehmen e.V. gegründet.[352]

Der Basisgedanke der gesetzlichen Insolvenzsicherung ist, dass der PSV in den vom BetrAVG normierten Sicherungsfällen die Leistungen erbringt, die eigentlich der Arbeitgeber bzw. der von ihm eingesetzte externe Versorgungsträ-

---

350 Gesetz zur Verbesserung der betrieblichen Altersversorgung (Betriebsrentengesetz – BetrAVG) vom 19.12. 1974, BGBl. I S. 3610; die Chronik des PSV inklusive eines Überblicks über die Schadensentwicklung seit Gründung ist dargestellt unter http://www.psvag.de/framesets/chr.html (20.1.2014).

351 *Langohr-Plato*, BAV, Rn. 748.

352 http://www.psvag.de/framesets/chr.html (20.1.2014).

ger zu erbringen hat. Dies gilt sowohl für bereits laufende Versorgungsleistungen (Versorgungsansprüche, § 7 Abs. 1 BetrAVG) als auch für sogenannte unverfallbare Anwartschaften, bei denen der Versorgungsfall zwar noch nicht eingetreten ist, die Versorgungszusage aber bereits über einen gewissen Zeitraum bestanden hat (§ 7 Abs. 2 BetrAVG). Für Erstere erbringt der PSV die laufenden Leistungen weiter, ersetzt aber auch einmalige Leistungen wie Kapitalzahlungen.[353] Für Letztere erbringt der PSV ab dem Zeitpunkt, in dem der Versorgungsfall eintritt, Leistungen in der vom Gesetz vorgesehenen Höhe. Im Gegenzug für diese Leistungserbringung gehen die Ansprüche und Anwartschaften der Versorgungsberechtigten, aufgrund derer der Anspruch gegen den PSV besteht, auf den PSV über (§ 9 Abs. 2 BetrAVG). Der PSV kann die hieraus resultierenden Ansprüche dann als Gläubiger im Insolvenzverfahren geltend machen.

Auf europäischer Ebene hat die Diskussion über die Sicherung betrieblicher Altersversorgungssysteme nach Beginn der Finanz- und Wirtschaftskrise erst wirklich begonnen. Zwar war schon in der Richtlinie 2008/94/EG über den Schutz der Arbeitnehmer bei Zahlungsunfähigkeit des Arbeitgebers in Art. 8 in sehr allgemeiner Form vorgesehen, dass die Mitgliedstaaten sich vergewissern sollen, dass die notwendigen Maßnahmen zum Schutz der Interessen der Arbeitnehmer auch im Hinblick auf eine betriebliche Altersversorgung getroffen werden sollen. Konkreter aktiv wurde die Europäische Kommission dann jedoch im Jahr 2010, indem sie ein Grünbuch zur Frage der europaweiten Koordination von Pensions- und Rentensystemen[354] herausgab, auf das Anfang 2012 ein Weißbuch[355] folgte. Darin wurde auch die Problematik des Risikos der Arbeit-

---

353 Merkblatt 300/M3 des PSVaG, Stand 3.12, Ziff. 2.1, abrufbar unter http://www.psvag.de/pdf/m300_03.pdf (20.1.2014).

354 Grünbuch der Europäischen Kommission „Angemessene, nachhaltige und sichere europäische Pensions- und Rentensysteme“, KOM(2010) 365 endg., SEK(2010)830, abrufbar unter http://eur-lex.europa.eu/LexUriServ/LexUriServ.do?uri=COM:2010:0365:FIN:DE:PDF (21.1.2014); ein weiteres Beispiel für das Tätigwerden der EU in diesem Bereich ist die seit Januar 2011 in Frankfurt/Main ansässige Euopäische Aufsichtsbehörde für das Versicherungswesen und die betriebliche Altersversorgung (European Insurance and Occupational Pensions Authority – EIOPA), die als unabhängiges Beratungsorgan des Euopäischen Parlaments, des Rates der Europäischen Union und der Euopäischen Kommission Teil der europäischen Finanzaufsicht ist, und deren Aufgabe neben der Kontrolle des Versicherungsmarktes auch der Schutz von Versicherten und Versorgungsberechtigten von Altersversorgungssystemen ist, Pressemitteilung der EIOPA vom 10.1.2011, „EIOPA elects its first management board“, abrufbar unter https://eiopa.europa.eu/fileadmin/tx_dam/files/pressreleases/EIOPA-Founding-and-Management-Board.pdf (21.1.2014).

355 Weißbuch der Europäischen Kommission „Eine Agenda für angemessene, sichere und nachhaltige Pensionen und Renten“, KOM (2012) 66 endg., abrufbar unter http://eur-

geberinsolvenz für die betriebliche Altersversorgung berücksichtigt, hinsichtlich derer die Kommission im Weißbuch Intitiativen in Aussicht stellt. Sie merkt jedoch auch an, dass die Auswertungen der Antworten auf das Grünbuch ergeben haben, dass ein Tätigwerden von der Mehrzahl der Antwortenden hier nicht auf europäischer, sondern auf nationaler Ebene gewünscht wird.[356] Die auf das Weißbuch erfolgte Entschließung des Europäischen Parlaments vom 21.5.2013 weist erneut auf das Erfordernis einer Insolvenzsicherung hin, stellt jedoch auch fest, dass die bestehenden Sicherungssysteme in den Mitgliedsländern sehr unterschiedlich ausgestaltet sind.[357] Angesichts des im Vergleich zu anderen Ländern sehr weit ausgebauten Insolvenzschutzes der betrieblichen Altersversorgung in Deutschland wurde von Anfang an vor zu weit gehenden Eingriffen des europäischen Gesetzgebers in die bestehenden Systeme gewarnt, um die Kosten für die Unternehmen im Zaum zu halten und die Attraktivität der betrieblichen Altersversorgung nicht herabzusetzen.[358]

Der Fokus der Darstellungen soll auf der insolvenzrechtlichen Einordnung der Ansprüche und Anwartschaften der Versorgungsberechtigten sowie der für die betriebliche Altersversorgung vorgesehenen finanziellen Mittel liegen. Daher sollen hier nur die Grundzüge der gesetzlichen Insolvenzsicherung in Deutschland dargestellt werden und die Frage, wann diese eintritt, jeweils im Rahmen der insolvenzrechtlichen Einordnung bei der Darstellung der verschiedenen Durchführungswege nur kurz beantwortet werden.

I. Geltungsbereich

Der Geltungsbereich des BetrAVG ist begrenzt, sowohl in sachlicher als auch in persönlicher Hinsicht. Nur innerhalb dieses begrenzten Rahmens greift auch der gesetzliche Insolvenzschutz.

---

lex.europa.eu/LexUriServ/LexUriServ.do?uri=COM:2012:0055:FIN:DE:PDF (21.1.2014).

356 Weißbuch der Europäischen Kommission „Eine Agenda für angemessene, sichere und nachhaltige Pensionen und Renten“, KOM (2012) 66 endg., S. 20, 24.

357 Entschließung des Europäischen Parlaments vom 21. Mai 2013 über eine Agenda für angemessene, sichere und und nachhaltige Pensionen und Renten, abrufbar unter http://www.europarl.europa.eu/sides/getDoc.do?pubRef=-//EP//TEXT+TA+P7-TA-2013-0204+0+DOC+XML+V0//DE&language=DE (21.1.2014), Ziff. 53, 55 (21.1.2014).

358 Stellungnahme des Bundesrates zum Weißbuch KOM(2012) 55endg., BR-Drucks. 94/12, S. 6; Stellungnahme des Bundesrates zum Grünbuch KOM(2010) 365 endg., BR-Drucks. 419/10, S. 5 f.; *Fladung*, BB 2011, 435, 435.

1. Sachlicher Geltungsbereich

Zunächst einmal gilt das Gesetz und damit der gesetzliche Insolvenzschutz nur für die betriebliche Altersversorgung, wie sie durch §§ 1, 1b BetrAVG definiert wird.[359] Die hierunter fallenden verschiedenen Durchführungswege wurden bereits oben unter § 2A.II.2., S. 27 ff. und die verschiedenen Versorgungsversprechen unter § 2A.II.3.b., S. 40 ff. dargestellt.

Nur die Versorgungsversprechen, die vom Gesetzgeber in §§ 1, 1b BetrAVG als Formen der betrieblichen Altersversorgung vorgesehen sind, fallen also auch unter den Insolvenzschutz des BetrAVG. Andersartige Versorgungsversprechen unterfallen dem Insolvenzschutz grundsätzlich nicht. In diesem Zusammenhang wird nun deutlich, warum die Frage, wie eine reine Beitragszusage einzuordnen ist, von so großer Bedeutung ist (siehe dazu schon oben unter § 2A.II.3.b(3), S. 43), denn sie ist nicht als Form der betrieblichen Altersversorgung vom BetrAVG vorgesehen. Dabei handelt es sich um eine Zusage, die sich nur auf die Gewährung zweckgebundener Beiträge zur Finanzierung der betrieblichen Altersversorgung bezieht und bei der die Verpflichtungen des Arbeitgebers sich in der Entrichtung dieser Beiträge erschöpft.[360] Das Kapitalanlagerisiko liegt dann komplett auf der Seite des Versorgungsberechtigten.[361] Deutete man die reine Beitragszusage in eine Beitragszusage mit Mindestleistung um, bedeutete dies, dass sie der gesetzlichen Insolvenzsicherung unterfiele, da es sich dann um betriebliche Altersversorgung i.S.d. BetrAVG handelte. Nähme man diese Umdeutung nicht vor, fiele sie nicht in den Anwendungsbereich des BetrAVG und wäre nicht insolvenzgeschützt.

Eine reine Beitragszusage ist nicht grundsätzlich nichtig, weil die Vorschriften des BetrAVG dem Schutz des Arbeitnehmers dienen und die Rechtsfolge der Nichtigkeit dem Normzweck widersprechen würde.[362] Nach Ansicht einiger soll sie aber wegen eines Verstoßes gegen § 17 Abs. 3 S. 3 BetrAVG insofern teilnichtig sein, als der Arbeitgeber nicht die von § 1 Abs. 2 Nr. 2 BetrAVG verlangte Mindestleistung verspricht.[363] Das bedeutete im Ergebnis, dass die reine Beitragszusage wie eine Beitragszusage mit Mindestleistung zu behandeln ist.

---

359 Merkblatt 300/M1 des PSVaG, Stand 3.10, Ziff. 1, abrufbar unter http://www.psvag.de/pdf/m300_01.pdf (20.1.2014).

360 *Uebelhack*, GS Blomeyer, S. 467, 476.

361 *Langohr-Plato/Teslau*, DB 2003, 661, 661.

362 *Blomeyer/Rolfs/Otto*, § 1 Rn. 89; *Höfer*, BetrAVG, § 1 Rn. 2527.9.

363 *Blomeyer/Rolfs/Otto*, § 1 Rn. 89, Anhang § 1 Rn. 737; ErfK/*Steinmeyer*, § 1 BetrAVG Rn. 17; *Höfer*, BetrAVG, § 1 Rn. 2527.9; MürArbR/*Andresen/Cisch*, § 141 Rn. 19; für die Umdeutung in eine beitragsorientierte Leistungszusage: Kemper/Kisters-Kölkes/Berenz/Huber/*Kemper*, § 1 Rn. 192.

In einem Urteil aus dem Jahre 2004 hat das BAG ausgeführt, dass eine reine Beitragszusage als solche bestehen bleibe, aber nicht unter den Schutz des BetrAVG falle, weil keine künftigen Versorgungsleistungen – wie in § 1 Abs. 1 S. 1 BetrAVG verlangt – versprochen würden, sondern nur zusätzliche Zahlungen des Arbeitgebers während des aktiven Berufslebens und daher keine betriebliche Altersversorgung im Sinne des § 1 Abs. 1 S. 1 BetrAVG. Auf eine solche Zusage passten weder der gesetzliche Verschaffungsanspruch nach § 1 Abs. 1 S. 3 BetrAVG noch die Unverfallbarkeitsrechte des § 2 BetrAVG.[364] Im konkreten Fall verneinte das BAG das Vorliegen einer reinen Beitragszusage aufgrund der Auslegung der Versorgungszusage. Zum gleichen Ergebnis kam es in einem Urteil aus dem Jahr 2007, in dem es die Vertragsklausel als Fortführung der zuvor schon zugesagten beitragsorientierten Leistungszusage auslegte.[365]

Dagegen, die reine Beitragszusage als solche bestehen zu lassen mit der Folge, dass keine Insolvenzsicherung besteht, spricht insbesondere, dass der Gesetzgeber es wohl nicht zulassen wollte, dass der Arbeitnehmer das vollständige Kapitalanalagerisiko trägt, sonst hätte er anstatt der Beitragszusage mit Mindestleistung die reine Beitragszusage eingeführt.[366] Folglich ist der Ansicht zuzustimmen, die eine reine Beitragszusage in eine Beitragszusage mit Mindestleistung umdeuten will, so dass auch die reine Beitragszusage im Ergebnis unter den sachlichen Geltungsbereich des BetrAVG fällt.

2. Persönlicher Geltungsbereich

Welche Personen in den Geltungsbereich des BetrAVG fallen und damit in den Genuss des gesetzlichen Insolvenzschutzes kommen, ist in § 17 Abs. 1 BetrAVG geregelt. Nach § 17 Abs. 1 S. 1 BetrAVG sind Arbeitnehmer i.S.d. §§ 1 bis 16 BetrAVG Arbeiter und Angestellte einschließlich der zur ihrer Berufsausbildung Beschäftigten. Die Beschreibung entspricht in ihrem Wortlaut anderen arbeitsrechtlichen Gesetzen, z.B. § 5 Abs. 1 S. 1 ArbGG, § 5 Abs. 1 BetrVG oder § 2 S. 1 BUrlG. Grundsätzlich ist auch hier die mittlerweile allgemein an-

364 BAG, Urteil vom 7.9.2004 – 3 AZR 550/03, NZA 2005, 1239, 1241; darauf Bezug nehmend auch BAG, Urteil vom 11.1.2007 – 3 AZR 249/06, NZA 2008, 532, 535; Urteil vom 12.6.2007, NZA-RR, 2008, 537, 538.

365 BAG, Urteil vom 13.11.2007 – 3 AZR 635/06, AP BetrAVG § 1 Nr. 49; aufgrund des Bezugs zum konkreten Fall kann daraus wohl keine allgemeine Regel zur Umdeutung in eine beitragsorientierte Leistungszusage abgeleitet werden, wie Kemper/Kisters-Kölkes/Berenz/Huber/*Huber*, § 1 Rn. 463 Fn. 580 dies aber wohl tut.

366 Vgl. BT-Drucks. 14/5150, S. 42, de Groot, S. 94; Kemper/Kisters-Kölkes/Berenz/Huber/*Huber*, § 1 Rn. 463.

erkannte Definition zu verwenden, wonach derjenige Arbeitnehmer ist, der aufgrund eines privatrechtlichen Vertrags im Dienste eines anderen zur Leistung fremdbestimmter Arbeit in persönlicher Abhängigkeit verpflichtet ist.[367]

Damit ist der Anwendungsbereich des BetrAVG aber nicht erschöpft. Nach § 17 Abs. 1 S. 2 BetrAVG gelten die Vorschriften entsprechend für Personen, die nicht Arbeitnehmer sind, wenn ihnen Leistungen der Alters-, Invaliditäts- oder Hinterbliebenenversorgung aus Anlass ihrer Tätigkeit für ein Unternehmen zugesagt worden sind. Daher ist auch eine genaue Abgrenzung der Frage, wer Arbeitnehmer i.S.d. § 17 Abs. 1 S. 1 BetrAVG ist, in den meisten Anwendungsfällen nicht erforderlich.[368]

So allumfassend, wie der Geltungsbereich des § 17 Abs. 1 S. 2 BetrAVG auf den ersten Blick wirkt, wird die Norm jedoch nicht angewendet. Einzige Voraussetzung für die Anwendbarkeit des BetrAVG ist nach dem Wortlaut neben der Zusage von Leistungen der Alters-, Invaliditäts- oder Hinterbliebenenversorgung die „Tätigkeit für ein Unternehmen", die den Anlass für die Versorgungszusage darstellt. Eine Tätigkeit für ein Unternehmen kann jedoch ganz unterschiedlicher Natur sein. Die unbeschränkte Anwendung des § 17 Abs. 1 S. 2 BetrAVG könnte z.B. dazu führen, dass ein Einzelkaufmann oder die Gesellschafter einer Handelsgesellschaft sich selbst eine Versorgungszusage erteilen und in dem Moment, in dem sie selbst das Unternehmen in die Insolvenz führen, ihre betriebliche Altersversorgung trotzdem aufgrund des gesetzlichen Insolvenzschutzes abgesichert ist. Sogar der Arbeitgeber könnte sich selbst eine Versorgungszusage erteilen, die mit Hilfe der Beiträge anderer Arbeitgeber[369] durch den PSV insolvenzgeschützt wäre.[370] Außerdem hätte bei einer solch extensiven Auslegung die Abgrenzung zu Arbeitnehmern nach § 17 Abs. 1 S. 1 BetrAVG überhaupt keine Bedeutung mehr, da diese von § 17 Abs. 1 S. 2 BetrAVG mit umfasst wären.[371]

Daher muss nach allgemeiner Meinung die Vorschrift des § 17 Abs. 1 S. 2 BetrAVG einschränkend ausgelegt und der Anwendungsbereich teleologisch

---

367 BAG, Urteil vom 25.1.2000 – 3 AZR 769/98, NZA 2001, 959, 960; BeckOK-ArbR/*Molkenbur*, § 17 BetrAVG Rn. 1; *Blomeyer/Rolfs/Otto*, § 17 Rn. 4, 6; ErfK/*Steinmeyer*, § 17 BetrAVG Rn. 3; Kemper/Kisters-Kölkes/Berenz/Huber/*Huber*, § 17 Rn. 2; zur Arbeitnehmerdefinition vgl. BAG, Beschluss vom 26.9.2002 – 5 AZB 19/01, NZA 2002, 1412, 1414; Urteil vom 20.9.2000 – 5 AZR 61 /99, NZA 2001, 551, 551.

368 BeckOK-ArbR/*Molkenbur*, § 17 BetrAVG Rn. 1; *Blomeyer/Rolfs/Otto*, § 17 Rn. 5.

369 Zur Beitragspflicht siehe unten unter § 2C.II., S. 77 ff.

370 MünchHdb. ArbR/*Andresen/Cisch*, § 140 Rn. 37.

371 BeckOK-ArbR/*Molkenbur*, § 17 BetrAVG Rn. 6; MünchHdb. ArbR/*Andresen/Cisch*, § 140 Rn. 36.

reduziert werden.[372] Es stellt sich damit die Frage, welche Merkmale für die Anwendbarkeit bzw. Nichtanwendbarkeit des § 17 Abs. 1 S. 2 BetrAVG entscheidend sein sollen.

Aufgrund einer Formulierung des Gesetzgebers in den Gesetzesmaterialien vertraten einige die Ansicht, dass die Abgrenzung anhand des Merkmals der unzureichenden Vertragsparität vorgenommen werden sollte.[373] Dem hat der BGH in einem Grundsatzurteil aus dem Jahr 1980[374] jedoch eine deutliche Absage erteilt: Das Merkmal der Vertragsparität habe im Wortlaut des § 17 Abs. 1 S. 2 BetrAVG keinen Niederschlag gefunden, eine Unterscheidung hiernach sei sachlich nicht immer berechtigt und vor allem der Rechtssicherheit abträglich. Zudem sei eine gute Verhandlungsposition bei Abschluss des Vertrags kein Schutz vor den Folgen der Insolvenz des Vertragspartners, so dass sie für die Frage des gesetzlichen Insolvenzschutzes kein Entscheidungsfaktor sein könne.[375]

Anstatt dessen stellte der BGH auf die Frage ab, ob der Versorgungsberechtigte als Unternehmer anzusehen sei. Eindeutig fielen Einzelkaufleute nicht unter den Anwendungsbereich des BetrAVG, soweit es sich um eine Versorgung aus dem eigenen Betrieb handele, da dies gegen den Grundsatz verstoße, dass niemand sein eigener Schuldner und damit auch nicht Gläubiger einer selbst erteilten Versorgungszusage sein könne. Zudem ließe der Wortlaut der Norm, dass die Zusage „aus Anlass ihrer Tätigkeit für ein Unternehmen" erteilt worden sein muss, darauf schließen, dass es sich um ein fremdes Unternehmen handeln müsse. Gerechtfertigt würde diese Auslegung dadurch, dass der unternehmerischen Freiheit immer auch das unternehmerische Risiko gegenüber-stehe, das auch das Wagnis einschließe, das eingesetzte Kapital (und daher auch für die Altersversorgung vorgesehenes Kapital) wieder zu verlieren.[376]

---

372 BAG, Urteil vom 25.1.2000 – 3 AZR 769/98, NZA 2001, 959, 961; BGH, Urteil vom 28.4.1980 – II ZR 254/78, NJW 1980, 2254, 2254; BeckOK-ArbR/*Molkenbur*, § 17 BetrAVG Rn. 6; *Blomeyer/Rolfs/Otto*, § 17 Rn. 43; ErfK/*Steinmeyer*, § 17 BetrAVG Rn. 4; *Goette*, ZIP 1997, 1317, 1317; MünchHdb. ArbR/*Andresen/Cisch*, § 140 Rn. 37.

373 *Wiedemann/Moll*, RdA 1977, 13, 16, die sich wohl auf folgende Äußerung des Gesetzgebers beziehen: „Satz 2 trägt dem Umstand Rechnung, dass vielfach auch Mitglieder von Gesellschaftsorganen und Selbständige, z.B. Handelsvertreter und Handwerker, aus Anlass ihrer Tätigkeit für ein Unternehmen betriebliche Versorgungszusagen erhalten, auf deren inhaltliche Ausgestaltung sie - wie Arbeitnehmer - wegen der regelmäßig stärkeren Position ihres Vertragspartners oft keinen oder nur geringen Einfluss nehmen können. ...", BT-Drucks. 7/1281, S. 30.

374 BGH, Urteil vom 28.4.1980 – II ZR 254/78, NJW 1980, 2254 ff.

375 BGH, Urteil vom 28.4.1980 – II ZR 254/78, NJW 1980, 2254, 2255; dazu kritisch *Blomeyer/Rolfs/Otto*, § 17 Rn. 51 ff.

375 BGH, Urteil vom 28.4.1980 – II ZR 254/78, NJW 1980, 2254, 2255.

Daraus leitete der BGH den Grundgedanken ab, dass Personen, die selbst Unternehmer sind, also auch solche, die aufgrund ihrer kapital- und einflussmäßigen Bindung an das Unternehmen, aus dem sie die Versorgung erhalten sollen, nach der Verkehrsanschauung ebenso wie ein Einzelkaufmann als Unternehmer anzusehen sind und die danach nicht für ein fremdes, sondern das eigene Unternehmen tätig sind, den Schutz des BetrAVG nicht genießen sollen.[377] Dieser Auslegung folgte im Anschluss auch das BAG, so dass die Einordnung des Versorgungsberechtigten als Einzelunternehmer bzw. als Inhaber einer dem Einzelunternehmer vergleichbaren Stellung heute nach der Rechtsprechung einen Ausschlussgrund für die Anwendung des § 17 Abs. 1 S. 2 BetrAVG darstellt.[378] Damit sollen neben den Einzelunternehmern z.B. auch Mehrheits- oder Alleingesellschafter von Kapitalgesellschaften vom Anwendungsbereich des § 17 Abs. 1 S. 2 BetrAVG ausgeschlossen sein, genauso wie Minderheitengesellschafter, wenn ihnen eine beherrschende, auf einem genügend hohen Vermögenseinsatz beruhende mitgliedschaftliche Stellung zukommt und sie über die Gesellschafterstellung hinausgehende Einflussmöglichkeiten haben, die sich bei geschäftsführenden Gesellschaftern aus einer bestehenden Stimmenmehrheit ergeben kann.[379] In einer Personengesellschaft sind in jedem Fall die persönlich haftenden Gesellschafter mit Geschäftsführungs- und Vertretungsbefugnis vom gesetzlichen Insolvenzschutz ausgeschlossen.[380]

Daneben fallen unter die Vorschrift des § 17 Abs. 1 S. 2 BetrAVG auch die arbeitnehmerähnlichen Personen, die zwar aufgrund ihrer rechtlichen Selbstständigkeit das Merkmal der persönlichen Abhängigkeit nicht erfüllen und daher nicht als Arbeitnehmer im klassischen Sinne anzusehen sind, die aber aufgrund einer starken wirtschaftlichen Abhängigkeit von einem einzelnen Auftraggeber in ihrer sozialen Schutzbedürftigkeit den Arbeitnehmern gleichzustellen sind. Darunter fallen z.B. in Heimarbeit Beschäftigte, freie Mitarbeiter oder Angehörige der freien Berufe, soweit sie mindestens die Hälfte ihres Entgelts von einem

---

377 BGH, Urteil vom 28.4.1980 – II ZR 254/78, NJW 1980, 2254, 2255; Urteil vom 9.6.1980 – II ZR 180/79, ZIP 1980, 562, 563.

378 BAG, Urteil vom 25.1.2000 – 3 AZR 769/98, NZA 2001, 959, 961 f.; Urteil vom 16.4.1997 – 3 AZR 869/95, NZA 1998, 101, 103; Urteil vom 21.8.1990 – 3 AZR 429/89, NZA 1991, 311, 311.

379 BGH, Urteil vom 28.4.1980 – II ZR 254/78, NJW 1980, 2254, 2255; BAG, Urteil vom 25.1.2000 – 3 AZR 769/98, NZA 2001, 959, 962.

380 BGH, Urteil vom 9.6.1980 – II ZR 255/78, AP BetrAVG § 17 Nr. 2; siehe weiter ausführlich zur Frage, welche Gesellschafter- und Organstellungen zu einem Ausschluss des gesetzlichen Insolvenzschutzes führen: *Blomeyer/Rolfs/Otto*, § 17 Rn. 90 ff.; Förster/Cisch/Karst/*Kruip*, § 17 Rn. 6 ff.; Schaub/*Vogelsang*, § 84 Rn. 100.

Unternehmen erlangen.[381] Aber auch sonstige Selbstständige, die nicht als arbeitnehmerähnliche Person einzuordnen sind, aber von einem Unternehmen aus Anlass ihrer Tätigkeit für ein solches ein Versorgungsversprechen erhalten haben, fallen unter § 17 Abs. 1 S. 2 BetrAVG. Problematisch ist hierbei insbesondere das Merkmal des „für einen anderen“ Tätigwerdens, was im Normalfall nicht vorliegen wird, aber z.B. bei einem Handelsvertreter[382], einem Versicherungsvertreter, Rechtsanwalt oder Steuerberater[383] denkbar ist, deren wirtschaftliche Abhängigkeit für die Stellung der arbeitnehmerähnlichen Person nicht ausreicht.[384]

II. Finanzierung der Insolvenzsicherung

Die Finanzierung der gesetzlichen Insolvenzsicherung der betrieblichen Altersversorgung erfolgt durch Beiträge der Arbeitgeber, die eine Versorgungszusage erteilt haben und dabei einen insolvenzgeschützten Durchführungsweg gewählt haben. § 10 Abs. 1 BetrAVG schreibt fest, dass es sich bei der Beitragspflicht um eine öffentlich-rechtliche Verpflichtung des Arbeitgebers handelt. Beim PSV handelt es sich jedoch nicht um eine staatliche Einrichtung, sondern um einen privatrechtlich organisierten Verein, der als Beliehener Verwaltungsaufgaben erfüllt.[385] § 10 Abs. 2 BetrAVG regelt, welches Gesamtbeitragsaufkommen der PSV jährlich durch die Erhebung der Beiträge erzielen muss, während § 10 Abs. 3 BetrAVG festlegt, welcher Arbeitgeber wie viel zu diesem Beitragsaufkommen beisteuern muss. Die anzuwendende Beitragsbemessungsgrundlage ist abhängig vom gewählten Durchführungsweg.[386] Das Finanzierungsverfahren des PSV wurde im Jahr 2006[387] von einem Rentenwertumlageverfahren, das ein Bedarfsdeckungsverfahren darstellte, auf ein Verfahren der vollständigen Kapi-

---

381 Vgl. dazu ausführlich *Blomeyer/Rolfs/Otto*, § 17 Rn. 77 ff.

382 BGH, Urteil vom 21.5.2003 – VIII ZR 57/02, NJW 2003, 3350, 3350.

383 BGH, Urteil vom 13.7.2006 – IX ZR 90/05, NJW 2006, 3638, 3639.

384 Siehe auch hierzu ausführlich *Blomeyer/Rolfs/Otto*, § 17 Rn. 87 ff.; zum Verständnis des PSV vom persönlichen Geltungsbereich des BetrAVG: Merkblatt 300/M1 des PSVaG, Stand 3.10, Ziff. 3, abrufbar unter http://www.psvag.de/pdf/m300_01.pdf (20.1.2014).

385 BVerwG, Urteil vom 22.11.1994 – 1 C 22/92, NZA 1995, 374, 375; Urteil vom 10.12.1981 – 3 C 1/81, NJW 1983, 59, 59.

386 Siehe dazu genauer für die Direktversicherung mit widerruflichem Bezugsrecht unten unter § 3D.I.2., S. 301 f.

387 Durch das Gesetz zur Änderung des Betriebsrentengesetzes und anderer Gesetze vom 2.12.2006, BGBl. I S. 2742.

taldeckung umgestellt.[388] Folge dessen war die Erhebung eines Sonderbeitrags für die bis dahin zwar insolvenzgesicherten, aber nicht ausfinanzierten Anwartschaften nach § 30i BetrAVG, der teilweise verfassungsrechtliche Bedenken entgegengebracht wurden.[389]

Der Beitragssatz für die Insolvenzsicherung der betrieblichen Altersversorgung wird jährlich vom PSV festgelegt. Die im Jahr 2008 eingetretene Finanz- und Wirtschaftskrise und die in diesem Zusammenhang steigende Anzahl an Unternehmensinsolvenzen, die der PSV aufzufangen hatte, hatten beträchtliche Auswirkungen auf die Beitragspflicht der Arbeitgeber. 971 Unternehmensinsolvenzen führten zu einem Rekordschadensvolumen von über vier Milliarden Euro.[390] In Folge dessen stieg der Beitragssatz im Jahr 2009 sprunghaft um fast 800 Prozent auf 14,2 Promille der Beitragsbemessungsgrundlage.[391] Bereits im Jahr 2010 sank er wieder deutlich auf 1,9 Promille der Beitragsbemessungsgrundlage, 2012 stieg er wiederum auf 3,0 Promille.[392] Für das Jahr 2013 wurde ein Beitragssatz von 1,7 Promille festgelegt.[393] Gerade der sprunghafte Anstieg der Beiträge im Jahr 2009 führte zum Aufflammen einer Diskussion in der Literatur über die Vereinbarkeit der Beitragspflicht mit Verfassungs- und Gemeinschaftsrecht.[394]

Kritisiert wird aus verfassungsrechtlicher Sicht, dass die Regelungen der Beitragspflicht an den PSV es nicht berücksichtigen, wenn der Arbeitgeber eine eigene privatrechtliche Insolvenzsicherung aufbaut. Diese kann z.B. in einer an den Arbeitnehmer verpfändeten Rückdeckungsversicherung[395] (siehe dazu unten unter § 3A.IV.2., S. 147 ff., § 3B.V.S. 260 ff., § 3C.III.3., S. 292 ff.) oder in der

---

388 Siehe dazu *Hoppenrath/Berenz*, DB 2007, 630 ff.

389 Siehe dazu *Rolfs/de Groot*, DB 2009, 61 ff.

390 Übersicht über die Entwicklung des PSV von 1975 bis zum Jahr 2012, abrufbar unter http://www.psvag.de/pdf/entwicklung.pdf (21.1.2014).

391 Wobei der Beitrag aufgrund der immensen Steigerung nicht vollständig im Jahr 2009 zu leisten war, sondern vom PSV die Möglichkeit des § 10 Abs. 2 S. 4 BetrAVG genutzt wurde, den Beitrag auf die folgenden Jahre zu verteilen: PSV Informationen zur Verteilung von Beitragsspitzen, abrufbar unter http://www.psvag.de/pdf/Informationen%20zur%20Beitragsverteilung.pdf (20.1.2014); *Thum/Bitsch*, BB 2010, 2639, 2639.

392 Übersicht über die Entwicklung des PSV von 1975 bis zum Jahr 2012, abrufbar unter http://www.psvag.de/pdf/entwicklung.pdf (21.1.2014).

393 Mitteilung des PSV zur Festsetzung des Beitragssatzes für 2013 und zum Vorschuss für 2014, abrufbar unter http://www.psvag.de/pdf/Mitteilungstext.pdf (21.1.2014).

394 Dazu *Blomeyer/Rolfs/Otto*, § 10 Rn. 4 ff.; *Joussen*, BB 2010, 1469 ff., der sich schwerpunktmäßig gerade mit der extremen Erhöhung des Beitrags im Jahr 2009 auseinandersetzt; *Rolfs/de Groot*, ZIP 2009, 785 ff.; *Schnitker/Sittard*, RdA 2010, 295 ff.; *Thum/Bitsch*, BB 2010, 2693 ff.

395 Dafür zuletzt BVerwG, Urteil vom 25.8.2010 – 8 C 40/09, ZIP 2010, 2363 ff.

Konstruktion eines Contractual Trust Arrangements (CTA) (siehe dazu unten unter § 3A.IV.3., S. 152 ff.) bestehen. Die Nichtberücksichtigung dieser Vorkehrungen des Arbeitgebers, die dazu führen können, dass das Risiko der Inanspruchnahme des PSV praktisch nicht höher ist als bei den Durchführungswegen der betrieblichen Altersversorgung, die keine Beitragspflicht des Arbeitgebers an den PSV auslösen, werden als Verstoß gegen den Gleichbehandlungsgrundsatz des Art. 3 Abs. 1 GG gewertet.[396]

Auf gemeinschaftsrechtlicher Ebene wird ein Eingriff in die durch Art. 56 AEUV (ehemals Art. 49 EGV) geschützte Dienstleistungsfreiheit angeprangert. Diese schütze auch die „passive Dienstleistungsfreiheit", die auch die Inanspruchnahme von Dienstleistungen eines in einem anderen Mitgliedstaat ansässigen Unternehmens umfasse. Durch die zwangsweise auferlegte gesetzliche Insolvenzsicherung in Deutschland seien die Arbeitgeber jedoch faktisch darin behindert, die Versicherungsleistung eines anderen Anbieters in Anspruch zu nehmen.[397] Dass eine gesetzliche Pflichtversicherung einen Eingriff in die Dienstleistungsfreiheit darstellen kann, zeigt das Urteil des EuGH zur gesetzlichen Unfallversicherung in Deutschland.[398] Allerdings wurde dieser Eingriff als durch das Ziel der Aufrechterhaltung des finanziellen Gleichgewichts des Systems der sozialen Sicherheit gerechtfertigt beurteilt.[399] Gegen die Übertragung dieses Ergebnisses auch auf die gesetzliche Insolvenzsicherung der betrieblichen Altersversorgung wird vorgebracht, dass die Ausgestaltung der §§ 7, 10 BetrAVG nicht erforderlich und angemessen sei, da das gleiche Schutzniveau auch über eine gesetzlich festgeschriebenen Verpflichtung des Arbeitgebers, eine privatrechtliche Insolvenzsicherung vorzunehmen, erreicht werden könne.[400]

Ein weiterer Kritikpunkt in gemeinschaftsrechtlicher Hinsicht wird an den gemeinschaftsrechtlichen Wettbewerbsregeln für öffentliche und monopolartige Unternehmen aus Art. 106 i.V.m. Art. 102 AEUV (früher Art. 86 i.V.m. Art. 82

---

396 *Rolfs/de Groot*, ZIP 2009, 785, 788 ff.; *Thum/Bitsch*, BB 2010, 2693, 2695 f., die in der Beitragspflicht an den PSV auch die Erhebung einer unzulässigen Sonderabgabe sehen; aA: *Joussen*, BB 2010, 1469, 1473, der zwar auch eine Sonderabgabe bejaht, diese aber für verfassungsgemäß hält.

397 *Thum/Bitsch*, BB 2010, 2693, 2694.

398 EuGH, Urteil vom 5.3.2009 – C-350/07 Kattner Stahlbau-GmbH/Maschinenbau- und Metall-Berufsgenossenschaft, NJW 2009, 1325, 1330.

399 EuGH, Urteil vom 5.3.2009 – C-350/07 Kattner Stahlbau-GmbH/Maschinenbau- und Metall-Berufsgenossenschaft, NJW 2009, 1325, 1330 f.

400 *Rolfs/de Groot*, ZIP 2009, 785, 787 f.; *Thum/Bitsch*, BB 2010, 2693, 2694 f.; als Beispiele für eine solche Regelung werden § 8a Altersteilzeitgesetz und die Insolvenzsicherungspflicht von Wertguthaben auf Langzeitkonten, die der Flexibilisierung von Arbeitszeit dienen, in § 7e SGB IV genannt.

EGV) festgemacht.[401] Der PSV sei ein Unternehmen i.S.d. Vorschriften, da in seinem Aufgabengebiet der Solidargedanken nicht im gleichen Ausmaß ausgeprägt sei, wie z.B. im Falle der deutschen gesetzlichen Krankenversicherung, für die der EuGH eine Anwendung der Vorschriften abgelehnt hat.[402] Durch die gesetzliche Insolvenzsicherung werde dem PSV eine faktische Monopolstellung eingeräumt, worin ein Verstoß gegen Art. 102 i.V.m. Art. 108 AEUV liege, der zu einem Unterlassungsanspruch der konkurrierenden Anbieter gegen die Bundesrepublik Deutschland führe.[403]

Das System der Finanzierung der gesetzlichen Insolvenzsicherung ist demnach eine sehr umstrittene Materie. Der Gesetzgeber sah sich bisher aber offensichtlich noch nicht zu tiefgreifenden Veränderungen genötigt.

Im Übrigen ist der PSV auch dann bei Eintritt des Sicherungsfalls zur Leistung verpflichtet, wenn die nach § 10 BetrAVG eigentlich erforderliche Beitragszahlung fälschlicherweise nicht erfolgt ist, z.B. weil der Arbeitgeber seiner Meldepflicht gegenüber dem PSV nach § 11 BetrAVG nicht nachgekommen ist.[404]

III. Eintrittspflicht des PSV

Die Frage, wann der PSV Leistungen an die versorgungsberechtigten und insolvenzgeschützten Arbeitnehmer zu erbringen hat, wird in § 7 BetrAVG beantwortet. Dies ist von verschiedenen Faktoren abhängig. Zunächst einmal muss ein vom BetrAVG als Sicherungsfall eingestuftes Ereignis (z.B. die Eröffnung des Insolvenzverfahrens) stattgefunden haben, das die Eintrittspflicht des PSV auslöst. Außerdem muss die gewählte Form des Durchführungsweges dem Insolvenzschutz des BetrAVG unterfallen. Dritte Voraussetzung für ein Eintreten des PSV ist, dass die betriebliche Altersversorgung des Arbeitnehmers schon weit genug „gediehen" ist, also bereits Versorgungsansprüche bestehen oder der Arbeitnehmer zumindest eine sog. unverfallbare Anwartschaft i.S.d. § 1b BetrAVG erworben hat. Außerdem sind der Eintrittspflicht des PSV in § 7 Abs. 3 – 6 BetrAVG gewisse Grenzen gesetzt, die die Höhe des Anspruchs gegen den PSV sowie bestimmte Ausschlusstatbestände betreffen.

---

401 *Blomeyer/Rolfs/Otto*, § 10 Rn. 4 f.; *Rolfs/de Groot*, ZIP 2009, 785, 785 ff.

402 *Rolfs/de Groot*, ZIP 2009, 785, 786; das Urteil zur gesetzlichen Krankenversicherung: EuGH, Urteil vom 16.3.2004 – C-264/01, C-306/01, C-354/01, C-355/01 AOK Bundesverband u.a./Ichthyol-Gesellschaft Cordes, Hermani & Co.u.a., EuZW 2004, 241, 244.

403 *Rolfs/de Groot*, ZIP 2009, 785, 786 f.

404 *Blomeyer/Rolfs/Otto*, § 10 Rn. 27; Förster/Cisch/Karst/*Hock* § 7 Rn. 6.

1. Sicherungsfälle

Die Fälle, die die Einstandsverpflichtung des PSV auslösen, sind in § 7 Abs. 1 BetrAVG geregelt. Die im Gesetz benannten Sicherungsfälle stellen den „Versicherungsfall" dar, mit dessen Eintreten bei bestehenden Versorgungsansprüchen die Leistungspflicht des PSV eintritt und bei unverfallbaren Anwartschaften eine Versorgungsanwartschaft (oder auch Bezugsrecht) gegenüber dem PSV entsteht, die dann bei Eintritt des Versorgungsfalls zu einer Leistungspflicht des PSV führt.[405]

Der „Grundfall" ist die Eröffnung des Insolvenzverfahrens über das Vermögen des Arbeitgebers oder über seinen Nachlass (§ 7 Abs. 1 S. 1 BetrAVG). Entscheidend ist der Tag des Eröffnungsbeschlusses nach § 27 InsO.[406] Dabei muss der Arbeitgeber, dessen Insolvenz den Sicherungsfall auslöst, immer mit demjenigen übereinstimmen, der beitragspflichtig nach § 10 BetrAVG ist.[407]

Der Eröffnung des Insolvenzverfahrens gleichgestellt werden in § 7 Abs. 1 S. 4 BetrAVG die Abweisung des Antrags auf Eröffnung des Insolvenzverfahrens mangels Masse (Nr. 1), der außergerichtliche Vergleich des Arbeitgebers mit seinen Gläubigern zur Abwendung eines Insolvenzverfahrens, wenn ihm der Träger der Insolvenzsicherung zustimmt (Nr. 2) sowie die vollständige Beendigung der Betriebstätigkeit, wenn ein Antrag auf Eröffnung des Insolvenzverfahrens nicht gestellt worden ist und ein Insolvenzverfahren offensichtlich mangels Masse nicht in Betracht kommt (Nr. 3).

Das Insolvenzgericht weist den Antrag auf Eröffnung des Insolvenzverfahrens mangels Masse ab, wenn das Vermögen des Schuldners voraussichtlich nicht ausreichen wird, um die Kosten des Verfahrens zu decken (§ 26 Abs. 1 S. 1 InsO, siehe dazu schon oben unter § 2B.II.2.b., S. 60). Maßgeblicher Stichtag für den Sicherungsfall nach § 7 Abs. 1 S. 4 Nr. 1 BetrAVG ist der Tag des Beschlusses des Insolvenzgerichts, den Antrag mangels Masse nach § 26 InsO abzuweisen.[408]

Soll zur Abwendung der Insolvenz und zur Fortführung des Unternehmens ein außergerichtlicher Vergleich geschlossen werden, kann dies nur dann eine Einstandspflicht des PSV auslösen, wenn dieser dem Vergleich zustimmt. Damit soll ein Vertrag zu Lasten Dritter verhindert werden, der entstünde, wenn die Versorgungsberechtigten dem Vergleich und damit einer Beeinträchtigung ihrer Forderungen gegenüber dem Arbeitgeber zustimmten und der PSV automatisch

---

405 *Blomeyer/Rolfs/Otto*, § 7 Rn. 75.
406 ErfK/*Steinmeyer*, § 7 BetrAVG Rn. 26; *Langohr-Plato*, BAV, Rn. 752.
407 BAG, Urteil vom 6.8.1985 – 3 AZR 185/83, AP BetrAVG § 7 Nr. 24.
408 ErfK/*Steinmeyer*, § 7 BetrAVG Rn. 27.

diese Beeinträchtigung auffangen müsste.[409] Zu den Anforderungen an einen solchen Vergleich, die der PSV stellt, um eine Zustimmung in Betracht zu ziehen, zählt unter anderen, dass der Vergleich nicht im Wesentlichen zu Lasten der Pensionäre gehen darf und dass bei einem Dritten, wie z.B. einem persönlich haftenden Gesellschafter, nicht noch ausreichend Vermögen vorhanden ist, um die Versorgungsleistungen ungekürzt zu erbringen.[410]

Der Sicherungsfall des § 7 Abs. 1 S. 4 Nr. 3 BetrAVG ist ein Auffangtatbestand für die Fälle, in denen der Arbeitgeber seine Betriebstätigkeit und damit auch die Zahlungen an die Versorgungsberechtigten einstellt, diesen Vorgang jedoch nicht im Rahmen eines förmlichen Insolvenzverfahrens ablaufen lässt.[411] Er gleicht dem § 183 Abs. 1 S. 1 Nr. 3 SGB III, der den Arbeitnehmern bei Vorliegen dieser Voraussetzungen einen Anspruch auf Insolvenzgeld gewährt. Die vollständige Beendigung der Betriebstätigkeit ist die Einstellung des mit dem Betrieb verfolgten arbeitstechnischen und unternehmerischen Zwecks unter Auflösung der organisatorischen Einheit des Unternehmens.[412] Voraussetzung ist nach dem Wortlaut der Norm auch, dass „ein Insolvenzverfahren offensichtlich mangels Masse nicht in Betracht kommt“. Bei der offensichtlichen Masselosigkeit handelt es sich um eine anspruchsbegründende Tatbestandsvoraussetzung.[413] Die finanzielle Situation muss derart aussichtslos sein, dass im Falle eines Insolvenzantrags die Eröffnung des Verfahrens mangels Masse nach § 26 InsO abgelehnt worden wäre, die Verfahrenskosten von dem noch vorhandenen Vermögen des Arbeitgebers also nicht gedeckt worden wären.[414] Zu Kritik[415] führte eine Entscheidung des BAG aus dem Jahr 1980, in der es das Merkmal „offensichtlich“ aus Sicht des PSV beurteilt wissen wollte.[416] Davon hat sich das BAG in einer späteren Entscheidung gelöst und legt an das Merkmal der Offensichtlichkeit nun objektive Maßstäbe an.[417]

Der früher noch bestehende Sicherungsfall der Kürzung oder Einstellung von Versorgungsleistungen wegen wirtschaftlicher Notlage des Arbeitgebers,

---

409 ErfK/*Steinmeyer*, § 7 BetrAVG Rn. 28; Förster/Cisch/Karst/*Hock*, § 7 Rn. 15; Kemper/Kisters-Kölkes/Berenz/Huber/*Berenz*, § 7 Rn. 37.

410 Siehe dazu Merkblatt 110/M1 des PSV, Stand 3.02, abrufbar unter http://www.psvag.de/pdf/m110_01.pdf (20.1.2014).

411 Kemper/Kisters-Kölkes/Berenz/Huber/*Berenz*, § 7 Rn. 43.

412 BAG, Urteil vom 20.11.1984 – 3 AZR 44/82, NZA 1986, 156, 157; siehe dazu ausführlich *Blomeyer/Rolfs/Otto*, § 7 Rn. 110 ff.

413 BAG, Urteil vom 9.12.1997 – 3 AZR 429/96, NZA 1998, 941, 942.

414 BAG, Urteil vom 11.9.1980 – 3 AZR 544/79, ZIP 1981, 307, 310 noch zu § 107 KO.

415 *Hilger*, ZIP 1981, 460, 462.

416 BAG, Urteil vom 11.9.1980 – 3 AZR 544/79, ZIP 1981, 307, 310 f.

417 BAG, Urteil vom 9.12.1997 – 3 AZR 429/96, NZA 1998, 941, 942.

soweit dies durch rechtskräftiges Urteil eines Gerichts für zulässig erklärt worden ist, wurde durch das EGInsO gestrichen.[418]

2. Durchführungswege

Inwieweit die verschiedenen Durchführungswege der betrieblichen Altersversorgung von der gesetzlichen Insolvenzsicherung umfasst sind, soll hier nur der Vollständigkeit halber dargestellt werden. Genaueres folgt unten im Zusammenhang mit der Frage der insolvenzrechtlichen Einordnung.

Eine Eintrittspflicht des PSV besteht für die Direktzusage (§ 7 Abs. 1 S. 1, Abs. 2 S.1 Nr. 1 BetrAVG)[419], für die betrieblichen Altersversorgung über eine Unterstützungskasse oder einen Pensionsfonds (§ 7 Abs. 1 S. 2 Nr. 2, Abs. 2 S. 2 BetrAVG)[420] und für die Direktversicherung. Bei Letzterer greift der Insolvenzschutz jedoch nur, wenn dem Arbeitnehmer oder seinen Hinterbliebenen lediglich ein widerrufliches Bezugsrecht eingeräumt wurde (§ 7 Abs. 2 Nr. 2 Alt. 1 BetrAVG)[421] oder wenn der Arbeitgeber die Ansprüche aus dem Versicherungsvertrag abgetreten oder beliehen hat (§ 7 Abs. 1 S. 2 Nr. 1, Abs. 2 S. 1 Nr. 2 Alt. 2 BetrAVG)[422]. Die betriebliche Altersversorgung über eine Pensionskasse[423] und über eine Direktversicherung, für die dem Arbeitnehmer ein unwiderrufliches Bezugsrecht eingeräumt und die Ansprüche aus dem Versicherungsvertrag weder abgetreten noch beliehen wurden[424], werden nicht durch den PSV geschützt.

3. Versorgungsanspruch und unverfallbare Anwartschaft

Neben der Frage, ob ein Sicherungsfall i.S.d. BetrAVG eingetreten ist und ob der gewählte Durchführungsweg der betrieblichen Altersversorgung auch dem gesetzlichen Insolvenzschutz unterfällt, ist für die Eintrittspflicht auch noch entscheidend, wie weit die Versorgungszusage des einzelnen Versorgungsberech-

418 Einführungsgesetz zur Insolvenzordnung (EGInsO) vom 5.10.1994, BGBl. I S. 2911; zu den Auswirkungen dieser Gesetzesänderung auf die Zulässigkeit des Widerrufs von Versorgungszusagen wegen einer wirtschaftlichen Notlage siehe BAG, Urteil vom 17.6.2003 – 3 AZR 396/02, AP BetrAVG § 7 Nr. 24 Widerruf.

419 Siehe dazu unten unter § 3A.III.2.b., S. 115 ff. und § 3A.V., S. 168 f.

420 Siehe zur Unterstützungskasse unten unter § 3C.III.1.b., S. 285 ff. und § 3D.II.1., S. 305 f. und zum Pensionsfonds unten unter § 3C.II.3., S. 278 f. und § 3D.II.1., S. 305 f.

421 Siehe dazu unten unter § 3 B.II.1.b.(2)(b), S. 182 f. und § 3D.I.2., S. 301 f.

422 Siehe dazu unten unter § 3B.III., S. 253 f.

423 Siehe dazu unten unter § 3C.IV., S. 293 f.

424 Siehe dazu unten unter § 3B.II.2.c., S. 207.

tigten bereits „gediehen“ ist. Nach § 7 Abs. 1 BetrAVG haben Versorgungsempfänger, bei denen der Versorgungsfall bereits eingetreten ist und die aufgrund dessen schon konkrete Versorgungsansprüche geltend machen können, einen Anspruch gegen den PSV. Doch auch wenn der Versorgungsfall noch nicht eingetreten ist, sind die Versorgungsberechtigten im Falle der Insolvenz des Arbeitgebers nicht schutzlos gestellt. Nach § 7 Abs. 2 BetrAVG haben auch Personen, die bei Eintritt des Sicherungsfalls eine sogenannte unverfallbare Versorgungsanwartschaft nach § 1b BetrAVG innehaben, einen Anspruch auf Leistungen des PSV, wenn der Versorgungsfall eintritt.

a. Versorgungsansprüche

§ 7 Abs. 1 BetrAVG betrifft diejenigen Arbeitnehmer bzw. Versorgungsberechtigten, die bei Eintritt des Sicherungsfalls bereits Betriebsrentner sind. Der Anspruch auf Leistung gegen den PSV besteht in der Höhe, in der auch der Arbeitgeber bzw. der externe Versorgungsträger Leistungen hätte erbringen müssen, wenn der Sicherungsfall nicht eingetreten wäre. Im Regelfall muss der PSV also im gleichen Umfang leisten wie der Arbeitgeber es im Normalfall hätte tun müssen.[425] Entscheidend ist die jeweilige individual- oder kollektivrechtliche Anspruchsgrundlage.[426] Das bedeutet bei der Zusage einer dynamischen Rente durch den Arbeitgeber, dass auch der PSV im Sicherungsfall diese dynamische Rente erfüllen muss.[427] Unerheblich ist grundsätzlich auch, welche Art der Leistung in der Versorgungszusage vorgesehen ist. Auch einmalige Kapitalzahlungen oder Naturalleistungen wie Deputate oder Kantinenessen muss der PSV ersetzen, allerdings als Geldleistung in Höhe ihres Geldwerts[428] und nur soweit es sich dabei noch um betriebliche Altersversorgung i.S.d. § 1 Abs. 1 S. 1 BetrAVG handelt. Ist dies nicht der Fall, muss der PSV hierfür nicht eintreten.[429] Insoweit ist die Legaldefinition der betrieblichen Altersversorgung auch in die Voraussetzungen für die Eintrittspflicht des PSV mit einzubeziehen.[430]

Die Fälligkeit des Anspruchs ist keine Voraussetzung für die Eintrittspflicht des PSV, denn § 7 Abs. 1 BetrAVG umfasst künftige Leistungen.[431] Nach § 7 Abs. 1a S. 3 BetrAVG hat der PSV auch für rückständige Versorgungsleistungen aus den letzten zwölf Monaten vor der Entstehung der Leistungspflicht ein-

---

425 BeckOK-ArbR/*Molkenbur*, § 7 BetrAVG Rn. 2.

426 BAG, Urteil vom 21.11.2000 – 3 AZR 91/00, NZA 2002, 851, 851; Urteil vom 8.6.1999 – 3 AZR 39/98, NZA 1999, 1215, 1216.

427 BAG, Urteil vom 15.2.1994 – 3 AZR 705/93, NZA 1994, 943, 944.

428 *Höfer*, BetrAVG, § 7 Rn. 4448.

429 BAG, Urteil vom 3.11.1998 – 3 AZR 454/97, NZA 1999, 594, 595.

430 *Blomeyer/Rolfs/Otto*, § 7 Rn. 19; ErfK/*Steinmeyer*, § 7 BetrAVG Rn. 8.

431 BGH, Urteil vom 14.7.1980 – II ZR 106/79, AP BetrAVG § 7 Nr. 5.

zustehen. Die Norm wurde mit dem RRG 1999[432] in das BetrAVG eingefügt, damals noch für rückständige Leistungen aus einer Zeitspanne von sechs Monaten. Der Gesetzgeber übernahm damit die Rechtsprechung des BGH[433], der in Anlehnung an § 59 Abs. 1 Nr. 3d KO eine Einstandspflicht des PSV für die letzten sechs Monate vor Eröffnung des Konkursverfahrens angenommen hatte.[434] Die Zeitspanne wurde mit Wirkung zum 1.1.2009 auf zwölf Monate vor Eintritt des Sicherungsfalls verlängert.[435]

Einen Sonderfall stellt hier die Hinterbliebenenversorgung dar. Den Eintritt des Versorgungsfalls stellt bei dieser Form der betrieblichen Altersversorgung der Tod des Arbeitnehmers dar (siehe oben unter § 2A.I.2.a., S. 10). Trotzdem besteht, wie der Zusatz „und ihre Hinterbliebenen" in § 7 Abs. 1 S. 1 BetrAVG zeigt, für diese bereits ein Anspruch i.S.d. Vorschrift, wenn der Arbeitnehmer, aufgrund dessen Todes die Hinterbliebenenversorgung erfolgen soll, bei Eintritt des Sicherungsfalls zwar noch lebt, aber bereits Betriebsrentner und damit Versorgungsempfänger i.S.d. § 7 Abs. 1 S. 1 BetrAVG ist.[436] Dies fußt auf der Annahme, dass der Versorgungsanspruch der Hinterbliebenen stets auf dem „Rentenstammrecht" des Arbeitnehmers beruht.[437]

b. *Unverfallbare Versorgungsanwartschaften*

Wie bereits oben erwähnt, stehen nicht nur diejenigen Versorgungsberechtigten unter dem Schutz der gesetzlichen Insolvenzsicherung, die bereits Leistungen der betrieblichen Altersversorgung beziehen, sondern auch solche, die bereits eine unverfallbare Anwartschaft auf Leistungen der betrieblichen Altersversorgung innehaben. Im Folgenden soll der Begriff der unverfallbaren Anwartschaft näher erläutert werden und die Voraussetzungen, die erfüllt sein müssen, um den gesetzlichen Insolvenzschutz auszulösen, dargestellt werden.

(1) Begriff der Unverfallbarkeit

Zu früheren Zeiten enthielt die Versorgungszusage des Arbeitgebers regelmäßig die Bestimmung, dass der Arbeitnehmer nur dann Leistungen der betrieblichen

432 Rentenreformgesetz 1999 vom 16.12.1997, BGBl. I S. 2998.
433 RegE RRG 1999, BT-Drucks. 13/7011, S. 71 f.
434 BGH, Urteil vom 14.7.1980 – II ZR 106/79, AP BetrAVG § 7 Nr. 5.
435 Artikel 4e Ziff. 2 des Gesetzes zur Verbesserung der Rahmenbedingungen für die Absicherung flexibler Arbeitszeitregelungen und zur Änderung anderer Gesetze vom 21.12.2008, BGBl. I S. 2940.
436 *Blomeyer/Rolfs/Otto*, § 7 Rn. 28; ErfK/*Steinmeyer*, § 7 Rn. 11; *Höfer*, BetrAVG, § 7 Rn. 4328.
437 BAG, Urteil vom 12.6.1990 – 3 AZR 524/88, AP BetrAVG § 1 Nr. 10 Hinterbliebenenversorgung.

Altersversorgung erhält, wenn das Arbeitsverhältnis bis zum Eintritt des Versorgungsfalls Bestand hat.[438] Das BAG attestierte dieser Vorgehensweise in einem Grundsatz-Urteil aus dem Jahr 1972 „soziale Härte und Unbilligkeiten" und stellte den Rechtssatz auf, dass „einem Arbeitnehmer, der mehr als 20 Jahre einem Betrieb angehört hat, und dem vor dem 65. Lebensjahr vom Arbeitgeber ordentlich gekündigt wird, (...) die bis zu seinem Ausscheiden erdiente Versorgungsanwartschaft erhalten" bleibt.[439] Diese Rechtsprechung zur Unverfallbarkeit wurde in den folgenden Jahren weiter ausgebaut[440], bis im Jahre 1974 mit der Schaffung des BetrAVG die gesetzliche Unverfallbarkeit von Versorgungsanwartschaften eingeführt wurde, die heute in § 1b BetrAVG normiert ist.[441] Unverfallbarkeit bedeutet also, dass der Versorgungsberechtigte trotz einer in der Versorgungszusage vorgesehenen Verfallklausel, die besagt, dass keine Leistungen der betrieblichen Altersversorgung erbracht werden, wenn das Arbeitsverhältnis (vor einem bestimmten Zeitpunkt oder dem Eintritt des Versorgungsfalls) endet, ab einem bestimmten Zeitpunkt, zu dem die Versorgungszusage für eine bestimmte Zeitspanne bestanden hat, seinen Versorgungsanspruch behält. Dieser Zeitpunkt ist aufgrund der Regelung des § 7 BetrAVG aber auch entscheidend für den Beginn des gesetzlichen Insolvenzschutzes der Anwartschaften.

(2) Voraussetzungen der gesetzlichen Unverfallbarkeit

Das Gesetz verweist in § 7 Abs. 2 S. 1 BetrAVG auf § 1b BetrAVG, der bestimmt, ab wann Anwartschaften auf Leistungen der betrieblichen Altersversorgung i.S.d. BetrAVG unverfallbar sind. Sind Anwartschaften lediglich vertraglich unverfallbar (siehe dazu unten unter § 3A.III.2.a., S. 114), fallen sie nicht unter den gesetzlichen Insolvenzschutz.[442]

Die Voraussetzungen der gesetzlichen Unverfallbarkeit wurden im Laufe der Zeit immer weiter zugunsten der versorgungsberechtigten Arbeitnehmer verringert. Bei Schaffung des BetrAVG und für einen sehr langen darauf folgenden Zeitraum war für die Unverfallbarkeit erforderlich, dass der Arbeitnehmer min-

---

438 Schaub/*Vogelsang*, § 85 Rn. 53.

439 BAG, Urteil vom 10.3.1972 – 3 AZR 278/71, AP BGB § 242 Nr. 156 Ruhegehalt.

440 Z.B. BAG, Urteil vom 16.3.1972 – 3 AZR 191/71, AP BGB § 242 BGB Nr. 2 Ruhegehalt-Unverfallbarkeit zur Beendigung des Arbeitsverhältnisses wegen Konkurses; BAG, Urteil vom 20.2.1975 – 3 AZR 514/73, AP BGB § 242 Nr. 8 Ruhegehalt-Unverfallbarkeit.

441 Gesetz zur Verbesserung der betrieblichen Altersversorgung (Betriebsrentengesetz – BetrAVG) vom 19.12.1974, BGBl. I S. 3610.

442 BAG, Urteil vom 21.1.2003 – 3 AZR 121/02, NZA 2004, 152, 153; Urteil vom 22.2.2000 – 3 AZR 4/99, NZI 2001, 607, 607.

destens das 35. Lebensjahr vollendet hat und entweder die Versorgungszusage für ihn mindestens zehn Jahre bestanden hat oder der Beginn der Betriebszugehörigkeit mindestens zwölf Jahre zurückliegt und die Versorgungszusage für ihn mindestens drei Jahre bestanden hat (§ 1 Abs. 1 BetrAVG 1974). Ab dem Jahr 2001 war Voraussetzung nur noch, dass der Arbeitnehmer mindestens das 30. Lebensjahr vollendet hat und die Versorgungszusage zu diesem Zeitpunkt mindestens fünf Jahre bestanden hat (§ 1b Abs. 1 S. 1 BetrAVG 2001). Seit dem 1.1.2009 ist Voraussetzung für die Unverfallbarkeit, dass der Arbeitnehmer mindestens das 25. Lebensjahr vollendet hat und die Versorgungszusage zu diesem Zeitpunkt mindestens fünf Jahre bestanden hat (§ 1b Abs. 1 S. 1 BetrAVG). Diese häufigen Änderungen der Voraussetzungen der Unverfallbarkeit machten eine Übergangsvorschrift für Altfälle erforderlich, die sich in § 30f BetrAVG findet.[443]

Auf die Dauer des Bestands der Versorgungszusage anzurechnen sind auch Zeiten des Grundwehrdienstes oder einer Wehrübung, wenn der entlassene Soldat direkt im Anschluss ein Arbeitsverhältnis beginnt und dieses sechs Monate besteht, §§ 12 Abs. 1 S. 1, 6 Abs. 2 ArbPlSchG. Das gilt auch, wenn der Arbeitnehmer im Anschluss an den Grundwehrdienst eine für den künftigen Beruf als Arbeitnehmer förderliche, über die allgemein bildende Schulbildung hinausgehende Ausbildung durchläuft und im Anschluss daran als Arbeitnehmer eingestellt wird (§ 12 Abs. 1 S. 2 BetrAVG). Handelt es sich bei dieser Ausbildung um ein Studium, erfolgt die Anrechnung nicht, wenn der Arbeitnehmer als Student die Regelstudienzeit überschreitet.[444]

Für die erforderliche Dauer der Beschäftigung ist nicht von Bedeutung, ob sie der Versorgungsberechtigte durch eine Tätigkeit als Arbeitnehmer i.S.d. § 17 Abs. 1 S. 1 BetrAVG oder aufgrund eines sonstigen Tätigwerdens für das Unternehmen nach § 17 Abs. 1 S. 2 BetrAVG erreicht hat. Solange die Tätigkeit für den identischen Vertragspartner erbracht wurde, werden auch Zeiten von unterschiedlichen Tätigkeiten zusammengerechnet, es erfolgt keine „Zäsur" für die Frage der Unverfallbarkeit.[445]

Das Alter des versorgungsberechtigten Arbeitnehmers als Anknüpfungspunkt für die Unverfallbarkeit seiner Versorgungsanwartschaft zu verwenden, lässt im Hinblick auf das in der Richtlinie 2000/78/EG[446] normierte Verbot der

443 Zu der hieraus entstandenen Problematik beim eingeschränkt unwiderruflichen Bezugsrecht aus einer Direktversicherung siehe unten unter § 3B.II.3., S. 226 ff.

444 Dabei ist unter Regelstudienzeit nicht die tatsächliche durchschnittliche Studiendauer zu verstehen, sondern die gesetzlich vorgesehene Regelstudienzeit: BAG, Urteil vom 19.8.2008 – 3 AZR 1063/06, NZA 2009, 261, 262 ff.

445 BAG, Urteil vom 19.1.2010 – 3 AZR 660/09, ZIP 2010, 1663, 1666.

446 RL 2000/78/EG vom 27.11.2000, ABl. L 303/16.

Altersdiskriminierung Zweifel aufkommen.[447] Parallelen könnten hier zu der vom EuGH für europarechtswidrig befundenen Regelung des § 622 Abs. 2 S. 2 BGB[448] gezogen werden, der festlegt, dass für die Berechnung der Beschäftigungsdauer zur Festlegung der maßgeblichen Kündigungsfrist Beschäftigungszeiten, die vor Vollendung des 25. Lebensjahres liegen, nicht zu berücksichtigen sind.

Hiergegen lässt sich jedoch bereits eine der Richtlinie 2000/78/EG selbst immanente Ausnahme vom Verbot der Altersdiskriminierung anbringen. Nach Art. 6 Abs. 2 der Richtlinie können die Mitgliedstaaten vorsehen, dass bei den betrieblichen Systemen der sozialen Sicherheit die Festsetzung von Altersgrenzen als Voraussetzung für die Mitgliedschaft oder den Bezug von Leistungen keine Altersdiskriminierung darstellt. Daraus ist a maiore ad minus zu schließen, dass es ihnen auch möglich sein muss, die Unverfallbarkeit von Anwartschaften auf Leistungen der betrieblichen Altersversorgung an das Erreichen einer gewissen Altersgrenze zu knüpfen.[449]

Auch diejenigen Versorgungszusagen, die lediglich aufgrund der früheren Rechtsprechung des BAG unverfallbar sind, fallen unter den gesetzlichen Insolvenzschutz des PSV.[450]

Eine Sonderstellung bei der Frage der Unverfallbarkeit von Versorgungsanwartschaften genießen diejenigen Arbeitnehmer, deren betriebliche Altersversorgung durch Entgeltumwandlung finanziert wird. Gemäß § 1b Abs. 5 S. 1 Halbs. 1 BetrAVG behält der Arbeitnehmer grundsätzlich seine Anwartschaft, wenn sein Arbeitsverhältnis vor Eintritt des Versorgungsfalls endet. Das bedeutet, dass im Falle der Entgeltumwandlung für den Versorgungsberechtigten von Beginn an eine unverfallbare Anwartschaft und damit der gesetzliche Insolvenzschutz besteht. Alles andere wäre auch unangemessen, weil die Finanzierung hier praktisch gesehen durch den Arbeitnehmer erfolgt und es somit keinen

---

447 So halten Däubler/Bertzbach/*Brors*, § 10 AGG Rn. 60 die Norm für europarechtswidrig, da durch die Anknüpfung an das 25. Lebensjahr eine unmittelbar unterschiedliche Behandlung wegen des Alters vorgenommen werde, für die die gesetzgeberische Rechtfertigung, dass in jüngeren Jahren vermehrt der Arbeitsplatz gewechselt werde, nicht ausreiche; aA im gleichen Kommentar: Däubler/Bertzbach/*Schrader/Schubert*, § 2 AGG, Rn. 153a.

448 EuGH, Urteil vom 19.1.2010 – C-555/07 Seda Kücükdeveci/Swedex GmbH & Co. KG, NZA 2010, 85, 87.

449 LAG Köln, Urteil vom 18.1.2008 – 11 Sa 1077/07, ZIP 2008, 1548; *Blomeyer/Rolfs/Otto*, § 1b Rn. 71b; *Rolfs*, NZA 2008, 553, 555; i.E. auch *Cisch/Böhm*, BB 2007, 602, 608; *Rengier*, NZA 2006, 1251, 1254.

450 BVerfG, Beschluss vom 10.3.1988 – 1 BvR 915/78, AP BetrAVG § 7 Nr. 38a; BGH, Urteil vom 16.6.1980 – II ZR 195/79, NJW 1980, 2471, 2471.

Grund gibt, warum es dem Arbeitgeber zu irgendeinem Zeitpunkt möglich sein sollte, ihm die hieraus entstandenen Anwartschaften wieder zu entziehen.[451] Die Regelung wurde mit dem Altersvermögensgesetz (AVmG)[452] im Jahr 2001 eingeführt und bestätigte die Rechtsprechung des BAG, das bereits zuvor von einer (vertraglichen) Unverfallbarkeit der Anwartschaft im Falle der Entgeltumwandlung ausging.[453] Die nun bestehende sofortige gesetzliche Unverfallbarkeit führt zusätzlich dazu, dass der Versorgungsberechtigte nun auch von Beginn an durch den Insolvenzschutz des PSV geschützt ist.[454]

4. Begrenzung der Leistungen

Auch wenn alle Voraussetzungen für die Eintrittspflicht des PSV vorliegen, ist die Pflicht des PSV, anstatt des Arbeitgebers oder des von ihm eingesetzten externen Versorgungsträgers Leistungen zu erbringen, nicht grenzenlos. § 7 Abs. 3 – 6 BetrAVG schränkt die Leistungspflicht des PSV ein.

a. Die Höchstgrenze, § 7 Abs. 3 BetrAVG

§ 7 Abs. 3 BetrAVG normiert eine Obergrenze für die Leistungspflicht, die für den PSV gegenüber einem Versorgungsberechtigten besteht. Nach S. 1 beträgt demnach ein Anspruch auf laufenden Leistungen gegen den PSV im Monat höchstens das Dreifache der Bezugsgröße nach § 18 SGB IV. Für das Jahr 2014 bedeutete dies eine Höchstgrenze von (2.765 € x 3 =) 8.295 € für den Westen Deutschlands und von (2.345 € x 3 =) 7.035 € für den Osten Deutschlands.[455]

§ 7 Abs. 3 S. 2 BetrAVG sieht eine Deckelung auch für Kapitalleistungen vor. Der etwas sperrige Wortlaut besagt, dass Satz 1 entsprechend gilt mit der Maßgabe, dass zehn vom Hundert der Leistung als Jahresbetrag einer laufenden Leistung anzusetzen sind. Das bedeutet, dass als Höchstgrenze für Kapitalleistungen die Summe der Leistungen nach Satz 1 für eine Laufzeit von zehn Jahren gilt, also das 120fache dessen, was der PSV im Höchstfall an monatlichen Leis-

---

451 BeckOK-ArbR/*Clemens*, § 1b BetrAVG Rn. 25; ErfK/*Steinmeyer*, § 1b Rn. 61; *Höfer*, DB 2000, 2474, 2476;

452 Gesetz zur Reform der gesetzlichen Rentenversicherung und zur Förderung eines kapitalgedeckten Altersvorsorgevermögens (Altersvermögensgesetz – AvmG) vom 26.6.2001, BGBl. I S. 1310.

453 BAG, Urteil vom 8.6.1993 – 3 AZR 670/92, NZA 1994, 507, 508 f.

454 RegE AVmG, BT-Drucks. 14/4595, S. 68.

455 Bezugsgrenze für das Jahr 2014 festgesetzt durch die Bundesregierung: http://www.bmas.de/DE/Service/Presse/Pressemitteilungen/rechengroessen-sozialversicherung-2014.html (20.1.2014).

tungen erbringt.[456] Für das Jahr 2014 bedeutet dies eine Höchstgrenze für Kapitalzahlungen für die alten Bundesländer von (8.295 € x 12 x 10 =) 995.400 € und für die neuen Bundesländer von (7.035 € x 12 x 10 =) 844.200 €.

Diese grundsätzliche Begrenzung der Leistungen des PSV wird naturgemäß nur selten praxisrelevant sein, da dermaßen hohe Versorgungsleistungen eher den nicht unter den persönlichen Anwendungsbereich des BetrAVG fallenden Versorgungsberechtigten zustehen werden. Kommt die Begrenzung tatsächlich einmal zur Anwendung, ist sie als Ergebnis eines Abwägungsprozesses zwischen der Schutzbedürftigkeit der in dieser Höhe Versorgungsberechtigten und den Interessen der übrigen Versicherten und Beitragszahlern des PSV anzuerkennen. Für die Finanzierung derart hoher Versorgungsleistungen bedürfte es sehr hoher Deckungsmittel auf Seiten des PSV, die die übrigen Beitragszahler aufzubringen hätten. Dem steht jedoch ein sozial nicht mehr schutzbedürftiger, da bereits umfangreich abgesicherter Versorgungsberechtigter gegenüber, so dass eine über § 7 Abs. 3 BetrAVG hinausgehende Einstandspflicht des PSV nicht mehr gerechtfertigt wäre.[457]

b. Anzurechnende Leistungen, § 7 Abs. 4 BetrAVG

§ 7 Abs. 4 BetrAVG ordnet an, dass sich der Anspruch auf Leistungen des PSV insoweit vermindert, wie die Leistung anderweitig erbracht wird. Dabei richtet sich S. 1 der Vorschrift ganz allgemein auf anderweitige Leistungserbringer, während S. 2 – 5 BetrAVG sich auf eine anderweitige Leistungserbringung aufgrund eines Insolvenzplans bzw. eines außergerichtlichen Vergleichs i.S.d. § 7 Abs. 1 S. 4 Nr. 2 BetrAVG (siehe dazu oben unter § 2C.III.1., S. 81) bezieht. Die Vorschrift macht deutlich, dass es sich bei der Haftung des PSV um eine Ausfallhaftung handelt.[458]

§ 7 Abs. 4 S. 1 BetrAVG ordnet an, dass sich ein Anspruch auf Leistungen des PSV in dem Umfang vermindert, in dem der Arbeitgeber oder sonstige Träger der Versorgung die Leistungen der betrieblichen Altersversorgung erbringt. Problematisch ist hier, welche „sonstigen Träger der Versorgung" mit umfasst sind. Dies ist besonders umstritten im Falle der sogenannten Contractual Trust Arrangements, bei denen die Vermögensbestandteile zur Finanzierung der betrieblichen Altersversorgung auf einen Treuhänder übertragen werden, so dass

---

456 Förster/Cisch/Karst/*Hock*, § 7 Rn. 34; ErfK/*Steinmeyer*, § 7 BetrAVG Rn. 55.

457 BT-Drucks. 7/2843, S. 9; *Blomeyer/Rolfs/Otto*, § 7 Rn. 251; ErfK/*Steinmeyer*, § 7 BetrAVG Rn. 54; *Höfer*, BetrAVG, § 7 Rn. 4499; *Paulsdorff*, Kommentar Insolvenzsicherung § 7 Rn. 402.

458 *Blomeyer/Rolfs/Otto*, § 7 Rn. 269; ErfK/*Steinmeyer*, § 7 Rn. 57.

diese Problematik ausführlicher unten unter § 3 A.IV.3.a(2)(b) S. 160 f. dargestellt wird.

Die folgenden Sätze des § 7 Abs. 4 BetrAVG befassen sich mit der Situation, dass im Rahmen des Insolvenzverfahrens ein Insolvenzplan (§§ 217 ff. InsO) zustande kommt. Grundsatz ist auch hier, dass der PSV die Leistungen nur in dem Maße übernehmen soll, wie es notwendig ist, weil der Arbeitgeber oder ein anderer Versorgungsträger es nicht tut. Inwieweit das der Fall ist, ergibt sich aus den Regelungen des Insolvenzplans. § 7 Abs. 4 BetrAVG sieht dabei zwei verschiedene Möglichkeiten der Aufteilung der Leistungsverpflichtungen vor, die „vertikale" (S. 2) und die „horizontale" (S. 3).[459] Bei der vertikalen Aufteilung erfolgen Leistungen des PSV und des Arbeitgebers parallel, aufgeteilt nach der Höhe der Leistungen. Die horizontale Variante nimmt eine zeitliche Aufteilung vor, wobei zunächst der PSV Leistungen in voller Höhe erbringt, dies aber nur für einen begrenzten, im Insolvenzplan festgelegten Zeitraum, nach dessen Ablauf der Arbeitgeber die Leistungen wieder voll übernimmt.[460] Diese Regelung kann für den insolventen Arbeitgeber bei Fortführung des Unternehmens sehr vorteilhaft sein, weil er für einen gewissen Zeitraum von allen Zahlungen befreit ist und damit seine Liquidität deutlich verbessert wird.[461]

§ 7 Abs. 4 S. 5 BetrAVG enthält die Vorschrift über die sogenannte „Besserungsklausel". Danach soll im Insolvenzplan vorgesehen werden, dass bei einer nachhaltigen Besserung der wirtschaftlichen Lage des Arbeitgebers die vom PSV zu erbringenden Leistungen wieder vom Arbeitgeber bzw. dem sonstigen Versorgungsträger übernommen werden. Sinn der Besserungsklausel ist es zu verhindern, dass das Kollektiv der Beitragszahler des PSV auch dann noch für die Versorgung einstehen muss, wenn die wirtschaftliche Situation des Arbeitgebers sich in Folge der Sanierung wieder so weit verbessert hat, dass wieder Gewinne erwirtschaftet werden.[462] Teilweise wird die Norm trotz ihres Wortlauts als Muss-Vorschrift interpretiert, so dass das Fehlen der Besserungsklausel zur Zurückweisung des Plans durch das Insolvenzgericht nach § 231 Abs. 1 Nr. 1 InsO führen müsste.[463] Dagegen werden v.a. praktische Einwendungen angebracht, da in der Praxis eine solche Besserungsklausel sowieso nicht häufig

---

459 Diese Terminologie wurde schon vom Gesetzgeber selbst verwendet: RegE EGInsO, BT-Drucks. 12/3803, S. 111.

460 *Flitsch/Chardon*, DZWIR 2004, 485, 489; MüKo-InsO2008/*Eidenmüller*, § 221 Rn. 75 Fn. 10.

461 RegE EGInsO, BT-Drucks. 12/3803, S. 111, auch zu weiteren Vor- und Nachteilen der horizontalen Aufteilung aus Sicht des PSV.

462 *Pape/Uhlenbruck/Voigt-Salus*, Kap. 9 Rn. 35.

463 *Blomeyer/Rolfs/Otto*, § 7 Rn. 278; ErfK/*Steinmeyer*, § 7 BetrAVG Rn. 58; MüKo-InsO2008/*Eidenmüller*, § 221 Rn. 75 Fn. 11; aA z.B. *Höfer*, BetrAVG, § 7 Rn. 4535.

genutzt werden könne und es nicht unproblematisch sei, wenn Insolvenzpläne lediglich für den PSV, nicht aber für andere Gläubiger eine Besserungsklausel vorsähen.[464] Allerdings ging auch der Gesetzgeber bereits davon aus, dass bei Fehlen einer solchen Bestimmung das Insolvenzgericht den Plan von Amts wegen zurückzuweisen hat.[465] Bei der Formulierung der Klausel im Insolvenzplan sollte darauf geachtet werden, dass Parameter festgelegt werden, anhand derer die „nachhaltige Besserung der wirtschaftlichen Lage des Arbeitgebers" festgestellt werden kann.[466]

c. *Versicherungsmissbrauch, § 7 Abs. 5 BetrAVG*

§ 7 Abs. 5 BetrAVG schränkt die Leistungspflicht des PSV für den Fall ein, dass eine Versorgungszusage nur aus dem Grund erteilt wurde, später Leistungen des PSV zu erlangen. Mit der Vorschrift soll der Missbrauch der gesetzlichen Insolvenzsicherung der betrieblichen Altersversorgung verhindert werden. In diesem Fall ist der PSV nicht zur Leistung verpflichtet und auch gar nicht berechtigt, Leistungen zu erbringen, da dies die Interessen der übrigen Beitragszahler beeinflussen würde.[467]

Zunächst einmal muss eine Handlung vorliegen, die grundsätzlich eine Einstandspflicht des PSV hervorruft oder zugunsten des Arbeitnehmers modifiziert. Genannt werden in S. 1 die (erstmalige) Erteilung einer Versorgungszusage, die Verbesserung einer Versorgungszusage und als Sonderfall der Direktversicherung durch Verweis auf § 1b Abs. 2 S. 3 BetrAVG die Beleihung oder Abtretung der Ansprüche aus dem Versicherungsvertrag durch den Arbeitgeber. Nach den Umständen des Falls muss die Annahme gerechtfertigt sein, dass alleiniger oder überwiegender Zweck war, den PSV in Anspruch zu nehmen. Das bedeutet, dass nach den im Einzelfall vorliegenden Indizien beurteilt werden muss, ob dies der Fall war; Indizien können z.B. die Höhe und die Konditionen der Zusage im Verhältnis zu früheren oder anderen Personen gegenüber erteilten Zusagen, die Branchenüblichkeit, der zeitliche Abstand zum Eintritt des Sicherungsfalls oder anderweitige (z.B. freundschaftliche oder verwandtschaftliche) Beziehung zwischen Versorgungsempfänger und Zusagendem sein.[468] Da die Sanktion des Missbrauchs den Versorgungsberechtigten trifft, weil dieser keine Leis-

---

464 *Flitsch/Chardon*, DZWIR 2004, 485, 487 ff., die § 7 Abs. 4 S. 5 BetrAVG offensichtlich als Soll-Vorschrift sehen und als Alternative die Aufnahme einer Planbedingung nach § 249 InsO vorschlagen.

465 RegE EGInsO, BT-Drucks. 12/3803, S. 111.

466 *Höfer*, BetrAVG, § 7 Rn. 4535.

467 *Blomeyer/Rolfs/Otto*, § 7 Rn. 281; *Paulsdorff*, Kommentar Insolvenzsicherung, § 7 Rn. 421.

468 *Blomeyer/Rolfs/Otto*, § 7 Rn. 289.

tungen des PSV verlangen kann, muss er an der den Missbrauchstatbestand begründenden Handlung beteiligt gewesen sein. Erforderlich ist also ein Zusammenwirken von Arbeitgeber und Versorgungsempfänger, zumindest aber die Kenntnis des Arbeitnehmers bzgl. des missbräuchlichen Zwecks.[469]

Grundsätzlich liegt die Darlegungs- und Beweislast für die tatsächlichen Umstände, die einen Versicherungsmissbrauch nach § 7 Abs. 5 BetrAVG begründen, beim PSV.[470] Allerdings beinhalten die S. 2 und 3 der Norm mit einer widerlegbaren und einer unwiderlegbaren Vermutung Beweiserleichterungen. Nach § 7 Abs. 5 S. 2 BetrAVG ist die Annahme des Missbrauchs insbesondere dann gerechtfertigt, wenn bei Erteilung oder Verbesserung der Versorgungszusage (der Sonderfall der Direktversicherung des S. 1 wird hier nicht berücksichtigt) wegen der wirtschaftlichen Lage des Arbeitgeber zu erwarten war, dass die Zusage nicht erfüllt wird. Kann der PSV objektive wirtschaftliche Umstände darlegen, aufgrund derer ernsthaft damit zu rechnen war, dass die erteilte Versorgungszusage nicht erfüllt wird, muss der Arbeitnehmer die Vermutung widerlegen; dies kann insbesondere dadurch geschehen, dass er darlegt, dass das erforderliche Zusammenwirken nicht bestanden hat.[471] Insofern beinhaltet § 7 Abs. 5 S. 2 BetrAVG eine Beweiserleichterung zugunsten des PSV, aber keine Beweislastumkehr.[472] § 7 Abs. 5 S. 3 BetrAVG stellt eine unwiderlegbare Vermutung für das Vorliegen eines Missbrauchs auf, wenn die Versorgungszusage oder ihre Verbesserung in den beiden letzten Jahren vor dem Eintritt des Sicherungsfalls erfolgt sind. S. 3 wurde durch das Alterseinkünftegesetz[473] im Jahr 2004 neu gefasst, nachdem die Vorgängernorm sich ihrem Wortlaut nach lediglich auf Verbesserungen von Versorgungzusagen, nicht aber auf die Neuerteilung bezog.[474] Es handelt sich um einen „zeitlich begrenzten objektiven Ausschlusstatbestand", der auch nicht durch den Nachweis seitens des Arbeitnehmers widerlegt werden kann, dass kein Zusammenwirken mit dem Arbeitgeber

469 BAG, Urteil vom 19.2.2002 – 3 AZR 137/01, NZA 2003, 282, 282; Urteil vom 26.6.1990 – 3 AZR 641/88, NZA 1991, 144, 146.

470 BAG, Urteil vom 19.2.2002 – 3 AZR 137/01, NZA 2003, 282, 284; Urteil vom 26.6.1990 – 3 AZR 641/88, NZA 1991, 144, 146.

471 BAG, Urteil vom 19.2.2002 – 3 AZR 137/01, NZA 2003, 282, 284 f.

472 *Blomeyer/Rolfs/Otto*, § 7 Rn. 294; ErfK/*Steinmeyer*, § 7 BetrAVG Rn. 62; *Höfer*, BetrAVG, § 7 Rn. 4555; aA: *Paulsdorff*, Kommentar Insolvenzsicherung, § 7 Rn. 431.

473 Gesetz vom 5.7.2004, BGBl. I S. 1427.

474 Diese wurden aber auch im Wege des a-maiore-ad-minus-Arguments mit in den Anwendungsbereich einbezogen: BAG, Urteil vom 24.11.1998 – 3 AZR 423/97, NZA 1999, 650, 651 f.

erfolgt ist.[475] Ausnahmen bestehen nach § 7 Abs. 5 S. 3 Nr. 1, Nr. 2 BetrAVG für nach dem 1.1.2002 erteilte Entgeltumwandlungs-Zusagen, soweit diese nicht die Grenze des § 1a Abs. 1 S. 1 BetrAVG überschreiten und für im Rahmen von Übertragungen gegebene Zusagen, soweit der Übertragungswert die Beitragsbemessungsgrenze in der allgemeinen Rentenversicherung nicht übersteigt.

Eine weitere Ausnahme der Leistungspflicht des PSV enthält § 7 Abs. 6 BetrAVG, der in bestimmten Katastrophenfällen die Möglichkeit vorsieht, dass der PSV mit Zustimmung der BaFin die Leistungen des PSV nach billigem Ermessen abweichend von den gesetzlichen Regelungen festlegt. Damit wird klargestellt, dass der PSV grundsätzlich nur unternehmerische Risiken abdecken soll.[476]

475 BAG, Urteil vom 24.11.1998 – 3 AZR 423/97, NZA 1999, 650, 652; Urteil vom 26.4.1994 – 3 AZR 981/93, AP BetrAVG § 16 Nr. 30.

476 ErfK/*Steinmeyer*, § 7 BetrAVG Rn. 65.

§ 3 Die Folgen der Insolvenz des Arbeitgebers für die betriebliche Altersversorgung

Ist die Eröffnung des Insolvenzverfahrens über das Vermögen des Arbeitgebers erfolgt, stellt sich die Frage, wem die für die betriebliche Altersversorgung aufgebrachten finanziellen Mittel zustehen und welche Handlungsmöglichkeiten dem Insolvenzverwalter offenstehen bzw. welche Position der Arbeitnehmer innehat. Denkbar ist zum einen, dass der Arbeitnehmer die Stellung eines Aussonderungsberechtigten hat, so dass die Insolvenz seines Arbeitgebers auf seine betriebliche Altersversorgung keine Auswirkungen hat. Zum anderen könnten die finanziellen Mittel aber auch dem Vermögen des Arbeitgebers zuzuordnen sein und damit nach § 35 InsO in die Insolvenzmasse fallen. Dann stellt sich für den Versorgungsberechtigten die Frage, ob er aufgrund seiner Versorgungszusage zumindest ein Absonderungsrecht hat und falls nicht, ob er Insolvenz- oder Massegläubiger ist. In diesem Zusammenhang wird auch die Frage der gesetzlichen Insolvenzsicherung für den Versorgungsberechtigten bedeutsam.

Die Beantwortung dieser Fragen hängt – wie oben unter § 2A.II.2., S. 28 bereits angedeutet – in erster Linie von dem gewählten Durchführungsweg ab, also davon, ob die betriebliche Altersversorgung vom Arbeitgeber unmittelbar in Form einer Direktzusage oder mittelbar über eine Direktversicherung, eine Pensionskasse, einen Pensionsfonds oder eine Unterstützungskasse durchgeführt wird. Im Folgenden soll daher die insolvenzrechtliche Einordnung der betrieblichen Altersversorgung in der Insolvenz des Arbeitgebers in Abhängigkeit von dem durch den Arbeitgeber und den Versorgungsberechtigten gewählten Durchführungsweg dargestellt werden.

A. Direktzusage

Wie oben unter § 2A.II.2.a., S. 28 f. dargestellt, ist bei der Direktzusage kein externer Versorgungsträger eingeschaltet, sondern der Arbeitgeber verpflichtet sich, die Leistungen der betrieblichen Altersversorgung selbst zu erbringen. Der Arbeitgeber ist also Versprechender und Versorgungsträger.[477]

I. Bilanzrückstellungen nach § 249 HGB

Die hieraus resultierenden Leistungsansprüche sind ungewisse Verbindlichkeiten i.S.d. § 249 Abs. 1 HGB, so dass hierfür eine Passivierungspflicht besteht (siehe bereits oben unter § 2A.II.2.a., S. 29). Verbindlichkeitsrückstellungen i.S.d. § 249 HGB betreffen unkompensierte, quantifizierbare Leistungsverpflichtungen gegenüber Dritten, deren Existenz und/oder Höhe am Bilanzstichtag zwar unsicher, aber hinreichend wahrscheinlich sind.[478] Die Unsicherheit ergibt sich bei Versorgungzusagen daraus, dass nicht feststeht, ob ein Versorgungsfall eintritt und wenn ja, wie lange die Leistungen zu erbringen sind.[479]

Ob die für die betriebliche Altersversorgung vorgesehenen finanziellen Mittel im Rahmen einer Direktzusage von der Insolvenz des Arbeitgebers beeinflusst werden, ist davon abhängig, ob die Verpflichtung zur Bildung von Bilanzrückstellungen Auswirkungen auf die vermögensrechtliche Zuordnung der für die betriebliche Altersversorgung vorgesehenen Vermögensbestandteile hat (dazu unten unter § 3A.I.2., S. 98).

Vor der Beantwortung dieser Frage soll noch kurz auf die sog. Altzusagen eingegangen werden, die keiner Passivierungspflicht unterliegen.

1. Altfälle

Nach Art. 28 EGHGB besteht für sog. Altzusagen, bei denen der Rechtsanspruch des Arbeitnehmers bereits vor dem 1.1.1987 entstand oder sich ein vor diesem Zeitpunkt entstandener Rechtsanspruch nach dem 31.12.1981 erhöht, kein Bilanzierungszwang (siehe dazu schon oben unter § 2A.II.2.a., S. 29) Grund dafür, die neu eingeführte Rückstellungspflicht nicht rückwirkend gelten zu lassen, war die Befürchtung von hohen Steuereinbußen, wenn plötzlich für

---

477 *Blomeyer/Rolfs/Otto*, § 1 Rn. 202.

478 MüKo-HGB/*Ballwieser*, § 249 Rn. 10.

479 MünchHdb. ArbR/*Andresen/Cisch*, § 143 Rn. 11.

alle Pensionsverpflichtungen Rückstellungen hätten gebildet werden müssen, die zu einem entsprechenden Rückgang der Gewinne geführt hätten.[480] Durch das Bilanzrechtsmodernisierungsgesetz[481] hat sich daran im Grundsatz nichts geändert.[482]

Die Besonderheit der Altfälle liegt darin, dass bei ihnen das deckungslose Zahlungsverfahren zulässig ist. Dabei werden die zu erbringenden Versorgungsleistungen an den Arbeitnehmer jeweils aus dem Unternehmensertrag des Jahres erbracht, in dem sie fällig werden.[483] Es erfolgt also im Grunde keine in der Bilanz nachzuverfolgende Dokumentation der Verpflichtungen, die der Arbeitgeber gegenüber den versorgungsberechtigten Arbeitnehmern eingegangen ist. Möglich ist dieser Finanzierungsweg bei allen Direktzusagen, die vor dem 1.1.1987 geschlossen wurden, und zwar auch dann, wenn an diesem Tag oder später ein bereits entstandener Rechtsanspruch sich erhöht (vgl. Art. 28 Abs. 1 S. 1 EGHGB).

Die Pensionsverpflichtungen finden also mangels gebildeter Rückstellungen auf Seiten des Arbeigebers nicht einmal Berücksichtigung in der Unternehmensbilanz. Ein gesondertes Vermögen, an dem sich in der Insolvenz des Arbeitgebers ein Aussonderungs- oder Absonderungsrecht des Versorgungsberechtigten festmachen lassen könnte, besteht erst recht nicht. Sollte Vermögen vorhanden sein, das der Arbeitgeber zur Befriedigung der Versorgungsansprüche vorgesehen hat, besteht für dieses keine geänderte vermögensrechtliche Zurordnung. Es ist somit dem Vermögen des Arbeitgebers zuzuordnen und gehört zur Insolvenzmasse nach § 35 Abs. 1 InsO.

2. Neufälle

Es stellt sich nun die Frage, ob die eingeführte Rückstellungspflicht an diesem Ergebnis etwas ändert. Alle nach dem 1.1.1987 entstandenen Rechtsansprüche aus Direktzusagen unterfallen der Rückstellungspflicht nach § 249 HGB. Die Finanzierungswege können hier unterschiedlich ausgestaltet sein. Im Rahmen des Anwartschaftsdeckungsverfahrens bildet der Arbeitgeber laufend Rückstel-

480 *Großfeld*, NJW 1986, 955, 957.

481 Gesetz zur Modernisierung des Bilanzrechts (Bilanzrechtsmodernisierungsgesetz – BilMoG) vom 25.5.2009, BGBl. I S. 1102.

482 *Lucius/Veit*, BB 2010, 235, 235; *Meier*, BB 2009, 998, 998 f.; allerdings wird die Ausübung des Wahlrechts durch das mit dem BilMoG in § 246 Abs. 3 HGB eingeführte Prinzip der Ansatzstetigkeit eingeschränkt, siehe dazu *Fey/Ries/Lewe*, BB 2010, 1011, 1011 ff.; zu den Änderungen der Bilanzierung der Höhe nach durch die Neuregelung des § 253 HGB siehe *Meier*, BB 2009, 998, 999 ff.

483 *Blomeyer/Rolfs/Otto*, § 1 Rn. 209.

lungen, deren Höhe nach dem nach versicherungsmathematischen Grundsätzen unter Berücksichtigung eines bestimmten Rechnungszinsfußes ermittelten Barwert der zu erbringenden Versorgungsleistungen bestimmt wird.[484] Bei der versicherungsmathematischen Bewertung werden neben der Verzinsung des zurückgestellten Kapitals auch statistische Wahrscheinlichkeiten zur Erfassung der biologisch bedingten Unsicherheiten der betrieblichen Altersversorgung, wann wie hohe Leistungen durch den Arbeitgeber zu erbringen sind, verwendet.[485] Beim Kapitaldeckungsverfahren erfolgt die Rückstellung in Form einer Einmalrückstellung, die dem Barwert der Zusage entspricht.[486] Die Finanzierung in der Form des Rückdeckungsverfahrens ist durch den Abschluss einer Rückdeckungsversicherung gegen das durch den Arbeitgeber mit der Direktzusage übernommene Risiko gekennzeichnet (siehe dazu bereits oben unter § 2A.II.2.a., S. 41 und zur insolvenzrechtlichen Einordnung weiter unten unter § 3A.IV.2., S. 147 ff. und § 3B.V., S. 260 ff.).

Bei all diesen Finanzierungswegen werden demnach Rückstellungen nach § 249 HGB gebildet. Eine bilanzielle Rückstellung verändert jedoch nichts an der vermögensrechtlichen Zuordnung der zurückgestellten Mittel. Sie verbleiben beim Arbeitgeber und sind weiterhin dessen Vermögen zuzurechnen. Damit fallen sie in die Insolvenzmasse.[487] Der Arbeitnehmer hat weder ein Aus- noch ein Absonderungsrecht an den Vermögensbestandteilen, da sie nie aus dem Vermögen des Arbeitgebers ausgeschieden sind. Zwar waren sie einem bestimmten Zweck zugeordnet, nämlich der Versorgung der Arbeitnehmer bei Eintritt des Versorgungsfalls. Diese Zweckbindung hat aber keine Auswirkungen auf die vermögensrechtliche Zuordnung, die jedoch für ein eventuelles Aussonderungsrecht des Arbeitnehmers entscheidend ist. Die reine bilanzmäßige Rückstellung bewirkt auch keine Übertragung von Vermögen auf einen selbständigen Rechtsträger, dessen Vermögensbestand von der Insolvenz des Arbeitgebers unberührt bliebe.[488]

Im Falle der Direktzusage hat die Verpflichtung des Arbeitgebers als Unternehmer zur Bildung von Rückstellungen nach § 249 Abs. 1 HGB also keinerlei Auswirkungen auf die vermögensrechtliche Zuordnung der für die betriebliche Altersversorgung vorgesehenen Vermögensbestandteile. Sie werden mit der Insolvenzmasse an die Gläubigergemeinschaft verteilt. Welche Gläubigerstellung

484 *Blomeyer/Rolfs/Otto*, § 1 Rn. 206.

485 *Hardes*, DB 1985, 1801, 1802.

486 *Blomeyer/Rolfs/Otto*, § 1 Rn. 207.

487 Gottwald/*Gottwald/Adolphsen*, Insolvenzrechts-Handbuch, § 40 Rn. 66; *Hess*, § 47 Rn. 349; FK-InsO/*Imberger*, § 47 Rn. 38; MüKo-InsO/*Ganter*, § 47 Rn. 322a, 426; Smid/*Smid*, § 47 Rn. 35; Uhlenbruck/*Brinkmann*, § 47 Rn. 85.

488 *Hess*, § 47 Rn. 349.

der Versorgungsberechtigte dann konkret aufgrund seiner Asprüche und Anwartschaften aus betrieblicher Altersversorgung hat, wird unten unter § 3A.III., S. 105 ff. dargestellt.

II. Ausfallhaftung nach § 1 Abs. 1 S. 3 BetrAVG als Direktzusage

Auch wenn der Arbeitgeber einen Durchführungsweg gewählt hat, bei dem ein externer Versorgungsträger eingeschaltet wurde, steht er nach § 1 Abs. 1 S. 3 BetrAVG trotzdem für die von ihm zugesagten Leistungen ein (siehe dazu schon oben unter § 2A.II.2.b.-e., S. 30 ff.). Besteht bei einem externen Versorgungsträger eine Unterdeckung, die dazu führt, dass dem Arbeitnehmer die zugesagten Leistungen nicht oder nicht in voller Höhe erfüllt werden können, haftet der Arbeitgeber subsidiär nach § 1 Abs. 1 S. 3 BetrAVG. Dies gilt auch für den Fall, dass eine Pensionskasse satzungsgemäß die Herabsetzung ihrer Leistungen wegen wirtschaftlicher Schwierigkeiten vornimmt, was gemäß § 24 Abs. 2 VAG möglich ist, wenn eine Nachschusspflicht ausgeschlossen wurde.[489] Auch wenn der Arbeitgeber die Versicherungsprämien für eine Direktversicherung nicht zahlt, können sich hieraus Versorgungseinbußen bei den Versorgungsberechtigten ergeben, für die der Arbeitgeber nach § 1 Abs. 1 S. 3 BetrAVG einzustehen hat.[490] Ebenso kann eine nicht auf einer „bewussten" Vereinbarung des Arbeitgebers beruhende Versorgungszusage, die sich also nicht aus einer vertraglichen Regelung, einer Betriebsvereinbarung oder einem Tarifvertrag ergibt, sondern die z.B. wegen eines Verstoßes gegen den Gleichbehandlungsgrundsatz[491] oder aufgrund betrieblicher Übung[492] entstanden ist, zu einer Ausfallhaftung des Arbeitgebers führen. Der Versorgungsberechtigte ist in diesem Fall bei dem externen Versorgungsträger als (zukünftiger) Leistungsempfänger gar nicht existent. Der Arbeitgeber hat dann unter Umständen die Möglichkeit, den betroffenen Arbeitnehmer nachträglich in die mittelbare Versorgung einzuführen. Kann er dies nicht, ist dem externen Versorgungsträger die Leistung an den (arbeitsvertraglich) Versorgungsberechtigten unmöglich i.S.d. § 275 Abs. 1 BGB.[493] Der

---

489 Hessisches LAG, Urteil vom 3.3.2010 – 8 Sa 187/09, BetrAV 2010, 486, 489.

490 *Blomeyer/Rolfs/Otto*, § 7 Rn. 162; zur Frage der insolvenzrechtlichen Einordnung und zum hierfür bestehenden Insolvenzschutz durch den PSV siehe unten unter § 3D.I., S. 297 ff.

491 BAG, Urteil vom 16.2.2010 – 3 AZR 216/09, NZA 2010, 701, 708 f.; Urteil vom 7.3.1995 – 3 AZR 282/94, NZA 1996, 48, 52.

492 BAG, Urteil vom 12.6.2007 – 3 AZR 186/06, BB 2007, 2410, 2411.

493 *Reinecke*, FS Kemper, S. 383, 386.

Arbeitgeber haftet dann selbst nach § 1 Abs. 1 S. 3 BetrAVG. Auch kann sich eine Ausfallhaftung aus einer Inkongruenz von Versorgungszusage und der Versorgungsordnung des externen Versorgungsträgers ergeben, wenn diese z.B. keine vorgezogene (also vor Erreichen der festen Altersgrenze zu zahlende) Betriebsrente vorsieht, auf die der Arbeitnehmer jedoch nach § 6 BetrAVG einen gesetzlichen Anspruch hat.[494] Auch hier greift die Ausfallhaftung des § 1 Abs. 1 S. 3 BetrAVG.

Fraglich erscheint, ob insoweit ein „Wechsel des Durchführungsweges"[495] stattfindet. Da der Arbeitgeber im Falle des § 1 Abs. 1 S. 3 BetrAVG unter Umständen selbst die Versorgungsleistungen erbringen muss, könnte man davon ausgehen, dass in Höhe der Ausfallhaftung eine Direktzusage i.S.d. § 1 Abs. 1 S. 1 BetrAVG besteht. Dieser Wechsel hätte für den Arbeitnehmer im Falle der Insolvenz unter Umständen schwerwiegende Folgen, da die Folgen der Insolvenz bei Direktzusagen und bei mittelbaren Versorgungszusagen über externe Versorgungsträger sehr unterschiedlich sein können. Zudem würden seine Anwartschaften und Rentenleistungen unter Umständen aufgesplittet und je nachdem, ob sie aus den Mitteln des externen Versorgungsträgers oder vom Arbeitgeber aufgrund dessen Verpflichtung aus § 1 Abs. 1 S. 3 BetrAVG selbst geleistet werden müssen, unterschiedlich behandelt.

1. Rechtsnatur des § 1 Abs. 1 S. 3 BetrAVG

Um sich der Antwort auf die Frage, ob ein Wechsel des Durchführungsweges durch das Eingreifen der Ausfallhaftung des Arbeitgebers nach § 1 Abs. 1 S. 3 BetrAVG stattfindent, anzunähern, muss zuerst ein andere Frage gestellt werden: die nach der Natur des § 1 Abs. 1 S. 3 BetrAVG. Er wurde durch das Altersvermögensgesetz[496] im Jahr 2001 eingeführt. Die Begründung des Gesetzentwurfs[497] spricht lediglich von einer Klarstellung, dass unabhängig von der Durchführungsform der betrieblichen Altersversorgung immer eine arbeitsrechtliche „Grundverpflichtung" des Arbeitgebers zur Erbringung der zugesagten Leistungen besteht.

---

494 *Reinecke*, FS Kemper, S. 383, 388.

495 *Lucius/Veit*, BB 2010, 235, 239.

496 Gesetz zur Reform der gesetzlichen Rentenversicherung und zur Förderung eines kapitalgedeckten Altersvorsorgevermögens (Altersvermögensgesetz – AVmG) vom 26.6.2001, BGBl. I S. 1310.

497 Entwurf eines Gesetzes zur Reform der gesetzlichen Rentenversicherung und zur Förderung eines kapitalgedeckten Altersvorsorgevermögens (Altersvermögensgesetz – AVmG) vom 14.11.2000, BT-Drucks.14/4595, S. 67.

Diese Verpflichtung war auch schon vor ihrer Normierung anerkannt.[498] Die Haftung beschränkte sich auf die zugesagte Leistung. Bei einer mittelbaren Versorgungszusage besteht diese darin, dem Arbeitnehmer die Versorgungsleistung des externen Versorgungsträgers zu verschaffen und die dafür erforderlichen Handlungen vorzunehmen (insbesondere Beiträge und Prämien zu entrichten); der Arbeitnehmer hatte daher einen sogenannten Verschaffungsanspruch.[499] In dem Umfang, in dem Leistungen aufgrund dieses Verschaffungsanspruchs vom externen Versorgungsträger hätten erbracht werden müssen, musste auch der Arbeitgeber die Leistungen erbringen, wenn der externe Versorgungsträger nicht leistete. Dabei handelte es sich nicht um einen Schadensersatz-, sondern um einen originären Erfüllungsanspruch des Arbeitnehmers gegen seinen Arbeitgeber.[500]

Fraglich war aber, welcher Haftungsmaßstab anzuwenden war, falls der externe Leistungsträger die zugesagten Leistungen nicht oder nur teilweise erbrachte. Hatte der Arbeitgeber lediglich eine reine Beitragszusage gegeben, die sich darin erschöpfte, dass er sich verpflichtete, gewisse Beiträge an einen externen Versorgungsträger zu leisten (siehe oben unter § 2A.II.3.b(1), S. 41), haftete er bei ausbleibenden Leistungen des externen Versorgungsträgers nur bei schuldhafter Pflichtverletzung.[501] Dies galt jedoch nicht, wenn der Erfüllungsanspruch gegen den Arbeitgeber darauf beruhte, dass der Arbeitnehmer fälschlicherweise überhaupt nicht in die betriebliche Versorgung aufgenommen worden war und sich seine Versorgungszusage somit aus dem Gleichbehandlungsgrundsatz ergab.[502] Auch für eine mittelbare Zusage über eine Unterstützungskasse galt, dass im Falle der unzureichenden Leistungserbringung durch den externen Versorgungträger der Arbeitgeber einzustehen hatte, und zwar unabhängig davon, warum die Leistungsfähigkeit der Unterstützungskasse nicht ausreichte. Der Arbeitgeber konnte sich nicht mit der Begründung von der Haftung befreien, dass er sich darauf verlassen können müsse, dass bei voller Erfüllung seiner Beitragspflicht die Versorgung der Begünstigten planmäßig abgewickelt werde.

498 BVerfG, Beschluss vom 3.12.1998 – 1 BvR 484/96, NZA 1999, 321, 322 für die Versorgungsanstalt des Bundes und der Länder; BAG, Urteil vom 25.1.2000 – 3 AZR 908/98, EzA BetrAVG § 1 Nr. 12 Unterstützungskasse; Urteil vom 27.1.1998 – 3 AZR 444/96, BB 1998, 2424, 2426; Urteil vom 3.2.1987 – 3 AZR 208/85, NZA 1989, 22, 23.

499 BAG, Urteil vom 12.10.2004 – 3 AZR 571/03, NZA 2005, 1127, 1228; Urteil vom 18.9.2001 – 3 AZR 689/00, NZA 2002, 1391, 1393;

500 BAG, Urteil vom 7.3.1995 – 3 AZR 282/94, NZA 1996, 48, 52; *Reinecke*, FS Kemper, S. 383, 390.

501 *Blomeyer/Rolfs/Otto*, § 1 Rn. 274.

502 BAG, Urteil vom 7.3.1995 – 3 AZR 282/94, NZA 1996, 48, 52.

Denn im Falle der zweckwidrigen Verwendung der ihr überlassenen Mittel durch die Unterstützungskasse hätten nicht die Versorgungsberechtigten, sondern die Trägerunternehmen die Nachteile zu tragen.[503]

Die reine Beitragszusage, bei der der Arbeitgeber nichts weiter verspricht, als dass er die Beiträge an den externen Versorgungsträger erbringen wird, ist nicht mehr als Form der betrieblichen Altersversorgung vom Gesetz anerkannt, sondern muss nach § 1 Abs. 2 Nr. 2 BetrAVG als Beitragszusage mit Mindestleistung ausgestaltet sein, um als betriebliche Altersversorgung im Sinne des Gesetzes zu gelten.[504] Dem Arbeitgeber steht es daher nicht mehr offen, lediglich die Beitragszahlung zuzusagen und nicht mehr dafür haftbar gemacht werden zu können, wenn die Leistungserbringung durch den externen Versorgungsträger hinter der Mindestleistung zurückbleibt. Da der Verschaffungsanspruch sich nicht mehr hierauf beschränken kann, kann sich auch die Ausfallhaftung nach § 1 Abs. 1 S. 3 BetrAVG nicht mehr darauf beschränken.[505] Und da die Beitragszusage mit Mindestleistung überdies eine Beschränkung der Arbeitgeberhaftung darstellt (nämlich auf die Mindestleistung), kann daraus im Umkehrschluss gefolgert werden, dass er bei allen anderen Zusagearten für die Erfüllung der gesamten zugesagten Leistung einzustehen hat.[506]

2. Wechsel des Durchführungswegs bei Ausfallhaftung des Arbeitgebers

Die Ausfallhaftung des Arbeitgebers aus § 1 Abs. 1 S. 3 BetrAVG führt also zu einem originären Erfüllungsanspruch des Arbeitnehmers, wenn der externe Versorgungsträger nicht oder nicht vollständig leistet, es sei denn, es handelt sich um eine Beitragszusage mit Mindestleistung, wobei die Haftung dann auf die Mindestleistung beschränkt ist. Auch im Rahmen einer Direktzusage besteht ein Erfüllungsanspruch gegen den Arbeitgeber auf Erfüllung der Leistungen, die in der Versorgungszusage versprochen wurden, so dass zunächst kein klarer Unterschied zwischen diesen beiden Anspruchsarten zu erkennen ist. Das könnte dafür sprechen, in Höhe der Ausfallhaftung von einer Direktzusage auszugehen bzw. sie als solche zu behandeln.

---

503 BAG, Urteil vom 25.1.2000 – 3 AZR 908/98, EzA BetrAVG § 1 Nr. 12 Unterstützungskasse.

504 Wird eine solche reine Beitragszusage vom Arbeitgeber erteilt, ist sie nach vorzugswürdiger Ansicht in eine Beitragszusage mit Mindestleistung umzudeuten, siehe dazu oben unter § 2C.I.1., S. 72 f.

505 *Blomeyer/Rolfs/Otto*, § 1 Rn. 275.

506 *Blomeyer/Rolfs/Otto*, § 1 Rn. 275.

Ein Anhaltspunkt für einen Wechsel des Versorgungswegs könnte sich daraus ergeben, dass Verpflichtungen aus der Subsidiärhaftung des Arbeitgebers auch nach § 249 HGB als ungewisse Verbindlichkeit passiviert werden müssten. Im Grunde dürften sich dann im Vergleich zu einer „ursprünglichen" Direktzusage keine Unterschiede ergeben, da auch hier keine Änderung in der Vermögenszuordnung erfolgt ist. Folge wäre – wie bei einer einfachen Direktzusage –, dass die Rückstellungen in die Vermögensmasse fallen würden. Ein solcher Rückschluss ließe sich jedoch nur dann ziehen, wenn man hinsichtlich der Frage der Passivierungspflicht für Verpflichtungen aus der Subsidiärhaftung zu einem eindeutigen Ergebnis käme.

Ob für die Verpflichtungen des Arbeitgebers, die sich aus der Subsidiärhaftung des § 1 Abs. 1 S. 3 BetrAVG ergeben, Rückstellungen nach § 249 HGB gebildet werden müssen, ist umstritten. Einige sind der Meinung, dass eine Passivierungspflicht zumindest insoweit besteht, als der Arbeitgeber tatsächlich Leistungen an den Arbeitnehmer erbringen muss, weil dem externen Versorgungsträger die finanziellen Mittel für die Erfüllbarkeit der Leistungen fehlen und auch nicht mehr zugewendet werden.[507] Muss der Arbeitgeber hingegen an den externen Versorgungsträger selbst wegen der Unterdeckung Nachschüsse oder zusätzliche Ausgleichsbeiträge leisten, soll darin keine der Passivierungspflicht unterfallende Pensionsverpflichtung i.S.d. Art. 28 EGHGB bestehen, sondern eine Zahlungsverbindlichkeit.[508] Eine „mittelbare Verpflichtung" i.S.d. Art. 28 Abs. 1 S. 2 EGHGB, die zu einem Passivierungswahlrecht führt, seien nur solche Verpflichtungen, aus denen für den Arbeitgeber keine unmittelbare Inanspruchnahme droht, weil er seinen primären Versorgungsverpflichtungen nachkommt, also die erforderlichen Beiträge erbringt. Wenn er jedoch mit den Beitragszahlungen rückständig wird, führt dies zu einer unmittelbaren Pensionsverpflichtung, die nach Maßgabe des Art. 28 Abs. 1 S. 1 EGHGB passivierungspflichtig ist.[509] Daraus wäre zu schlussfolgern, dass Art. 28 Abs. 1 S. 2 EGHGB gar kein eigenständiges Passivierungswahlrecht begründet, sondern

507 Ebenroth/Boujong/Joost/*Strohn/Wiedmann*, § 249 Rn. 41; *Lucius/Veit*, BB 2010, 235, 239.

508 MüKo-HGB/*Ballwieser*, § 249 Rn. 30; *Thoms-Meyer*, S. 42; *Lucius/Veit*, BB 2010, 235, 239.

509 Baumbach/Hopt/*Merkt*, § 249 Rn. 5; MüKo-AktG/*Hennrichs*, § 249 HGB Rn. 76 ff.; nach Ansicht einiger ist dies jedoch nur bei der Unterstützungskasse der Fall, da bei Pensionskassen und Direktversicherungen die Subsidiärhaftung des Arbeitgebers fehle, weil der externe Versorgungsträger die Beiträge oder Versicherungsprämien so bemesse, dass sie zugesagte Leistungen und Verwaltungskosten deckten: MüKo-HGB/*Ballwieser*, § 249 Rn. 30. Wie oben bereits dargelegt, kann aber auch in diesem Fall die Subsidiärhaftung des Arbeitgebers nach § 1 Abs. 1 S. 3 BetrAVG greifen.

lediglich klarstellt, dass nur so lange keine Passivierung erfolgen muss, wie keine unmittelbare Inanspruchnahme durch die Arbeitnehmer droht.[510] Tritt die Ausfallhaftung nach § 1 Abs. 1 S. 3 BetrAVG ein, muss nach dieser Ansicht also eine Rückstellung gebildet werden.

Nach anderer Ansicht besteht für die Ausfallhaftung nach § 1 Abs. 1 S. 3 BetrAVG ein Passivierungswahlrecht nach Art. 28 Abs. 1 S. 2 EGHGB, da es sich bei ihnen um ähnliche Verpflichtungen im Sinne der Norm handele.[511]

Die Passivierungspflicht wegen der Ausfallhaftung des § 1 Abs. 1 S. 3 BetrAVG ist demnach nicht eindeutig, insbesondere ist sie im Gegensatz zur Passivierungspflicht für Direktzusagen (zumindest für Neufälle) nicht eindeutig gesetzlich festgeschrieben. Ein Indiz für einen Wechsel des Durchführungswegs zu einer Direktzusage lässt sich daraus folglich nicht ableiten.

Ein überzeugendes Argument gegen einen solchen formalen „Wechsel des Durchführungsweges" zu einer Direktzusage im Falle der Ausfallhaftung nach § 1 Abs. 1 S. 3 BetrAVG ist allerdings der Aufbau der gesetzlichen Insolvenzsicherung nach dem BetrAVG.[512] Diese erfolgt abhängig von dem gewählten Durchführungsweg, wobei sich auch die Verpflichtung zur Beitragszahlung an den PSV hiernach richtet (vgl. §§ 7, 10 Abs. 1 BetrAVG, siehe zur gesetzlichen Insolvenzsicherung ausführlich oben unter § 2C.II., S. 77 und § 2C.III.2., S. 83). Würde man nun grundsätzlich davon ausgehen, dass ein formaler Wechsel des Durchführungsweges erfolgt, sobald den Arbeitgeber die Ausfallhaftung des § 1 Abs. 1 S. 3 BetrAVG trifft, müsste der PSV grundsätzlich immer einspringen, wenn der externe Versorgungsträger keine Leistungen erbringt.[513] Das würde bedeuten, dass er Leistungen für Durchführungswege erbringen müsste, für die er gar keine Beiträge erheben konnte, z.B. bei Pensionskassen oder bei Direktversicherungen mit unwiderruflichem Bezugsrecht.[514]

---

510 Baumbach/Hopt/*Merkt*, § 249 Rn. 9; MüKo-AktG/*Hennrichs*, § 249 HGB Rn. 79.

511 *Fey/Ries/Lewe*, BB 2010, 1011, 1011; so im Ergebnis auch *Thoms-Meyer*, S. 40, der die Einordnung unter Art. 28 Abs. 1 S. 2 EGHGB jedoch kritisiert, da sich die finanzielle Belastung für das Trägerunternehmen nicht anders darstelle als bei einer Direktzusage.

512 *Blomeyer/Rolfs/Otto*, § 1 Rn. 277.

513 *Blomeyer/Rolfs/Otto*, § 1 Rn. 277.

514 *Blomeyer/Rolfs/Otto*, § 1 Rn. 203, 277; MünchHdb. ArbR/*Andresen/Cisch*, § 143 Rn. 4. Daher durchaus kritisch zu beurteilen ist der Vorlagebeschluss des BAG an den EuGH, in dem er obiter dictum einen auf einem Verstoß gegen das Diskriminierungsverbot beruhenden Anspruch auf eine Pensionskassenversorgung (die grundsätzlich keiner Insolvenzsicherung unterliegt) für durch den PSV insolvenzgeschützt erklärt hat: BAG, Beschluss vom 23.3.1999 – 3 AZR 631/97 (A), NZA 2000, 90, 92; siehe dazu *Blomeyer/Rolfs/Otto*, § 7 Rn. 165.

Ein formaler Wechsel des Durchführungsweges zu einer Direktzusage im Falle der Ausfallhaftung nach § 1 Abs. 1 S. 3 BetrAVG findet daher nicht statt. Wurden trotzdem Rückstellungen durch den Arbeitgeber gebildet, um der Verpflichtung aus § 1 Abs. 1 S. 3 BetrAVG nachzukommen, sind auch diese Rückstellungen entsprechend den „normalen“ Pensionsrückstellungen i.S.d. Art. 28 Abs. 1 S. 1 EGHGB dem Vermögen des Arbeitgebers zuzurechnen und fallen damit in die Insolvenzmasse. Insofern erfolgt die insolvenzrechtliche Behandlung dieser Rückstellungen entsprechend der Direktzusage.

Der Anspruch des Arbeitnehmers aus § 1 Abs. 1 S. 3 BetrAVG bleibt gegen den Arbeitgeber weiterhin bestehen. Zur Frage, welche Gläubigerstellung er aufgrund dessen innehat und inwieweit er auf den gesetzlichen Insolvenzschutz des PSV vertrauen kann, siehe unten unter § 3D., S. 296 ff.

III. Stellung des Arbeitnehmers

Aufgrund von Direktzusagen gebildete Rückstellungen nach § 249 HGB sind dem Vermögen des Arbeitgebers zuzuordnen und fallen daher in die Insolvenzmasse nach § 35 Abs. 1 InsO. Das bedeutet gleichzeitig, dass dem Arbeitnehmer kein Aussonderungsrecht nach § 47 InsO zusteht, da er nicht geltend machen kann, dass die Vermögensbestandteile nicht zur Insolvenzmasse gehören.

Dem Arbeitnehmer stehen aus dem Versorgungsverhältnis jedoch trotzdem verschiedene Rechte zu. Er hat im Laufe der Zeit Anwartschaften gebildet. Wenn er sich bereits im Ruhestand befindet, hat er Ansprüche auf Rentenzahlung. Diese Rechte und Ansprüche bestehen im Rahmen der Insolvenz weiter, müssen jedoch in der von der InsO vorgesehenen Form geltend gemacht werden. Der Arbeitnehmer wird sich die Frage stellen, welche Stellung er in dieser Situation hat und was er von der Insolvenzmasse verlangen kann. Dabei ist zwischen bereits bestehenden Versorgungsansprüchen und erdienten Versorgungsanwartschaften zu unterscheiden.

1. Versorgungsansprüche

Befindet sich der Arbeitnehmer bereits im Ruhestand und bezieht Betriebsrente, besteht für ihn in der Insolvenz des (ehemaligen) Arbeitgebers das entscheidende Problem darin, ob und inwieweit diese Ansprüche weiter befriedigt werden. Da die Leistungen bei der Direktzusage unmittelbar vom Arbeitgeber erbracht werden und die hierfür zurückgestellten Beträge weiterhin dem Vermögen des insolventen Arbeitgebers und damit der Insolvenzmasse zuzuordnen sind, bleibt für den Arbeitgeber lediglich die Frage, welche Gläubigerstellung er innehat und wie er seine Forderungen geltend zu machen hat.

Die Versorgungszusage als Rechtsgrund für die Versorgungsansprüche gegen den Arbeitgeber bestand bereits vor dem Zeitpunkt der Eröffnung des Insolvenzverfahrens, wenn der Arbeitnehmer aufgrund der Zusage schon Rentenzahlungen verlangen kann. Das heißt für den Arbeitnehmer, dass er Insolvenzgläubiger nach § 38 InsO ist (siehe oben unter § 2B.II.2.a., S. 58 ff.) und somit nach § 87 InsO seine Forderung nur nach den Vorschriften über das Insolvenzverfahren verfolgen kann. Seine Forderungen muss der Arbeitnehmer nach § 174 InsO zur Insolvenztabelle anmelden. Für diese erfolgt dann quotale Befriedigung aus der Verteilungsmasse.

Es bleibt nun die Frage, in welcher Höhe die Forderung anzusetzen ist. Für noch ausstehende Rentenzahlungen, die der Arbeitgeber trotz Fälligkeit nicht geleistet hat, steht die Höhe fest. Insofern bestehen keine Probleme, sie sind zusätzlich und in voller Höhe als Insolvenzforderung anzumelden.[515] Allerdings hat der Arbeitnehmer auch zukünftig noch Ansprüche auf Rentenzahlungen. Die Höhe der einzelnen Rentenzahlungen wird zwar feststehen, nicht aber der Zeitraum, für den die Leistungen noch zu erbringen sind.

a. Feststehende Dauer der Versorgungsleistungen

In Ausnahmefällen mag auch der Zeitraum feststehen, für den diese Zahlungen geleistet werden. Dabei kann es sich z.B. um eine Rente mit Höchstlaufzeit handeln, bei der lediglich für einen bestimmten Zeitraum Rentenleistungen zugesagt wurden (siehe dazu schon oben unter § 2A.II.3.c., S. 47). In diesem Fall gelten die bis dahin nicht fälligen Forderungen nach § 41 Abs. 1 InsO als fällig und werden mit dem in § 46 S. 1 InsO bestimmten Betrag geltend gemacht. Nach § 46 S. 1 InsO sind Forderungen auf wiederkehrende Leistungen, deren Betrag und Dauer bestimmt sind, mit dem Betrag geltend zu machen, der sich ergibt, wenn die noch ausstehenden Leistungen unter Abzug des in § 41 InsO bezeichneten Zwischenzinses zusammengerechnet werden. Leistungen der betrieblichen Altersversorgung sind wiederkehrende Leistungen im Sinne der Vorschrift, denn ihnen liegt das gleiche Rechtsverhältnis zugrunde, die Versorgungszusage.[516] Es erfolgt eine Kapitalisierung der Einzelforderungen, um dem Gläubiger eine klare Rechtsposition im Verfahren zu schaffen: Nach ihr bestimmt sich sein Stimmrecht in der Gläubigerversammlung (§§ 76 Abs. 2, 77, 237 Abs. 1, 244 Abs. 1 Nr. 2 InsO), die Berechnung einer anteiligen Kürzung der Forderungen durch

515 MüKo-InsO/*Bitter*, § 45 Rn. 26.

516 K/P/B/*Holzer*, § 46 Rn. 3; Uhlenbruck/*Knof*, § 46 Rn. 2.

einen Insolvenzplan (§ 224 InsO) und die Grundlage für die quotale Befriedigung bei der Verteilung.[517]

Nach § 46 S. 1 InsO ist der Betrag maßgeblich, der sich ergibt, wenn die noch ausstehenden Leistungen unter Abzug des in § 41 InsO bezeichneten Zwischenzinses zusammengerechnet werden. Die künftigen Zahlungen werden also addiert, wobei jeweils ein Abzug des Zwischenzinses nach § 41 Abs. 2 InsO erfolgt. Nach dieser Vorschrift sind unverzinsliche Forderungen, die aufgrund von § 41 Abs. 1 InsO fällig gestellt werden, bis zum außerhalb der Insolvenz geltenden Fälligkeitszeitraum mit dem gesetzlichen Zinssatz abzuzinsen, um so eine Bevorzugung gegenüber denjenigen Gläubigern, deren Forderung bereits bei Eröffnung des Verfahrens fällig war, zu verhindern.[518] Die Berechnung der Abzinsung erfolgt nach der sogenannten „Hoffman'schen Methode". Dabei wird der Gläubiger mit dem Betrag seiner Insolvenzforderung berücksichtigt, der bei verzinslicher Anlegung samt den von der Verfahrenseröffnung bis zum Verfalltag auflaufenden Zinsen (ohne Zinseszins) den Nennbetrag der Forderung ergibt.[519] Steht die Dauer der wiederkehrenden Leistungen fest, ist nach § 46 S. 1 InsO nach Willen des Gesetzgebers der gesetzliche Zinssatz nach § 41 S. 2 InsO anzuwenden (nach § 246 BGB 4 %, bei einem beiderseitigen Handelsgeschäft gemäß § 352 Abs. 1 S. 1 HGB 5 %).[520]

Die sich aus dieser Berechnung ergebende Summe wird insoweit vermindert, als sie den zum gesetzlichen Zinssatz kapitalisierten Betrag der einzelnen Leistung übersteigt. Diese Grenze muss nach allgemeiner Meinung[521] weiterhin gezogen werden, auch wenn § 70 S. 2 KO in § 46 InsO nicht übernommen wurde, da für die Befriedigung der künftigen Ansprüche des Gläubigers niemals mehr an Kapital erforderlich ist als dasjenige, dessen Zinsertrag der wiederkehrenden Leistung gleichkommt[522].

Stehen dem Arbeitnehmer aufgrund seiner Versorgungszusage nicht Rentenleistungen, sondern z.B. eine einmalige Kapitalzahlung (siehe oben unter § 2A.II.3.c., S. 47) zu, die in dem Moment der Verfahrenseröffnung bereits fällig

---

517 Jaeger/*Henckel*, § 46 Rn. 2, 8; Uhlenbruck/*Knof*, § 46 Rn. 1.

518 Andres/Leithaus/*Leithaus*, § 41 Rn. 5.

519 Allgemeine Meinung, siehe dazu z.B. Andres/Leithaus/*Leithaus*, § 41 Rn. 7; FK-InsO/*Bornemann*, § 41 Rn. 8; Jaeger/*Henckel*, § 41 Rn. 22; Kreft/*Eickmann*, § 41 Rn. 5, jeweils mit Angabe der Formel.

520 Problematisch ist der anzuwendende Zinsfuß bei wiederkehrenden Leistungen, die zwar der Höhe nach, nicht aber der Dauer nach bestimmt sind; siehe dazu unten unter § 3A.III.1.b(2), S. 110 ff.

521 *Hess*, § 46 Rn. 8; Jaeger/*Henckel*, § 46 Rn. 6; K/P/B/*Holzer*, § 46 Rn. 5; Kreft/*Lohmann*, § 46 Rn. 5; MüKo-InsO/*Bitter*, § 46 Rn. 8.

522 MüKo-InsO/*Bitter*, § 46 Rn. 8 (mit Beispielen).

ist, hat er in dieser Höhe eine Insolvenzforderung inne, die auch keine wiederkehrende Leistung darstellt und ihrem Betrag nach auch nicht unbestimmt ist. Diese kann zur Insolvenztabelle angemeldet werden. Ist die Kapitalzahlung noch nicht fällig, steht sie aber der Höhe nach fest, wird auch dieser Anspruch nach § 41 Abs. 1 InsO fällig gestellt und es erfolgt eine Abzinsung nach § 41 Abs. 2 InsO. Bestehen die zugesagten Versorgungsleistungen aus Sach- oder Nutzungsleistung, so dass die bestehende Forderung nicht auf Geld gerichtet ist, so muss diese nach § 45 S. 1 InsO mit dem Wert geltend gemacht werden, der für die Zeit der Eröffnung des Insolvenzverfahrens geschätzt werden kann.[523]

b. Nicht feststehende Dauer der Versorgungsleistungen

In den meisten Fällen wird jedoch nicht klar sein, wie lange die Rentenleistungen vom Arbeitgeber noch zu erbringen gewesen wären. Betriebliche Renten werden häufig bis zum Tod des Betriebsrentners oder im Falle der Hinterbliebenenversorgung bis zum Tod des Witwers/der Witwe zugesagt.

Um in der Insolvenz des Arbeitgebers trotzdem einen Wert zur Verfügung zu haben, mit dem die Forderungen des Arbeitnehmers geltend gemacht werden können, muss der Wert der zukünftigen Ansprüche geschätzt werden. Nach § 46 S. 2 InsO ist bei wiederkehrenden Leistungen, deren Dauer unbestimmt ist, § 45 S. 1 InsO entsprechend anzuwenden. Dem Wortlaut nach gilt § 46 S. 2 InsO nur für wiederkehrende Leistungen, deren Dauer zwar unbestimmt ist, deren Betrag jedoch feststeht. Bei Betriebsrenten, die bereits bezogen werden, liegt genau diese Situation vor: Ihr Betrag steht bereits fest, es ist jedoch nicht klar, wie lange sie noch gezahlt werden müssen. Allerdings wird nach allgemeiner Meinung[524] § 46 S. 2 InsO (unter gleichzeitiger Anwendung des § 45 S. 1 Alt. 2 InsO) auch auf wiederkehrende Leistungen angewandt, deren Betrag und deren Dauer unbestimmt sind. Würde man diese Erweiterung des Wortlauts nicht vornehmen, hätte das zur Folge, dass nach Dauer und Betrag unbestimmte wiederkehrende Forderungen gar nicht zur Insolvenztabelle angemeldet werden könnten, was eine nicht vertretbare Ungleichbehandlung darstellen würde.[525]

---

523 FK-InsO/*Bornemann*, § 45 Rn. 3; Nerlich/Römermann/*Andres*, § 45 Rn. 2; siehe zur Umrechnung von Forderungen nach § 45 S. 1 InsO unten unter § 3A.III.2.b(2), S. 123 ff.

524 Jaeger/*Henckel*, § 46 Rn. 7; K/P/B/*Holzer*, § 46 Rn. 8 f.; Kreft/*Lohmann*, § 46 Rn. 3; MüKo-InsO/*Bitter*, § 46 Rn. 4; Uhlenbruck/*Knof*, § 46 Rn. 7.

525 K/P/B/*Holzer*, § 46 Rn. 8.

(1) Kapitalisierung der Rentenansprüche

Die ausstehenden Rentenzahlungen werden nach § 46 S. 2 i.V.m. § 45 S. 1 InsO kapitalisiert. Sie sind also mit dem Wert geltend zu machen, der für die Zeit der Eröffnung des Insolvenzverfahrens geschätzt werden kann. § 46 S. 2 InsO macht mit dem Verweis auf § 45 S. 1 InsO deutlich, dass die zukünftigen Leistungen sofort als Kapitalbetrag auf geschätzter Grundlage behandelt werden und nicht nur als aufschiebend bedingte Forderung, die lediglich zu einer Sicherung in Form der Zurückbehaltung (§§ 191 Abs. 1, 198 InsO) berechtigen würde.[526] Erforderlich ist die Schätzung der Dauer, für die die Rentenzahlungen noch hätten erfolgen müssen. Es ist die durchschnittlich zu erwartende Lebensdauer des Betriebsrentners zu ermitteln, um so den schätzungsweisen Todeszeitpunkt zu bestimmen, bis zu dem die Renten gezahlt werden müssten; dabei sind biometrische (also das Leben und die Lebenserwartung des Versorgungsberechtigten betreffende) Erfahrungswerte nach den jeweils anerkannten versicherungsmathematischen Richttafeln anzuwenden.[527] (Siehe genauer zur Schätzung nach § 45 S. 1 InsO unten unter § 3A.III.2.b(2), S. 123 ff..)

Wurde die voraussichtliche Lebensdauer des Betriebsrentners nach § 45 S. 1 InsO geschätzt, werden die bis dahin zu zahlenden Renten addiert. Allerdings muss auch hier wieder der Vorteil berücksichtigt werden, der sich für den Gläubiger daraus ergibt, dass eigentlich noch nicht fällige Forderungen als Kapitalbetrag bereits zu einem früheren Zeitpunkt gefordert werden können.[528] Es muss also eine Abzinsung erfolgen. (Siehe dazu schon oben unter § 3A.III.1.a., S. 107)

---

526 MüKo-InsO/*Bitter*, § 46 Rn. 4; Nerlich/Römermann/*Andres*, § 46 Rn. 3. Aufschiebend bedingte Forderungen hatten in § 67 KO eine eigene Regelung, nach der sie nur zu einer Sicherung berechtigten. Die InsO beinhaltet keine entsprechende Norm, nach § 191 Abs. 1 InsO wird eine aufschiebend bedingte Forderung bei einer Abschlagsverteilung mit ihrem vollen Betrag berücksichtigt und der auf sie entfallende Anteil bei der Verteilung zurückbehalten; dieser Anteil muss gemäß § 198 InsO hinterlegt werden. Materiell bleibt es also bei der Rechtslage, dass eine aufschiebend bedingte Forderung nur zu einer Sicherung – nämlich der Zurückbehaltung – berechtigt; MüKo-InsO/*Füchsl/Weishäupl/Kebekus/Schwarzer*, § 191 Rn. 1.

527 BAG, Urteil vom 11.10.1988 – 3 AZR 295/87, NZA 1989, 303, 304; Andres/Leithaus/*Leithaus*, § 46 Rn. 4; *Blomeyer/Rolfs/Otto*, Vorb. vor §§ 7 bis 15 Rn. 26; *Hess*, § 45 Rn. 25; MüKo-InsO/*Bitter*, § 45 Rn. 26; *Bitter*, NZI 2000, 399, 401,

528 FK-InsO/*Bornemann*, § 45 Rn. 9; Jaeger/*Henckel*, § 45 Rn. 8; MüKo-InsO/*Bitter*, § 45 Rn. 26.

(2) Anzuwendender Zinsfuß

Probleme bestehen bei wiederkehrenden Leistungen aus betrieblicher Altersversorgung mit unbestimmter Bezugsdauer allerdings wegen der Höhe des zugrunde zu legenden Zinsfußes. Bei wiederkehrenden Leistungen von bestimmter Höhe und bestimmter Dauer ist nach § 46 S. 1 InsO der in § 41 InsO beschriebene Zwischenzins abzuziehen. § 41 Abs. 2 S. 1 InsO bestimmt, dass bei unverzinslichen Forderungen der gesetzliche Zinssatz anzuwenden, also nach § 246 BGB 4 %, bei einem beiderseitigen Handelsgeschäft gemäß § 352 Abs. 1 S. 1 HGB 5 %. Bei wiederkehrenden Leistungen aus betrieblicher Altersversorgung wurde in der Praxis jedoch üblicherweise ein höherer Zinssatz von 5,5 % angewendet mit der Begründung, dass dieser Wert erfahrungsgemäß zu Ergebnissen führt, die den Vorteil des Gläubigers näherungsweise erfassen.[529] Dieser Rechnungszinsfuß wurde sowohl für Anwartschaften als auch für bereits laufende Renten angewendet. Ausnahmen sollten nur gelten, wenn dargelegt werden konnte, dass durch Änderungen der gesamtwirtschaftlichen Verhältnisse erkennbar fehlerhafte Ergebnisse eingetreten sind.[530]

Dieser seit den 1960er Jahren angewandte Grundsatz wird zunehmend kritisiert.[531] *Rolfs*[532] meint, der starre Abzinsungssatz von 5,5 % sei überholt, und spricht sich für eine analoge Anwendung des durch das BilMoG neu gefassten § 253 Abs. 2 HGB aus, wonach eine Abzinsung nach dem durchschnittlichen Marktzins der vergangenen sieben Geschäftsjahre bzw. pauschal mit dem durchschnittlichen Marktzinssatz, der sich bei einer angenommenen Restlaufzeit von 15 Jahren ergibt, erfolgen müsste. Auch das OLG Köln schlägt eine Abzinsung nach dem voraussichtlichen für die Dauer der Rentenzahlungen erzielbaren durchschnittlichen Anlagezins vor.[533] *Bitter*[534], *Henckel*[535] und *Knof*[536] sehen in der Anwendung des Zinssatzes von 5,5 % eine nicht gerechtfertigte Ungleichbehandlung im Vergleich zu anderen nach § 46 InsO zu kapitalisierenden wieder-

---

529 BAG, Urteil vom 11.10.1988 – 3 AZR 295/87, NZA 1989, 303, 304; LAG München, Urteil vom 16.9.1987 – 7 Sa 148/87, ZIP 1987, 1466, 1466; LAG Baden-Württemberg, Urteil vom 15.10.1986 – 2 Sa 25/86, ZIP 1987, 1468, 1469; *Grub*, DZWIR 2000, 223, 224 f.; *Hess*, § 45 Rn. 26.

530 BAG, Urteil vom 11.10.1988 – 3 AZR 295/87, NZA 1989, 303, 304.

531 *Blomeyer/Rolfs/Otto*, Vorb. vor §§ 7 bis 15 Rn. 26; Jaeger/*Henckel*, § 45 Rn. 8; MüKo-InsO/*Bitter*, § 45 Rn. 26; Uhlenbruck/*Knof*, § 45 Rn. 22.

532 *Blomeyer/Rolfs/Otto*, Vorb. vor §§ 7 bis 15 Rn. 26.

533 OLG Köln, Urteil vom 26.11.2003 – 5 U 72/03, OLGR Köln, 2004, 200, 201; im konkreten Fall wird ein Zinsfuß von 5 % vorgeschlagen.

534 MüKo-InsO/*Bitter*, § 45 Rn. 26.

535 Jaeger/*Henckel*, § 45 Rn. 8.

536 Uhlenbruck/*Knof*, § 45 Rn. 22.

kehrenden Leistungen und fordern demnach eine Anwendung des gesetzlichen Zinssatzes nach § 41 Abs. 2 InsO. Einigkeit besteht, dass jedenfalls § 6 Abs. 3 S. 3 EStG, der eine Abzinsung für Pensionsrückstellungen von 6 % vorschreibt, keine Anwendung finden soll.[537]

Die von der Rechtsprechung vorgenommenen Schätzungen mit einem Zinssatz von 5,5 % beruhen auf § 69 KO, der durch § 45 InsO ersetzt wurde. Die laufenden Renten wurden also als Forderungen, deren Geldbetrag unbestimmt ist, behandelt. Zwar gab es mit § 70 KO eine Vorschrift, die sich auf wiederkehrende Leistungen („wiederkehrende Hebungen“) bezog, jedoch nur auf solche, deren Betrag und Dauer bestimmt waren. Bis zum Lebensende zu zahlenden Betriebsrenten fehlte aber gerade die Bestimmtheit der Dauer, so dass § 70 KO keine Anwendung finden konnte.[538] Eine § 46 S. 2 InsO entsprechende Vorschrift, die sich auf wiederkehrende Leistungen mit unbestimmter Dauer bezieht, gab es in der KO nicht, sondern lediglich in § 35 S. 2 VerglO.[539] Die Abzinsung, die die Rechtsprechung mit einem Zinssatz von 5,5 % vornahm, war Teil der Schätzung, die gemäß § 69 KO für Forderungen mit unbestimmtem Geldbetrag vorzunehmen war.

Die Rechtslage hat sich mit Einführung der InsO jedoch für der Dauer nach unbestimmte wiederkehrende Leistungen geändert. Sie wurden in § 46 S. 2 InsO ausdrücklich berücksichtigt, und zwar mit dem Verweis, dass in ihrem Falle § 45 S. 1 InsO entsprechend anzuwenden ist. Dies kann zum einen so verstanden werden, dass für die komplette Wertschätzung für nach der Dauer unbestimmte Forderungen § 45 S. 1 InsO anzuwenden ist. Dann wäre – mangels Verweis auf § 41 InsO – der gesetzliche Zinssatz nicht bindend.[540] Zum anderen könnte aber auch nur der im Vergleich zu § 46 S. 1 InsO unbestimmte Teil – nämlich die Dauer – nach § 45 S. 1 InsO zu schätzen sein. Ansonsten wäre dann wie in § 46 S. 1 InsO zu verfahren, so dass der Verweis auf den § 41 InsO mit der Anordnung des gesetzlichen Zinssatzes auch für hinsichtlich der Dauer unbestimmte Forderungen maßgeblich wäre.[541]

---

537 BAG, Urteil vom 11.10.1988 – 3 AZR 295/87, NZA 1989, 303, 304; LAG Baden-Württemberg, Urteil vom 15.10.1986 – 2 Sa 25/86, ZIP 1987, 1468, 1469; LAG München, Urteil vom 16.9.1987 – 7 Sa 148/87, ZIP 1987, 1466, 1466; Uhlenbruck/*Knof*, § 45 Rn. 22.

538 LAG Baden-Württemberg, Urteil vom 15.10.1986 – 2 Sa 25/86, ZIP 1987, 1468, 1469.

539 Die Vergleichsordnung vom 26.2.1935, RGBl. I S. 321, BGBl. III/FNA311-1 regelte vor Inkrafttreten der InsO das gerichtliche Vergleichsverfahren zur Abwendung eines Konkurses.

540 So etwa OLG Köln, Urteil vom 26.11.2003 – 5 U 72/03, OLGR Köln 2004, 200, 201.

541 Auf diese Möglichkeit bereits hinweisend BAG, Urteil vom 11.10.1988 – 3 AZR 295/87, NZA 1989, 303, 305.

Das OLG Köln hat sich für Ersteres entschieden und mangels Verweis auf § 41 InsO in § 46 S. 2 InsO eine Abzinsung nach dem gesetzlichen Zinssatz nicht für zwingend erachtet.[542] Das BAG hingegen hatte in seiner Entscheidung bereits angedacht, ob der in § 65 Abs. 2 KO (heute § 41 Abs. 2 InsO) vorgesehene gesetzliche Zinssatz evtl. einen allgemeinen Grundsatz darstellen könnte, der dann auch auf der Dauer nach unbestimmte wiederkehrende Hebungen anzuwenden wäre, auch wenn diese nicht unter § 70 KO fielen, der wieder auf den gesetzlichen Zinssatz verwies (heute § 46 S. 1 InsO).[543] Die Frage wurde offengelassen, da der Kläger lediglich einen Rechnungszinsfuß von 5,5 % forderte (im Vergleich zu vom Insolvenzverwalter geforderten 6 %) und die Schätzung nicht fehlerhaft erschien. Die Festlegung der 5,5 % war also auch von höchstrichterlicher Seite nicht als unumstößliches Richterrecht, sondern eher als ein auf die Gegebenheiten des konkreten Falls passender und nicht fehlerhafter Vorgang zu verstehen, der mangels konkreter gesetzlicher Regelung nicht zu beanstanden war – und vom Kläger auch nicht beanstandet wurde (er wehrte sich ja nur gegen die vom Insolvenzverwalter festgelegten 6 %).

Um die Reichweite der in § 46 S. 2 InsO vorgenommenen Verweisung zu bestimmen, ist zuerst die Frage zu stellen, was der Gesetzgeber eigentlich mit der Einführung des § 46 S. 2 InsO bezwecken wollte. Der Regierungsentwurf zur InsO lässt diese Frage weitgehend offen, besagt zur Neuregelung der wiederkehrenden Leistungen im Insolvenzverfahren lediglich, dass sie „im Wesentlichen" den Vorschriften der KO und der VerglO entspricht und dem Zweck dient, durch eine Umrechnung der Ansprüche der Insolvenzgläubiger in bestimmte, miteinander vergleichbare Geldbeträge die Voraussetzungen für eine gleichberechtigte Teilnahme am Verfahren zu schaffen.[544] Eine eindeutige Aussage zu Sinn und Zweck des § 46 S. 2 InsO fehlt. Im Grunde ist dessen Einfügung – abgesehen von sprachlichen Änderungen und der genaueren Regelung für Forderungen in ausländischer Währung – die einzige Modifikation, die bei Übernahme der §§ 65, 69, 70 KO in die InsO vorgenommen wurde. Wäre diese unterblieben, wären wiederkehrende Forderungen mit unbestimmter Dauer auch weiterhin nach § 45 S. 1 InsO (zuvor § 69 KO) geschätzt worden. § 46 S. 2 InsO sollte also entweder der Klarstellung dienen oder aber die wiederkehrenden Forderungen in den Anwendungsbereich des § 46 InsO einbeziehen mit der Ausnahme, dass die fehlende Bestimmtheit der Dauer nach § 45 S. 1 InsO im Wege der Schätzung ausgeglichen werden soll. Im letzteren Fall müsste dann eine Abzinsung nach § 46 S. 1 i.V.m. § 41 Abs. 2 InsO erfolgen.

542 OLG Köln, Urteil vom 26.11.2003 – 5 U 72/03, OLGR Köln 2004, 200, 201.

543 BAG, Urteil vom 11.10.1988 – 3 AZR 295/87, NZA 1989, 303, 305.

544 Gesetzesentwurf der Bundesregierung zur InsO, BT-Drucks. 12/2443, S. 124

Problematisch erscheint hier, dass die mangelnde Bestimmtheit der Dauer bei wiederkehrenden Leistungen auch dazu führt, dass auch das „Ob" der Gesamtforderung davon betroffen ist.[545] Denn es ist nicht sicher, inwieweit Forderungen noch entstehen werden, da ihr Entstehen von dem ungewissen Ereignis des ausbleibenden Todes des Betriebsrentners abhängig ist. Sie sind sozusagen „aufschiebend bedingt" durch das Ausbleiben des Todes.[546] Aufschiebend bedingte Forderungen führen jedoch nach §§ 191 Abs. 1, 198 InsO lediglich zu einer Zurückbehaltung und Hinterlegung des auf sie entfallenden Verteilungsanteils.[547] Trotzdem hat der Gesetzgeber sie nach § 46 S. 2 InsO der Schätzung und Kapitalisierung unterworfen, was wohl nur darauf zurückzuführen sein kann, dass die Ansprüche auf Rentenzahlungen einem einheitlichen rechtlichen Grund entspringen, bei Eröffnung des Insolvenzverfahren also klar ist, dass etwas gezahlt werden muss, wenn auch nicht in exakt welcher Höhe.[548] Wenn er diese grundsätzliche Entscheidung getroffen hat, ist kein Grund ersichtlich, warum die Ansprüche hieraus mit einem anderen Zinssatz abgezinst werden sollten als Ansprüche, die sich aus wiederkehrenden Leistungen mit bestimmter Höhe und Dauer ergeben und somit nach § 46 S. 1 i.V.m. § 41 InsO unbestritten mit dem gesetzlichen Zinssatz abgezinst werden. Ziel der Abzinsung ist es, dem Gläubiger den Vorteil zu entziehen, den er dadurch hat, dass er seine Forderung nun schon frühzeitig geltend machen kann und das somit erlangte Geld anlegen und Zinsen erwirtschaften kann. Dieser Vorteil besteht bei Ansprüchen aus einer betrieblichen Altersversorgung unabhängig davon, ob diese nur für einen bestimmten Zeitraum oder bis zum Lebensende gewährt werden. Da für erstere aber zwingend der gesetzliche Zinssatz des § 41 Abs. 2 InsO Anwendung finden muss, kann für letztere nichts anderes gelten. Ein Grund für eine Ungleichbehandlung dieser beiden Forderungstypen ist nicht ersichtlich. Dies hätte wahrscheinlich auch schon nach alter Rechtslage der KO das Ergebnis sein müssen – wie das BAG es ja in seiner Entscheidung aus dem Jahr 1988[549] als Möglichkeit angedeutet hatte. Mit der ausdrücklichen Erwähnung der Dauer nach unbestimmter wiederkehrender Leistungen in § 46 S. 2 InsO in unmittelbarem Zu-

545 *Bitter*, NZI 2000, 399, 401 f.

546 *Bitter*, NZI 2000, 399, 401 f.

547 Zur Frage, ob Anwartschaften, die im Falle der Insolvenz des Arbeitgebers nicht zu einem Anspruch gegen den PSV führen, als aufschiebend bedingte Forderungen nach §§ 191 Abs. 1, 198 InsO zu behandeln sind oder nach § 45 InsO kapitalisiert und damit wie unbedingte Forderungen behandelt werden müssen, siehe unten unter § 3A.III.2.b(1), S. 116 ff..

548 *Bitter*, NZI 2000, 399, 402.

549 BAG, Urteil vom 11.10.1988 – 3 AZR 295/87, NZA 1989, 303, 305.

sammenhang zu § 46 S. 1 InsO, der den gesetzlichen Zinssatz zwingend vorschreibt, muss dies erst recht der Fall sein.

Für bereits bestehende Versorgungsansprüche ist festzuhalten, dass diese in dem Fall, dass die Dauer der Versorgungsleistungen feststeht, nach § 46 S. 1 InsO unter Abzug des Zwischenzinses (gemäß § 41 Abs. 2 InsO unter Anwendung des gesetzlichen Zinssatzes) addiert und in Höhe dieser Summe als Forderung im Insolvenzverfahren geltend gemacht werden können. Steht der Zeitraum, für den die Versorgungsleistungen erbracht werden müssen, nicht fest, erfolgt ebenfalls eine Kaptalisierung nach § 46 S. 2 InsO, wobei die Dauer, für die die Leistungen hätten erbracht werden müssen, zu schätzen ist. Auch hier hat aufgrund der früheren Fälligstellung eine Abzinsung zu erfolgen, nach vorzugswürdiger Ansicht ebenfalls unter Anwendung des gesetzlichen Zinsfußes.

2. Versorgungsanwartschaften

Ist der Versorgungsfall noch nicht eingetreten, stehen dem Arbeitnehmer aus seiner Versorgungszusage Anwartschaften zu. In der Insolvenz des Arbeitgebers müssen auch diese Rechtspositionen berücksichtigt werden, schließlich beruhen sie auf einer dem Arbeitnehmer gegenüber erteilten Zusage. Es stellt sich nun die Frage, welche Rechte der Versorgungsberechtigte aus dieser Position als Anwartschaftsberechtigter herleiten kann, wie diese Rechtsposition überhaupt und als welche Art von Forderung sie geltend gemacht werden kann. Dies ist in erster Linie davon abhängig, ob dem Arbeitnehmer eine verfallbare oder eine unverfallbare Anwartschaft zusteht.

a. Verfallbare Anwartschaften

Eine verfallbare Anwartschaft liegt immer dann vor, wenn die Versorgungszusage eine ausscheidensbedingte Verfallklausel enthält, deren Fristen noch nicht erreicht wurden, und die Anwartschaften auch noch nicht durch § 1b BetrAVG gesetzlich unverfallbar geworden sind.[550] Wenn der Arbeitnehmer im Zeitraum der Verfallbarkeit aus dem Arbeitsverhältnis ausscheidet, hat er aufgrund seiner Versorgungszusage noch keine gesicherte Rechtsposition, da er aus ihr aufgrund der Verfallklausel keine Ansprüche auf Versorgungsleistungen ableiten kann. Ist der Versorgungsfall also zu diesem Zeitpunkt noch nicht eingetreten und wird

550 *Blomeyer/Rolfs/Otto*, Vorb. vor §§ 7 bis 15 Rn. 27; Letzteres gilt natürlich nur, soweit das BetrAVG auch Anwendung findet. Siehe zum Begriff der Unverfallbarkeit und zum Zeitpunkt, zu dem eine Versorgungsanwartschaft gesetzlich unverfallbar wird, oben unter § 2C.III.3.b., S. 86 ff.

der Arbeitgeber insolvent, verfällt die Versorgungsanwartschaft ersatzlos, wenn das Arbeitsverhältnis insolvenzbedingt beendet wird.[551] Insofern ist der Begriff der „verfallbaren Anwartschaft" auch etwas irreführend, da ein Anwartschaftsrecht grundsätzlich suggeriert, dass von einem mehraktigen Entstehungstatbestand eines Rechts schon so viele Erfordernisse erfüllt sind, dass von einer gesicherten Rechtsposition des Erwerbers gesprochen werden kann, die die andere Partei nicht mehr einseitig beeinflussen kann.[552] Dies ist bei einer verfallbaren Anwartschaft auf Leistungen der betrieblichen Altersversorgung aber gerade nicht der Fall, da es dem Arbeitgeber durch Beendigung des Arbeitsverhältnisses durchaus noch möglich ist, die Rechtsposition des Versorgungsberechtigten zu beeinflussen.

Der Versorgungberechtigte, dem lediglich eine verfallbare Anwartschaft zusteht, kann also keine Ansprüche gegen den Arbeitgeber geltend machen, er hat überhaupt keine Gläubigerposition inne, die in der Verteilung der Insolvenzmasse berücksichtigt werden könnte.

b. Unverfallbare Anwartschaften

Für die insolvenzrechtliche Einordnung unverfallbarer Anwartschaften ist zum einen von Bedeutung, ob sie gesetzlich oder vertraglich unverfallbar sind. Den Parteien der Versorgungszusage steht es frei, eine von den gesetzlichen Unverfallbarkeitsregelungen (siehe dazu oben unter § 2C.III.3.b(2), S. 86 f.) abweichende Vereinbarung zu treffen. Jedoch hat der Gesetzgeber die gesetzlichen Unverfallbarkeitsfristen als beidseitig zwingendes Gesetzesrecht ausgestaltet, was sich aus § 17 Abs. 3 S. 3 i.V.m. S. 1 BetrAVG ergibt, wonach nicht einmal durch Tarifvertrag von den Regelungen des § 1b BetrAVG abgewichen werden darf. Das bedeutet, dass vertragliche Regelungen zum Nachteil des Arbeitnehmers, die z.B. eine Verfallklausel mit längeren Fristen als die in § 1b BetrAVG bestimmten vorsehen, nach § 17 Abs. 3 BetrAVG, § 134 BGB nichtig sind.[553] Vereinbarungen, die sich zugunsten des Arbeitnehmers auswirken (z.B. kürzere Unverfallbarkeitsfristen), sind hingegen wirksam. Die Anwartschaft bleibt dann zwar im Verhältnis zum Arbeitgeber bei insolvenzbedingter Beendigung des

551 *Blomeyer/Rolfs/Otto*, Vorb. vor §§ 7 bis 15 Rn. 27; *Bitter*, NZA 2000, 399, 402; zu der Situation, dass eine Versorgungsanwartschaft zum Zeitpunkt der Insolvenzeröffnung noch nicht unverfallbar war, aber während des Insolvenzverfahrens bei Fortführung des Arbeitsverhältnisses unverfallbar wird, siehe unten unter § 3A.III.2.d., S. 140 ff.

552 So zum dinglichen Anwartschaftsrecht BGH, Urteil vom 25.2.1966 – V ZR 129/63, NJW 1966, 1019, 1019.

553 BAG, Urteil vom 28.10.2008 – 3 AZR 317/07, NZA 2009, 844, 846.

Arbeitsverhältnisses bestehen, es stellt sich jedoch die Frage, inwieweit auch gesetzlicher Insolvenzschutz besteht.

Unverfallbare Anwartschaften, die auf einer Direktzusage des Arbeitgebers beruhen, sind gemäß § 7 Abs. 2 S. 1 Nr. 1 BetrAVG grundsätzlich durch den PSV geschützt. Jedoch bezieht sich das BetrAVG in seinen Insolvenzsicherungsvorschriften auf „nach § 1b unverfallbare Versorgungsanwartschaften" (vgl. §§ 7b Abs. 2, 10 Abs. 3 BetrAVG). Das bedeutet für den Arbeitnehmer im Falle der Insolvenz, dass nur bei Vorliegen der Voraussetzungen des § 1b BetrAVG der gesetzliche Insolvenzschutz durch den PSV greift, eine nur vertragliche Unverfallbarkeit reicht nicht aus.[554] Für den Arbeitnehmer ist es im Falle der Insolvenz also von enormer Bedeutung, ob seine Anwartschaft nur vertraglich oder auch gesetzlich unverfallbar ist, da er im ersten Fall keine Ersatzleistungen des PSV erwarten kann.

Doch auch für die Frage, wie und in welcher Höhe die Anwartschaften insolvenzrechtlich berücksichtigt werden, ist es von Bedeutung, ob diese gesetzlich oder nur vertraglich unverfallbar sind. Grund hierfür ist die Vorschrift des § 9 Abs. 2 S. 3 BetrAVG. Danach werden die mit Eröffnung des Insolvenzverfahrens auf den PSV übergegangenen Anwartschaften als unbedingte Forderungen nach § 45 InsO geltend gemacht. Auf den PSV gehen im Falle des Insolvenzverfahrens nach § 9 Abs. 2 S. 1 BetrAVG Ansprüche und Anwartschaften über, die einen Anspruch gegen den Träger der Insolvenzsicherung begründen. Anwartschaften nehmen also nur an diesem gesetzlichen Forderungsübergang teil, wenn sie einen Anspruch auf Leistungen des PSV auslösen. Dieser besteht gemäß § 7 Abs. 2 BetrAVG aber nur bei gesetzlicher Unverfallbarkeit i.S.d. § 1b BetrAVG. Nur in diesen Fällen sind – zumindest nach dem Wortlaut des Gesetzes – die Anwartschaften im Insolvenzverfahren als unbedingte Forderungen nach § 45 InsO zu berücksichtigen.

(1) Nicht auf den PSV übergegangene Anwartschaften

Für Forderungen, die im Falle der Insolvenz nicht auf den PSV übergehen, ist die insolvenzrechtliche Berücksichtigung seit langer Zeit umstritten. Dabei handelt es sich aber nicht nur um gesetzlich noch nicht, dafür aber vertraglich unverfallbare Anwartschaften, sondern auch z.B. um solche, die mangels Einordnung des Versorgungsberechtigten in § 17 Abs. 1 S. 1 oder S. 2 BetrAVG oder aus anderen Gründen nicht dem gesetzlichen Insolvenzschutz unterfallen. (Siehe dazu oben unter § 2C.I.2., S. 73) Nicht nur die Literatur ist sich uneins darüber,

554 BAG, Urteil vom 21.1.2003 – 3 AZR 121/02, NZA 2004, 152, 153; Urteil vom 22.2.2000 – 3 AZR 4/99, NZI 2001, 607, 607; siehe dazu bereits oben unter § 2C.III.3.b., S. 86 ff.

wie die unverfallbaren Anwartschaften, die nicht nach § 9 Abs. 2 BetrAVG auf den PSV übergehen, berücksichtigt werden sollen. Auch BAG und BGH haben hierzu konträre Ansichten.

Unverfallbare Anwartschaften, die vor Insolvenzeröffnung erdient wurden (zu nach Insolvenzeröffnung erdienten Anwartschaften siehe unten unter § 3A.III.2.c., S. 132 ff.), führen zu Insolvenzforderungen nach § 38 InsO. Der Streit dreht sich um die Frage, ob unverfallbare Anwartschaften außerhalb der BetrAVG als unbedingte Forderungen nach § 45 InsO (und damit genauso wie die in § 9 Abs. 2 S. 3 BetrAVG berücksichtigten Anwartschaften) geschätzt und in dieser Höhe unmittelbar an der Verteilung teilnehmen sollen oder ob es sich bei ihnen um aufschiebend bedingte Forderungen handelt, die nach §§ 191 Abs. 1, 198 InsO zwar bei der Abschlagsverteilung in voller Höhe berücksichtigt werden, jedoch bei der Schlussverteilung zurückbehalten und vom Insolvenzverwalter hinterlegt werden. Tritt die aufschiebende Bedingung, also der Eintritt des Versorgungsfalls, ein, so kann nach der letztgenannten Auffassung der Versorgungsberechtigte auf diese hinterlegten Mittel zugreifen. Ist der Eintritt der aufschiebenden Bedingung hingegen nicht mehr möglich (z.B. wenn der Versorgungsberechtigte vor Eintritt des Versorgungsfalls verstirbt und es sich nicht um eine Hinterbliebenenversorgung handelt), werden die zurückbehaltenen Beträge für die Masse frei und führen zu einer Nachtragsverteilung nach § 203 Abs. 1 Nr. 2 InsO.

(a) Abfindung der Ansprüche als Kapitalbetrag

Das BAG geht davon aus, dass diese Forderungen – genauso wie die auf den PSV übergegangenen Forderungen – als Forderungen mit unbestimmtem Geldbetrag nach § 45 S. 1 InsO (früher § 69 KO) zu schätzen sind und mit diesem Schätzwert unmittelbar an der Verteilung teilnehmen.[555] Dies galt bereits vor Einführung des § 9 Abs. 2 S. 3 BetrAVG.[556] Zwar sieht auch das BAG die Anwartschaft als einen durch Eintritt des Versorgungsfalls aufschiebend bedingten Rentenanspruch an, jedoch müsse dieser bei Beendigung des Arbeitsverhältnisses wegen Insolvenz des Arbeitgebers in einen Abfindungsanspruch, also einen unbedingten Zahlungsanspruch umgewandelt werden. Eine Aufrechterhaltung als bedingter Zahlungsanspruch, der nur zur Sicherung führe, sei nicht praktika-

555 BAG, Urteil vom 16.3.1972 – 3 AZR 191/71, AP KO § 61 Nr. 9; Urteil vom 8.12.1977, NJW 1978, 1343; Urteil vom 12.4.1983 – 3 AZR 73/82, NJW 1984, 998, 998; Urteil vom 11.10.1988 – 3 AZR 296/87, NZA 1989, 303; 304; Urteil vom 7.11.1989 – 3 AZR 48/88, NZA 1990, 524, 525.

556 § 9 Abs. 2 S. 3 BetrAGV wurde eingeführt durch Art. 91 Nr. 4b) EGInsO, Gesetz vom 5.10.1994, BGBl. I S. 2911.

bel, da dadurch nicht nur die Abwicklung des Verfahrens aufgehalten würde, sondern auch die Versorgungsanwartschaft mit Verwaltungskosten belastet würde.[557] Daher müsse es der Berechtigte hinnehmen, dass sein Anspruch mit einem Kapitalbetrag abgefunden wird.[558] Diese Einordnung hat für den Berechtigten aber auch erhebliche Vorteile: Er ist nicht der Unsicherheit ausgesetzt, ob die Bedingung des Versorgungsfalls überhaupt eintritt. Wird der Verteilungserlös hinterlegt und tritt sie nicht ein, werden die zurückbehaltenen Beträge nach § 203 Abs. 1 Nr. 1 InsO in einer Nachtragsverteilung verteilt. Der Versorgungsberechtigte erhält dann hiervon nichts.

(b) Aufschiebend bedingte Ansprüche

Der BGH hingegen belässt es bei der Einordnung der unverfallbaren Anwartschaften als bedingte Forderungen und wandelt diese nicht in einen unbedingten Zahlungsanspruch um.[559] Der nach der Verteilung ermittelte Betrag wird also nach §§ 191 Abs. 1, 198 InsO (früher § 67 KO) zur Sicherung hinterlegt und entweder an den Versorgungsberechtigten ausgeschüttet, wenn der Versorgungsfall eintritt, oder es wird eine Nachtragsverteilung angeordnet, wenn der Eintritt des Versorgungsfalls nicht mehr möglich ist. Dies vertrat der BGH früher ausnahmslos für alle Anwartschaften, auch für diejenigen, die auf den PSV übergingen.[560] Nach Einführung des § 9 Abs. 2 S. 3 BetrAVG wendet der BGH diese Grundsätze nur noch auf nicht auf den PSV übergegangene Anwartschaften an und leitet aus der Tatsache, dass der Gesetzgeber gerade nur das BetrAVG, nicht aber die insolvenzrechtlichen Vorschriften geändert hat, ab, dass es bei der rein insolvenzrechtlichen Ausgangslage bleiben sollte.[561] Allerdings kombiniert der BGH die Einordnung als bedingte Forderung mit einer Schätzung dieser Forderung anhand von § 45 InsO: Der Wert der Anwartschaft des Versorgungsberechtigten ist nach § 45 InsO zu schätzen und zu kapitalisieren und wird anschließend hinterlegt.

Die Gründe des BAG für die Einordnung der Versorgungsanwartschaften als unbedingte Forderungen will der BGH nicht gelten lassen. In seinen früheren

557 BAG, Urteil vom 16.3.1972 – 3 AZR 191/71, AP KO § 61 Nr. 9.

558 BAG, Urteil vom 7.11.1989 – 3 AZR 48/88, NZA 1990, 524, 524.

559 BGH, Urteil vom 7.4.2005 – IX ZR 138/04, NZI 2005, 384, 385; ausführlich: Urteil vom 10.7.1997 – IX ZR 161/96, NJW 1998, 312, 313 f.; Urteil vom 23.1.1992 – IX ZR 94/91, NJW 1992, 2091, 2092; Urteil vom 10.1.1991 – IX ZR 247/90, NJW 1991, 1111, 1112.

560 BGH, Urteil vom 10.1.1991 – IX ZR 247/90, NJW 1991, 1111, 1112.

561 BGH, Urteil vom 10.7.1997 – IX ZR 161/96, NJW 1998, 312, 313 f.

Entscheidungen[562] konnte er sich einer tatsächlichen Auseinandersetzung mit der konträren Ansicht des BAG noch entziehen, weil die Diskussion nicht entscheidungserheblich war, und verzichtete somit auf eine Anrufung des Gemeinsamen Senats der Obersten Gerichtshöfe nach Art. 95 Abs. 3 GG i.V.m. dem Rechtsprechungs-Einheitlichkeitsgesetz. Nach Einführung des § 9 Abs. 2 S. 3 BGB lehnte er die Argumentation des BAG ab, dass eine Einordnung der Anwartschaften als unbedingte Forderung aufgrund der schnelleren Abwicklung des Verfahrens die praktikablere Lösung sei, weil die nicht kraft Gesetzes insolvenzgeschützten Anwartschaften nicht so zahlreich seien, dass dies die Abwicklung des Verfahrens wesentlich erschweren würde. Eine Belastung der zu hinterlegenden Beträge mit Verwaltungskosten könne dadurch vermieden werden, dass diese bei der Schätzung des Betrags nach § 45 InsO als Ausgleich für anfallende Zinsen zu berücksichtigen seien. Da die gesetzliche Insolvenzsicherung v.a. bei Personen nicht greife, die nicht unter § 17 Abs. 1 S. 1 und 2 BetrAVG fallen und daher selbst als Unternehmer einzuordnen sind (siehe dazu oben unter § 2C.I.2., S. 73 f.), bestehe auch ein sachlicher Unterschied, der es aus gesetzgeberischer Sicht rechtfertigen könne, diese weniger zu begünstigen als den PSV, der die Ansprüche der abhängig beschäftigten Arbeitnehmer vorab zu befriedigen habe.[563] Es sei die Frage zu entscheiden, wer die Gefahr zu tragen habe, dass der Anspruchsberechtigte künftig die Voraussetzungen der Rentenberechtigung nicht erfüllen werde. Das Gesetz lege dieses Risiko eindeutig dem einzelnen Anwartschaftsberechtigten auf, während das BAG diesen begünstigt und der Masse der ungesicherten Konkursgläubiger die Chance nehme, dass die Berechtigung nicht eintrete. Eine solche Verletzung der Gläubigergleichbehandlung bedürfe der gesetzlichen Grundlage.[564] Eine Anrufung des Gemeinsamen Senats der Obersten Gerichtshöfe wurde aber auch hier nicht für notwendig erachtet, weil für den Bereich, für den das BAG gemäß § 2 Abs. 1 Nr. 3 a), Nr. 5 und Nr. 6 ArbGG zuständig ist, durch § 9 Abs. 2 S. 3 BetrAVG Klarheit geschaffen wurde und der BGH in diesem Bereich der Einordnung als unbedingte Forderung nicht mehr widerspricht.[565] Dies mag zwar dann zutreffen, wenn eine Anwendung des § 9 Abs. 2 S. 3 BetrAVG ausscheidet, weil der Versorgungsberechtigte nicht unter § 17 Abs. 1 S. 1, 2 BetrAVG fällt. Jedoch ist es theoretisch denkbar (wenn auch in der Praxis wohl selten der Fall), dass die Versorgungsanwartschaften nicht unter § 9 Abs. 2 S. 3 BetrAVG fallen, weil sie den Höchst-

562 BGH Urteil vom 23.1.1992 – IX ZR 94/91, NJW 1992, 2091, 2092; Urteil vom 10.1.1991 – IX ZR 247/90, NJW 1991, 1111, 1112.

563 BGH, Urteil vom 10.7.1997 – IX ZR 161/96, NJW 1998, 312, 314.

564 BGH, Urteil vom 10.7.1997 – IX ZR 161/96, NJW 1998, 312, 313 f.

565 BGH, Urteil vom 10.7.1997 – IX ZR 161/96, NJW 1998, 312, 313.

betrag des § 7 Abs. 3 BetrAVG überschreiten oder weil zwar keine gesetzliche, wohl aber eine vertragliche Unverfallbarkeit vorliegt. In diesem Fall könnte es wiederum zu einer Kollision der verschiedenen Rechtsprechungsansätze kommen, weil dann trotzdem das BAG zuständig wäre.

(c) Auseinandersetzung in der Literatur

Auch die Literatur ist sich in dieser Frage uneins. Vor Einführung des § 9 Abs. 2 S. 3 BetrAVG stellte sie sich überwiegend hinter die vom BAG vertretene Ansicht, eine unverfallbare Anwartschaft als unbedingte Forderung zu behandeln.[566] Gegen die Einordnung der unverfallbaren Anwartschaften als aufschiebend bedingte Forderung wurden (ähnlich wie auch vom BAG) insbesondere Praktikabilitätserwägungen vorgebracht: Das Arbeitsleben eines Konkursverwalters würde bei der Hinterlegung der Beträge nicht ausreichen, um solche Ansprüche abzuwickeln, so dass die Praxis daher gezwungen wäre, Wege zur Umgehung der Vorschrift des § 67 KO (heute §§ 191 Abs. 2, 198 InsO) zu finden; daher sollte in diesem Fall die Praktikabilität der Dogmatik vorgehen.[567] Zu den auf den PSV übergegangenen Anwartschaften wurde außerdem angebracht, dass das „Zahlungsrisiko" bei Anwendung des § 67 KO auf unverfallbare Anwartschaften ungerecht verteilt sei: Während der PSV das Langlebigkeitsrisiko des Versorgungsberechtigten trage, käme ihm im Gegenzug eine kürzere Lebensdauer dann nicht zugute, wenn der Versorgungsberechtigte vor Eintritt des Versorgungsfalls versterbe; daher sei § 67 KO insoweit teleologisch zu reduzieren.[568]

Jedoch wurden auch dogmatische Argumente gegen die Einordnung als aufschiebend bedingte Forderung geltend gemacht. *Everhardt*[569] ging davon aus, dass § 67 KO (§§ 191 Abs. 2, 198 InsO) und § 69 KO (§ 45 InsO) sich gegenseitig ausschließen, und kam durch einen Vergleich mit bereits bestehenden Rentenansprüchen zu dem Ergebnis, dass eine für einen ungewissen Geldbetrag erforderliche Schätzung nach § 69 KO eine Sicherung nach § 67 KO ausschließe. Mit dieser Schätzung träten die Bedingungen bezüglich Anfang und Ende der Zahlung der Versorgungsansprüche zurück. Daher sei § 67 KO nur auf aufschiebend bedingte Ansprüche anwendbar, deren Geldbetrag bestimmt ist.

Der BGH ist hier genau gegenteiliger Ansicht: Er bejaht die parallele Anwendbarkeit der beiden Vorschriften. Nach der Schätzung des Betrages nach

566 *Everhardt*, KTS 1992, 179, 180 ff.; Grub, ZIP 1992, 159, 161; *Hager*, in: Die soziale Dimension der Unternehmung, S. 83, 89 f.; *Paulsdorff*, Kommentar Insolvenzsicherung, § 9 Rn. 29 ff.

567 *Grub*, ZIP 1992, 159, 161.

568 *Hager*, in: Die soziale Dimension der Unternehmung, S. 83, 90.

569 *Everhardt*, KTS 1992, 179, 181 ff.

§ 69 KO bestimme § 67 KO, ob der Betrag ausbezahlt werde oder nicht.[570] Das Problem des Vergleichs mit bereits zu zahlenden Rentenansprüchen liegt darin, dass bei diesen das „Ob“ der Leistungspflicht nicht mehr in Frage steht, sondern nur noch die Dauer.[571] Dieser Fallgestaltung hat der Gesetzgeber durch Einfügung des § 46 S. 2 InsO Rechnung getragen. (Siehe dazu oben unter § 3A.III.1.b., S. 108) Bei unverfallbaren Anwartschaften ist nicht nur die Höhe, sondern auch das „Ob“ der Leistungspflicht unsicher, was eher für eine Einordnung als aufschiebend bedingte Forderung spricht.[572] Davon geht im Grunde auch das BAG aus, wandelt diese Forderung aber aus Praktikabilitätsgründen in einen unbedingten Abfindungsanspruch um.[573] Eine Kombination der Vorschriften erscheint auch möglich, wenn man sich die Situation außerhalb der Versorgungsanwartschaften vergegenwärtig, z.B. in Form einer Garantie oder Gewährleistungspflicht der Schuldners aus einem Kaufvertrag: Abgesehen von der aufschiebenden Bedingtheit durch den Eintritt des Gewährleistungsfalls müsste auch die Höhe des Anspruchs zuvor nach § 45 InsO geschätzt werden.[574]

Everhardt geht außerdem grundsätzlich davon aus, dass es sich bei dem Eintritt des Versorgungsfalls bei unverfallbaren Anwartschaften nicht um eine aufschiebende Bedingung i.S.d. § 158 Abs. 1 BGB handelt, da der Eintritt des Versorgungsfalls sicher sei und nur der Zeitpunkt unklar sei. Daher handele es sich allenfalls um eine Zeitbestimmung i.S.d. § 163 BGB.[575] Der Eintritt des Versorgungsfalls ist jedoch keinesfalls sicher.[576] *Everhardt* setzt offenbar voraus, dass betriebliche Altersversorgung zumeist in einer Kombination von Alters-, Invaliditäts- oder Hinterbliebenenversorgung gewährt wird. Erstens ist dies nicht der Fall und dann ist das Ausbleiben des Versorgungsfalls durchaus denkbar, z.B. wenn bei einer Altersversorgung der Versorgungsberechtigte vor Erreichen der Altersgrenze verstirbt,[577] wenn bei einer Hinterbliebenenversorgung der bezugsberechtigte Hinterbliebene vor dem Versorgungsberechtigten verstirbt oder wenn im Falle der Invalidität diese ganz einfach ausbleibt. Zweitens ist aber selbst bei einer Kombination dieser Versorgungssysteme das Ausbleiben des Versorgungsfalls denkbar, z.B. wenn Versorgungsberechtigter und Hinterbliebener gleichzeitig (z.B. durch einen Unfall) vor Erreichen der Altersgrenze und ohne Eintreten der Invalidität versterben.

570 BGH, Urteil vom 10.7.1997 – IX ZR 161/96, NJW 1998, 312, 314.
571 *Bitter*, NZI 2000, 399, 403.
572 *Bitter*, NZI 2000, 399, 403.
573 BAG, Urteil vom 7.11.1989 – 3 AZR 48/88, NZA 1990, 524, 524.
574 *Bitter*, NZI 2000, 399, 403.
575 *Everhardt*, KTS 1992, 179, 183.
576 BAG, Urteil vom 7.11.1989 – 3 AZR 48/88, NZA 1999, 524, 524.
577 *Bitter*, NZI 2000, 399, 403.

Nach Einführung des § 9 Abs. 2 S. 3 BetrAVG und der Entscheidung des BGH aus dem Jahr 1997 scheint sich in der Literatur[578] eine Kehrtwende zu vollziehen, die der BGH-Rechtsprechung folgt. Begründet wird dies insbesondere damit, dass die InsO das Risiko, dass der Versorgungsfall und damit die Rentenberechtigung niemals eintritt, eindeutig dem Versorgungsberechtigten auferlegt.[579] Denn nur wenn der Versorgungsfall bereits eingetreten und die Leistungen bereits bezogen werden, soll nach § 46 S. 2 InsO eine Kapitalisierung und Auszahlung vorgenommen werden. Es sei ein allgemeiner Grundsatz, dass solche Forderungen im Insolvenzverfahren nicht berücksichtigt würden, bei denen nicht nur die Höhe, sondern insgesamt noch ungewiss ist, ob die Verpflichtung des Schuldsner zur Zahlung jemals eintritt.[580]

Nur wenige vertreten noch immer die Ansicht, dass anstatt einer Sicherung eine Schätzung und sofortige Verteilung erfolgen sollte. Begründung sind hier wiederum lediglich Praktikabilitätserwägungen.[581] Dass der Streit nunmehr im Sinne einer Anwendung des § 45 InsO wegen § 46 S. 2 InsO entschieden sein soll[582], ergibt keinen Sinn, da sich § 46 S. 2 InsO auf bereits laufende wiederkehrende Leistungen bezieht und den Aspekt der Unsicherheit, ob überhaupt Leistungen zu erbringen sind, nicht berücksichtigt. (Siehe dazu oben unter § 3A.III.1.b., S. 108 ff.)

Insofern sprechen für die Rechtsprechung des BAG im Grunde nur Praktikabilitätserwägungen. Dies streitet das BAG in seiner Rechtsprechung auch gar nicht ab.[583] Praktikabilitätserwägungen haben aber auch im Rahmen der Einführung des § 9 Abs. 2 S. 3 BetrAVG seitens des Gesetzgebers eine große Rolle gespielt. Im Gesetzesentwurf zur EGInsO heißt es, dass „die auf den Träger der Insolvenzsicherung übergegangenen Versorgungsanwartschaften nach Umrechnung (...) und Feststellung zur Insolvenztabelle bei der Verteilung der Insolvenzmasse berücksichtigt werden können, ohne daß die Umwandlung der Versorgungsanwartschaften in einen Versorgungsanspruch abgewartet werden muss."[584] Es sollte die Rechtsprechung des BAG in das Gesetz übernommen

---

578 *Bitter*, NZI 2000, 399, 403 ff.; Braun/*Pehl*, § 191 Rn. 10; *Hess*, § 45 Rn. 21; Jaeger/*Henckel*, § 45 Rn. 10; K/P/B/*Holzer*, § 191 Rn. 2; MüKo-InsO/*Bitter*, § 45 Rn. 16; MüKo-InsO/*Füchsl/Weishäupl/Kebekus/Schwarzer*, § 191 Rn. 5; *Steigenberger*, S. 137; Uhlenbruck/*Knof*, § 45 Rn. 15; Uhlenbruck/*Uhlenbruck*, § 191 Rn. 3.

579 Uhlenbruck/*Knof*, § 45 Rn. 15;

580 MüKo-InsO/*Bitter*, § 45 Rn. 16.

581 Andres/Leithaus/*Leithaus*, § 45 Rn. 3.

582 *Blomeyer/Rolfs/Otto*, Vorb. Vor §§ 7 – 15 BetrAVG Rn. 30b; Nerlich/Römermann/*Andres*, § 45 Rn. 3.

583 BAG, Urteil vom 7.11.1989 – 3 AZR 48/88, NZA 1990, 524, 524.

584 Gesetzesentwurf der Bundesregierung zum EGInsO, BT-Drucks. 12/3803, S. 112.

werden, um die aufgrund des obiter dictums des BGH entstandene Rechtsunsicherheit zu beseitigen.[585] Leider fehlt eine Stellungnahme dazu, ob dies ausdrücklich nur für auf den PSV übergegangene Anwartschaften oder auch für andere gilt. Es werden jedoch nur die auf den Träger der Insolvenzsicherung übergegangenen Anwartschaften genannt. Nach Ansicht des BGH bedeutet gerade der Umstand, dass der Gesetzgeber nicht die InsO, sondern nur das Betriebsrentengesetz geändert hat, dass die rein insolvenzrechtliche Ausgangslage gleichbleibt und aufschiebend bedingte Forderungen nur zur Sicherung berechtigen sollen.[586] Dem ist zuzustimmen. Hätte der Gesetzgeber die Regelung auf alle Anwartschaften beziehen wollen, so hätte er dies in diesem Zusammenhang tun können; die Problematik war ihm ja offensichtlich bewusst. Zudem lassen sich die Insolvenzforderungen eines einzelnen Versorgungsberechtigten bzw. ein Teil seiner Forderungen, der nicht unter den Schutz des BetrAVG fällt, und der PSV, auf den eine Vielzahl von Anwartschaften übergehen, als Insolvenzgläubiger kaum vergleichen. Aus Sicht der Insolvenzmasse gleicht sich die „Ungerechtigkeit", dass Ansprüche berücksichtigt werden, die eventuell gar nicht zu bedienen gewesen wären, aufgrund der großen Menge an auf den PSV übergegangenen Anwartschaften eher aus als bei einzelnen Versorgungsberechtigten.[587]

(2) Schätzung nach § 45 InsO

Unabhängig davon, ob man eine Versorgungsanwartschaft nun wegen § 9 Abs. 2 S. 3 BetrAVG kapitalisiert und unmittelbar an der Verteilung teilnehmen lässt oder ob der Betrag nach § 191 Abs. 1, 198 InsO zurückbehalten wird, muss eine Schätzung nach § 45 InsO vorgenommen werden. Die Anwartschaften als dem Betrag nach unbestimmte Forderungen sind mit dem Wert geltend zu machen, der für die Zeit der Eröffnung des Insolvenzverfahrens geschätzt werden kann.

Wie für die bereits bestehenden Rentenansprüche ist für die Anwartschaften eine Schätzung der Dauer, für die die Rentenzahlungen hätten erfolgen müssen, erforderlich. (Siehe dazu oben unter § 3A.III.1.b(1), S. 108 ff..) Dafür bedarf es eines geschätzten Anfangs- und eines geschätzten Endzeitpunkts der Rentenzahlungen.

Für den Endzeitpunkt ist entsprechend den bereits bestehenden Rentenansprüchen die durchschnittlich zu erwartende Lebensdauer des Betriebsrentners zu ermitteln, um so den schätzungsweisen Todeszeitpunkt zu bestimmen, bis zu

585 Gesetzesentwurf der Bundesregierung zum EGInsO, BT-Drucks. 12/3803, S. 112.

586 BGH, Urteil vom 10.7.1997 – IX ZR 161/96, NJW 1998, 312, 313.

587 *Bitter*, NZI 2000, 399, 404 f.

dem die Renten hätten gezahlt werden müssen. Dabei sind – wie oben unter § 3A.III.1.b(1), S. 109 bereits ausgeführt – biometrische Erfahrungswerte entsprechend den jeweils anerkannten versicherungsmathematischen Richttafeln zu berücksichtigen.

Zudem ist zu berücksichtigten, dass der Versorgungsfall noch nicht eingetreten ist, der Anfangszeitpunkt für die Rentenzahlungen also auch geschätzt werden muss. Bei einer Altersversorgung wird sich der Zeitpunkt, ab dem die Renten zu zahlen sind, leicht feststellen lassen, da er an einer Altersgrenze festgemacht wird. Schwieriger wird es sich bei Hinterbliebenenversorgungen und Invaliditätsversorgungen gestalten. Bei Hinterbliebenenversorgungen muss der Anfangspunkt nach dem nach der geschätzten Lebensdauer wahrscheinlichen Todeszeitpunkt des Ehegatten festgelegt werden, während der Endzeitpunkt durch den wahrscheinlichen Todeszeitpunkt des Hinterbliebenen begründet wird. Bei einer Invaliditätsversorgung wird der Anfangszeitpunkt wohl lediglich durch statistische Erhebungen, zu welchem Zeitpunkt mit welcher Wahrscheinlichkeit eine Invalidität auftreten wird, zu ermitteln sein. Die Dauer bestimmt sich nach dem Inhalt der Versorgungszusage: Wenn die Invaliditätsrente z.B. nur bis zum Erreichen des gesetzliche Rentenalters gewährt werden soll, so ist dies der Endzeitpunkt.

(a) Abzinsung des geschätzten Werts

Sind Anfangs- und Endzeitpunkt der Rentenberechtigung geschätzt, ist hier wiederum der Vorteil zu berücksichtigen, der sich für den Insolvenzgläubiger daraus ergibt, dass die Ansprüche vorzeitig fällig gestellt werden. Daher muss eine Abzinsung entsprechend der Abzinsung bei bereits bestehenden Versorgungsansprüchen vorgenommen werden (siehe dazu oben unter § 3A.III.1.a., S. 106 und § 3A.III.1.b(2), S. 110 ff.).[588] Hierbei ist von Bedeutung, ob der nach der Schätzung ermittelte Betrag wegen § 9 Abs. 2 S. 3 BetrAVG (oder wie nach Ansicht des BAG) sofort an der Verteilung teilnimmt oder ob er zur Sicherung zurückgelegt wird. Im ersten Fall muss eine Abzinsung für den Zeitraum ab Verteilung bis zur eigentlichen Fälligkeit des Anspruchs vorgenommen werden, da der Insolvenzgläubiger ihn auch entsprechend früher erhält. Wird der Betrag hingegen zurückgelegt, ist der Abzinsungszeitraum auf die Zeit zwischen dem geschätzten Eintritt des Versorgungsfalls und der eigentlichen Fälligkeit zu beschränken, da der Versorgungsberechtigte den Betrag frühestens bei Eintritt des Versorgungsfalls erhalten wird. Ein Unterschied in der Höhe des Kapitalbetrags bei einer Qualifizierung als bedingte oder unbedingte Forderung besteht auch, weil bei

588 BAG, Urteil vom 11.10.1988 – 3 AZR 295/87, NZA 1989, 303, 304; *Hess*, § 45 Rn. 25; Jaeger/*Henckel*, § 45 Rn. 10; K/P/B/*Holzer*, § 45 Rn. 7.

einer Qualifizierung als unbedingte Forderung die Wahrscheinlichkeit, mit der der Versorgungsfall eintreten wird, in die Schätzung des Wertes mit einbezogen werden muss.[589] Daher kann auch nicht behauptet werden, dass eine sofortige Teilnahme an der Verteilung für den Insolvenzgläubiger nur Vorteile hätte: Seine Forderung wird zum einen aufgrund der (unter Umständen viel früheren) Fälligstellung in höherem Maße abgezinst und zum anderen in Höhe der Wahrscheinlichkeit, mit der der Versorgungsfall nicht eintritt, gekürzt.

(b) Stichtag für die Schätzung

Im Gegensatz zur Vorgänger-Vorschrift des § 69 KO bestimmt § 45 S. 1 InsO nun den Stichtag für die Schätzung der Forderung: die Eröffnung des Insolvenzverfahrens. Dies entspricht der vorherigen Rechtsprechung und überwiegenden Literaturmeinung.[590] Fraglich ist, inwieweit Veränderungen von Umständen und neu aufkommende Tatsachen nach diesem Zeitpunkt für die Schätzung noch zu beachten sind.

Im Zeitpunkt der Verfahrenseröffnung bereits absehbare zukünftige Entwicklungen sind für die Schätzung zu berücksichtigen, da es sich bei ihnen eigentlich gar nicht um später hinzutretende Entwicklungen handelt, sondern eine „Schätzung aus der ex-ante-Sicht" vorgenommen wird.[591] Für die betriebliche Altersversorgung sind hierbei v.a. am Preisindex für die Lebenshaltung orientierte zu erwartende Rentensteigerungen zu berücksichtigen, schon weil für den Arbeitgeber alle drei Jahre eine Anpassungsprüfungspflicht nach § 16 BetrAVG besteht.[592] Natürlich gilt dies insbesondere auch bei dynamisierten Versorgungszusagen.[593]

Problematischer ist die Frage, inwieweit tatsächlich erst nach Verfahrenseröffnung auftretende Änderungen der Umstände oder Tatsachen oder neue Erkenntnisse den Schätzungswert auch noch im Nachhinein beeinflussen können. Beispiel ist eine erst nach Verfahrenseröffnung diagnostizierte Krankheit beim Versorgungsberechtigten, die dessen Lebenserwartung rapide sinken lässt.[594]

Fraglich ist der Zeitraum zwischen Verfahrenseröffnung und Feststellung der Forderung zur Tabelle. Denn nach rechtskräftiger Feststellung zur Tabelle nach § 178 InsO haben eintretende Veränderungen keine Auswirkung mehr auf

589 *Bitter*, NZI 2000, 399, 403; Uhlenbruck/*Knof*, § 45 Rn. 21.

590 BGH, Urteil vom 22.6.1989 – IX ZR 164/88, NJW 1989, 3155, 3157 m.w.N.

591 MüKo-InsO/*Bitter*, § 45 Rn. 30.

592 Jaeger/*Henckel*, § 45 Rn. 11; MüKo-InsO/*Bitter*, § 45 Rn. 27; Uhlenbruck/*Knof*, § 45 Rn. 19.

593 LG Frankfurt, Urteil vom 7.7.1982 – 2/20 O 232/81, DB 1982, 2185.

594 MüKo-InsO/*Bitter*, § 45 Rn. 31.

die Schätzung, eine Abänderungsklage ist nicht möglich.[595] Allerdings kann dieser Zeitraum von erheblicher Länge sein, wenn es zu einem Feststellungsstreit über die Forderung nach §§ 179 ff. InsO kommt. Inwieweit neu hinzutretenden Tatsachen oder abweichende Entwicklungen in diesem Zeitraum von Bedeutung für den Schätzwert der Forderung aufgrund einer Versorgungsanwartschaft sind, ist umstritten.

Der BGH ging in einer Entscheidung aus dem Jahr 1991[596] davon aus, dass nach § 69 KO zu schätzende Forderungen sich erst mit Eintragung in die Konkurstabelle in einen Geldanspruch umwandeln. Daher sollte keine Schätzung nach § 69 KO mehr vorgenommen werden können, wenn die Forderung bis zu diesem Zeitpunkt erloschen war oder sich auf einen bestimmten Betrag konkretisiert hatte. Dies sollte aber nichts daran ändern, dass für den Schätzwert der Zeitpunkt der Konkurseröffnung maßgeblich sein sollte. Konkret ging es um einen Fall, in dem ein Versorgungsberechtigter nach Konkurseröffnung, aber vor Feststellung der Forderung zur Tabelle verstarb.

Nach anderer Ansicht ist in dem Zeitraum zwischen Verfahrenseröffnung und Feststellung zur Tabelle zwischen späteren Erkenntnissen über bei Verfahrenseröffnung bereits vorhandene Umstände und späteren Entwicklungen zu unterscheiden.[597] Erstere können bis zur Feststellung berücksichtigt werden, Letztere nicht. Dem ist zuzustimmen. Der maßgebliche Stichtag der Verfahrenseröffnung soll nicht dazu führen, dass das Insolvenzgericht oder ein Prozessgericht bei Streit über den endgültigen Schätzungsbetrag auch erst später gewonnene Erkenntnisse über bei Verfahrenseröffnung schon vorhandene Umstände nicht beachten darf.[598] In diesem Fall geht es nämlich immer noch um die Schätzung des Anspruchs für den Zeitpunkt der Verfahrenseröffnung, jedoch unter Beachtung der neu gewonnenen Erkenntnisse.[599] Nach Verfahrenseröffnung eintretende Ereignisse sind hingegen nicht zu beachten, da § 45 InsO ausdrücklich auf den Zeitpunkt der Verfahrenseröffnung als Anknüpfungspunkt für die Schätzung abstellt. Geht eine Forderung anschließend unter, z.B. weil der Versorgungsberechtigte verstirbt, ändert dies nichts daran, dass die Forderung im Zeitpunkt der Verfahrenseröffnung bestand. Schon in der Begründung des Entwurfs zur KO wurde festgelegt, dass die „Teilnahmerechte der Konkursgläubi-

---

595 RG, Urteil vom 12.1.1943 – V (VI) 90/42; RGZ 170, 276, 280 (noch zu §§ 69, 145 Abs. 2 KO); Jaeger/Henckel, § 45 Rn. 9; MüKo-InsO/Bitter, § 45 Rn. 31; Uhlenbruck/*Knof*, § 45 Rn. 19.

596 BGH, Urteil vom 10.1.1991 – IX ZR 247/90, NJW 1991, 1111, 1112.

597 RG, Urteil vom 12.1.1943 – V (VI) 90/42, RGZ 170, 276, 280 f.; Jaeger/*Henckel*, § 45 Rn. 9; MüKo-InsO/*Bitter*, § 45 Rn. 34 f.; Uhlenbruck/*Knof*, § 45 Rn. 19.

598 K/P/B/*Holzer*, § 45 Rn. 6; Uhlenbruck/*Knof*, § 45 Rn. 19.

599 Uhlenbruck/*Knof*, § 45 Rn. 19.

ger auf bestimmte Geldbeträge zu fixieren" sind und zwar „naturgemäß nach dem Schätzungswert, den jene zur Zeit der Konkurseröffnung" haben.[600] Eine Fixierung auf den Zeitpunkt der Verfahrenseröffnung schließt jedoch die Berücksichtigung späterer Entwicklungen aus. Würden diese berücksichtigt, würde bei wiederkehrenden Leistungen, für die der Abfindungsbetrag bestimmt ist (z.B. Rentenansprüche), jeweils mit Fälligkeit einer Leistung diese aus dem Abfindungskapital ausscheiden und ein nach §§ 46, 41 InsO festgelegter Betrag dafür eingesetzt werden.[601] Der Insolvenzverwalter hätte dann die Möglichkeit, den Wert des Gläubigeranspruchs durch gezieltes Bestreiten der Forderung zu entwerten.[602] Zudem müsste ein Anspruch sonst dynamisch z.B. entsprechend der sich ständig ändernden Sterbewahrscheinlichkeitsstatistik angepasst werden, was ebenso Verzögerungstaktiken fördern würde.[603] Die Berücksichtigung nach Verfahrenseröffnung eintretender Ereignisse für die Schätzung nach § 45 InsO ist daher abzulehnen.

(3) Geltendmachung der Forderungen nach Aufhebung des Insolvenzverfahrens

Nach Aufhebung des Insolvenzverfahrens können die Insolvenzgläubiger gemäß § 201 Abs. 1 InsO ihre restlichen Forderungen gegen den Schuldner unbeschränkt geltend machen, sofern nicht das Insolvenzgericht die Restschuldbefreiung in Aussicht gestellt hat (§§ 291 Abs. 1, 289 Abs. 2 S. 2, 201 Abs. 3 InsO) oder in einem Insolvenzplan eine anderweitige Regelung getroffen wurde (§ 257 InsO).

(a) Form der Forderung

Bei einer gemäß § 41 InsO fällig gestellten oder nach §§ 45, 46 InsO geschätzten Forderung stellt sich dann die Frage, in welcher Form der (ehemalige Insolvenz-) Gläubiger seine Forderung geltend machen kann: in der ursprünglichen oder in der „umgerechneten" Form. Wenn man mit der hier vertretenen Ansicht davon ausgeht, dass Forderungen wegen unverfallbarer Anwartschaften zu einer Sicherung nach §§ 191 Abs. 1, 198 InsO bis zum Eintritt des Versorgungsfalls führen, stellt sich die Frage für denjenigen Anteil der Anwartschaft, der bei der Hinterlegung nach Abschlagsverteilung nicht berücksichtigt, aber trotzdem nach § 45 InsO geschätzt wurde. Bei bereits bestehenden Rentenansprüchen, die nach

600 Begründung des Entwurfs einer Konkursordnung, S. 289 f., abgedruckt in *Hahn*, Die gesammten Materialien zur Konkursordnung, S. 268.

601 RG, Urteil vom 12.1.1943 – V (VI) 90/42, RGZ 170, 276, 280.

602 MüKo-InsO/*Bitter*, § 45 Rn. 34.

603 Uhlenbruck/*Knof*, § 45 Rn. 19.

§§ 46 S. 1, S. 2 InsO kapitalisiert und mit diesem Betrag in der Abschlagsverteilung berücksichtigt werden (siehe oben unter § 3A.III.1., S. 105 ff.), stellt sich die Frage für die in der Verteilung nicht berücksichtigten Forderungen.

Grundsätzlich ist dies davon abhängig, ob die Forderung bereits rechtskräftig zur Tabelle festgestellt wurde, bevor das Verfahren beendet wurde. Ist dies nicht der Fall oder ist die rechtskräftige Feststellung an einem nicht durch Feststellungsklage überwundenen Widerspruch gescheitert, besteht die Forderung in ihrer ursprünglichen Form fort und kann in dieser Form auch vom Gläubiger geltend gemacht werden.[604]

Erfolgte jedoch bereits eine rechtskräftige Feststellung zur Tabelle, ist die Sachlage schwieriger. Die Entscheidung ist davon abhängig, ob man der rechtskräftigen Feststellung zur Tabelle die Wirkung einer materiellen Umwandlung zuschreibt oder nicht. Dies ist insbesondere bei der Umrechnung von Fremdwährungsforderungen erheblich, da eine spätere positive oder negative Kursentwicklung erheblichen Einfluss auf den Wert der Forderung haben könnte.[605] Aber auch bei der Umrechnung wiederkehrender Leistungen nach § 46 InsO und bei der Schätzung von Anwartschaften hat die Entscheidung erhebliche Auswirkungen: Bei Rentenansprüchen hätte der Versorgungsberechtigte, wenn man die materielle Umwandlung durch die Feststellung zur Tabelle ablehnte, wieder einen Anspruch auf z.B. monatliche Rentenzahlung. Bei Anwartschaften wären die weiteren Ansprüche abhängig vom Eintritt des Versorgungsfalls, was nach der hier vertretenen Ansicht im Ergebnis dazu führt, dass die komplette Anwartschaft erst bei Eintritt des Versorgungsfalls für den Versorgungsberechtigten spürbar wird: der bei der Verteilung berücksichtigte Teil, weil er erst dann ausgeschüttet wird, und der restliche Teil, weil die Forderung erst mit Eintritt des Versorgungsfalls fällig wird.

Nach § 178 Abs. 3 InsO wirkt die Eintragung in die Tabelle wie ein rechtskräftiges Urteil gegenüber dem Insolvenzverwalter und allen Insolvenzgläubigern und nach Beendigung des Insolvenzverfahrens können die Insolvenzgläubiger gemäß § 201 Abs. 2 S. 1 InsO aus der Eintragung in die Tabelle wie aus einem vollstreckbaren Urteil die Zwangsvollstreckung gegen den Schuldner betreiben. Die herrschende Meinung geht deshalb davon aus, dass die umgewandelte Forderung auch nach Ende des Insolvenzverfahrens nur noch in der um-

---

604 BGH, Urteil vom 23.1.1992 – IX ZR 94/91, NJW 1992, 2091, 2092; MüKo-InsO/*Bitter*, § 45 Rn. 37 f. m.w.N.

605 Daher für eine separate Behandlung der umgerechneten ausländischen Forderungen Jaeger/*Henckel*, § 45 Rn. 20.

gewandelten Form geltend gemacht werden kann.[606] Dafür sprechen die in der InsO angelegten Urteilswirkungen der Feststellung zur Tabelle.[607] Gegen diese Beurteilung wird zum einen eingewandt, dass sämtliche Umwandlungsvorschriften nur der Haftungsgesamtabwicklung und damit der Gleichbehandlung der Insolvenzgläubiger dienen und dass daher deren Wirkungen auch nicht über das Insolvenzverfahren hinaus ausgedehnt werden sollten.[608] Zum anderen wird kritisiert, dass der Verweis auf die Urteilswirkungen der Feststellung zur Tabelle seine Grundlage in der materiellen Rechtskrafttheorie hätte, nach der das Urteil das darin festgestellte Recht neu begründet; die materielle Rechtskrafttheorie sei jedoch Teil der Vergangenheit.[609]

Jedoch soll es auch nach dieser Ansicht im Ergebnis bei der durch die Tabelle festgestellten Forderungsform bleiben, weil dies mit der Rechtskraftwirkung nach § 201 Abs. 2 InsO dem Willen des Gesetzgebers entspricht und der Schuldner Einwendungen, dass die Forderung noch nicht fällig (§ 41 InsO), nicht auf Geld gerichtet (§ 45 S. 1 InsO) oder als periodische Rentenzahlungen und nicht als Kapitalbetrag zu begleichen ist (§ 46 InsO), wegen § 767 Abs. 2 ZPO nicht geltend machen könnte. Denn danach sind alle Einwendungen präkludiert, die wegen des Zwangs insolvenzmäßiger Befriedigung durch Gesetz ausgeschlossen waren.[610] Im Ergebnis bleibt es also dabei, dass der Versorgungsberechtigte gegenüber dem Schuldner nach Abschluss des Insolvenzverfahrens seine Forderungen nur noch in der nach §§ 45, 46 InsO umgewandelten Form geltend machen kann.

(b) Gesellschafterhaftung bei Auflösung der Gesellschaft nach Insolvenz

Ist der (ehemalige) Insolvenzschuldner jedoch keine natürliche Person, so besteht diese nach Abschluss des Insolvenzverfahrens – abgesehen von der Möglichkeit einer Fortsetzung – grundsätzlich nicht mehr fort (vgl. z.B. § 42 Abs. 1 S. 1 BGB für den Verein, § 728 Abs. 1 S. 1 BGB für die Gesellschaft bürgerlichen Rechts, § 60 Abs. 1 Nr. 4 Hs. 1 GmbHG für die GmbH, § 262 Abs. 1 Nr. 3 AktG für die AG). Der Versorgungsberechtigte wird in diesem Fall gegen die hinter der juristischen Person oder Gesellschaft ohne Rechtspersönlichkeit ste-

606 RG, Urteil vom 21.6.1918 – VII 140/08, RGZ 93, 209, 213; BGH, Urteil vom 23.1.1992 – IX ZR 94/91, NJW 1992, 2091, 2092; FK-InsO/*Kießner*, § 201 Rn. 19; Jaeger/*Henckel*, § 45 Rn. 17 ff.; Kreft/*Depré*, § 201 Rn. 4; K/P/B/*Holzer*, § 45 Rn. 9.

607 RG, Urteil vom 21.6.1918 – VII 140/08, RGZ 93, 209, 213; K/P/B/*Holzer*, § 45 Rn. 9

608 *Häsemeyer*, Rn. 25.13.

609 *Arend*, ZIP 1988, 69, 72; MüKo-InsO/*Bitter*, § 45 Rn. 42; Uhlenbruck/*Knof*, § 45 Rn. 26.

610 MüKo-Inso/*Bitter*, § 45 Rn. 43, 44; Uhlenbruck/*Knof*, § 45 Rn. 26.

henden natürlichen Personen vorgehen wollen. Die Gesellschaftsinsolvenz berührt grundsätzlich nicht die Haftung des Gesellschafters.[611] Auch die Auflösung der Gesellschaft ändert hieran nichts.[612] Die Haftung ergibt sich aus den allgemeinen Vorschriften, z.B. § 128 HGB für die OHG, §§ 161 Abs. 2, 128 HGB für die KG oder § 287 Abs. 2 AktG, §§ 161 Abs. 2, 128 HGB für Kommanditgesellschaften auf Aktien.[613]

Während des Insolvenzverfahrens gilt für eine Gesellschaft ohne Rechtspersönlichkeit und eine Kommanditgesellschaft auf Aktien nach § 93 InsO, dass die persönliche Haftung eines Gesellschafters für Verbindlichkeiten der Gesellschaft nur vom Insolvenzverwalter geltend gemacht werden kann. Für die Haftung des Kommanditisten einer Kommanditgesellschaft ergibt sich dies aus § 171 Abs. 2 HGB, nach dessen Vorbild auch § 93 InsO geschaffen wurde. Mit dieser Regelung soll verhindert werden, dass sich ein Gläubiger in der Gesellschaftsinsolvenz durch schnelleren Zugriff auf einen persönlich haftenden Gesellschafter Sondervorteile verschaffen kann und ein Insolvenzverfahren über das Vermögen der Gesellschaft mangels Masse abgewiesen werden muss, obwohl ein persönlich haftender Gesellschafter über ausreichendes Vermögen verfügt.[614]

Es stellt sich nun die Frage, ob nach Beendigung des Insolvenzverfahrens auch gegenüber den persönlich haftenden Gesellschaftern die Restforderungen nur in der nach §§ 45, 46 InsO umgerechneten Form geltend gemacht werden können. Gegenüber haftenden Dritten, wie z.B. Bürgen oder Gesamtschuldnern, wird allgemein angenommen, dass die vorgenommene Umrechnung in der Insolvenz des Gesamtschuldners ihnen gegenüber keine Wirkungen entfaltet, die Forderungen ihnen gegenüber also in der ursprünglichen Form geltend gemacht werden können.[615] Bei persönlich haftenden Gesellschaftern einer insolventen Gesellschaft soll dies aber anders sein, ihnen gegenüber soll auch nur eine Forderung in der nach §§ 45, 46 InsO umgerechneten Form geltend gemacht werden können. Dies liegt – folgt man der Argumentation der präkludierten Einwendungen gegen die ursprüngliche Forderung – an § 129 HGB, wonach die Rechtskraftwirkung auch gegenüber den persönlich haftenden Gesellschaftern

---

611 BGH, Beschluss vom 20.11.2008 – IX ZB 199/05, NJW-RR 2009, 343, 343.

612 BGH, Urteil vom 9.3.1987 – II ZR 186/86, NJW 1987, 1893, 1893; MünchHdb. GesRl/*Neubauer/Herchen*, § 68 Rn. 59 z.B. für die OHG.

613 Braun/*Kroth*, § 93 Rn. 13.

614 RegE InsO BT-Drucks. 12/2443, S. 140.

615 MüKo-InsO/*Bitter*, § 45 Rn. 50; Uhlenbruck/*Knof*, § 45 Rn. 27; zur Frage, wie diese Ansprüche bei Rentenansprüchen zu berechnen sind, da ja ein Teil bereits durch die Abschlagsverteilung im Insolvenzverfahren berücksichtigt wurde, siehe MüKo-InsO/*Bitter*, § 45 Rn. 53 f. m.w.N.

wirkt.[616] Der Versorgungsberechtigte kann demnach die in der Verteilung nicht berücksichtigten Forderungsanteile aus seinen Rentenansprüchen und -anwartschaften gegenüber den persönlich haftenden Gesellschaftern nur in der umgerechneten kapitalisierten Form geltend machen.

Die Geltendmachung unverfallbarer Anwartschaften im Insolvenzverfahren erfolgt also nicht einheitlich. Auf den PSV übergegangene Anwartschaften werden nach § 9 Abs. 2 S. 3 BetrAVG als unbedingte Forderungen nach § 45 InsO geltend gemacht. Bei nicht auf den PSV übergegangenen Anwartschaften handelt es sich nach vorzugswürdiger Ansicht um durch den Eintritt des Versorgungsfalls bedingte Forderungen. Der Wert dieser Forderungen ist ebenfalls nach § 45 InsO zu schätzen, jedoch nach Abschlagsverteilung nicht direkt auszubezahlen, sondern gemäß §§ 191 Abs. 1, 198 InsO zur Sicherung zu hinterlegen. Tritt der Versorgungsfall ein, wird der Betrag an den Versorgungsberechtigten ausgeschüttet. Ist der Eintritt des Versorgungsfalls nicht mehr möglich, wird eine Nachtragsvertreilung angeordnet.

Bei der Schätzung nach § 45 InsO muss die Dauer ermittelt werden, für die die Rentenzahlungen schätzungsweise hätten erfolgen müssen, also deren Anfangs- und Endzeitpunkt. Zudem muss eine Abzinsung aufrgund der früheren Fälligstellung erfolgen. Stichtag für die Schätzung ist der Tag der Eröffnung des Insolvenzverfahrens. Sollten ab diesem Tag bis zur Feststellung der Forderung zur Tabelle nach § 178 InsO noch neue Entwicklungen eintreten, die das Ergebnis der Schätzung beeinflussen, so ist danach zu unterscheiden, ob es sich nur um die spätere Erkenntnis über bei Eröffnung des Insolvenzverfahrens bereits bestehende Umstände handelt oder ob es sich tatsächlich um später hinzugetretene Entwicklungen handelt. Erstere sind bei der Schätzung zu berücksichtigen, tatsächlich erst nach Eröffnung des Insolvenzverfahrens eingetretene Entwicklungen nicht.

Nach Aufhebung des Insolvenzverfahrens können die Versorgungsberechtigten ihre bei der Verteilung nicht berücksichtigten Forderungen grundsätzlich weiterhin nur in der nach §§ 45, 46 InsO umgewandelten Form geltend machen. Dies gilt auch für die Geltendmachung gegenüber persönlich haftenden Gesellschafttern nach Auflösung der Gesellschaft aufgrund des Insolvenzverfahrens.

616 MüKo-InsO/*Bitter*, § 45 Rn. 57; Uhlenbruck/*Knof*, § 45 Rn. 28; aA: *Müller*, NJW 1968, 225, 227, der aber auch nur die Geltendmachung in der umgerechneten Form gelten lassen will, wenn ein Teil der umgerechneten Forderung bereits in der Verteilung befriedigt wurde.

c. *Nach Eröffnung des Verfahrens erdiente Anwartschaften*

Bei bereits laufenden Rentenzahlungen war die Einordnung der Gläubigerstellung des Betriebsrentners eindeutig: Da der Rechtsgrund für seine Forderungen bereits vor Insolvenzeröffnung bestand (nämlich das Arbeitsverhältnis), ist er Insolvenzgläubiger nach § 38 InsO (siehe dazu oben unter § 3A.III.1., S. 106). Gleiches gilt für vor Eröffnung des Insolvenzverfahrens erdiente Versorgungsanwartschaften (siehe oben unter § 3A.III.2.b(1), S. 116 ff.).

Jedoch endet das Arbeitsverhältnis als Dienstverhältnis nicht automatisch mit Eröffnung des Insolvenzverfahrens (§ 108 Abs. 1 S. 1 InsO). § 113 S. 2 InsO schreibt zwar fest, dass ein Dienstverhältnis ohne Rücksicht auf eine vereinbarte Vertragsdauer oder einen vereinbarten Ausschluss des ordentlichen Kündigungsrechts gekündigt werden kann, und zwar mit einer Kündigungsfrist von drei Monaten zum Monatsende, soweit nicht eine kürzere Frist maßgeblich ist. Die Vorschrift gilt sowohl für den Insolvenzverwalter als auch für den Arbeitnehmer.[617] Dies darf jedoch nicht so verstanden werden, dass der Insolvenzverwalter grundsätzlich mit einer Frist von drei Monaten kündigen darf. § 113 InsO stellt kein „insolvenzbedingtes Kündigungsrecht" dar, sondern modifiziert die Möglichkeiten für die Beendigung des Arbeitsverhältnisses hinsichtlich bestehender Kündigungsfristen, -termine und –beschränkungen.[618]

Mangels automatischer Beendigung des Arbeitsverhältnisses aufgrund des Insolvenzverfahrens bleibt eine im Arbeitsvertrag enthaltene Versorgungszusage (die durch Einzelvereinbarung, arbeitsvertragliche Einheitsregelung oder Gesamtzusage entstehen kann, siehe oben unter § 2A.II.1.a. – b., S. 19 ff.) auch nach Eröffnung des Verfahrens weiterhin bestehen. Daher können auch Versorgungsanwartschaften aus dieser Versorgungszusage noch nach Eröffnung des Insolvenzverfahrens entstehen.

Die Eröffnung des Insolvenzverfahrens hat auch keine Auswirkungen auf den Bestand von Betriebsvereinbarungen.[619] Das ergibt sich schon aus der Regelung des § 120 InsO, der eine Sonderkündigungsfrist für Betriebsvereinbarungen normiert, denn die Kündbarkeit einer Betriebsvereinbarung setzt voraus, dass sie überhaupt anwendbar und der Insolvenzverwalters auch an sie gebunden ist.[620] Auf Betriebsvereinbarungen beruhende Versorgungszusagen (siehe oben unter § 2A.II.1.e., S. 26) können daher auch noch Versorgungsanwartschaften nach Eröffnung des Insolvenzverfahrens hervorrufen.

---

617 MüKo-InsO/*Caspers*, § 113 Rn. 13; zur Frage, ob bei Insolvenz eines dienstverpflichteten Unternehmens § 103 InsO oder § 108 InsO greift, siehe *Wente*, ZIP 2005, 335 ff.

618 Uhlenbruck/*Berscheid*, Vor § 113 Rn. 3.

619 Gottwald/*Bertram*, Insolvenzrechts-Handbuch, § 108 Rn. 1; Kreft/*Linck*, § 120 Rn. 1.

620 Gottwald/*Heinze*/*Bertram*, Insolvenzrechts-Handbuch, § 104 Rn. 73.

Gleiches gilt für auf Tarifverträgen beruhende Versorgungszusagen (siehe oben unter § 2A.II.1.f., S. 26). Auch tarifvertragliche Regelungen bleiben trotz Eröffnung des Insolvenzverfahrens bestehen. Im Rahmen seiner Arbeitgeberfunktion nach § 80 Abs. 1 InsO übernimmt der Insolvenzverwalter sowohl Firmen- als auch Verbandstarifverträge.[621] Ein Tarifvertrag fällt nicht unter das Wahlrecht des Insolvenzverwalters aus § 103 InsO: Der normative Teil des Tarifvertrags[622] stellt keinen gegenseitigen Vertrag dar, der schuldrechtliche Teil[623] begründet keine vermögensrechtlichen Verpflichtungen, die aus der Masse zu befriedigt werden können, was jedoch Voraussetzung für die Anwendung von § 103 InsO ist.[624]

Fraglich ist, wie diese nach Eröffnung des Insolvenzverfahrens erdienten Anwartschaften im Rahmen des Insolvenzverfahrens geltend zu machen sind. Denn nach Eröffnung des Insolvenzverfahrens entstandene Ansprüche führen typischerweise nicht zu Insolvenzforderungen nach § 38 InsO, sondern zu Masseverbindlichkeiten nach § 55 InsO, die gemäß § 53 InsO bevorzugt befriedigt werden.

(1) Masseverbindlichkeit oder Insolvenzforderung

Ob Versorgungsansprüche aus betrieblicher Altersversorgung Masseansprüche oder Insolvenzforderungen sind, entscheidet sich nicht nach dem Zeitpunkt ihrer Auszahlung, sondern danach, wann sie erdient wurden (siehe zum Begriff des Erdienens weiter unten).[625] Wurde eine Anwartschaft vor Verfahrenseröffnung erdient, ist sie Insolvenzforderung i.S.d. § 38 InsO und damit nach den oben unter § 3A.III.2.b., S. 115 ff. dargestellten Grundsätzen zu behandeln. Wird sie hingegen erst nach Verfahrenseröffnung erdient, handelt es sich bei den aus ihr

621 Gottwald/*Heinze/Bertram*, Insolvenzrechts-Handbuch, § 104 Rn. 70; *Löwisch/Rieble*, § 2 Rn. 378; nach § 80 Abs. 1 InsO nimmt der Insolvenzverwalter auch die Mitgliedschaft des Arbeitgebers im Arbeitgeberverband wahr: BAG, Urteil vom 28.1.1987 – 4 AZR 150/86, NZA 1987, 455, 455.

622 Der normative Teil des Tarifvertrags ist derjenige, der nach § 4 Abs. 1 S. 1 TVG unmittelbar und zwingend wirkt. Nach § 1 Abs. 1 TVG sind das Regelungen, die Inhalt, Abschluss und Beendigung von Arbeitsverhältnissen betreffen.

623 Der schuldrechtliche Teil des Tarifvertrags begründet gemäß § 1 Abs. 1 TVG die Rechte und Pflichten der Tarifvertragsparteien, wie z.B. die Friedenspflicht (nach der während des Geltungszeitraums eine Tarifvertrags kein Arbeitskampf geführt werden darf) und die Durchführungspflicht (nach der die Tarifparteien angehalten sind, die im Tarifvertrag getroffenen Regelungen auch tatsächlich anzuwenden); Löwisch/Rieble, § 1 Rn. 987.

624 *Hess*, § 103 Rn. 120; MüKo-InsO/*Huber*, § 103 Rn. 96; Uhlenbruck/*Wegene*r, § 103 Rn. 54; noch für § 17 KO: *Hess/Weis/Wienberg*, Rn. 388.

625 *Zwanziger*, § 108 Rn. 164.

entspringenden Ansprüchen um Masseforderungen nach § 55 Abs. 1 Nr. 2 InsO.[626] Dies gilt auch bei einer Dynamisierung der Betriebsrente: Nur die Verpflichtung zur Dynamisierung des Teils der Betriebsrente, der auf die nach Insolvenzeröffnung zurückgelegten Beschäftigungszeiten entfällt, ist Masseschuld.[627]

Eine weitere Besonderheit für diesen Teil der Anwartschaften ergibt sich aus § 3 Abs. 4 BetrAVG. Danach kann – entgegen dem eigentlich bestehenden Abfindungsverbot für unverfallbare Anwartschaften nach § 3 Abs. 1 BetrAVG – der Teil der Anwartschaft, der während eines Insolvenzverfahrens erdient worden ist, ohne Zustimmung des Arbeitnehmers abgefunden werden, wenn die Betriebstätigkeit vollständig eingestellt und das Unternehmen liquidiert wird. Durch diese Abfindungsmöglichkeit soll die Liquidation eines Unternehmens im Insolvenzverfahren erleichtert werden.[628] (Siehe dazu genauer unten unter § 3A.III.2.e., S. 141 ff.)

Der PSV steht nur für die Anwartschaften ein, die bis zum Eintritt des Sicherungsfalls, also bis zur Eröffnung des Insolvenzverfahrens, erdient wurden (§ 7 Abs. 2 S. 3 BetrAVG), so dass aus Sicht der Versorgungsberechtigten der Arbeitgeber bzw. der Insolvenzverwalter für die nach Eröffnung des Verfahrens entstandenen Anwartschaften einzustehen hat. Insofern ist es für den Versorgungsberechtigten von großer Bedeutung, welche Anwartschaften er nach Eröffnung des Insolvenzverfahrens erdient hat – für diese bekommt er keine Zahlungen des PSV bei Eintritt des Versorgungsfalls.

Es stellt sich nun die Frage, wann eine Versorgungsanwartschaft erdient wurde und wie der nach der Verfahrenseröffnung erdiente Anteil zu berechnen ist. Der Begriff der „Erdienung" stellt einen Zusammenhang zwischen der Versorgungsanwartschaft und dem späteren Versorgungsanspruch her. Es soll die Frage beantwortet werden, welche Teile des späteren Versorgungsanspruchs auf welche Zeit der Arbeitsleistung zurückzuführen sind. Um herauszufinden, welche Teile der Anwartschaft vor bzw. nach Verfahrenseröffnung erdient wurden, muss die Höhe der Anwartschaft zum Zeitpunkt der Verfahrenseröffnung mit der Höhe der Anwartschaft verglichen werden, die zum Zeitpunkt des endgültigen Ausscheidens des Versorgungsberechtigten aus dem Arbeitsverhältnis be-

---

626 BAG, Urteil vom 6.12.2007 – IX ZR 284/03, NZI 2008, 185, 186; Urteil vom 4.4.2000 – 3 AZR 222/99, KTS 2002, 152, 153; Urteil vom 15.12.1987 – 3 AZR 420/87, NZA 1988, 397. 398; Urteil vom 20.10.1987 – 3 AZR 200/86, NZA 1988, 396, 396; Beck/Depré/*Pluta/Heidrich*, § 30 Rn. 67; Braun/*Bäuerle/Schneider*, § 55 Rn. 41; *Hess*, § 55 Rn. 215; K/P/B/*Pape/Schaltke*, § 55 Rn. 178; Kreft/*Lohmann*, § 55 Rn. 20; Uhlenbruck/*Sinz*, § 55 Rn. 76; unklar: Jaeger/*Henckel*, § 55 Rn. 76.

627 BAG, Urteil vom 4.4.2000 – 3 AZR 222/99, KTS 2002, 152, 152.

628 Gesetzesentwurf der Bundesregierung zum EGInsO, BT-Drucks. 12/3803, S. 110.

steht.[629] Die Differenz ist dann die Versorgungsanwartschaft, die nach § 55 Abs. 1 Nr. 2 InsO als Masseforderung einzuordnen ist.

Die Höhe einer unverfallbaren Anwartschaft bzw. der aus ihr resultierenden Ansprüche im Rahmen einer Direktzusage ist in § 2 Abs. 1 BetrAVG geregelt. Die Berechnung erfolgt danach in zwei Schritten: Zunächst wird diejenige Altersrente ermittelt, die dem Arbeitnehmer ohne das vorherige Ausscheiden zugestanden hätte, wobei Grundlage hierbei die Versorgungszusage ist. Anschließend ist der sog. Unverfallbarkeitsfaktor festzulegen, der dem Verhältnis von tatsächlich absolvierter Betriebszugehörigkeit zu dem Zeitraum von Beginn der Betriebszugehörigkeit bis zum Zeitpunkt des in der Versorgungszusage festgelegten Rentenalters entspricht.[630] Der um diesen Faktor gekürzte Rentenanspruch stünde dem Versorgungsempfänger dann im Falle des Eintritts des Versorgungsfalls zu.[631]

Die Differenz der so ermittelten Werte einerseits zum Zeitpunkt der Eröffnung des Insolvenzverfahrens und andererseits zum Zeitpunkt des endgültigen Ausscheidens aus dem Arbeitsverhältnis stellt dann den Anteil der nach Verfahrenseröffnung erdienten Anwartschaft dar. Im Falle der Insolvenz des Arbeitgebers stellt dieser Anteil also eine Masseforderung dar, so dass der Versorgungsempfänger insoweit Anspruch auf bevorzugte Befriedigung nach § 53 InsO hat (siehe dazu oben unter § 2B.II.2.b., S. 60 ff.).

Reicht die Insolvenzmasse nicht aus, um alle Masseverbindlichkeiten zu befriedigen, muss der Insolvenzverwalter nach § 208 InsO die Masseunzulänglichkeit anzeigen und es erfolgt eine quotale Verteilung in der Rangfolge des § 209 Abs. 1 InsO (siehe dazu bereits oben unter § 2B.II.2.b., S. 63). Dabei kann eine Versorgungsanwartschaft den Rang des § 209 Abs. 1 Nr. 2 InsO erreichen, wenn der Insolvenzverwalter das Arbeitsverhältnis nicht zum erstmöglichen Termin (vgl. § 113 Abs. 1 S. 1, S. 2 InsO: nach einer Frist von drei Monaten zum Monatsende) gekündigt hat und im Anschluss daran Anwartschaften entstanden sind oder wenn der Insolvenzverwalter nach Anzeige der Masseunzulänglichkeit die Arbeitsleistung des Versorgungsempfängers noch in Anspruch genommen

629 *Blomeyer/Rolfs/Otto*, § 3 Rn. 80.

630 *Hamisch*, AuA 2007, 336, 337.

631 Zu beachten ist hierbei, dass die Berechnungsmethode des § 2 Abs. 1 BetrAVG so nicht auf betriebliche Altersversorgungsvereinbarungen zu übertragen ist, die nicht dem Geltungsbereich des BetrAVG unterfallen, z.B. weil es sich beim Versorgungsempfänger um einen beherrschenden Gesellschaftsgeschäftsführer handelt. Das BMF hat in einem Schreiben vom 9.12.2002 (BMF Schreiben vom 9.12.2002 (IV A 2 – S 2742 – 68/02), DStR 2002, 2172) eine abweichende Berechnungsmethode vorgeschrieben, um die Folgen einer verdeckten Gewinnausschüttung zu verhindern; siehe dazu *Höfer/Kaiser*, DStR 2003, 274, 274 f.

hat (§ 209 Abs. 2 Nr. 2 und Nr. 3 InsO). Ansonsten handelt es sich um eine Altmasseverbindlichkeit nach § 209 Abs. 1 Nr. 3 InsO.

(2) Geltendmachung der Masseverbindlichkeit

Eine Anwartschaft stellt jedoch noch keinen fälligen Anspruch des Versorgungsberechtigten dar, den dieser einfach gegenüber dem Insolvenzverwalter geltend machen könnte. Regelungen, die eine Umrechnung der Anwartschaft als Masseforderung ermöglichen könnten, wie dies durch § 45 InsO für die Anwartschaft als Insolvenzforderung möglich ist (siehe oben unter § 3A.III.2.b(2), S. 123 ff.), existieren für Masseforderungen nicht, weil hier grundsätzlich keine quotale Befriedigung aus der Masse erfolgen soll, für die es einer Umformung in einen Kapitalbetrag bedürfte. Sie sind zwar Teil des Insolvenzverfahrens, werden aber nicht zur Tabelle angemeldet. Eine Umrechnung entsprechend der §§ 41 ff. InsO kommt lediglich bei einer quotalen Befriedigung der Masseverbindlichkeiten nach § 209 InsO in Betracht.[632]

Die Anwartschaft bleibt also als solche bestehen. Wird keine Abfindung nach § 3 Abs. 4 BetrAVG durch den Insolvenzverwalter vorgenommen, ändert sich an dieser Situation auch nichts, bis der Versorgungsfall eintritt. Das bedeutet, dass unter Umständen über Jahre hinweg und bis weit nach Abschluss des Insolvenzverfahrens eine Anwartschaft bestehen bleibt, denn die Fälligkeit eines Masseanspruchs richtet sich nach den allgemeinen Vorschriften.[633] Tritt der Versorgungsfall ein, muss sich der Versorgungsberechtigte die Frage stellen, an wen er sich wegen der Befriedigung der Ansprüche, die sich aus der Anwartschaft ergeben, wenden kann.

(a) Eintritt des Versorgungsfalls während des Insolvenzverfahrens

Tritt der Versorgungsfall noch während des Insolvenzverfahrens ein, muss der Versorgungsberechtigte seine Forderungen gegenüber dem Insolvenzverwalter geltend machen. Eine persönliche Haftung des Schuldners ist schon deshalb ausgeschlossen, weil aufgrund der Einbeziehung des Neuerwerbs in die Insolvenzmasse nach § 35 InsO im Regelfall gar keine Haftungsmasse des Schuldners selbst zur Verfügung steht.[634] Ausnahmen können sich in den Fällen ergeben, in denen Gegenstände vom Insolvenzverwalter freigegeben werden oder der Insolvenzverwalter die Option des § 35 Abs. 2 InsO wahrnimmt und für eine

632 Gesetzesentwurf der Bundesregierung zur InsO, BT-Drucks. 12/2443, S. 220; K/P/B/*Pape*, § 209 Rn. 4; Uhlenbruck/*Berscheid/Ries*, § 209 Rn. 8.

633 FK-InsO/*Bornemann*, § 53 Rn. 11.

634 FK-InsO/*Bornemann*, § 53 Rn. 14; Nerlich/Römermann/*Andres*, § 53 Rn. 5; Uhlenbruck/*Sinz*, § 53 Rn. 10.

selbstständige Tätigkeit des Schuldners erklärt, dass das hieraus resultierende Vermögen nicht zur Insolvenzmasse gehört.[635]

Allerdings muss der Versorgungsberechtigte das Vollstreckungsverbot für oktroyierte (aufgezwungene) Masseverbindlichkeiten nach § 90 Abs. 1 InsO beachten. Für die ersten sechs Monate seit Eröffnung des Insolvenzverfahrens darf wegen Masseverbindlichkeiten, die nicht durch Rechtshandlungen des Insolvenzverwalters begründet wurden, keine Zwangsvollstreckung betrieben werden. Darunter fallen auch Ansprüche aus Dienstverhältnissen, die wegen § 108 Abs. 1 InsO nach Verfahrenseröffnung weiter fortbestehen.[636] Die Vorschrift hat das Ziel, dem Insolvenzverwalter größere Handlungsspielräume zu verschaffen und ihn, insbesondere zu Beginn des Insolvenzverfahrens, vor dem Entzug liquider Mittel zu bewahren.[637] Allerdings besteht das Vollstreckungsverbot nicht für die Anwartschaften, die entstanden sind, weil der Insolvenzverwalter nicht zum ersten möglichen Termin das Arbeitsverhältnis gekündigt hat (§ 90 Abs. 2 Nr. 2 InsO) und wenn er den Arbeitnehmer nicht freigestellt hat, er also nach Verfahrenseröffnung die Gegenleistung in Anspruch genommen hat (§ 90 Abs. 2 Nr. 3 InsO).

(b) Eintritt des Versorgungsfalls nach Beendigung des Insolvenzverfahrens

Tritt der Versorgungsfall erst nach Beendigung des Insolvenzverfahrens ein, muss der Versorgungsberechtigte wegen der Versorgungsansprüche grundsätzlich den ehemaligen Insolvenzschuldner und damit den ursprünglichen Versorgungsversprechenden in Anspruch nehmen. Denn dieser ist Träger der Insolvenzmasse und daher Schuldner der Masseverbindlichkeiten, die Insolvenzmasse stellt kein selbstständiges Rechtssubjekt dar.[638] Dies gilt auch für Verpflichtungen, die durch Handlungen des Insolvenzverwalters begründet wurden, da mit Eröffnung des Insolvenzverfahrens die Verwaltungs- und Verfügungsbefugnis nach § 80 Abs. 1 InsO auf diesen übergegangen ist.[639] Erst recht gilt dies für oktroyierte Masseverbindlichkeiten nach § 108 InsO.

Fraglich ist aber, ob der frühere Insolvenzschuldner nur mit den noch aus der Insolvenzmasse herrührenden Gegenständen oder auch mit seinem freien

635 MüKo-InsO/*Hefermehl*, § 53 Rn. 31.

636 Uhlenbruck/*Uhlenbruck*, § 90 Rn. 2.

637 Nerlich/Römermann/*Wittowski/Kruth*, § 90 Rn. 2.

638 RG, Beschluss vom 21.10.1902 – VII 133/02, RGZ 52, 330, 332; BGH, Urteil vom 30.10.1967 – VIII ZR 176/65, NJW 1968, 300, 301; Jaeger/*Henckel*, § 53 Rn. 10; K/P/B/*Pape/Schaltke*, § 53 Rn. 44; MüKo-InsO/*Hefermehl*, § 53 Rn. 33.

639 Nerlich/Römermann/*Andres*, § 53 Rn. 4.

Vermögen haftet. Für durch Handlungen des Insolvenzverwalters begründete Masseverbindlichkeiten wird überwiegend angenommen, dass der Schuldner dafür nur mit den Gegenständen der Insolvenzmasse haftet, weil der Insolvenzverwalter gar nicht die Befugnis hat, den Schuldner darüber hinaus zu verpflichten.[640] Für oktroyierte Masseverbindlichkeiten ist man sich einig, dass der Schuldner hierfür auch mit seinem sonstigen Vermögen haften muss.[641] Dies soll jedoch nur für die Phase bis zu dem Zeitpunkt gelten, zu dem der Insolvenzverwalter das Vertragsverhältnis frühestmöglich hätte kündigen können.[642]

Ist der (ehemalige) Insolvenzschuldner eine natürliche Person (was selten der Fall sein wird) und wird das Verfahren der Restschuldbefreiung nach §§ 286 ff. InsO eingeleitet und diese dann auch erteilt, stellt sich die Frage, inwieweit auch die Massegläubiger hiervon betroffen sind. Nach dem Wortlaut des § 301 Abs. 1 S. 2 InsO wirkt die Restschuldbefreiung nur gegen die Insolvenzgläubiger. Der BGH hat die Frage bisher offen gelassen.[643] Teilweise wird vorgeschlagen, auch die Masseforderungen der Restschuldbefreiung unterfallen zu lassen. Begründet wird dies damit, dass in der Regel eine Restschuldbefreiung in Verbindung mit nicht getilgten Masseforderungen nur im Falle des § 289 Abs. 3 InsO in Verbindung mit einer Einstellung des Insolvenzverfahrens nach Anzeige der Masseunzulänglichkeit nach § 211 InsO auftritt und in diesem Fall während der „Wohlverhaltensperiode" in erster Linie nur an die Massegläubiger geleistet würde, so dass es dann auch stimmig sei, auch die Masseverbindlichkeiten in die Restschuldbefreiung mit einzubeziehen.[644]

Es wird auch vorgeschlagen – entsprechend der weiter oben dargestellten Differenzierung zur Frage der Haftung mit dem gesamten Vermögen – die Restschuldbefreiung auch für Masseverbindlichkeiten insoweit eintreten zu lassen, wie der Insolvenzschuldner selbst auch einen Rechtsgrund für diese gesetzt hat.[645] Dies widerspricht dem eindeutigen Wortlaut des § 301 Abs. 1 S. 1 InsO,

---

640 BGH, Teilurteil vom 24.9.2009, IX ZR 234/07, NZI 2009, 841, 841; Urteil vom 25.11.1954 – IV ZR 82/54, NJW 1955, 339, 339; Uhlenbruck/*Sinz*, § 53 Rn. 11 m.w.N.; a.A.: *Häsemeyer*, Rn. 25.30 ff.; *Runkel/Schnurbusch*, NZI 2000, 49, 56 f.

641 BGH, Urteil vom 28.6.2007 – IX ZR 73/06, NZI 2007, 670, 671; LAG München, Urteil vom 8.3.1990 – 4 Sa 564/89, ZIP 1990, 1217, 1218; Braun/*Pehl*, § 201 Rn. 5; *Häsemeyer*, Rn. 25.29; Jaeger/*Henckel*, § 53 Rn. 15; Kreft/*Lohmann*, § 53 Rn. 10; MüKo-InsO/*Hefermehl*, § 53 Rn. 34; K/P/B/*Pape/Schaltke*, § 53 Rn. 45.

642 OLG Stuttgart, Beschluss vom 13.6.2007 – 5 W 11/07, NZI 2007, 527, 528; FK-InsO/*Bornemann*, § 53 Rn. 15; MüKo-InsO/*Hefermehl*, § 53 Rn. 34; Nerlich/Römermann/*Andres*, § 53 Rn. 6; Uhlenbruck/*Sinz*, § 53 Rn. 11; offen gelassen von LAG München, Urteil vom 8.3.1990 – 4 Sa 564/89, ZIP 1990, 1217, 1218.

643 BGH, Urteil vom 28.6.2007 – IX ZR 73/06, NZI 2007, 670, 671.

644 Kreft/*Landfermann*, § 301 Rn. 12.

645 *Voigt*, ZInsO 2002, 569, 573.

der die Restschuldbefreiung nur gegen alle „Insolvenzgläubiger" wirken lassen will. Man müsste dem Begriff des Insolvenzgläubigers daher eine andere Bedeutung zukommen lassen, als die in § 38 InsO angelegte, eine materielle Bedeutung, nach der zumindest auch oktroyierte Masseverbindlichkeiten darunter zu fassen sind, weil auch sie ihren Ursprung in einem Rechtsgeschäft des Schuldners hatten und aus Sicht des Schuldners die Qualität als Masseverbindlichkeit zufällig entsteht.[646] Jedoch gibt es – auch innerhalb der Gesetzesmaterialien zur InsO[647] – keinerlei Anhaltspunkte dafür, dass der Begriff des Insolvenzgläubigers im Falle des § 301 Abs. 1 S. 1 InsO anders zu interpretieren sein soll als im Falle des § 38 InsO.

Insofern steht der eindeutige Wortlaut des § 301 Abs. 1 S. 1 InsO der Annahme entgegen, dass auch oktroyierte Masseforderungen unter die Wirkungen der Restschuldbefreiung fallen.[648] Das hat für den Anwartschaftsberechtigten zur Folge, dass er unter Umständen sogar nach Gewährung der Restschuldbefreiung bei Eintritt des Versorgungsfalls seine in der Zeit nach Eröffnung des Insolvenzverfahrens gegen den (ehemaligen) Insolvenzschuldner erdienten Ansprüche geltend machen kann.

(c) Gesellschafterhaftung bei Auflösung der Gesellschaft nach Insolvenz

Ist der (ehemalige) Insolvenzschuldner jedoch keine natürliche Person, so besteht diese nach Abschluss des Insolvenzverfahrens grundsätzlich nicht mehr fort und der Versorgungsberechtigte wird versuchen wollen, Zugriff auf das Vermögen der persönlich haftenden Gesellschafter zu erlangen, so weit denn eine persönliche Haftung des Gesellschafters besteht (siehe dazu für den Bereich der Insolvenzforderungen von Versorgungsberechtigten bereits oben unter § 3 A.III.2.b(3)(b), S. 129 f.).

Während des Insolvenzverfahrens gilt auch hier wieder § 93 InsO. Für die Nachhaftung für Masseverbindlichkeiten gilt auch hier die bei der Insolvenz einer Gesellschaft oben dargestellte Differenzierung: Bei durch Handlungen des Insolvenzverwalters begründeten Masseverbindlichkeiten (§ 55 Abs. 1 Nr. 1 InsO) scheidet eine Haftung außerhalb der Gegenstände der Insolvenzmasse aus, weil der Insolvenzverwalter darüber hinaus keine Verpflichtungen begründen kann. Bestandteil der Insolvenzmasse der Gesellschaft ist jedoch nur das Gesellschaftsvermögen, nicht das Vermögen der persönlich haftenden Gesellschafter. Deshalb scheidet eine Haftung der Gesellschafter für diese Art der Masseverbindlichkeiten

646 *Voigt*, ZInsO 2002, 569, 572.

647 RegE InsO, BT-Drucks. 12/2443, S. 194.

648 MüKo-InsO2008/*Stephan*, § 301 Rn. 8; Uhlenbruck/*Vallender*, § 301 Rn. 2a.

bindlichkeiten aus.[649] Bei Masseverbindlichkeiten, deren Rechtsgrund bereits vor Verfahrenseröffnung gelegt war (§ 55 Abs. 1 Nr. 2 2. Alt. InsO), bleibt es jedoch bei der Einstandspflicht des Gesellschafters. Oktroyierte Masseverbindlichkeiten aus einem Arbeitsverhältnis kann der Gläubiger also auch gegenüber dem persönlich haftenden Gesellschafter geltend machen, soweit eine persönliche Haftung des Gesellschafters besteht.[650] Das gilt auch für Versorgungsanwartschaften aus einer Direktzusage.

Häufig wird die Geltendmachung der Ansprüche der Gläubiger auch zu einer Insolvenz des Gesellschafters selbst führen. Wird in diesem Fall eine Restschuldbefreiung beantragt, so gilt diese grundsätzlich auch für die Gesellschaftsforderungen, für die der Gesellschafter persönlich haftet.[651] Wie bereits oben unter § 3 A.III.2.c(2)(b), S. 137 gesehen, greift sie nicht für Masseverbindlichkeiten.

Allerdings ist zu beachten, dass die Insolvenz des Gesellschafters gegenüber der Insolvenz der Gesellschaft ein eigenständiges Insolvenzverfahren darstellt und die gegen ihn bestehenden Forderungen eigenständig beurteilt werden müssen. Masseverbindlichkeiten der Gesellschaft nach § 55 Abs. 1 Nr. 2 2. Alt. InsO aus einem Arbeitsverhältnis, das zwar erst nach der Gesellschaftsinsolvenz, aber vor Insolvenzeröffnung über das Vermögen des Gesellschafters beendet wurde, stellen dem Gesellschafter gegenüber nur Insolvenzforderungen dar, da das Schuldverhältnis zum Zeitpunkt der Insolvenzeröffnung keinen Bestand mehr hatte.[652] In diesem Fall entfaltet dann auch die Restschuldbefreiung nach § 301 Abs. 1 S. 1 InsO ihre Wirkung.

d. Nach Eröffnung des Verfahrens unverfallbar gewordene Anwartschaften

Anwartschaften können bei Eröffnung des Insolvenzverfahrens unverfallbar oder verfallbar sein. Liegt bei Verfahrenseröffnung eine verfallbare Anwartschaft vor, kann die Situation eintreten, dass das Arbeitsverhältnis nach Eröffnung des Insolvenzverfahrens durch den Insolvenzverwalter fortgeführt wird und innerhalb dieses Zeitraums der Weiterbeschäftigung die Anwartschaft unverfallbar wird.

649 BGH, Teilurteil vom 24.9.2009 – IX ZR 234/07, NZI 2009, 841, MüKo-InsO/Brandes/*Gehrlein*, § 93 Rn. 7 ff. m.w.N.; aA: K/P/B/*Lüke*, § 93 Rn. 29 f.

650 LAG München, Urteil vom 8.3.1990 – 4 Sa 564/89, ZIP 1990, 1217, 1218; Kreft/*Kayser*, § 93 Rn. 19; MüKo-InsO/*Brandes/Gehrlein*, § 93 Rn. 11.

651 K/P/B/*Lüke*, § 93 Rn. 53.

652 MüKo-InsO/*Hefermehl*, § 55 Rn. 208.

Diese Situation hat für den Versorgungsberechtigten zur Folge, dass er keine Leistungen des PSV erwarten kann. Der Insolvenzschutz des PSV greift nach § 7 Abs. 2 S. 1 BetrAVG nur dann, wenn die Anwartschaft bei Eröffnung des Insolvenzverfahrens (oder einem nach § 1 Abs. 1 S. 4 BetrAVG dem gleichstehenden Ereignis) unverfallbar i.S.d. § 1b BetrAVG gewesen ist. Eine später während des Insolvenzverfahrens eintretende Unverfallbarkeit ändert daran nichts mehr.[653] Jedoch führt die nach Eröffnung eintretende Unverfallbarkeit dazu, dass der Versorgungberechtigte gegenüber seinem Arbeitgeber bzw. dann gegenüber dem Insolvenzverwalter seine Ansprüche geltend machen kann.[654] Insofern wird der Schritt von der Verfallbarkeit zur Unverfallbarkeit vom Insolvenzrecht berücksichtigt. Der Versorgungsberechtigte kann seine Forderungen dann als „normaler" Insolvenz- bzw. Massegläubiger geltend machen.

Insolvenzrechtlich sind diese Forderung entsprechend der oben genannten Regeln zu behandeln: Vor Insolvenzeröffnung erdiente Anwartschaften sind in einen Kapitalbetrag umzurechnen und als Insolvenzforderung nach § 38 InsO geltend zu machen, nach Verfahrenseröffnung erdiente Anwartschaften sind als Masseforderungen geltend zu machen.[655]

e. *Abfindung der nach Eröffnung des Verfahrens erdienten Anwartschaften nach § 3 Abs. 4 BetrAVG*

Wie oben unter § 3A.III.2.c(1), S. 134 bereits kurz angesprochen, besteht für den Insolvenzverwalter aufgrund von § 3 Abs. 4 BetrAVG für den Teil der nach Verfahrenseröffnung erdienten Anwartschaften eine Abfindungsmöglichkeit. Wie oben unter § 3A.III.2.c., S. 132 ff. ausgeführt, führen diese Anwartschaften zu Masseverbindlichkeiten, die mit Eintritt des Versorgungsfalls fällige Rentenansprüche werden. Grundsätzlich können unverfallbare Anwartschaften im Falle der Beendigung des Arbeitsverhältnisses und laufende Leistungen nicht abgefunden werden. Ausnahmen stellen nur die in § 3 Abs. 2 - 4 BetrAVG aufgelisteten Tatbestände dar. Für nach Verfahrenseröffnung erdiente Anwartschaften gilt gemäß § 3 Abs. 4 BetrAVG, dass der Insolvenzverwalter sie auch ohne Zustimmung des Versorgungsberechtigten abfinden kann, wenn die Betriebstätigkeit vollständig eingestellt und das Unternehmen liquidiert wird. Abgefunden werden können nur Anwartschaften, die nach Insolvenzeröffnung erdient wur-

---

653 BGH, Urteil vom 6.12.2007 – IX ZR 284/03, NZI 2008, 185, 186; Beck/Depré/*Pluta/Heidrich*, § 30 Rn. 68;

654 BAG, Urteil vom 15.12.1987 – 3 AZR 420/87, NZA 1988, 397, 397 f.; *Blomeyer/Rolfs/Otto*, Vorb. vor §§ 7 – 15 Rn. 27.

655 BGH, Urteil vom 6.12.2007 – IX ZR 284/03, NZI 2008, 185, 187; BAG, Urteil vom 15.12.1987 – 3 AZR 420/87, NZA 1988, 397, 398.

den und damit nicht mehr von der Insolvenzsicherung durch den PSV erfasst werden. Auch laufende Leistungen werden von diesem Ausnahmetatbestand nicht erfasst.

Ziel der Regelung ist es, die Liquidation eines Unternehmens im Insolvenzverfahren zu erleichtern.[656] Damit wird das Ziel einer übertragenden Sanierung unterstützt, für die insbesondere bei zahlreichen und hohen Versorgungsansprüchen ansonsten kaum ein Anreiz bestünde.[657]

(1) Vollständige Einstellung der Betriebstätigkeit und Liquidation

Für eine vollständige Einstellung der Betriebstätigkeit ist erforderlich, dass jegliche gewerbliche oder freiberufliche Tätigkeit des insolventen Unternehmens eingestellt wird.[658] Parallel zum Sicherungsfall des § 7 Abs. 1 S. 4 Nr. 3 BetrAVG (siehe dazu oben unter § 2C.III.1., S. 81) wird verlangt, dass der mit dem Betrieb verfolgte arbeitstechnische und unternehmerische Zweck unter Auflösung der organisatorischen Einheit eingestellt wird.[659] Es genügt nicht, dass lediglich die Absicht besteht, die Betriebstätigkeit einzustellen.[660] Unerheblich ist es jedoch, wenn die Abfindung bereits vor endgültiger Betriebseinstellung erfolgt ist; es genügt, dass ein enger sachlicher Zusammenhang mit der Betriebseinstellung besteht und dass die Abfindung Teil der Liquidationsmaßnahme ist.[661] Die Liquidation des Unternehmens erfolgt nach den jeweiligen einschlägigen Gesetzen (§§ 145 ff. HGB, §§ 262 ff. AktG, §§ 66 ff. GmbHG, §§ 83 ff. GenG).[662]

Dabei ist zu beachten, dass – entgegen der Rechtsprechung zu § 613a BGB, wonach sich Betriebsübergang und Betriebsstilllegung gegenseitig ausschließen[663] – das BAG davon ausgeht, dass ein sich an das Insolvenzverfahren anschließender Betriebsübergang die Anwendung des § 3 Abs. 4 BetrAVG nicht grundsätzlich ausschließt. Findet im Anschluss an die Insolvenz ein Betriebsübergang statt, haftet der Betriebserwerber nicht nur für die Anwartschaften, die in der Zeit seit dem Betriebsübergang entstanden sind, sondern für alle seit Insolvenzeröffnung beim Betriebsveräußerer entstandenen Anwartschaften.[664] Der

---

656 RegE EGInsO, BT-Drucks. 12/3803, S. 110.

657 BAG, Urteil vom 22.12.2009 – 3 AZR 814/07, NZA 2010, 568, 570; *Berkowsky*, NZI 2008, 288, 289.

658 BAG, Urteil vom 22.12.2009 – 3 AZR 814/07, NZA 2010, 568, 570.

659 BAG, Urteil vom 20.11.1984 – 3 AZR 444/82, NZA 1986, 156, 157.

660 *Blomeyer/Rolfs/Otto*, § 3 Rn. 81.

661 BAG, Urteil vom 22.12.2009 – 3 AZR 814/07, NZA 2010, 568, 570.

662 *Blomeyer/Rolfs/Otto*, § 3 Rn. 82.

663 Z.B. BAG, Urteil vom 12.2.1987 – 2 AZR 247/86, NZA 1988, 170, 171.

664 BAG, Urteil vom 22.12.2009 – 3 AZR 814/07, NZA 2010, 568, 569.

Insolvenzverwalter hat hingegen für die Anwartschaften derjenigen einzustehen, die nach Eröffnung des Insolvenzverfahrens, aber vor dem Betriebsübergang ausgeschieden sind oder die vom Betriebsübergang ausgeschlossen sind oder einem Betriebsübergang gemäß § 613a Abs. 6 BGB widersprochen haben. Diese Anwartschaften kann der Insolvenzverwalter dann nach § 3 Abs. 4 BetrAVG abfinden, soweit dessen Voraussetzungen vorliegen.[665] Denn Sinn und Zweck der Abfindungsmöglichkeit ist es, die Liquidation eines Unternehmens in der Insolvenz zu erleichtern, und für dieses Ziel macht es keinen Unterschied, ob der Betrieb eines Unternehmens stillgelegt wird oder auf einen Betriebserwerber übertragen wird.[666]

(2) Berechnung und Geltendmachung des Abfindungsbetrags

§ 4 Abs. 5 BetrAVG findet für die Berechnung des Abfindungsbetrags nach § 3 Abs. 5 BetrAVG entsprechende Anwendung. Danach muss der Barwert der nach § 2 BetrAVG bemessenen künftigen Versorgungsleistung im Zeitpunkt der Abfindung[667] ermittelt werden, wobei die Rechnungsgrundlagen sowie die anerkannten Regeln der Versicherungsmathematik maßgeblich sind. Die Berechnung des während des Insolvenzverfahrens erdienten Anteils der Anwartschaft erfolgt nach den oben unter § 3A.III.2.d., S. 140 bereits beschriebenen Grundsätzen durch einen Vergleich der Anwartschaftshöhe zum Zeitpunkt der Eröffnung des Insolvenzverfahrens mit der Höhe zum Zeitpunkt des endgültigen Ausscheidens aus dem Arbeitsverhältnis. Wird eine geringere Abfindung vereinbart, führt diese nicht zum Erlöschen der betroffenen Anwartschaften, da die Regelungen des § 3 BetrAVG zwingenden Charakter haben.[668]

Nach § 3 Abs. 6 BetrAVG muss die Abfindung gesondert ausgewiesen und einmalig gezahlt werden. Das bedeutet, dass sie nicht mit anderen Abfindungen (z.B. für die Kündigung) vermischt werden darf, eine Abrechnung in Textform zu erteilen ist und die Abfindung in einer Summe auszuzahlen ist, so dass Ratenzahlung nicht in Betracht kommt.[669]

Welche Gläubigerstellung der Versorgungberechtigte wegen der Abfindung hat, sagt das Gesetz nicht ausdrücklich. Zwischen Insolvenzschuldner und Ver-

665 BAG, Urteil vom 22.12.2009 – 3 AZR 814/07, NZA 2010, 568, 569.

666 BAG, Urteil vom 22.12.2009 – 3 AZR 814/07, NZA 2010, 568, 570.

667 Zur Frage, ob der Zeitpunkt der Gewährung der Abfindung oder der Zeitpunkt der Beendigung des Arbeitsverhältnisses einschlägig ist, vgl. *Blomeyer/Rolfs/Otto*, § 4 Rn. 152.

668 BGH, Urteil vom 15.7.2002 – II ZR 192/00, NJW 2002, 3632, 3634; Urteil vom 30.9.1986 – 3 AZR 22/85, NZA 1987, 456, 457; *Blomeyer/Rolfs/Otto*, § 3 Rn. 83; Förster/Cisch/Karst/*Jumpertz*, § 3 Rn. 23.

669 *Blomeyer/Rolfs/Otto*, § 3 Rn. 84 f.

sorgungsberechtigtem vertraglich vereinbarte Abfindungen sind – unabhängig davon, wann das Arbeitsverhältnis tatsächlich endet – Insolvenzforderungen, da grundsätzlich der Anspruch in dem Moment entsteht, in dem das Rechtsgeschäft abgeschlossen wird. Vom Insolvenzverwalter z.B. in einem Kündigungsschutzprozess vereinbarte Abfindungen sind hingegen Masseforderungen.[670] Auch eine Abfindung nach § 3 Abs. 4 BetrAVG resultiert aus einer Handlung des Insolvenzverwalters und ist damit Masseforderung nach § 55 Abs. 1 Nr. 1 InsO. Ein anderes Ergebnis wäre auch aus Sicht des Versorgungsberechtigten unzumutbar, da es sich bei den abgefundenen Anwartschaften bereits um Masseforderungen handelte und ansonsten sein Anspruch durch die Abfindung von einer Masseverbindlichkeit zur Insolvenzforderung degradiert würde.

3. Zusammenfassung

Der Versorgungsberechtigte einer Direktzusage wird also – je nachdem ob er bereits Ansprüche auf Rentenleistung oder nur eine unverfallbare Anwartschaft hat und wann er diese Anwartschaften erdient hat, ob vor oder nach Eröffnung des Insolvenzverfahrens – insolvenzrechtlich als Insolvenzgläubiger oder als Massegläubiger eingeordnet. Als Massegläubiger kann er seine Forderungen unabhängig von der quotalen Befriedigung der Insolvenzgläubiger geltend machen, als Insolvenzgläubiger werden sie entweder nach § 46 InsO oder nach § 45 InsO kapitalisiert und im Falle einer reinen Anwartschaft nach vorzugswürdiger Ansicht zur Sicherung bis zum Eintritt des Versorgungsfalls hinterlegt. Auf den PSV übergegangene Anwartschaften werden nach § 9 Abs. 2 S. 3 BetrAVG als unbedingte Forderungen nach § 45 InsO geltend gemacht. Für nach Eröffnung des Insolvenzverfahrens erdiente Anwartschaften besteht die Möglichkeit einer Abfindung nach § 3 Abs. 4 BetrAVG, die dann wiederum eine Masseforderung darstellt.

IV. Sonderfälle

Die bis hierher gemachten Ausführungen gelten für den klassischen Fall der Direktzusage, in denen der Arbeitgeber Pensionsrückstellungen bildet und die Versorgungsansprüche aus diesen unternehmenseigenen Finanzmitteln befriedigt. Jedoch werden Versuche unternommen, um auch im Rahmen einer Direktzusage die hierfür vorgesehenen Finanzmittel rechtlich derart abzuspalten, dass sie in der Insolvenz nicht betroffen sind. Teilweise versucht der Arbeitgeber sich auch

670 Siehe dazu Gottwald/*Bertram*, Insolvenzrechts-Handbuch, § 107 Rn. 34 ff.

durch den Abschluss einer Rückdeckungsversicherung gegen die beim Versorgungsberechtigten entstehenden Ansprüche abzusichern. Nicht nur im Rahmen der Insolvenzsicherung, sondern auch wegen der Auswirkungen auf die Handelsbilanz des zusagenden Unternehmens interessant sind die sogenannten Contractual Trust Arrangements (CTAs).

1. Sondervermögen eines nicht rechtsfähigen Vereins

Wie oben unter § 3A.I., S. 96 ff. ausgeführt, führen die Bilanzrückstellungen nach § 249 HGB, die wegen einer Direktzusage gebildet werden müssen, nicht zu einem Aussonderungsrecht der Versorgungsberechtigten, sondern lediglich zu Insolvenz- bzw. Masseforderungen, weil sie keinem eigenständigen Rechtsträger, sondern dem Vermögen des Insolvenzschuldners zuzuordnen sind und daher in die Insolvenzmasse fallen. Daran ändert sich auch nichts durch die Schaffung eines abgespaltenen Sondervermögens i.S.e. „Betriebsfonds", solange dieser weiterhin dem insolventen Arbeitgeber als Rechtsträger zuzuordnen ist.[671] Damit die Vermögensbestandteile von der Insolvenz des Arbeitgebers nicht betroffen sind, müssen sie auf einen anderen Rechtsträger übertragen werden. (Siehe dazu unten unter § 3C., S. 266 ff.)

Unter Umständen könnten die Vermögensbestandteile aber auch dann nicht in die Insolvenzmasse des Arbeitgebers fallen, wenn sie einem nicht rechtsfähigen Verein übertragen werden, dessen Mitglieder die versorgungsberechtigten Arbeitnehmer bzw. Pensionäre sind.[672] Gerade aufgrund der gesetzlichen Bezeichnung als „nicht rechtsfähig" stellt sich die Frage, ob auch in diesem Fall die Vermögensbestandteile dergestalt übertragen werden, dass sie einem Zugriff durch den Insolvenzverwalter entzogen werden.

Ein nicht rechtsfähiger Verein i.S.d. § 54 BGB ist – ebenso wie ein rechtsfähiger Verein i.S.d. §§ 21 ff. BGB – „eine auf Dauer berechnete Verbindung einer größeren Anzahl von Personen zur Erreichung eines gemeinsamen Zwecks, die nach ihrer Satzung körperschaftlich organisiert ist, einen Gesamtnamen führt und auf einen wechselnden Mitgliederbestand angelegt ist".[673] Der Unterschied, der auch die Rechtsfähigkeit eines Vereins begründet, liegt in der Eintragung des Vereins in das Vereinsregister (§ 21 a.E. BGB). § 54 S. 1 BGB

---

671 Gottwald/*Gottwald/Adolphsen*, Insolvenzrechts-Handbuch, § 40 Rn. 66; MüKo-InsO/*Ganter*, § 47 Rn. 426; Uhlenbruck/*Brinkmann*, § 47 Rn. 85.

672 Gottwald/*Gottwald/Adolphsen*, Insolvenzrechts-Handbuch, § 40 Rn. 67; *Kilger/K.Schmidt*, § 43 KO, 10; MüKo-InsO/*Ganter*, § 47 Rn. 428; Uhlenbruck/*Brinkmann*, § 47 Rn. 86.

673 RG, Urteil vom 18.1.1934 – IV 369/33, RGZ 143, 212, 213; BeckOK-BGB/*Schöpflin*, § 54 Rn. 4; MüKo-BGB/*Reuter*, § 54 Rn. 1; Palandt/*Ellenberger*, § 54 Rn. 1.

bestimmt, dass auf nicht rechtsfähige Vereine die Vorschriften über die Gesellschaft Anwendung finden. Diese Regelung hat den rechtspolitischen Hintergrund, dass durch sie insbesondere politische Parteien und Gewerkschaften zur Eintragung bewegt werden und somit der Kontrolle der §§ 61 Abs. 2 und 43 Abs. 3 BGB a.F. unterworfen werden sollten, welcher nach Streichung dieser Vorschriften jedoch weggefallen ist.[674] Seither sind sich Rechtsprechung und Literatur einig, dass auf den nicht rechtsfähigen Verein die §§ 21 ff. BGB anzuwenden sind, mit Ausnahme der Vorschriften, die die Rechtsfähigkeit oder die Eintragung voraussetzen.[675]

Für die Frage, wem die für die Versorgungsverbindlichkeiten vorgesehenen Vermögensbestandteile zuzuordnen sind, muss zunächst einmal beantwortet werden, wer im Falle eines nicht rechtsfähigen Vereins Vermögensträger ist. Dies ist umstritten. Der Streit beruht auf der Frage, ob der nicht rechtsfähige Verein entsprechend der BGH-Rechtsprechung zur Gesellschaft bürgerlichen Rechts[676] doch rechtsfähig ist.[677] Wird diese Rechtsprechung auch auf den nicht rechtsfähigen Verein übertragen, soll Vermögensträger der nicht rechtsfähige Verein selbst sein, also die Personengruppe, die den nicht eingetragenen Verein bildet und diesbezüglich teilrechtsfähig ist.[678] Lehnt man die Übertragung der Rechtsprechung ab, bleibt es bei der ursprünglichen Einschätzung, dass Vermögensträger die Vereinsmitglieder selbst sind, denen das Vermögen dann gemeinschaftlich zur gesamten Hand gehört.[679]

Für die Frage, ob die für die Versorgungsverpflichtungen vorgesehenen Vermögensbestandteile in die Insolvenzmasse des Arbeitgebers fallen, ist die Streitentscheidung unerheblich. Denn in beiden Fällen sind sie jedenfalls nicht mehr dem Vermögen des insolventen Arbeitgebers zuzuordnen. Der Insolvenzverwalter hat keine Befugnis, dieses Sondervermögen zu verwalten.[680] Dafür spricht auch, dass in § 11 Abs. 1 S. 2 InsO angeordnet ist, dass hinsichtlich der Insolvenzfähigkeit ein nicht eingetragener Verein einer juristischen Person

---

674 Palandt/*Ellenberger*, § 54 Rn. 1.

675 Vgl. z.B. BGH, Urteil vom 11.7.1968 – VII ZR 63/66, NJW 1968, 1830, 1830 f.; BeckOK-BGB/*Schöpflin*, § 54 Rn. 15; Palandt/*Ellenberger*, § 54 Rn. 1.

676 BGH, Urteil vom 29.1.2001 – II ZR 331/00, NJW 2001, 1056 – 1061.

677 Dafür: Palandt/*Ellenberger*, § 54 Rn. 7; *K.Schmidt*, NJW 2001, 993, 1002 f.; HK-BGB/*Dörner*, § 54 Rn. 4; dagegen: BeckOK-BGB/*Schöpflin*, § 54 Rn. 19 ff.; *Lessner/Klebeck*, ZIP 2002, 1385, 1387 ff.; differenzierend nach wirtschaftlichen und nichtwirtschaftlichen nicht rechtsfähigen Vereinen: MüKo-BGB/*Reuter*, § 54 Rn. 17.

678 Palandt/*Ellenberger*, § 54 Rn. 7; *K.Schmidt*, NJW 2001, 993, 1002 f.

679 So auch die ehemalige Rechtsprechung: BGH, Urteil vom 11.7.1968 – VII ZR 63/66, NJW 1968, 1830, 1830; BeckOK-BGB/*Schöpflin*, § 54 Rn. 19 ff.

680 Gottwald/*Gottwald/Adolphsen*, Insolvenzrechts-Handbuch, § 40 Rn. 67.

gleich steht. Er ist also selbst insolvenzfähig. Das bedeutet aber auch, dass er – ob selbst oder durch seine Mitglieder als Gesamthänder – eigenständiges Vermögen haben kann, über das das Insolvenzverfahren eröffnet werden kann. Daher muss sein Vermögen der Insolvenz des Arbeitgebers entzogen sein. Insofern wird in diesem Fall die Insolvenz des Arbeitgebers keinen Einfluss auf die für die Versorgungsverpflichtungen vorgesehenen Vermögensbestandteile haben, der Insolvenzverwalter kann sie nicht zur Masse ziehen.

2. Abschluss einer Rückdeckungsversicherung

Hat der Arbeitgeber eine Direktzusage erteilt, kann er sich gegen die gegen ihn entstehenden Forderungen durch den Abschluss einer Rückdeckungsversicherung absichern. Im Gegensatz zur Direktversicherung (siehe dazu unten unter § 3E., S. 169 ff.) ist der Arbeitgeber bei dieser Versicherung sowohl Versicherungsnehmer als auch Bezugsberechtigter. Das bedeutet, dass er derjenige ist, der die Prämien an die Versicherung zahlt, aber auch derjenige, der die Versicherungsleistungen in Anspruch nehmen kann. Der Arbeitnehmer bzw. Versorgungsberechtigte ist lediglich versicherte Person.[681] Die Sicherung dient hier grundsätzlich nicht dem Versorgungsberechtigten, sondern dem Versorgungszusagenden, also dem Arbeitgeber. Teilweise wird – für die Abgrenzung etwas verwirrend – auch eine auf das Leben eines Gesellschafter-Geschäftsführers abgeschlossene Versicherung, für die ihm ein lediglich widerrufliches Bezugsrecht eingeräumt wurde (und es sich daher um eine Direktversicherung handelt, siehe dazu unten unter § 3B.II.1., S. 172 f.), ebenfalls als Rückdeckungsversicherung deklariert.[682]

Aus einer „klassischen" Rückdeckungsversicherung kann der Arbeitnehmer keine Rechte in der Insolvenz des Arbeitgebers ableiten. Die Rückdeckungsversicherung gehört aus rechtlicher und wirtschaftlicher Sicht zum Arbeitgebervermögen, da dem Versorgungsberechtigten selbst überhaupt keine Rechte an ihr zustehen.[683] Schließlich ist ihre Zwecksetzung lediglich, den Arbeitgeber wegen der auf ihn zukommenden Versorgungsverpflichtungen abzusichern. Diese Zwecksetzung genügt auch nicht, um ein Treuhandverhältnis zugunsten des

681 *Blomeyer/Rolfs/Otto*, Vierter Teil Kapitel A Rn. 28; Braun/*Bäuerle*, § 35 Rn. 29; Terbille/Höra/*Höra/Leithoff*, MAH Versicherungsrecht, § 25 Rn. 320.

682 BGH, Urteil vom 7.4.2005 – IX ZR 138/04, NZI 2005, 384, 384.

683 BAG, Urteil vom 29.7.1967 – 3 AZR 55/66, NJW 1967, 2425, 2425; LAG Saarland, Urteil vom 7.10.1970 – 2 Sa 41/70, DB 1970, 2447; *Blomeyer/Rolfs/Otto*, Vorbemerkung vor §§ 7 – 15 Rn. 32; Förster/Cisch/Karst/*Hock*, § 7 Rn. 19; Gottwald/*Gottwald/Adolphsen*, Insolvenzrechts-Handbuch, § 40 Rn. 75.

Versorgungsberechtigten zu begründen.[684] Daran ändert es auch nichts, wenn der Versorgungsberechtigte für den Fall der Beendigung des Arbeitsverhältnisses einen schuldrechtlichen Anspruch auf Aushändigung des Versicherungsscheins und Übertragung des Versicherungsvertrags haben soll.[685]

In der Praxis werden Rückdeckungsversicherungen aber häufig auch abgeschlossen, um mit der Versicherungssumme unmittelbar auch die Ansprüche des Versorgungsberechtigten zu erfüllen. Dazu werden die Ansprüche aus dem Versicherungsvertrag entweder an den Versorgungsberechtigten abgetreten oder an ihn verpfändet. Bei Versorgungsberechtigten, die nicht unter den Anwendungsbereich des BetrAVG fallen (siehe dazu oben unter § 2C.I.2., S. 73), oder bei Versorgungsansprüchen, die die Höchstgrenze des § 7 Abs. 3 BetrAVG übersteigen (siehe dazu oben unter § 2C.III.4.a., S. 89), erfolgen diese Maßnahmen auch zur Insolvenzsicherung.[686]

a. Abtretung der Ansprüche an den Arbeitnehmer

Werden die Ansprüche aus der Rückdeckungsversicherung (oder auch nur die Bezugsberechtigung) ohne weitere Einschränkung an den Versorgungsberechtigten abgetreten, wandelt sich die Versicherung in eine Direktversicherung um.[687] Denn der Versorgungsberechtigte hat dann die gleiche Stellung wie bei einer Direktversicherung: Er ist derjenige, dem bei Eintritt des Versicherungsfalls die Ansprüche aus der Versicherung zustehen.[688] (Zur Einordnung der Direktversicherung siehe unten unter § 3B., S. 169 ff.) Die Frage, wie genau diese Ansprüche geltend zu machen sind und welche rechtliche Position der Versorgungsberechtigte in dieser Situation inne hat, bedarf der genaueren Betrachtung der verschiedenen Rechtsverhältnisse zwischen Arbeitgeber, Versorgungsberechtigtem und dem Versicherungsunternehmen und wird daher erst im Anschluss an die Einordnung der Direktversicherung vorgenommen (siehe unten unter § 3B.V., S. 260 ff.).

Soll die Abtretung vorgenommen werden, um den Versorgungsberechtigten im Falle der Insolvenz davor zu schützen, dass die Versicherungsleistungen in die Insolvenzmasse fallen, könnten die Ansprüche unter der aufschiebenden Bedingung abgetreten werden, dass über das Vermögen des Arbeitgebers das In-

684 BAG, Urteil vom 29.7.1967 – 3 AZR 55/66, NJW 1967, 2425, 2426; Gottwald/*Gottwald/Adolphsen*, Insolvenzrechts-Handbuch, § 40 Rn. 75.

685 BAG, Urteil vom 29.7.1967 – 3 AZR 55/66, NJW 1967, 2425, 2425.

686 Förster/Cisch/Karst/*Hock*, § 7 Rn. 19.

687 *Blomeyer*, VersR 1999, 653, 654; *Blomeyer/Rolfs/Otto*, § 10 Rn. 18; *Stahlschmidt*, NZI 2006, 375, 378; *Reuter*, GmbHR 2002, 6, 7.

688 Zu den steuerrechtlichen Folgen siehe *Blomeyer/Rolfs/Otto*, Vierter Teil Kap. C Rn. 57 ff.

solvenzverfahren eröffnet wird. So soll sichergestellt werden, dass in diesem Moment dem Arbeitnehmer die Ansprüche aus der Rückdeckungsversicherung zustehen und daraus seine Versorgungsansprüche beglichen werden sollen, die er ansonsten nur als Insolvenz- bzw. Masseforderung geltend machen könnte.

Problematisch ist daran, dass der Forderungsübergang erst in dem Moment stattfinden soll, in dem das Insolvenzverfahren eröffnet wird und damit eigentlich der Insolvenzmasse zustehende Vermögensbestandteile übertragen werden. Das legt die Frage nahe, ob ein solcher Abtretungsvertrag gegen den Grundsatz der Gläubigergleichbehandlung verstößt und daher unter Umständen unwirksam ist oder ob der Insolvenzverwalter in diesem Fall zumindest die Übertragung der Ansprüche nach den Regeln der §§ 129 ff. InsO anfechten kann.

In anderen Fällen sieht nämlich die InsO selbst vor, dass ein an die Eröffnung des Insolvenzverfahrens geknüpfter Rechtsübergang nicht möglich sein soll, um die Insolvenzmasse zu schützen. Die in § 112 InsO vorgesehene Kündigungssperre für Miet- und Pachtverhältnisse soll verhindern, dass dem Insolvenzverwalter diejenigen Gegenstände entzogen werden können, die zur Fortführung oder Sanierung des Unternehmens oder aber auch zur geregelten Abwicklung des Insolvenzverfahrens notwendig sind.[689] Sie dient im Ergebnis dem Schutz der Masse. Daneben wird § 112 InsO aber auch entsprechend auf sogenannte Beendigungsklauseln (auch Auflösungs- oder Rückfallklauseln genannt) angewandt, in denen der Rückfall der Miet- oder Pachtsache bei Eröffnung des Insolvenzverfahrens vorgesehen ist, der Vertrag also unter der auflösenden Bedingung der Eröffnung des Insolvenzverfahrens steht, da ansonsten der Regelungszweck des § 112 InsO umgangen würde.[690] Über den Wortlaut hinaus wird die Vorschrift auch noch auf andere Nutzungsverträge wie z.B. auf Lizenzverträge[691] oder Leasingverträge[692] angewandt.

Auch die durch die Eröffnung des Insolvenzverfahrens aufschiebend bedingte Abtretung der Versicherungsansprüche aus einer Rückdeckgungsversicherung würde den Wert der Insolvenzmasse mindern. Eine bereits bei Erteilung der

689 Braun/*Kroth*, § 112 Rn. 1; MüKo-InsO/*Eckert*, § 112 Rn. 1; Nerlich/Römermann/*Balthasar*, § 112 Rn. 4.

690 Braun/*Kroth*, § 112 Rn. 2; FK-InsO/*Wegener/Eisenbeis/Mues*, § 112 Rn. 18; Gottwald/*Huber*, Insolvenzrechts-Handbuch, § 37 Rn. 18; *Huber*, NZI 1998, 97, 101; K/P/B/*Tintelnot*, § 112 Rn. 13; Möhring/Nicolini/*Lütje*, § 112 UrhG Rn. 15 für Lizenzverträge; MüKo-InsO/*Eckert*, § 112 Rn. 16; zur streitigen Frage, inwieweit § 119 InsO grundsätzlich ein Verbot von Auflösungklauseln außerhalb der in § 112 InsO berücksichtigten Vertragsverhältnisse normiert, vgl. Gottwald/*Huber*, Insolvenzrechts-Handbuch, § 35 Rn. 13.

691 MüKo-InsO/*Eckert*, § 112 Rn. 7 m.w.N.

692 RegE InsO, BT-Drucks. 12/2443, S. 148.

Versorgungszusage erfolgte (unbedingte) Übertragung der Ansprüche führt hingegen im Regelfall weder zur Unwirksamkeit noch zur Anfechtbarkeit der Rechtshandlung. In Frage käme dann in der Regel lediglich eine Anfechtung nach §§ 133, 134 InsO, es sei denn, die Versorgungszusage wurde erst in dem von §§ 130, 131 InsO abgedeckten Zeitraum erteilt. Nach § 133 Abs. 1 InsO kann eine Rechtshandlung, die der Schuldner in den letzten zehn Jahren vor Verfahrenseröffnung oder nach dem Antrag vorgenommen hat, angefochten werden, wenn er dabei den Vorsatz hatte, seine Gläubiger zu benachteiligen, und der andere Teil diesen Vorsatz kannte. Wurde die Abtretung der Ansprüche z.B. bei Abschluss eines Geschäftsführeranstellungsvertrags vorgenommen, so ist diese Vereinbarung in der Regel als Teil des Entgelts zu verstehen, das für die Geschäftsführertätigkeit vereinbart wurde, was bereits keine Gläubigerbenachteiligung darstellt.[693] In Frage käme ein Anfechtung nur dann, wenn diese Vergütung unangemessen hoch und insofern als unentgeltliche Leistung nach § 133 oder 134 InsO einzustufen wäre.[694]

Wird der Abtretungsvertrag jedoch unter der aufschiebenden Bedingung der Eröffnung des Insolvenzverfahrens geschlossen, erfolgt die Abtretung erst im Zeitpunkt der Verfahrenseröffnung. Die Vereinbarung hat das Ziel, den Versorgungsberechtigten für den Fall der Insolvenz – und zwar ausdrücklich nur für diesen Fall – davor zu schützen, dass die Versicherungswerte in die Insolvenzmasse fallen. Dies hat im Umkehrschluss zur Folge, dass der Insolvenzmasse Vermögensbestandteile verloren gehen, die sonst zur gleichmäßigen Gläubigerbefriedigung verwendet werden könnten. Fraglich ist, ob eine solche, die gleichmäßige Gläubigerbefriedigung torpedierende Vereinbarung, Bestand haben sollte.[695]

Bereits das Reichsgericht hatte eine solche Abtretungsvereinbarung, die nur darauf abzielt, dem Gläubiger im Falle der Insolvenz die Möglichkeit zu geben, die Forderung selbst geltend zu machen, für unwirksam befunden.[696] Auch das BAG hat eine Nichtigkeit der Vereinbarung wegen Verstoßes gegen § 134 BGB

---

693 OLG Brandenburg, Urteil vom 13.2.2002 – 7 U 152/01, NZG 2002, 969, 971.

694 OLG Brandenburg, Urteil vom 13.2.2002 – 7 U 152/01, NZG 2002, 969, 971; Uhlenbruck/*Hirte*, § 133 Rn. 14.

695 *Blomeyer*, VersR 1999, 653, 654.

696 RG, Urteil vom 28.1.1918 – IV 359/17, RGZ 92, 105, 109; dem folgend für den Fall des verlängerten Eigentumsvorbehalts BGH, Urteil vom 16.12.1957 – VII ZR 49/57, NJW 1958, 547, 548.

für möglich gehalten, da mit der Vereinbarung der Grundsatz der gleichmäßigen Gläubigerbefriedigung umgangen würde.[697]

Fraglich erscheint dann das Verhältnis der §§ 129 ff. InsO zu einer möglichen Nichtigkeit der Vereinbarung wegen § 134 BGB, welches das BAG wegen der dem Urteil zugrunde liegenden Fallgestaltung jedoch nicht abschließend zu klären hatte. Jedoch schien es eher dazu zu tendieren, der Anfechtung nach §§ 129 ff. InsO als gesetzlicher Spezialregelung den Vorzug zu geben.[698] Auch der BGH – der im Übrigen auch eine Unwirksamkeit wegen § 138 BGB für möglich hält – sieht die Anfechtungsregeln des Insolvenzrechts als vorrangig an.[699] Wendet der Insolvenzverwalter sowohl Nichtigkeit als auch Anfechtbarkeit ein und sind beide Tatbestände gegeben, so soll für die Anfechtungseinrede die Wirksamkeit des Rechtsgeschäfts unterstellt werden.[700]

In der Literatur wird zumeist ein Benachteiligungsvorsatz bejaht, der zur Anfechtbarkeit nach § 133 Abs. 1 InsO führt.[701] Eine Nichtigkeit nach § 134 BGB soll ausgeschlossen sein, weil der Grundsatz der gleichmäßigen Gläubigerbefriedigung für die Zeit vor Insolvenzeröffnung durch die §§ 88, 129 ff. InsO und für die Zeit danach durch die §§ 80 ff., 89 ff. InsO abschließend geschützt wird.[702] In Frage käme höchstens eine Nichtigkeit nach § 138 BGB, die aber nur dann zu bejahen ist, wenn zu den die Anfechtbarkeit begründenden Tatsachen noch weitere Umstände hinzutreten, die die Sittenwidrigkeit begründen.[703] Das bedeutet, dass Sittenwidrigkeit nur dann anzunehmen ist, wenn beim Wegdenken der Gläubigerbenachteiligungsabsicht die restlichen sittenwidrigen Umstände das Rechtsgeschäft insgesamt als sittenwidrig erscheinen lassen.[704]

Im Ergebnis wird also eine Abtretung der Versicherungsansprüche an den Versorgungsberechtigten unter der aufschiebenden Bedingung des Eintritts des Insolvenzfalls zur Anfechtbarkeit führen, wenn die sonstigen Voraussetzungen des § 133 Abs. 1 InsO gegeben sind.

---

697 BAG, Urteil vom 16.6.1978 – 3 AZR 783/76, AP KO § 30 Nr. 4; jedoch schloss es in diesem Zusammenhang ausdrücklich eine Unwirksamkeit wegen Sittenwidrigkeit nach § 138 BGB aus.

698 BAG, Urteil vom 16.6.1978 – 3 AZR 783/76, AP KO § 30 Nr. 4.

699 BGH, Urteil vom 18.2.1993 – IX ZR 129/92, NJW 1993, 1640, 1641 m.w.N.

700 BGH, Urteil vom 11.6.1992 – IX ZR 255/91, NJW 1992, 2483, 2484; Urteil vom 18.2.1993 – IX ZR 129/92, NJW 1993, 1640, 1641.

701 MüKo-InsO/*Kayser*, § 133 Rn. 28; Uhlenbruck/*Hirte*, § 133 Rn. 14; *Huhn/Bayer*, ZIP 2003, 1965, 1966 m.w.N.; a.A.: *Beinert/Hennerkes/Binz/Rauser*, DB 1980, 2323, 2326; *Häsemeyer*, Rn. 10.23.

702 MüKo-InsO/*Kirchhof*, Vorb. vor. §§ 129 bis 147, Rn. 49.

703 BGH, Urteil vom 20.6.1996 – IX ZR 314/95, ZIP 1996, 1475, 1475.

704 *Huhn/Bayer*, ZIP 2003, 1965, 1966.

b. *Verpfändung des Bezugsrechts an den Arbeitnehmer*

Eine weitere Art, auch den Versorgungsberechtigten von der Rückdeckungsversicherung profitieren zu lassen, ist die Verpfändung der Versicherungsleistungen an ihn. Vorteil gegenüber der Abtretung der Ansprüche ist, dass sich die ursprüngliche Forderung nicht in eine Direktversicherung (mit allen steuerrechtlichen Konsequenzen) umwandelt, da das Pfandrecht dem Pfändungsgläubiger gegenwärtig keine Rechte gewährt, die einen Zugriff auf die Versicherungsleistungen ermöglichen würden.[705] Die Verpfändung der Ansprüche hat gemäß § 50 Abs. 1 InsO zur Folge, dass der Versorgungsberechtigte in der Insolvenz ein Recht zur abgesonderten Befriedigung hat. (Siehe dazu unten unter § 3B.V.2.. S. 263 ff.)

Zur wirksamen Verpfändung des Versicherungsanspruchs ist neben der Einigung zwischen Versicherungsnehmer und Pfandrechtsgläubiger (§§ 1273, 1274 Abs. 1 BGB) die Anzeige der Pfandrechtsbestellung gegenüber dem Versicherungsunternehmen als Schuldner des verpfändeten Anspruchs nach § 1280 BGB erforderlich. Die allgemeinen Bedingungen für Lebensversicherungen (ALB) sehen in § 9 Abs. 4 vor, dass die Anzeige schriftlich durch den bisherigen Berechtigten erfolgt.[706] Im Unterschied zur Abtretung ist also die Benachrichtigung des Versicherungsunternehmens auch nach dem BGB erforderlich – für die Abtretung ergibt sie sich jedoch nur aus § 13 Abs. 4 ALB.

Die Anfechtbarkeit einer solchen Pfandrechtsbestellung richtet sich nach den oben zur Abtretung genannten Grundsätzen.[707] Erfolgt die Bestellung des Pfandrechts also unter der aufschiebenden Bedingung des Eintritts des Insolvenzfalls, kann auch hier von einer Anfechtbarkeit nach § 133 Abs. 1 InsO ausgegangen werden, wenn dessen sonstige Voraussetzungen vorliegen.

3. Contractual Trust Arrangements (CTAs)

Bei den nach ihren angloamerikanischen Vorbildern benannten Contractual Trust Arrangements (CTAs) handelt es sich um Treuhandmodelle, die die Auslagerung von Pensionsverpflichtungen zur Verbesserung der bilanziellen Kennziffern von Unternehmen zum Ziel haben.[708] Diese Treuhandmodelle sind zwar in ihrer Ausgestaltung nicht gesetzlich geregelt, die Folgen, die sich aus Sicht

---

705 *Stahlschmidt*, NZI 2006, 375, 378.

706 Die „Allgemeinen Bedingungen für kapitalbildende Lebensversicherungen“, Stand 1.10.2013, sind abrufbar unter http://www.gdv.de/wp-content/uploads/2014/01/01-GDV-Musterbedingung-LV-kapitalbildende-Lebensversicherung-2013-n.pdf (20.1.2014).

707 OLG Brandenburg, Urteil vom 13.2.2002 – 7 U 152/01, NZG 2002, 969, 970 f.

708 *Rolfs/Schmid*, ZIP 2010, 701, 701.

der Unternehmen aus ihnen für ihre Handelsbilanz ergeben, hingegen schon: Seit Inkrafttreten des BilMoG[709], mit dem § 246 Abs. 2 S. 2 HGB eingeführt wurde, gilt dies auch für die Rechnungslegung nach dem HGB. Entgegen dem Grundsatz, dass Posten der Aktivseite nicht mit Posten der Passivseite verrechnet werden dürfen (§ 246 Abs. 2 S. 1 HGB), sind nun „Vermögensgegenstände, die dem Zugriff aller übrigen Gläubiger entzogen sind und ausschließlich der Erfüllung von Schulden aus Altersversorgungsverpflichtungen oder vergleichbaren langfristig fälligen Verpflichtungen dienen, (…) mit diesen Schulden zu verrechnen" (§ 246 Abs. 2 S. 2 HGB).[710] Das Unternehmen hat damit die Möglichkeit, seine Bilanzkennziffern zu verbessern, wodurch ein günstigeres Kreditrating ermöglicht wird.[711]

Neben diesen aus betriebswirtschaftlicher Sicht interessanten Auswirkungen sind CTAs aber auch unter dem Gesichtspunkt der Insolvenzsicherung von Pensionsverpflichtungen zu beachten. Es gibt im Allgemeinen zwei verschiedene Formen von CTAs: die Form einer einseitigen Treuhand (auch Verpfändungsmodell genannt) und die Form einer doppelseitigen Treuhand. Treugeber ist dabei immer der Versorgungsverpflichtete, also der Arbeitgeber. Treuhänder ist ein eigenständiger Rechtsträger, für den zumeist die Form des eingetragenen Vereins gewählt wird.[712] Vereinszwecke des Treuhand-Vereins sollten dabei die fremdnützige Verwaltung des Treuhandvermögens und die Auszahlung des Treuhandvermögens an die Versorgungsverpflichteten im Falle des Eintritts des Versorgungsfalls sein.[713] Neben den positiven bilanziellen Aspekten ist Sinn und Zweck der CTAs also auch, die Versorgungsansprüche der Versorgungsberechtigten für den Fall der Insolvenz des Arbeitgebers zu schützen. Wie dies passiert, ist abhängig von der gewählten Art des Treuhandmodells.

a. Einseitige Treuhand (Verpfändungsmodell)

Wird für die CTAs die Form einer einseitigen Treuhand gewählt, besteht zwischen Treugeber und Treuhänder eine echte Verwaltungstreuhand. Dieser liegt der zwischen Arbeitgeber als Treugeber und dem Treuhänder abzuschließende Treuhandvertrag zugrunde, der rechtlich als Auftrag oder als Geschäftsbesor-

709 Gesetz zur Modernisierung des Bilanzrechts – Bilanzrechtsmodernisierungsgesetz (BilMoG) vom 25.5.2009, BGBl. I S. 1102.

710 Siehe dazu ausführlich – und auch zu den vorher bereits bestehenden Regeln der Rechnungslegung nach IFRS – *Keßler*, Pensionsverpflichtungen nach neuem HGB und IFRS, 2010.

711 *Rolfs/Schmid*, ZIP 2010, 701, 701.

712 Vgl. *Küppers/Louven*, BB 2004, 337, 338 f., die auch die Form einer GmbH vorschlagen.

713 *Rößler*, BB 2010, 1405, 1406.

gungsvertrag nach §§ 662 bzw. 675 BGB einzuordnen ist.[714] Bei einer echten Verwaltungstreuhand werden Vermögensgegenstände vom Treugeber auf den Treuhänder übertragen – im Gegensatz zur unechten Verwaltungstreuhand, bei der Vermögensgegenstände ohne dingliche Rechtsänderung lediglich zur Verwaltung übergeben werden.[715] Diese Übertragung erfolgt jedoch nur, damit der Treuhänder das Vermögen nach den Weisungen des Treugebers verwaltet, wobei im Fall der CTAs es den Treuhändern meist gestattet wird, die Verwaltung des Treuhandvermögens einem externen Vermögensverwalter zu übergeben.[716]

(1) Insolvenzrechtliche Zuordnung des Treuhandvermögens

Nach herrschender Meinung wird das Treuhandvermögen einer echten Verwaltungstreuhand trotz der dinglich an und für sich eindeutigen Rechtslage in der Insolvenz des Treugebers dessen Vermögen und damit der Insolvenzmasse zugeordnet.[717] Die Begründungen hierzu sind unterschiedlicher Natur. Teilweise wird darauf verwiesen, dass der Treugeber trotz der dinglichen Übertragung der Vermögensmasse bei wirtschaftlicher Betrachtungsweise weiterhin deren Inhaber bleibt und sie daher weiterhin haftungsrechtlich ihm zuzuordnen ist.[718] Andere verweisen auf den der Verwaltungstreuhand zugrunde liegenden Auftrag oder Geschäftsbesorgungsvertrag, der mit Eröffnung des Insolvenzverfahrens nach §§ 115, 116 InsO erlischt, ohne dass er hierzu einer Kündigung oder ähnlichem durch den Insolvenzverwalter bedürfte.[719] Infolgedessen muss der Treuhänder das Treuhandvermögen nach §§ 675 Abs. 1, 667 BGB bzw. §§ 662, 667 BGB an den Insolvenzverwalter des Treugebers herausgeben. Im Falle der Insolvenz des Treugebers soll der Insolvenzverwalter also die Herausgabe auf Grundlage des Herausgabeanspruchs in Verbindung mit der dinglichen Komponente des Treuhandvertrags verlangen können.[720] In der Insolvenz des Treuhän-

---

714 Vgl. zu dessen Inhalt: *Rößler*, BB 2010, 1405, 1406 f.; *Rolfs/Schmid*, ZIP 2010, 701, 701.

715 Gottwald/*Gottwald/Adolphsen*, Insolvenzrechts-Handbuch, § 40 Rn. 34.

716 *Rolfs/Schmid*, ZIP 2010, 701, 702.

717 BGH, Urteil vom 25. 4. 1962 – VIII ZR 43/61, NJW 1962, 1200, 1201; FK-InsO/*Imberger*, § 47 Rn. 49; Gottwald/*Gottwald/Adolphsen*, Insolvenzrechts-Handbuch, § 40 Rn. 36; *Häsemeyer*, Rn 11.15 b; Jaeger/*Henckel*, § 47 Rn. 69; MüKo-InsO/*Ganter*, § 47 Rn. 371; Uhlenbruck/*Brinkmann*, § 47 Rn. 34.

718 Gottwald/*Gottwald/Adolphsen*, Insolvenzrechts-Handbuch, § 40 Rn. 36; Jaeger/*Henckel*, § 47 Rn. 69; Uhlenbruck/*Brinkmann*, § 47 Rn. 34.

719 BGH, Beschluss vom 12.7.2012 - IX ZR 213/11, NZI 2012, 803, 804.

720 FK-InsO/*Imberger*, § 47 Rn. 49; *Häsemeyer*, Rn 11.15 b; MüKo-InsO/*Ganter*, § 47 Rn. 371; ähnlich: BGH, Urteil vom 25. 4. 1962 - VIII ZR 43/61, NJW 1962, 1200, 1201.

ders wird dem Treugeber dieser Zuordnung entsprechend ebenfalls ein Aussonderungsrecht nach § 47 InsO zugesprochen.[721]

(2) Verpfändung des Herausgabeanspruchs

Die zwischen Arbeitgeber und dem Treuhänder bestehende Verwaltungstreuhand hat aus Sicht der Versorgungsberechtigten daher zunächst keine Sicherungswirkung für ihre Versorgungsansprüche. Im Rahmen einer einseitigen Treuhand wird diese Sicherung durch die Verpfändung des Herausgabeanspruchs des Arbeitgebers gegen den Treuhänder an den Arbeitnehmer erzielt.[722] Voraussetzung hierfür ist die dingliche Einigung bzgl. der Pfandrechtsbestellung zwischen dem Arbeitgeber als Treugeber und den Versorgungsberechtigten als Pfandgläubiger (§§ 1274 Abs. 1 S. 1, 398 BGB) sowie die Anzeige der Verpfändung an den Dritten, also den Treuhänder (§ 1280 BGB). Erforderlich ist daher grundsätzlich, dass jeder einzelne Versorgungsberechtigte sich mit dem Arbeitgeber über die Verpfändung des Anspruchs einigt. Da dies einen großen praktischen Aufwand mit sich bringt, kann das sogenannte „Vertretungsmodell"[723] die aus Praxissicht praktikablere Lösung darstellen: Dabei tritt der Treuhänder als Vertreter ohne Vertretungsmacht für die einzelnen Versorgungsberechtigten auf und einigt sich im Namen der Versorgungsberechtigten mit dem Arbeitgeber über die Verpfändung des Anspruchs.[724] Teilweise wird auch der Betriebsrat als vollmachtloser Vertreter der Arbeitnehmer vorgeschlagen.[725] Das Pfandrecht entsteht dann in dem Moment, in dem der einzelne Versorgungsberechtigte der Verpfändung zustimmt, und zwar rückwirkend auf den Zeitpunkt der Einigung zwischen Arbeitgeber und Treuhänder bzw. Betriebsrat (§§ 171 Abs. 1, 184 Abs. 1 BGB). Um die Vorteile, die den Versorgungsberechtigten aus dieser Pfandrechtsbestellung erwachsen, auch gegenüber dem Arbeitgeber kondiktionsfest zu machen, muss die Versorgungsabrede um eine Sicherungsabrede ergänzt werden, da unter normalen Umständen die Versorgungszusage des Arbeitgebers nicht die Verpflichtung umfasst, für die sich aus ihr ergebenden Ansprüche auch eine Sicherung zu schaffen.[726]

Im Falle der Insolvenz des Arbeitgebers steht dem Versorgungsberechtigten aufgrund des Pfandrechts dann ein Absonderungsrecht nach § 50 Abs. 1 InsO an

---

721 HM: MüKo-InsO/*Ganter*, § 47 Rn. 369 m.w.N.; aA: *Fridgen*, ZInsO 2004, 530, 536 ff.

722 *Küppers/Louven*, BB 2004, 337, 340; *Rößler*, BB 2010, 1405, 1408; *Rolfs/Schmid*, ZIP 2010, 701, 702.

723 *Rolfs/Schmid*, ZIP 2010, 701, 702.

724 *Küppers/Louven*, BB 2004, 337, 341; *Rolfs/Schmid*, ZIP 2010, 701, 702.

725 *Rößler*, BB 2010, 1405, 1408.

726 *Rolfs/Schmid*, ZIP 2010, 701, 702.

der verpfändeten Forderung zu. Was das konkret für den Versorgungsberechtigten bedeutet, hängt davon ab, ob der Versorgungsfall bereits eingetreten, die durch das Pfandrecht gesicherte Forderung also bereits fällig ist.

(a) Bereits eingetretener Versorgungsfall

Ist der Versorgungsfall bereits eingetreten, besteht wegen der Fälligkeit des gesicherten Anspruchs bereits Pfandreife (§§ 1282 Abs. 1, 1228 Abs. 2 BGB). Teilweise wird – sogar mit Verweis auf § 1228 Abs. 2 BGB - angenommen, dass bereits mit Eröffnung des Insolvenzverfahrens Pfandreife besteht.[727] Die (teilweise) Fälligkeit des Versorgungsanspruchs des Versorgungsberechtigten, für den das Pfandrecht bestellt wurde, ist grundsätzlich aber nicht von der Insolvenz des Arbeitgebers, sondern vom Eintritt des Versorgungsfalls abhängig, es sei denn, die Versorgungszusage sieht auch die Fälligkeit des Anspruchs im Falle der Insolvenz des Arbeitgebers vor. Ob in diesem Fall jedoch noch von einer betrieblichen Altersversorgung i.S.d. § 1 Abs. 1 S. 1 BetrAVG auszugehen ist, ist wegen der Erforderlichkeit des Versorgungszwecks der Alters-, Hinterbliebenen oder Invaliditätsicherung fraglich (siehe dazu oben unter § 2A.I.1., S. 9 f.). Daher ist im Regelfall davon auszugehen, dass Pfandreife mit Eintritt des Versorgungsfalls eintritt.

Besteht bereits Pfandreife, kann grundsätzlich gemäß § 1282 Abs. 1 S. 1 BGB der Pfandgläubiger, also der Versorgungsberechtigte, die Forderung einziehen. Dies hat gemäß § 1287 BGB zur Folge, dass der Schuldner an den Gläubiger den Gegenstand leistet und der Pfandgläubiger dann ein Pfandrecht an dem geleisteten Gegenstand als Surrogat erwirbt. In der Insolvenz ergibt sich das Verwertungsrecht des Pfandrechtsgläubigers an der verpfändeten Forderung aus § 173 Abs. 1 InsO. Daran ändert nach herrschender Meinung auch § 166 Abs. 2 InsO nichts, der ein Verwertungsrecht des Insolvenzverwalters für zur Sicherung abgetretene Forderungen vorsieht, da dieser auf die Verpfändung von Forderungen keine Anwendung findet.[728] Der Gesetzgeber begründete diese Ungleichbehandlung von Sicherungsabtretung und Pfandrechtsbestellung an einer Forderung damit, dass für die Bestellung des Pfandrechts nach § 1280 BGB die Kenntnis des Schuldners (hier CTA) notwendig sei, dieser daher mit der Einziehung der Forderung durch den Pfandrechtsgläubiger (hier Arbeitnehmer) rech-

727 *Rößler*, BB 2010, 1405, 1408.

728 BGH, Urteil vom 7.4.2005 - IX ZR 138/04, NZI 2005, 384, 385; Urteil vom 11.7.2002 – IX ZR 262/01, NZI 2002, 599, 599f.; LG Tübingen, Urteil vom 17. 11. 2000 – 4 0 233/00, NZI 2001, 263, 264; FK-InsO/*Wegener*, § 166 Rn. 9; MüKo-InsO/*Tetzlaff*, § 166 Rn. 24; Nerlich/Römermann/*Becker*, § 166 Rn. 38; Uhlenbruck/*Brinkmann*, § 166 Rn. 13.

nen müsse und die Einziehung durch den Insolvenzverwalter daher keine praktischen Vorteile brächte.[729] Dies wurde in der Literatur teilweise kritisiert und eine analoge Anwendung des § 166 Abs. 2 InsO auf Pfandrechte vorgeschlagen.[730] Dies ist aber angesichts des eindeutigen Wortlauts des § 166 Abs. 2 InsO sowie der Begründung in den Gesetzesmaterialien abzulehnen.[731]

Die Versorgungsberechtigten sind also zur Einziehung des Herausgabeanspruchs nach § 173 Abs. 1 InsO berechtigt, soweit der Versorgungsfall bereits eingetreten ist. Machen sie diesen geltend, hat das zur Folge, dass die dem Treuhandvermögen zuzuordnenden Vermögensgegenstände zwar ins Eigentum des Treugebers fallen, die Versorgungsberechtigten aber an den herausgegebenen Vermögensgegenständen im Wege der dinglichen Surrogation ein Ersatzpfandrecht erlangen (§ 1287 S. 1 BGB).[732] Fraglich ist hierbei, ob das Verwertungsrecht, was sich für den Versorgungsberechtigten für die Herausgabeforderung aus § 173 Abs. 1 InsO ergeben hat, auch an den mit dem „Ersatzpfandrecht" behafteten Gegenständen fortsetzt oder ob das Verwertungsrecht nach den allgemeinen Vorschriften neu bestimmt werden muss. Dann wäre es davon abhängig, welche Arten von Vermögensgegenständen in dem Treuhandvermögen vorhanden sind.

Rolfs/Schmid[733] gehen davon aus, dass das aus dem Herausgabeanspruch resultierende Verwertungsrecht aus § 173 Abs. 1 InsO auch an dem Ersatzpfandrecht an den herausgegebenen Vermögensgegenständen weiter besteht. *Küppers/Louven*[734] differenzieren danach, welcher Gegenstand von dem Ersatzpfandrecht betroffen ist: Bei Sachen soll regelmäßig der Pfandgläubiger selbst das Verwertungsrecht innehaben, weil der Insolvenzverwalter die Sache regelmäßig nicht in Besitz haben wird (§§ 50, 166 Abs. 1 InsO), bei Geldforderung soll das Verwertungsrecht regelmäßig dem Insolvenzverwalter zustehen (§§ 50,

---

729 RegE InsO, BT-Drucks. 12/2443, S. 187 f.

730 *Marotzke*, ZZP 109 (1996), 429, 447 f.

731 Eine andere sich daraus ergebende Frage ist, ob angesichts der Argumentation der Offenlegung gegenüber dem Schuldner als Begründung für das Verwertungsrecht des Pfandrechtsgläubigers der Zessionar einer Sicherungsabtretung nicht auch ein eigenes Verwertungsrecht dadurch erlangen kann, dass er dem Schuldner gegenüber die Sicherungszession anzeigt; siehe dazu Nerlich/Römermann/*Becker*, § 166 Rn. 39 ff. Dies war zunächst auch im Entwurf der InsO so vorgesehen (siehe § 191 Abs. 2 RegE InsO, BT-Drucks. 12/2443, S. 39), wurde aber aufgrund der Beschlussempfehlung des Rechtsausschusses nicht übernommen, da befürchtet wurde, dass es Abgrenzungsschwierigkeiten geben könnte, bis zu welchem Zeitpunkt die Anzeige vorgelegen haben muss (Beschlussempfehlung des Rechtsausschusses zur InsO, BT-Drucks. 12/7302, S. 176).

732 *Rolfs/Schmid*, ZIP 2010, 701, 704.

733 *Rolfs/Schmid*, ZIP 2010, 701, 704.

734 *Küppers/Louven*, BB 2004, 337, 341.

166 Abs. 2 InsO). Letzteres dürfte allerdings fraglich sein, weil die Abtretung der Forderung an den Treuhänder regelmäßig nicht zur Sicherung eines Anspruchs des Treuhänders erfolgt, sondern sie dem Treuhänder zur Verwaltung im Rahmen des Treuhandverhältnisses übertragen wird. Sonst würde für den Treuhänder auch ein Absonderungsrecht nach § 51 Nr. 1 InsO an der Forderung bestehen. Nur im Falle der Sicherungszession greift aber das Verwertungsrecht des Insolvenzverwalters nach § 166 Abs. 2 InsO. Das Absonderungsrecht an der Forderung, die dem Treuhandvermögen angehört, ergibt sich nur aufgrund des an ihr gemäß § 1287 BGB konstruierten Ersatzpfandrechts. Es handelt sich daher nicht um eine vom Schuldner zur Sicherung eines Anspruchs abgetretene Forderung i.S.d. § 166 Abs. 2 InsO: Unterschiede werden sich also nur wegen § 166 Abs. 1 InsO dann ergeben, wenn der Insolvenzverwalter Gegenstände aus dem Treuhandvermögen in Besitz hat.

Für den Pfandrechtsgläubiger kann die Frage, ob er selbst oder der Insolvenzverwalter zu Verwertung berechtigt ist, von großer finanzieller Bedeutung sein. Erstens hat er es dann selbst in der Hand, einen möglichst hohen Erlös aus der Verwertung zu erzielen. Zweitens ist bei einer Verwertung durch den Insolvenzverwalter der Erlös grundsätzlich von vorneherein um die Kosten der Feststellung und der Verwertung des Gegenstandes gemindert, da diese gemäß § 170 Abs. 1 InsO vorweg aus dem Verwertungserlös für die Insolvenzmasse zu entnehmen sind und nur der verbleibende Betrag an den absonderungsberechtigten Gläubiger auszukehren ist. Dieser zu entnehmende Kostenbeitrag umfasst für die Kosten der Feststellung 4 % des Verwertungserlöses (§ 171 Abs. 1 InsO) und für die Kosten der Verwertung 5 % des Verwertungserlöses (§ 171 Abs. 2 InsO), es sei denn, die Kosten sind tatsächlich erheblich höher bzw. erheblich tiefer. Zusätzlich ist nach § 171 Abs. 2 S. 3 InsO die wegen der Verwertung eventuell anfallende Umsatzsteuer, die sonst zu einer Belastung der Masse führen würde, ebenfalls aus dem Verwertungserlös zu entnehmen. In der Regel führt eine Verwertung durch den Insolvenzverwalter also zu einer Verringerung des Verwertungserlöses von 9 % plus Umsatzsteuer.

Die Vorschrift des § 1287 BGB führt zu einem Ersatzpfandrecht an den Gegenständen, das an die Stelle des ursprünglichen Pfandrechts an der Forderung tritt. Dies ist erforderlich, weil ansonsten mit Erfüllung des Anspruchs durch den Schuldner der verpfändeten Forderung diese nach § 362 BGB untergeht und damit auch das Pfandrecht als akzessorisches Sicherungsrecht keinen Bestand mehr hat.[735] § 166 Abs. 1 InsO ist auf besitzlose Mobiliarsicherheiten ausgerichtet und hat das Ziel, bei Unternehmensfortführung zu verhindern, dass der Sicherungsgläubiger den Gegenstand verwerten und damit das für die Fortführung

735 MüKo-BGB/*Damrau*, § 1287 Rn. 2.

des Betriebs oder die Gesamtveräußerung des Betriebs erforderliche Betriebsvermögen auseinanderreißen kann.[736] Das sich aus § 1287 BGB ergebende Pfandrecht an einem Gegenstand hat jedoch einen anderen Ursprung, die Sicherung bestand zuvor an einer Herausgabeforderung gegenüber dem Treuhänder für Gegenstände, die sowieso zur Finanzierung der durch das Pfandrecht abgesicherten Versorgungsansprüche vorgesehen waren. Diese Gegenstände waren dem Treuhänder zur Verwaltung und nicht zur Sicherung eines Anspruchs übertragen worden. Sollte der Insolvenzschuldner im Besitz eines solchen Gegenstandes sein, ist die Situation eine völlig andere als die dem § 166 Abs. 1 InsO zugrunde liegende. Aus ihm sollte sowieso die Forderung des Pfandrechtsgläubigers befriedigt werden. Daher besteht kein Grund, dem Pfandgläubiger seine sich aus dem ursprünglichen Pfandrecht ergebende Stellung als Verwertungsberechtigter wieder zu entreißen. Schließlich soll sich das Pfandrecht, das an der Forderung bestand, an dem geleisteten Gegenstand fortsetzen.[737] Und dieses ursprüngliche Pfandrecht gewährte dem Versorgungsberechtigten nun einmal ein eigenes Verwertungsrecht.

(b) Noch nicht eingetretener Versorgungsfall

Ist der Versorgungsfall noch nicht eingetreten, besteht keine Pfandreife nach §§ 1282 Abs. 1, 1228 Abs. 2 BGB. Die Versorgungsansprüche sind aufschiebend bedingt durch den Eintritt des Versorgungsfalls, so dass sie im Insolvenzfall zwar grundsätzlich in voller Höhe berücksichtigt werden, aber nach vorzugswürdiger Ansicht nur zu einer Hinterlegung durch den Insolvenzverwalter nach §§ 191 Abs. 1, 198 InsO führen. Auf den PSV übergegangene Anwartschaften werden hingegen gemäß § 9 Abs. 2 S. 3 BetrAVG als unbedingte Forderungen nach § 45 InsO geschätzt und nehmen unmittelbar an der Verteilung teil (siehe dazu oben unter § 3A.III.2.b., S. 115).

Zu beachten ist, dass die Fälligstellung der Anwartschaften, die auf den PSV übergegangen sind, durch § 9 Abs. 2 S. 3 BetrAVG keine Auswirkungen auf die Frage der Pfandreife des Pfandrechts der Versorgungsberechtigten an dem Herausgabeanspruch hat. Diese Regelung soll lediglich die Stellung in der Verteilung im Insolvenzverfahren modifizieren, nicht aber auch den vorzeitigen Zugriff auf anderweitig bestehende Sicherungsrechte ermöglichen.[738] Das bedeutet für den Versorgungsberechtigten, dass für sein Pfandrecht, das für durch den PSV geschützte Anwartschaften besteht, ebenfalls keine Pfandreife besteht.

---

736 Braun/*Dithmar*, § 166 Rn. 1; MüKo-InsO/*Tetzlaff*, § 166 Rn. 2.

737 Jaeger/*Henckel*, § 50 Rn. 8.

738 *Rolfs/Schmid*, ZIP 2010, 701, 704.

Verwertungsrechtlich hat dies allgemein zur Folge, dass der Pfandgläubiger nach § 1281 S. 2 BGB nur Leistung an ihn und den Gläubiger gemeinschaftlich verlangen kann. Zu beachten ist hierbei, dass mit Forderungsübergang auf den PSV gemäß § 9 Abs. 2 S. 1 BetrAVG auch akzessorische Sicherungsrechte wie das Pfandrecht für die Versorgungsansprüche gemäß §§ 412, 401 Abs. 1 BGB mit auf den PSV übergehen.[739] Insofern wird dann der PSV auch Pfandgläubiger.

Es stellt sich die Frage, ob diese Art der „privaten" Sicherung der Versorgungsansprüche Auswirkungen auf die Leistungspflicht des PSV gegenüber den Versorgungsberechtigten hat. § 7 Abs. 4 BetrAVG bestimmt, dass ein Anspruch auf Leistung gegen den PSV sich insoweit vermindert, wie der Arbeitgeber oder ein sonstiger Träger der Versorgung die Leistungen erbringt. Fraglich ist, ob auch der Treuhänder ein solcher „anderer Versorgungsträger" ist. Dann würde in erster Linie der Treuhänder die Versorgungsleistungen erbringen und der PSV nur subsidiär für die restlichen Ansprüche einstehen.

Ob dies der Fall ist, ist umstritten. Dagegen spricht, dass der Treuhänder kein gesetzlich anerkannter Versorgungsträger i.S.d. BetrAVG ist. Die CTAs sind kein gesetzlich anerkannter Durchführungsweg der betrieblichen Altersversorgung und erbringen auch keine Leistungen der betrieblichen Altersversorgung i.S.d. § 1 Abs. 1 S. 1 BetrAVG, denn ihre Leistungen beruhen nicht auf einer Versorgungszusage, sondern auf dem Eintritt der Pfandreife.[740] Teilweise wird dies auch damit begründet, dass aufgrund von § 9 Abs. 2 BetrAVG die akzessorischen Sicherungsrechte mit auf den PSV übergingen und daher Leistungen aus der Verwertung von Sicherungsrechten als Leistungen i.S.d. § 7 Abs. 4 BertAVG nur bei nicht akzessorischen Sicherungsrechten in Betracht kämen.[741] Andere[742] gehen davon aus, dass § 7 Abs. 4 BetrAVG gegenüber § 9 Abs. 2 BetrAVG eine vorrangige Regelung darstellt: Obwohl der Anspruch nach § 9 Abs. 2 BetrAVG auf den PSV übergegangen ist, soll der Treuhänder aufgrund von § 7 Abs. 4 BetrAVG trotz Kenntnis vom Anspruchsübergang und damit entgegen § 407 Abs. 1 BGB schuldbefreiend an den Versorgungsberechtigten leisten können. § 9 Abs. 2 S. 2 BetrAVG, wonach der Anspruchsübergang nicht zum Nachteil des Versorgungsberechtigten geltend gemacht werden kann, hindere den PSV dann an der Geltendmachung des Anspruchsübergangs, solange

739 *Rößler*, BB 2010, 1405, 1412 f.; für die Bürgschaft siehe BGH, Urteil vom 9.3.1981 – II ZR 171/79, AP BetrAVG § 17 Nr. 6.

740 *Rößler*, BB 2010, 1405, 1413.

741 Förster/Cisch/Karst/*Hock*, § 7 Rn. 35.

742 *Blomeyer/Rolfs/Otto*, § 7 Rn. 272a.

der Treuhänder leiste. Systematischer Zusammenhang und Normzweck sprächen daher im Sicherungsinteresse des Versorgungsberechtigten einerseits und im Interesse des PSV an einer effizienten und kostengünstigen Abwicklung der Insolvenzsicherung andererseits dafür, den Treuhänder als „sonstigen Versorgungsträger“ anzuerkennen.[743] Dafür, dass der Kreis der „sonstigen Versorgungsträger“ i.S.d. § 7 Abs. 4 BetrAVG nicht auf die gesetzlich vorgesehenen Durchführungswege beschränkt sein soll, spricht auch die Rechtsprechung des BGH zu Rückdeckungsversicherungen. Auch diese werden als „sonstige Versorgungsträger“ i.S.d. Vorschrift anerkannt.[744]

Die auf nicht durch den PSV insolvenzgeschützte Anwartschaften (als lediglich aufschiebend bedingte Forderungen) bei der Verteilung entfallenden Mittel sind nach vorzugswürdiger Ansicht vom Insolvenzverwalter nach §§ 191 Abs. 1, 198 InsO zu hinterlegen und erst bei Eintritt des Versorgungsfalls an den Versorgungsberechtigten auszukehren (siehe oben unter § 3A.III.2.b(1), S. 116 ff.). Daran ändert auch ein für diese Forderungen bestehendes Pfandrecht nichts. Das für den Inhaber eines Sicherungsrechts bestehende Absonderungsrecht in der Insolvenz führt nicht dazu, dass er vor Fälligkeit der Forderung, für die das Sicherungsrecht besteht, und damit im Fall des Pfandrechts vor Eintritt der Pfandreife, Befriedigung aus der Sicherheit verlangen kann. Dies hat der BGH für den Fall einer Sicherungsabtretung entschieden: Der Gläubiger ist nur dann gemäß § 170 Abs. 1 S. 2 InsO aus dem eingezogenen Betrag unverzüglich zu befriedigen, wenn die Sicherheit auch ohne die Insolvenz verwertungsreif gewesen wäre. Ist der Sicherungsfall noch nicht eingetreten, so müssen die erforderlichen Erlösanteile aus der Verwertung des Absonderungsgutes entsprechend §§ 191 Abs. 1 InsO vom Insolvenzverwalter zurückbehalten werden.[745] Nichts anderes kann für den Erlös, der sich aus einer verpfändeten Forderung ergibt, gelten. Zum einen ist nicht ersichtlich, weshalb ein Pfandgläubiger, dessen Forderung aufschiebend bedingt ist und daher nur zur Sicherung berechtigt, aus dem Erlös der Verwertung des Absonderungsgutes bereits befriedigt werden sollte, obwohl noch gar nicht feststeht, ob der Sicherungsfall jemals eintritt. Zum anderen kann den Insolvenzgläubigern auch nicht das Risiko auferlegt werden, dass der Erlös

743 *Blomeyer/Rolfs/Otto*, § 7 Rn. 272a.

744 BGH, Urteil vom 28.09.1981 – II ZR 181/80, AP BetrAVG § 7 Nr. 12.

745 BGH, Urteil vom 11.12.2008 – IX ZR 194/07, NZI 2009, 165, 166 f. für den Fall der Sicherungszession; für eine verpfändete Rückdeckungsversicherung mit dem gleichen Ergebnis: BGH, Urteil vom 7.4.2005 – IX ZR 138/04, NJW 2005, 2231, 2233; Urteil vom 10. 7. 1997 – IX ZR 161/96, NJW 1998, 312, 314; *Küppers/Louven*, BB 2004, 337, 341; *Rolfs/Schmid*, ZIP 2010, 701, 704.

an den Absonderungsberechtigten ausgekehrt wird, die Bedingung für den gesicherten Anspruch und damit Pfandreife dann aber doch nicht eintritt, und der Insolvenzverwalter den Anspruch auf Rückgabe der freigewordenen Sicherheit dann gegen den Pfandgläubiger nicht durchsetzen kann.[746]

Es stellt sich nun noch die Frage, wem in diesem Fall das Verwertungsrecht an der verpfändeten Forderung zusteht. In der oben genannten Entscheidung des BGH[747] ergab sich das Verwertungsrecht des Insolvenzverwalters im Fall der Sicherungszession bereits aus § 166 Abs. 2 InsO, der jedoch – wie oben gesehen – nicht für verpfändete Forderungen gilt. Im Falle verpfändeter Forderungen, bei denen der Pfandrechtsgläubiger mangels Pfandreife keinen Zahlungsanspruch gegen den Drittschuldner und wegen der Bedingtheit der gesicherten Forderung nur einen Sicherstellungsanspruch gegen den Insolvenzverwalter hat, soll das Verwertungsrecht jedoch auch beim Insolvenzverwalter liegen. Begründet wird dies im Umkehrschluss damit, dass dem Pfandrechtsgläubiger das Einzugsrecht mangels Pfandreife aus §§ 1282 Abs. 1, 1228 Abs. 2 BGB eben nicht zusteht.[748]

Abweichend von diesem Ergebnis wird bei durch den PSV geschützten Anwartschaften vertreten, dass das Verwertungsrecht nach § 173 Abs. 1 InsO weiterhin dem Pfandgläubiger und damit nach Übergang der Pfandrechte auf den PSV eben diesem zustehen soll, wobei vor Eintritt des Sicherungsfalls lediglich gemeinschaftliche Leistung an sich und den Treugeber verlangt werden kann (§ 1281 S. 2 BGB).[749] Die von der Rechtsprechung vorgenommene Begründung, dass das Verwertungsrecht des Pfandgläubigers fehlt, weil er eben nicht gemäß §§ 1282 Abs. 1, 1228 Abs. 2 BGB allein zur Einziehung der Forderung berechtigt ist, gilt aber auch hier, da § 9 Abs. 2 S. 3 BetrAVG gerade nicht dazu führt, dass Pfandreife im materiellen Sinne eintritt, sondern nur die Einordnung im Insolvenzverfahren betrifft.

Zu beachten ist hierbei, dass diese Ergebnisse nur insoweit zutreffen, als man der Ansicht folgt, dass unverfallbare Anwartschaften, die nicht auf den PSV übergehen, in der Insolvenz lediglich zur Sicherung berechtigen und nicht als Abfindungsanspruch fällig gestellt und gemäß § 45 InsO kapitalisiert wer-

---

746 BGH, Urteil vom 11.12.2008 – IX ZR 194/07, NZI 2009, 165, 167 für den Fall der Sicherungszession; siehe auch für den Fall einer rückgedeckten Direktzusage mit Verpfändung der Versicherungsleistungen an den Versorgungsberechtigten BGH, Urteil vom 7.4.2005 – NZI 2005, 384, 385 (allerdings ohne weitere Begründung).

747 BGH, Urteil vom 11.12.2008 – IX ZR 194/07, NZI 2009, 165, 166.

748 BGH, Urteil vom 7.4.2005 – IX ZR 138/04, NJW 2005, 2231, 2232 f.; BGH, Urteil vom 10. 7. 1997 – IX ZR 161/96, NJW 1998, 312, 314. So weit die Rechtsprechung zu der Frage; zu den hierüber bestehenden Diskussionen siehe unten unter § 3B.V.2., S. 263.

749 *Rolfs/Schmid*, ZIP 2010, 701, 704.

cen, wie das BAG es vertritt (siehe dazu oben unter § 3 A.III.2.b.(1)(a), S. 117 ff.). Nähme man eine solche Umwandlung in einen Abfindungsanspruch an, müsste man sich die Frage stellen, ob diese Umwandlung auch zum Eintritt der Pfandreife nach §§ 1282 Abs. 1, 1228 Abs. 2 BGB führt. Wäre dies zu bejahen, müsste man diesen Abfindungsanspruch dann wohl entsprechend bereits fälliger Versorgungsansprüche einordnen. Wäre die Frage zu verneinen, wäre wohl eine Einordnung entsprechend der auf den PSV übergegangenen Anwartschaften vorzunehmen.

Naturgemäß werden im Falle des Verpfändungsmodells mehrere Pfandrechte an der gleichen Forderung bestehen, nämlich so viele Pfandrechte wie Versorgungsberechtigte (und damit zu sichernde Versorgungsansprüche) an einer Forderung, dem Herausgabeanspruch des Arbeitgebers als Treugeber. § 1290 BGB bestimmt, dass, wenn mehrere Pfandrechte an einer Forderung bestehen, zur Einziehung nur derjenige berechtigt ist, dessen Pfandrecht den übrigen Pfandrechten vorgeht. Der Rang der Pfandrechte bestimmt sich gemäß §§ 1273 Abs. 2 S. 1, 1209 BGB nach dem Zeitpunkt ihrer Bestellung. Geschieht dies bei mehreren Pfandrechtsgläubiger gleichzeitig, so erwerben sie ein gleichrangiges Pfandrecht. Werden beim oben beschriebenen „Vertretungsmodell“ die Genehmigungen zu unterschiedlichen Zeitpunkten eingeholt, sind trotzdem wegen der Rückwirkungsfunktion des § 184 Abs. 1 BGB die Pfandrechte aufgrund der gleichzeitigen Einigungsvorgänge gleichrangig.[750]

b. *Doppelseitige Treuhand*

Bei der Ausgestaltung eines CTAs als doppelseitige Treuhand besteht grundsätzlich zwischen Arbeitgeber und Treuhänder die gleiche Konstruktion einer echten Verwaltungstreuhand wie beim Verpfändungsmodell. Jedoch wird den Versorgungsberechtigten anstatt eines Pfandrechts an dem Herausgabeanspruch des Treugebers gegenüber dem Treuhänder ein eigener Anspruch auf Leistung seitens des Treuhänders verschafft.

(1) Sicherungstreuhand zugunsten der Versorgungsberechtigten

Die Gewährung eines eigenen Anspruchs erfolgt durch die Gewährung einer Sicherungstreuhand zugunsten des Versorgungsberechtigten am Treuhandvermögen, die als Vertrag zugunsten Dritter (§ 328 Abs. 1 BGB) zwischen dem Treugeber und dem Treuhänder vereinbart wird.[751] Damit erhalten die Versor-

750 *Rolfs/Schmid*, ZIP 2010, 701, 704.

751 Gottwald/*Gottwald/Adolphsen*, Insolvenzrechts-Handbuch, § 40 Rn. 78; *Küpers/Louven*, BB 2004, 337, 342; *Rößler*, BB 2010, 1405, 1408; *Rolfs/Schmid*, ZIP 2010, 701, 705.

gungsberechtigten – ohne dass sie daran mitwirken müssten – einen eigenen, durch den Eintritt des vertraglich vereinbarten Sicherungsfalls aufschiebend bedingten Anspruch gegen den Treuhänder auf Herausgabe der im Treuhandvermögen vorhandenen Vermögensgegenstände.[752] Da hier der Sicherungsfall auch abweichend von der Fälligkeit des Anspruchs, für den die Sicherheit bestellt wurde (die Versorgungszusage), bestimmt werden kann, ist im Gegensatz zum Verpfändungsmodell hier denkbar, dass als Sicherungsfall die Insolvenz des Treugebers vereinbart wird.[753]

Wird über das Vermögen des Arbeitgebers als Treugeber nun das Insolvenzverfahren eröffnet, bleibt es im Verhältnis zwischen Treugeber und Treuhänder bei dem oben aufgezeigten Ergebnis: Die Vermögensbestandteile des Treuhandvermögens fallen in die Insolvenzmasse, da – je nach Begründungsansatz – der Treuhandvertrag nach §§ 115, 116 InsO mit Eröffnung des Insolvenzverfahrens erlischt bzw. das Vermögen wirtschaftlich gesehen bei einer Verwaltungstreuhand dem Treugeber zuzuordnen ist (siehe oben unter § 3A.IV.3.a(1), S. 154 f.).

Ob die Sicherungstreuhand, die zugunsten des Versorgungsberechtigten besteht, von der Insolvenz des Treugebers berührt wird, ist umstritten. Nach einer Ansicht soll auch die Sicherungstreuhand nach § 116 InsO erlöschen, da sie auch Geschäftsbesorgung für den Schuldner ist.[754] Dem ist nicht zuzustimmen. Wurden Verwaltungs- und Sicherungstreuhand als unabhängig voneinander existierende Rechtsgeschäfte gestaltet[755], besteht die Sicherungstreuhand zwischen dem Versorgungsberechtigten und dem Treuhänder, auch wenn sie durch einen Vertrag zugunsten Dritter konstituiert wurde. Denn auch durch einen Vertrag zugunsten Dritter kann ein eigenständiges Treuhandverhältnis zwischen Treuhänder und dem Begünstigten der Sicherungstreuhand entstehen, das dann auch in der Insolvenz des Treugebers unberührt bleibt.[756] Daran hat sich auch nichts durch die Einführung der §§ 115, 116 InsO geändert, da diese weitestgehend die Regelung des § 23 KO übernommen haben.[757] Die Insolvenz des Ar-

752 *Rolfs/Schmid*, ZIP 2010, 701, 705.

753 *Rößler*, BB 2010, 1405, 1408.

754 MüKo-InsO/*Ott/Vuia*, § 116 Rn. 25, wobei auch von ihnen auf die gegenteilige Rechtsprechung zur durch eine Doppeltreuhand abgesicherte Altersteilzeitkonten hingewiesen wird; *Rolfs/Schmid*, ZIP 2010, 701, 706.

755 Zur Ausgestaltung für eine klare Abgrenzbarkeit von Verwaltungs- und Sicherungstreuhand siehe *Rößler*, BB 2010, 1405, 1411 f.

756 RG, Urteil vom 25.5.1927 – IV 2/27, RGZ 117, 143, 149; zum Fall einer doppelseitigen Treuhand in einer anderen Fallgestaltung: BGH, Urteil vom 12.10.1989 – IX ZR 184/88, NJW 1990, 45, 46 f.

757 *Küppers/Louven*, BB 2004, 337, 343 f.

beitgebers hat also keine Auswirkungen auf die zugunsten der Versorgungsberechtigten bestehenden Sicherungstreuhandverhältnisse.[758]

Dafür spricht auch eine vom Gesetzgeber für die Insolvenzsicherung von Altersteilzeitkonten nach § 8a AltersteilzeitG vorgenommene Wertung[759]: In der Gesetzesbegründung zu dieser Norm wird ausdrücklich das Modell der Doppeltreuhand als adäquates Sicherungsmittel angeführt.[760] Das BAG hat dies mittlerweile im Falle eines Altersteilzeitkontos bestätigt.[761]

(2) Gläubigerstellung aufgrund der Sicherungstreuhand

Bleibt die Sicherungstreuhand also trotz der Insolvenz des Arbeitgebers bestehen, stellt sich für die Versorgungsberechtigten die Frage, welche Rechtsposition sie hieraus ableiten können. Grundsätzlich berechtigt eine solche Sicherungstreuhand zur abgesonderten Befriedigung.[762] Im „Normalfall" der (eigennützigen) Sicherungstreuhand, bei der der Inhaber der zu sichernden Forderung auch der Treuhänder ist (insbesondere Sicherungsübereignung und -abtretung), ist auch er Inhaber des Absonderungsrechts. Ein Aussonderungsrecht steht ihm trotz seiner Stellung als formal-rechtlicher Eigentümer nicht zu, da es ihm nur auf die wirtschaftliche Absicherung seiner Forderung ankommt, die schon durch die Absonderung erreicht wird.[763]

Im Fall der doppelseitigen Treuhand ist der Treuhänder und Eigentümer des Sicherungsguts jedoch ein anderer als derjenige, der die zu sichernde Forderung innehat. Es handelt sich demnach um eine fremdnützige Treuhand. Fraglich ist dann, wer Inhaber des Absonderungsrechts ist und wie es geltend zu machen ist.

---

758 Wohl hM in der Literatur: Braun/*Kroth*, § 116 Rn. 12; Nerlich/Römermann/*Kießner*, § 116 Rn. 24; *Birkel/Obenberger*, BB 2001, 2051, 2052; *Bode/Bergt/Obenberger*, DB 2000, 1864, 1866 f.; *Fischer/Thoms-Meyer*, DB 2000, 1861, 1863; *Küppers/Louven/Schröder*, BB 2005, 763, 764 f.; *Küppers/Louven*, BB 2004, 337, 343 f.; für die Doppeltreuhand allgemein: *Bork*, NZI 1999, 337, 341; für Altersteilzeitkonten *Langohr-Plato/Morisse*, BB 2002, 2330, 2331; ausführlich zum Ganzen: *von Rom*, Insolvenzsicherung und Jahresabschlussgestaltung durch doppelseitige Treuhandkonstruktionen, 2010.

759 *Küppers/Louven*, BB 2004, 337, 344.

760 Gesetzesentwurf eines Dritten Gesetzes für moderne Dienstleistungen am Arbeitsmarkt, BT-Drucks. 15/1515, S. 134.

761 BAG, Urteil vom 18.7.2013 - 6 AZR 47/12, NZA 2013, 1440, 1440.

762 BAG, Urteil vom 18.7.2013 - 6 AZR 47/12, NZA 2013, 1440, 1441; BGH, Urteil vom 12. 10. 1989 – IX ZR 184/88, ZIP 1989, 1466, 1468; Braun/*Bäuerle*, § 51 Rn. 43; MüKo-InsO/*Ganter* § 47 Rn. 381; *Küppers/Louven/Schröder*, BB 2005, 763, 765.

763 BGH, Urteil vom 23. 11. 1977 - VIII ZR 7/76, NJW 1978, 632, 633 (für den Fall des erweiterten Eigentumsvorbehalts); Nerlich/Römermann/*Andres*, § 47 Rn. 40.

Dies wird unterschiedlich beurteilt: Teilweise[764] werden die Versorgungsberechtigten als Absonderungsberechtigte angesehen, teilweise[765] wird diese Rolle dem Treuhänder zugesprochen. Richtig erscheint es, den Treuhänder als Absonderungsberechtigten gegenüber dem Insolvenzschuldner einzustufen. Denn er ist derjenige, der die (formal-) dingliche Position innehat, die zu einem Absonderungsrecht i.S.d. § 51 Nr. 1 InsO führt. Die Versorgungsberechtigten sind zwar diejenigen, die das wirtschaftliche Interesse an der Verwertung des Guts haben, aber im Grunde haben sie keine Position inne, die eine Absonderungsberechtigung rechtfertigen würde. Ihre Sicherung ergibt sich vielmehr aus dem Anspruch, der ihnen gegenüber dem Treuhänder durch den Vertrag zugunsten Dritter gewährt wurde. Aus ihm können sie Befriedigung seitens des Treuhänders verlangen.[766]

Natürlich steht dem Treuhänder das Absonderungsrecht nicht in seinem eigenen Interesse zu – er hat ja gar keine zu sichernde Forderung. Abgesonderte Befriedigung kann er nur im Interesse der Versorgungsberechtigten, für die er die Sicherungstreuhand ausübt, verlangen.[767]

Fraglich ist nun weiterhin, wie das Absonderungsrecht des Treuhänders auszuüben ist. Einige gehen davon aus, dass der Treuhänder – entsprechend der Situation beim Verpfändungsmodell – aufgrund des nach §§ 115, 116 InsO erloschenen Treuhandvertrags die Vermögensgegenstände des Treuhandvermögens an den Arbeitgeber herausgeben muss, damit dieser daraus die Sicherungsgläubiger aus der Sicherungstreuhand befriedigt.[768] Andere sehen den Rückübertragungsanspruch der Masse an den Gegenständen des Treuhandvermögens als nachrangig gegenüber dem Absonderungsrecht, das sich aus der Sicherungstreuhand ergibt, an, so dass die Rückübertragung nur insoweit erfolgt, als nach Verwendung der Vermögensgegenstände für die abgesonderte Befriedigung noch etwas übrig bleibt.[769] Das würde bedeuten, dass das Treugut nicht zunächst an den Treugeber herauszugeben ist, sondern die Befriedigung durch den Treuhänder direkt erfolgte.[770]

---

764 Gottwald/*Gottwald/Adolphsen*, Insolvenzrechts-Handbuch, § 40 Rn. 78; *Rolfs/Schmid*, ZIP 2010, 701, 706.

765 *Bork*, NZI 1999, 337, 341; *Birkel/Obenberger*, BB 2011, 2051, 2055; *Küppers/Louven/Schröder*, BB 2005, 763, 765; *Passarge*, NZI 2006, 20, 23.

766 *Küppers/Louven/Schröder*, BB 2005, 763, 765; *Rößler*, BB 2010, 1405, 1412.

767 So für den Fall eines Konsortialkredits mit Sicherheitentreuhänder: Jaeger/*Henckel*, § 47 Rn. 85.

768 Gottwald/*Gottwald/Adolphsen*, Insolvenzrechts-Handbuch, § 40 Rn. 78; MüKo-InsO/*Ganter* § 47 Rn. 389.

769 *Rößler*, BB 2010, 1405, 1412.

770 So für Altersteilzeitkonten: *Langohr-Plato/Morisse*, BB 2002, 2330, 2331.

Gegen die letztgenannte Beurteilung spricht, dass der zwischen Treuhänder und insolventem Treugeber bestehende Verwaltungstreuhandvertrag mit Eröffnung des Insolvenzverfahrens nach §§ 115, 116 InsO erloschen ist und sich damit der Herausgabeanspruch des Treugebers realisiert, so dass das Treugut grundsätzlich der Masse zuzuordnen ist, auch wenn ein Absonderungsrecht an ihm besteht.[771] Daran ändert auch die zugunsten der Versorgungsberechtigten bestehende Sicherungstreuhand nichts. Jedes andere Ergebnis würde einem Aussonderungsrecht des Treuhänders gleichkommen, das aber gerade nicht besteht. Wären die Versorgungsberechtigten selbst Treuhänder, hätten sie auch nur ein Absonderungsrecht am Treugut; die Rechte eines uneigennützigen Treuhänders können aber nicht weiter gehen als die eines eigennützigen Treuhänders.[772] Folglich hat der Treuhänder das Treuhandvermögen an die Insolvenzmasse herauszugeben.

Die Verwertungsbefugnis besteht nach allgemeinen Regeln. Im Gegensatz zum Verpfändungsmodell besteht das Absonderungsrecht nicht an einer Forderung, sondern an den Gegenständen des Treuhandvermögens selbst.[773]

Beim Verpfändungsmodell geht das die Versorgungsansprüche sichernde Pfandrecht für durch den PSV geschützte Anwartschaften gemäß § 9 Abs. 2 S. 3 BetrAVG, §§ 401, 412 BGB auf den PSV mit über. Die Frage, ob im Falle der doppelseitigen Treuhand auch die für die Versorgungsberechtigten bestehenden Rechte aus der Sicherungstreuhand auf den PSV mit übergehen, war bisher nicht Gegenstand der Rechtsprechung. Allerdings hat das BAG in einem Fall, in dem es um einen Schuldbeitritt eines Dritten zu den Versorgungsverpflichtungen des Arbeitgebers ging, entschieden, dass mit dem Übergang des Anspruchs auf Betriebsrente auch die zur Sicherung der Betriebsrente eingeräumten Rechte mit auf den neuen Gläubiger, den PSV, übergehen, gegebenenfalls analog §§ 401, 412 BGB.[774] Diese Einschätzung ist auch auf aus der Sicherungstreuhand im Falle der doppelseitigen Treuhand entstehende Ansprüche zu übertragen.[775] Daher ist es sicherlich sinnvoll, im Treuhandvertrag zu vereinbaren, dass vorrangig die nicht durch den PSV geschützten Anwartschaften und Renten gesichert werden sollen.[776]

---

771 MüKo-InsO/*Ganter*, § 47 Rn. 389.

772 MüKo-InsO/*Ganter*, § 47 Rn. 389.

773 *Küppers/Louven*, BB 2004, 337, 343; *Rolfs/Schmid*, ZIP 2010, 701, 706.

774 BAG, Urteil vom 12.12.1989, NZA 1990, 475, 476 f.

775 So auch *Blomeyer/Rolfs/Otto*, § 9 Rn. 45a ; Förster/Cisch/Karst/*Hock*, § 9 Rn. 5; *Küppers/Louven*, BB 2004, 337, 343; *Rößler*, BB 2010, 1405, 1413; aA: *Rolfs/Schmid*, ZIP 2010, 701, 707.

776 *Blomeyer/Rolfs/Otto*, § 9 Rn. 45a; *Bode/Bergt/Obenberger*, DB 2000, 1864, 1866; *Küppers/Louven*, BB 2004, 337, 343.

V. Zusammenfassung

Die für die Erfüllung der Versorgungsverpflichtungen aus einer Direktzusage vorgesehenen Vermögensbestandteile sind in der Insolvenz des Arbeitgebers grundsätzlich dessen Vermögen zuzuordnen. Der Insolvenzverwalter kann diese Vermögensbestandteile zur Masse ziehen. Die Gläubigerstellung der Arbeitnehmer lässt sich nicht einheitlich bestimmen. Ein Aussonderungsrecht steht ihnen jedenfalls nicht zu. Für den Großteil ihrer Ansprüche und Anwartschaften stehen ihnen nur Ansprüche als Insolvenzgläubiger i.S.d. § 38 InsO zu, lediglich nach Eröffnung des Insolvenzverfahrens erdiente Anwartschaften führen zu einer Stellung als Massegläubiger, werden aber zumeist vom Insolvenzverwalter nach § 3 Abs. 4 BetrAVG abgefunden werden.

Für Arbeitnehmer, deren betriebliche Altersversorgung unter den Schutz des BetrAVG fällt, hat dies in der Praxis weniger dramatische Konsequenzen, da ihnen gemäß § 7 Abs. 1 S. 1 BetrAVG bzw. gemäß § 7 Abs. 2 S. 1 BetrAVG Leistungen des PSV zustehen. Die Ansprüche, die der PSV anstatt des Arbeitgebers zu erbringen hat, gehen nach § 9 Abs. 2 BetrAVG auf ihn über und er kann sie an Stelle der Arbeitnehmer im Insolvenzverfahren (mit leichten Modifizierungen, vgl. § 9 Abs. 2 S. 3 BetrAVG) geltend machen.

Versorgungsberechtigte, die nicht unter den Schutz des BetrAVG fallen bzw. deren Versorgungsansprüche die Höchstgrenze der vom PSV zu erbringenden Leistungen übersteigen (§ 7 Abs. 3 BetrAVG), müssen ihre Ansprüche jedoch als Insolvenz- bzw. Massegläubiger geltend machen. Sonderkonstruktionen wie die Bildung eines Sondervermögens eines nicht rechtsfähigen Vereins, die Abtretung oder Verpfändung einer Rückdeckungsversicherung oder die Konstruktion eines Contractual Trust Arrangements können die Situation für diese Versorgungsberechtigten verbessern.

B. Direktversicherungen

Eine betriebliche Altersversorgung im Wege der Direktversicherung erfordert nach der Legaldefinition des § 1b Abs. 2 S. 1 BetrAVG den Abschluss einer Lebensversicherung durch den Arbeitgeber auf das Leben des Arbeitnehmers, für deren Leistungen der Arbeitnehmer oder seine Hinterbliebenen ganz oder teilweise bezugsberechtigt sind. (Siehe dazu schon oben unter § 2A.II.2.b., S. 30 ff.) Im Gegensatz zur oben dargestellten Direktzusage im klassischen Sinne ist hier also als Dritter das Versicherungsunternehmen, mit dem der Lebensversicherungsvertrag abgeschlossen wurde, in die Altersversorgung involviert.

In der Insolvenz des Arbeitgebers stellt sich die Frage, wessen Vermögen die Lebensversicherung und die aus ihr entstehenden Rechte zuzuordnen sind und wem die bis dahin aufgehäuften Vermögensmassen gebühren: der Insolvenzmasse oder dem Versorgungsberechtigten, auf dessen Leben die Versicherung abgeschlossen wurde.

I. Die verschiedenen Vertragsverhältnisse

Um die insolvenzrechtliche Einordnung der Versicherung und damit auch der im Laufe der Direktversicherung angesammelten Vermögensbestandteile vornehmen zu können, sind zunächst die verschiedenen Vertragsverhältnisse zwischen Arbeitgeber, Arbeitnehmer und dem Versicherungsunternehmen bei der Direktversicherung zu beleuchten.

Zwischen Arbeitgeber und Arbeitnehmer besteht im Valutaverhältnis zunächst einmal nur die – wie auch immer begründete – Versorgungszusage. Sie verpflichtet den Arbeitgeber, dem Arbeitnehmer eine Versorgung im Wege der Direktversicherung zukommen zu lassen.

Zwischen Arbeitgeber und Versicherungsunternehmen wird der Versicherungsvertrag abgeschlossen, das zwischen ihnen begründete Rechtsverhältnis ist das Deckungsverhältnis. Dieser Versicherungsvertrag stellt einen Lebensversicherungsvertrag i.S.d. §§ 150 ff. VVG dar. Nach § 150 Abs. 1 VVG kann die Lebensversicherung auf die Person des Versicherungsnehmers oder eines anderen genommen werden. Bei der Direktversicherung liegt Letzteres vor: Der Arbeitgeber als Versicherungsnehmer schließt die Versicherung auf das Leben einer anderen Person – des versorgungsberechtigten Arbeitnehmers – ab. Grundsätzlich muss der Dritte darin einwilligen (§ 150 Abs. 2 S. 1 VVG), jedoch wurde mit der VVG-Reform 2008[777] für den Bereich der betrieblichen Altersversorgung für Kollektivlebensversicherungsverträge (früher: Gruppenversicherungsverträge) von diesem Erfordernis abgesehen, da es bei einem solchen Gruppenversicherungsvertrag an dem für die Einwilligung maßgeblichen Schutzbedürfnis der versicherten Person fehle und daher auf den aus dem Einwilligungserfordernis resultierenden Verwaltungsaufwand verzichtet werden könne.[778]

Bei der Direktversicherung werden in der Regel die Leistungen der Versicherung nicht nur mit dem Tode des versicherten Arbeitnehmers, sondern auch mit dem Erleben des Pensionierungsalters fällig, sog. Erlebensfallversicherung.[779] Innerhalb dieses Versicherungsvertrags müssen der Versorgungsberechtigte bzw. seine Hinterbliebenen als Bezugsberechtigte festgelegt werden (§ 1b Abs. 2 S. 1 BetrAVG). Erteilt ein Versicherungsnehmer einem Dritten eine Bezugsberechtigung, so erhält dieser bei Eintritt des Versicherungsfalls die Leistungen aus der Versicherung.[780] § 330 S. 1 BGB beinhaltet eine Auslegungsregel, nach der, wenn in einem Leibrentenvertrag Zahlung an einen Dritten vereinbart wird, dieser im Zweifel unmittelbar das Recht erwerben soll, die Leistung zu fordern. Das bedeutet, dass eine Direktversicherung einen echten Vertrag zugunsten Dritter i.S.d. § 328 BGB darstellt.[781]

Dieses Bezugsrecht kann unterschiedlich ausgestaltet sein: widerruflich, unwiderruflich (§ 159 Abs. 1, Abs. 2 VVG) oder eingeschränkt unwiderruflich. Nach § 159 Abs. 1 VVG ist der Versicherungsnehmer im Zweifel berechtigt, ohne Zustimmung des Versicherers einen Dritten als Bezugsberechtigten zu bezeichnen sowie an die Stelle des so bezeichneten Dritten einen anderen zu setzen. Das bedeutet, dass im Zweifel ein widerrufliches Bezugsrecht vereinbart wurde, die Bezugsberechtigung also, wenn sie nicht ausdrücklich unwiderruflich erfolgt ist, vom Versicherungsnehmer später geändert werden kann.[782]

Zwischen dem Arbeitnehmer und dem Versicherungsunternehmen besteht überhaupt keine vertragliche Verbindung, jedoch ist die Versicherung aufgrund der Bezugsberechtigung des Arbeitnehmers im Versicherungsvertrag verpflich-

---

777 Gesetz über den Versicherungsvertrag (Versicherungsvertragsgesetz – VVG) vom 23.11.2007, BGBl. I S. 2631.

778 Gesetzesentwurf der Bundesregierung eines Gesetzes zur Reform des Versicherungsvertragsrechts, RegE VVG, BT-Drucks. 16/3945, S. 95.

779 *Heilmann*, KTS 1986, 251, 252.

780 Prölss/Martin/*Schneider*, § 159 Rn. 1.

781 BAG, Urteil vom 31. 7. 2007 – 3 AZR 446/05, NZA-RR 2008, 32, 34; BeckOK-ArbR/*Clemens*, § 1b BetrAVG Rn. 19; ErfK/*Steinmeyer*, § 1b BertAVG Rn. 41; MüKo-BGB/*Gottwald*, § 328 Rn. 39, 80.

782 Prölss/Martin/*Schneider*, § 159 Rn. 8.

tet, die Versicherungsleistungen dem Arbeitnehmer im Versorgungsfall zuzuwenden, so dass deren Verhältnis als Zuwendungsverhältnis zu qualifizieren ist.

II. Die verschiedenen Arten des Bezugsrechts

Ob die Rechte aus dem Versicherungsvertrag in der Insolvenz des Arbeitgebers der Insolvenzmasse oder aber dem Versorgungsberechtigten zustehen, ist abhängig von der Art des im Versicherungsvertrag vereinbarten Bezugsrechts. Die Frage wird allein nach der versicherungsrechtlichen Ausgestaltung des Versicherungsvertrags entschieden, nicht etwa nach dem zwischen Arbeitgeber und Arbeitnehmer bestehenden Versorgungsverhältnis, also z.B. nach arbeitsvertraglichen Vereinbarungen über das Bezugsrecht.[783] Denn nur nach der versicherungsrechtlichen Situation bestimmt sich, ob und inwieweit es dem Arbeitgeber möglich ist, auf den Versicherungsvertrag zuzugreifen.[784] Was der Arbeitgeber diesbezüglich mit seinem versorgungsberechtigten Arbeitnehmer vereinbart hat, ist unerheblich, denn eine Vereinbarung zwischen diesen kann keine Auswirkung auf das Rechtsverhältnis mit dem Versicherungsunternehmen haben.

Wie bereits oben erwähnt, kann das Bezugsrecht in drei verschiedenen Varianten vereinbart werden: dem widerruflichen, dem unwiderruflichen und dem eingeschränkt unwiderruflichen Bezugsrecht. Gesetzliche Regelungen zu den Bezugsrechten finden sich in § 159 VVG. Neben der Zweifelsregelung zugunsten eines widerruflichen Bezugsrechts (§ 159 Abs. 1 VVG) bestimmt § 159 Abs. 2 VVG, dass ein widerruflich als bezugsberechtigt bezeichneter Dritter das Recht auf die Leistung des Versicherers erst mit Eintritt des Versicherungsfalls erwirbt, während § 159 Abs. 3 VVG anordnet, dass ein unwiderruflich Bezugsberechtigter das Recht auf die Leistung bereits mit der Bezeichnung als Bezugsberechtigter erwirbt.

Von der Bezugsberechtigung ist es abhängig, wessen Vermögen die aus dem Versicherungsvertrag resultierenden Rechte im Falle der Insolvenz des Arbeitgebers zuzuordnen sind. Sind sie dem Vermögen des Arbeitgebers zuzuordnen, sind sie Massebstandteil. Sind die Rechte aus dem Vertrag hingegen dem Arbeitnehmer zuzuordnen, könnte sich daraus für ihn ein Aussonderungsrecht nach § 47 InsO ergeben. Wann welche Situation gegeben ist und warum es hierfür

783 BAG, Urteil vom 15.6.2010 – 3 AZR 334/06, DB 2010, 2814, 2814; Urteil vom 31.7.2007 – NZA-RR 2008, 32, 33; Urteil vom 8. 6. 1999 – 3 AZR 136/98, NZI 2000, 341, 341; BGH, Urteil vom 8.6.2005 – IV ZR 30/04, NJW-RR 2005, 1412, 1413; Urteil vom 19.6.1996 – IV ZR 243/95, NJW 1996, 2731, 2732; *Flitsch/Herbst*, BB 2003, 317, 318; *Janca*, ZInsO 2003, 449, 453.

784 BAG, Urteil vom 15.6.2010 – 3 AZR 334/06, DB 2010, 2814, 2814.

maßgeblich auf die Bezugsberechtigung ankommt, soll nun im Folgenden dargestellt werden.

1. Widerrufliches Bezugsrecht

Der nur widerruflich Bezugsberechtigte erwirbt gemäß § 159 Abs. 2 VVG das Recht auf die Leistung des Versicherers erst mit dem Eintritt des Versicherungsfalls. Die Regelungen zur Bezugsberechtigung wurden mit der VVG-Reform im Jahr 2008 geändert. Zuvor waren sie in § 166 VVG a.F. enthalten und bezogen sich lediglich auf Kapitallebensversicherungen. Sie wurden mit der Schaffung des neuen § 159 VVG auf alle Lebensversicherungen erstreckt, da nicht nur Kapitallebensversicherungen eine Bezugsberechtigung vorsehen.[785] Die Rechtsfolge, dass der Bezugsberechtigte erst mit Eintritt des Versicherungsfalls das Recht auf Leistung erwirbt, wurde durch die Reform auf den Fall, dass der Versicherungsnehmer sich den Widerruf vorbehalten hat, beschränkt. Gemäß § 166 Abs. 2 VVG a.F. war dies noch immer dann der Fall, wenn nichts Abweichendes durch den Versicherungsnehmer bestimmt wurde. Angesichts der Zweifelsregelung des § 159 Abs. 1 VVG dürften die Auswirkungen dieser Gesetzesänderung allerdings nicht allzu groß sein.

Der Versicherungsnehmer, der nur ein widerrufliches Bezugsrecht gewährt, bringt damit zum Ausdruck, dass er sein Recht an den Versicherungsleistungen noch nicht vollständig „aus der Hand geben“ will.[786] Dieser Willensbekundung entspricht die Regelung des § 159 Abs. 2 VVG, die ausdrücklich bestimmt, dass das Recht erst bei Eintritt des Versicherungsfalls dem Bezugsberechtigten zustehen soll. Zuvor hat er nur eine Hoffnung auf die später einmal fällig werdende Leistung.[787] Der Versorgungsberechtigte, dem im Rahmen der Direktversicherung also lediglich ein widerrufliches Bezugsrecht zusteht, hat vor Eintritt des Versorgungsfalls aufgrund der Regelung des § 159 Abs. 2 VVG also im Grunde noch kein Recht auf die Leistungen des Versicherungsunternehmens.

Es stellt sich nun die Frage nach der insolvenzrechtlichen Einordnung dieser Situation. Um ein Aussonderungsrecht des Versorgungsberechtigten zu begründen und die Rechte aus dem Versicherungsvertrag damit der Zuordnung zur Insolvenzmasse zu entziehen, bedürfte es eines dinglichen oder persönlichen Rechts des Versorgungsberechtigten i.S.d. § 47 InsO. In Frage käme lediglich ein persönliches Recht, ein schuldrechtlicher Anspruch, der dazu führt, dass die

785 RegE VVG, BT-Drucks. 16/3945, S. 98.

786 Prölss/Martin/*Schneider*, § 159 Rn. 11.

787 Zum VVG a.F.: BGH, Urteil vom 4.3.1993 – IX ZR 169/92, NJW 1993, 1994, 1995; Urteil vom 22.3.1984 – IX ZR 69/83, NJW 1984, 1611, 1611.

dem Vertrag entspringenden Rechten dem Vermögen des Versorgungsberechtigten zuzuordnen sind.[788]

Mangels anderweitiger vertraglicher Rechtspositionen aus dem Versicherungsvertrag käme hierfür nur das widerrufliche Bezugsrecht in Betracht. Dieses genügt jedoch nicht, um die Rechte aus dem Vertrag insolvenzrechtlich dem Vermögen des Arbeitgebers als Versicherungsnehmer zu entreißen. Bis zum Eintritt des Versicherungsfalls ist es dem Versicherungsnehmer jederzeit möglich, dem Bezugsberechtigten seine Rechtsposition zu entziehen. Der widerruflich Bezugsberechtigte hat keinerlei Einfluss darauf, wie sich seine Rechtsposition in Bezug auf die Versicherungsleistungen in der Zukunft entwickeln wird. Es handelt sich bei wirtschaftlicher Betrachtungsweise um eine ungesicherte, wertlose Anwartschaft auf Leistungen der betrieblichen Altersversorgung.[789] Das widerrufliche „Bezugsrecht" gemäß § 159 VVG ist nicht mehr als eine ungesicherte Hoffnung auf den Erwerb eines künftigen Anspruchs, mithin „rechtlich ein Nullum".[790] Die Ansprüche aus der Lebensversicherung sind in der Person des Arbeitgebers als Versicherungsnehmer entstanden und auch dort verblieben.[791] Denn er ist derjenige, der zu diesem Zeitpunkt noch darüber bestimmen kann, wem die Leistungen schlussendlich zufließen sollen, unter Umständen auch sich selbst, wenn er sich selbst als Bezugsberechtigten einsetzt.

Folglich ist ein Versorgungsberechtigter, dem im Versicherungsvertrag lediglich ein widerrufliches Bezugsrecht eingeräumt wurde, in der Insolvenz des Arbeitgebers nicht zur Aussonderung berechtigt. Die Rechte aus dem Versicherungsvertrag und die aus ihm resultierenden Leistungen sind dem Vermögen des Arbeitgebers zuzuordnen und fallen daher in die Insolvenzmasse.[792]

---

788 Siehe dazu oben unter § 2B.II.2.d(2), S. 67.

789 BAG, Urteil vom 26.2.1991 – 3 AZR 213/90, NZA 1991, 845, 845.

790 BGH, Beschluss vom 27.4.2010 – IX ZR 245/09, NZI 2010, 646, 647.

791 BGH, Urteil vom 18.7.2002 – IX ZR 264/01, NZI 2002, 604, 604.

792 Ständige Rechtsprechung und allgemeine Meinung: BGH, Urteil vom 18.7.2002 – IX ZR 264/01, NZI 2002, 604, 604; BAG, Urteil vom 26.2.1991 – 3 AZR 213/90, NZA 1991, 845, 845; *Blomyer/Rolfs/Otto*, Vorb. vor §§ 7 – 15, Rn. 34; Braun/*Bäuerle*, § 35 Rn. 31; Gottwald/*Gottwald/Adolphsen*, Insolvenzrechts-Handbuch, § 40 Rn. 70; Jaeger/*Henckel*, § 47 Rn. 157; *Janca*, ZInsO 2003, 449, 453; *Hess*, § 47 Rn. 315; *Kayser*, ZInsO 2004, 1321, 1322; MüKo-InsO/*Ganter*, § 47 Rn. 316; Nerlich/Römermann/*Andres*, § 47 Rn. 43; *Rößler*, NZI 2007, 631, 633; *Stegmann/Lind*, NVersZ 2002, 193, 194; Uhlenbruck/*Brinkmann*, § 47 Rn. 88; *Viegener*, ZInsO 2006, 352, 354; *Westhelle/Micksch*, ZIP 2003, 2054, 2054, *Zwanziger*, § 108 InsO Rn. 170. AA wohl LAG Hamm, Urteil vom 22.9.2006 – 4 Sa 629/06, ZIP 20076, 291, 294 f., das aufgrund der Schutzwürdigkeit des Arbeitnehmers anstatt eines Schadensersatzanspruchs gegen den Arbeitgeber (siehe unten unter § 3 B.II.1.b.(2)(a), S. 179) ein Aussonderungsrecht fordert und OLG München, Urteil vom 9.10.1991 – 3 U 3059/91, ZIP

Teilweise wurde versucht, dieses Ergebnis durch die Konstruktion eines Treuhandverhältnisses zwischen Arbeitgeber und Arbeitnehmer hinsichtlich des Versicherungsvertrags zu verändern, durch das dem Arbeitnehmer als Treugeber ein Aussonderungsrecht gegenüber dem Arbeitgeber als Treuhänder zustehe.[793] Dabei wird allerdings verkannt, dass die Rechte aus dem Versicherungsvertrag niemals dem Vermögen des Arbeitnehmers zuzuordnen waren. Versicherungsnehmer war von Beginn an der Arbeitgeber und auch die widerrufliche Bezugsberechtigung gewährt nach der gesetzlichen Wertung des § 159 Abs. 2 VVG erst zum Zeitpunkt des Eintritts des Versorgungsfalls die Rechte aus dem Versicherungsvertrag. Insofern kommt eine treuhänderische Übertragung vom Arbeitnehmer auf den Arbeitgeber von Anfang an nicht in Betracht.[794]

Der wirtschaftlichen Einordnung des Direktversicherungsvertrags zur Insolvenzmasse entspricht auch die Rechtsprechung des BGH zur Direktversicherung im Rahmen des Zugewinnausgleichs bei Ehescheidung. Danach ist eine vom Arbeitgeber gewährte Direktversicherung des einen Ehepartners, die versicherungsrechtlich lediglich eine widerrufliche Bezugsberechtigung vorsieht, nicht im Endvermögen des Ehepartners zu berücksichtigen, da die bloße Hoffnung auf die später einmal fällig werdenden Leistungen nicht wirtschaftlich bewertbar ist; eine widerrufliche Bezugsberechtigung stelle kein wirtschaftlich verwertbares Recht dar.[795] Auch hier wird die Direktversicherung mit widerruflichem Bezugsrecht nicht dem Vermögen des widerruflich Bezugsberechtigten zugeordnet.

a. Gesetzliches Widerrufsverbot

Das BetrAVG enthält mehrere Vorschriften, die sich mit dem Widerruf von Bezugsberechtigungen in Direktversicherungsverträgen durch den Arbeitgeber beschäftigen. § 1b Abs. 2 S. 1 BetrAVG bestimmt, dass der Arbeitgeber ab Unverfallbarkeit der Anwartschaft verpflichtet ist, das Bezugsrecht wegen Beendigung des Arbeitsverhältnisses nicht mehr zu widerrufen. Nach § 1b Abs. 2 S. 2 BetrAVG ist eine Vereinbarung, nach der das Bezugsrecht durch die Beendigung des Arbeitsverhältnisses nach Unverfallbarkeit der Versorgungsanwartschaft auflösend bedingt ist, unwirksam. § 1b Abs. 5 S. 2 BetrAVG bestimmt, dass im

---

1991, 1505, das bei einer Lebensversicherung zugunsten einer Ehefrau mit widerruflichem Bezugsrecht dieser bereits bei Vertragsschluss einen eigenen Anspruch zuspricht, der auflösend bedingt durch das Widerrufsrecht sein soll.

793 *Paulsdorff*, KTS 1977, 212, 217 f.; zur insolvenzrechtlichen Einordnung des Treuhandverhältnisses siehe oben unter § 3A.IV.3.a(1), S. 154).

794 So im Ergebnis auch BAG, Urteil vom 15.6.2010 – 3 AZR 334/06, DB 2010, 2814, 2814.

795 BGH, Urteil vom 22.3.1984 – IX ZR 69/83, NJW 1984, 1611, 1611.

Falle der Finanzierung der Direktversicherung durch Entgeltumwandlung dem Arbeitnehmer ein unwiderrufliches Bezugsrecht einzuräumen ist.

Grundsätzlich bestimmt sich die insolvenzrechtliche Einordnung der Direktversicherung nach dem im Versicherungsvertrag vereinbarten Bezugsrecht, die im Falle des widerruflichen Bezugsrechts zu einer Zuordnung zur Insolvenzmasse führt. Es stellt sich die Frage, ob die gesetzlichen Vorgaben des BetrAVG Einfluss auf diese insolvenzrechtliche Einordnung haben.

(1) Die Verpflichtung, das Bezugsrecht nach Unverfallbarkeit nicht mehr zu widerrufen (§ 1b Abs. 2 S. 1 BetrAVG)

Die Verpflichtung des Arbeitgebers, nach Unverfallbarkeit der Anwartschaft die Bezugsberechtigung wegen Beendigung des Arbeitsverhältnisses nicht mehr zu widerrufen (§ 1b Abs. 2 S. 1 a.E. BetrAVG), betrifft zunächst einmal den Fall der Beendigung des Arbeitsverhältnisses, nicht den Fall der Insolvenz des Arbeitgebers, infolge derer der Insolvenzverwalter den in die Insolvenzmasse fallenden Versicherungsvertrag liquidieren will. § 1b Abs. 2 S. 1 BetrAVG enthält daher keine dem Insolvenzrecht vorgehende Sonderregelung.[796]

Doch auch wenn man von einer Anwendbarkeit des § 1b Abs. 2 S. 1 BetrAVG auf den Fall, dass der Insolvenzverwalter den Versicherungsvertrag in die Insolvenzmasse ziehen will, ausginge, änderte dies nichts an der Wirksamkeit des Widerrufs der Bezugsberechtigung durch den Insolvenzverwalter. Das BAG hat dazu entschieden, dass § 1b Abs. 2 S. 1 BetrAVG (damals noch § 1 Abs. 2 S. 1 BetrAVG 1974) den Arbeitgeber nur zu einem bestimmten Verhalten gegenüber dem Arbeitnehmer verpflichte, aber keinen Einfluss auf die Möglichkeit des Widerrufs gegenüber dem Versicherungsunternehmen habe. Dies ließe sich auch daran ablesen, dass bei einem widerruflichen Bezugsrecht der Arbeitgeber einen höheren Insolvenzsicherungsbeitrag an den PSV zu leisten habe als bei einem unwiderruflichen Bezugsrecht[797], was keinen Sinn ergäbe, wenn beide Bezugsrechte in gleichem Maße insolvenzfest wären.[798]

Teilweise wurde zum alten Recht trotzdem vertreten, dass nach Unverfallbarkeit ein Widerruf des Bezugsrechts unzulässig wäre. Von *Gareis*[799] wurde

796 BAG, Urteil vom 26.2.1991 – 3 AZR 213/90, NZA 1991, 845, 846.

797 Vgl. § 10 Abs. 3 Nr. 2 BetrAVG, bei einem unwiderruflichen Bezugsrecht nur insoweit, als die Versicherung abgetreten oder beliehen wurde, siehe dazu bereits oben unter § 2C.III.2., S. 83 und unten unter § 3B.III., S. 253 ff.

798 BAG, Urteil vom 26.2.1991 – 3 AZR 213/90, NZA 1991, 845, 846; so auch BGH, Urteil vom 22.3.1984 – IX ZR 69/83, NJW 1984, 1611, 1611 zur Frage, ob eine Direktversicherung mit unwiderruflichem Bezugsrecht bei Ehescheidung in das Endvermögen des Ehegatten fällt oder nicht.

799 *Gareis*, BB 1987, 2157, 2157 f.

dies mit der auf den Insolvenzverwalter übergegangenen Arbeitgeberstellung begründet, die auch ihn an § 1b Abs. 2 S. 1 BetrAVG binde. Zudem nimmt er einen Vergleich mit § 1b Abs. 2 S. 2 BetrAVG vor, der eine Vereinbarung, die das Bezugsrecht als durch die Beendigung des Arbeitsverhältnisses auflösend bedingt vorsieht, für unwirksam erklärt, und zieht daraus den Schluss, dass, wenn schon eine solche zweiseitige Vereinbarung als Umgehungstatbestand unwirksam ist, dies bei einem einseitigen Widerruf erst recht der Fall sein müsse. Dem ist das BAG jedoch ausdrücklich entgegengetreten und hat aus dem Vergleich mit § 1b Abs. 2 S. 2 BetrAVG gerade die umgekehrte Schlussfolgerung gezogen: Da nur § 1b Abs. 2 S. 2 BetrAVG ausdrücklich die Unwirksamkeit versicherungsrechtlicher Rechtsgeschäfte anordne, betreffe § 1b Abs. 2 S. 1 BetrAVG nur die schuldrechtliche Ebene zwischen Arbeitgeber und Arbeitnehmer.[800] Dafür spricht auch der vom Gesetzgeber gewählte Wortlaut: „Verpflichtet" ist eine dem Schuldrecht entstammende Formulierung; der Gesetzgeber hätte sonst auch einfach die Unwiderruflichkeit des Bezugsrechts beim Ausscheiden des Arbeitnehmers aus dem Arbeitsverhältnis anordnen können.[801] Insbesondere im Hinblick auf die Tatsache, dass der Wortlaut des § 1b Abs. 2 S. 1 BetrAVG gar nicht auf die Liquidation der Direktversicherung ausgelegt ist, ist dem wohl zuzustimmen. Und selbst wenn die Liquidation mit einer Beendigung des Arbeitsverhältnisses durch den Insolvenzverwalter einherginge, so mag für den Insolvenzverwalter § 1b Abs. 1 S. 2 BetrAVG in seiner Arbeitgeberstellung verpflichtend sein – auf seine versicherungsvertragliche Befugnis zum Widerruf hat dies keine Auswirkung. Allerdings löst er mit dem Widerruf unter Umständen Schadensersatzansprüche des Arbeitnehmers aus (siehe dazu unten unter § 3 B.II.1.b(2)(a), S. 179).

Jede andere Ansicht könnte auch nicht erklären, warum der Gesetzgeber bei einem widerruflichen Bezugsrecht im Rahmen einer Direktversicherung den vollen Insolvenzschutz des PSV greifen lässt (§ 7 Abs. 2 S. 2 Nr. 2 Alt. 1 BetrAVG).[802] Ebenso wenig wäre es erforderlich gewesen, in § 1b Abs. 5 S. 2 BetrAVG ausdrücklich für den Sonderfall der Entgeltumwandlung eine Verpflichtung des Arbeitgebers zur Einräumung eines unwiderruflichen Bezugsrechts zu normieren.[803]

---

800 BAG, Urteil vom 26.2.1991 – 3 AZR 213/90, NZA 1991, 845, 846.

801 *Jenal*, S. 128, der aber im Ergebnis ein Tätigwerden des Gesetzgebers in die Richtung fordert, dass der Arbeitnehmer mit Ausscheiden aus dem Arbeitsverhältnis ein unwiderrufliches Bezugsrecht erhält und im Gegenzug der Arbeitgeber von seiner Pflicht zur Zahlung von Beiträgen an den PSV befreit wird, S. 204 ff.

802 Gottwald/*Gottwald/Adolphsen*, Insolvenzrechts-Handbuch, § 40 Rn. 71.

803 *Jenal*, S. 130.

(2) Verbot der auflösenden Bedingung durch Beendigung des Arbeitsverhältnisses (§ 1b Abs. 2 S. 2 BetrAVG)

§ 1b Abs. 2 S. 2 BertAVG verbietet die Vereinbarung, dass das Bezugsrecht nach Eintritt der Unverfallbarkeit durch die Beendigung des Arbeitsverhältnisses auflösend bedingt ist. Sie stellt eine Verbotsnorm i.S.d. § 134 BGB dar.[804] Aus insolvenzrechtlicher Sicht würde auch diese Norm nur dann relevant, wenn neben der erstrebten Liquidation des Versicherungsvertrags durch den Insolvenzverwalter auch die Beendigung des Arbeitsverhältnisses vorgenommen würde. Denn nur Letztere ist vom Wortlaut des S. 2 erfasst.

Fraglich ist, ob auch diese Regelung wie § 1b Abs. 2 S. 1 BetrAVG nur auf das schuldrechtliche Verhältnis zwischen Arbeitgeber und Arbeitnehmer Einfluss haben soll oder ob sie auch eine entsprechende Klausel im Versicherungsvertrag betreffen soll. Wäre eine solche Klausel lediglich in der Versorgungszusage enthalten, hätte sie in der Insolvenz keine Auswirkung, da im für die insolvenzrechtliche Einordnung maßgeblichen Versicherungsvertrag sich keine Veränderung ergäbe. Ist sie aber auch im Versicherungsvertrag vorgesehen und wäre diese Klausel wirksam, könnte sie zu einer Änderung der insolvenzrechtlichen Einordnung führen, da das Bezugsrecht dann wegfiele.

Auch bei einer nicht insolvenzbegleiteten Beendigung des Arbeitsverhältnisses hätte eine rein versorgungsrechtliche Unwirksamkeit im Verhältnis zwischen Arbeitgeber und Arbeitnehmer keine Auswirkung für den Arbeitnehmer.[805] Da nicht davon auszugehen ist, dass der Gesetzgeber eine wirkungslose Norm schaffen wollte, muss sich § 1 Abs. 2 S. 2 BetrAVG auch auf die versicherungsrechtliche Ebene beziehen und führt dazu, dass die Vereinbarung im Versicherungsvertrag unwirksam ist.[806] Auch das BAG geht davon aus, dass solche versicherungsvertraglichen Rechtsgeschäfte, die das Bezugsrecht unter die auflösende Bedingung der Beendigung des Arbeitsverhältnisses nach Unverfallbarkeit stellen, unwirksam sind.[807] Das Bezugsrecht bleibt also trotz Beendigung des Arbeitsverhältnisses bestehen, was für den Arbeitnehmer in der Insolvenz des Arbeitgebers bedeutet, dass er Inhaber eines unwiderruflichen Bezugsrechts ist. (Siehe zu den Folgen unten unter § 3B.II.2., S. 198 ff.)

804 *Blomeyer /Rolfs/Otto*, § 1b Rn. 235.
805 *Blomeyer/Rolfs/Otto*, § 1b Rn. 236.
806 *Blomeyer/Rolfs/Otto*, § 1b Rn. 236; ErfK/*Steinmeyer*, § 1b BetrAVG Rn. 45.
807 BAG, Urteil vom 26.2.1991 – 3 AZR 213/90, NZA 1991, 845, 846.

(3) Verpflichtung zur Einräumung eines unwiderruflichen Bezugsrechts im Falle der Entgeltumwandlung (§ 1b Abs. 5 S. 2 BetrAVG)

§ 1b Abs. 5 S. 2 BetrAVG verpflichtet den Arbeitgeber, dem Arbeitnehmer im Falle der Finanzierung der Direktversicherung durch Entgeltumwandlung (siehe dazu oben unter § 2A.II.3.b(4), S. 43 f.) ein unwiderrufliches Bezugsrecht einzuräumen. Jedoch gilt auch diese Norm – wie auch § 1b Abs. 2 S. 1 BetrAVG – nur im Verhältnis zwischen Arbeitgeber und Arbeitnehmer, hat keine Auswirkungen auf das versicherungsvertragliche Verhältnis und führt nicht zur Unwirksamkeit einer abweichenden Regelung im Versicherungsvertrag.[808] Das bedeutet für den Arbeitnehmer, dass ein widerrufliches Bezugsrecht auch bei Entgeltumwandlung nicht zu einem Aussonderungsrecht, sondern nur zu einem Schadensersatzanspruch führt. (Siehe dazu unten unter § 3 B.II.1.b(2)(a), S. 179.) Allerdings gibt es Bestrebungen, die Insolvenzfestigkeit von Entgeltumwandlungsvereinbarungen im Wege der Direktversicherung zu konstruieren. (Siehe dazu unten unter § 3B.IV., S. 255 ff.)

Es gibt demnach kein gesetzliches Widerrufsverbot, das dazu führen würde, dass ein widerrufliches Bezugsrecht in der Insolvenz des Arbeitgebers doch noch ein Aussonderungsrecht des Arbeitnehmers zur Folge hätte. Lediglich eine Vereinbarung i.S.d. § 1b Abs. 2 S. 2 BetrAVG wäre unwirksam, wenn Insolvenz und Beendigung des Arbeitsverhältnisses zusammenfielen. Solche Klauseln werden von den Versicherungsunternehmen meist jedoch schon gar nicht akzeptiert.[809]

b. Gläubigerstellung des Arbeitnehmers

Da ein widerrufliches Bezugsrecht für eine Direktversicherung nicht zu einem Aussonderungsrecht des Arbeitnehmers führt und die dem Versicherungsvertrag entspringenden Rechte in die Insolvenzmasse fallen, stellt sich wiederum die Frage, welche Gläubigerstellung der Versorgungsberechtigte hat.

(1) Versorgungsansprüche

Ist der Versorgungsberechtigte bereits Betriebsrentner und sind die Ansprüche aus der Versorgungszusage bereits fällig, kann die Situation des widerruflichen Bezugsrechts gar nicht mehr bestehen, denn in diesem Fall sind mit Eintritt des Versicherungsfalls auch bei einem widerruflichen Bezugsrecht gemäß § 159 Abs. 2 VVG die Rechte aus dem Versicherungsvertrag bereits auf ihn überge-

808 *Blomeyer/Rolfs/Otto*, § 1b Rn. 356.

809 *Blomeyer/Rolfs/Otto*, § 1b Rn. 236.

gangen. Das bedeutet, dass dem Arbeitnehmer ein Aussonderungsrecht für diese Leistungen zusteht und damit die gleiche Situation besteht wie im Falle des unwiderruflichen Bezugsrechts. (Siehe dazu unten unter § 3B.II.2., S. 198 ff.)

(2) Versorgungsanwartschaften

Problematischer ist die Situation, wenn noch keine Versorgungsansprüche, sondern lediglich Anwartschaften seitens des Arbeitnehmers bestehen. Durch die Versorgungszusage wurden dem Arbeitnehmer Leistungen der betrieblichen Altersversorgung im Wege der Direktversicherung und damit die Leistungen aus dem Lebensversicherungsvertrag zugesagt. Widerruft der Insolvenzverwalter des Arbeitgebers die Bezugsberechtigung – wozu er versicherungsvertraglich berechtigt ist – wird der Arbeitnehmer diese Leistungen aus dem Versicherungsvertrag nicht mehr erhalten. Der Insolvenzverwalter, der aufgrund von § 80 Abs. 1 InsO auch in die Stellung des Insolvenzschuldners als Arbeitgeber eintritt, sorgt mit dem Widerruf also dafür, dass die Versorgungszusage nicht erfüllt wird.

(a) Schadensersatzanspruch des Arbeitnehmers

Die Nichterfüllung der Versorgungszusage aufgrund des Widerrufs der Bezugsberechtigung stellt eine Pflichtverletzung des Insolvenzverwalters als Arbeitgeber dar, aus der sich ein Schadensersatzanspruch ergeben muss. Eine für den Insolvenzverwalter aus der auf ihn übergegangenen Fürsorgepflicht des Arbeitgebers bestehende Verpflichtung, den Direktversicherungsvertrag an den Arbeitnehmer freizugeben, gibt es nicht.[810]

Fraglich ist die Anspruchsgrundlage dieses Schadensersatzanspruchs. Zum einen verstößt der Insolvenzverwalter - soweit es denn neben der Liquidation des Versicherungsvertrags auch zur Beendigung des Arbeitsverhältnisses kommt - gegen § 1b Abs. 2 S. 1 BetrAVG, wonach er bei Unverfallbarkeit der Versorgungsanwartschaft das Bezugsrecht einer Direktversicherung nicht mehr widerrufen darf. Verstößt der Arbeitgeber gegen diese Verpflichtung, steht dem Arbeitnehmer ein Schadensersatzanspruch aus § 280 Abs. 1 BGB zu.[811] Da jedoch dieser Schadensersatzanspruch nur bei Beendigung des Arbeitsverhältnisses, nicht aber speziell aufgrund der Liquidation des Versicherungsvertrags durch den Insolvenzverwalter entsteht, soll auf diese Anspruchsgrundlage hier nicht ausführlicher eingegangen werden.

---

810 Siehe dazu ausführlich *Jenal*, S. 178 ff.

811 BAG, Urteil vom 26.5.2010 – 3 AZR 816/07, NZA-RR 2010, 95, 96; Urteil vom 28.7.1987 – 3 AZR 694/85, NZA 1988, 159, 160; BeckOK-ArbR/*Clemens*, § 1b BetrAVG Rn. 19; ErfK/*Steinmeyer*, § 1b BetrAVG Rn. 44.

Eine weitere Anspruchsgrundlage könnte sich für den Schadensersatzanspruch des Arbeitnehmers daraus ergeben, dass der Insolvenzverwalter durch den Widerruf der Bezugsberechtigung eine Pflichtverletzung auf der Ebene der Versorgungszusage begeht.[812] Da die Versorgungszusage zwar die Pflicht zum Abschluss eines Lebensversicherungsvertrags enthalten wird, aber wohl kaum explizit die Verpflichtung, das Bezugsrecht nicht zu widerrufen, ließe sich wohl für die Frage des Widerrufs nur eine arbeitsvertragliche Nebenpflicht konstruieren, die den Arbeitgeber verpflichtet, die zugesagte Altersversorgung zu sichern und nicht durch einen Widerruf des Bezugsrechts zu gefährden; diese würde dann auch den Insolvenzverwalter in seiner Funktion als Arbeitgeber treffen.[813] Anspruchsgrundlage wäre für den Schadensersatzanspruch § 280 Abs. 1 BGB, welcher zunächst einmal aufgrund der vorrangigen Naturalobligation nach § 249 Abs. 1 BGB auf Wiedereinräumung des Bezugsrechts bzw. Abschluss eines Versicherungsvertrags gerichtet wäre.[814]

Daneben besteht die Ausfallhaftung des Arbeitgebers gemäß § 1 Abs. 1 S. 3 BetrAVG. Der Arbeitgeber steht demnach für die von ihm zugesagten Leistungen auch dann ein, wenn die Durchführung nicht unmittelbar über ihn erfolgt (siehe dazu bereits oben unter § 2A.II.2.b. – e., S. 30 ff.). Hat der Insolvenzverwalter die Bezugsberechtigung widerrufen und hat der Arbeitnehmer aufgrund dessen bei Eintritt des Versorgungsfalls keine Leistungen aus dem Versicherungsvertrag zu erwarten, muss die Masse den Anspruch aus § 1 Abs. 1 S. 3 BetrAVG gegen sich gelten lassen.

(b) Geltendmachung des Schadensersatzanspruchs im Insolvenzverfahren

Fraglich ist, wie diese Ansprüche im Insolvenzverfahren geltend zu machen sind und welche Gläubigerstellung der Versorgungsberechtigte hat. Da die Ansprüche aus einer Handlung des Insolvenzverwalters resultieren, nämlich dem Widerruf der Bezugsberechtigung, könnte man auf den Gedanken kommen, dass es sich bei ihnen um Masseforderungen i.S.d. § 55 Abs. 1 Nr. 1 InsO handelt. Jedoch stellen nach Ansicht des BAG Maßnahmen, die der Liquidation des Unternehmens dienen, keine Handlungen des Insolvenzverwalters i.S.d. Vorschrift

812 *Blomeyer/Rolfs/Otto*, Vorb. vor §§ 7 – 15, Rn. 37.

813 BAG, Urteil vom 26.2.1991 – 3 AZR 213/90, NZA 1991, 845, 847.

814 *Blomeyer/Rolfs/Otto*, Vorb. vor §§ 7 – 15 Rn. 37.

dar.[815] Sie soll nur anwendbar sein auf Handlungen, bei denen der Insolvenzverwalter selbst nach seinem Ermessen als Unternehmer auftritt.

Das BAG bezieht sich hierbei auf die Entscheidung des Großen Senats zur insolvenzrechtlichen Einordnung von Sozialplan-Abfindungen.[816] Danach ist zu unterscheiden zwischen Handlungen des Insolvenzverwalters, bei denen er als Liquidator in Rechtspositionen der Gläubiger des Gemeinschuldners eingreift, und solchen, bei denen er selbst nach seinem Ermessen als Unternehmer auftritt; im ersteren Falle werde durch das Handeln des Insolvenzverwalters Insolvenzforderungen, im zweiten Fall Masseschulden begründet.[817] § 55 Abs. 1 Nr. 1 InsO soll sich lediglich auf Geschäfte beziehen, welche Dritten gegenüber zur Verwaltung und Verwertung der Masse durchgeführt und durch die neue Rechtsbeziehungen begründet werden und nicht etwa alte Rechtsgeschäfte abgewickelt werden.[818]

Wenn der Insolvenzverwalter das Bezugsrecht widerruft und den Rückkaufswert zur Masse zieht (siehe dazu unten unter § 3B.II.1.c., S. 183 ff.), verwertet er jedoch lediglich einen zur Insolvenzmasse gehörenden Gegenstand.[819]

Grundsätzlich handelt es sich also bei den Schadensersatzansprüchen sowie bei den Ansprüchen des Arbeitnehmers aufgrund von § 1 Abs. 1 S. 3 BetrAVG um Insolvenzforderungen.[820] Zu beachten ist dabei, dass auch die Schadensersatzansprüche bzw. die aus der Ausfallhaftung des Arbeitgebers nach § 1 Abs. 1 S. 3 BetrAVG resultierenden Ansprüche vor Eintritt des Versorgungsfalls noch keinen fälligen Anspruch begründen. Denn außerhalb der Geltung der insolvenzrechtlichen Vorschriften hat der Arbeitnehmer erst mit Eintritt des Versorgungsfalls einen Anspruch gegen den Arbeitgeber aus § 1 Abs. 1 S. 3 BetrAVG.[821] Auch der Schadensersatzanspruch aus der arbeitsvertraglichen Nebenpflichtverletzung führt zu keinem anderen Ergebnis, da der Arbeitnehmer nach § 249 Abs. 1 BGB so gestellt werden muss, wie er stünde, wenn das Bezugsrecht nicht widerrufen worden wären. Auch dann hätte er aber noch keinen fälligen Zah-

815 BAG, Urteil vom 26.2.1991 – 3 AZR 213/90, NZA 1991, 845, 847; Urteil vom 17.10.1995 - 3 AZR 622/94, NZA-RR 1996, 343, 346; aA: *Heilmann*, KTS 1986, 251, 255.

816 BAG GS Beschluss vom 13.12.1978 – GS 1/77, NJW 1979, 774 (noch zu §§ 59, 61 KO).

817 BAG GS, Beschluss vom 13.12.1978 – GS 1/77, NJW 1979, 774, 778.

818 LAG München, Urteil vom 22. 7. 1987 – 4 Sa 60/87, ZIP 1988, 1070, 1071.

819 BAG, Urteil vom 26.2.1991 – 3 AZR 213/90, NZA 1991, 845, 847.

820 Braun/*Bäuerle*, § 35 Rn. 32; *Flitsch/Herbst*, BB 2003, 317, 323; *Viegener*, ZInsO 2006, 352, 360.

821 BAG, Urteil vom 26.5.2009 – 3 AZR 817/07, NZA-RR 95, 96.

lungsanspruch.[822] Daher müssen die Ansprüche entsprechend der oben unter § 3A.III.2.b., S. 115 ff. dargestellten Grundsätze kapitalisiert werden. Allerdings ist auch hier wiederum zu beachten, dass die Schadensersatz- bzw. Ausfallhaftungsansprüche, die auf Versorgungsanwartschaften beruhen, die nach Eröffnung des Insolvenzverfahrens erdient wurden, ebenfalls Masseforderungen nach § 55 Abs. 1 Nr. 2 InsO begründen. Das BAG hat in seinem Urteil aus dem Jahr 1991 betont, dass, wenn die Verwertung der Insolvenzmasse einen als einfache Insolvenzforderung einzuordnenden Leistungsanspruch beeinträchtigt, der darauf gestützte Schadensersatzanspruch keine Masseschuld darstellt, und daher „soweit die vor Konkursöffnung erdiente Versorgungsanwartschaft betroffen ist“, § 55 Abs. 1 Nr. 2 InsO (damals § 59 Abs. 1 Nr. 2 KO) nicht anwendbar ist.[823] Daraus lässt sich im Umkehrschluss feststellen, dass Schadensersatzansprüche, die aus der Beeinträchtigung von als Masseverbindlichkeit einzustufenden Leistungsansprüchen (wie es die nach Verfahrenseröffnung erdienten Anwartschaften sind, s.o. unter § 3A.III.2.c., S. 132) resultieren, ebenfalls Masseverbindlichkeiten sind.

(c) Insolvenzsicherung durch den PSV

Eine Direktversicherung mit lediglich widerruflichem Bezugsrecht führt zu einer Einstandspflicht des PSV, so weit der Anwendungsbereich des BetrAVG eröffnet ist. Wie bereits oben unter § 3B.II.1.b(1), S. 178 erwähnt, kann die Situation, dass sich ein widerrufliches Bezugsrecht und bereits fällige Versorgungsansprüche gegenüberstehen, nicht eintreten, da gemäß § 159 Abs. 2 VVG spätestens im Zeitpunkt des Eintritts des Versicherungsfalls die Rechte aus dem Versicherungsvertrag auf den Bezugsberechtigten übergehen. Daher sind auch nur unverfallbare Anwartschaften aus Direktversicherungen mit widerruflichem Bezugsrecht gemäß § 7 Abs. 2 S. 1 Nr. 2 Var. 1 BetrAVG durch den PSV insolvenzgesichert. Tritt der PSV in der Insolvenz des Arbeitgebers für diese Anwartschaften ein, so gehen die dem Arbeitnehmer zustehenden Anwartschaften gemäß § 9 Abs. 2 S. 1 BetrAVG auf ihn über, wiederum mit der Besonderheit, dass der PSV sie gemäß § 9 Abs. 2 S. 3 BetrAVG nur als unbedingte Forderungen nach § 45 InsO geltend machen kann (siehe dazu bereits oben unter § 3A.III.2.b., S. 116).

822 So für den auf einem Verstoß gegen § 1b Abs. 2 S. 1 BetrAVG beruhenden Schadensersatzanspruch BAG, Urteil vom 26.5.2009 – 3 AZR 817/07, NZA-RR 95, 96.

823 BAG, Urteil vom 26.2.1991 – 3 AZR 213/90, NZA 1991, 845, 848.

c. *Handlungsmöglichkeiten des Insolvenzverwalters*

Da der Lebensversicherungsvertrag, der ursprünglich als betriebliche Altersversorgung für den Arbeitnehmer gedacht war, also in die Insolvenzmasse fällt, stellt sich für den Insolvenzverwalter die Frage, welche Handlungsmöglichkeiten sich für ihn daraus ergeben. Zunächst ist zu klären, welche Auswirkungen die Eröffnung des Insolvenzverfahrens grundsätzlich auf den zwischen ihm und dem Versicherungsunternehmen bestehenden Versicherungsvertrag hat, ob ihm also z.B. ein Erfüllungswahlrecht nach § 103 InsO zusteht. Anschließend wird der Insolvenzverwalter den Vertrag für die Insolvenzmasse so profitabel wie möglich verwenden wollen.

(1) Direktversicherungsvertrag als Vertrag i.S.d § 103 Abs. 1 InsO

Damit der Versicherungsvertrag dem Wahlrecht des Insolvenzverwalters nach § 103 InsO unterfällt, müsste es sich bei ihm um einen gegenseitigen Vertrag handeln, der zum Zeitpunkt der Insolvenzeröffnung weder vom Schuldner noch von seinem Vertragspartner vollständig erfüllt ist. Es muss sich um einen vollkommen zweiseitig verpflichtenden Vertrag mit synallagmatischen Leistungspflichten i.S.d. § 320 BGB handeln, in dem jeder Teil dem anderen Teil eine Leistung schuldet und jede Leistung deshalb geschuldet wird, weil die andere geschuldet wird.[824]

Im Falle des Lebensversicherungsvertrags schuldet der Versicherungsnehmer die Zahlung der Versicherungsprämien (§ 1 S. 2 VVG), während das Versicherungsunternehmen bei Eintritt des Versicherungsfalls die vereinbarte Versicherungsleistung schuldet (§ 1 S. 2 VVG). Insofern handelt es sich um einen gegenseitigen Vertrag, der im Fall der Direktversicherung vor Eintritt des Versorgungsfalls auch von beiden Seiten in der Regel noch nicht vollständig erfüllt sein wird, denn der Arbeitgeber schuldet noch weitere Prämienzahlungen und das Versicherungsunternehmen schuldet weiterhin die Versicherungsleistungen bei Eintritt des Versorgungsfalls.[825]

Anders verhält es sich aber, wenn der Arbeitgeber als Versicherungsnehmer keine Prämien mehr zu zahlen hat. In dem Fall hat der Arbeitgeber keine Leistungspflicht mehr und es handelt sich nicht mehr um einen beiderseits nicht

---

824 BGH, Urteil vom 22. 1. 2009 - IX ZR 66/07, NZI 2009, 235, 237; Nerlich/Römermann/*Balthasar*, § 103 Rn. 8; Uhlenbruck/*Wegener*, § 103 Rn. 25.

825 Nerlich/Römermann/*Balthasar*, § 103 Rn. 17; *Thürmann*, BB 1985, 1269, 1270; Uhlenbruck/*Wegener*, § 103 Rn. 44; *Westhelle/Micksch*, ZIP 2003, 2054, 2055; *Zimmermann*, VersR 1988, 885, 885.

vollständig erfüllten Vertrag i.S.d. § 103 Abs. 1 InsO.[826] Dies kann aus verschiedenen Gründen der Fall sein. Keine Prämien sind mehr zu zahlen, wenn die Versicherung gemäß § 165 Abs. 1 VVG prämienfrei gestellt wurden.[827] Ursache hierfür kann die Kündigung des Versicherungsverhältnisses durch den Versicherer (§§ 166 Abs. 1, 165 VVG) sein oder das Verlangen des Versicherungsnehmers nach einer Umstellung auf eine prämienfreie Versicherung (§ 165 Abs. 1 VVG). Auch wenn die Prämienzahlung durch Zahlung einer Eimalprämie zu Beginn des Versicherungsverhältnisses erfolgt, hat der Versicherungsnehmer bereits all seine Verpflichtungen erfüllt, so dass § 103 Abs. 1 InsO nicht mehr greift.[828] In diesen Fällen hat der Insolvenzverwalter also kein Wahlrecht nach § 103 Abs. 1 InsO, der Versicherungsvertrag muss nach den allgemeinen Regeln abgewickelt werden.

In der Regel wird es sich jedoch bei dem von dem Insolvenzverwalter vorgefundenen Direktversicherungsvertrag mit widerruflichem Bezugsrecht um einen solchen handeln, der von beiden Seiten noch nicht vollständig erfüllt wurde, so dass ein Wahlrecht nach § 103 InsO besteht. Für den Insolvenzverwalter ergeben sich daraus verschiedene Verwertungsmöglichkeiten.

(2) Verwertung der Versicherung

Für die Masse am profitabelsten wird es in der Regel sein, wenn der Insolvenzverwalter den Lebensversicherungsvertrag kündigt und den Rückkaufswert zur Masse zieht. Nach § 168 Abs. 1 VVG ist der Versicherungsnehmer, soweit laufende Prämien zu zahlen sind, jederzeit berechtigt, für den Schluss der laufenden Versicherungsperiode zu kündigen. Dies hat gemäß § 169 Abs. 1 VVG zur Folge, dass der Versicherer den Rückkaufswert zu zahlen hat. Mit dem Übergang der Verwaltungs- und Verfügungsbefugnis auf den Insolvenzverwalter nach

---

826 Prölss/Martin/*Reiff*, § 168 Rn. 14; *Stegmann/Lind*, NVersZ 2002, 193, 196; *Thürmann*, BB 1985, 1269, 1270

827 OLG Köln, Urteil vom 15.3.2001 – 12 U 299/00, VersR 2001, 1501.

828 LG Köln, Urteil vom 19.9.2000 - 23 S 22/00, VersR 2001, 885. Denkbar ist auch, dass eine Freistellung von der Prämienzahlungsverpflichtung erfolgt, wenn in den Lebensversicherungsvertrag eine Berufsunfähigkeitsversicherung integriert ist und Berufsunfähigkeit eingetreten ist, da zu deren Leistungen auch die Freistellung von der Beitragspflicht gehört (§ 1 Abs. 1b AVB-BUV (Allgemeine Versicherungsbedingungen für die Berufsunfähigkeits-Versicherung), Stand 1.10.2013, abrufbar unter http://www.gdv.de/wp-content/uploads/2013/11/12-GDV-Musterbedingung-LV-Berufsunfaehigkeitsversicherung-2013.pdf (20.1.2014), *Stegmann/Lind*, NVersZ 2002, 193, 196. Das wird im Fall der Direktversicherung aber nicht der Fall sein, weil es sich sonst nicht mehr um betriebliche Altersversorgung i.S.d. § 1b Abs. 2 S. 1 BetrAVG handelt.

§ 80 Abs. 1 InsO ist auch die Kündigungsbefugnis und damit die Berechtigung zur Einziehung des Rückkaufswerts auf ihn übergegangen.[829]

Der Rückkaufswert der Versicherung ist gemäß § 169 Abs. 3 S. 1 VVG das nach anerkannten Regeln der Versicherungsmathematik mit den Rechnungsgrundlagen der Prämienkalkulation zum Schluss der laufenden Versicherungsperiode berechnete Deckungskapital der Versicherung. Das Deckungskapital ist die Summe der verzinslich angesammelten Sparanteile eines konkreten Vertrages bzw. die „Deckungsrückstellung" für den einzelnen Vertrag (§ 11 Abs. 1 Satz 1 VAG).[830]

Allerdings kann auch die Situation eintreten, dass die Weiterführung des Versicherungsvertrags für die Insolvenzmasse vorteilhafter ist als ihre Kündigung. Wenn z.B. ein Versicherungsvertrag in absehbarer Zeit endet und im Versicherungsvertrag neben den bereits erwirtschafteten Überschussanteilen auch ein Schlussüberschussanteil vorgesehen ist (vgl. § 2 Abs. 3 b) Fn. 7 b) AVB-KLV[831]), kann die Weiterführung des Vertrags sinnvoller sein, wenn dieser Schlussüberschussanteil die noch bis zum Ende des Vertrags zu zahlenden Prämien übersteigt.[832] Der Insolvenzverwalter wird dies im Einzelnen zu prüfen haben.

(3) Ablehnung der Erfüllung, § 103 Abs. 2 InsO

Hat sich der Insolvenzverwalter dazu entschlossen, den Vertrag nicht mehr weiterzuführen, stellt sich die Frage, wie er dies nach außen hin erkennbar machen muss. Grundsätzlich bedarf es schließlich einer Kündigung des Versicherungsvertrags nach § 168 Abs. 1 VVG, um den Rückkaufswert ausgezahlt zu bekommen. Diese Kündigung ist aber grundsätzlich immer erst zum Schluss der Versicherungsperiode zulässig. Die Versicherungsperiode beträgt gemäß § 12 VVG in der Regel ein Jahr. Das bedeutet, dass – je nachdem, wann der Insolvenzverwalter den Entschluss fasst, die Versicherung zu kündigen – eine äußerst lange Kündigungsfrist gegeben sein kann.

---

829 BGH, Urteil vom 7. 4. 2005 - IX ZR 138/04, NZI 2005, 384, 384; Prölss/Martin/*Reiff*, § 168 Rn. 13; ob dies auch beim Vorliegen einer unwiderruflichen Bezugsberechtigung der Fall ist, ist umstritten, siehe dazu unten unter § 3B.II.2.b., S. 203 ff.

830 Prölss/Martin/*Reiff*, § 169 Rn. 31.

831 Allgemeine Versicherungsbedingungen für die kapitalbildende Lebensversicherung, Stand 1.10.2013 abrufbar unter http://www.gdv.de/wp-content/uploads/2014/01/01-GDV-Musterbedingung-LV-kapitalbildende-Lebensversicherung-2013-n.pdf (20.1.2014).

832 *Güther/Kohly*, ZIP 2006, 1229, 1234.

(a) Erlöschenstheorie des BGH

Nach der alten Rechtsprechung des BGH zur Erfüllungsablehnung beim Wahlrecht des Insolvenzverwalters ergab sich dieses Problem für den Insolvenzverwalter erst gar nicht. Der BGH ging nämlich davon aus, dass bei einem Wahlrecht des Insolvenzverwalters der Versicherungsvertrag mit Insolvenzeröffnung direkt in ein Abwicklungsschuldverhältnis umgewandelt wurde, es sei denn, der Insolvenzverwalter wählte Erfüllung des Vertrags.[833] Die bestehenden Erfüllungsansprüche der Vertragspartner gegeneinander erloschen.[834] Nach dieser sog. Erlöschenstheorie bewirkte die Eröffnung des Insolvenzverfahrens eine materiell-rechtliche Umgestaltung des Direktversicherungsvertrags in ein Abwicklungsverhältnis, die bereits mit Eröffnung des Insolvenzverfahrens und nicht erst mit Erfüllungswahl bzw. –ablehnung eintreten sollte. Grund für diese Rechtsprechung war die ständig schwindende Effizienz des Konkursrechtes angesichts der steigenden Zahl abgelehnter Eröffnungsanträge mangels Masse; dieses Ziel sollte insbesondere dadurch erreicht werden, dass der Erfüllungsanspruch der Masse von allen vor Eröffnung des Verfahrens entstandenen Belastungen befreit wird.[835]

Für die Direktversicherung bedeutete das, dass der Insolvenzverwalter ohne Kündigung des Versicherungsvertrags und ohne Widerruf der Bezugsberechtigung dazu berechtigt war, den Rückkaufswert einzufordern: Begründet wurde die Nichtanwendbarkeit des Kündigungserfordernisses aus § 165 VVG a.F. (§ 168 VVG n.F.) damit, dass die Norm nur für das gesunde Versicherungsverhältnis und nicht in der Insolvenz des Versicherungsnehmers gelten sollte.[836] Die Tatsache, dass damit die unter Umständen bis zu einem Jahr lange Kündigungsfrist für den Lebensversicherungsvertrag umgangen wurde, sah der BGH als übereinstimmend mit dem System des Insolvenzrechts an, weil die Eröffnung des Verfahrens grundsätzlich die Zäsur in den Vertragsbeziehungen des Gemeinschuldners bedeute.[837] Dafür, dass bereits mit Eröffnung des Insolvenzverfahrens und nicht erst mit Erfüllungsablehnung durch den Insolvenzverwalter die Umwandlung in das Abwicklungsverhältnis stattfinden sollte, wurde § 91 InsO angeführt, nach dem nach Eröffnung des Insolvenzverfahrens Rechte an

---

833 BGH, Urteil vom 04.03.1993 - IX ZR 169/92, NJW 1993, 1994, 1995; Urteil vom 20.12.1988 - IX ZR 50/88, NJW 1989, 1282, 1283.

834 BGH, Urteil vom 20.12.1988 - IX ZR 50/88, NJW 1989, 1282, 1283.

835 Siehe dazu Uhlenbruck/*Wegener*, § 103 Rn. 6 f.

836 BGH, Urteil vom 4.3.1993 – IX ZR 169/92, NJW 1993, 1994, 1995; *Müller-Feldhammer*, NZI 2001, 343, 346; *Stegmann/Lind*, NVersZ 2002, 193, 194 f.; *Westhelle/Micksch*, ZIP 2003, 2054, 2055.

837 BGH, Urteil vom 4.3.1993 – IX ZR 169/92, NJW 1993, 1994, 1995.

Gegenständen nicht mehr erworben werden können. Daher sollte auch eine nach Eröffnung des Insolvenzverfahrens, aber vor Erfüllungsablehnung unwiderruflich gewordene Bezugsberechtigung nichts an der insolvenzrechtlichen Einordnung des Versicherungsvertrags ändern.[838]

(b) Abwendung von der Erlöschenstheorie

Diese Rechtsprechung war schon in früherer Zeit deutlicher Kritik ausgesetzt. Ihr wurden insbesondere systematische Argumente entgegengesetzt: Ginge mit Eröffnung des Insolvenzverfahrens gleichzeitig das Erlöschen der Erfüllungsansprüche einher, bedürfte es keiner ausdrücklichen Anordnung des Erlöschens von Aufträgen und Geschäftsbesorgungsverträgen gemäß §§ 115, 116 InsO und ergäbe das „Wiederaufleben" der Ansprüche nach Beendigung des Insolvenzverfahrens nach § 201 InsO keinen Sinn.[839] Auch der BGH ist von dieser Rechtsansicht im Jahr 2002 abgerückt. In dem Urteil, das einen Bauvertrag zum Gegenstand hatte, stellte der BGH fest, dass die Verfahrenseröffnung wegen der beiderseitigen Nichterfüllungseinreden der Vertragspartner lediglich zur Folge habe, dass den noch ausstehenden Erfüllungsansprüchen, soweit es sich um Ansprüche auf die Gegenleistung für schon erbrachte Leistungen handele, die Durchsetzbarkeit fehle.[840] In Folge dessen hat das Gericht diese Rechtsprechung auch auf andere Vertragsarten ausgeweitet,[841] letztlich im Jahr 2011 auch auf Lebensversicherungsverträge.[842]

Fraglich ist, ob diese Rechtsprechungsänderung auch dazu führt, dass der Insolvenzverwalter seinerseits nun doch die Kündigung des Lebensversicherungsvertrags erklären muss, um einen Anspruch auf Auszahlung des Rückkaufswerts zu erlangen. Dies wird teilweise verneint.[843] Die Wertung des BGH, dass § 168 VVG nur für das gesunde Versicherungsverhältnis ohne insolventen Versicherungsnehmer gelte, bestehe fort, so dass auch unter dem neuen Ver-

838 BGH, Urteil vom 4.3.1993 – IX ZR 169/92, NJW 1993, 1994, 1995; *Stegmann/Lind*, NVersZ 2002, 193, 194 f.

839 *Bork*, FS Zeuner, S. 297, 305 f.; Nerlich/Römermann/*Balthasar*, § 103 Rn. 6 m.w.N.

840 BGH, Urteil vom 25.4.2002 – IX ZR 313/99, NJW 2002, 2783, 2785; zur Rechtsprechungsänderung ausführlich: *Bärenz*, NZI 2006, 72 ff.

841 Z.B. BGH, Urteil vom 17. 12. 2009 - IX ZR 214/08, NZI 2010, 180, 180f. zu einem Vertrag zwischen der BA und einer Personal-Service-Agentur; BGH, Urteil vom 17.11.2005 – IX ZR 162/04, NZI 2006, 229, 231 für einen Lizenzvertrag; siehe weitere Urteile bei Uhlenbruck/*Wegener*, § 103 Rn. 8 f.

842 BGH, Urteil vom 1.12.2011 - IX ZR 79/11, NZI 2012, 76, 77.

843 *Kayser*, ZInsO 2004, 1321, 1322; wohl auch (ohne nähere Begründung) *Flitsch/Herbst*, BB 2003, 317, 318 f.; mit Verweis auf die anfechtungsrechtliche Komponente des § 103 InsO *Häsemeyer*, Rn. 20.85; *Steigenberger*, S. 177 f.

ständnis des § 103 InsO keine Kündigung durch den Insolvenzverwalter erforderlich sei.[844] Allerdings wird dabei übersehen, dass bei Anwendung der Erlöschenstheorie das ursprüngliche Versicherungsverhältnis bereits materiellrechtlich in ein Abwicklungsschuldverhältnis umgewandelt wurde. Dieser Schritt fehlt nach der neuen Rechtsprechung des BGH, Auswirkungen hat die Eröffnung des Insolvenzverfahrens lediglich auf die Durchsetzbarkeit der Ansprüche. Es ist jedoch ein gestaltender Akt erforderlich, der den Versicherungsvertrag beendet und die daraus resultierende Abwicklung in Gang setzt. Daher bedarf es einer Kündigungserklärung durch den Insolvenzverwalter.[845]

Teilweise wird angenommen, dass die Kündigungserklärung auch konkludent erfolgen kann. So kann in der Erfüllungsablehnung und dem damit in der Regel einhergehenden Verlangen des Insolvenzverwalters, ihm den Rückkaufswert auszuzahlen, eine konkludente Kündigung des Versicherungsvertrags zu sehen sein[846], ebenso wie die Kündigungserklärung in aller Regel den stillschweigenden Widerruf der Bezugsberechtigung des Versorgungsberechtigten beinhaltet.[847] Geht man davon aus, dass mit dem Verlangen der Auszahlung des Rückkaufswerts also gleichzeitig die Kündigung des Versicherungsvertrags und der Widerruf der Bezugsberechtigung erklärt wird, bleibt es für den Insolvenzverwalter dabei, dass er lediglich den Rückkaufswert einfordern muss. Dies musste er auch zu Zeiten der Erlöschenstheorie. Jedoch besteht der Unterschied darin, dass der Insolvenzverwalter die gesetzlich vorgegebene Kündigungsfrist bis zum Ende der laufenden Versicherungsperiode einhalten muss.[848]

Das Kündigungsrecht des Versicherungsunternehmens bei Insolvenz des Versicherungsnehmers in § 14 Abs. 1 VVG a.F. ist mit der VVG-Reform 2008 entfallen. Denkbar wäre es allerdings, die Überlegungen *Bärenz'* hier aufzunehmen, der bei Dauerschuldverhältnissen grundsätzlich ein außerordentliches Kündigungsrecht des Vertragspartners der insolventen Vertragspartei gemäß

---

844 So noch *Kayser*, ZInsO 2004, 1321, 1322.

845 So nun auch eindeutig für Lebensversicherungsverträge der BGH, Urteil vom 1.12.2011 - IX ZR 79/11, NZI 2012, 76, 77; so im Ergebnis auch BAG, Urteil vom 15.6.2010 – 3 AZR 334/06, ZIP 2010, 1915, 1917; *Elfring*, BB 2004, 617, 619; *Kayser*, S. 51; Prölss/Martin/*Reiff*, § 168 Rn. 13; von der Erforderlichkeit des Widerrufs bzw. der Kündigung gehen auch aus: *Blomeyer/Rolfs/Otto*, Vorb. vor §§ 7 – 15 Rn. 34; Uhlenbruck/*Brinkmann*, § 47 Rn. 88.

846 *Elfring*, BB 2004, 617, 619; *Güther/Kohly*, ZIP 2006, 1229, 1235; Prölss/Martin/*Reiff*, § 168 Rn. 14.

847 Diese Auslegung nahm der BGH schon zu Zeiten der Erlöschenstheorie vor: BGH, Urteil vom 4.3.1993 – IX ZR 169/92, NJW 1993, 1994, 1995; *Elfring*, BB 2004, 617, 620.

848 *Güther/Kohly*, ZIP 2006, 1229, 1235.

§ 314 Abs. 1 BGB vorschlägt.[849] Der Gesetzgeber nahm dem Versicherer das Sonderkündigungsrecht des § 14 Abs. 1 VVG a.F., wegen der Insolvenz des Versicherungsnehmers mit einer einmonatigen Kündigungsfrist zu kündigen, mit der Begründung, dass für ein besonderes Kündigungsrecht des Versicherers kein Bedürfnis bestünde.[850] Die Annahme eines außerordentlichen Kündigungsrechts ohne Fristerfordernis würde diese gesetzgeberische Wertung konterkarieren und ist daher abzulehnen.

(c) Haftung des Insolvenzverwalters

Mit der Ablehnung der Erfüllung entsteht für den versorgungsberechtigten Arbeitnehmer zwar ein Schadensersatz- bzw. Ausfallhaftungsanspruch aufgrund der Regelungen des BetrAVG (siehe dazu oben unter § 3 B.II.1.b(2)(a), S. 179). Eine persönliche Haftung des Insolvenzverwalters nach § 60 Abs. 1 InsO scheidet jedoch aus. Diese kommt nur dann in Betracht, wenn der Insolvenzverwalter gerade insolvenzspezifische Pflichten verletzt.[851] Hinsichtlich des Versicherungsvertrags ist der Insolvenzverwalter jedoch nicht nur berechtigt, die Versicherungsleistung zur Masse zu ziehen, sondern sogar hierzu verpflichtet.[852] Durch den Widerruf des Bezugsrechts kommt er seiner insolvenzrechtlichen Pflicht aus § 148 Abs. 1 InsO nach, nicht aus- oder absonderungsberechtigte Vermögensgegenstände der Insolvenzmasse zu erhalten und für die möglichst weitgehende, gleichmäßige Befriedigung der Insolvenzforderungen zu sorgen.[853]

Auch das Verbot, bei unverfallbaren Anwartschaften den Rückkaufswert in Anspruch zu nehmen (§ 2 Abs. 2 S. 5 BetrAVG), hindert den Insolvenzverwalter nicht daran, den Versicherungsvertrag zu kündigen und den Wert zur Masse zu ziehen. Die Norm gilt (genauso wie § 2 Abs. 2 S. 4 BetrAVG, der dies aber ausdrücklich vorsieht) nur für den Arbeitnehmer, um zu verhindern, dass dieser eine für seine Altersversorgung vorgesehene Vermögensmasse schon frühzeitig in Anspruch nimmt (siehe dazu unten unter § 3B.II.2.d(4), S. 222). Der Insolvenzverwalter will mit der Einziehung des Rückkaufswerts aber nicht den Arbeitnehmer frühzeitig befriedigen, sondern die Insolvenzmasse vergrößern.[854]

---

849 *Bärenz*, NZI 2006, 72, 75.

850 RegE VVG, BT-Drucks. 16/3945, S. 64.

851 Braun/*Baumert*, § 60 Rn. 6 m.w.N.

852 Braun/*Bäuerle*, § 35 Rn. 32; *Westhelle/Micksch*, ZIP 2003, 2054, 2056.

853 BAG, Urteil vom 17. 10. 1995 – 3 AZR 622/94, ZIP 1996, 965, 968.

854 BAG, Urteil vom 17.10.1995 - 3 AZR 622/94, NZA-RR 1996, 342, 345; OLG Hamm, Urteil vom 21.4.1995 – 20 U 344/94, NJW-RR1996, 1311, 1311; *Viegener*, ZInsO 2006, 352, 360 f.; aA wohl *Blomeyer/Rolfs/Otto*, § 2 Rn. 290.

(4) Übertragung der Lebensversicherung auf den Arbeitnehmer

Denkbar wäre es unter Umständen auch, die Lebensversicherung gegen ein dem Rückkaufswert entsprechendes Entgelt dem Versorgungsberechtigten zu übertragen.

(a) Eintrittsrecht des Bezugsberechtigten nach § 170 VVG

Nach § 170 Abs. 1 S. 1 VVG hat der namentlich benannte Bezugsberechtigte in der Insolvenz des Versicherungsnehmers mit dessen Zustimmung das Recht, an seiner Stelle in den Versicherungsvertrag einzutreten. Dafür muss er gemäß § 170 Abs. 1 S. 2 VVG die Insolvenzmasse bis zur Höhe des Betrags befriedigen, dessen Zahlung der Versicherungsnehmer im Fall der Kündigung des Versicherungsverhältnisses vom Versicherer verlangen könnte, also in Höhe des Rückkaufswertes. Der Eintritt erfolgt gemäß § 170 Abs. 3 VVG durch Anzeige an den Versicherer und kann nur innerhalb eines Monats erfolgen, nachdem das Insolvenzverfahren eröffnet wurde.

Dieses Eintrittsrecht steht trotz seiner ursprünglich „familienfürsorgerischen" Zielsetzung[855] (siehe § 170 Abs. 2 VVG) grundsätzlich auch dem Arbeitnehmer als namentlich benanntem Bezugsberechtigten eines Direktversicherungsvertrags zu.[856] Es besteht auch unabhängig davon, ob er widerruflich oder unwiderruflich bezugsberechtigt ist.[857] Hat der Arbeitnehmer die erforderlichen Mittel zur Verfügung, um die Insolvenzmasse gemäß § 170 Abs. 1 S. 2 InsO in Höhe des ihr eigentlich zustehenden Rückkaufswerts zu befriedigen, könnte er dann den Versicherungsvertrag auf sich selbst als Versicherungsnehmer überleiten.

Ganz offensichtlich steht das Eintrittsrecht in einem Spannungsverhältnis zum Wahlrecht des Insolvenzverwalters nach § 103 InsO, das dem Verwalter ja gerade die Möglichkeit gibt, auszuwählen, ob er den Versicherungsvertrag selbst fortführen will oder nicht. Zwar bedarf der Eintritt in den Vertrag gemäß § 170 Abs. 1 S. 2 InsO der Zustimmung des Versicherungsnehmers. Allerdings tritt der Insolvenzverwalter gerade in dieses Zustimmungsrecht des Arbeitgebers als Versicherungsnehmer nicht gemäß § 80 Abs. 1 InsO ein, da das Zustimmungsrecht unpfändbar ist und es somit nur dem Versicherungsnehmer, nicht aber dem Insolvenzverwalter zusteht.[858] Daher stellt sich hier die Frage, welches Recht vorrangig ist: das Wahlrecht des Insolvenzverwalters oder aber das Eintrittsrecht des Bezugsberechtigten.

---

855 *König*, NVersZ 2002, 481, 481; *Prahl*, VersR 2005, 1036, 1036.

856 OLG Düsseldorf, Urteil vom 17.4.1998 – 22 U 197/97, VersR 1998, 1559.

857 Dies ist jedoch umstritten, siehe dazu unten unter § 3 B.II.2.c.(1)(a), S. 209 f..

858 *Hasse*, VersR 2005, 15, 33; *von Laun*, S. 49 f.; Prölss/Martin/*Reiff*, § 170 Rn. 9.

Nach überwiegender Ansicht ist das Eintrittsrecht des Bezugsberechtigten vorrangig gegenüber dem Wahlrecht des Insolvenzverwalters.[859] Dafür spricht zum einen, dass dem Interesse der Masse, die aus der Lebensversicherung resultierenden finanziellen Mittel zu erlangen, in der Regel bereits durch die Zahlungspflicht des eintretenden Bezugsberechtigten nach § 170 Abs. 1 S. 2 VVG genüge getan sein wird.[860] Allerdings ist dies nicht immer Fall. Ist z.B. der Rückkaufswert der Versicherung nur sehr gering oder gar gleich Null (wie etwa bei den sog. gezillmerten Versicherungsverträgen in den Anfangsjahren, siehe dazu weiter unten unter § 3 B.II.1.c(4)(b), S. 193 f.), hat die Insolvenzmasse durch die Zahlungspflicht aus § 170 Abs. 1 S. 2 VVG keine wirtschaftlichen Vorteile.[861] Abgesehen davon, dass der Wortlaut des § 170 VVG keinerlei Hinweise darauf gibt, dass das Eintrittsrecht von der Ausübung des Wahlrechts durch den Insolvenzverwalter abhängig sein soll, sprechen gegen den Vorrang des Wahlrechts aber noch weitere, systematische Argumente. Die Frist für die Ausübung des Eintrittsrechts des Bezugsberechtigten beginnt in der Insolvenz des Versicherungsnehmers gemäß § 170 Abs. 3 S. 2 VVG mit der Eröffnung des Insolvenzverfahrens. Wäre die Frage, ob dieses Recht ausgeübt werden darf, vom Wahlrecht des Insolvenzverwalters abhängig, müsste auch die Ausübung dieses Wahlrechts Anknüpfungspunkt für die Eintrittsrechtsfrist sein.[862]

Da das Eintrittsrecht also dem Wahlrecht des Insolvenzverwalters vorgeht, darf der Insolvenzverwalter vor Ablauf der Eintrittsfrist weder sein Wahlrecht ausüben noch den Versicherungsvertrag kündigen oder die Bezugsberechtigung widerrufen bzw., wenn er es tut, dürfen Kündigung bzw. Widerruf ihre Wirkung

859 *Armbrüster/Pilz*, KTS 2004, 481, 503; FK-InsO/*Busch*, § 314 Rn. 7; *Hasse*, VersR 2005, 15, 34; *Jenal*, S. 192; *König*, NVersZ 2002, 481, 483; *Prahl*, VersR 2005, 1036, 1037; Prölss/Martin/*Reiff*, § 170 Rn. 20; *Stegmann/Lind*, NVersZ 2002, 193, 196; wohl auch OLG Düsseldorf, Urteil vom 17.4.1998 – 22 U 197/97, VersR 1998, 1559, das davon ausgeht, dass der Arbeitnehmer die Auszahlung des Rückkaufswerts an den Insolvenzverwalter durch Geltendmachung des Eintrittsrechts hätte verhindern können; i.E. auch *Elfring*, BB 2004, 617, 620, der die Kündigung des Vertrags bzw. den Widerruf der Bezugsberechtigung vor Ablauf der Monatsfrist nach § 170 Abs. 3 S. 2 VVG wegen unzulässiger Rechtsausübung gemäß § 242 BGB für unwirksam hält.

860 *Armbrüster/Pilz*, KTS 2004, 481, 502; *König*, NVersZ 2002, 481, 483.

861 Das ansonsten hierfür angebrachte, etwas makabere Beispiel, dass der versicherte Insolvenzschuldner schwer krank ist und mit seinem baldigen Tod zu rechnen ist, so dass aufgrund der bald zu erwartenden Ausschüttung der im Vergleich zum Rückkausfwert höheren Versicherungssumme die Fortsetzung des Versicherungsvertrags für die Masse günstiger ist (*König*, NVersZ 2002, 481, 482), kann auf die Direktversicherung nicht angewendet werden, da hier der Bezugsberechtigte und nicht der Versicherungsnehmer selbst die versicherte Person ist.

862 *Armbrüster/Pilz*, KTS 2004, 481, 503; *König*, NVersZ 2002, 481, 483.

erst einen Monat nach Eröffnung des Insolvenzverfahrens entfalten, da ansonsten der Zweck des § 170 VVG vereitelt würde.[863] Das Versicherungsunternehmen darf ein eventuelles Zahlungsverlangen des Insolvenzverwalters in dieser Zeit zurückweisen.[864]

Angesichts der Tatsache, dass (solange keine Finanzierung im Wege der Entgeltumwandlung vorliegt) es sich bei einer betrieblichen Altersversorgung im Wege der Direktversicherung um eine Zusatzleistung des Arbeitgebers handelt, ist es schon äußerst fraglich, ob die Arbeitnehmer ein Interesse daran haben werden, den Versicherungsvertrag auf eigene Kosten weiterzuführen, zumal ihnen für die bisher erreichten Anwartschaften zumindest bei Unverfallbarkeit der Schutz des PSV zur Seite steht. Außerdem hat weder der Arbeitgeber noch der Insolvenzverwalter oder das Versicherungsunternehmen eine Pflicht, den Arbeitnehmer als Bezugsberechtigten über sein Eintrittsrecht zu informieren.[865] Daher wird es schon fraglich sein, ob die Arbeitnehmer angesichts der doch sehr kurzen Frist von einem Monat ab Insolvenzeröffnung überhaupt realisieren werden, dass ihnen dieses Recht zusteht.

Entschließt sich der Arbeitnehmer aber doch, in den Versicherungsvertrag einzutreten, und kann er auch die finanziellen Mittel aufbringen, um den Rückkaufswert an die Masse zu zahlen, stellt sich die Frage, was er innerhalb der Ein-Monats-Frist des § 170 Abs. 3 VVG tun muss. Nach dessen Wortlaut ist lediglich die Anzeige des Eintritts an den Versicherer erforderlich. Trotzdem wird teilweise vertreten, dass innerhalb des einen Monats nach Insolvenzeröffnung nicht nur die Anzeige, sondern auch bereits die Befriedigung der Masse in Höhe des Rückkaufswerts nach § 170 Abs. 1 S. 2 VVG erfolgt sein muss.[866] Damit wäre die Zahlung nicht Rechtsfolge, sondern Vorraussetzung des Eintritts in den Versicherungsvertrag. Begründet wird dies damit, dass die Interessen der Gläubiger durch Abs. 1 Satz 2 nur dann hinreichend geschützt seien, wenn der Eintritt erst wirksam werde, nachdem die Zahlung des Rückkaufswertes an den Gläubiger bzw. die Masse erfolgt sei. Anderenfalls würde die Masse den Anspruch guter Bonität auf Zahlung des Rückkaufswertes gegen den Versicherer

863 FK-InsO/*Busch*, § 314 Rn. 8; *Hasse*, VersR 2005, 15, 35; *König*, NVersZ 2002, 481, 483; wohl auch OLG Düsseldorf, Urteil vom 17.4.1998 – 22 U 197/97, VersR 1998, 1559, das davon ausgeht, dass das Wahlrecht nach § 17 KO durch Anzeige des Eintritts nach § 177 Abs. 3 VVG a.F. hätte verhindert werden können.

864 FK-InsO/*Busch*, § 314 Rn. 8; *von Laun*, S. 71, 77 f.

865 Prölss/Martin/*Reiff*, § 170 Rn. 18.; *Stegmann/Lind*, NVersZ 2002, 193, 196.

866 Prölss/Martin/*Reiff*, § 170 Rn. 10 f.; *Prahl*, VersR 2005, 1036, 1039; *Stegmann/Lind*, NVersZ 2002, 193, 196.

verlieren und einen Anspruch gleicher Höhe, aber ungewisser Bonität gegen den Eintretenden erhalten.[867]

Abgesehen davon, dass der Wortlaut der Norm dieses Erfordernis der Zahlung innerhalb der Ein-Monats-Frist nicht hergibt, stellte dies auch aus praktischer Sicht ein unverhältnismäßig großes Hindernis für die Ausübung des Eintrittsrechts dar. Schließlich ist ein Monat schon ein knapp bemessener Zeitraum, innerhalb dessen der Arbeitnehmer sich bereits über das Eintrittsrecht selbst und über die wirtschaftlichen Folgen eines Eintritts bewusst werden muss. Auch noch die Zahlung in Höhe des Rückkaufswerts zu verlangen (die unter Umständen auch eine Finanzierung durch den Arbeitnehmer erfordert), ist auch angesichts des fehlenden Hinweises im Wortlaut der Norm zu viel verlangt.[868]

(b) Freigabe des Vertrags an den Arbeitnehmer

Abgesehen von einem bestehenden Eintrittsrecht des bezugsberechtigten Arbeitnehmers kann die Freigabe des Versicherungsvertrags an den Arbeitnehmer auch für die Insolvenzmasse von Vorteil sein. Insbesondere bei sogenannten gezillmerten Lebensversicherungen, in deren Anfangsstadium der Insolvenzmasse kaum ein Vorteil aus der Einziehung des Rückkaufswerts erwachsen wird, kann dies eine sinnvolle Alternative sein.[869]

Bei der Zillmerung von Lebensversicherungsverträgen handelt es sich um ein von dem Versicherungsmathematiker Dr. August Zillmer entwickeltes Kostenverteilungsverfahren, bei dem die beim Zustandekommen des Vertrags anfallenden einmaligen Abschluss- und Vertriebskosten dem Versicherungsnehmer nicht gesondert in Rechnung gestellt, sondern mit den zu Beginn des Versicherungsverhältnisses zu zahlenden Versicherungsprämien verrechnet werden.[870] Damit verfolgen die Versicherungsunternehmen das Ziel, die an die Vermittler zu zahlende Provision schnell auszuzahlen und infolge der schnellen Verrechnung der Abschlusskosten mit der Prämie in den ersten Jahren nur begrenzte Mittel für die entsprechende Vorfinanzierung aufwenden zu müssen. Dies hat zur Folge, dass in den ersten Jahren der Versicherung der Rückkaufswert der Versicherung sehr gering ist oder in den ersten beiden Jahren sogar völlig entfällt.[871] Zwar wirkt sich die Zillmerung nicht automatisch auf den Rückkaufswert aus, weil dessen Höhe der vertraglichen Vereinbarung entspringt; in der

867 Prölss/Martin/*Reiff*, § 170 Rn. 10 f.; *Prahl*, VersR 2005, 1036, 1039.

868 So im Ergebnis auch AG München, VersR 1960, 362, 363; *Elfring*, BB 2004, 617, 620; FK-InsO/*Busch*, § 314 Rn. 8.

869 *Güther/Kohly*, ZIP 2006, 1229, 1236; *Janca*, ZInsO 2003, 449, 449.

870 BVerfG, Beschluss vom 15.2.2006 – 1 BvR 1317/96, NJW 2006, 1783, 1785.

871 BVerfG, Beschluss vom 15.2.2006 – 1 BvR 1317/96, NJW 2006, 1783, 1785; BAG, Urteil vom 15.9.2009 – 3 AZR 17/09, NZA 2010, 164, 166.

Regel sieht diese Vereinbarung aber vor, dass der Rückkaufswert der Lebensversicherung an die nach dem Zillmerungsverfahren gebildete Deckungsrückstellung anknüpft.[872]

Daher wird in den Fällen gezillmerter Direktversicherungsverträge vorgeschlagen, die versicherte Person zu befragen, ob sie bereit wäre, für die Freigabeerklärung des Insolvenzverwalters einen Betrag an die Insolvenzmasse zu zahlen, der einen angemessenen Ausgleich zwischen den gezahlten Prämien und der Insolvenzmasse schafft. Als angemessen wurde hierbei die Hälfte der gezahlten Prämien angesehen[873], teilweise aber auch sogar ein Aufschlag auf die gezahlten Prämien vorgeschlagen, um den Erhalt der Lebensversicherung für die Masse lohnenswert zu machen.[874] Letzteres dürfte angesichts der Ausgangsposition des Insolvenzverwalters bei „jungen" gezillmerten Lebensversicherungsverträgen, in der der Rückkaufswert unter Umständen sogar gleich Null ist, wohl zu viel verlangt sein.

Allerdings hat der Gesetzgeber der üblichen Vorgehensweise der Zillmerung durch die Versicherungsunternehmen mittlerweile einen Riegel vorgeschoben und im Rahmen der VVG-Reform im Jahr 2008 auf dieses Phänomen reagiert. Nach seiner Ansicht berücksichtigte dieses Verfahren der uneingeschränkten Zillmerung nicht ausreichend die Interessen der Versicherungsnehmer, die sich aus unterschiedlichen Gründen dazu entschließen, von ihrem gesetzlichen Kündigungsrecht Gebrauch zu machen.[875] § 169 Abs. 3 S. 1 Hs. 2 VVG bestimmt nun, dass auch bei frühzeitiger Kündigung der Lebensversicherung (sog. Frühstorno)[876] dem Versicherungsnehmer ein Mindestrückkaufswert zusteht, der mindestens dem Betrag des Deckungskapitals entsprechen muss, das sich bei gleichmäßiger Verteilung der angesetzten Abschluss- und Vertriebskosten auf die ersten fünf Vertragsjahre ergibt. Allerdings schließt § 169 Abs. 3 S. 1 Hs. 2 VVG die Zillmerung im bisherigen Umfang nicht aus, sondern es ist nur bei einer Kündigung in den ersten fünf Jahren fiktiv zu unterstellen, dass die Abschluss- und Vertriebskosten auf die ersten fünf Vertragsjahre verteilt wurden.[877]

Gemäß Art. 4 Abs. 2 EGVVG findet auf vor dem 1.1.2008 abgeschlossene Altverträge nicht § 169 VVG, sondern § 176 VVG a.F. Anwendung. Der Gesetzgeber hat sich hierzu aufgrund verfassungsrechtlicher Erwägungen entschlossen, da die Geltung des § 169 VVG auch auf Altverträge einen erheblichen Eingriff in diese Verträge und damit eine verfassungsrechtlich bedenkliche

872 BAG, Urteil vom 15.9.2009 – 3 AZR 17/09, NZA 2010, 164, 166.

873 *Güther/Kohly*, ZIP 2006, 1229, 1236.

874 *Janca*, ZInsO 2003, 449, 449.

875 RegE VVG, BT-Drucks. 16/3945, S. 102.

876 Prölss/Martin/*Reiff*, § 169 Rn. 33.

877 Prölss/Martin/*Reiff*, § 169 Rn. 35.

Rückwirkung bedeutet hätte.[878] Daher kann sich für den Insolvenzverwalter weiterhin die Situation ergeben, dass er sich einer für die Insolvenzmasse wertlosen gezillmerten Lebensversicherung gegenüberstehen sieht. In diesen Fällen kann eine Freigabe gegen Zahlung eines angemessenen Betrags weiterhin sinnvoll sein.

Allerdings ist zu beachten, dass die Rechtsprechung auch schon vor Einführung des § 169 Abs. 3 S. 1 Hs. 2 VVG Einschränkungen bei gezillmerten Versicherungsverträgen vorgenommen und insbesondere einen hohen Maßstab an die Transparenz von Allgemeinen Versicherungsbedingungen bzgl. der wirtschaftlichen Nachteile solcher Verträge bei einer frühen Kündigung des Vertrags angelegt hat.[879] Der Versuch der Versicherungsunternehmen, die Klauseln im Wege des Treuhänderverfahrens nach § 172 Abs. 2, Abs. 1 VVG a.F. durch eine transparente Klausel zu ersetzen, wurde von der Rechtsprechung nicht akzeptiert. Vielmehr wurde die aus dem Verstoß hiergegen resultierende Regelungslücke in der Weise durch ergänzende Vertragsauslegung geschlossen, dass für den Fall der vorzeitigen Vertragsbeendigung der Rückkaufswert einen Mindestbetrag in Höhe der Hälfte des ungezillmerten Deckungskapitals betragen muss, was ca. 40% der gezahlten Prämien entspricht.[880] Diese ergänzende Vertragsauslegung wurde vom Bundesverfassungsgericht gebilligt.[881]

Liegt dem Insolvenzverwalter ein solcher Versicherungsvertrag vor, wird eine Übertragung auf den Arbeitnehmer wohl nicht mehr die erste Wahl sein, es sei denn, der hierfür gezahlte Betrag übersteigt den Rückkaufswert. Da diese höchstrichterliche Rechtsprechung jedoch bereits aus dem Jahr 2005 herrührt und der niedrige Rückkaufswert nur in den ersten Jahren des Versicherungsvertrags ein Problem darstellt, werden diese Fälle wohl bald der Vergangenheit angehören.

Diese gerade dargestellte Rechtsprechung befasste sich allgemein mit gezillmerten Lebensversicherungsverträgen. Die ergänzende Vertragsauslegung beruhte auch nur auf der mangelnden Transparenz der Klauseln – nicht etwa darauf, dass die volle Zillmerung grundsätzlich unzulässig war. Nach Rechtsprechung des BAG gelten weitere Besonderheiten bei einer betrieblichen Altersversorgung im Wege der Direktversicherung, die auf einer Entgeltumwandlungsvereinbarung nach § 1 Abs. 2 Nr. 3 BetrAVG beruht. Danach liegt eine Entgeltumwandlung immer dann vor, wenn künftige Entgeltansprüche in eine wertglei-

---

878 Vgl. Stellungnahme des Bundesrates zum RegE VVG, BT-Drucks. 16/3945, S. 128 f. und Gegenäußerung der Bundesregierung, BT-Drucks. 16/3945, S. 133.

879 BGH, Urteil vom 9. 5. 2001 - IV ZR 121/00, NJW 2001, 2014, 2016 f.

880 BGH, Urteil vom 12.10.2005 – IV ZR 162/03, NJW 2005, 3559, 3564 ff.; *Elfring*, NJW 2005, 3677, 3677 (Fn. 7).

881 BVerfG, Beschluss vom 15.2.2006 – 1 BvR 1317/96, NJW 2006, 1783, 1786.

che Anwartschaft auf Versorgungsleistungen umgewandelt werden (siehe dazu bereits oben unter § 2A.II.3.b(4), S. 43).

In seinem Urteil vom 15.9.2009[882] stellte das BAG zunächst einmal klar, dass eine Entgeltumwandlungsvereinbarung auch dann „wertgleich" i.S.d § 1 Abs. 2 Nr. 3 BetrAVG sei, wenn ihr ein gezillmerter Lebensversicherungsvertrag zugrunde liege, weil es für die Beurteilung der Wertgleichheit auf eine wirtschaftliche Betrachtungsweise ankäme. Die Zillmerung sei eine versicherungsmathematisch anerkannte Methode zur Verrechnung der Abschluss- und Vertriebskosten und führe daher zu der erforderlichen Wertgleichheit der umgewandelten künftigen Entgeltansprüche und der daraus resultierenden Versorgungsanwartschaften.[883] Jedoch sei eine Entgeltumwandlungsvereinbarung, die die Verwendung eines voll gezillmerten Versicherungsvertrags vorsehe, wegen unangemessener Benachteiligung nach § 307 BGB unwirksam. Denn nach den betriebsrentenrechtlichen Vorgaben müsse der Arbeitnehmer, der eine unverfallbare Versorgungsanwartschaft innehat (welche bei Entgeltumwandlungsvereinbarungen gemäß § 1b Abs. 5 BetrAVG sofort eintritt), auch bei seinem Ausscheiden eine in angemessenem Umfang werthaltige Versorgung erhalten. Diesem Erfordernis werde bei gezillmerten Versicherungstarifen nicht ausreichend Rechnung getragen. Anstatt dessen sollen die Abschluss- und Vertriebskosten entsprechend § 1 Abs. Nr. 8 AltZertG und § 169 Abs. 3 VVG über einen Zeitraum von fünf Jahren verteilt werden.[884] Die Unwirksamkeit der Entgeltumwandlungsvereinbarung führe jedoch nicht zu einem Anspruch auf Rückzahlung der umgewandelten Entgeltansprüche, sondern zu einem Anspruch gegen den Arbeitgeber auf Aufstockung der betrieblichen Altersversorgung bis zur Höhe der Wertgleichheit.[885]

Diese Rechtsprechung hat aber nur Auswirkungen auf die zwischen Arbeitgeber und Arbeitnehmer bestehende Entgeltumwandlungsvereinbarung, also auf das Valutaverhältnis. Im Deckungsverhältnis zum Versicherungsunternehmen treten keine Änderungen ein, so dass der Insolvenzverwalter die Frage, ob es wirtschaftlich sinnvoller ist, den Rückkaufswert zur Masse zu ziehen oder dem Arbeitnehmer den Versicherungsvertrag zu übertragen, nicht anhand dieser Erörterungen entscheiden wird.

---

882 BAG, Urteil vom 15.9.2009 – 3 AZR 17/09, NZA 2010, 164 ff.

883 BAG, Urteil vom 15.9.2009 – 3 AZR 17/09, NZA 2010, 164, 167; aA noch LAG München, Urteil vom 15.3.2007 – 4 Sa 1152/06, NZA 2007, 813, 814, das daher die Unwirksamkeit der Vereinbarung nach § 17 Abs. 3 S. 3 BetrAVG annahm.

884 BAG, Urteil vom 15.9.2009 – 3 AZR 17/09, NZA 2010, 164, 169; aA: LAG München, Urteil vom 15.3.2007 – 4 Sa 1152/06, NZA 2007, 813, 814 f., das einen Verrechnungszeitraum von mindestens zehn Jahren vorschlägt.

885 BAG, Urteil vom 15.9.2009 – 3 AZR 17/09, NZA 2010, 164, 169.

d. *Abtretung der Ansprüche oder Pfandrecht an den Versicherungsleistungen zugunsten des Arbeitnehmers*

Das lediglich widerrufliche Bezugsrecht gewährt dem bezugsberechtigten Arbeitnehmer keine gesicherte Position in der Insolvenz des Arbeitgebers, da die Rechte aus dem Versicherungsvertrag zur Masse gehören und er insofern lediglich die Stellung eines Insolvenzgläubigers innehat. An dieser Position könnte sich aber etwas ändern, wenn der Arbeitgeber die Ansprüche aus dem Lebensversicherungsvertrag an den Arbeitnehmer abgetreten oder aber ihm ein Pfandrecht an den Versicherungsleistungen verschafft hat. Diese Maßnahmen werden häufig auch bei Rückdeckungsversicherungen durchgeführt, die der Arbeitgeber abschließt, um sich gegen die auf ihn zukommenden Versorgungsverpflichtungen bei einer Direktzusage abzusichern. Folge der Abtretung der Ansprüche bei der Rückdeckungsversicherung ist, dass daraus eine Direktversicherung wird, Folge des Pfandrechts an der Bezugsberechtigung ist ein Absonderungsrecht des Arbeitnehmers aus § 50 Abs. 1 InsO. (Siehe dazu bereits oben unter § 3A.IV.2.a., S. 148 und unten unter § 3A.IV.2.b., S. 152)

Mit einer Lebensversicherung, deren Bezugsrecht widerruflich den Geschäftsführern einer GmbH eingeräumt wurde, und denen zusätzlich die Lebensversicherung verpfändet wurde, hat sich der BGH in einem Urteil aus dem Jahr 2005 befasst.[886] Systemwidrig hat der BGH in diesem Fall die Lebensversicherung als Rückdeckungsversicherung bezeichnet, obwohl den versorgungsberechtigten GmbH-Geschäftsführern ein – wenn auch widerrufliches – Bezugsrecht eingeräumt worden war.[887] Bei einem solchen Sachverhalt ist aber nicht von einer Rückdeckungsversicherung, sondern von einer Direktversicherung zu sprechen, da es gerade dem Wesen der Rückdeckungsversicherung entspricht, dass der Versorgungsberechtigte kein Bezugsrecht für die Versicherungsleistungen eingeräumt bekommt, sondern dieses beim Arbeitgeber verbleibt.[888]

Im Grunde sind die Rechtsfolgen der Bestellung des Pfandrechts an den Versicherungsleistungen einer Rückdeckungsversicherung und einer Direktversicherung mit widerruflichem Bezugsrecht identisch, da auch die Ausgangslage identisch ist: Aufgrund der Zugehörigkeit zur Insolvenzmasse kann der Versorgungsberechtigte kein Aussonderungsrecht geltend machen (siehe dazu oben unter § 3A.IV.2., S. 147 und unter § 3B.II.1., S. 173). Folglich ist auch die

---

886 BGH, Urteil vom 7.4.2005 – IX ZR 138/04, NJW 2005, 2231 ff.

887 Dies übernehmen u.a. auch *Rhein/Lasser*, NZI 2007, 153 ff.

888 *Blomeyer/Rolfs/Otto*, Vierter Teil Kapitel A Rn. 15, 28; Braun/*Bäuerle*, § 35 Rn. 29; *Heilmann*, KTS 1986, 251, 252; Terbille/Höra/*Höra/Leithoff*, MAH Versicherungsrecht, § 25 Rn. 320; *Reichert*, DStR 1997, 835, 837.

Gläubigerstellung der Versorgungsberechtigten identisch. Ihre Rechtsfolgen werden genauer unten unter § 3B.V., S. 260 ff. beleuchtet.

2. Unwiderrufliches Bezugsrecht

Eine ungleich sicherere Position in der Insolvenz des Arbeitgebers steht dem Versorgungsberechtigten zu, wenn ihm im Versicherungsvertrag ein unwiderrufliches Bezugsrecht (oder in Abgrenzung zum eingeschränkt unwiderruflichen Bezugsrecht auch uneingeschränkt unwiderrufliches Bezugsrecht genannt) gewährt wurde.

Nach § 159 Abs. 3 VVG erwirbt ein als unwiderruflich bezugsberechtigt bezeichneter Dritter das Recht auf die Leistung des Versicherers bereits mit der Bezeichnung als Bezugsberechtigter. Die Rechtsordnung weist also ihm das Recht auf die Versicherungsleistungen bereits ab einem früheren Zeitpunkt zu als einem widerruflich Bezugsberechtigtem, bei dem gemäß § 159 Abs. 2 VVG der Erwerb des Rechts auf die Versicherungsleistungen erst mit dem Eintritt des Versicherungsfalls erfolgt. In der Vorgänger-Norm des § 166 VVG a.F. war noch keine ausdrückliche Regelung für die Konsequenzen der Gewährung einer unwiderruflichen Bezugsberechtigung enthalten. Der Gesetzgeber hatte bei Schaffung des § 159 Abs. 3 VVG die Fälle vor Augen, in denen der Versicherungsnehmer den Bezugsberechtigten (unter Umständen bereits bei Abschluss des Vertrags) endgültig sichern will, indem er auf sein im Regelfall bestehendes Widerrufsrecht verzichtet.[889] Aber auch schon vor der ausdrücklichen gesetzlichen Regelung ging man allgemein davon aus, dass bei einer Nennung als unwiderruflich Bezugsberechtigter der Rechtserwerb durch den Bezugsberechtigten sofort und unmittelbar erfolgen soll.[890] Diese Einschätzung wurde damit begründet, dass die enge Verbindung zwischen unwiderruflicher Begünstigung und sofortigem Rechtserwerb darauf beruhe, dass der Verzicht auf Widerruf eine uneigennützige Fürsorge für den Begünstigten offenbare, dieser Zweck sich aber nur wirklich erreichen lasse, wenn das Recht auf die Versicherungsleistung von dem Begünstigten sofort erworben werde und damit nicht mehr dem Zugriff der Gläubiger des Versicherungsnehmers unterliege. Da unter diesem Gesichtspunkt eine bloße unwiderrufliche Anwartschaft praktisch wertlos sei, bilde der sofortige Rechtserwerb den eigentlichen Inhalt der unwiderruflichen Bezugsbe-

889 RegE VVG, BT-Drucks. 16/3945, S. 98.

890 BGH, Urteil vom 18.6.2003 – IV ZR 59/02, NJW 2003, 2679, 2679; Urteil vom 19.6.1996 – IV ZR 243/95, NJW 1996, 2731, 2732; Urteil vom 17. 2. 1966 – II ZR 286/63, NJW 1966, 1071, 1072; BAG, Beschluss vom 22.5.2007 – 3 AZR 334/06, NZI 2007, 674, 675; Urteil vom 26.6.1990 – 3 AZR 641/88, NJW 1991, 717, 717.

rechtigung.[891] Diese Auslegung ist nun durch § 159 Abs. 3 VVG gesetzlich fixiert worden. Mit ihr wird der unwiderruflichen Bezugsberechtigung dingliche Wirkung zugesprochen.[892] Dies hat zur Folge, dass ab dem Zeitpunkt der Benennung des Versorgungsberechtigten als unwiderruflich Bezugsberechtigtem die Rechte aus dem Versicherungsvertrag nicht mehr zum Vermögen des Arbeitgebers, sondern zum Vermögen des Bezugsberechtigten gehören.[893]

Insolvenzrechtlich hat dies für Direktversicherungsverträge zur Folge, dass die Versicherungsansprüche bei Bestehen eines unwiderruflichen Bezugsrechts des Arbeitnehmers zum Zeitpunkt der Insolvenzeröffnung über das Vermögen des Arbeitgebers als Versicherungsnehmer nicht mehr dem Vermögen des Arbeitgebers, sondern bereits dem Vermögen des Bezugsberechtigten zuzuordnen sind. Das bedeutet, dass der Versicherungsvertrag nicht in die Insolvenzmasse nach § 35 InsO fällt, sondern dem Versorgungsberechtigten ein Aussonderungsrecht nach § 47 InsO zusteht.[894] Welche Ansprüche der Arbeitnehmer aufgrund dieses Aussonderungsrechts geltend machen kann, wird weiter unten unter § 3B.II.2.c., S. 207 ff. dargestellt.

a. Unwiderruflichkeit des Bezugsrecht mit Unverfallbarkeit nach Eröffnung des Insolvenzverfahrens

Die unwiderrufliche Bezugsberechtigung kann bereits von Anfang an gewährt worden sein. Sehr üblich bei Direktversicherungen ist es jedoch, die Unwiderruflichkeit im Versicherungsvertrag an den Eintritt der gesetzlichen Unverfallbarkeit der Anwartschaften zu knüpfen. Damit tritt ab dem Zeitpunkt der Unver-

891 BGH, Urteil vom 17. 2. 1966 - II ZR 286/63, NJW 1966, 1071, 1072.

892 BGH, Urteil vom 19.6.1996 – IV ZR 243/95, NJW 1996, 2731, 2732; BAG, Beschluss vom 22.5.2007 – 3 AZR 334/06, NZI 2007, 674, 675.

893 BAG, Beschluss vom 22.5.2007 – 3 AZR 334/06, NZI 2007, 674, 675; Urteil vom 26.6.1990 – 3 AZR 641/88, NJW 1991, 717, 717.

894 Einhellige Meinung in Literatur und Rechtsprechung: BAG, Beschluss vom 22.5.2007 – 3 AZR 334/06, NZI 2007, 674, 675 f.; Urteil vom 26.6.1990 - 3 AZR 2/89, AP BetrAVG § 1 Nr. 12; OLG Karlsruhe, Urteil vom 15.3.2001 – 12 U 299/00, VersR 2001, 1501, 1502; *Armbrüster/Pilz*, KTS 2004, 481, 486; *Blomeyer/Rolfs/Otto*, Vorb. vor §§ 7 – 15 Rn. 38; Braun/*Bäuerle*, § 47 Rn. 74; *Elfring*, BB 2004, 617, 620; FK-InsO/*Imberger*, § 47 Rn. 41; *Flitsch/Herbst*, BB 2003, 317, 319 f.; Gottwald/*Gottwald/Adolphsen*, Insolvenzrechts-Handbuch, § 40 Rn. 68; *Güther/Kohly*, ZIP 2006, 1229, 1232; *Hess*, § 47 Rn. 334; Jaeger/*Henckel*, § 47 Rn. 157; *Janca*, ZInsO 2003, 449, 453; Kreft/*Lohmann*, § 47 Rn. 26; MüKo-InsO/*Ganter*, § 47 Rn. 320; Nerlich/Römermann/*Andres*, § 47 Rn. 43; *Rößler*, NZI 2007, 631, 633; *Stegmann/Lind*, NVersZ 2002, 193, 200; Uhlenbruck/*Brinkmann*, § 47 Rn. 89; *Viegener*, ZInsO 2006, 352, 357; *Westhelle/Micksch*, ZIP 2003, 2054, 2057; kritisch: *Müller-Feldhammer*, NZI 2001, 343, 348 f.

fallbarkeit der Anwartschaften gleichzeitig die Unwiderruflichkeit des Bezugsrechts ein. Angesichts des (die Versorgungszusage betreffenden) Verbots, das Bezugsrecht nach Eintritt des Unverfallbarkeit zu widerrufen (§ 1b Abs. 2 S. 1 BetrAVG, siehe dazu bereits oben unter § 3B.II.1.a(1), S. 175), stellt dies eine sinnvolle Ausgestaltung des Bezugsrechts dar.

Fraglich ist, was geschieht, wenn die Unverfallbarkeit und damit die Unwiderruflichkeit des Bezugsrechts erst nach Eröffnung des Insolvenzverfahrens, aber bereits vor einer Kündigung des Versicherungsvertrags bzw. eines Widerrufs der Bezugsberechtigung oder Erfüllungsablehnung durch den Insolvenzverwalter eintritt.[895]

(1) Abwendung von der Erlöschenstheorie

Auch hier ist die Rechtsprechungsänderung des BGH zu § 103 InsO zu beachten.[896] Nach der Erlöschenstheorie wurde der Lebensversicherungsvertrag mit Eröffnung des Insolvenzverfahrens in ein Abwicklungsverhältnis umgestaltet. Unter Zugrundlegung dieser Theorie entschied der BGH, dass, wenn die Bezugsberechtigung eines Arbeitnehmers erst nach Insolvenzeröffnung, aber noch vor der Ausübung des Wahlrechts durch den Insolvenzverwalter von der Widerruflichkeit in die Unwiderruflichkeit wechselte, dies auf die insolvenzrechtliche Einordnung keine Auswirkungen mehr habe. Denn mit der Umgestaltung des Versicherungsverhältnisses in ein Abwicklungsverhältnis bei Insolvenzeröffnung sei das Bezugsrecht bereits gegenstandslos geworden.[897] Ein späterer Erwerb des unwiderruflichen Bezugsrechts würde zudem auch § 15 KO (heute § 91 InsO) widersprechen, wonach nach Eröffnung des Insolvenzverfahrens keine Rechte mehr an Gegenständen der Insolvenzmasse erworben werden könnten.[898]

Nachdem sich der BGH von dieser Auffassung abgewendet hat und nun davon ausgeht, dass mit Eröffnung des Insolvenzverfahrens die offenen Ansprüche lediglich ihre Durchsetzbarkeit verlieren, ist diese Einordnung nicht mehr ganz so einfach vorzunehmen. Da eben keine Umwandlung in ein Abwicklungsverhältnis durch die Insolvenzeröffnung erfolgt, ist nicht davon auszugehen, dass das Bezugsrecht gegenstandslos geworden ist. Das Versicherungsverhältnis ver-

---

895 In der Erfüllungsablehnung und der Aufforderung zur Auszahlung des Rückkaufswerts ist in der Regel auch die Kündigung des Versicherungsvertrags und der Widerruf der Bezugsberechtigung zu sehen, siehe oben unter § 3 B.II.1.c.(3)(b), S. 187.

896 Siehe dazu schon oben unter § 3 B.II.1.c.(3)(b), S. 187 f.

897 BGH, Urteil vom 4.3.1993 – IX ZR 169/92, NJW 1993, 1994, 1995.

898 BGH, Urteil vom 4.3.1993 – IX ZR 169/92, NJW 1993, 1994, 1995; dem folgend *Stegmann/Lind*, NVersZ 2002, 193, 194 f.

bleibt in seinem ursprünglichen Zustand, also gelten auch die in ihm vereinbarten Rechtsfolgen des Eintritts in die Unverfallbarkeit i.S.d. BetrAVG: Das Bezugsrecht wird unwiderruflich. Allerdings ist auch hier zu fragen, ob diese Entwicklung gegen die Wertung des § 91 InsO verstößt und daher unberücksichtigt bleiben muss.[899]

(2) Verstoß gegen § 91 InsO

§ 91 Abs. 1 InsO soll die Insolvenzmasse vor Rechtsverlusten nach Eröffnung des Verfahrens schützen, die weder eine Verfügung des Schuldners (§ 81 InsO) noch Zwangsvollstreckungsmaßnahmen nach §§ 89, 90 InsO darstellen. Er schützt vor allem vor Verfügungen Dritter, vor dem Rechtserwerb kraft Gesetzes und dem Rechtserwerb, der auf durch den Insolvenzschuldner bereits vor Insolvenzeröffnung begründeten mehraktigen Erwerbstatbeständen beruht.[900] Die unwiderrufliche Bezugsberechtigung führt gemäß § 159 Abs. 3 VVG dazu, dass der Bezugsberechtigte „das Recht auf die Leistung des Versicherers" ab dem Zeitpunkt seiner Nennung erwirbt. Dieser Zeitpunkt wäre vorliegend der Eintritt der Unverfallbarkeitsvoraussetzungen. Das Recht auf die Leistung bedeutet, dass zu diesem Zeitpunkt ein unmittelbarer Anspruch gegen das Versicherungsunternehmen selbst entsteht, aufgrund dessen der Bezugsberechtigte die Leistungen fordern kann.[901] Es handelt sich also um den Erwerb eines schuldrechtlichen Anspruchs gegen den Versicherer.

Die Gewährung einer Bezugsberechtigung stellt (genauso wie ihr Widerruf oder ihre Änderung) an und für sich eine Verfügung des Versicherungsnehmers über ein eigentlich ihm zustehendes Recht dar.[902] § 81 InsO, der Verfügungen des Schuldners nach Eröffnung des Insolvenzverfahrens für unwirksam erklärt, kann jedoch hierauf keine Anwendung finden, da die Vereinbarung in dem Versicherungsvertrag, dass das Bezugsrecht ab dem Zeitpunkt der Unverfallbarkeit dem Versorgungsberechtigten unwiderruflich zustehen soll, bereits vor Eröffnung des Verfahrens vereinbart wurde.

Die Gewährung des Bezugsrechts war also aufschiebend bedingt durch den Eintritt der Unverfallbarkeit. Ein solcher aufschiebend bedingter Rechtserwerb wird aber auch nicht von § 91 InsO verhindert, wenn nach Eröffnung des Insol-

---

899 Im Gegensatz zu dieser Fallgestaltung besteht bei einem eingeschränkt unwiderruflichen Bezugsrecht grundsätzlich ein unwiderrufliches Bezugsrecht, das unter bestimmten Bedingungen widerrufen werden kann. Siehe dazu unten unter § 3B.II.3., S. 226 ff.

900 MüKo-InsO/*Breuer*, § 91 Rn. 6, 7.

901 Prölss/Martin/*Schneider*, § 159 Rn. 9.

902 BGH, Urteil vom 14.2.2007 - IV ZR 150/05, NJW-RR 2007, 976, 976; Urteil vom 18.6.2003 - IV ZR 59/02, NJW 2003, 2679, 2679.

venzverfahrens die aufschiebende Bedingung eintritt. Denn bei einem bedingten Rechtserwerb zählt zwar der Eintritt der Bedingung zu den Voraussetzungen für sein Entstehen, jedoch greift § 91 InsO nicht, wenn es nach Insolvenzeröffnung lediglich des Eintritts der Bedingung für den Rechtserwerb bedarf.[903] Dies ergibt sich daraus, dass nach § 161 Abs. 1 S. 2 BGB der Erwerbstatbestand in diesen Fällen bereits vor Eröffnung des Insolvenzverfahrens abgeschlossen ist.[904] Folglich führt der Eintritt der Bedingung, dass die Anwartschaften des Arbeitnehmers unverfallbar werden, nach Insolvenzeröffnung auch tatsächlich dazu, dass das Bezugsrecht unwiderruflich wird. § 91 InsO steht dem nicht entgegen. Hat der Insolvenzverwalter bis dahin den Versicherungsvertrag noch nicht gekündigt und damit beendet, kann der Arbeitnehmer aussondern.[905]

Dieses Ergebnis ergibt sich auch noch aus einem anderen Blickwinkel. Die diesem zugrunde liegende Frage ist, was der Arbeitnehmer in Folge des Eintritts der Unwiderruflichkeit der Bezugsberechtigung eigentlich erwirbt und ob dies überhaupt zuvor ein Gegenstand der Insolvenzmasse i.S.d. § 91 InsO war. Der BGH hat im Jahr 2010 seine Rechtsprechung bestätigt, dass bei Eintritt des Versicherungsfalls der nur widerruflich Bezugsberechtigte einen neu entstandenen Anspruch gegen die Versicherung auf die Versicherungssumme erwirbt, der nie zum Vermögen des insolventen Versicherungsnehmers gehört hat und daher kein Rechtsübergang von der Masse zum Bezugsberechtigten stattgefunden hat, dem § 91 Abs. 1 InsO entgegenstehen könnte.[906]

Unklar ist dabei das Schicksal des vorher bestehenden widerruflichen Bezugsrechts: Der BGH geht davon aus, dass dieses entfällt und sich die in ihm verkörperte bloße tatsächliche Hoffnung verwirklicht, indem der Bezugsberechtigte den neu entstandenen Anspruch gegen die Versicherung auf die Versicherungssumme erwirbt.[907] Andere sind wiederum der Meinung, dass die unwiderrufliche Bezugsberechtigung nicht entfällt, sondern mit Eintritt der Bedingung zum Vollrecht erstarkt und der Bezugsberechtigte damit den Anspruch auf die

---

903 BGH, Urteil vom 13.3.2008 - IX ZR 14/07, NZI 2008, 371, 371; Urteil vom 5.1.1955 - IV ZR 154/54, NJW 1955, 544, 544; Urteil vom 5.11.1976 - V ZR 5/75, NJW 1977, 247, 247; Nerlich/Römermann/*Wittowski/Kruth*, § 91 Rn. 13; *Reischl*, Rn. 322; Uhlenbruck/*Uhlenbruck*, § 91 Rn. 4; Kayser, S. 55.

904 Uhlenbruck/*Uhlenbruck*, § 91 Rn. 4.

905 aA: *Kayser*, ZInsO 2004, 1321, 1323, der trotz Abkehr von der Erlöschenstheorie durch den BGH davon ausgeht, dass der Vertrag in der Lage bestehen bleibt, in der er sich bei Eröffnung des Insolvenzverfahrens befand.

906 BGH, Beschluss vom 27.4.2010 – IX ZR 245/09, NZI 2010, 646, 647; Urteil vom 20.09.1995 - XII ZR 16/94, NJW 1995, 3113, 3113.

907 BGH, Beschluss vom 27.4.2010 – IX ZR 245/09, NZI 2010, 646, 647.

Versicherungssumme originär erwirbt.[908] Davon unabhängig ist es jedoch, dass der Anspruch auf die Versicherungsleistungen ein eigenständiger, originärer ist, wie sich aus dem Versicherungsvertrag als Vertrag zugunsten Dritter i.S.d. § 328 BGB ergibt (siehe oben unter § 3B.I., S. 170). Dieser Anspruch war nie dem Vermögen des Insolvenzschuldners zuzuordnen, so dass auch kein Gegenstand der Insolvenzmasse verloren geht.[909]

Gleiches muss aber gelten, wenn aus dem widerruflichen Bezugsrecht ein unwiderrufliches Bezugsrecht wird. Rechtsfolge der Einräumung eines unwiderruflichen Bezugsrechts ist gemäß § 159 Abs. 3 VVG, dass der Bezugsberechtigte mit seiner Nennung das Recht auf die Leistung des Versicherers erwirbt. Bei einem widerruflichen Bezugsrecht geschieht dies bei Eintritt des Versicherungsfalls (§ 159 Abs. 2 VVG). Beim unwiderruflichen Bezugsrecht ist dieser Anspruch zwar noch nicht fällig, weil der Versicherungsfall noch nicht eingetreten ist, aber er existiert bereits im Vermögen des Bezugsberechtigten. Dieser Anspruch ist genauso wie bei Eintritt des Versicherungsfalls ein originärer eigener Anspruch gegen den Versicherer, der vorher nicht dem Vermögen des Versicherungsnehmers angehört hat. Folglich geht auch hier kein Gegenstand der Insolvenzmasse auf den Bezugsberechtigten über, sondern es entsteht ein neuer, eigener Anspruch. Also kann § 91 InsO hierauf gar keine Anwendung finden.

Daher steht § 91 InsO dem Erwerb der unwiderruflichen Bezugsberechtigung nicht entgegen, wenn das Bezugsrecht aufgrund der versicherungsvertraglichen Vereinbarungen nach Insolvenzeröffnung mit Eintritt der Unverfallbarkeit der Anwartschaften unwiderruflich wird. Der Insolvenzverwalter hat den Arbeitnehmer als unwiderruflich Bezugs- und damit Aussonderungsberechtigten anzuerkennen.

b. Zuständigkeit des Insolvenzverwalters für den Versicherungsvertrag

Die erste grundlegende Frage, die sich für die Beurteilung der Handlungsmöglichkeiten im Hinblick auf den Versicherungsvertrag bei einer unwiderruflichen Bezugsberechtigung stellt, ist, wer überhaupt handeln darf. Hierfür kommt zum einen der Arbeitnehmer als Aussonderungsberechtigter in Frage. Weiterer Beteiligter ist das Versicherungsunternehmen. Zweifel bestehen an der Handlungsbefugnis des Arbeitgebers und seines Insolvenzverwalters. Denn der Versicherungsvertrag gehört bei einer unwiderruflichen Bezugsberechtigung nicht zum Vermögen des Insolvenzschuldners.

---

908 Gebert, Anm. zu BGH, Beschluss vom 27.4.2010 – IX ZR 245/09, NZI 2010, 646, 647 m.w.N.

909 Kritisch dazu: *Müller-Feldhammer*, NZI 2001, 343, 344 ff.

Die Handlungsbefugnisse des Insolvenzverwalters ergeben sich im Grundsatz aus den §§ 80 Abs. 1 und 103 InsO. Zumindest § 80 InsO bezieht sich aber seinem Wortlaut nach nur auf das „zur Insolvenzmasse gehörende Vermögen“. Daher ist es umstritten, ob bei einem unwiderruflichen Bezugsrecht in einem Lebensversicherungsvertrag auch dem Insolvenzverwalter das Kündigungs- bzw. Wahlrecht nach § 80 Abs. 1 bzw. 103 InsO zusteht oder ob diese Rechte beim Insolvenzschuldner verbleiben.

Vorwegzunehmen ist, dass außerhalb der Insolvenz trotz unwiderruflichem Bezugsrecht der Arbeitgeber als Versicherungsnehmer grundsätzlich dazu berechtigt bleibt, den Versicherungsvertrag zu kündigen, da der Versicherungsnehmer allein dem Versicherer verpflichtet bleibt und ein Kündigungsrecht hat, um sich bei einem Wechsel der Verhältnisse von der Zahlung weiterer Prämien befreien zu können.[910] Fraglich ist, ob dieses Kündigungsrecht in der Insolvenz gemäß § 80 Abs. 1 InsO auf den Insolvenzverwalter übergeht.

Dies wird von der Rechtsprechung und einem Teil der Literatur bejaht.[911] Für die Insolvenz bestünden für die Frage des Kündigungsrechts insoweit keine Besonderheiten, so dass das Kündigungsrecht nun vom Insolvenzverwalter ausgeübt werden könne.[912] Es bestehe im Insolvenzfall regelmäßig das Interesse, Rechtsbeziehungen endgültig zu beseitigen und der Versicherungsvertrag sei eindeutig der betrieblichen und nicht der privaten Sphäre des Versicherungsnehmers zuzuordnen. Auch die Rechtsprechung des BGH, wonach die eigenständige Pfändbarkeit des Kündigungsrechts losgelöst vom nicht in die Insolvenzmasse fallenden Bezugsrechts zu verneinen sei, habe auf die Frage des Kündigungsrechts des Insolvenzverwalters keine Auswirkungen, da dieser in die Situation des Insolvenzschuldners eintrete und diesem unbestritten das Kündigungsrecht als Versicherungsnehmer zustehe.[913] Zudem habe der Insolvenzverwalter andernfalls trotz Eröffnung des Insolvenzverfahrens an Stelle des Versi-

---

910 BGH, Urteil vom 2.12.2009 – IV ZR 65/09, NJW-RR 2010, 544, 545 f.; Urteil vom 17. 2. 1966 - II ZR 286/63, NJW 1966, 1071, 1073 mit Verweis auf die Gesetzesbegründung zum alten VVG; OLG Karlsruhe, Urteil vom 15.3.2001 – 12 U 299/00, VersR 2001, 1501, 1502; Prölss/Martin/*Reiff*, § 168 Rn. 13.

911 OLG Karlsruhe, Urteil vom 15.3.2001 – 12 U 299/00, VersR 2001, 1501, 1501; OLG Düsseldorf, Urteil vom 30.1.2001 – 4 U 93/00, NZA-RR 2001, 601, 602 f.; *Armbrüster/Pilz*, KTS 2004, 481, 487; Bruck/Möller/*Winter*, § 168 Rn. 38; *Elfring*, BB 2004, 617, 620; MüKo-BGB/*Gottwald*, § 330 Rn. 26; *Müller-Feldhammer*, NZI 2001, 343, 348 f.; Prölss/Martin/*Reiff*, § 168 Rn. 13; Römer/Langheid/*Langheid*, § 168 Rn. 14; *Thürmann*, BB 1985, 1269, 1274; Uhlenbruck/*Hirte*, § 35 Rn. 221; wohl auch *Westhelle/Micksch*, ZIP 2003, 2054, 2054; Uhlenbruck/*Wegener*, § 103 Rn. 44.

912 OLG Düsseldorf, Urteil vom 30.1.2001 – 4 U 93/00, NZA-RR 2001, 601, 602 f.

913 *Thürmann*, BB 1985, 1269, 1274.

cherungsnehmers die Versicherungsprämien weiter zu zahlen, so dass im Ergebnis auf Kosten der Gläubiger des Versicherungsnehmers der bezugsberechtigte Dritte versorgt werde, was weder aus dem Wesen der unwiderruflichen Bezugsberechtigung noch aus der Interessenlage heraus begründbar sei.[914] Es sei notwendig, dass der Insolvenzverwalter den Vertrag beenden könne, weil ihm die Erfüllung zugunsten des Bezugsberechtigten nicht zuzumuten sei.[915]

Nach anderer Ansicht geht das Kündigungsrecht bei einem unwiderruflichen Bezugsrecht nicht gemäß § 80 Abs. 1 InsO auf den Insolvenzverwalter über.[916] Begründet wird dies damit, dass die Verwaltungs- und Verfügungsbefugnis nur insoweit übergehe, wie das Vermögen des Insolvenzschuldners auch tatsächlich zur Insolvenzmasse gehöre.[917] Da der Insolvenzverwalter keinerlei Rechte aus dem Versicherungsvertrag herleiten könne, sei die Insolvenzmasse auch nicht mit denjenigen Verbindlichkeiten belastet, die nach Eröffnung des Insolvenzverfahrens entstünden, so dass ein Kündigungsrecht des Insolvenzverwalters keinen Sinn ergebe.[918] Aufgrund dessen soll dem Insolvenzverwalter auch kein Wahlrecht nach § 103 InsO zustehen, da dieses auch nur dann bestehe, wenn der Versicherungsvertrag in die Insolvenzmasse falle.[919] Dies zeige sich bereits an der mit § 103 InsO in Verbindung zu lesenden Vorschrift des § 55 Abs. 1 Nr. 2 Alt. 1 InsO, die von einem Verlangen der Erfüllung zur Insolvenzmasse spreche, die bei einem echten Vertrag zugunsten Dritter ausgeschlossen sei.[920]

Zur Beantwortung der Frage, ob mit § 80 Abs. 1 InsO auch das Kündigungsrecht auf den Insolvenzverwalter übergeht, ist zunächst die Funktion des § 80 Abs. 1 InsO zu beleuchten. Zum Schutz und zur Sicherung der Masse verbietet es § 80 Abs. 1 InsO dem Insolvenzschuldner ab Eröffnung des Verfahrens über sein Vermögen, das dem Insolvenzbeschlag unterliegt, zu verfügen und es zu verwalten und überträgt diese Befugnis dem Insolvenzverwalter.[921] Dem Wortlaut nach sind diese Befugnisse tatsächlich auf die Insolvenzmasse beschränkt. Dies führt im Regelfall dazu, dass Vermögen und Rechte, die weiterhin nur dem

---

914 *Müller-Feldhammer*, NZI 2001, 343, 348 f.

915 *Armbrüster/Pilz*, KTS 2004, 481, 487; Römer/Langheid/*Langheid*, § 168 Rn. 14.

916 *Kayser*, S. 58; Jaeger/*Henckel*, § 35 Rn. 77; *Sieg*, FS Klingmüller, S. 447, 459; *Steigenberger*, S. 103 f.; *Zimmermann*, VersR 1988, 885, 885 f.; wohl auch Uhlenbruck/*Berscheid*, 12. Auflage 2003, § 103 Rn. 20, der sich hinsichtlich eines Wahlrechts des Insolvenzverwalters nur auf das widerrufliche Bezugsrecht bezieht.

917 Jaeger/*Henckel*, § 35 Rn. 77; *Steigenberger*, S. 103 f.; *Zimmermann*, VersR 1988, 885, 886.

918 *Sieg*, FS Klingmüller, S. 447, 459.

919 *Steigenberger*, S. 103 f.; *Zimmermann*, VersR 1988, 885, 886.

920 *Steigenberger*, S. 104.

921 Braun/*Kroth*, § 80 Rn. 1.

Insolvenzschuldner zuzuordnen sind (z.B. nicht-vermögensrechtliche Rechte wie familienrechtliche Ansprüche oder andere höchstpersönliche Rechte, die nicht übertragbar und damit nicht pfändbar sind, wie zum Beispiel Mitgliedschaftsrechte in einem Verein oder einer Religionsgemeinschaft[922]) nicht der Handlungs- und Verfügungsbefugnis des Insolvenzverwalters unterfallen, sondern weiterhin dem Insolvenzschuldner zustehen.[923] Auch über Gegenstände, die nicht dem Insolvenzbeschlag bzw. der Zwangsvollstreckung unterfallen, kann der Schuldner frei verfügen.[924]

Die Situation ist im fraglichen Fall des Lebensversicherungsvertrags mit unwiderruflich Bezugsberechtigtem aber eine andere. Die Tatsache, dass der Versicherungsvertrag nicht zur Insolvenzmasse gehört, beruht nicht auf einer Rechtsstellung des Insolvenzschuldners (wie z.B. bei einem höchstpersönlichen Recht), sondern auf der Rechteinhaberschaft eines Dritten, nämlich des unwiderruflich Bezugsberechtigten, der aufgrund dessen aussonderungsberechtigt ist. Das Verhältnis eines Aussonderungsberechtigten zum Insolvenzverwalter ist jedoch ein anderes als das des Insolvenzschuldners zum Insolvenzverwalter: Der Insolvenzverwalter ist verpflichtet, Aussonderungsrechte zu beachten und hat aktiv an der Herausgabe des Aussonderungsguts mitzuwirken, sonst macht er sich schadensersatzpflichtig nach § 60 InsO.[925] Ihn treffen Sicherungs- und Verwahrungspflichten.[926] Trotzdem soll es ihm nach der zweiten Ansicht nicht möglich sein, selbst über das Schicksal des Versicherungsvertrags zu bestimmen, wenn das Kündigungsrecht weiterhin dem Insolvenzschuldner zustehen soll. Das kann nicht sein, denn sonst könnte unter Umständen eine Haftung des Insolvenzverwalters durch Handlungen des Insolvenzschuldners begründet werden. Insofern ist es widersprüchlich, dem Insolvenzverwalter einerseits Pflichten im Hinblick auf das Aussonderungsgut aufzuerlegen, ihm andererseits aber nicht die Möglichkeit zu geben, zu bestimmen, was damit geschieht. Zwar mag der Wortlaut des § 80 Abs. 1 InsO die zweite Ansicht stützen, dass das Kündigungsrecht mangels Insolvenzmassenzugehörigkeit beim Versicherungsnehmer verbleibt. Die Norm hat aber in erster Linie das Ziel, die Insolvenzmasse vor Verfügungen des Schuldners zu schützen und nicht dem Insolvenzschuldner zusätzliche Handlungsspielräume gegenüber Aussonderungsberechtigten einzuräumen.

---

922 Braun/*Kroth*, § 80 Rn. 8.

923 MüKo-InsO/*Ott/Vuia*, § 80 Rn. 43 f.

924 Nerlich/Römermann/*Wittkowski*, § 80 Rn. 10.

925 BGH, Urt. v. 1. 12. 2005 – IX ZR 115/01, ZIP 2006, 194, 195 m.w.N.

926 Uhlenbruck/*Uhlenbruck*, § 80 Rn. 178.

In Anbetracht dieser Überlegungen ist der Rechtsprechung und der erstgenannten Ansicht zuzustimmen und das Kündigungsrecht dem Insolvenzverwalter zuzusprechen.

c. *Aussonderungsrecht des Arbeitnehmers*

Aufgrund des sofortigen Rechtserwerbs mit Nennung als unwiderruflich Bezugsberechtigter ist der Versicherungsvertrag in der Insolvenz des Arbeitgebers als Versicherungsnehmer nicht mehr dessen Vermögen zuzuordnen, sondern dem des Arbeitnehmers als unwiderruflich Bezugsberechtigtem. Folge dessen ist ein Aussonderungsrecht des Arbeitnehmers nach § 47 InsO.[927] Mit diesem Ergebnis korrespondiert auch die fehlende gesetzliche Insolvenzsicherung der Direktversicherung mit einem unwiderruflichen Bezugsrecht durch den PSV, so weit der Arbeitnehmer die Ansprüche aus dem Versicherungsvertrag weder abgetreten noch beliehen hat (siehe dazu oben unter § 2C.III.2., S. 83 und unten unter § 3B.III., S. 253).

Es stellt sich nun die Frage, welche Forderungen der Arbeitnehmer aufgrund dieses Status‘ als Aussonderungsberechtigter stellen kann. Es bleibt ja schließlich bei der versicherungsvertraglichen Situation, dass der Arbeitnehmer Bezugsberechtigter, der Arbeitgeber bzw. sein Insolvenzverwalter aber Versicherungsnehmer ist.

Als Endresultat denkbar wäre zum einen, den insolventen Arbeitgeber vollständig aus den versicherungsvertraglichen Verknüpfungen herauszunehmen und den Versicherungsvertrag unter der Beteiligung des Arbeitnehmers als Versicherungsnehmer fortzuführen. Dies wäre natürlich insoweit von Vorteil, als es möglich wäre, den Lebensversicherungsvertrag wie von Anfang an geplant als Altersversorgung fortzuführen und die Leistung tatsächlich erst bei Eintritt des Versorgungsfalls einzufordern. Dazu wäre eine Verpflichtung des Insolvenzverwalters zur Freigabe des Versicherungsvertrags erforderlich, die mit seinem Kündigungsrecht als Versicherungsnehmer kollidieren könnte (siehe zum Kündigungsrecht des Insolvenzverwalters oben unter § 3B.II.2.b., S. 203). Die Freigabe wäre in diesem Fall natürlich eine sog. unechte Freigabe, da der Versicherungsvertrag ja niemals zur Insolvenzmasse gehört hat.[928]

Doch nicht jeder Arbeitnehmer wird ein Interesse daran haben, den Vertrag fortzuführen, da mit der Fortführung durch die Prämienzahlung natürlich auch finanzielle Belastungen verbunden sind. Fraglich ist dann, ob er über eine Kündigung des Versicherungsvertrags entscheiden kann.

---

927 Einhellige Meinung, siehe oben unter § 3B.II.2., S. 198 und die Nachweise in Fn.894.

928 Gottwald/*Gottwald/Adolphsen*, Insolvenzrechts-Handbuch, § 40 Rn. 3; MüKo-InsO/*Ganter*, § 47 Rn. 7.

(1) Fortsetzung und Übertragung des Vertrags

Grundsätzlich hat der Insolvenzverwalter trotz Unwiderruflichkeit der Bezugsberechtigung das Recht zur Kündigung des Versicherungsvertrags, da dieses auch zuvor schon dem Arbeitgeber trotz des unwiderruflichen Bezugsrechts zustand. (Siehe dazu oben unter § 3B.II.2.b., S. 203 ff.) Es existieren jedoch instanzgerichtliche Urteile, durch die Insolvenzverwalter verpflichtet wurden, die Freigabe zur Übertragung der Versicherungsnehmerstellung auf den Arbeitnehmer, der ein unwiderrufliches Bezugsrecht aus einem Direktversicherungsvertrag hatte, zu erklären.[929] Dies wurde vom LAG Rheinland-Pfalz ohne nähere Begründung mit den „zwischen (...) (dem Versicherungsunternehmen) und dem Kläger (Arbeitnehmer) bestehenden Vertragsverhältnisse(n)“[930] begründet, womit mangels anderweitiger vertraglicher Verbindungen nur das für den Arbeitnehmer bestehende unwiderrufliche Bezugsrecht gemeint sein kann. Eine Begründung dafür, wie aus dem unwiderruflichen Bezugsrecht eine Verpflichtung des Insolvenzverwalters zur Übertragung des Versicherungsnehmer-Status‘ auf den Versorgungsberechtigten hergeleitet werden kann, fehlt.

In einem dem Urteil des OLG Düsseldorf zugrunde liegenden Fall sah der Versicherungsvertrag ausdrücklich vor, dass „beim Ausscheiden aus den Diensten des Versicherungsnehmers (…) die versicherte Person (…) die Versicherung gegen laufende Beitragszahlung als Versicherungsnehmer selbst fortsetzen (kann).“[931] Im letzteren Fall ist damit ein versicherungsvertraglicher Übernahmeanspruch des Arbeitnehmers begründet worden, der sich im konkreten Fall in der insolvenzbedingten Beendigung des Arbeitsverhältnisses realisiert hat, so dass das Versicherungsunternehmen verpflichtet war, die Verträge unter Umschreibung auf den Arbeitnehmer als Versicherungsnehmer fortzuführen.[932] Dieser Anspruch richtete sich aber gegen das Versicherungsunternehmen – nicht gegen den Insolvenzverwalter. Hat der Versicherer auf die Kündigung des Insolvenzverwalters hin bereits den Rückkaufswert an die Masse ausgekehrt, steht er vor dem Problem, wie er diese fälschlicherweise vorgenommene Zahlung wieder zurück verlangen kann.

---

929 OLG Düsseldorf, Urteil vom 30.1.2001 – 4 U 93/00, NZA-RR 2001, 601, 602 f.; LAG Rheinland-Pfalz, Urteil vom 27.11.2000 – 7 Sa 792/00, ZInsO 2001, 728.

930 LAG Rheinland-Pfalz, Urteil vom 27.11.2000 – 7 Sa 792/00, ZInsO 2001, 728.

931 OLG Düsseldorf, Urteil vom 30.1.2001 – 4 U 93/00, NZA-RR 2001, 601, 602.

932 Im konkreten Fall handelte es sich um ein eingeschränkt unwiderrufliches Bezugsrecht, das unter Berücksichtigung der BGH-Rechtsprechung im Wege der ergänzenden Vertragsauslegung auch auf den Fall der unverfallbaren Anwartschaften ausgeweitet wurde und daher wie ein uneingeschränkt unwiderrufliches Bezugsrecht behandelt wurde (siehe dazu unten unter § 3 B.II.3.b(1)(b), S. 234). Daher kann dieses Ergebnis auf das uneingeschränkt unwiderrufliche Bezugsrecht angewendet werden.

Das im Versicherungsvertrag vorgesehene Recht des Arbeitnehmers, in den Versicherungsvertrag einzutreten, ist auch eine Voraussetzung für die sog. versicherungsförmige Lösung einer Direktversicherung i.S.d. § 2 Abs. 2 S. 2 BetrAVG. Die Wahl dieser Vertragsform hat für den Arbeitgeber den Vorteil, dass bei Ausscheiden eines Arbeitnehmers und anschließendem Eintritt des Versorgungsfalls die Ansprüche des Arbeitnehmers auf die Leistungen der Versicherung beschränkt sind und der Arbeitgeber sie nicht (wie bei der arbeitsrechtlichen Lösung nach § 2 Abs. 2 S. 1 BetrAVG) bis zum Erreichen der Höhe der ratierlich (also nach § 2 Abs. 1 S. 1 BetrAVG) berechneten Anwartschaften aufstocken muss. (Siehe dazu unten unter § 3B.II.2.d(4), S. 223.) Zudem bestimmt § 1b Abs. 5 S. 1 Nr. 2 BetrAVG, dass im Falle der Finanzierung der betrieblichen Altersversorgung durch Entgeltumwandlung dem ausgeschiedenen Arbeitnehmer das Recht zur Fortsetzung der Versicherung eingeräumt werden muss. Es wird also nicht selten vorkommen, dass der Versicherungsvertrag ein solches Eintrittsrecht des Arbeitnehmers vorsieht.

Unabhängig von einem solchen ausdrücklich vereinbarten Recht wurden in der Literatur Überlegungen angestellt, ob man dem unwiderruflich Bezugsberechtigten wegen der eventuellen erheblichen Einbußen bei Auszahlung des Rückkaufswerts nicht grundsätzlich das Recht zugestehen müsse, den Vertrag weiterzuführen, hinter dem das Kündigungsrecht des Insolvenzverwalters zurücktrete.[933] Dies würde auch dem nicht näher begründeten Ergebnis des LAG Rheinland-Pfalz aus dem Jahr 2000 entsprechen.[934]

(a) Eintrittsrecht des Bezugsberechtigten nach § 170 VVG

Zu beachten ist auch in diesem Zusammenhang das Eintrittsrecht des Bezugsberechtigten nach § 170 VVG.[935] Danach kann der Bezugsberechtigte in der Insolvenz des Versicherungsnehmers unter bestimmten Voraussetzungen an dessen Stelle in den Versicherungsvertrag eintreten. Strittig ist, ob dieses Eintrittsrecht nur bei einer widerruflichen Bezugsberechtigung oder auch bei einer unwiderruflichen Bezugsberechtigung besteht.

Der Wortlaut der Norm stellt lediglich auf den „namentlich benannten Bezugsberechtigten“ ab, woraus sich keine Rückschlüsse auf die Frage der Wider-

---

933 *Armbrüster/Pilz*, KTS 2004, 481, 487; *Elfring*, BB 2004, 617, 620 mit Verweis auf das Eintrittsrecht nach § 170 VVG (§ 177 VVG a.F.); *Flitsch/Herbst*, BB 2003, 317, 320; *Güther/Kohly*, ZIP 2006, 1229, 1232; Römer/Langheid/*Langheid*, § 168 Rn. 14; *Stegmann/Lind*, NVersZ 2002, 193, 200, die jedoch allgemein auf das Urteil des OLG Düsseldorf, Urteil vom 30.1.2001 – 4 U 93/00, NZA-RR 2001, 601 Bezug nehmen, ohne zu sehen, dass hier ein versicherungsvertraglich vereinbartes Eintrittsrecht bestand.

934 LAG Rheinland-Pfalz, Urteil vom 27.11.2000 – 7 Sa 792/00, ZInsO 2001, 728.

935 Siehe dazu für das widerrufliche Bezugsrecht oben unter § 3B.II.1.c(4)(a), S. 190.

ruflichkeit ziehen lassen bzw. mangels Einschränkungen dies wohl eher dafür spräche, dass die unwiderruflich Bezugsberechtigten nicht von der Möglichkeit des Eintritts ausgeschlossen sein sollen.

Dagegen sprechen könnte jedoch, dass Rechtsfolge (und nicht Voraussetzung, siehe oben unter § 3 B.II.1.c(4)(a), S. 190) des Eintritts ist, dass der Bezugsberechtigte im Gegenzug die Insolvenzmasse in Höhe des Rückkaufswerts befriedigen muss. Dieser Rückkaufswert steht der Insolvenzmasse im Fall des unwiderruflichen Bezugsrechts aber gar nicht zu.[936] Dieses Argument ist jedoch durch einen genauen Blick auf den Wortlaut des § 170 Abs. 1 S. 2 VVG zu entkräften: Danach hat der eintretende Bezugsberechtigte „die Forderungen (...) der Insolvenzmasse bis zur Höhe des Betrags zu befriedigen, dessen Zahlung der Versicherungsnehmer im Fall der Kündigung des Versicherungsverhältnisses vom Versicherer verlangen könnte“. Er hat also nicht den Rückkaufswert grundsätzlich zu zahlen, sondern das, was der Versicherungsnehmer auch tatsächlich im Falle der Kündigung verlangen könnte. Im Falle des unwiderruflichen Bezugsrechts setzt sich das Aussonderungsrecht des Bezugsberechtigten an dem Rückkaufswert der Versicherung fort, so dass die Zahlung des Rückkaufswerts an den Bezugsberechtigten und nicht an die Insolvenzmasse erfolgt.[937] Der Versicherungsnehmer kann in dieser Fallkonstellation also nichts verlangen – und genau so viel hat der Bezugsberechtigte infolge des Eintritts zu zahlen, nämlich nichts. Zum gleichen Ergebnis kommt man im Übrigen auch, wenn man mit der entgegengesetzten Meinung die Zahlung als Voraussetzung für das Eintrittsrecht ansieht. In diesem Fall muss dann eben keine Zahlung erfolgen, um das Eintrittsrecht wirksam auszuüben.

Auch der unwiderruflich Bezugsberechtigte hat ein Interesse daran, in den Versicherungsvertrag einzutreten, wenn der Versicherungsnehmer insolvent wird. Insofern besteht kein Unterschied zur widerruflichen Bezugsberechtigung. Sein Interesse wird vermutlich sogar noch höher sein, zumal er der Insolvenzmasse keine Zahlungen zukommen lassen muss, da ihr sowieso der Rückkaufswert nicht zusteht.[938] Dem unwiderruflich Bezugsberechtigten steht in gleichem Maße das Eintrittsrecht nach § 170 VVG zu wie dem widerruflich Bezugsberechtigtem, mit dem Unterschied, dass seinerseits keine Zahlung an die Insolvenzmasse erfolgen muss.[939] Ein anderes Ergebnis wäre lediglich denkbar, wenn

---

936 *Sieg*, FS Klingmüller, S. 447, 458 geht davon aus, dass ein Eintrittsrecht in diesem Fall dann auch gar nicht nötig sei.

937 OLG Düsseldorf, Urteil vom 30.1.2001 – 4 U 93/00, NZA-RR 2001, 601, 603; siehe dazu genauer unten unter § 3B.II.2.d(2), S. 214.

938 *Elfring*, BB 2004, 617, 620; Prölss/Martin/*Reiff*, § 170 Rn. 5, 12.

939 *Armbrüster/Pilz*, KTS 2004, 481, 502; *Elfring*, BB 2004, 617, 620; Prölss/Martin/*Reiff*, § 170 Rn. 5, 12.

die Einräumung des Bezugsrechts der Insolvenzanfechtung unterliegen würde, weil in diesem Fall der Rückkaufswert ebenfalls an die Masse gemäß § 143 Abs. 1 InsO zurückzugewähren wäre. Dann müsste wohl auch der unwiderruflich Bezugsberechtigte den Rückkaufswert an die Insolvenzmasse zahlen, um wirksam in den Vertrag einzutreten.[940]

(b) Anderweitiges Eintrittsrecht

Jedoch besteht diese Eintrittsmöglichkeit des unwiderruflich Bezugsberechtigten lediglich für einen Monat. Fraglich ist, ob darüber hinaus die Verpflichtung des Insolvenzverwalters besteht, dem Arbeitnehmer die Möglichkeit zu geben, in den Vertrag einzutreten.[941]

Ein Teil der Literatur geht davon aus, dass das Eintrittsrecht nur nach Maßgabe des § 170 VVG besteht und ansonsten eine Absprache zwischen Insolvenzverwalter und Bezugsberechtigtem empfohlen.[942] Andere gehen davon aus, dass der Arbeitnehmer grundsätzlich die Umschreibung des Vertrags auf ihn verlangen können soll.[943] Soweit hierfür auf das Urteil des OLG Düsseldorf vom 30.1.2001[944] verwiesen wird, ist anzumerken, dass hier ein versicherungsvertraglich vereinbartes Eintrittsrecht zugunsten des Versicherungsnehmers und damit eine Sondersituation bestand, die aber in Anbetracht der Voraussetzungen für eine versicherungsförmige Lösung nach § 2 Abs. 2 S. 2 Nr. 3 BetrAVG keine Seltenheit sein wird (siehe dazu schon oben unter § 3B.II.2.c(1), S. 209).

Der Anspruch auf Aussonderung bestimmt sich gemäß § 47 S. 2 InsO „nach den Gesetzen, die außerhalb des Insolvenzverfahrens gelten". Die Nichtzugehörigkeit zur Masse ist also so zu verfolgen, wie das materielle Recht sonst zu verfolgen ist.[945] § 47 InsO gewährt damit kein besonderes Recht des Aussonderungsberechtigten, sondern stellt klar, dass die Aussonderung nach den außerhalb des Insolvenzverfahrens geltenden Regeln zu erfolgen hat. Es besteht jedoch neben dem Eintrittsrecht nach § 170 VVG kein weiterer Anspruch des Bezugsberechtigten auf Übertragung des Versicherungsvertrags. Eine Einschränkung könnte sich lediglich daraus ergeben, dass dem Insolvenzverwalter die

940 *Elfring*, BB 2004, 617, 620; Prölss/Martin/*Reiff*, § 170 Rn. 5, 12.

941 Zur Frage, in welchen Fällen dies auch bei einer nur widerruflichen Bezugsberechtigung für den Insolvenzverwalter die wirtschaftlich sinnvollere Lösung ist, siehe oben unter § 3 B.II.1.c(4)(b), S. 193.

942 *Elfring*, BB 2004, 617, 620; wohl auch nur vom Eintrittsrecht nach § 170 VVG ausgehend: *Armbrüster/Pilz*, KTS 2004, 481, 486.

943 *Flitsch/Herbst*, BB 2003, 317, 320; wohl auch *Güther/Kohly*, ZIP 2006, 1229, 1232; Römer/Langheid/*Langheid*, § 168 Rn. 14; *Stegmann/Lind*, NVersZ 2002, 193, 200.

944 OLG Düsseldorf, Urteil vom 30.1.2001 – 4 U 93/00, NZA-RR 2001, 601.

945 Gottwald/*Gottwald/Adolphsen*, Insolvenzrechts-Handbuch, § 40 Rn. 2.

Kündigung des Versicherungsvertrags als Verwertung massefremden Vermögens verwehrt sein könnte (siehe dazu unten unter § 3B.II.2.d(1), S. 213).

Auch wenn es aus Sicht des Bezugsberechtigten ein nicht zufriedenstellendes Ergebnis sein mag, ist ein außerhalb des § 170 VVG bestehendes Eintrittsrecht auch bei einem unwiderruflichen Bezugsrecht nicht gegeben. Zwar mag ihm ein Anspruch auf die Versicherungsleistungen nach § 159 Abs. 3 VVG zustehen, Vertragspartner und Versicherungsnehmer ist aber immer noch der Arbeitgeber bzw. der nun in dessen Stellung eingetretene Insolvenzverwalter, wenn der unwiderruflich Bezugsberechtigte die Eintrittsmöglichkeit nach § 170 VVG hat verstreichen lassen. Soweit von der Rechtsprechung[946] ein Anspruch auf Übertragung der Versicherungsnehmerstellung bejaht wurde, muss dies auf – sicherlich verständlichen – praktischen Gründen beruhen, nicht aber auf einer sauberen dogmatischen Einordnung.

Ist die Sachlage jedoch klar und akzeptiert der Insolvenzverwalter das uneingeschränkt unwiderrufliche Bezugsrecht des Arbeitnehmers, ist ihm anzuraten, mit dem Arbeitnehmer einen Weg zu finden, wie er den Versicherungsvertrag auf ihn übertragen kann. Denn er selbst hat schließlich kein Interesse an dem Vertrag, zumal er den Rückkaufswert nach einer Kündigung sowieso nicht für die Insolvenzmasse einbehalten dürfte (siehe dazu unten unter § 3B.II.2.d(2), S. 214).

(2) Kündigung des Vertrags und Einziehung des Rückkaufswertes

Hat der Arbeitnehmer das Eintrittsrecht nach § 170 VVG verstreichen lassen und weigert sich der Insolvenzverwalter, die Versicherung auf ihn zu übertragen, stellt sich die Frage, ob er denn überhaupt noch über das weitere Schicksal des Versicherungsvertrags mit entscheiden kann, den Vertrag also z.B. kündigen kann.

Der unwiderruflich Bezugsberechtigte hat trotz seines Aussonderungsrechts an den Versicherungsleistungen kein Recht, den Versicherungsvertrag zu kündigen. Denn wie oben unter § 3B.II.2.b., S. 203 bereits ausgeführt, bleibt der Arbeitgeber trotz unwiderruflichem Bezugsrecht als Versicherungsnehmer grundsätzlich dazu berechtigt, den Versicherungsvertrag zu kündigen, und dieses Kündigungsrecht geht in der Insolvenz gemäß § 80 Abs. 1 InsO auf den Insolvenzverwalter über.

Der unwiderruflich bezugsberechtigte Arbeitnehmer ist daher nicht berechtigt, den Versicherungsvertrag von sich aus zu kündigen und damit die Auszahlung des Rückkaufswerts zu forcieren.

946 LAG Rheinland-Pfalz, Urteil vom 27.11.2000 – 7 Sa 792/00, ZInsO 2001, 728.

d. Handlungsmöglichkeiten des Insolvenzverwalters

Wie gerade dargestellt, verbleibt das Recht zur Kündigung des Versicherungsvertrags auch bei Einräumung eines unwiderruflichen Bezugsrechts beim Versicherungsnehmer. Dieses geht gemäß § 80 Abs. 1 InsO auf den Insolvenzverwalter über, so dass dieser wie bei einem widerruflichen Bezugsrecht grundsätzlich dazu berechtigt ist, den Versicherungsvertrag in Folge seines Wahlrechts nach § 103 InsO zu kündigen (siehe dazu oben unter § 3B.II.2.b., S. 203).

(1) Einschränkung des Kündigungsrechts des Insolvenzverwalters

Eine Einschränkung seines Kündigungsrechts könnte sich jedoch daraus ergeben, dass der Insolvenzverwalter den Vertrag durch die Kündigung als massefremdes Recht zur Masse zieht und ihm die Kündigung aufgrund dessen verwehrt ist.

Die Rechte aus dem Versicherungsvertrag sind dem Vermögen des unwiderruflich bezugsberechtigten Arbeitnehmers zuzuordnen, so dass insoweit ein Anspruch auf Aussonderung besteht. Grundsätzlich darf der Insolvenzverwalter Vermögen, das eindeutig fremd ist, nicht gemäß § 148 Abs. 1 InsO zur Masse ziehen.[947] Denn er ist nicht nur zur Verwertung der Masse verpflichtet, sondern insbesondere auch dazu, die Ist-Masse zur Soll-Masse zu verkleinern.[948] Angesichts der schwierigen Einordnung der Rechte aus dem Versicherungsvertrag als zur Insolvenzmasse oder zum Vermögen des Bezugsberechtigten gehörend in Abhängigkeit von der Ausgestaltung des Bezugsrechts ist die erforderliche Eindeutigkeit der Fremdheit des Vermögens aber nicht gegeben.

Eine andere Einschränkung könnte sich ergeben, wenn es sich bei der Kündigung des Versicherungsvertrags bereits um eine Verwertungshandlung des Insolvenzverwalters handelte. Die Verwertung nach § 159 InsO darf aber nur an zur Insolvenzmasse gehörenden Gegenständen vorgenommen werden. Fraglich ist also, ob die Kündigung des Versicherungsvertrags bereits eine Verwertung i.S.d. § 159 InsO darstellt.

Eine Verwertung i.S.d. § 159 InsO umfasst alle Handlungen, die dazu dienen, das in der Insolvenzmasse gebundene Vermögen des Schuldners verfügbar zu machen, es zu liquidieren.[949] Natürlich ist die Kündigung des Versicherungsvertrags eine Vorstufe dazu, das in der Versicherung enthaltene Vermögen li-

947 BGH, Urteil vom 9.5.1996 – IX ZR 244/95, ZIP 1996, 1181, 1183; Urteil vom 5.10.1994 - XII ZR 53/93, NJW 1993, 3232, 3233; Braun/*Naumann*, § 148 Rn. 3; Gottwald/*Gottwald/Adolphsen*, Insolvenzrechts-Handbuch, § 40 Rn. 3; Uhlenbruck/*Brinkmann*, § 47 Rn. 4.

948 Uhlenbruck/*Brinkmann*, § 47 Rn. 4.

949 Braun/*Esser*, § 159 Rn. 2; MüKo-InsO/*Görg/Janssen*, § 159 Rn. 4.

quide zu machen, indem durch die Kündigung der Anspruch auf Auszahlung des Rückkaufswerts nach § 169 Abs. 1 VVG ausgelöst wird.[950]

Auf der anderen Seite ist die Kündigung aber auch gleichzeitig die Beendigung des Versicherungsvertragsverhältnisses, für das der Insolvenzverwalter nach § 103 InsO die Wahl hat, ob er dieses fortführen oder beenden möchte. Nach Aufgabe der Erlöschenstheorie durch die Rechtsprechung wandelt sich der Versicherungsvertrag aber nicht mehr automatisch mit Insolvenzeröffnung in ein Abwicklungsverhältnis um, sondern es bedarf zur Beendigung des Vertragsverhältnisses eben der Kündigung (siehe oben unter § 3 B.II.1.c(3)(b), S. 187 ff.). Nur so kann der Insolvenzverwalter den unerwünschten Vertrag beenden. Folglich darf ihm nicht wegen des für die Rechte aus dem Versicherungsvertrag bestehenden Anspruchs auf Aussonderung die Möglichkeit genommen werden, den die Masse belastenden Vertrag zu beenden. Hier ist wiederum darauf hinzuweisen, dass – falls der Versorgungsberechtigte dazu bereit ist – für alle Beteiligten die (unechte) Freigabe des Versicherungsvertrags und seine Übertragung auf den Arbeitnehmer die sinnvollste Variante darstellt.

(2) Die Zuordnung des Rückkaufswerts

Hat der Insolvenzverwalter den Direktversicherungsvertrag gekündigt, wird der Anspruch auf den Rückkaufswert gemäß § 169 Abs. 1 VVG fällig, der im Falle des unwiderruflichen Bezugsrechts dem bezugsberechtigten Arbeitnehmer zusteht.

Grundsätzlich hat daher die Auszahlung des Rückkaufswerts vom Versicherungsunternehmen an den unwiderruflich Bezugsberechtigten zu erfolgen. Denn der sofortige Rechtserwerb beim unwiderruflichen Bezugsrecht (§ 159 Abs. 3 VVG) umfasst auch den Anspruch auf eine etwaige Rückvergütung, weil das Recht auf den Rückkaufswert nur eine andere Erscheinungsform des Rechts auf die Versicherungssumme ist.[951] Die Verpflichtung des Versicherungsunternehmens bei Eintritt des Versicherungsfalls zu leisten, umfasst auch die Verpflichtung, in bestimmten Fällen eine verminderte Leistung zu bewirken.[952] Das Bezugsrecht setzt sich also an dem Auflösungsguthaben, dem Rückkaufswert, fort.[953] Der Anspruch auf den Rückkaufswert nach der Kündigung des Versiche-

950 Nerlich/Römermann/*Becker*, § 166 Rn. 54 geht davon aus, dass die Kündigung aber noch keine Verwertung i.S.d. Vorschrift darstellt.

951 BGH, Urteil vom 18.6.2003 – IV ZR 59/02, NJW 2003, 2679, 2680.

952 BGH, Urteil vom 17.2.1966 – II ZR 286/63, NJW 1966, 1071, 1072 f.

953 OLG Düsseldorf, Urteil vom 30.1.2001 – 4 U 93/00, NZA-RR 2001, 601, 603; *Jenal*, S. 76.

rungsvertrags aus § 169 Abs. 1 VVG steht daher grundsätzlich dem unwiderruflich Bezugsberechtigten zu, an den dieser Wert dann auch auszuzahlen ist.[954]

Hat das Versicherungsunternehmen den Rückkaufswert hinterlegt, hat der Insolvenzverwalter keinen Anspruch auf Abgabe der Freigabeerklärung durch den Arbeitnehmer aus § 812 Abs. 1 S. 1 Alt. 2 BGB.[955] Versucht der Insolvenzverwalter das Versicherungsunternehmen im Falle eines unwiderruflichen Bezugsrechts des Arbeitnehmers dazu zu bringen, trotzdem nach Kündigung des Versicherungsvertrags den Rückkaufswert an die Insolvenzmasse auszukehren, so darf dieses die Auszahlung verweigern, denn schließlich hat die Insolvenzmasse keinen Anspruch auf den Rückkaufswert.

Hat der Insolvenzverwalter aber trotz eines unwiderruflichen Bezugsrechts vor, den Rückkaufswert zur Insolvenzmasse zu ziehen, kann der Arbeitnehmer seinen Aussonderungsanspruch auch klageweise geltend machen. Da sich nach § 47 S. 2 InsO der Anspruch auf Aussonderung nach den Gesetzen bestimmt, die außerhalb des Insolvenzverfahrens gelten, muss der Arbeitnehmer die Klage beim nach allgemeinen Regeln zuständigen Prozessgericht einreichen und nicht etwa beim Insolvenzgericht.[956] Im Falle der Direktversicherung als betrieblicher Altersversorgung kann der Rechtsweg unterschiedlich sein, je nachdem, ob der Versorgungsberechtigte Arbeitnehmer ist oder nicht (z.B. wenn es sich um einen geschäftsführenden Gesellschafter handelt). Ist er Arbeitnehmer, ist gemäß § 2 Abs. 1 Nr. 3 a) ArbGG das Arbeitsgericht zuständig, da es sich bei Ansprüchen aus betrieblicher Altersversorgung um Rechtsstreitigkeiten aus dem Arbeitsverhältnis i.S.d. Vorschrift handelt.[957] Auch Streitigkeiten zwischen Arbeitnehmern und dem PSV bzw. Arbeitgebern und dem PSV unterfallen der Zuständigkeit der Arbeitsgerichtsbarkeit (§ 2 Abs. 1 Nr. 5, 6 ArbGG). Bei Nicht-Arbeitnehmern sind hingegen die ordentliche Gerichte zuständig.

Adressat des Aussonderungsbegehrens ist der Insolvenzverwalter, weil dieser als derjenige, der allein über die Insolvenzmasse verfügen kann, die vom

---

954 OLG Karlsruhe, Urteil vom 15.3.2001 – 12 U 299/00, VersR 2001, 1501, 1501 (für ein eingeschränkt unwiderrufliches Bezugsrecht, das das Gericht jedoch wie ein unwiderrufliches Bezugsrecht behandelt); Elfring, BB 2004, 617, 620.

955 BAG, Urteil vom 15.6.2010 – 3 AZR 334/06, ZIP 2010, 1915, 1916 (für ein eingeschränkt unwiderrufliches Bezugsrecht, das wie ein unwiderrufliches Bezugsrecht behandelt wird, siehe dazu unten unter § 3B.II.3.b., S. 231 ff.).

956 Gottwald/*Gottwald/Adolphsen*, Insolvenzrechts-Handbuch § 40 Rn. 106; MüKo-InsO/*Ganter*, § 47 Rn. 473.

957 BAG, Urteil vom 29.04.1994 - 3 AZB 18/93, NZA 1994, 862, 864; Hauck/Helml/Biebl/*Helml*, § 2 Rn. 25.

Aussonderungsberechtigten herausverlangte Sache für die Masse beansprucht.[958] Dabei ist für die Frage des Gerichtsstands im Falle der ordentlichen Gerichtsbarkeit die Sondervorschrift des § 19a ZPO zu beachten, nach dem der allgemeine Gerichtsstand des Insolvenzverwalters für Klagen, die sich auf die Insolvenzmasse beziehen, durch den Sitz des Insolvenzgerichts bestimmt wird. Durch die Vorschrift sollen für den Insolvenzverwalter dessen Gerichtsstand am Wohnort (§ 13 ZPO) bzw. am Sitz (§ 17 ZPO) ausgeschaltet werden, um so massebezogene Prozesse am Ort des Insolvenzgerichts zu konzentrieren.[959]

Klagen, die sich auf die Insolvenzmasse beziehen, sind auch solche, in denen die Aussonderung von Gegenständen aus der Masse begehrt wird.[960] Gleiches galt grundsätzlich wegen der Verweisungsnorm des § 46 Abs. 2 S. 1 ArbGG auch für das Verfahren vor den Arbeitsgerichten. Zu beachten ist jedoch der im Jahr 2008 eingeführte § 48 Abs. 1a ArbGG[961], der sog. Gerichtsstand des Arbeitsorts, wonach für Streitigkeiten nach § 2 Asb. 1 Nr. 3 ArbGG auch das Arbeitsgericht zuständig ist, in dessen Bezirk der Arbeitnehmer gewöhnlich seine Arbeit verrichtet oder zuletzt gewöhnlich verrichtet hat. Es handelt sich hierbei (genauso wie bei § 19a ZPO[962]) um einen besonderen, aber keinen ausschließlichen Gerichtsstand, so dass der Arbeitnehmer nach § 35 ZPO ein Wahlrecht hat.[963]

(3) Ersatzaussonderung bei Einziehung des Rückkaufswerts durch den Insolvenzverwalter

Aussonderungsgut im Falle des unwiderruflichen Bezugsrechts ist der Anspruch gegen die Versicherung auf Zahlung des Rückkaufswerts.[964] Hat der Insolvenzverwalter des Arbeitgebers als Versicherungsnehmer den Rückkaufswert eingezogen, wozu er nach § 45 Abs. 2, 3 VVG berechtigt ist, wenn er im Besitz des Versicherungsscheins bzw. einer Police ist oder der Versicherte zugestimmt hat,[965] ist die Aussonderung des Anspruchs nicht mehr möglich, da er nicht mehr existiert. In Frage kommt in diesen Fällen dann nur noch ein Ersatzaussonde-

---

958 Gottwald/*Gottwald/Adolphsen*, § 40 Rn. 108; MüKo-InsO/*Ganter*, § 47 Rn. 478; Nerlich/Römermann/*Andres*, § 47 Rn. 61; Uhlenbruck/*Brinkmann*, § 47 Rn. 110.

959 MüKo-ZPO/*Patzina*, § 19a Rn. 1.

960 BayOLG, Beschluss vom 17.1.2003 – 1Z AR 162/02, ZIP 2003, 541, 542; MüKo-ZPO/*Patzina*, § 19a Rn. 6; Musielak/*Heinrich*, § 19a Rn. 4.

961 Eingeführt mit Wirkung zum 1.4.2008 durch das Gesetz zur Änderung des Sozialgerichtsgesetzes und des Arbeitsgerichtsgesetzes vom 26.3.2008, BGBl. I, S. 444.

962 MüKo-ZPO/*Patzina*, § 19a Rn. 8.

963 ErfK/*Koch*, § 48 ArbGG Rn. 19.

964 BAG, Urteil vom 26.6.1990 – 3 AZR 641/88, NJW 1991, 717, 717.

965 Jaeger/*Henckel*, § 47 Rn. 157.

rungsanspruch des unwiderruflich Bezugsberechtigten nach § 48 InsO. Nach dieser Vorschrift kann ein Aussonderungsberechtigter, dessen Aussonderungsgut nach der Eröffnung des Insolvenzverfahrens vom Insolvenzverwalter unberechtigt veräußert worden ist, die Abtretung des Anspruchs auf die Gegenleistung verlangen, soweit diese noch aussteht, oder andernfalls die Gegenleistung aus der Insolvenzmasse verlangen, soweit sie noch in der Masse unterscheidbar vorhanden ist.

Es stellt sich also die Frage, ob die unberechtigte Einziehung einer Forderung durch den Insolvenzverwalter, die eigentlich zum Vermögen eines Aussonderungsberechtigten gehört, eine Veräußerung i.S.d. § 48 InsO ist. Der Begriff der Veräußerung wird allgemein weit ausgelegt. Auch die unberechtigte Einziehung einer Forderung, die eigentlich der Aussonderung unterliegt, wird hierunter gefasst, wenn auch häufig in analoger Anwendung der Vorschrift.[966]

(a) Wirksamkeit der Verfügung als Voraussetzung für die Ersatzaussonderung

Zu beachten ist aber, dass der unwiderruflich Bezugsberechtigte auch dann seinen Anspruch gegen das Versicherungsunternehmen nicht verliert, wenn der Insolvenzverwalter unberechtigterweise den Rückkaufswert einzieht. Denn er hat selbst ein eigenes originäres Leistungsrecht gegenüber dem Versicherer, das er bei einem unwiderruflichen Bezugsrecht gemäß § 159 Abs. 3 VVG bereits mit der Nennung als Bezugsberechtigter und damit i.d.R. mit Abschluss des Vertrags erwirbt (siehe dazu oben unter § 3B.II.2., S. 198). Das bedeutet, dass mit Einziehung der Forderung durch den Insolvenzverwalter der Anspruch des unwiderruflich Bezugsberechtigten nicht erlischt.[967] Nur im Falle des Erlöschens hat aber die Einziehung der Forderung die gleiche Wirkung wie eine Abtretung oder ein Verkauf der Forderung.[968]

Ob dies Auswirkungen auf das Bestehen eines Ersatzaussonderungsrechts des Arbeitnehmers hat, ist umstritten. Dem zugrunde liegt die Frage, ob Voraussetzung für ein Ersatzaussonderungsrecht die Wirksamkeit der vom Insolvenzverwalter vorgenommenen Verfügung ist.

Die (zumindest zu Zeiten der KO) wohl herrschende Meinung ging davon aus, dass die Wirksamkeit der Verfügung durch den Insolvenzverwalter keine

---

966 BGH, Urteil vom 15.11.1988 – IX ZR 11/88, ZIP 1989, 118, 119; Urteil vom 28.10.1953 – II ZR 240/52, NJW 1953, 1825, 1826; Braun/*Bäuerle*, § 48 Rn. 3; Gottwald/*Gottwald/Adolphsen*, Insolvenzrechts-Handbuch, § 41 Rn. 10; MüKo-InsO/*Ganter*, § 48 Rn. 20; Nerlich/Römermann/*Andres*, § 48 Rn. 5; Uhlenbruck/*Brinkmann*, § 48 Rn. 9.

967 BAG, Urteil vom 19.1.2010 – 3 AZR 660/09, ZIP 2010, 1663, 1668.

968 MüKo-InsO/*Ganter*, § 48 Rn. 20.

Voraussetzung für ein Ersatzaussonderungsrecht ist.[969] Das Reichsgericht räumte zwar ein, dass die Vereitelung eines fremden Rechts bei einer unwirksamen Verfügung nicht im gleichen Maße eintrete wie bei einer wirksamen, allerdings der „Rechtsbehelf" der Ersatzaussonderung auch im ersteren Fall praktisch werden könne, wenn z.B. der Schuldner nach Zahlung an den Insolvenzschuldner zahlungsunfähig würde.[970] Der BGH stellte darauf ab, dass der Aussonderungsberechtigte bei unwirksamer Übereignung entweder die noch ausstehende bzw. nach Insolvenzeröffnung zur Masse gelangte Gegenleistung oder vom Erwerber die Herausgabe der Sache selbst bzw. Wertersatz für sie fordern könne. Hieraus ergebe sich, dass § 46 KO (§ 48 InsO) eine wirksame Eigentumsübertragung auf den Erwerber nicht voraussetze.[971]

Nach der Gegenansicht muss die Verfügung des Insolvenzverwalters wirksam sein, um ein Ersatzaussonderungsrecht des Berechtigten zu begründen.[972] Rechtsfolge dieser Ansicht ist grundsätzlich, dass dem Aussonderungsberechtigten bei einer unwirksamen Veräußerung kein Ersatzaussonderungsanspruch zusteht und er sich statt dessen an den Dritten halten muss. Im Falle einer unberechtigten Einziehung einer Forderung bedeutet dies, dass er die Forderung gegenüber dem eigentlichen Schuldner geltend machen muss. Begründet wird dies damit, dass durch eine unwirksame Veräußerung kein Aussonderungsrecht „vereitelt" werden kann.[973] Diese Ansicht wird insbesondere deshalb kritisiert, weil sie nicht dem Sinn und Zweck des § 48 InsO entspreche, der verhindern wolle, dass das Aussonderungsrecht an einem fremden Gegenstand durch die rechtswidrige Veräußerung vernichtet und die Masse durch solche Handlungen ungerechtfertigt bereichert werde, was aber im Ergebnis faktisch eintreffe, wenn der Insolvenzverwalter die Gegenleistung bei unwirksamen Veräußerungen behalten könne und den Aussonderunberechtigten an den Dritten verweisen könne.[974]

Entschärft wird dieser Streit, wenn man dem Aussonderungsberechtigten das Wahlrecht zuerkennt, ob er die Genehmigung zur Veräußerung erteilen, da-

---

969 RG, Urteil vom 19.2.1920 – VI 184/19, RGZ 98, 143, 148 f.; BGH, Urteil vom 16.3.1977 – VIII ZR 215/75, NJW 1977, 901, 901; Gottwald/*Gottwald/Adolphsen*, Insolvenzrechts-Handbuch, § 41 Rn. 16; K/P/B/*Prütting*, § 48 Rn. 12; wohl auch Nerlich/Römermann/*Andres*, § 48 Rn. 8; Uhlenbruck/*Brinkmann*, § 48 Rn. 14.

970 RG, Urteil vom 19.2.1920 – VI 184/19, RGZ 98, 143, 148 f.

971 BGH, Urteil vom 16.3.1977 – VIII ZR 215/75, NJW 1977, 901, 901.

972 BAG, Urteil vom 15.6.2010 – 3 AZR 31/07, ZIP 2010, 2260, 2260 f.; Jaeger/*Henckel*, § 48 Rn. 40 f.; Kilger/*K. Schmidt*, § 46 KO Rn. 6; Kreft/*Lohmann*, § 48 Rn. 7; MüKo-InsO/*Ganter*, § 48 Rn. 43 f.; Smid/*Smid*, § 48 Rn. 7; wohl auch *Häsemeyer*, Rn. 11.22.

973 MüKo-InsO/*Ganter*, § 48 Rn. 43.

974 Gottwald/*Gottwald/Adolphsen*, Insolvenzrechts-Handbuch, § 41 Rn. 16; Nerlich/Römermann/*Andres*, § 48 Rn. 8.

mit deren Wirksamkeit herbeiführen und sich dann im Wege der Ersatzaussonderung an den Insolvenzschuldner halten möchte oder ob er sich direkt an den Dritten halten möchte.[975] Teilweise wird die Erteilung der Genehmigung sogar vom Aussonderungsberechtigten verlangt.[976]

Das BAG hat zu dieser Frage in einer Parallel-Entscheidung zur viel beachteten Entscheidung zum eingeschränkt unwiderruflichen Bezugsrecht (siehe unten unter § 3B.II.3.b(5), S. 247) nun ein deutliches Urteil gefällt.[977] Zieht ein Insolvenzverwalter den Rückkaufswert der Lebensversicherung aus einer Direktversicherung zugunsten eines Arbeitnehmers zur Insolvenzmasse und zahlt das Versicherungsunternehmen den Rückkaufswert auch an den Insolvenzverwalter aus, entsteht nach Ansicht des BAG für den Arbeitnehmer kein Ersatzaussonderungsrecht nach § 48 InsO, da dessen Voraussetzung die Wirksamkeit der Verfügung ist und das Versicherungsunternehmen im Falle eines unwiderruflichen Bezugsrechts nicht mit Erfüllungswirkung an den Insolvenzverwalter des Arbeitgebers leisten kann. Daher soll der Insolvenzverwalter nicht mit Wirkung zu Lasten des Arbeitnehmers verfügt haben.[978]

Auch die Möglichkeit der Genehmigung des Widerrufs der Bezugsberechtigung durch den aussonderungsberechtigten Arbeitnehmer soll nach dem BAG im Falle der betrieblichen Altersversorgung nicht möglich sein, da dies einer Abfindung von unverfallbaren Anwartschaften nach Beendigung des Arbeitsverhältnisses gleichkomme, die gemäß § 3 BetrAVG unzulässig sei.[979]

Damit verbietet es das BAG im Ergebnis dem Arbeitnehmer, sich an den Insolvenzverwalter zu halten. Er muss seine Ansprüche gegenüber dem Versicherungsunternehmen geltend machen. (Zur Frage, inwieweit er aufgrund betriebsrentenrechtlicher Einschränkungen überhaupt berechtigt ist, den Rückkaufswert selbst einzuziehen, siehe unten unter § 3B.II.2.d(4), S. 222.)

---

975 MüKo-InsO/*Ganter*, § 48 Rn. 43; aA: *Häsemeyer*, Rn. 11.22 und Smid/*Smid*, § 48 Rn. 7 mit der Begründung, dass der Insolvenzmasse sonst die Gegenleistung entzogen werden könnte, obwohl sich der Berechtigte an den Dritten halten kann.

976 Kilger/*K. Schmidt*, § 46 KO Rn. 6; Nerlich/Römermann/*Andres*, § 48 Rn. 8.

977 BAG, Urteil vom 15.6.2010 – 3 AZR 31/07, ZIP 2010, 2260, 2260 f.

978 BAG, Urteil vom 15.6.2010 – 3 AZR 31/07, ZIP 2010, 2260, 2260 f.; dem Urteil lag der Fall eines eingeschränkt unwiderruflichen Bezugsrecht zugrunde, bei dem die Anwartschaft jedoch bereits unverfallbar war und das Bezugsrecht damit einem unwiderruflichen Bezugsrecht gleichzustellen war (siehe dazu unten unter § 3B.II.3.a., S. 229 ff.). Dass bei einer unberechtigten Auszahlung an den Versicherungsnehmer der Anspruch des bezugsberechtigten Arbeitnehmers bestehen bleibt, hatte das BAG bereits zuvor einmal klargestellt: BAG, Urteil vom 19.1.2010 – 3 AZR 660/09, ZIP 2010, 1663, 1668.

979 BAG, Urteil vom 15.6.2010 – 3 AZR 31/07, ZIP 2010, 2260, 2263.

Auch aus der Sicht der Versicherungsunternehmen ist das Urteil natürlich von außerordentlicher Bedeutung, da sie nun die Frage der Unwiderruflichkeit des Bezugsrechts (die insbesondere beim eingeschränkt unwiderruflichen Bezugsrecht sehr diffizil sein kann, siehe unten unter § 3B.II.3., S. 226 ff.) sehr genau prüfen müssen, um einer doppelten Inanspruchnahme durch Insolvenzverwalter und Arbeitnehmer zu entgehen.[980] Denn ob ein an den insolventen Versicherungsnehmer gezahlter Rückkaufswert erfolgreich zurückgefordert werden kann, ist fraglich.[981]

(b) Geltendmachung der Ansprüche im Falle der Ersatzaussonderung

Geht man mit der Gegenmeinung davon aus, dass der Arbeitnehmer doch ein Ersatzaussonderungsrecht gegenüber dem Insolvenzverwalter geltend machen kann, sei es weil eine wirksame Verfügung hierfür keine Voraussetzung ist oder weil er die Verfügung genehmigen konnte, stellt sich die Frage, welche Ansprüche er aufgrund dieses Ersatzaussonderungsrechts geltend machen kann.

„Gegenleistung" für die „Veräußerung" i.S.d. § 48 InsO ist im Falle des unberechtigten Einzugs einer Forderung die Leistung, die den Anspruch erfüllt und zu dessen Erlöschen geführt hat.[982] Bei der Direktversicherung handelt es sich dabei also um die Zahlung des Rückkaufswerts durch das Versicherungsunternehmen.

Hat der Insolvenzverwalter die Forderung gegenüber dem Versicherungsunternehmen geltend gemacht, dieses aber noch nicht bezahlt, hat der Ersatzaussonderungsberechtigte gemäß § 48 S. 1 InsO einen Anspruch auf Abtretung des Anspruchs auf die Gegenleistung, so dass die Zahlung (im Ergebnis wie bei der ursprünglichen Aussonderung der Forderung) an ihn selbst zu erfolgen hat. Wurde bereits an den Insolvenzverwalter gezahlt, kann der Ersatzaussonderungsberechtigte gemäß § 48 S. 2 InsO die Gegenleistung aus der Masse heraus verlangen, soweit sie in dieser noch unterscheidbar vorhanden ist. Letzteres ist der problematische Aspekt bei der Ersatzaussonderung (und auch der Aussonderung) von Geldbeträgen.

Beim Rückkaufswert aus einer Lebensversicherung handelt es sich um einen Geldbetrag. Hat der Insolvenzverwalter den Rückkaufswert bereits eingezogen, ist er irgendwo im Vermögen des Arbeitgebers vorhanden. Nur theoretischer Natur ist die Vorstellung, dass sich der Geldbetrag als isolierter Geldscheinbündel beim Insolvenzverwalter befindet. In diesem Fall könnte der unwiderruflich

980 So auch *Beck*, Anm. zu BAG, Urteil vom 15.6.2010 – 3 AZR 31/07, ArbRAktuell 2010, 555; *Lüders*, Anm. zu BAG, Urteil vom 15.6.2010 – 3 AZR 31/07, GWR 2010, 486.

981 *Rößler*, Anm. zu BAG, Urteil vom 15.6.2010 – 3 AZR 31/07, BB 2011, 253, 255.

982 BGH, Urteil vom 15.11.1988 – IX ZR 11/88, ZIP 1989, 118, 119.

Bezugsberechtigte tatsächlich die Herausgabe dieser Geldscheine verlangen, da diese vom Rest des Vermögens unterscheidbar wären.[983]

Im Normalfall wird das Versicherungsunternehmen jedoch den Betrag auf ein Konto des Arbeitgebers bzw. des Insolvenzverwalters eingezahlt haben. Fraglich ist, wann ein so überwiesener Geldbetrag noch ausreichend unterscheidbar i.S.d. § 48 S. 2 InsO auf einem Konto vorhanden ist. Die Rechtsprechung zu dieser Frage ist in den letzten Jahren deutlich liberaler geworden.

Bereits früher nahm die Rechtsprechung und auch die überwiegende Meinung in der Literatur an, dass bei der Überweisung des Betrags auf ein Sonder- oder Anderkonto des Insolvenzverwalters ausreichende Unterscheidbarkeit gegeben sei, so dass eine Ersatzaussonderung des Betrags möglich sei.[984] Anders sah dies die Rechtsprechung früher bei einem allgemeinen Girokonto des Insolvenzschuldners: Nach der Einstellung in das zwischen Bank und Bankkunden bestehende Kontokorrent (§§ 355 ff. HGB) habe die Gutschrift ihre rechtliche Selbständigkeit als Einzelforderung verloren, jedenfalls spätestens mit Erstellung des periodischen Rechnungsabschlusses (§ 355 Abs. 2 HGB) und dem entsprechenden Saldoanerkenntnis.[985]

Mittlerweile ist der BGH davon zumindest für ein allgemeines Kontokorrent-Insolvenzkonto des Insolvenzverwalters abgewichen. Eine hierauf erfolgte Gutschrift, die der Ersatzaussonderung unterliegt, soll auch dann noch unterscheidbar i.S.d. § 48 S. 2 InsO vorhanden sein, wenn auf dem Konto andere Buchungen vorgenommen werden und sogar der Kontokorrent-Rechnungsabschluss erfolgt ist, und zwar so lange, wie das Guthaben auf dem Konto ausreichend hoch ist.[986]

Das Guthaben, das durch die Gutschrift des Entgelts für einen massefremden Gegenstand auf dem allgemeinen Insolvenzkonto entstehe, verliere nicht nur deshalb seine Unterscheidbarkeit, weil anschließend das Konto mit Zahlungsausgängen belastet werde. Die Soll- und die Haben-Posten eines Kontos seien keine realen Gegenstände, die vermischt oder getrennt werden könnten. Entscheidend sei das vorhandene Guthaben. Stehe ein bestimmter Betrag materiell nicht der Masse, sondern einem Aussonderungsberechtigten zu, so müsse er so

---

983 So bereits für die Aussonderung, bei der der sachenrechtliche Bestimmtheitsgrundsatz herrscht: Uhlenbruck/*Brinkmann*, § 47 Rn. 6.

984 BGH, Urteil vom 11.3.1999 - IX ZR 164/98, NJW 1999, 1709, 1709; Urteil vom 15.11.1988 – IX ZR 11/88, ZIP 1989, 118, 119 f.; Urteil vom 11.6.1959 – VII ZR 53/58, NJW 1959, 1681, 1682; Gottwald/*Gottwald/Adolphsen*, Insolvenzrechts-Handbuch, § 41 Rn. 30 m.w.N.

985 BGH, Urteil vom 8.3.1972 - VIII ZR 40/71, NJW 1978, 872, 873.

985 BGH, Urteil vom 8.5.2008 - IX ZR 229/06, NZI 2008, 426, 426; Urteil vom 11. 3. 1999 - IX ZR 164/98, NJW 1999, 1709, 1710.

lange als noch vorhanden gelten, wie das Konto eine ausreichende Deckung aufweise, weil dies der erforderliche Schutz der Interessen des Berechtigten verlange. Es könne nicht sein, dass das dem Aussonderungsberechtigten „gehörende“, tatsächlich verfügbare Geld nur deshalb für nicht mehr existent befunden werde, weil auf dem Konto auch andere Geldbewegungen stattgefunden hätten. Dieses Ergebnis sei auch aus Sicht des Insolvenzverwalters nicht wünschenswert, weil dieser sonst gezwungen wäre, für der Ersatzaussonderung unterliegende Gelder immer ein Sonderkonto einzurichten, wenn er sich nicht dem Berechtigten gegenüber schadensersatzpflichtig machen wolle.[987]

Folglich kann der unwiderruflich Bezugsberechtigte auch bei Einzahlung des Rückkaufswerts auf ein Konto des Insolvenzverwalters dessen Herausgabe verlangen, soweit das Konto denn über ausreichend Deckung verfügt. Ist dies nicht der Fall, steht dem unwiderruflich Bezugsberechtigten ein Masseanspruch wegen unberechtigter Bereicherung der Masse aus § 55 Abs. 1 Nr. 3 InsO i. V. m. §§ 812 ff. BGB und gegebenenfalls ein Schadensersatzanspruch gegen den Insolvenzverwalter aus § 60 InsO zu, da dieser zur unterscheidbaren Anlage von Geldern, deren Zuordnung unsicher ist, verpflichtet ist.[988]

(4) Gesetzliches Verbot des Einzugs des Rückkaufswerts durch den Arbeitnehmer

Angesichts des vom Gesetzgeber vorgesehenen Versorgungszwecks der betrieblichen Altersversorgung stellt sich zumindest für Arbeitnehmer, die in den Anwendungsbereich des BetrAVG fallen, die Frage, ob durch eine frühzeitige Inanspruchnahme des Rückkaufswerts dieser Zweck nicht vereitelt würde und ob daher nicht gesetzliche Einschränkungen bestehen.

Nach § 2 Abs. 2 S. 4, 5 BetrAVG darf der Rückkaufswert einer Direktversicherung aufgrund einer Kündigung des Versicherungsvertrags nicht in Anspruch genommen werden. Anstatt dessen wird die Versicherung im Falle der Kündigung in eine prämienfreie Versicherung umgewandelt. § 169 VVG, der die Entstehung des Anspruchs auf den Rückkaufswert bei Kündigung der Versicherung normiert, soll insoweit keine Anwendung finden. Fraglich ist, wie sich diese Norm bei einer unwiderruflichen Bezugsberechtigung des Arbeitnehmers auf dessen Anspruch auf den Rückkaufswert auswirkt.

Im Falle des widerruflichen Bezugsrechts, aufgrund dessen der Versicherungsvertrag und damit der Rückkaufswert in die Insolvenzmasse fällt, hat § 2

---

987 BGH, Urteil vom 11.3.1999 - IX ZR 164/98, NJW 1999, 1709, 1710.

988 BGH, Urteil vom 11.3.1999 - IX ZR 164/98, NJW 1999, 1709, 1710; Braun/*Bäuerle*, § 48 Rn. 33 f.; MüKo-InsO/*Ganter*, § 48 Rn. 64; Nerlich/Römermann/*Andres*, § 48 Rn. 13.

Abs. 2 S. 5 BetrAVG keine Auswirkungen auf die Befugnis des Insolvenzverwalters, den Rückkaufswert zur Masse zu ziehen, da die Vorschrift nicht darauf abzielt, dem Insolvenzverwalter die Möglichkeit zur Vergrößerung der Insolvenzmasse zu nehmen (siehe oben unter § 3 B.II.1.c(3)(c), S. 189). Im Falle des unwiderruflichen Bezugsrechts, das die Zuordnung des Rückkaufswerts zum Vermögen des Arbeitnehmers zur Folge hat, könnte dies anders sein.

Die Verfügungsbeschränkungen des § 2 Abs. 2 S. 2 – 6 BetrAVG gelten nach dem Wortlaut der Norm sowohl für die Direktversicherungen nach S. 1 (sog. arbeitsrechtliche Lösung) als auch für Direktversicherung nach S. 2 (sog. versicherungsförmige Lösung).[989] Bei ersterer hat der Arbeitgeber im Falle des Ausscheidens des Arbeitnehmers aus dem Arbeitsverhältnis bei Eintritt des Versorgungsfalls die Verpflichtung, die aufgrund der häufig vorgenommenen Zillmerung[990] sehr geringen Versicherungsansprüche bis zur Höhe der nach dem ratierlichen Verfahren berechneten Ansprüche (vgl. § 2 Abs. 1 S. 1 BetrAVG) aufzufüllen.[991]

Bedient sich der Arbeitgeber der versicherungsförmigen Lösung nach § 2 Abs. 2 S. 2 BetrAVG, entfällt diese Verpflichtung und der Arbeitnehmer muss sich bei Ausscheiden aus dem Arbeitsverhältnis auf die Leistungen der Versicherung beschränken. Dafür muss der Versicherungsvertrag aber ganz bestimmten Anforderungen genügen: Dem Arbeitnehmer muss ein unwiderrufliches Bezugsrecht eingeräumt werden (was spätestens drei Monate nach Ausscheiden geschehen sein muss), es darf keine Abtretung oder Beleihung der Rechte aus dem Versicherungsvertrag durch den Arbeitgeber erfolgt sein und es dürfen keine Beitragsrückstände bestehen (§ 2 Abs. 2 S. 3 Nr. 1 BetrAVG). Außerdem muss der Versicherungsvertrag vorsehen, dass alle erwirtschafteten Überschussanteile ausschließlich zur Verbesserung der Versicherungsleistung verwendet werden (Nr. 2) und der ausgeschiedene Arbeitnehmer muss das Recht haben, die Versicherung mit eigenen Beiträgen fortzusetzen (Nr. 3).

Die Einschränkungen des § 2 Abs. 2 S. 4 – 6 BetrAVG gelten, wie bereits gesagt, für beide Formen der Direktversicherung, werden aber nur dann relevant, wenn tatsächlich auch ein unwiderrufliches Bezugsrecht eingeräumt wurde, da nur dann der Rückkaufswert dem Arbeitnehmer zugute kommt. Außerdem muss das Arbeitsverhältnis zwischen Arbeitnehmer und Arbeitgeber been-

---

989 OLG Hamm, Urteil vom 19.12.1997 – 20 U 150/97, NJW-RR 1998, 1062, 1062 f., das nur auf die Unwiderruflichkeit des Bezugsrechts und nicht auf die weiteren Voraussetzungen des § 2 Abs. 2 S. 2 BetrAVG abstellt; *Blomeyer/Rolfs/Otto*, § 2 Rn. 263; aA wohl *Thürmann*, BB 1985, 1269, 1274.

990 Zur Zillmerung von Lebensversicheurngsverträgen und den hierzu gesetzten Grenzen durch Gesetzgeber und Rechsprechung siehe oben unter § 3 B.II.1.c(4)(b), S. 193.

991 Förster/Cisch/Karst/*Jumpertz*, § 2 Rn. 21.

det werden, was im Falle der Liquidation des Unternehmens in der Insolvenz der Fall sein wird. Die in § 2 Abs. 2 Nr. 1 BetrAVG vorgesehen Möglichkeit, das Bezugsrecht auch noch nach Beendigung des Arbeitsverhältnisses unwiderruflich werden zu lassen, wird im Insolvenzverfahren durch den Insolvenzverwalter nicht genutzt werden, weil er damit der Insolvenzmasse Vermögen entziehen würde. Fraglich ist, ob in diesen Fällen § 2 Abs. 2 S. 5 BetrAVG den Arbeitnehmer daran hindert, den Rückkaufswert in Anspruch zu nehmen.

Eindeutig greift das Verbot für den Arbeitnehmer selbst, wenn diesem vom Insolvenzverwalter der Versicherungsvertrag übertragen wurde, er somit in die Stellung als Versicherungsnehmer eingetreten ist und er damit selbst zur Kündigung des Versicherungsvertrags berechtigt wäre. Seine Stellung entpricht in diesem Fall der bei einer Direktversicherung in der Variante der versicherungsförmigen Lösung nach § 2 Abs. 2 S. 2 BetrAVG. Auch dort ist der Versorgungsberechtigte im Falle der Kündigung des Versicherungsvertrags grundsätzlich nicht berechtigt, den Rückkaufswert in Anspruch zu nehmen. Anstatt dessen ist die Versicherung in eine prämienfreie Versicherung umzuwandeln, damit die Anwartschaften für den Versorgungszweck erhalten bleiben.[992]

Fraglich ist, ob sich aufgrund einer durch den Insolvenzverwalter erfolgten Kündigung etwas an dieser Situation ändert. Wie oben ausgeführt, steht das Kündigungsrecht auch beim unwiderruflichen Bezugsrecht für den Versicherungsvertrag – wenn er denn nicht auf den unwiderruflich Bezugsberechtigten übertragen wurde – dem Insolvenzverwalter zu, damit dieser sich von den schuldrechtlichen Verpflichtungen gegenüber dem Versicherungsunternehmen lösen kann (siehe dazu oben unter § 3B.II.2.b., S. 203). § 2 Abs. 2 S. 5 BetrAVG schließt die Inanspruchnahme des Rückkaufswerts „aufgrund einer Kündigung" aus, ohne sich darauf zu beziehen, von wem diese Kündigung ausgesprochen wurde. Setzt man S. 5 in Beziehung zu S. 4, müsste man davon ausgehen, dass nur die Kündigung durch den Arbeitnehmer selbst von dieser Verfügungsbeschränkung erfasst sein soll, weil S. 4 nur dem Arbeitnehmer die Beleihung und Abtretung der Ansprüche verbietet.

Die Kündigung durch den Versicherungsnehmer hat außerhalb der Insolvenz zur Folge, dass der Arbeitgeber sich bei Eintritt des Versorgungsfalls der Ausfallhaftung nach § 1 Abs. 1 S. 3 BetrAVG aussetzt, da aufgrund der Kündigung aus dem Versicherungsvertrag keine Leistungen mehr erfolgen müssen. Hält man sich die Zielsetzung des § 2 Abs. 2 S. 5 BetrAVG vor Augen, dass die auf Arbeitgeberbeiträgen beruhenden Deckungsmittel der Direktversicherung auch nach Beendigung des Arbeitsverhältnisses nur zu Versorgungszwecken verwen-

992 BAG, Urteil vom 26.5.2009 – 3 AZR 816/07, NZA-RR 2010, 95, 96.

det werden und nicht zur freien Verfügung des Arbeitnehmers stehen sollen,[993] muss wohl auch im Falle der Kündigung durch den Insolvenzverwalter die Inanspruchnahme des Rückkaufswerts durch den Arbeitnehmer durch § 2 Abs. 2 S. 5 BetrAVG verboten sein.[994] Denn diese Zwecksetzung gilt unabhängig davon, ob über das Vermögen des Arbeitgebers das Insolvenzverfahren eröffnet wurde und aufgrund dessen zufällig die Situation entsteht, dass der Insolvenzverwalter zwar derjenige ist, der kündigt, der Arbeitnehmer aber derjenige ist, der den Rückkaufswert erhält.

Zu betonen ist noch einmal, dass diese Ergebnisse nur dann gelten, wenn auch das Arbeitsverhältnis zwischen dem Insolvenzschuldner und dem Arbeitnehmer endet, denn nur dann gilt § 2 Abs. 2 BetrAVG überhaupt. Ist dies der Fall, führen diese Überlegungen zu dem Ergebnis, dass in der Insolvenz des Arbeitgebers der Arbeitnehmer den Rückkaufswert der Direktversicherung nur dann in Anspruch nehmen kann, wenn er nicht in den Anwendungsbereich des BetrAVG fällt, er also z.B. nicht unter dessen persönlichen Anwendungsbereich nach § 17 Abs. 1 BetrAVG fällt (siehe dazu oben unter§ 2C.I.2., S. 73) und es sich damit nicht um einen Arbeitnehmer handelt. Fällt er unter den Anwendungsbereich und wird das Arbeitsverhältnis beendet, erfolgt gemäß § 2 Abs. 2 S. 5 letzter Hs. BetrAVG die Umwandlung der Versicherung in eine prämienfreie Versicherung.

Ein weiteres gesetzliches Verbot der Inanspruchnahme des Rückkaufswerts durch den Arbeitnehmer ergibt sich nach Ansicht des BAG aus § 3 BetrAVG, der die Abfindung unverfallbarer Anwartschaften nach Beendigung des Arbeitsverhältnisses verbietet. In seinem Urteil vom 15.6.2010 hat es hierzu entschieden, dass der Arbeitnehmer aufgrund dieser Vorschrift eine Auszahlung des Rückkaufswerts an den Insolvenzverwalter nicht genehmigen könne, um ein Ersatzaussonderungsrecht nach § 48 InsO zu erlangen, da dies einer unzulässigen Abfindung unverfallbarer Versorgungsanwartschaften gleichstehe.[995] (Siehe dazu schon oben unter § 3 B.II.2.d(3)(a), S. 219.)

---

993 BT-Drucks. 7/2843, S. 7.

994 So auch i.E. OLG Hamm, Urteil vom 19.12.1997 – 20 U 150/97, NJW-RR 1998, 1062, 1062 f.; *Stegmann/Lind*, NVersZ 2002, 193, 201 f.; *Steigenberger*, S. 204 Fn. 608, der allerdings von einem Kündigungsrecht des Insolvenzschuldners ausgeht, was hinsichtlich der Frage der Wirkung des § 2 Abs. 2 S. 5 BetrAVG bei der Kündigung durch einen anderen als den Arbeitnehmer aber keinen Unterschied macht.

995 BAG, Urteil vom 15.6.2010 – 3 AZR 31/07, ZIP 2010, 2260, 2263.

3. Eingeschränkt unwiderrufliches Bezugsrecht

Die in jüngster Zeit in Literatur und Rechtsprechung am meisten beachtete und diskutierte Ausgestaltung des Bezugsrechts in einem Direktversicherungsvertrag ist die des eingeschränkt unwiderruflichen Bezugsrechts. Die Diskussion konzentriert sich weniger auf die Gestaltungsform des Bezugsrechts an sich als vielmehr auf deren Einordnung in der Insolvenz des Arbeitgebers, wenn eine bestimmte Form des Vorbehalts vorliegt. Grund hierfür ist die unterschiedliche Rechtsprechung von BAG und BGH bezüglich dieser Frage, die nicht nur am Rande voneinander abweicht, sondern eine grundsätzlich unterschiedliche Einordnung vornimmt und damit zu vollständig konträren Ergebnissen gelangt. Das BAG hat aufgrund dieser Differenzen den Gemeinsamen Senat der Obersten Gerichtshöfe angerufen, der sich lange Zeit nicht einigen konnte und vor dem das Verfahren dann letztlich eingestellt wurde, ohne die eigentlich zugrunde liegende Frage zu beantworten. (Siehe dazu unten unter § 3B.II.3.b(5), S. 247 ff.)

Bei der Gewährung eines eingeschränkt unwiderruflichen Bezugsrechts wird dem Arbeitnehmer im Versicherungsvertrag grundsätzlich zunächst ein unwiderrufliches Bezugsrecht eingeräumt. Allerdings werden zusätzlich Vorbehalte mit einbezogen, also Voraussetzungen bestimmt, bei deren Eintritt es dem Arbeitgeber doch möglich sein soll, die Versicherungsleistungen selbst in Anspruch zu nehmen. Daher ist das Bezugsrecht nur eingeschränkt unwiderruflich.

Arbeitgeber und Versicherungsunternehmen als Vertragspartner des Versicherungsvertrags sind grundsätzlich frei darin zu bestimmen, welche Voraussetzungen diese Vorbehalte enthalten sollen. Das ergibt sich bereits aus § 328 Abs. 2 BGB, der die Möglichkeit der Beschränkung der Begünstigung des Dritten voraussetzt.[996] Üblich ist z.B. der Vorbehalt, dass der Arbeitgeber während der Dauer des Arbeitsverhältnisses die Versicherung abtreten und mit Zustimmung des Arbeitnehmers beleihen kann, wobei sich der Arbeitgeber dann dazu verpflichtet, den Arbeitnehmer so zu stellen, als ob die Abtretung oder Beleihung nicht erfolgt wäre.[997] Auch Vorbehalte für ein wettbewerbsrechtlich relevantes oder strafbares Verhalten, das den Arbeitgeber schädigt, finden sich in Direktversicherungsverträgen.[998]

Eine Ausnahme bei der freien Auswahl des Vorbehalts besteht für die betriebliche Altersversorgung jedoch aufgrund von § 1 Abs. 2 S. 2 BetrAVG, wonach eine Vereinbarung, nach der das Bezugsrecht durch die Beendigung des Arbeitsverhältnisses auflösend bedingt sein soll, nachdem die Versorgungsan-

---

996 *Hiecke/Vorwerk*, DZWIR 2005, 448, 448.

997 BGH, Urteil vom 19.6.1996 – IV ZR 243/95, NJW 1996, 2731, 2732.

998 *Güther/Kohly*, ZIP 2006, 1229, 1233.

wartschaft bereits unverfallbar geworden ist, unwirksam ist. Hierbei handelt es sich um eine Verbotsnorm i.S.d. § 134 BGB, versicherungsvertragliche Regelungen dieses Inhalts sind unwirksam (siehe dazu oben unter § 3B.II.1.a(2), S. 177).

Deshalb ist ein im Rahmen der betrieblichen Altersversorgung typischer Vorbehalt, an dem sich auch der in der Rechtsprechung und Literatur bestehende Streit entzündet hat, die Beendigung des Arbeitsverhältnisses vor Eintritt der Unverfallbarkeit der Versorgungsanwartschaften. Im Versicherungsvertrag wird dem Arbeitnehmer in diesen Fällen also grundsätzlich ein unwiderrufliches Bezugsrecht eingeräumt, allerdings soll für den Arbeitgeber doch das Recht bestehen, die Versicherungsleistungen in Anspruch zu nehmen, wenn das Arbeitsverhältnis endet und die Versorgungsanwartschaft zum Zeitpunkt der Beendigung noch nicht unverfallbar geworden ist. Bei dem Vorbehalt handelt es sich um eine auflösende Bedingung für die Einräumung des Bezugsrechts.[999]

Typischerweise werden in diesem Zusammenhang die Unverfallbarkeitsvoraussetzungen des § 1b Abs. 1 BetrAVG im Versicherungsvertrag nachgebildet oder gar ausdrücklich auf die Norm verwiesen. Damit werden die im Valutaverhältnis bestehenden Rechte des Arbeitnehmers auf den Versicherungsvertrag und damit das Deckungsverhältnis übertragen. Mit der unverfallbaren Anwartschaft, die trotz Beendigung des Arbeitsverhältnisses aufgrund gesetzlicher Anordnung bestehen bleibt, geht auf versicherungsvertraglicher Ebene die endgültige, da nicht mehr durch Vorbehalte eingeschränkte Unwiderruflichkeit des Bezugsrechts einher.

Problematisch kann diese Gestaltung des Bezugsrechts insoweit werden, als die Voraussetzungen des BetrAVG für die Unverfallbarkeit einer Anwartschaft in den letzten Jahren geändert wurden (siehe dazu bereits oben unter § 2C.III.3.b(2), S. 86 f.). Seit Schaffung des BetrAVG im Jahr 1974 bis zum 31.12.2000 wurden Anwartschaften unverfallbar, wenn der Arbeitnehmer mindestens das 35. Lebensjahr erreicht hatte und die Versorgungszusage mindestens 10 Jahre bestanden hatte oder die Betriebszugehörigkeit mindestens 12 Jahre und die Versorgungszusage mindestens drei Jahren bestanden hatte (§ 1 Abs. 1 BetrAVG 1974). Anschließend wurden die Voraussetzungen deutlich entschärft, ab dem 1.1.2001 musste der Versorgungsberechtigte nach dem neu eingeführten § 1b Abs. 1 BetrAVG a.F.[1000] nur noch das 30. Lebensjahr erreicht haben und

999 *Armbrüster/Pilz*, KTS 2004, 481, 493; *Krause*, Anm. zu BAG, Beschluss vom 22.5.2007 – 3 AZR 334/06, AP BetrAVG § 1b Nr. 8; *Westhelle/Micksch*, ZIP 2003, 2054, 2055; aA: *Hiecke/Vorwerk*, DZWIR 2005, 448, 451.

1000 Eingeführt mit Wirkung zum 1.1.2001 durch das Altersvermögensgesetz (AVmG) vom 26.6.2001, BGBl. I S. 1310.

die Versorgungszusage mindestens fünf Jahre bestanden haben. Seit dem 1.1.2009[1001] sind die Voraussetzungen noch geringer, seitdem muss der Arbeitnehmer nur das 25. Lebensjahr erreicht haben und die Versorgungszusage muss fünf Jahre bestanden haben (§ 1b Abs. 1 BetrAVG n.F.). Die Übergangsvorschriften hierzu finden sich in § 30f BetrAVG. Danach sind für Versorgungszusagen, die vor dem 1.1.2001 erteilt wurden, die Regelungen des § 1 Abs. 1 BetrAVG 1974 und die des § 1b Abs. 1 BetrAVG a.F. alternativ anwendbar, für zwischen dem 1.1.2001 und dem 1.1.2009 erteilte Versorgungszusagen gelten § 1b Abs. 1 BetrAVG a.F. und § 1b BetrAVG n.F. alternativ. Die Anwartschaften gelten dann jeweils als unverfallbar.

Denkbar ist nun natürlich, dass die für die Unverfallbarkeit gesetzlich geltenden Voraussetzungen aufgrund der gesetzlichen Änderungen andere sind als die für den Bestand des Vorbehalts, wenn dessen Wortlaut im Versicherungsvertrag noch dem Wortlaut der alten Regelung entspricht. Dann kann die Situation bestehen, dass zwar gesetzliche Unverfallbarkeit der Anwartschaften vorliegt, die Bezugsberechtigung aber immer noch unter dem Vorbehalt besteht, dass das Arbeitsverhältnis vor Eintritt der dort aufgeführten (alten) Unverfallbarkeitsvoraussetzungen endet. Hat z.B. ein 22jähriger Arbeitnehmer eine Versorgungszusage am 1.1.2008 erteilt bekommen, so hat er die gesetzliche Unverfallbarkeit mit dem 5jährigen Bestehen der Versorgungszusage am 1.1.2013 erreicht. Ist im Versicherungsvertrag jedoch festgelegt, dass der Arbeitgeber die Leistungen der Versicherung für sich beanspruchen kann, wenn das Arbeitsverhältnis endet, bevor der Arbeitnehmer das 30. Lebensjahr erreicht hat, und die Versorgungszusage fünf Jahre bestanden hat (§ 1b Abs. 1 BetrAVG a.F.), so kann der Arbeitgeber nach dieser vertraglichen Vereinbarung dies immer noch tun, wenn das Arbeitsverhältnis endet, bevor der Arbeitnehmer das 30. Lebensjahr vollendet hat.

Eine solche Regelung ist wegen Verstoßes gegen § 1b Abs. 2 S. 2 BetrAVG unwirksam. Soll der Vorbehalt seine Wirksamkeit behalten, ist dies wohl nur durch eine Anpassung an die neuen gesetzlichen Unverfallbarkeitsfristen im Wege der Vertragsanpassung möglich.[1002] Teilweise wird angenommen, dass, wenn sich die gesetzlichen Anforderungen an die Unverfallbarkeit ändern, dies auch auf den Versicherungsvertrag durchschlägt, da von einer dynamischen Verknüpfung auszugehen sei.[1003] Dies mag zutreffen, wenn in dem Vorbehalt

1001 § 1b Abs. 1 BetrAVG neu gefasst mit Wirkung zum 1.1.2009 durch das Gesetz zur Förderung der zusätzlichen Altersvorsorge und zur Änderung des Dritten Buches Sozialgesetzbuch vom 10.12.2007, BGBl. I S. 2838.

1002 *Flitsch/Herbst*, BB 2003, 317, 323.

1003 *Krause*, Anm. zu BAG, Beschluss vom 22.5.2007 – 3 ZAR 334/06, AP BetrAVG § 1b Nr. 8.

lediglich auf den „Eintritt der Unverfallbarkeit nach dem Betriebsrentengesetz" o.ä. verwiesen wird. Werden aber z.B. die Voraussetzungen des § 1 BetrAVG 1974 wortwörtlich wiedergegeben, dürfte es schwerfallen, daraus einen dynamischen Verweis auf die heute geltenden Unverfallbarkeitsvorschriften abzuleiten.

a. *Insolvenzrechtliche Einordnung*

Das eingeschränkt unwiderrufliche Bezugsrecht stellt ein Konstrukt zwischen widerruflichem und unwiderruflichem Bezugsrecht dar. Zum einen wird zwar ein unwiderrufliches Bezugsrecht eingeräumt, dieses ist jedoch nicht endgültig. Der Arbeitgeber behält sich für besonders festgelegte Situationen vor, dass er die Versicherungsleistungen in Anspruch nehmen kann, das Bezugsrecht des Arbeitnehmers also doch widerrufen kann.

Die insolvenzrechtliche Einordnung des eingeschränkt unwiderruflichen Bezugsrechts ist davon abhängig, ob man ihm eher die Stellung eines widerruflichen oder eines unwiderruflichen Bezugsrechts zuschreibt. Mittlerweile allgemein anerkannt ist, dass das eingeschränkt unwiderrufliche Bezugsrecht immer dann wie ein uneingeschränkt unwiderrufliches Bezugsrecht zu behandeln ist, wenn die Voraussetzungen des Vorbehalts nicht erfüllt sind.[1004] Das eingeschränkt unwiderrufliche Bezugsrecht steht dann dem unwiderruflichen Bezugsrecht näher als dem widerruflichen Bezugsrecht, da der Bezugsberechtigte bereits eine gefestigte Rechtsstellung erlangt hat.[1005] Denn der Insolvenzverwalter kann in diesem Fall das Bezugsrecht nicht widerrufen – genauso wie im Falle des unwiderruflichen Bezugsrechts.[1006] Die Einschränkungen des unwiderruflichen Bezugsrechts sind nicht zum Zuge gekommen.[1007] Der Arbeitgeber zeigt durch die Einräumung des eingeschränkt unwiderruflichen Bezugsrechts, dass er dem Arbeitnehmer eine über das widerrufliche Bezugsrecht hinausgehende

---

1004 BAG, Urteil vom 15.6.2010 – 3 AZR 334/06, ZIP 2010, 1915, 1917; Urteil vom 31.7.2007 – 3 AZR 446/05, NZA-RR 2008, 32, 35; Urteil vom 26.6.1990 – 3 AZR 641/88, NJW 1991, 717, 718; BGH, Urteil vom 3.5.2006 – IV ZR 134/05, NZA-RR 2006, 532, 533; OLG Karlsruhe, Urteil vom 15.3.2001 – 12 U 299/00, VersR 2001, 1501, 1502; LG Köln, Urteil vom 12.3.2003 – 23 O 304/02, ZInsO 2003, 383, 384; *Armbrüster/Pilz*, KTS 2004, 481, 493; *Blomeyer/Rolfs/Otto*, Vorb. vor §§ 7 – 15 Rn. 39; Gottwald/*Gottwald/Adolphsen*, Insolvenzrechts-Handbuch, § 40 Rn. 69; *Krause*, Anm. zu BAG, Beschluss vom 22.5.2007 – 3 AZR 334/06, AP BetrAVG § 1b Nr. 8; MüKo-InsO/ *Ganter*, § 47 Rn. 321; Uhlenbruck/*Brinkmann*, § 47 Rn. 89a; *Viegener*, ZInsO 2006, 352, 357; *Westhelle/Micksch*, ZIP 2003, 2054, 2055.

1005 BAG, Urteil vom 26.6.1990 – 3 AZR 641/88, NJW 1991, 717, 718; MüKo-InsO/*Ganter*, § 47 Rn. 321.

1006 BAG, Urteil vom 15.6.2010 – 3 AZR 334/06, ZIP 2010, 1915, 1917.

1007 BAG, Urteil vom 31.7.2007 – 3 AZR 446/05, NZA-RR 2008, 32, 35.

Rechtsposition verschaffen will.[1008] Dies muss erst recht gelten, wenn der Zweck des Vorbehalts endgültig entfallen ist und seine Voraussetzungen daher auch künftig nicht mehr eintreten können, weil der Arbeitgeber bzw. der Insolvenzverwalter die Rechtsstellung des Arbeitnehmers dann überhaupt nicht mehr beeinflussen kann.[1009]

Nur vereinzelt wird vertreten, dass das eingeschränkt unwiderrufliche Bezugsrecht grundsätzlich immer den Status eines uneingeschränkt unwiderruflichen Bezugsrechts haben und damit ein Aussonderungsrecht des Arbeitnehmers begründen soll, da dies dem Schutzbedürfnis des Arbeitnehmers entspreche, dem keine anderweitige Sicherungsmöglichkeit zustehe.[1010] In der früheren Literatur wurde auch teilweise vertreten, dass der Gefährdungsgrad bei einem solchen Bezugsrecht genauso groß sei wie bei einem widerruflichen Bezugsrecht, der Arbeitnehmer daher nur eine wertlose Anwartschaft habe und es daher wie ein widerrufliches Bezugsrecht zu behandeln sei.[1011] Diese Ansicht verkennt aber, dass das Gefährdungspotential für den eingeschränkt unwiderruflich Bezugsberechtigten immer dann, wenn die Voraussetzungen der Vorbehalte nicht gegeben sind, eben nicht gleich groß ist, da der Arbeitgeber bzw. der Insolvenzverwalter in dieser Situation überhaupt keinen Handlungsspielraum hat. Im Gegensatz dazu liegt das Schicksal der Bezugsberechtigung im Falle der Widerruflichkeit durchgängig in seinen Händen.

Aus der Ansicht der herrschenden Meinung ist der Umkehrschluss zu ziehen, dass bei Vorliegen der Voraussetzungen des Vorbehalts bei Eröffnung des Insolvenzverfahrens der Insolvenzverwalter versicherungsrechtlich dazu berechtigt ist, die Bezugsberechtigung zu widerrufen, so dass die gleiche Situation wie bei einem widerruflichen Bezugsrecht vorliegt. Der Versicherungsvertrag und die aus ihm resultierenden Ansprüche sind der Insolvenzmasse zuzuordnen, dem Arbeitnehmer steht kein Aussonderungsrecht zu.[1012]

1008 *Armbrüster/Pilz*, KTS 2004, 481, 493.

1009 BGH, Urteil vom 3.5.2006 – IV ZR 134/05, NZA-RR 2006, 532, 533; Urteil vom 8.6.2005 – IV ZR 30/04, NJW-RR 2005, 1412, 1413.

1010 LAG Hamm, Urteil vom 22.9.2006 – 4 Sa 629/06, ZIP 2007, 291, 294 f., das allerdings in diesem Urteil auch schon die Konzeption der strikten Trennung von Versicherungs- und Arbeitsverhältnis anzweifelt und anstatt eines aus der arbeitsrechtlichen Stellung herrührenden Schadensersatzanspruchs des Arbeitsnehmers die Anerkennung eines Aussonderungsrechts des Arbeitnehmers fordert, auch wenn das Bezugsrecht aufgrund des Vorbehalts noch widerruflich ist; zurückgewiesen durch BAG, Urteil vom 15.6.2010 – 3 AZR 985/06.

1011 *Blomeyer/Kanz*, KTS 1985, 169, 177.

1012 BAG, Urteil vom 15.6.2010 – 3 AZR 334/06, ZIP 2010, 1915, 1917; *Armbrüster/Pilz*, KTS 2004, 481, 494.

Die insolvenzrechtliche Einordnung des Lebensversicherungsvertrags mit eingeschränkt unwiderruflichem Bezugsrecht erscheint auf den ersten Blick klar: Liegen die Voraussetzungen des Vorbehalts vor, gleicht es einem widerruflichen Bezugsrecht und der Vertrag fällt in die Insolvenzmasse, liegen sie nicht vor, gleicht es einem unwiderruflichen Bezugsrecht und der Arbeitnehmer hat hinsichtlich der Leistungen aus dem Vertrag ein Aussonderungsrecht nach § 47 InsO.

Trotzdem hat sich seit dem Jahr 2005 um das Konstrukt des eingeschränkt unwiderruflichen Bezugsrechts eine Diskussion entwickelt, die im Jahr 2007 in einer Vorlagefrage des BAG an den Gemeinsamen Senat der Obersten Gerichtshöfe des Bundes gipfelte. Dabei geht es konkret um die Einordnung des in der betrieblichen Altersversorgung sehr typischen Vorbehalts, dass der Arbeitgeber die Versicherungsleistungen in Anspruch nehmen kann, wenn das Arbeitsverhältnis vor Unverfallbarkeit der Anwartschaften endet (siehe dazu schon oben unter § 3B.II.3., S. 227).

Es handelt sich im Grunde genommen um eine Auslegungsfrage, die sowohl aus Sicht des bezugsberechtigten Arbeitnehmers als auch aus Sicht der Insolvenzmasse von außerordentlicher Bedeutung ist.

b. *Insolvenzbedingte Beendigung des Arbeitsverhältnisses vor Eintritt der Unverfallbarkeit*

Der typische Vorbehalt, dass das Arbeitsverhältnis vor Eintritt der Unverfallbarkeit endet, wird z.B. in folgenden Formulierungen verwandt:

> „Dem Versicherungsnehmer bleibt das Recht vorbehalten, alle Versicherungsleistungen für sich in Anspruch zu nehmen, wenn das Arbeitsverhältnis vor Eintritt des Versicherungsfalls endet, es sei denn, die versicherte Person hat die Voraussetzungen für die Unverfallbarkeit nach dem Gesetz zur Verbesserung der betrieblichen Altersversorgung erfüllt.“[1013]

> „Dem Arbeitgeber bleibt das Recht vorbehalten, alle Versicherungsleistungen für sich in Anspruch zu nehmen, wenn das Arbeitsverhältnis vor Eintritt des Versorgungsfalls endet, es sei denn, die versicherte Person hat das 35. Lebensjahr vollendet und die Versicherung hat 10 Jahre bestanden oder die versicherte Person hat das 35.

1013 Aus dem Fall, der Anlass für den Vorlagebeschluss des BAG an den Gemeinsamen Senat der Obersten Gerichtshöfe des Bundes war: BAG, Beschluss vom 22.5.2007 – 3 AZR 334/06, NZI 2007, 674, 674; ein fast wortgleicher Vorbehalt auch im Fall des BGH, Urteil vom 8.6.2005 – IV ZR 30/04, NJW-RR 2005, 1412, 1412.

Lebensjahr vollendet und das Arbeitsverhältnis hat 12 Jahre und die Versicherung 3 Jahre bestanden.“ [1014]

Der den unterschiedlichen Urteilen zugrunde liegende Fall war der, dass das Arbeitsverhältnis aufgrund der Insolvenz des Arbeitgebers endete und der Arbeitnehmer noch keine unverfallbare Anwartschaft erworben hatte.

Im Folgenden sollen nun zunächst die unterschiedliche Rechtsprechung des BAG und des BGH und ihre Folgen für Arbeitnehmer bzw. Insolvenzmasse vorgestellt werden. Anschließend sollen die verschiedenen Anknüpfungspunkte, die der Diskussion zugrunde liegen, dargestellt und im Lichte der Rechtsprechung sowie der hierzu geäußerten Ansichten in der Literatur beurteilt werden.

Um es vorwegzunehmen: Das BAG hat zwar nach Einstellung des Verfahrens vor dem Gemeinsamen Senat der Obersten Gerichtshöfe im Juni 2010 ein Urteil gesprochen[1015], dabei jedoch die eigentliche Kernfrage des Problems unter den Tisch fallen lassen. Sie ist nur dem ersten Anschein nach nun höchstrichterlich geklärt.

(1) Die konträre Rechtsprechung von BAG und BGH

Die Tatsache, dass es überhaupt zu einer unterschiedlichen Rechtsprechung von BAG und BGH kommen konnte, ist darauf zurückzuführen, dass es bei den unterschiedlichen Fallkonstellationen zu unterschiedlichen Zuständigkeiten kommt. Entsteht der Rechtsstreit im Verhältnis des Arbeitnehmers zum Arbeitgeber (bzw. zum Insolvenzverwalter, der in dessen Stellung eingetreten ist), ist das Arbeitsgericht zuständig (§ 2 Abs. 1 Nr. 3 a) ArbGG). Gleiches gilt für einen Rechtsstreit zwischen dem PSV und Arbeitnehmern (bei dieser Fragestellung eher selten der Fall, § 2 Abs. 1 Nr. 5 ArbGG) und für einen Rechtsstreit zwischen dem PSV und dem Arbeitgeber (§ 2 Abs. 1 Nr. 6 ArbGG). Die ordentliche Gerichtsbarkeit ist hingegen zuständig für alle sonstigen Rechtsstreite, z.B. wenn der Insolvenzverwalter des Arbeitgebers[1016] oder der Arbeitnehmer[1017] das Versicherungsunternehmen verklagt oder wenn es sich bei dem Versorgungsbe-

1014 Dieser Vorbehalt ist den Unverfallbarkeitsvoraussetzungen des § 1 Abs. 1 BetrAVG 1974 nachgebildet: BAG, Urteil vom 31.7.2007 – 3 AZR 446/05, NZA-RR 2008, 32, 32; ein Vorbehalt mit identischem Wortlaut auch im Fall des BGH, Urteil vom 3.5.2006 – IV ZR 134/05, NZA-RR 2006, 532, 532.

1015 BAG, Urteil vom 15.6.2010 – 3 AZR 334/06, ZIP 2010, 1915 ff.

1016 So etwa im Fall des BGH, Urteil vom 3.5.2006 – IV ZR 134/05, NZA-RR 2006, 532 ff.

1017 So im Fall des OLG Düsseldorf, Urteil vom 30.1.2001 – 4 U 93/00, NZA-RR 2001, 601 ff.

rechtigten nicht um einen Arbeitnehmer, sondern z.B. um ein Organmitglied handelt (vgl. § 5 Abs. 1 S. 3 ArbGG).[1018]

(a) Die Rechtsprechung des BAG

Das BAG hat sich mit dem Konstrukt des eingeschränkt unwiderruflichen Bezugsrechts das erste Mal im Jahr 1990 beschäftigt.[1019] Dem Urteil zugrunde lag ein Versicherungsvertrag, der die Inanspruchnahme der Versicherungsleistungen durch den Arbeitgeber vorsah, wenn das Arbeitsverhältnis vor Erfüllung der Unverfallbarkeitsvoraussetzungen nach § 1 Abs. 1 BetrAVG 1974 enden sollte. Allerdings war der Fall insoweit unproblematisch, als diese Unverfallbarkeitsvoraussetzungen unstrittig erfüllt waren und sich das BAG daher auf die Feststellung beschränken konnte, dass der Arbeitgeber nach Eintritt der Unverfallbarkeit über die Versicherung nicht mehr verfügen konnte und es daher dem uneingeschränkt unwiderruflichen Bezugsrecht näher steht als dem widerruflichen.[1020] Diese Einschätzung bestätigte das BAG noch einmal im Jahr 2007, in dem es wieder einen Fall zu entscheiden hatte, in dem bereits Unverfallbarkeit der Anwartschaften eingetreten war.[1021]

Anders lag der Fall in einem Urteil aus dem Jahr 1999.[1022] Auch hier war der Vorbehalt die Beendigung des Arbeitsverhältnisses vor Eintritt der Unverfallbarkeit i.S.d. § 1 Abs. 1 BetrAVG 1974, allerdings war die Unverfallbarkeit noch nicht eingetreten, als der Versorgungsberechtigte aus den Diensten des Arbeitgebers ausschied. Das BAG beschränkte sich darauf festzustellen, dass die Voraussetzungen des Vorbehalts erfüllt seien und der Konkursverwalter das Bezugsrecht des Beklagten wirksam widerrufen habe.[1023] Im Anschluss daran beschäftigte es sich nur noch mit der Frage, ob dem Widerruf § 1 Abs. 2 S. 1 BetrAVG 1974 (entspricht § 1b Abs. 2 S. 1 BetrAVG) entgegenstand. Zu beachten ist allerdings, dass in diesem Fall die Beendigung des Arbeitsverhältnisses bereits vor Eröffnung des Insolvenzverfahrens erfolgt war.

1018 So im Fall des OLG Hamm, Urteil vom 24.1.2006 – 27 U 159/05, NZA-RR 2006, 428 ff.; daher eigentlich fälschlicherweise vor dem BAG verhandelt: BAG, Urteil vom 8.6.1999 – 3 AZR 136/98, NZA 1999, 1103 ff., das jedoch als Revisionsinstanz nach stillschweigender Bejahung des Rechtswegs zu den Arbeitsgerichten durch Erlass eines Urteils durch das Arbeitsgericht die Frage des Rechtswegs nicht mehr zu prüfen hatte, § 17a Abs. 5 GVG.

1019 BAG, Urteil vom 26.6.1990 – 3 AZR 641/88, NJW 1991, 717 ff.

1020 BAG, Urteil vom 26.6.1990 – 3 AZR 641/88, NJW 1991, 717, 718.

1021 BAG, Urteil vom 31.7.2007 – 3 AZR 446/05, NZA-RR 2008, 32, 35.

1022 BAG, Urteil vom 8.6.1999 – 3 AZR 136/98, NZA 1999, 1103 ff.

1023 BAG, Urteil vom 8.6.1999 – 3 AZR 136/98, NZA 1999, 1103, 1104 f.

Das BAG hat also die oben bereits aufgeführte insolvenzrechtliche Einordnung des eingeschränkt unwiderruflichen Bezugsrechts konsequent auch auf die insolvenzbedingte Beendigung des Arbeitsverhältnisses angewendet. Dies führte zu dem Ergebnis, dass bei Unverfallbarkeit der Anwartschaften das eingeschränkt unwiderrufliche Bezugsrecht grundsätzlich wie ein widerrufliches Bezugsrecht behandelt wurde und damit die Rechte aus dem Versicherungsvertrag in die Insolvenzmasse fielen.

(b) Die Rechtsprechung des BGH

Anders entschied der IV. Senat des BGH in Urteilen aus den Jahren 2005[1024], dem sich der IX. Senat angeschlossen hat[1025], und 2006[1026]. Im ersten Fall wurde das Arbeitsverhältnis mit dem Versorgungsberechtigten durch den Insolvenzverwalter beendet, im zweiten Fall ging es nach Veräußerung eines Betriebsteils auf den Erwerber über. In beiden Fällen lag zum Zeiptunkt der Beendigung bzw. des Übergangs noch keine unverfallbare Anwartschaft bei dem Versorgungsberechtigten vor. Zwar erkannte der BGH an, dass keine Unverfallbarkeit gegeben war und das Arbeitsverhältnis zum Versicherungsnehmer auch beendet war. Jedoch nahm er eine Auslegung des im Versicherungsvertrag aufgenommenen Vorbehalts vor, die zu dem Ergebnis führte, dass der Vorbehalt keine Geltung für den Fall einer insolvenzbedingten Beendigung des Arbeitsverhältnisses zum Versicherungsnehmer haben sollte.[1027] Damit folgte er dem vorangegangenen Urteil des OLG Düsseldorf.[1028]

Im Rahmen der Auslegung sei zu ermitteln, wie der Vorbehalt aus Sicht eines verständigen und durchschnittlichen Versicherungsnehmers zu verstehen sei, der als Arbeitgeber durch den Abschluss einer Direktversicherung seinen Arbeitnehmern eine betriebliche Altersversorgung verschaffe; dabei seien auch die Interessen der versicherten Arbeitnehmer mit einzubeziehen.[1029] Der Vorbehalt

1024 BGH, Urteil vom 8.6.2005 – IV ZR 30/04, NJW-RR 2005, 1412 ff.

1025 BGH, Beschluss vom 22.9.2005 – IX ZR 85/04, ZIP 2005, 1836 f.

1026 BGH, Urteil vom 3.5.2006 – IV ZR 134/05, NZA-RR 2006, 532 ff.

1027 BGH, Urteil vom 3.5.2006 – IV ZR 134/05, NZA-RR 2006, 532, 533 f.; Urteil vom 8.6.2005 – IV ZR 30/04, NJW-RR 2005, 1412 ff.

1028 OLG Düsseldorf, Urteil vom 27.1.2004 – I-4 U 147/03; auch das OLG Karlsruhe, Urteil vom 15.3.2001 – 12 U 299/00, VersR 2001, 1501, 1502 ging grundsätzlich davon aus, dass die Vorbehalte nur für die Zeit der Betriebsfortführung gelten sollten, weil ein Fortbestehen der Vorbehalte nach Einstellung des Betriebs keinerlei Sinn haben würde.

1029 BGH, Urteil vom 3.5.2006 – IV ZR 134/05, NZA-RR 2006, 532, 533; Urteil vom 8.6.2005 – IV ZR 30/04, NJW-RR 2005, 1412, 1413.

lasse offen, ob es genüge, dass das Arbeitsverhältnis überhaupt beendet worden sei, oder ob bestimmte Gründe dafür gegeben sein müssten.

Zudem nahm der IV. Senat des BGH in beiden Urteilen Bezug auf eine Vereinbarung, die von einem „vorzeitigen Ausscheiden“ des Arbeitnehmers sprach. Diese wurde einmal zwischen Arbeitgeber und Arbeitnehmer in einer „ergänzenden Erklärung zum Antrag auf Lebensversicherung“ getroffen und war einmal Bestandteil der versicherungsvertraglichen Regelungen.[1030] Darauf basierend kam das Gericht zu dem Ergebnis, dass ein Vorbehalt, der auch den Widerruf des Bezugsrechts bei Insolvenz des Arbeitgebers zuließe, das mit dem Abschluss der Direktversicherung angestrebte Ziel des Arbeitnehmers, möglichst frühzeitig einen gesicherten Anspruch auf die Versicherungsleistungen zu erwerben, unterlaufen würde. Er nehme dem Arbeitnehmer die Versicherungsansprüche selbst in den Fällen der Beendigung des Arbeitsverhältnisses, die sich seiner Einflussnahme entziehen und auch sonst nicht seiner Sphäre zuzuordnen seien.[1031]

Der Arbeitgeber wolle sich mit dem Vorbehalt die Betriebstreue des Arbeitnehmers sichern, damit dieser nicht unter Mitnahme der erworbenen Ansprüche aus dem Arbeitsvertrag ausscheiden könne. Diese Motivation des Arbeitgebers erfordere es jedoch nicht, den Vorbehalt auf jede Beendigung des Arbeitsverhältnisses auszudehnen. Es genüge, darunter neben der freiwilligen Aufgabe des Arbeitsverhältnisses nur solche Beendigungstatbestände zu fassen, die sonst auf die Person und das betriebliche Verhalten des Arbeitnehmers zurückzuführen seien, wozu die insolvenzbedingte Betriebseinstellung oder Betriebsveräußerung und die damit verbundene Beendigung des Arbeitsverhältnisses jedoch nicht gehöre.[1032]

Aus dem in der zwischen Arbeitgeber und Arbeitnehmer abgeschlossenen „ergänzenden Erklärung“ verwendeten Begriff des „Ausscheidens“ folgerte der Senat außerdem, dass der Betrieb fortbestehen müsse, damit die Voraussetzungen des Vorbehalts erfüllt werden könnten. Daran ändere auch der Eintritt des Insolvenzverwalters in die Verwaltungs- und Verfügungsbefugnis des Insolvenzschuldners und dessen Interesse an der Liquidation des Unternehmens nichts, da es für die Auslegung des Vorbehalts nur auf die Interessenlage bei Abschluss der Direktversicherung ankomme. Dem hierbei bestehenden Interesse des Versicherungsnehmers, sich die Versicherungsleistungen bei einem dem

1030 Ersteres in BGH, Urteil vom 8.6.2005 – IV ZR 30/04, NJW-RR 2005, 1412, 1413, Letzteres in BGH, Urteil vom 3.5.2006 – IV ZR 134/05, NZA-RR 2006, 532, 533.

1031 BGH, Urteil vom 3.5.2006 – IV ZR 134/05, NZA-RR 2006, 532, 534; Urteil vom 8.6.2005 – IV ZR 30/04, NJW-RR 2005, 1412, 1413 f.

1032 BGH, Urteil vom 3.5.2006 – IV ZR 134/05, NZA-RR 2006, 532, 533; Urteil vom 8.6.2005 – IV ZR 30/04, NJW-RR 2005, 1412, 1414.

Arbeitnehmer zuzuschreibenden Beendigungsgrund selbst vorzubehalten, entspräche es nicht, auch im Falle seiner Insolvenz dem Arbeitnehmer das Bezugsrecht zu entziehen, um mit dem Versicherungsvertrag die Insolvenzmasse zu vergrößern.[1033]

Im Ergebnis führte dies dazu, dass bei einer insolvenzbedingten Beendigung des Arbeitsverhältnisses der eingeschränkt unwiderruflich Bezugsberechtigte trotz Verfallbarkeit der Anwartschaft wie ein uneingeschränkt unwiderruflicher Bezugsberechtigter behandelt wurde und ihm damit für die Rechte aus dem Versicherungsvertrag ein Aussonderungsrecht nach § 47 InsO zustand.

Diese Auslegungsregel wurde daraufhin in einer ganzen Reihe von instanzgerichtlichen Entscheidungen übernommen.[1034]

(c) Die Vorlage an den Gemeinsamen Senat der Obersten Gerichtshöfe des Bundes

Dieser Auslegungspraxis ist das BAG im Jahr 2007 vehement entgegengetreten und hat aufgrund dessen dem Gemeinsamen Senat der Obersten Gerichtshöfe des Bundes gemäß §§ 11, 2 RsprEinhG folgende Frage zur Entscheidung vorgelegt:

> „Gilt bei einem eingeschränkt unwiderruflichen Bezugsrecht aus einer Direktversicherung zur betrieblichen Altersversorgung ein in den Versicherungsvertrag aufgenommener Vorbehalt des Widerrufs für die Zeit bis zum Erreichen der gesetzlichen Unverfallbarkeit auch „für den Fall einer insolvenzbedingten Beendigung des Arbeitsverhältnisses zum Versicherungsnehmer"?"[1035]

Die Vorlagefrage wurde durch Beschluss des BAG vom 26.5.2009 in Übereinstimmung mit dem Gemeinsamen Senat der Obersten Gerichtshöfe noch einmal abgewandelt. Sie lautete sodann wie folgt:

> „Gilt bei einem eingeschränkt unwiderruflichen Bezugsrecht aus einer Direktversicherung zur betrieblichen Altersversorgung ein in den Versicherungsvertrag zu Gunsten des Versicherungsnehmers aufgenommener Vorbehalt, alle Versicherungsleistungen für sich in Anspruch zu nehmen, wenn das Arbeitsverhältnis vor Eintritt des Versicherungsfalls endet, es sei denn, die versicherte Person hat die Vorausset-

---

1033 BGH, Urteil vom 3.5.2006 – IV ZR 134/05, NZA-RR 2006, 532, 534; Urteil vom 8.6.2005 – IV ZR 30/04, NJW-RR 2005, 1412, 1414.

1034 LAG Hamm, Urteil vom 22.9.2006 – 4 Sa 62906, ZIP 2007, 291 ff.; LAG Niedersachsen, Urteil vom 24.11.2006 – 10 Sa 946/06 B, EzA-SD 2007, Nr. 1, 11; Urteil vom 9.3.2007 – 3 Sa 1012/06 B.

1035 BAG, Beschluss vom 22.5.2007 – 3 AZR 334/06, NZI 2007, 674, 674.

> zung für die Unverfallbarkeit nach dem Gesetz zur Verbesserung der betrieblichen Altersversorgung erfüllt, ohne Weiteres auch für den Fall einer insolvenzbedingten Beendigung des Arbeitsverhältnisses?“[1036]

Der zugrunde liegende Fall betraf den Inhaber einer noch nicht unverfallbaren Anwartschaft, dessen Arbeitsverhältnis nach Veräußerung des Betriebs gemäß § 613a BGB auf einen Betriebserwerber übergegangen war.

Das BAG argumentierte, dass zwischen dem Arbeitnehmer zuzurechnenden Beendigungsgründen und anderen Beendigungsgründen keine Unterscheidung zu machen sei, da das Interesse des Arbeitgebers, über den Vertrag verfügen zu können, unabhängig von den Beendigungsgründen bestehe und außerdem die betriebliche Altersversorgung nur dazu diene, tatsächlich erbrachte Betriebstreue zu belohnen.[1037] Zudem seien Versicherungsverträge zur betrieblichen Altersversorgung vor dem Hintergrund des BetrAVG auszulegen, der in seinem § 1b BetrAVG auch keine Unterschiede hinsichtlich der Gründe für die Beendigung des Arbeitsverhältnisses bei der Frage der Unverfallbarkeit der Anwartschaften mache. Dies gelte auch, wenn der Arbeitnehmer durch einen Betriebs- oder Betriebsteilübergang ausscheide.[1038]

Außerdem sei zu beachten, dass es nach gesetzlichen Wertungen eine „insolvenzbedingte Beendigung des Arbeitsverhältnisses“ gar nicht gebe, sondern auch in der Insolvenz die Grundsätze der betriebsbedingten Kündigung gälten.[1039] Soweit die InsO (etwa in §§ 113 oder 128 InsO) Abweichungen vom allgemeinen Arbeitsrecht vorsähe, dienten diese der Verbesserung der Stellung des Insolvenzverwalters, nicht deren Verschlechterung.[1040]

Es bestünde auch aus Sicht des Arbeitnehmers kein entscheidender Unterschied, ob der Arbeitgeber aufgrund von Rationalisierungsmaßnahmen in seine Rechtsstellung eingreifen wolle oder ob dies der Insolvenzverwalter tue, um Gläubigerinteressen zu befriedigen.[1041]

Weiterhin widerspräche eine Auslegung, die unter normalen Umständen zur Widerruflichkeit des Bezugsrecht führe und nur im Insolvenzfall zur Unwiderruflichkeit, grundsätzlichen insolvenzrechtlichen Wertungen und führe zu einem

---

1036 Siehe die Darstellung des Ablaufs des Verfahrens vor dem Gemeinsamen Senat der Obersten Gerichtshöfe des Bundes in BAG, Urteil vom 15.6.2010 – 3 AZR 334/06, ZIP 2010, 1915, 1919 f.

1037 BAG, Beschluss vom 22.5.2007 – 3 AZR 334/06, NZI 2007, 674, 677.

1038 BAG, Beschluss vom 22.5.2007 – 3 AZR 334/06, NZI 2007, 674, 677.

1039 Dem zustimmend *Krause*, Anm. zu BAG, Beschluss vom 22.5.2007 – 3 AZR 334/06, AP BetrAVG § 1b Nr. 8.

1040 BAG, Beschluss vom 22.5.2007 – 3 AZR 334/06, NZI 2007, 674, 677.

1041 BAG, Beschluss vom 22.5.2007 – 3 AZR 334/06, NZI 2007, 674, 677 f.

Erwerb von Rechten, die bei Eröffnung dem Insolvenzschuldner zustünden und daher nach Übergang der Verwaltungs- und Verfügungsbefugnis nach § 80 Abs. 1 InsO zur Verteilung an die Masse zur Verfügung stünden. Ein derartiger Erwerb von Rechten sei gemäß § 91 Abs. 1 InsO unwirksam.[1042]

Daneben stellte das BAG auch noch fest, dass trotz eines Übergangs des Arbeitsverhältnisses auf einen Betriebserwerber nach § 613a BGB eine Beendigung des Arbeitsverhältnisses i.S.d. Vorbehalts gegeben sei.[1043] (Siehe dazu unten unter § 3B.II.3.b(4), S. 246 f..)

Auch in der instanzgerichtlichen Rechtsprechung stieß der BGH teilweise auf deutliche Kritik.[1044]

(2) Die Auseinandersetzung in der Literatur

Die Frage des eingeschränkt unwiderruflichen Bezugsrechts wurde bereits vor dem Vorlagebeschluss des BAG in der Literatur kontrovers diskutiert. Nach dem Vorlagebeschluss wuchs das Interesse natürlich noch weiter an. Zuvor waren schon die Urteile des BGH aus den Jahren 2005 und 2006 in der Literatur scharf kritisiert worden. Die Kritikpunkte lassen sich in die folgenden Kategorien einordnen.

(a) Der Zweck der Betriebstreue

Es wurde bezweifelt, dass der Betriebstreue-Zweck der betrieblichen Altersversorgung, auf den der BGH die Auslegung des Vorbehalts stützte, in der Insolvenz tatsächlich grundsätzlich wegfällt. Schließlich lege die InsO auch die Sanierung eines Unternehmens ausdrücklich als mögliches Ziel fest (§ 1 InsO). Werde der Betrieb in der Insolvenz aber fortgeführt, bleibe der Zweck der Betriebstreue auch in der Insolvenz bestehen.[1045] Die Fortführung des Direktversicherungsvertrags könne dann ein wirkungsvolles Mittel sein, um einen wichtigen Arbeitnehmer zu halten. Dafür sei es aber erforderlich, dass ein Vorbehalt, der zur Betriebstreue motivieren solle, nicht seine Wirkung verliere.[1046] Daher wird teilweise eine einschränkende Anwendung der Auslegung des BGH dahingehend vorgeschlagen, dass der Widerrufsvorbehalt den Fall des insolvenzbe-

1042 BAG, Beschluss vom 22.5.2007 – 3 AZR 334/06, NZI 2007, 674, 678.

1043 BAG, Beschluss vom 22.5.2007 – 3 AZR 334/06, NZI 2007, 674, 676.

1044 OLG Hamm, Urteil vom 24.1.2006 – 27 U 159/05, ZIP 2006, 719 f.; LAG Hamm, Urteil vom 15.2.2006 - 3 Sa 2064/05, ZInsO 2007, 669 ff.

1045 *Hiecke/Vorwerk*, DZWIR 2005, 448, 449; *Krause*, Anm. zu BAG, Beschluss vom 22.5.2007 – 3 AZR 334/06, AP BetrAVG § 1b Nr. 8; *Stahlschmidt*, NZI 2006, 375, 377.

1046 *Westehelle/Micksch*, ZIP 2003, 2054, 2055 f.

dingten Ausscheidens des Arbeitnehmers aus dem Arbeitsverhältnis vor Eintritt der Unverfallbarkeit nur dann umfassen soll, wenn das Unternehmen in der Insolvenz saniert und in der Hand des Arbeitgebers fortgesetzt werden soll.[1047]

Zudem werden auch andere Zwecksetzungen als diejenige, die Arbeitnehmer zur Betriebstreue zu animieren, unterstellt. Denkbar sei z.B., dass der Arbeitgeber jemanden zuerst einmal für einen gewissen Zeitraum im Betrieb beschäftigen wolle, bevor er es für gerechtfertigt halte, ihm Vermögenswerte in Form der Lebensversicherung zukommen zu lassen. Geschehe dies dann aufgrund der richterlichen Auslegung der Klausel trotz Nichterreichen der Unverfallbarkeitsvoraussetzungen trotzdem, werde dieser Zweck unterlaufen.[1048]

Denkbar seien auch der Zweck der Kostenminimierung oder die Verhinderung von Bagatellanwartschaften[1049] oder der Zweck, in wirtschaftlichen Krisenzeiten bei noch nicht eingetretener Unverfallbarkeit durch Kündigung die Versicherung zur Verbesserung der Liquidität in Anspruch nehmen zu können.[1050] Nicht zu unterschätzen sei auch die Funktion des eingeschränkt unwiderruflichen Bezugsrechts bei der Frage der Beitragspflicht des Arbeitgebers zum PSV: Mit der Einräumung einer unwiderruflichen Bezugsberechtigung nach Eintritt der Unverfallbarkeit umgehe der Arbeitgeber die Beitragspflicht nach § 10 Abs. 3 Nr. 2 BetrAVG.[1051]

Nach Ansicht des OLG München soll die Auslegung des BGH, die auf den Zweck der Betriebstreue abstellt, grundsätzlich keine Anwendung auf Direktversicherungsverträge zur betrieblichen Altersversorgung von Gesellschafter-Geschäftsführern finden.[1052] Zu Recht betont es, dass der geschäftsführende Alleingesellschafter einer GmbH eines zusätzlichen Anreizes zur Betriebstreue nicht bedürfe.

(b) Der Vergleich mit den gesetzlichen Unverfallbarkeitsregelungen

Ein Vergleich mit den gesetzlichen Unverfallbarkeitsregelungen des § 1b BetrAVG, auf die in den Vorbehalten regelmäßig verwiesen wird, zeigt, dass dort dem Wortlaut nach keine Unterschiede zwischen den Gründen für die Beendigung des Arbeitsverhältnisses gemacht werden.

1047 *Löser*, ZInsO 2008, 649, 653.

1048 *Stahlschmidt*, NZI 2006, 375, 377.

1049 *Böhm*, BB 2007, 1502, 1504.

1050 *Hinkel/Laskos*, ZInsO 2006, 1253, 1254.

1051 *Hinkel/Laskos*, ZInsO 2006, 1253, 1254.

1052 OLG München, Urteil vom 11.7.2008 – 25 U 2684/08, ZIP 2008, 1738, 1739.

Bei den gesetzlichen Unverfallbarkeitsvorschriften handelt es sich um einen Interessenausgleich zwischen dem Schutz des Arbeitnehmers davor, seine Anwartschaften wegen der Beendigung des Arbeitsverhältnisses zu verlieren, und dem arbeitgeberseitigen Interesse, seine mit der betrieblichen Altersversorgung verfolgten Ziele zu erreichen.[1053] Die Rechtsprechung ging bereits vor Schaffung des BetrAVG davon aus, dass der Verfall von Versorgungsanwartschaften bei Beendigung des Arbeitsverhältnisses unabhängig davon, wie lang dieses bestand und auf welche Gründe die Beendigung zurückzuführen ist, eine unbillige Härte darstelle, und entwickelte eigene Grundsätze zur Unverfallbarkeit von Versorgungsanwartschaften.[1054] Die dann folgende Einführung der gesetzlichen Unverfallbarkeitsvorschriften sollte nach dem Willen des Gesetzgebers der Tatsache Rechnung tragen, dass die betriebliche Altersversorgung auch Gegenleistung aus dem Arbeitsvertrag ist und es daher rechtlich und sozial nicht vertretbar ist, wenn der Arbeitnehmer bei Beendigung des Arbeitsverhältnisses seine komplette Versorgungsanwartschaft verliert, obwohl er seine Arbeitsleistung für einen Zeitraum erbracht hat. Die Härte für den Arbeitnehmer wurde auch darin gesehen, dass er den Verlust aufgrund der bereits „verlorenen" Arbeitszeit nicht mehr wettmachen kann und der drohende Verlust der Anwartschaft ihn in seiner Mobilität einschränkt, weil er davon abgehalten wird, „einen sonst angestrebten Arbeitsplatzwechsel vorzunehmen".[1055]

Auf der anderen Seite stehen die Vertragsfreiheit des Arbeitgebers und seine Ziele, die er mit der betrieblichen Altersversorgung erreichen will, also insbesondere auch die Bindung des Arbeitnehmers an den Betrieb.[1056] § 1b BetrAVG schafft einen Ausgleich zwischen diesen Interessen, indem es dem Arbeitnehmerschutz ab dem in der Norm bestimmten Zeitpunkt den Vorrang zuspricht. Dies geschieht unabhängig von dem Grund der Beendigung des Arbeitsverhältnisses.[1057]

Dem Betriebsrentenrecht liegt also die Wertung zugrunde, dass die Anwartschaften erst nach Erfüllung der gesetzlichen Untverfallbarkeitsvorschriften so schützenswert sind, dass sie auch bei Beendigung des Arbeitsverhältnisses bestehen bleiben sollen, und zwar unabhängig von dem Grund der Beendigung. Schließlich kann der Arbeitnehmer auch bei einer Direktzusage keine Ansprü-

---

1053 *Böhm*, BB 2007, 1502, 1504.

1054 BAG, Urteil vom 10.3.1972 – 3 AZR 278/71, AP BGB § 242 Nr. 156 Ruhegehalt, siehe dazu bereits oben unter § 2C.III.3.b(1), S. 86 f.

1055 BT-Drucks. 7/1281, S. 20.

1056 BAG, Urteil vom 10.3.1972 – 3 AZR 278/71, AP BGB § 242 Nr. 156 Ruhegehalt.

1057 *Blomeyer/Rolfs/Otto*, § 1b Rn. 80; *Böhm*, BB 2007, 1502, 1504.

che in der Insolvenz des Arbeitgebers geltend machen, wenn seine Versorgungsanwartschaft noch nicht unverfallbar ist.[1058]

Gegen die Rechtsprechung des BGH wurde deshalb eingewandt, dass diese gesetzgeberische Wertung, die schließlich auch auf den Gedanken der Belohnung der Betriebstreue und das hieran bestehende Interesse des Arbeitgebers zurückzuführen sei, sich auch auf die Auslegung des Vorbehalts auswirken müsse, der auf die Regelungen des Gesetzgebers verweise.[1059] Immerhin hätten die Versicherungsparteien die Vorschrift in den Vorbehalt mit einbezogen, so dass davon auszugehen sei, dass sie das Versicherungsverhältnis in gleichem Maße vor Insolvenz schützen wollten wie das zugrunde liegende Versorgungsverhältnis.[1060] Das führt zu dem Ergebnis, dass der Vorbehalt unabhängig von dem Grund der Beendigung Wirkung entfaltet. Der BGH ist genau zum gegenteiligen Ergebnis gekommen, indem er einer noch verfallbaren Anwartschaft Insolvenzschutz gewährt. Der gesetzgeberischen Wertung müsse hier aber der Vorzug eingeräumt werden.[1061]

Nähme man im Gegenteil an, dass – im Gleichklang mit der Rechtsprechung des BGH – auch die gesetzliche Verfallbarkeit von Versorgungsanwartschaften bei insolvenzbedingter Beendigung des Arbeitsverhältnisses keine Rolle spielen würde, müsste man daraus wohl eine Einstandspflicht des PSV auch für verfallbare Anwartschaften konstruieren.[1062] Diese ist aber in § 7 Abs. 2 Nr. 2 BetrAVG gerade nicht vorgesehen.

Auch diese betriebsrentenrechtlichen Wertungen sind nach Ansicht des OLG München nicht auf den geschäftsführenden Gesellschafter einer GmbH anzuwenden, da das BetrAVG als Arbeitnehmerschutzgesetz auf diesen gemäß § 17 Abs. 1 BetrAVG keine Anwendung finde. Er ist nicht als Arbeitnehmer, sondern als Unternehmer zu qualifizieren, wobei sich durch die Insolvenz des Unternehmens gerade sein unternehmerisches Risiko verwirkliche.[1063] (Siehe dazu bereits oben unter § 2C.I.2., S. 75)

1058 Siehe dazu oben unter § 3A.III.2.a., S. 114.

1059 *Hinkel/Laskos*, ZInsO 2006, 1253, 1255; *Rößler*, NZI 2007, 631, 634.

1060 *Böhm*, BB 2007, 1502, 1503.

1061 *Rößler*, NZI 2007, 631, 634.

1062 *Böhm*, BB 2007, 1502, 1504.

1063 OLG München, Urteil vom 11.7.2008 – 25 U 2684/08, ZIP 2008, 1738, 1739.

(c) Die Beschränkung auf Beendigungsgründe aus der Sphäre des Arbeitnehmers

Teilweise wird schon grundsätzlich bezweifelt, ob angesichts des zumeist eindeutigen Wortlauts des vereinbarten Vorbehalts überhaupt Raum für eine Auslegung der Art besteht, wie sie der BGH vorgenommen hat.[1064]

Die Beschränkung der Voraussetzung der Beendigung des Arbeitsverhältnisses auf aus der Sphäre des Arbeitnehmers herrührende Beendigungstatbestände würde bedeuten, dass auch bei einem Unternehmen, über dessen Vermögen nicht das Insolvenzverfahren eröffnet wurde, z.B. eine betriebsbedingte Kündigung dazu führen würde, dass der Arbeitgeber das Bezugsrecht trotz fehlender Unverfallbarkeit nicht mehr widerrufen könne. Ob der Arbeitgeber dies im Sinn hatte, als er den Vorbehalt in den Versicherungsvertrag mit aufnahm, könne wohl bezweifelt werden.[1065]

Selbst wenn man die Klausel einer AGB-Kontrolle unterzöge und man unter Umständen zur Anwendung der Unklarheitenregel des § 305c Abs. 2 BGB käme, resultierte daraus nicht eine Beschränkung der Beendigungstatbestände, durch die der Vorbehalt erfüllt sein solle. Denn es handele sich nicht um eine arbeitsvertragliche, sondern um eine versicherungsvertragliche Klausel in dem zwischen Arbeitgeber und Versicherungsunternehmen bestehenden Vertrag. Als Verwender werde hier eher das Versicherungsunternehmen in Frage kommen, so dass die Zweifelsregelung des § 305c Abs. 2 BGB nicht zulasten des Vertragspartners dazu führen dürfe, dass dessen Handlungsspielräume eingeschränkt würden.[1066]

Ginge man nun davon aus, dass außerhalb der Insolvenz keine Beschränkung des Vorbehalts vorgenommen werden dürfe, so könne dies auch in der Insolvenz nicht anders sein, da der Insolvenzverwalter in die Rechte und Pflichten des Arbeitgebers eintrete.[1067]

(d) Die Berücksichtigung der Interessen der Arbeitnehmer

Auch die durch den BGH doch sehr intensiv vorgenommene Berücksichtigung der Interessen der Arbeitnehmer, möglichst schnell eine insolvenzfeste Altersversorgung zu erreichen, wurde kritisiert.

1064 *Hinkel/Laskos*, ZInsO 2006, 1253, 1254.

1065 *Stahlschmidt*, NZI 2006, 375, 377.

1066 *Krause*, Anm. zu BAG, Beschluss vom 22.5.2007 – 3 AZR 334/06, AP BetrAVG § 1b Nr. 8.

1067 *Krause*, Anm. zu BAG, Beschluss vom 22.5.2007 – 3 AZR 334/06, AP BetrAVG § 1b Nr. 8.

Im Grunde habe der BGH dieses Arbeitnehmer-Interesse spiegelbildlich auf das Interesse des Arbeitgebers übertragen und dabei außer Acht gelassen, dass der Arbeitgeber noch weitere Ziele verfolgen könne, außer dem Arbeitnehmer eine insolvenzfeste Altersversorgung zu verschaffen und ihn damit zur Betriebstreue anzuhalten (siehe dazu oben unter § 3 B.II.3.b(2)(a), S. 238 f.). Ihm würden nach dieser Rechtsprechung über den Arbeitsvertrag die Interessen der Arbeitnehmer aufoktroyiert.[1068] Schließlich sei der Arbeitgeber in der Regel auch derjenige, der die Versicherungsprämien zu leisten habe und der Vertragspartner des Versicherungsvertrags sei, so dass bei der Auslegung des Vorbehalts primär auf dessen Interesse abzustellen sei. [1069] Teilweise wird sogar gefordert, die Interessen des Arbeitnehmers vollends außen vor zu lassen, da der Versicherungsvertrag nur zwischen Arbeitgeber und Versicherungsunternehmen bestehe.[1070] Jedenfalls nehme der BGH mit seiner aus der Sicht des Arbeitnehmers heraus vorgenommenen Interpretation des Arbeitgeberinteresses nicht genügend Rücksicht darauf, dass die Gestaltung des Bezugsrechts Ausdruck seiner privatautonomen Gestaltungsfreiheit sei.[1071]

(e) Verstoß gegen § 91 InsO

Teilweise wird dem BGH auch vorgeworfen, dass die von ihm vorgenommene „Umwandlung“ eines eingeschränkt unwiderruflichen Bezugsrechts in ein uneingeschränkt unwiderrufliches Bezugsrecht, die mit der Einschränkung des Vorbehalts auf nicht insolvenzbedingte Beendigungstatbestände einhergeht, einen Verstoß gegen § 91 InsO darstellt.[1072]

Bei dem Vorbehalt, das unwiderrufliche Bezugsrecht unter bestimmten Voraussetzungen doch noch widerrufen zu können, handelt es sich um eine auflösende Bedingung (siehe oben unter § 3B.II.3., S. 227). Grundsätzlich gehört ein unter auflösender Bedingung übertragenes Recht nicht mehr zur Insolvenzmasse, sondern fällt nur in sie zurück, wenn die Bedingung eintritt.[1073] Trotzdem wird teilweise vertreten, dass bei einem eingeschränkt unwiderruflichen Bezugsrecht der endgültige Rechtserwerb erst mit Eintritt der Unverfallbarkeit und damit dann eintrete, wenn die Voraussetzungen des Vorbehalts nicht mehr erfüllt werden könnten. Daher solle mit der Umwandlung des eingeschränkt unwider-

1068 *Hiecke/Vorwerk*, DZWIR 2005, 448, 450.

1069 *Stahlschmidt*, NZI 2006, 375, 377.

1070 *Hinkel/Laskos*, ZInsO 2006, 1253, 1254.

1071 *Hiecke/Vorwerk*, DZWIR 2005, 448, 450 f.

1072 *Hinkel/Laskos*, ZInsO 2006, 1253, 1255 f.; darauf verweisend BAG, Beschluss vom 22.5.2007 – 3 AZR 334/06, NZI 2007, 674, 678; *Krause*, Anm. zu BAG, Beschluss vom 22.5.2007 – 3 AZR 334/06, AP BetrAVG § 1b Nr. 8.

1073 *Häsemeyer*, Rn. 10.23; K/P/B/*Lüke*, § 91 Rn. 22.

ruflichen Bezugsrechts in ein uneingeschränkt unwiderrufliches Bezugsrecht bei Eröffnung des Insolvenzverfahrens nach der Rechtsprechung des BGH auch ein Rechtsverlust auf Seiten des Insolvenzschuldners einhergehen, der gegen § 91 InsO verstoße.[1074]

(f) Uneingeschränkt unwiderrufliches Bezugsrecht als Alternative

Schließlich wird auch darauf hingewiesen, dass der Zweck, dem Arbeitnehmer eine insolvenzfeste Altersversorgung zu verschaffen, durch die Vereinbarung eines uneingeschränkt unwiderruflichen Bezugsrechts erreicht werden könne.[1075]

(3) Stellungnahme

Den von der Literatur vorgetragenen Kritikpunkten ist zum größten Teil zuzustimmen. Nicht überzeugen kann allerdings der Vorwurf, der BGH verstoße mit seiner Auslegung des Vorbehalts gegen § 91 InsO. Dagegen spricht der Wortlaut des § 159 Abs. 3 VVG, der ausdrücklich anordnet, dass der unwiderruflich Bezugsberechtigte das Recht auf die Versicherungsleistungen mit der Bezeichnung als Bezugsberechtigter erwirbt, also im Normalfall mit Vertragsschluss. § 158 Abs. 2 BGB bestimmt, dass bei einem unter einer auflösenden Bedingung getätigten Rechtsgeschäft, wie es das eingeschränkt unwiderrufliche Bezugsrecht ist (siehe oben unter § 3B.II.3., S. 227), die Wirkung des Rechtsgeschäfts erst mit dem Eintritt der Bedingung entfällt. Ginge man nun mit dem BGH davon aus, dass der Vorbehalt der Beendigung des Arbeitsverhältnisses nicht für die insolvenzbedingte Beendigung gilt, wird zutreffend darauf hingewiesen, dass die auflösende Bedingung nicht eintrete und es überhaupt keine Rechtsübertragung gebe, die gegen § 91 InsO verstoßen könne.[1076] Schon deshalb stellt die Lösung des BGH keinen Verstoß gegen § 91 InsO dar. Außerdem ist auch hier wieder zu beachten, dass der Arbeitnehmer mit dem unwiderruflichen Bezugsrecht einen eigenen, originären Anspruch gegen die Versicherung erwirbt, der vorher nicht zur Insolvenzmasse gehört hat, so dass auch deshalb § 91 InsO nicht greift (siehe dazu schon oben unter § 3B.II.2.a(2), S. 201 ff.).

Die restlichen Kritikpunkte treffen allerdings zu. Tatsächlich kann man wohl nur im Fall des uneingeschränkt unwiderruflichen Bezugsrechts unzweifelhaft davon ausgehen, dass der Arbeitgeber dem Arbeitnehmer von Anfang an die Versicherungsleistungen zukommen lassen wollte. Die vom BGH vorgenommene Auslegung des eingeschränkt unwiderruflichen Bezugsrechts mag zwar zu einem aus Arbeitnehmerschutz-Gesichtspunkten wünschenswerten Er-

---

1074 *Hinkel/Laskos*, ZInsO 2006, 1253, 1255 f.

1075 *Rößler*, NZI 2007, 631, 634; *Stahlschmidt*, NZI 2006, 375, 377.

1076 *Löser*, ZInsO 2008, 649, 654.

gebnis führen. Angesichts der Vielzahl von unterschiedlichen Gründen, die aus Arbeitgebersicht für die Gewährung eines eingeschränkt unwiderruflichen Bezugsrechts in Betracht kommen, erscheint die Argumentation jedoch eher ergebnisorientiert als fundiert. Sie erscheint umso fraglicher, als der BGH die Interessen der Versorgungsberechtigten als maßgeblichen Faktor für die Auslegung im Rahmen eines Vertragsgefüges heranzieht, an dessen Ausgestaltung sie gar nicht beteiligt sind.[1077] Der Versicherungsvertrag wird im Falle der Direktversicherung zwischen dem Versicherungsunternehmen und dem Arbeitgeber geschlossen. Deren Interessen sind insofen auch maßgeblich für die Auslegung des Vertragsinhalts.

Die Schutzwürdigkeit der betroffenen Arbeitnehmer im Rahmen dieses Vertragsgefüges hat der Gesetzgeber erkannt und als Folge dessen mit den Regelungen des BetrAVG die Vertragsfreiheit des Arbeitgebers hinsichtlich des Versicherungsvertrags durch die für ihn arbeitsvertraglich wirkende Verpflichtung des § 1b Abs. 2 S. 1 BetrAVG mittelbar eingeschränkt. Diese Einschränkung geht jedoch nicht so weit, wie der BGH es durch die von ihm vorgenommene Auslegung erreichen möchte. Der Vergleich mit den gesetzlichen Unverfallbarkeitsvoraussetzungen, auf die die versicherungsvertragliche Regelung nun einmal Bezug nimmt, zeigt, dass der Gesetzgeber keinen Unterschied hinsichtlich der Gründe für die Beendigung des Arbeitsverhältnisses macht. Dass sich die Vertragsparteien an dieser Regelung orientiert haben, zeugt aber von dem Willen (oder auch der erkannten Notwendigkeit), den Schutz der Versorgungberechtigten so weit gehen zu lassen, wie es auch der Gesetzgeber für notwendig erachtet hat. Dieser greift aber erst mit Eintreten der Unverfallbarkeit – unabhängig vom Grund für die Beendigung des Arbeitsverhältnisses. Wollen die Vertragsparteien die insolvenzbedingte Beendigung des Arbeitsverhältnisses nicht unter den Vorbehalt fallen lassen, bleibt es ihnen unbenommen, den Vorbehalt dementsprechend auszugestalten.

Insofern ist der Kritik der Literatur (und auch des BAG) an der vom BGH vorgenommenen Auslegung zuzustimmen. Will man Inhabern von eingeschränkt unwiderruflichen Bezugsrechten grundsätzlich bereits vor Unverfallbarkeit eine insolvenzfeste Position verschaffen, so muss dies der Gesetzgeber entweder im Wege einer gesetzlichen Pflicht zur Insolvenzsicherung[1078] oder einer Ausdehnung des Insolvenzschutzes durch den PSV in die Wege leiten.[1079]

1077 So auch bereits *Stahlschmidt*, NZI 2006, 275, 377; siehe oben unter § 3B.II.3.b(2)(d), S. 242.

1078 Wie auch z.B. für Zeitwertkonten, vgl. § 7e SGB IV.

1079 *Krause*, Anm. zu BAG, Beschluss vom 22.5.2007 – 3 AZR 334/06, AP BetrAVG § 1b Nr. 8.

Letzteres würde allerdings den Grundsätzen des (gesetzlichen) Insolvenzschutzes der betrieblichen Altersversorgung widersprechen, da auch alle anderen Durchführungswege erst ab dem in § 1b BetrAVG benannten Zeitpunkt der Unverfallbarkeit insolvenzgeschützt sind. Eine Motivation des Gesetzgebers könnte sich hierfür daraus ergeben, dass das Konstrukt des eingeschränkt unwiderruflichen Bezugsrechts für Arbeitnehmer (v.a. dank der fehlenden Einheitlichkeit in der Rechtsprechung) doch nur schwer zu durchschauen ist. Aus einer rechtlich schwer zu erfassenden Konstruktion allerdings das Erfordernis einer weitergehenden Schutzwürdigkeit abzuleiten, erscheint schon allein unter Gleichbehandlungsgesichtspunkten im Vergleich zu Versorgungsberechtigten, deren betriebliche Altersversorgung unter Verwendung anderer Durchführungswege erfolgt, fragwürdig.

(4) Beendigung des Arbeitsverhältnisses durch Betriebsübergang nach § 613a BGB

Eine weitere Streitfrage, die zwar nicht in die Vorlagefrage des BAG an den Gemeinsamen Senat der Obersten Gerichtshöfe Eingang fand, aber doch in dem zugrunde liegenden Fall von entscheidender Bedeutung war, ist diejenige, ob ein Arbeitsverhältnis auch dann i.S.d. Vorbehalts endet, wenn es durch einen Betriebsübergang gemäß § 613a BGB auf einen Betriebserwerber übergeht.

In seinem Beschluss, der die Vorlagefrage an den Gemeinsamen Senat enthielt, stellte das BAG auch fest, dass trotz eines Übergangs des Arbeitsverhältnisses auf einen Betriebserwerber nach § 613a BGB eine Beendigung des Arbeitsverhältnisses i.S.d. Vorbehalts gegeben sei.[1080] Dies ergebe sich aus der Auslegung der Versicherungsbedingungen. Zweck der Regelung sei es, die dem Arbeitnehmer erteilte Versorgungszusage im Deckungsverhältnis finanziell zu unterfüttern. Bei einem Betriebsübergang ende das Arbeitsverhältnis zum Veräußerer, so dass das durch die Direktversicherung abgedeckte Risiko nicht mehr bestehe. Es finde auch kein Übergang auf den Betriebserwerber statt, da § 613a BGB nur den Übergang der Rechte und Pflichten aus dem Arbeitsverhältnis und nicht den Übergang von Rechtspositionen des Veräußerers aus Verträgen mit Dritten (hier dem Versicherungsunternehmen) anordne.[1081]

Der BGH hatte in seinem Urteil vom 3.5.2006[1082] ebenfalls einen Fall zu entscheiden, in dem das Arbeitsverhältnis nach Insolvenzeröffnung auf einen Dritten übergegangen war. Die Problematik, ob damit eine Beendigung des Ar-

1080 BAG, Beschluss vom 22.5.2007 – 3 AZR 334/06, NZI 2007, 674, 676; so auch *Hinkel/Laskos*, ZInsO 2006, 1253, 1254 f.

1081 BAG, Beschluss vom 22.5.2007 – 3 AZR 334/06, NZI 2007, 674, 676.

1082 BGH, Urteil vom 3.5.2006 – IV ZR 134/05, NZA-RR 2006, 532 ff.

beitsverhältnisses i.S.d. Vorbehalts einhergeht, berücksichtigte er aber gar nicht, sondern löste den Fall über die Frage der insolvenzbedingten Beendigung. Daher ist im Grunde davon auszugehen, dass auch der BGH in einem Betriebsübergang nach § 613a BGB eine Beendigung des Arbeitsverhältnisses zum vorherigen Arbeitnehmer sah. Auch das LAG Hamm äußerte sich in einem Fall des Betriebsübergangs nicht zu dieser Frage, sondern sah den Vorbehalt in Übereinstimmung mit der Rechtsprechung des BAG als erfüllt an.[1083]

Diese Problematik mag zwar häufig auch in der Insolvenz des Arbeitgebers auftreten, wenn der Betrieb im Anschluss an die Eröffnung des Verfahrens veräußert wird, stellt jedoch an sich kein ausschließlich in der Insolvenz bestehendes Problem dar, da der Betriebsübergang keine insolvenzsspezifische Sonderkonstruktion ist.

(5) Das Verfahren vor dem Gemeinsamen Senat der Obersten Gerichtshöfe des Bundes

Das durch den Beschluss des BAG eingeleitete Verfahren vor dem Gemeinsamen Senat der Obersten Gerichtshöfe des Bundes endete nicht mit einer Entscheidung des Senats. Nachdem bereits eine Sitzung ergebnislos stattgefunden hatte, war nach Auskunft des Büros des 3. Senats des BAG im Oktober 2009 nicht absehbar, wann eine Entscheidung zu der Vorlagefrage ergehen würde.[1084] Am 15.6.2010 erging dann jedoch ein Urteil des BAG zu dem dem Vorlagebeschluss zugrunde liegenden Fall.[1085] Darin heißt es, dass das Verfahren vor dem Gemeinsamen Senat durch Beschluss vom 8.3.2010 eingestellt wurde, da der Gemeinsame Senat aufgrund von Äußerungen der beteiligten Senate nicht mehr von der Notwendigkeit einer Entscheidung ausging.[1086]

Dieses Ergebnis ist wohl auf zweierlei Zugeständnisse seitens der beteiligten Senate zurückzuführen. Zunächst einmal hat der 3. Senat des BAG seine Einschätzung dahingehend geändert, dass er ein durch Betriebsübergang gemäß § 613a BGB auf einen Betriebserwerber übergegangenes Arbeitsverhältnis nicht für beendet i.S.d. Vorbehalts hält. Dies führt zu einer Abänderung der noch im Rahmen des Vorlagebeschlusses vorgesehenen Entscheidung, den Vorbehalt als erfüllt und das Bezugsrecht als widerruflich zu qualifizieren, dahingehend, dass nun mangels Beendigung des Arbeitsverhältnisses i.S.d. Vorbehalts ein unwiderrufliches Bezugsrecht bestehen und damit der Anspruch auf die Versiche-

1083 LAG Hamm, Urteil vom 15.2.2006 – 3 Sa 2064/05, ZInsO 2007, 669 ff.

1084 Telefonische Auskunft des Büros des 3. Senats des BAG an Verfasserin vom 9.10.2009.

1085 BAG, Urteil vom 15.6.2010 – 3 AZR 334/06, ZIP 2010, 1915 ff.

1086 BAG, Urteil vom 15.6.2010 – 3 AZR 334/06, ZIP 2010, 1915, 1919.

rungsleistungen dem Arbeitnehmer zustehen soll.[1087] Zwar gab es hierzu keine dezidiert widersprechende Rechtsprechung des BGH (siehe oben unter § 3B.II.3.b(4), S. 246 f.) und auch die Vorlagefrage befasste sich nicht mit dieser Problematik, trotzdem ist davon auszugehen, dass dies in dem Verfahren vor dem Gemeinsamen Senat diskutiert wurde.

Das BAG stützt seine geänderte Rechtsprechung auf die betriebsrentenrechtlichen Wertungen, die bei einer Direktversicherung zur betrieblichen Altersversorgungen zu berücksichtigten sind. Denn die Parteien eines Vertragsgefüges, das dazu diene, dem Arbeitnehmer auf der Grundlage des BetrAVG Ansprüche zu verschaffen, wollten i.d.R. an das anknüpfen, was nach dem Betriebsrentenrecht maßgeblich sei. Im Wege der Auslegung des als AGB qualifizierten Widerrufsvorbehalts kommt das BAG damit zu dem Ergebnis, dass in den Fällen, in denen ein Betrieb oder Betriebsteil i.S.d. § 613a BGB veräußert wird, grundsätzlich nicht von einer Beendigung des Arbeitsverhältnisses auszugehen ist.[1088] Betriebsrentenrechtlich bestehe das Arbeitsverhältnis bei einem Betriebsübergang fort, da der Erwerber nach § 613a BGB in die Verpflichtungen aus der Versorgungszusage eintrete, der Veräußerer für sie nicht mehr einzustehen habe (mit Ausnahme der Renten, die innerhalb eines Jahres nach dem Betriebsübergang fällig werden, § 613a Abs. 2 BGB)[1089] und Zeiten der Betriebszugehörigkeit beim Veräußerer auch gegenüber dem Erwerber bei der Frage des Erreichens der Unverfallbarkeitsfristen zu berücksichtigen seien.[1090]

Mit dieser geänderten Einschätzung kam der 3. Senat des BAG zum gleichen Ergebnis, das auch der BGH mit seiner Auslegung, dass die insolvenzbedingte Beendigung nicht unter den Vorbehalt fallen soll, erreicht hätte: Die Leistungen aus dem Versicherungsvertrag stehen dem Arbeitnehmer zu. Für den Fall des Betriebsübergangs nach § 613a BGB werden sich zwischen Entscheidungen des BAG und Entscheidungen des BGH nun also im Ergebnis keine Unterschiede mehr ergeben. Völlig offen bleibt aber weiterhin die Frage, was bei einer betriebsbedingten Kündigung in der Insolvenz geschieht.[1091]

Eine Antwort hierauf war ursprünglich im Rahmen der Beantwortung der Vorlagefrage des BAG durch den Gemeinsamen Senat zu erhoffen. Bei der eigentlichen Vorlagefrage, ob der fragliche Vorbehalt auch für die insolvenzbedingte Beendigung des Arbeitsverhältnisses gilt, ging wohl der BGH einen

---

1087 BAG, Urteil vom 15.6.2010 – 3 AZR 334/06, ZIP 2010, 1915, 1917 f.

1088 BAG, Urteil vom 15.6.2010 – 3 AZR 334/06, ZIP 2010, 1915, 1917 f.

1089 BAG, Urteil vom 22.6.1978 – 3 AZR 832/76, AP BGB § 613a Nr. 12.

1090 BAG, Urteil vom 15.6.2010 – 3 AZR 334/06, ZIP 2010, 1915, 1918; BAG, Urteil vom 20.7.1993 – 3 AZR 99/93, ZIP 1994, 53, 55.

1091 So auch *Conradi*, Anm. zu BAG, Urteil vom 15.6.2010 – 3 AZR 334/06, BB 2011, 127; *Priebe*, ZInsO 2010, 2307, 2312.

Schritt auf den vorlegenden 3. Senat des BAG zu – allerdings erst, nachdem dieser mit Beschluss vom 26.5.2009 seine Vorlagefrage verändert hatte (siehe die beiden Versionen oben unter § 3 B.II.3.b(1)(a), S. 236).

Der Unterschied zwischen den beiden Varianten der Vorlagefrage besteht im Grunde nur darin, dass eingefügt wurde, ob der Vorbehalt „ohne Weiteres" auch für die insolvenzbedingte Beendigung des Arbeitsverhältnisses gilt. Angesichts einer derart marginalen Änderung der Vorlagefrage (die im Hinblick auf die vom BGH hierzu abgegebene Stellungnahme doch sehr konstruiert wirkt), überrascht es, dass der BGH in seiner Stellungnahme dazu angibt, dass „nach der Präzisierung der Vorlagefrage durch den Beschluss des Dritten Senats des BAG vom 26. Mai 2009 (…) es bei ihrer Beantwortung keine Divergenz zwischen dem vorlegenden Senat und der Rechtsprechung des IV. Zivilsenats des BGH (gibt). Auch der IV. Zivilsenat bejaht die Vorlagefrage."[1092]

Der BGH versteht nun die Vorlagefrage offensichtlich so, dass es nur auf den in der Vorlagefrage selbst enthaltenen Wortlaut des Vorbehalts ankommt, unter Ausschluss anderer Gesichtspunkte, die ein anderes Verständnis des Vorbehalts ergeben könnten und dann gemäß §§ 133, 157 BGB zu einer anderweitigen Auslegung des Wortlauts führen könnten.[1093] Zugegebenermaßen wurden die das Vorlageverfahren auslösenden Urteile vom 8.6.2005 und vom 3.5.2006 jeweils auch auf neben der Vorbehaltsformulierung bestehende Vereinbarungen gestützt, die von einem „vorzeitigen Ausscheiden" des Arbeitnehmers sprachen.[1094] Dies hinderte jedoch das BAG nicht daran, die vom BGH vorgenommene Auslegung des Vorbehalts in seinem Vorlagebeschluss vom 22.5.2007 (zu Recht, siehe oben unter § 3B.II.3.b(3), S. 244 f.) komplett zu zerpflücken.[1095] Einen Teil dieser Ausführungen wiederholt es auch noch in dem auf das Verfahren vor dem Gemeinsamen Senat folgenden Urteil vom 15.6.2010.[1096]

Nur weil der BGH sich jetzt dazu bereit erklärt hat, dank des Zusatzes „ohne Weiteres" nicht mehr von einer grundsätzlichen Divergenz zwischen ihm und dem Dritten Senat des BAG auszugehen, wird sich an der Unsicherheit der von der Rechtsfrage Betroffenen nichts ändern. Die Einschränkung der Vorbehaltsfrage darauf, ob eine insolvenzbedingte Beendigung „ohne Weiteres" unter den Vorbehalt fällt, gab dem BGH die Möglichkeit, sich (vermeintlich) auf den

1092 Stellungnahme des IV. Senats des BGH aufgeführt in BAG, Urteil vom 15.6.2010 – 3 AZR 334/06, ZIP 2010, 1915, 1919.

1093 BAG, Urteil vom 15.6.2010 – 3 AZR 334/06, ZIP 2010, 1915, 1919.

1094 BGH, Urteil vom 3.5.2006 – IV ZR 134/05, NZA-RR 2006, 532, 533; Urteil vom 8.6.2005 – IV ZR 30/04, NJW-RR 2005, 1412, 1413 f.; siehe dazu schon oben unter § 3 B.II.3.b(1)(b), S. 234 f.

1095 BAG, Beschluss vom 22.5.2007 – 3 AZR 334/06, NZI 2007, 674, 676 ff.

1096 BAG, Urteil vom 15.6.2010 – 3 AZR 334/06, ZIP 2010, 1915, 1918.

Standpunkt des BAG zu stellen, ohne seine zuvor gefällten Urteile als fehlerhaft beurteilen zu müssen. Das wird jedoch nichts daran ändern, dass er Fälle, die denen aus den Jahren 2005 und 2006 entsprechen, nach den von ihm aufgestellten Grundsätzen beurteilen wird. Das BAG hat seine hierzu geäußerte Kritik nicht revidiert, sondern wiederholt sie noch teilweise in dem Urteil vom 15.6.2010. Ob es in folgenden Urteilen den Maßstab des BGH an die Auslegung des Einzelfalls anlegen wird, erscheint doch recht fraglich.[1097]

Dieses Ergebnis ist eine aus Sicht der Gerichtshöfe elegante Lösung, in der keiner von beiden dezidiert von seinem vorherigen Standpunkt abrücken muss, die aber keinerlei Rechtssicherheit für die Betroffenen bringt. Zu erwarten ist zunächst einmal, dass es dabei bleibt: Das Schicksal des Aussonderungsrechts eines eingeschränkt unwiderruflich bezugsberechtigten Arbeitnehmers ist davon abhängig, vor welchem Gericht der Rechtsstreit um die Versicherungsleistungen geführt wird. Im Ergebnis sollte er hoffen, dass der Insolvenzverwalter das Versicherungsunternehmen verklagt, oder es aktiv selbst verklagen, so dass der Rechtsstreit vor ordentlichen Gerichten ausgetragen wird. Der Insolvenzverwalter hingegen sollte auf einen Rechtsstreit vor den Arbeitsgerichten hoffen. Ein äußerst fragwürdiges Resultat.

4. Zusammenfassung

Die insolvenzrechtliche Einordnung der Direktversicherung führt zu äußerst unterschiedlichen Ergebnissen je nachdem, welches Bezugsrecht dem Arbeitnehmer im Versicherungsvertrag eingeräumt wurde.

a. Widerrufliches Bezugsrecht

Im Falle der Einräumung eines widerruflichen Bezugsrechts gehören die dem Versicherungsvertrag entspringenden Rechte zur Insolvenzmasse und der Arbeitnehmer hat kein Aussonderungsrecht nach § 47 InsO. Es gibt insofern auch kein gesetzliches Widerrufsverbot, das es dem Insolvenzverwalter verbieten würde, auf der versicherungsvertraglichen Ebene die Bezugsberechtigung des Arbeitnehmers zu widerrufen und den Rückkaufswert zur Masse zu ziehen. Jedoch verletzt der Insolvenzverwalter durch den Widerruf der Bezugsberechtigung unter Umständen Verpflichtungen aus seiner Stellung als Arbeitgeber, aus der sich Schadensersatzansprüche des Arbeitnehmers ergeben. Diese Schadensersatzansprüche des Arbeitnehmers stellen jedoch lediglich Insolvenzforderungen und keine Masseverbindlichkeiten i.S.d. § 55 Abs. 1 Nr. 1 InsO dar, da der

1097 Zweifelnd auch *Priebe*, ZInsO 2010, 2307, 2312.

Widerruf der Bezugsberechtigung der Liquidation des Vermögens dient und damit keine Handlung des Insolvenzverwalters i.S.d. § 55 Abs. 1 Nr. 1 InsO darstellt. Diese Schadensersatzansprüche stellen außerdem vor Eintritt des Versorgungsfalls noch keine fälligen Ansprüche dar, so dass sie in der Insolvenz kapitalisiert werden müssen.

Dem Insolvenzverwalter steht für den Versicherungsvertrag i.d.R. ein Erfüllungswahlrecht nach § 103 InsO zu. Um die Auszahlung des Rückkaufswerts durch die Versicherung zu erreichen, muss er aber seit der Abkehr der Rechtsprechung von der Erlöschenstheorie den Versicherungsvertrag unter Einhaltung der Fristen kündigen. Auch wenn der Insolvenzverwalter mit der Kündigung des Vertrags Arbeitgeber-Pflichten missachtet, entsteht daraus keine persönliche Haftung nach § 60 InsO, weil er mit der Kündigung und der Einziehung des Rückkaufswerts seiner insolvenzrechtlichen Pflicht nachkommt. Eine andere Möglichkeit besteht für den Insolvenzverwalter darin, den Versicherungsvertrag gegen ein entsprechendes Entgelt auf den Arbeitnehmer zu übertragen, damit dieser ihn selbst fortführen kann. Hierauf hat der Arbeitnehmer im ersten Monat nach der Eröffnung des Insolvenzverfahrens sogar einen Anspruch gemäß § 170 VVG, der dem Erfüllungswahlrecht des Arbeitgebers vorgeht.

b. Unwiderrufliches Bezugsrech

Eine in der Insolvenz sehr viel sicherere Position hat der Versorgungsberechtigte, wenn ihm ein unwiderrufliches Bezugsrecht im Versicherungsvertrag eingeräumt wurde. Denn dann erwirbt er gemäß § 159 Abs. 3 VVG das Recht auf die Versicherungsleistungen sofort und hat daher ein Aussonderungsrecht nach § 47 InsO hinsichtlich des Versicherungsvertrags. Nach vorzugswürdiger Ansicht geht das Kündigungsrecht für den Versicherungsvertrag trotzdem nach § 80 Abs. 1 InsO auf den Insolvenzverwalter über und verbleibt nicht beim Insolvenzschuldner. Auch im Falle des unwiderruflichen Bezugsrechts hat der Versorgungsberechtigte nach vorzugswürdiger Ansicht im ersten Monat nach Eröffnung des Insolvenzverfahrens ein Eintrittsrecht nach § 170 VVG, darüber hinaus steht ihm ein Eintrittsrecht auch dann zu, wenn es im Versicherungsvertrag ausdrücklich vorgesehen wurde.

Auch ansonsten ist die Übertragung des Vertrags auf den Arbeitnehmer eine sinnvolle Alternative, da der Rückkaufswert der Insolvenzmasse sowieso nicht zustehen würde. Kündigt der Insolvenzverwalter den Versicherungsvertrag, muss die Auszahlung des Rückkaufswerts grundsätzlich an den unwiderruflich bezugsberechtigten Arbeitnehmer erfolgen, der seinen Aussonderungsanspruch auch klageweise geltend machen kann. Hat die Versicherung den Rückkaufswert bereits an den Insolvenzverwalter ausbezahlt, hat der Arbeitnehmer nach der neuesten Rechtsprechung des BAG keinen Ersatzaussonderungsanspruch nach § 48 InsO, da keine für diesen Anspruch erforderliche wirksame Verfügung vorliegt, weil der Versicherer durch die Zahlung an den Insolvenzverwalter nicht von seiner Pflicht gegenüber dem unwiderruflich Bezugsberechtigten frei wird. Letzterer muss sich an die Versicherung halten, was natürlich für die Versicherungsunternehmen ein großes Risiko der doppelten Inanspruchnahme birgt.

Zu beachten ist aber, dass bei gleichzeitiger Beendigung des Arbeitverhältnisses aufgrund von § 2 Abs. 2 S. 5 BetrAVG bei Versorgungsberechtigten, die unter den Geltungsbereich des BetrAVG fallen, keine Auszahlung des Rückkaufswerts an diesen erfolgen darf, um den Zweck der betrieblichen Altersversorgung nicht zu vereiteln. Anstatt dessen wandelt sich die Versicherung in eine prämienfreie Versicherung um.

c. *Eingeschränkt unwiderrufliches Bezugsrecht*

Die wohl umstrittenste Variante ist die des eingeschränkt unwiderruflichen Bezugsrechts, das dem Versorgungberechtigten zwar grundsätzlich ein unwiderrufliches Bezugsrecht gewährt, dieses aber unter bestimmte Vorbehalte gestellt wird, in denen der Arbeitgeber doch die Versicherungsleistungen für sich in Anspruch nehmen können soll. Weitestgehend Einigkeit besteht dahingehend, dass dieses Bezugsrecht grundsätzlich dem widerruflichen gleichsteht, wenn die Voraussetzungen der Vorbehalte erfüllt sind, und dass es dem unwiderruflichen Bezugsrecht nähersteht, wenn die Voraussetzungen der Vorbehalte nicht erfüllt sind.

Problematisch ist hingegen das eingeschränkt unwiderrufliche Bezugsrecht, das die Inanspruchnahme der Versicherungsleistungen durch den Arbeitgeber für den Fall vorsieht, dass das Arbeitsverhältnis vor Eintritt der Unverfallbarkeit endet. Der BGH hat hier eine Auslegung vorgenommen, die dazu führt, dass dieser Vorbehalt nicht im Falle der insolvenzbedingten Beendigung des Arbeitsverhältnisses gilt. Dem ist das BAG entgegengetreten und hat zu dieser Frage den Gemeinsamen Senat der Obersten Gerichtshöfe des Bundes angerufen. Das Verfahren endete ohne eine Entscheidung des Gemeinsamen Senats und mit dem unbefriedigenden Ergebnis, dass für den Fall des Betriebsübergangs in Folge der Insolvenz nun Klarheit herrscht, aber für die Frage der Kündigung des Arbeitsverhältnisses in der Insolvenz die gleichen Unklarheiten bestehen wie bereits zuvor.

Vorzugswürdig ist die vom BAG vorgenommene rechtliche Einordnung. Die Auslegung des Vorbehalts durch den BGH ist bestimmt vom Gedanken des Arbeitnehmerschutzes, der jedoch über das hinaus geht, was der Gesetzgeber als schutzwürdig bestimmt hat, und sicher nicht zwingend den Willen eines jeden Arbeitgebers widerspiegelt.

III. Abtretung oder Beleihung der Ansprüche aus dem Versicherungsvertrag

Grundsätzlich ist es dem Arbeitgeber als Versicherungsnehmer auch möglich, die Ansprüche aus dem Versicherungsvertrag abzutreten oder zu beleihen. Damit besteht für ihn die Möglichkeit, den Versicherungsvertrag bis zum Eintritt des Versorgungsfalls wirtschaftlich zu nutzen.[1098] § 1b Abs. 2 S. 3 BetrAVG normiert in diesem Fall und bei Unverfallbarkeit der Anwartschaften die Verpflichtung des Arbeitgebers, den Arbeitnehmer bei Eintritt des Versorgungsfalls so zu stellen, als ob die Abtretung oder Beleihung nicht erfolgt wäre.

Inwieweit der Arbeitgeber von dieser Möglichkeit Gebrauch machen kann, hängt wiederum von der Art des Bezugsrechts ab. Bei einem widerruflichen Bezugsrecht kann der Arbeitgeber die Bezugsberechtigung widerrufen und anschließend die Ansprüche aus dem Versicherungsvertrag abtreten oder beleihen.[1099] Beim unwiderruflichen Bezugsrecht bedarf der Arbeitgeber der Zustimmung des unwiderruflich Bezugsberechtigten, weil dieser gemäß § 159 Abs. 3 VVG bereits die Ansprüche aus der Versicherung erworben hat und dem Arbeitgeber daher grundsätzlich das Verfügungsrecht über den Anspruch fehlt.[1100]

Häufig verwendet und den Vorgaben des § 1b Abs. 2 S. 3 BetrAVG nachgebildet wird auch das eingeschränkt unwiderrufliche Bezugsrecht mit dem Vorbehalt, dass der Arbeitgeber während der Dauer des Arbeitsverhältnisses die Versicherung abtreten und mit Zustimmung des Arbeitnehmers beleihen kann, wobei sich der Arbeitgeber dann dazu verpflichtet, den Arbeitnehmer so zu stellen, als ob die Abtretung oder Beleihung nicht erfolgt wäre (siehe schon oben unter § 3B.II.3., S. 226). Auch in diesem Fall ist für eine wirksame Beleihung des Vertrags die Zustimmung des Arbeitnehmers erforderlich.[1101]

Wirtschaftlich nutzbar machen kann der Arbeitgeber sich die Versicherung, indem er die Ansprüche abtritt, sie beleiht oder auch (vom Wortlaut des § 1b

1098 BT-Drucks. 7/1281, S. 23.

1099 Prölss/Martin/*Reiff/Schneider*, § 13 ALB 86 Rn. 54.

1100 BGH, Urteil vom 17.2.1966 – II ZR 286/63, NJW 1966, 1071; OLG Frankfurt, Urteil vom 10.5.2006 – 23 U 113/05, ZInsO 2006, 997, 998; *Blomeyer/Rolfs/Otto*, § 1b Rn. 238; ErfK/*Steinmeyer*, § 7 BetrAVG Rn. 19; Prölss/Martin/*Reiff/Schneider*, § 13 ALB 86 Rn. 53.

1101 BAG, Urteil vom 19.6.1996 – IV ZR 243/95, NJW 1966, 2731, 2732.

Abs. 2 S. 3 BetrAVG nicht ausdrücklich vorgesehen) ein Pfandrecht an ihnen bestellt (vgl. § 13 Abs. 3 ALB 2008). Unter Beleihung ist eine Vorauszahlung auf die spätere Versicherungsleistungen zu verstehen, also eine entgeltliche Vorschussleistung auf die Versicherungssumme einer rückkauffähigen Lebensversicherung gemäß § 5 ALB 1986.[1102]

Hat diese Abtretung, Beleihung oder Verpfändung wirksam stattgefunden, stehen die hiervon betroffenen Ansprüche nicht mehr für die Versorgung des Arbeitnehmers zur Verfügung. Daher ist der Arbeitgeber bei unverfallbaren Anwartschaften gemäß § 1b Abs. 2 S. 3 BetrAVG dazu verpflichtet, bei Eintritt des Versorgungsfalls den Arbeitnehmer so zu stellen, als sei die Abtretung oder Beleihung nicht erfolgt. Das bedeutet zunächst einmal die Pflicht, die Beleihungen oder Abtretungen bis zum Eintritt des Versorgungsfalls rückgängig zu machen und für den Fall, dass dies nicht gelingt, die Leistungen selbst zu erbringen.[1103]

Diesen schuldrechtlichen Anspruch gegen den Arbeitgeber kann der Versorgungsberechtigte im Falle der Insolvenz lediglich als Insolvenzforderung gemäß § 38 InsO entsprechend einer Direktzusage geltend machen. Dem entspricht auch die Tatsache, dass gemäß § 7 Abs. 1 S. 2 Nr. 1 und Abs. 2 S. 1 Nr. 2 BetrAVG ein Insolvenzschutz durch den PSV besteht, wenn Leistungen aus einer Direktversicherung aufgrund wirksamer Abtretung oder Beleihung nicht gezahlt werden und der Arbeitgeber seiner Verpflichtung aus § 1b Abs. 2 S. 3 BetrAVG wegen der Eröffnung des Insolvenzverfahrens nicht nachkommt.

Zu beachten ist allerdings, dass eine Abtretung der Versicherungsansprüche an einen Gläubiger des Arbeitgebers nicht zwingend zu einer anderen insolvenzrechtlichen Einordnung des Versicherungsvertrags führt. Wurde dem Versorgungsberechtigten ein unwiderrufliches oder ein eingeschränkt unwiderrufliches Bezugsrecht gewährt, dessen Vorbehalte nicht erfüllt sind, steht diesem trotz Abtretung der Ansprüche aus dem Versicherungsvertrag an einen Gläubiger des Arbeitgebers ein Aussonderungsrecht nach § 47 InsO zu.[1104] Die unwiderrufliche Bezugsberechtigung des Versorgungsberechtigten ist höchstens durch die Zugriffsrechte des gesicherten Gläubigers eingeschränkt, dem Insolvenzverwalter des Arbeitgebers entsteht durch die Abtretung hingegen kein neues, ander-

1102 LAG Saarland, Urteil vom 26.7.1995 – 2 Sa 134/94, LAGE BetrAVG § 1 Nr. 2 Lebensversicherung; *Blomeyer/Rolfs/Otto*, § 1b Rn. 238; ErfK/*Steinmeyer*, § 1b BetrAVG Rn. 46.

1103 *Schrader/Straube*, X. Rn. 26.

1104 OLG Bamberg, Urteil vom 9.2.2006 – 1 U 175/05, NZA-RR 2006, 423, 425.

weitiges Zugriffsrecht, so dass der Versicherungsvertrag weiterhin nicht in die Insolvenzmasse fällt.[1105]

IV. Direktversicherungen im Wege der Entgeltumwandlung

Da bei der Finanzierung der betrieblichen Altersversorgung im Wege der Entgeltumwandlung die Prämienzahlung aus dem eigentlich dem Arbeitnehmer zustehenden Arbeitsentgelt und nicht als Zusatzleistung des Arbeitgebers erfolgt (siehe oben unter § 2A.II.3.b(4), S. 43 f.), nimmt diese Art der betrieblichen Altersversorgung eine gewisse Sonderstellung ein.[1106] Dies führt dazu, dass es immer wieder Versuche gab und gibt, ihr auch in der Insolvenz des Arbeitgebers eine Sonderstellung einzuräumen und ihr im Vergleich zu anderen Finanzierungswegen eine insolvenzfestere Stellung einzuräumen. Da diese Versuche im Grunde alle auf Gerechtigkeitserwägungen beruhen, die aus der Besonderheit resultieren, dass im Rahmen der Entgeltumwandlung der Versorgungsberechtigte im Gegensatz zu den „klassischen" Finanzierungswegen seine betriebliche Altersversorgung selbst finanziert, sollen sie im Folgenden nur in den Grundsätzen dargestellt werden.

1. Unzulässigkeit eines widerruflichen Bezugsrechts

§ 1b Abs. 5 S. 2 BetrAVG bestimmt, dass im Fall einer Direktversicherung durch Entgeltumwandlung mit Beginn der Entgeltumwandlung dem Arbeitnehmer ein unwiderrufliches Bezugsrecht einzuräumen ist. Damit hat der Gesetzgeber die zuvor schon in der Rechtsprechung vorherrschende Auffassung, wonach bei Entgeltumwandlung in der Regel davon auszugehen sein sollte, dass der Arbeitgeber dem Arbeitnehmer eine von vornherein unentziehbare Rechtsposition einräumen und damit die Unverfallbarkeit der Anwartschaft zusagen will,[1107] gesetzlich fixiert.

Wie so häufig bei betriebsrentenrechtlichen Vorschriften stellt sich auch hier wieder die Frage, ob diese Vorschrift sich nur auf das zwischen Arbeitgeber und Arbeitnehmer bestehende Valutaverhältnis bezieht oder auch Auswirkungen auf die versicherungsvertraglichen Vereinbarungen im Deckungsverhältnis zwischen Arbeitgeber und Versicherungsunternehmen hat. Wäre Letzteres der Fall,

---

1105 OLG Bamberg, Urteil vom 9.2.2006 – 1 U 175/05, NZA-RR 2006, 423, 425.

1106 Siehe zur Entgeltumwandlung in der Insolvenz des Arbeitgebers: *Steigenberger*, Entgeltumwandlung in der Insolvenz, 2006.

1107 BGH, Urteil vom 8.6.1993 – 3 AZR 670/92, NZA 1994, 507, 508 f.

würde für den Arbeitnehmer auch versicherungsvertraglich immer ein unwiderrufliches Bezugsrecht bestehen, das zu einem Aussonderungsrecht hinsichtlich der Versicherungsansprüche führen würde.

Ob § 1b Abs. 5 S. 2 BetrAVG auch unmittelbar für die versicherungsvertragliche Vereinbarung gilt, ist umstritten. Die eine Ansicht bejaht die Frage und begründet dies mit dem im Vergleich zu § 1b Abs. 2 S. 1 BetrAVG, der keine Wirkung im Deckungsverhältnis entfaltet (siehe oben unter § 3B.II.1.a(1), S. 175), anderen Wortlaut des § 1b Abs. 5 S. 2 BetrAVG. Während die erstgenannte Norm lediglich davon spreche, dass der Arbeitgeber „verpflichtet" sei, das Bezugsrecht nicht mehr zu widerrufen, spreche § 1 Abs. 5 S. 2 BetrAVG von der „Einräumung eines unwiderruflichen Bezugsrechts".[1108]

Die andere Ansicht misst § 1b Abs. 5 S. 2 BetrAVG zu Recht nur Wirkung auf der Ebene des Valutaverhältnisses zu.[1109] Denn der Versicherer könne nicht wissen, ob die Prämien- bzw. Beitragszahlung aus Mitteln des Arbeitgebers oder im Wege der Entgeltumwandlung erfolge.[1110] Zudem bezögen sich auch alle anderen Regelungen des § 1 Abs. 5 BetrAVG nur auf das Versorgungsverhältnis zwischen Arbeitgeber und Arbeitnehmer.[1111] Auch die Gesetzesmaterialien zur Einführung des § 1b Abs. 5 S. 2 BetrAVG sprechen lediglich von einer „Verpflichtung zur Einräumung eines unwiderruflichen Bezugsrechts".[1112] Teilweise wird auch ein Vergleich mit § 1b Abs. 2 S. 2 BetrAVG herangezogen. Dieser ordnet zwingend die Unwirksamkeit einer Regelung an, nach der das Bezugsrecht auflösend bedingt durch die Beendigung des Arbeitsverhältnisses sein soll, und bezieht sich unzweifelhaft auf das Versicherungsverhältnis (siehe dazu schon oben unter § 3B.II.1.a(2), S. 177). Im Fall des § 1b Abs. 2 S. 2 BetrAVG werde die Unwirksamkeit einer Bedingung angeordnet, mit der sich der Versicherer selbst einverstanden erklärt habe; würde man aufgrund von § 1b Abs. 5 S. 2 BetrAVG davon ausgehen, dass bei der Vereinbarung einer Entgeltumwandlung auch im Versicherungsverhältnis immer nur ein unwiderrufliches Bezugsrecht bestehen dürfte und ein vereinbartes widerrufliches Bezugsrecht un-

---

1108 Kemper/Kisters-Kölkes/Berenz/Huber/*Kemper*, § 1b Rn. 126 Fn. 131.

1109 *Blomeyer/Rolfs/Otto*, § 1b Rn. 356, Anh. zu § 1 Rn. 711; *Flitsch/Herbst*, BB 2003, 317, 323; Gottwald/*Gottwald/Adolphsen*, Insolvenzrechts-Handbuch, § 40 Rn. 74; *Kießling*, NZI 2008, 469, 469 f.; *Steigenberger*, S. 143 f.; wohl auch ErfK/*Steinmeyer*, § 1b BetrAVG Rn. 62, der von einer „Verpflichtung zur Einräumung eines unwiderruflichen Bezugsrechts" spricht.

1110 *Blomeyer/Rolfs/Otto*, § 1b Rn. 356.

1111 *Steigenberger*, S. 143.

1112 Beschlussempfehlung und Bericht des Ausschusses für Arbeit und Sozialordnung zum Hüttenknappschaftlichen Zusatzversicherungs-Neuregelungs-Gesetz, BT-Drucks. 14/9442, S. 47.

wirksam wäre, so würde das arbeitsrechtliche Valutaverhältnis – in dem die Entgeltumwandlung ausschließlich vereinbart wird – den Inhalt des Versicherungsvertrags bestimmen, was einen unverhältnismäßigen Eingriff in die Vertragsfreiheit des Versicherungsunternehmens darstelle.[1113]

Räumt der Arbeitgeber dem Arbeitnehmer im Falle der Entgeltumwandlung also im Versicherungsvertrag lediglich ein widerrufliches Bezugsrecht ein, verstößt er damit zwar im Arbeitsverhältnis gegen seine Pflicht aus § 1b Abs. 5 S. 2 BetrAVG. Dies hat aber keine Auswirkungen auf die versicherungsvertragliche Vereinbarung. Das widerrufliche Bezugsrecht bleibt bestehen und ist damit auch für die insolvenzrechtliche Einordnung des Vertrags ausschlaggebend.

2. Treuhandverhältnis hinsichtlich der umgewandelten Gehaltsbestandteile

Steht dem Arbeitnehmer demnach nur ein widerrufliches Bezugsrecht zu, fällt der Versicherungsvertrag nach allgemeinen Grundsätzen in die Insolvenzmasse, der Arbeitnehmer kann seine Ansprüche aus den unverfallbaren Anwartschaften nur als Insolvenzforderung geltend machen. Hierbei ist zu beachten, dass im Falle der Entgeltumwandlung die Anwartschaften gemäß § 1b Abs. 5 S. 1 Halbs. 1 BetrAVG von Beginn an unverfallbar sind.

Das Ergebnis, dass trotz Verwendung von Gehaltsbestandteilen des Arbeitnehmers zur Finanzierung der Versicherung der Vertrag in der Insolvenz des Arbeitgebers in die Insolvenzmasse fallen soll, wurde von vielen Seiten kritisiert. Tatsächlich ist insbesondere aus Arbeitnehmersicht nur schwer verständlich, warum durch eigentlich dem Arbeitnehmer zustehende Vermögensbestandteile finanzierte Leistungen, die der Arbeitgeber aufgrund der Versorgungszusage dem Versicherungsunternehmen in Form von Prämien zuführt, in der Insolvenz des Arbeitgebers nicht dem finanzierenden Arbeitnehmer, sondern der Masse der Insolvenzgläubiger zustehen sollen. Dieses Resultat erscheint unter Gerechtigkeitsgesichtspunkten fragwürdig.

Aufgrund dessen wurde von einigen Seiten versucht, ein Treuhandverhältnis, das zwischen Arbeitgeber und Arbeitnehmer hinsichtlich der dem Arbeitgeber überlassenen Gehaltsbestandteile besteht und das sich an den Versicherungsleistungen, die aufgrund der mit den Gehaltsbestandteilen bezahlten Prämien entstanden sind, fortsetzt, zu konstruieren. Aufgrund dieses Treuhandverhältnisses soll dem Arbeitnehmer ein Aussonderungsrecht nach § 47 InsO trotz wider-

1113 *Steigenberger*, S. 144.

ruflichem Bezugsrecht zustehen.[1114] Denn der Treugeber einer echten Verwaltungstreuhand ist nach allgemeiner Meinung in der Insolvenz des Treuhänders trotz dessen dinglicher Stellung aussonderungsberechtigt, weil dem Treugeber das Treugut wirtschaftlich zuzuschreiben ist (siehe dazu schon oben im Rahmen der Contractual Trust Arrangements unter § 3A.IV.3.a(1), S. 154). Begründet wird dies zum Teil mit einer analogen Anwendung des Gewohnheitrechts zum Anderkonto[1115], teilweise damit, dass auch bei der Frage der Versicherungsleistungen für einen Aussonderungsanspruch nach § 47 InsO auf die wirtschaftliche Zugehörigkeit abzustellen sei, die nach dem erkennbaren Willen der Beteiligten eben nicht dem Arbeitgeber, sondern dem Arbeitnehmer zuzuordnen seien.[1116]

Die Gegenansicht stimmt zwar teilweise dem im Verhältnis zwischen Arbeitnehmer und Arbeitgeber bestehenden Treuhandverhältnis hinsichtlich der für die Prämienzahlung verwendeten Gehaltsbestandteile zu. Dieses Treuhandverhältnis soll sich aber nicht auf die aus dem Versicherungsvertrag erworbenen Rechte erstrecken.[1117] Letztere gehörten in keinem Zeitpunkt zum Vermögen des Arbeitnehmers, sie entstünden in der Person des Versicherungsnehmers, der lediglich schuldrechtlich verpflichtet sei, sie dem Arbeitnehmer in unentziehbarer Weise aus dem Versicherungsvertrag zu verschaffen. Wenn es zu einer solchen Übertragung nicht komme, habe der Arbeitnehmer weder formell noch materiell Rechte aus dem Versicherungsvertrag erlangt. Ihm stehe lediglich eine schuldrechtliche Forderung gegen den Gemeinschuldner zu, die ein Aussonderungsrecht nicht begründen könne. Das Treuhandverhältnis ende jeweils mit der Verwendung der Gehaltsteile für die Versicherungsprämien und setze sich nicht im Wege der Surrogation an den Rechten aus dem Versicherungsvertrag fort.[1118] Diese Einschätzung stimmt im Ergebnis auch mit anderen, ein Treuhandverhältnis betreffenden höchstrichterlichen Entscheidungen überein. So wird zum Beispiel ein Aussonderungsrecht eines Mieters bezüglich einer geleisteten Mietkaution in der Insolvenz des Vermieters bereits dann verneint, wenn der Vermieter entgegen § 551 Abs. 3 S. 3 BGB die Kaution nicht getrennt vom Vermögen des Vermieters auf ein entsprechend gekennzeichnetes Sonderkonto angelegt hat.[1119]

1114 OLG Düsseldorf, Urteil vom 6.3.1992 – 17 U 201/91, NJW-RR 1992, 798, 799; *Gottwald*, EWiR 1988, 1011, 1012; *Kießling*, NZI 2008, 469, 470 ff.; *Prahl*, ZInsO 2003, 822, 824 ff.

1115 *Prahl*, ZInsO 2003, 822, 824 ff.

1116 *Kießling*, NZI 2008, 469, 471; in die gleiche Richtung *Gottwald*, EWiR 1988, 1011, 1012.

1117 BGH, Urteil vom 18.7.2002 – IX ZR 264/01, NJW 2002, 3253, 3254; *Hess*, § 47 Rn. 316; *Kayser*, S. 60; *Westhelle/Micksch*, ZIP 2003, 2054, 2056 f.

1118 BGH, Urteil vom 18.7.2002 – IX ZR 264/01, NJW 2002, 3253, 3254.

1119 BGH, Urteil vom 20.12.2007 – IX ZR 132/06, NJW 2008, 1152, 1152 f.

Der Treugeber kann auch hier kein Aussonderungsrecht geltend machen, obwohl es – im Gegensatz zu den umgewandelten Gehaltsbestandteilen, die ja zur Prämienzahlung an den Versicherer verwendet werden – nicht einmal zu einer weiteren Verwendung des Treuguts gekommen ist.

Teilweise wird sogar schon ein bezüglich der Gehaltsbestandteile bestehendes Treuhandverhältnis verneint, weil die Entgeltumwandlungsabrede lediglich zu einem reduzierten Entgeltanspruch und einem Versorgungsverschaffungsanspruch auf Seiten des Arbeitnehmers führe, so dass der Arbeitsvertrag schon gar keinen Entgeltanspruch mehr hervorbringe, den der Arbeitnehmer auf den Arbeitgeber übertragen könne, was aber Voraussetzung für ein Treuhandverhältnis sei.[1120] Auch wenn Arbeitgeber und Arbeitnehmer anstatt einer Gehaltserhöhung einen Versorgungsanspruch begründen, würden keine Rechte auf den Arbeitgeber übertragen, so dass insoweit auch kein Treuhandverhältnis bestehe.[1121] Beide Varianten dieser Ansicht kommen jedoch zu dem gleichen Ergebnis, dass die Rechte aus dem Versicherungsvertrag trotz Entgeltumwandlung in die Insolvenzmasse fallen.

Dieses Ergebnis wird von einem großen Teil der Literatur mittlerweile zwar als dogmatisch richtig eingestuft, aber zu Recht aufgrund seiner Auswirkungen kritisiert.[1122] Der Arbeitnehmer, der Lohnanteile für seine betriebliche Altersversorgung opfere, werde im Regelfall erwarten, dass er im Insolvenzfall gesichert ist, und daraufhin eine „böse Überraschung“ erleben.[1123] Sicherlich könne der Arbeitnehmer aufgrund seines Anspruchs gegen den Arbeitgeber auf Gewährung einer unwiderruflichen Bezugsberechtigung auf die Einräumung eines solchen Bezugsrechts bestehen.[1124] Das setzt jedoch voraus, dass der Arbeitnehmer als i.d.R. juristischer Laie sich des Problems einer nur widerruflichen Bezugsberechtigung bewusst ist und dessen Auswirkungen in der Insolvenz beurteilen kann. Dies wird wohl nur selten der Fall sein, zumal die Konstellation ja auch

---

1120 *Steigenberger*, S. 145 f.; wohl auch (wenn auch nicht ganz klar, weil sich auf die Rechtsprechung des BGH beziehend): OLG Karlsruhe, Urteil vom 18.1.2007 – 12 U 185/06, ZIP 2007, 286, 289 f.; LAG München, Urteil vom 22.7.1987 – 4 Sa 60/87, ZIP 1988, 1070, 1071.

1121 BAG, Urteil vom 8.6.1999 – 3 AZR 136/98; NZA 1999, 1103, 105 f.; Urteil vom 17.10.1995 – 3 ZAR 622/94, NZA-RR 343, 345.

1122 *Blomeyer*, Anm. zu BAG, Urteil vom 8.6.1999 – 3 AZR 136/98, EWiR 2000, 111, 112; *Flitsch/Herbst*, BB 2003, 317, 321; Gottwald/*Gottwald/Adolphsen*, Insolvenzrechts-Handbuch, § 40 Rn. 74; MüKo-InsO/*Ganter*, § 47 Rn. 319a; Smid/*Smid*, § 47 Rn. 34.

1123 Gottwald/*Gottwald/Adolphsen*, Insolvenzrechts-Handbuch, § 40 Rn. 74; MüKo-InsO/*Ganter*, § 47 Rn. 319a.

1124 MüKo-InsO/*Ganter*, § 47 Rn. 319b.

unter Juristen nicht völlig unumstritten ist.[1125] Daher wird vorgeschlagen, den Versicherungsunternehmen eine zur Schadensersatzpflicht führende Hinweispflicht auf den Sicherungsmangel zugunsten Dritter, nämlich der versicherten Personen, aufzuerlegen, was aber voraussetzen würde, dass der Versicherer die zugrunde liegende Entgeltumwandlung kennt.[1126]

Natürlich federt der Insolvenzschutz des PSV nach § 7 Abs. 2 S. 1 Nr. 2 BetrAVG dieses auf den ersten Blick doch sehr einschneidende Ergebnis ab. Das gilt insbesondere aufgrund der Tatsache, dass im Fall der Entgeltumwandlung nach § 1b Abs. 5 S. 1 Halbs. 1 BetrAVG die Anwartschaften sofort unverfallbar und damit durch den PSV geschützt sind. Trotzdem wäre hier eine gesetzgeberische Initiative, die entsprechend dem Vorbild des § 1b Abs. 2 S. 2 BetrAVG auch in das versicherungsvertragliche Vertragsgefüge eingreift, zum Schutz der Arbeitnehmer wünschenswert, da diese zu Recht auf eine Versorgung aufgrund der von Ihnen geopferten Gehaltsbestandteile auch in der Insolvenz des Arbeitgebers vertrauen.

Zur Zeit wird man jedoch nicht von einem Aussonderungsrecht des Arbeitnehmers, dessen Direktversicherungsvertrag im Wege der Entgeltumwandlung finanziert wird, ausgehen können, wenn lediglich ein widerrufliches Bezugsrecht vereinbart wurde.

V. Abgetretene und verpfändete Rückdeckungsversicherungen

Wie bereits oben unter § 3A.IV.2., S. 147 f. dargestellt, handelt es sich bei Rückdeckungsversicherungen um Versicherungen, die der Arbeitgeber abschließt, um eine von ihm erteilte Versorgungszusage abzusichern. In dieser Konstellation bestehen drei verschiedene Vertragsgestaltungen: die unmittelbare Versorgungszusage zwischen Versorgungsempfänger und Arbeitgeber, eine Lebensversicherung zwischen Arbeitgeber und einem Versicherungsunternehmen in einer der Versorgungszusage entsprechenden Höhe, für die der Arbeitgeber Versicherungsnehmer und (im Gegensatz zur Direktversicherung) auch Bezugsberechtigter ist, und eine Verpfändung bzw. Abtretung des Bezugsrechts des Arbeitgebers an den Versorgungsempfänger.[1127]

1125 MüKo-InsO/*Ganter*, § 47 Rn. 319a.
1126 *Blomeyer*, EWiR 2000, 111, 112.
1127 *Blomeyer*, VersR 1999, 653, 653.

Diese Konstruktion wird insbesondere für Versorgungszusagen gewählt, die nicht oder nicht ausreichend dem Insolvenzschutz des BetrAVG unterliegen.[1128] Der Abschluss des Versicherungsvertrags geschieht in diesen Fällen einerseits zur Absicherung des Arbeitgebers selbst, andererseits auch zur Insolvenzsicherung des Versorgungsberechtigten, da er sonst grundsätzlich aus einer Rückdeckungsversicherung in der Insolvenz des Versicherungsnehmers keine Rechte ableiten kann. Fraglich ist, welche Gläubigerstellung der Versorgungsberechtigte in diesen Fällen in der Insolvenz des Arbeitgebers hat.

Wie bereits oben unter § 3A.IV.2., S. 147 erwähnt, wird eine zugunsten eines Gesellschafter-Geschäftsführers abgeschlossene Lebensversicherung, die ein widerrufliches Bezugsrecht des Versicherten vorsieht, teilweise auch als Rückdeckungsversicherung bezeichnet.[1129] Dies wird auf die Unanwendbarkeit des BetrAVG auf Gesellschafter-Geschäftsführer und den damit einhergehenden mangelnden Insolvenzschutz zurückzuführen sein. Da der Versicherte im Falle eines widerruflichen Bezugsrechts aber genauso wie bei der „klassischen" Rückdeckungsversicherung in der Insolvenz des Versicherungsnehmers aus dem Versicherungsvertrag grundsätzlich keine Rechte herleiten kann, ist auch hier eine Abtretung (die dann im Ergebnis zu einem unwiderruflichen Bezugsrecht führt) oder Verpfändung der Versicherung ein sinnvolles Sicherungsmittel. Für das Pfandrecht, das streng akzessorisch zum Bestand der gesicherten Forderung ist, stellt sich dann aber die Frage, ob sich bei einer Direktversicherung übliche Einschränkungen in der Versorgungsvereinbarung (wenn diese z.B. nur ein eingeschränkt unwiderrufliches Bezugsrecht vorsieht) zwischen Arbeitgeber und Versorgungsberechtigtem nicht auch auf die Sicherung durch das Pfandrecht auswirken.[1130]

Im Folgenden soll nun aber der Fokus auf der klassischen Rückdeckungsversicherung liegen, bei der das Bezugsrecht für die Versicherungsleistungen dem Arbeitgeber zusteht.

1. Abtretung der Versicherungsansprüche

Die Abtretung der Ansprüche aus dem Versicherungsvertrag an den Versorgungsberechtigten bewirkt, dass dieser die Bezugsberechtigung an den Versicherungsleistungen erlangt. Damit verwandelt sich die Rückdeckungsversicherung in eine Direktversicherung, was schwerwiegende steuerrechtliche Konse-

---

1128 *Blomeyer*, VersR 1999, 653, 653.

1129 BGH, Urteil vom 7.4.2005 – IX ZR 138/04, NZI 2005, 384, 384.

1130 *Viegener*, ZInsO 2006, 352, 356.

quenzen hat.[1131] Außerdem entsteht mit ihr eine Beitragspflicht an den PSV nach § 10 Abs. 1 BetrAVG.[1132] Aufgrund dessen wird die Abtretung der Versicherungsansprüche auch nur äußerst selten vorgenommen.[1133]

Man könnte daher meinen, dass die insolvenzrechtliche Einordnung einfach am Vorbild der Direktversicherung vorzunehmen ist. Da jedoch die Versicherungsleistungen eigentlich zur Sicherung eines anderen Anspruchs an den Versorgungsberechtigten abgetreten wurden (nämlich zur Sicherung der Direktzusage), stellt sich die Frage, ob dies nicht eher zu einem Absonderungsrecht nach § 51 Nr. 1 InsO als zu einem Aussonderungsrecht nach § 47 InsO, wie es bei einem unwiderruflichen Bezugsrecht besteht, führen müsste.[1134] Denn Gläubiger, denen zur Sicherung eines Anspruchs ein Recht übertragen wurde, sollen gleich einem Pfandgläubiger nach § 50 Abs. 1 InsO abgesonderte Befriedigung verlangen können.

Erforderlich hierfür ist, dass es sich um eine echte Sicherungsabtretung handelt, und nicht um eine Vollzession. Im letzteren Fall hat der Versorgungsberechtigte dann tatsächlich ein Aussonderungsrecht nach § 47 InsO und damit die gleiche Position wie bei einer Direktversicherung mit unwiderruflichem Bezugsrecht inne.[1135]

Ergibt die Auslegung der Abtretungsvereinbarung jedoch, dass es sich um eine Sicherungszession handelt, hat der Versorgungsberechtigte nach § 51 Nr. 1 InsO die Stellung eines Absonderungsberechtigten. Was eine auf einer Sicherungszession beruhenden Sicherung für den Absonderungsberechtigten bedeutet, wurde bereits oben unter § 3 A.IV.3.a(2)(a), S. 158 in Abgrenzung zu einer auf einem Pfandrecht beruhenden Sicherung ausgeführt: Das Verwertungsrecht liegt gemäß § 166 Abs. 2 InsO beim Insolvenzverwalter. Teilweise wird zwar für eine dem Schuldner gegenüber offengelegte Sicherungsabtretung – wie sie bei einer Lebensversicherung aufgrund von § 13 Abs. 4 ALB immer gegeben sein muss – vertreten, dass in diesem Fall ein Verwertungsrecht des Absonderungsberechtigten bestehen müsse.[1136] Dies ist jedoch angesichts des nicht differenzierenden

---

1131 *Blomeyer*, VersR 1999, 653, 654; *Blomeyer/Rolfs/Otto*, § 10 Rn. 18; *Seppelt*, VersR 2003, 292, 292; *Stahlschmidt*, NZI 2006, 375, 378; *Reuter*, GmbHR 2002, 6, 7; zu den steuerrechtlichen Konsequenzen siehe *Blomeyer/Rolfs/Otto*, Vierter Teil Kap. C Rn. 57 ff.

1132 *Blomeyer/Rolfs/Otto*, § 10 Rn. 18.

1133 *Stahlschmidt*, NZI 2006, 375, 378.

1134 So *Beinert/Hennerkes/Binz/Rauser*, DB 1980, 2323, 2324; Gottwald/*Gottwald/Adolphsen*, Insolvenzrechts-Handbuch, § 40 Rn. 75.

1135 *Elfring*, NJW 2005, 2192, 2194; MüKo-InsO/*Ganter*, § 47 Rn. 204.

1136 Nerlich/Römermann/*Becker*, § 166 Rn. 40.

Wortlauts des § 166 Abs. 2 InsO abzulehnen.[1137] Ein Versehen des Gesetzgebers ist ausgeschlossen, da zunächst vorgesehen war, das Verwertungsrecht auf nicht offengelegte Forderungen zu beschränken, dieses Vorhaben aber wieder gestrichen wurde, weil praktische Schwierigkeiten bei der Frage, bis zu welchem Zeitpunkt ein Anzeige nachgeholt werden könnte, befürchtet wurden.[1138]

Ist der Versorgungsfall noch nicht eingetreten, wird nach vorzugswürdiger Ansicht die aus der Direktzusage bestehende Anwartschaft als aufschiebend bedingte Forderung nach §§ 191 Abs. 1, 198 InsO zwar bei der Abschlagsverteilung in voller Höhe berücksichtigt, jedoch bei der Schlussverteilung zurückbehalten und vom Insolvenzverwalter hinterlegt. (Siehe dazu oben unter § 3A.III.2.b(1), S. 116 ff.) Die für diese Anwartschaft bestehende Sicherheit aus der Sicherungszession führt ebenfalls nicht dazu, dass der Versorgungsberechtigte sofort Befriedigung verlangen könnte. Die aus der Verwertung des Verwalters auf ihn entfallenden Erlösanteile müssen entsprechend § 191 Abs. 1 InsO vom Verwalter ebenfalls zurückbehalten werden.[1139] (Siehe dazu ausführlich schon oben unter § 3 A.IV.3.a(2)(b), S. 161.)

2. Pfandrecht an den Versicherungsleistungen

Ist wirksam ein Pfandrecht an den Versicherungsleistungen zugunsten des Versorgungsberechtigten bestellt worden, hat dieser in der Insolvenz des Arbeitgebers ein Recht zur abgesonderten Befriedigung nach § 50 Abs. 1 InsO.[1140]

Strittig hierbei ist, wem vor Eintritt des Versorgungsfalls und damit vor Eintritt der Pfandreife das Verwertungsrecht zusteht, dem Insolvenzverwalter oder dem Pfandgläubiger. Teilweise wird ein Verwertungsrecht des Pfandgläubigers gefordert.[1141] Begründet wird dies mit der mangelnden Anwendbarkeit von § 166 Abs. 2 InsO, so dass § 173 Abs. 1 InsO Anwendung finde.[1142] Andere gehen unter Berücksichtigung des § 1281 BGB davon aus, dass das Versicherungsunternehmen nur an den Arbeitgeber und den Versorgungsberechtigten

---

1137 So auch *Stegmann/Lind*, NVersZ 2002, 193, 198.

1138 Beschluss und Bericht des Rechtsausschusses zum RegE zur InsO, BT-Drucks. 12/7302, S. 174; siehe dazu schon oben unter Fn. 731.

1139 BGH, Urteil vom 11.12.2008 – IX ZR 194/07, NZI 2009, 165, 167.

1140 *Blomeyer*, VersR 1999, 653, 662 f.; *Elfring*, NJW 2005, 2192, 2193; Gottwald/*Gottwald/Adolphsen*, § 40 Rn. 75; MüKo-InsO/*Ganter*, § 47 Rn. 322; *Seppelt*, VersR 2003, 292, 299; zur Frage, wann ein solches Pfandrecht wirksam bestellt wurde, siehe oben unter § 3A.IV.3.a(2), S. 155 f..

1141 LG Tübingen, Urteil vom 17.11.2000 – 4 O 233/00, NJW-RR 2001, 1344, 1345; *Seppelt*, VersR 2003, 292, 299; wohl auch *Stegmann/Lind*, NVersZ 2002, 193, 198 f., die die Anwendung des § 166 Abs. 2 InsO kategorisch ablehnen.

1142 *Seppelt*, VersR 2003, 292, 299.

gemeinsam leisten könne und daher auch sowohl der Absonderungsberechtigte als auch der Insolvenzverwalter nur Leistung an beide oder Hinterlegung zugunsten beider Parteien verlangen könne.[1143]

Das OLG München entschied in einem Urteil aus dem Jahr 2004 in einem etwas befremdlich wirkenden „Umkehrschluss", dass verpfändete Forderungen zwar nicht unter § 166 Abs. 2 InsO, der das Verwertungsrecht für zur Sicherheit abgetretene Forderungen dem Insolvenzverwalter zuschreibt, fielen, sich daraus aber auch nicht ableiten ließe, dass die Verwertungsbefugnis beim Pfandgläubiger liege und daher das Verwertungsrecht beim Insolvenzverwalter liege.[1144] Im Ergebnis begründet das OLG München ein Recht des Insolvenzverwalters mit einem nicht bestehenden Recht des Pfandgläubigers, ohne jedoch zu begründen, warum das Recht auf Seiten des Pfandgläubigers nicht besteht. Tatsächlich nimmt es überhaupt keine Begründung vor.[1145]

Für die Praxis hat sich diese Streitigkeit seit dem auf das Urteil des OLG München folgenden Urteil des BGH vom 7.4.2005 erledigt. Wie oben unter § 3 A.IV.3.a(2)(b), S. 162 bereits dargestellt, hat er entschieden, dass das Verwertungsrecht beim Insolvenzverwalter liege, und dies damit begründet, dass der Pfandgläubiger nach §§ 1282 Abs. 1, 1228 Abs. 2 BGB bei mangelnder Pfandreife nicht befugt sei, das Pfandrecht selbst einzuziehen und daher das Einzugsrecht allein dem Insolvenzverwalter zustehe, auf den die Rechte des Insolvenzschuldners nach § 80 Abs. 1 InsO übergegangen seien.[1146] Dagegen wird eingewandt, dass aus § 80 Abs. 1 InsO keine Verwertungsbefugnis des Insolvenzverwalters hergeleitet werden könne, weil dies sonst einer grundsätzlichen Verwertungshoheit des Insolvenzverwalters gleichkäme, die es nach §§ 165 – 173 InsO eben nicht gebe.[1147] Anstatt dessen wird eine analoge Anwendung des § 173 Abs. 2 InsO vorgeschlagen, denn dem Unterlassen der Verwertung durch den Absonderungsberechtigten stehe die rechtliche Unmöglichkeit der Verwertung gleich.[1148] Ob hier allerdings wirklich von einer unbewussten Gesetzeslücke auszugehen ist, ist angesichts der Diskussion über ein besonderes Verwertungsrecht des Insolvenzverwalters hinsichtlich verpfändeter Forderungen während des Gesetzgebungsverfahrens fraglich.[1149]

1143 *Flitsch*, Anm. zu OLG München, Urteil vom 22.6.2004 – 25 U 5618/03, DZWIR 2004, 429, 432.

1144 OLG München, Urteil vom 22.6.2004 – 25 U 5618/03, NZI 2004, 629, 629.

1145 So auch *Flitsch*, Anm. zu OLG München, Urteil vom 22.6.2004 – 25 U 5618/03, DZWIR 2004, 429, 431, der von einem „Zirkelschluss" spricht.

1146 BGH, Urteil vom 7.4.2005 – IX ZR 138/04, NZI 2005, 384, 385.

1147 *Ampferl*, Anm. zu BAG, Urteil vom 7.4.2005 – IX ZR 138/04, NZI 2005, 384, 386.

1148 *Ampferl*, Anm. zu BAG, Urteil vom 7.4.2005 – IX ZR 138/04, NZI 2005, 384, 386.

1149 RegE InsO, BT-Drucks. 12/2443, S. 178 f.

Hat der Insolvenzverwalter die Forderung aufgrund seines Verwertungsrechts eingezogen, kann der Versorgungsberechtigte, wenn der Versorgungsfall noch nicht eingetreten ist, keine sofortige Befriedigung verlangen. Der Insolvenzverwalter muss den Erlös in Höhe der zu sichernden Forderung entsprechend §§ 191 Abs. 1, 198 InsO zurückbehalten und vorrangig hinterlegen, bis der Versorgungsfall eintritt oder der Bedingungseintritt nicht mehr möglich ist.[1150]

Das Ergebnis der BGH-Rechtsprechung wird in der Literatur kritisiert, weil es aufgrund des Verwertungsrechts des Insolvenzverwalters zur Folge hat, dass der durch das Pfandrecht gesicherte Versorgungsberechtigte die Lebensversicherung nicht weiterführen kann, während der Insolvenzverwalter den eingezogenen Rückkaufswert für den Eintritt des Versorgungsfalls hinterlegen muss.[1151] Deshalb wird vorgeschlagen, möglichst eine Einigung mit dem Versorgungsberechtigten zu finden, die gegen die Zahlung eines Ablösebetrags die Überlassung der Ansprüche aus dem Versicherungsvertrag vorsieht.[1152]

1150 BGH, Urteil vom 7.4.2005 – IX ZR 138/04, NZI 2005, 384, 385; siehe dazu auch schon oben unter § 3 A.IV.3.a(2)(b), S. 159.

1151 *Bitter*, WM 2005, 937; Braun/*Bäuerle*, § 35 Rn. 29b; *Rhein/Lasser*, NZI 2007, 153, 154.

1152 *Bitter*, WM 2005, 937; Braun/Bäuerle, § 35 Rn. 29b; kritisch wegen der sich daraus ergebenden steuerrechtlichen Folgen und dem daraus folgenden Haftungsrisiko des Insolvenzverwalters *Rhein/Lasser*, NZI 2007, 153, 154.

C. Reservefonds mit eigener Rechtspersönlichkeit

Unter die Reservefonds mit eigener Rechtspersönlichkeit sind drei Durchführungswege der betrieblichen Altersversorgung zu fassen: die Pensionskasse und der Pensionsfonds (§ 2 Abs. 3 BetrAVG) sowie die Unterstützungskasse (§ 2 Abs. 4 BetrAVG). Bei allen drei Einrichtungen muss es sich nach den Legaldefinitionen des BetrAVG um rechtsfähige Versorgungseinrichtungen handeln.

Im Unterschied zur Direktzusage wird auch im Falle der Reservefonds mit eigener Rechtspersönlichkeit ein externer Versorgungsträger zur Durchführung der betrieblichen Altersversorgung hinzugezogen. Im Gegensatz zur Direktversicherung, die über ein „allgemeines" Lebensversicherungsunternehmen abgewickelt wird, sind Pensionskassen, Pensionsfonds und Unterstützungskassen Einrichtungen, deren Zweck sich auf die Erbringung von Altersversorgungsleistungen konzentriert.

Grundsätzlich sei vorangestellt: Reservefonds mit eigener Rechtspersönlichkeit sind eigenständige Vermögensträger. Das bei Ihnen angehäufte Vermögen zur Erfüllung der Versorgungsansprüche der Versorgungsberechtigten wird von der Insolvenz des Arbeitgebers nicht berührt, da es nicht dessen Vermögen zuzuordnen ist. Somit kann der Insolvenzverwalter es nicht zur Masse ziehen.[1153]

Warum dies so ist und ob für den Insolvenzverwalter unter Umständen die Möglichkeit besteht, parallel zur Direktversicherung mit widerruflichem Bezugsrecht die Ansprüche, die grundsätzlich dem Arbeitnehmer für seine betriebliche Altersversorgung zustehen, für die Insolvenzmasse gegenüber dem Reservefonds geltend zu machen, soll nun im Folgenden dargestellt werden.

I. Pensionskasse

Bei einer Pensionskasse handelt es sich nach der Legaldefinition § 1b Abs. 3 S. 1 BetrAVG um eine rechtsfähige Versorgungseinrichtung, die dem Arbeitnehmer oder seinen Hinterbliebenen auf ihre Leistungen einen Rechtsanspruch gewährt. Etwas genauer ausgefallen ist die Definition der Pensionskasse im VAG. Nach § 118a VAG sind Pensionskassen rechtlich selbständige Lebensversicherungsunternehmen, deren Zweck die Absicherung wegfallenden Erwerbs-

---

1153 Gottwald/*Gottwald/Adolphsen*, Insolvenzrechts-Handbuch, § 40 Rn. 67; *Hess*, § 47 Rn. 311; MüKo-InsO/*Ganter*, § 47 Rn. 427; Nerlich/Römermann/*Andres*, § 47 Rn. 44; Uhlenbruck/*Brinkmann*, § 47 Rn. 86.

einkommens wegen Alters, Invalidität oder Tod ist und die das Versicherungsgeschäft im Wege des Kapitaldeckungsverfahrens betreiben, Leistungen grundsätzlich erst ab dem Zeitpunkt des Wegfalls des Erwerbseinkommens vorsehen (soweit das Erwerbseinkommen teilweise wegfällt, können die allgemeinen Versicherungsbedingungen anteilige Leistungen vorsehen), Leistungen im Todesfall nur an Hinterbliebene erbringen dürfen (wobei für Dritte ein Sterbegeld begrenzt auf die Höhe der gewöhnlichen Bestattungskosten vereinbart werden kann) und der versicherten Person einen eigenen Anspruch auf Leistung gegen die Pensionskasse einräumen oder Leistungen als Rückdeckungsversicherung erbringen. Im Gegensatz zu anderen Lebensversicherungsunternehmen haben Pensionskassen also einen eingeschränkten Adressatenkreis und dienen der Altersversorgung.[1154]

Pensionskassen fallen als Versicherungsunternehmen unter die Aufsicht der BaFin, §§ 1, 118a VAG. Zulässige Rechtsformen für eine Pensionskasse sind die AG (einschließlich der Europäischen Gesellschaft (SE)) und der Versicherungsverein auf Gegenseitigkeit (VVaG), § 7 Abs. 1 VAG. Die betriebliche Altersversorgung fußt bei diesem Durchführungsweg auf einem Versicherungsverhältnis.[1155] Insoweit besteht wie bei einer Direktversicherung ein Dreiecksverhältnis von Arbeitgeber, Arbeitnehmer und dem Versicherungsunternehmen, der Pensionskasse.[1156] Aus dem Versicherungsverhältnis kann der Versorgungsberechtigte Leistungen bei Eintritt des Versorgungsfalls verlangen.

Die Rechtsverhältnisse zwischen den Beteiligten sind unterschiedlich ausgestaltet, je nachdem welche Rechtsform für die Pensionskasse gewählt wurde. Der Unterschied besteht in der Regel darin, dass bei einem VVaG der Arbeitnehmer selbst Vertragspartner des Versicherungsverhältnisses mit der Pensionskasse ist[1157] während bei der AG der Arbeitgeber Versicherungsnehmer ist.[1158] (Siehe dazu schon oben unter § 2A.II.2.c., S. 34 f.)

Zulässig als Rechtsformen sind zudem nach § 7 Abs. 1 a.E. VAG Anstalten und Körperschaften des öffentlichen Rechts als Versorgungsträger im öffentlichen Dienst. Diese sollen hier aber außer Betracht bleiben, da sie aufgrund der sie betreffenden Sonderregelungen in § 17 Abs. 2 BetrAVG, § 12 Abs. 1 Nr. 2, Abs. 2 InsO eine insolvenzrechtliche Sonderstellung einnehmen.

1154 Fahr/Kaulbach/Bähr/Pohlmann/*Bähr*, § 118a Rn. 3.

1155 *Ahrend/Rühmann*, DStR 1991, 1018, 1018.

1156 Förster/Cisch/Karst/*Löschhorn*, § 1b Rn. 74.

1157 *Ahrend/Rühmann*, DStR 1991, 1018, 1018; Beckmann/Matusche-Beckmann/*Schwintowski*, § 43 Rn. 28.

1158 *Blomeyer/Rolfs/Otto*, Anhang zu § 1 Rn. 806.

1. Versicherungsverein auf Gegenseitigkeit (VVaG)

Der Versicherungsverein auf Gegenseitigkeit zeichnet sich dadurch aus, dass er die Versicherung seiner Mitglieder nach dem Grundsatz der Gegenseitigkeit betreibt (§ 15 VAG). Die Versorgungsberechtigten sind in diesem Fall sowohl Mitglieder der Pensionskasse als Verein als auch Vertragspartner des Versicherungsverhältnisses, das mit der Pensionskasse besteht. § 20 S. 2 VAG bestimmt, dass grundsätzlich nur derjenige Mitglied werden darf, der auch ein Versicherungsverhältnis mit dem Verein begründet. Nur der sogenannte große Versicherungsverein auf Gegenseitigkeit darf gemäß § 21 Abs. 2 VAG auch Personen versichern, die nicht Mitglied im Verein sind, wenn seine Satzung es ausdrücklich gestattet.[1159]

Der Versicherungsnehmer kann von der durch das Versicherungsverhältnis versicherten Person abweichen, es kann sich aber auch um dieselbe Person handeln.[1160] Wie bereits oben ausgeführt, ist bei einer Pensionskasse in der Form des VVaG in der Regel der Arbeitnehmer auch Versicherungsnehmer. Allerdings kann auch der Arbeitgeber im Falle eines VVaG Versicherungsnehmer sein; ist der Arbeitgeber nicht selbst Mitglied ist dies aber nur dann möglich, wenn die Satzung der Kasse vorsieht, dass auch Nichtmitglieder Versicherungsnehmer sein dürfen (§ 21 Abs. 2 VAG).[1161] Da dies im Falle der Pensionskassen in der Rechtsform der AG häufiger vorkommt, soll diese vertragliche Konstruktion dort behandelt werden (siehe unten unter § 3C.I.2., S. 272 ff.).

Hinsichtlich des Umfangs der durch die Pensionskasse zu versorgenden Personen kann unterschieden werden zwischen den klassischen Firmenpensionskassen, die lediglich die Versorgung der Belegschaft eines einzelnen Betriebs zum Zweck haben, den Konzernpensionskassen, die die Belegschaft verbundener Unternehmen versorgen und Pensionskassen, die die Belegschaft voneinander unabhängiger Unternehmen (z.B. einer Branche) versorgen (Gruppenpensionskasse).[1162] Seit der Rentenreform 2001 hinzugetreten sind sog. Vertriebspensionskassen, die eigentlich Lebensversicherungsunternehmen sind, aus steuerlichen Erwägungen gegründet wurden und grundsätzlich jedem Unternehmen offenstehen.[1163]

Bei den VVaGs ist zwischen den größeren und den kleineren Versicherungsvereinen auf Gegenseitigkeit zu unterscheiden. Für Letztere, die nach der Legaldefinition des § 53 Abs. 1 S. 1 VAG einen bestimmungsgemäß sachlich,

---

1159 Zur Abgrenzung von großem und kleinem VVaG siehe weiter unten.

1160 *Benkel*, S. 110.

1161 *Blomeyer/Rolfs/Otto*, Anhang zu § 1 Rn. 806.

1162 *Blomeyer/Rolfs/Otto*, § 1 Rn. 220.

1163 *Blomeyer/Rolfs/Otto*, § 1 Rn. 220; Förster/Cisch/Karst/*Löschhorn*, § 1b Rn. 73.

örtlich oder dem Personenkreis nach eng begrenzten Wirkungskreis haben müssen, gelten die Sondervorschriften der §§ 53, 53b VAG. Da die meisten Pensionskassen auf ein oder mehrere Unternehmen beschränkt sind, handelt es sich bei ihnen zumeist um kleinere Versicherungsvereine.[1164]

a *Insolvenzrechtliche Einordnung des Versicherungsvertrags*

Die Pensionskasse als VVaG ist eigenständiger Rechtsträger. Schon nach der gesetzlichen Definition des § 1 Abs. 3 S. 1 BetrAVG ist dies erforderlich, denn danach muss es sich um eine „rechtsfähige Versorgungseinrichtung" handeln, was bedeutet, dass sie rechtlich unabhängig von dem Trägerunternehmen sein muss.[1165] Hat der Arbeitgeber die für die Versorgung seiner versorgungsberechtigten Arbeitnehmer erforderlichen finanziellen Mittel pflichtgemäß auf die Pensionskasse übertragen, stehen diese Mittel im Eigentum der Pensionskasse und gehören nicht mehr zum Vermögen des Arbeitgebers.

Es stellt sich insofern die Frage, wie das für den Arbeitnehmer für die Frage seiner betrieblichen Altersversorgung entscheidende Versicherungsverhältnis ausgestaltet ist.

Bei VVaGs ist der Arbeitnehmer in der Regel selbst Versicherungsnehmer.[1166] Dies stellt den grundlegenden Unterschied zur Direktversicherung dar, in der Versicherungsnehmer der Arbeitgeber ist und der Arbeitnehmer lediglich die Stellung des Bezugsberechtigten innehat. (Siehe oben unter § 3B.I., S. 169 f.) Ist der Arbeitnehmer jedoch selbst Versicherungsnehmer, hat der Arbeitgeber innerhalb des Versicherungsvertrags überhaupt keine Stellung, die ihn dazu berechtigten könnte, in das Vertragsgefüge einzugreifen. Die Möglichkeiten, die dem Insolvenzverwalter in der Insolvenz des Arbeitgebers bei einer Direktversicherung zustehen, fußen alle auf seiner Stellung als Versicherungsnehmer. Aufgrund dieser kann er bei einem widerruflichen Bezugsrecht des Arbeitnehmers die Bezugsberechtigung widerrufen und den Rückkaufswert zur Masse ziehen (§ 3B.II.1.c(2), S. 184 f.) und hat auch bei einem unwiderruflichen Bezugsrecht die Möglichkeit, den Vertrag zu kündigen, auch wenn der Rückkaufswert dem unwiderruflich Bezugsberechtigten zusteht (§ 3B.II.2.d., S. 213).

Diese Optionen stehen ihm gerade nicht offen, wenn er nicht Versicherungsnehmer ist. Die Insolvenz des Arbeitgebers hat auf das zwischen der Pensionskasse und dem Arbeitnehmer bestehende Versicherungsverhältnis also überhaupt keine Auswirkungen. Es besteht außerhalb des Vermögens des Ar-

---

1164 *Ahrend/Rühmann*, DStR 1991, 1018, 1019.

1165 *Ahrend/Rühmann*, DStR 1991, 1018, 1018.

1166 Beckmann/Matusche-Beckmann/*Schwintowski*, § 43 Rn. 28; *Blomeyer/Rolfs/Otto*, Anhang zu § 1 Rn. 813; Förster/Cisch/Karst/*Hock*, § 7 Rn. 18; *Höfer*, Betriebsrentenrecht, Rn. 77; *Klatt*, S. 109.

beitgebers, denn der Arbeitnehmer ist Versicherungsnehmer und gleichzeitig (unwiderruflich) Bezugsberechtigter.[1167] Der Insolvenzverwalter hat dann für den Versicherungsvertrag auch kein Wahlrecht nach § 103 InsO, da hinsichtlich des Versicherungsverhältnisses kein gegenseitiger Vertrag zwischen dem Insolvenzschuldner und der Pensionskasse besteht.[1168]

Diesem Ergebnis entspricht auch die Tatsache, dass das BetrAVG keinen Insolvenzschutz für Ansprüche und Anwartschaften vorsieht, die auf einer Pensionskassen-Zusage beruhen. Der Gesetzgeber ist davon ausgegangen, dass diese keines Schutzes bedürfen, da sie von der Insolvenz des Arbeitgebers nicht berührt werden.[1169]

Da der Arbeitnehmer sowohl Versicherungsnehmer als auch Bezugsberechtigter des Versicherungsvertrags ist, aufgrund dessen er die Leistungen von der Pensionskasse fordern kann, ist der Versicherungsvertrag in der Insolvenz nicht dem Vermögen des Arbeitgebers zuzuordnen und fällt daher auch nicht in die Insolvenzmasse nach § 35 InsO.

b. Zugriffsmöglichkeiten des Insolvenzverwalters

Kann der Insolvenzverwalter des Arbeitgebers schon nicht aufgrund des Versicherungsverhältnisses zwischen Arbeitnehmer und Pensionskasse Mittel zur Insolvenzmasse ziehen, stellt sich für ihn die Frage, ob für ihn eventuell aufgrund eines zwischen dem Arbeitgeber und der Pensionskasse bestehenden Rechtsverhältnisses die Möglichkeit besteht, auf das Vermögen der Pensionskasse zuzugreifen, obwohl diese als eigenständiger Rechtsträger auch Vermögensträger ist.

Die Befugnis des Insolvenzverwalters, die Mittel trotzdem zur Insolvenzmasse zu ziehen, könnte sich höchstens aus den zwischen Arbeitgeber und Pensionskasse bestehenden Rechtsbeziehungen ergeben, soweit aufgrund dieser das Vermögen insolvenzrechtlich dem Arbeitgebervermögen zuzuordnen wäre. Denkbar wäre dies z.B., wenn ein treuhandähnliches Verhältnis zwischen Arbeitgeber und Pensionkasse bestünde, denn trotz dinglicher Vermögensübertragung wird bei einer echten Verwaltungstreuhand das Treuhandvermögen dem Treugeber in dessen Insolvenz zugeordnet (siehe dazu bereits oben für die CTA's unter § 3A.IV.3.a(1), S. 154 ff.).

Der Arbeitgeber ist Träger der Pensionskasse, er finanziert sie zumindest anteilig. Die Pflicht hierzu ergibt sich entweder durch gesonderte vertragliche Ver-

1167 Beckmann/Matusche-Beckmann/*Schwintowski*, § 43 Rn. 28; Förster/Cisch/Karst/*Hock*, § 7 Rn. 18.

1168 *Steigenberger*, S. 181.

1169 BeckOK-ArbR/*Clemens*, § 1 BetrAVG Rn. 38; *Blomeyer/Rolfs/Otto*, § 7 Rn. 66; Förster/Cisch/Karst/*Hock*, § 7 Rn. 18.

einbarung zwischen Pensionskasse und Trägerunternehmen oder aus der Mitgliedschaft des Trägerunternehmens, wenn dieses selbst Mitglied des VVaG ist und hierfür eine Sonderpflicht des Trägers als Mitglied besteht.[1170] Häufig erfolgt ein Teil der Finanzierung aber auch durch die Arbeitnehmer; dies kann auch im Wege der Entgeltumwandlung geschehen.[1171] Ist der Arbeitnehmer Versicherungsnehmer, muss in der Satzung bzw. in den Versicherungsbedingungen geregelt werden, dass nicht der Arbeitnehmer, sondern der Arbeitgeber die Zahlung der Beiträge schuldet.[1172]

Ist der Arbeitgeber selbst Mitglied in der Pensionskasse, wird sich seine Beitragspflicht aus der Satzung ergeben. Gemäß § 24 Abs. 1 VAG hat die Satzung zu bestimmen, ob die Ausgaben gedeckt werden sollen durch einmalige oder wiederkehrende Beiträge, die im Voraus erhoben werden, oder durch Beiträge, die umgelegt werden je nach Bedarf.[1173] Ist der Arbeitgeber nicht Mitglied einer Pensionskasse, muss für die Beitragsverpflichtung eine gesonderte Vereinbarung bestehen, die sich auch aus einer tarifvertraglichen Verpflichtung heraus ergeben kann.[1174]

Für ein Treuhandverhältnis ist es erforderlich, dass der Treugeber dem Treuhänder Vermögensgegenstände überträgt, ihn aber in der Ausübung der sich daraus ergebenden Position im Außenverhältnis durch eine im Innenverhältnis abgeschlossene schuldrechtliche Treuhandvereinbarung beschränkt.[1175]

Sicherlich ist die Pensionskasse als VVaG darin beschränkt, wie sie die auf sie übertragenen Mittel verwenden darf, nämlich zur Erfüllung der Ansprüche der Versorgungsberechtigten. Diese Beschränkung ergibt sich aber nicht aus einer schuldrechtlichen Vereinbarung zwischen dem Arbeitgeber und der Pensionskasse, sondern aus der Satzung der Pensionskasse selbst, die gemäß § 118a VAG als Zweck die Absicherung wegfallenden Erwerbseinkommens wegen Alters, Invalidität oder Tod vorsehen muss.[1176] Insofern handelt es sich nicht um

---

1170 Förster/Cisch/Karst/*Löschhorn*, § 1b Rn. 74.

1171 Siehe für die Entgeltumwandlung ausführlich *Steigenberger*, S. 107 ff.

1172 *Klatt*, S. 109.

1173 Siehe z.B. § 21 Satzung der Pensionskasse Deutscher Eisenbahnen und Straßenbahnen VVaG Köln (PKBaSSatzung) abrufbar unter http://www.gesetze-im-internet.de /bundesrecht/pkdbsa/gesamt.pdf (20.1.2014).

1174 So etwa in den Abschnitt 2.3 der AVB Tarif 1 der MER-Pensionskasse, abrufbar unter http://www.mer-pensionskasse.de/fileadmin/mer-pensionskasse/img/content/Gesamtse itendokument/pdf/AVB_MER_Tarif_1_2010.pdf (20.1.2014).

1175 Palandt/*Bassenge*, § 903 Rn. 33.

1176 Siehe z.B. § 1 Abs. 3 der Satzung der MER-Pensionskasse, abrufbar unter http://www.mer-pensionskasse.de/fileadmin/mer-pensionskasse/img/content/Gesamtse itendokument/pdf/Satzung_2010.pdf (20.1.2014).

ein Treuhandverhältnis, das eine wirtschaftliche Zuordnung des Vermögens der Pensionskasse zum Vermögen des insolventen Arbeitgebers rechtfertigen würde. Daher besteht für den Insolvenzverwalter keine Möglichkeit, auf das Vermögen der Pensionskasse zuzugreifen. Dem entspricht wiederum auch der fehlende Insolvenzschutz durch den PSV, denn es besteht keine Gefährdung der Deckungsmittel der rechtlich selbständigen Pensionskasse in der Insolvenz des Trägerunternehmens.[1177]

Versucht der Insolventzverwalter trotzdem, das Vermögen der Pensionskasse zur Masse zu ziehen, haben die Versorgungsberechtigten bzw. die Pensionskasse selbst insoweit ein Aussonderungsrecht.[1178]

2. Aktiengesellschaft

Ist die Pensionskasse als AG gegründet worden, besteht zwischen den Versorgungsberechtigten und der Pensionskasse kein Mitgliedschaftsverhältnis. Zwar hat auch eine AG Mitglieder, denn es handelt sich bei ihr um eine Körperschaft in der Form einer Kapitalgesellschaft; sie existiert unabhängig von der Zusammensetzung ihrer Mitglieder und besitzt folglich eine eigene Rechtspersönlichkeit.[1179] Aktionäre und damit Mitglieder der Pensionskassen in der Rechtsform der AG sind jedoch in der Regel die Unternehmen, die die Pensionskasse gegründet haben[1180], und nicht die Versorgungsberechtigten.

Auch im Falle der Pensionskassen in der Rechtsform einer AG fußt die Versorgung der Arbeitnehmer auf einem Versicherungsverhältnis. Die AG als selbständiges Lebensversicherungsunternehmen (§ 118a VAG) schließt einen Versicherungsvertrag, mit dem die Altersversorgung des bezugsberechtigten Arbeitnehmers finanziert werden soll. Im Unterschied zur Pensionskasse in der Rechtsform des VVaG ist in der Regel jedoch nicht der Arbeitnehmer selbst Versicherungsnehmer, sondern der Arbeitgeber.[1181] Der Arbeitnehmer ist die versicherte Person.[1182] Insofern besteht grundsätzlich die gleiche vertragliche Konstruktion wie bei einer Direktversicherung.

Der Unterschied zur Direktversicherung besteht aber insoweit, als sowohl nach der Legaldefinition der Pensionskasse nach § 1b Abs. 3 S. 1 BetrAVG als

---

1177 *Klatt*, S. 175; *Ulbrich/Nattermann*, DZWIR 2002, 449, 450.

1178 MüKo-InsO/*Ganter*, § 47 Rn. 427; Uhlenbruck/*Brinkmann*, § 47 Rn. 86.

1179 MüKo-AktG/*Heider*, § 1 Rn. 13, 14.

1180 *Blomeyer/Rolfs/Otto*, Anhang § 1 Rn. 807b.

1181 *Klatt*, S. 114.

1182 *Blomeyer/Rolfs/Otto*, Anhang zu § 1 Rn. 813a; übersichtsweise dargestellt z.B. von der Generali Pensionskasse AG: http://www.generali-pensionskasse.de/internet/ambgpk/ambgpk_inter.nsf/ContentByKey/MREH-64VFXU-DE-p (20.1.2014).

auch nach § 118a Nr. 4 VAG der versicherten Person ein eigener Anspruch auf die Leistungen der Pensionskasse eingeräumt werden muss.[1183] Anders ist dies bei der Direktversicherung, bei der das Erfordernis des eigenen Rechtsanspruchs auf die Leistungen nicht besteht, sondern nach § 1b Abs. 2 S. 1 BetrAVG nur erforderlich ist, dass dem Arbeitnehmer oder seinen Hinterbliebenen die ganze oder eine teilweise Bezugsberechtigung an den Leistungen des Versicherers zusteht. Dies lässt aber auch die Möglichkeit der Vereinbarung eines widerruflichen Bezugsrechts offen, das nach § 159 Abs. 2 VVG dazu führt, dass der Bezugsberechtigte erst bei Eintritt des Versicherungsfalls das Recht auf die Leistungen des Versicherers erwirbt und damit vor Eintritt des Versorgungsfalls der Versicherungsvertrag in die Insolvenzmasse fällt (siehe oben unter § 3B.II.1., S. 172 ff.). Muss nun aber für den Versorgungsberechtigten einer Pensionskassenzusage schon per definitionem ein eigener Anspruch gegenüber der Kasse bestehen, gleicht die Situation der eines unwiderruflich Bezugsberechtigten im Rahmen einer Direktzusage. Denn auch dieser erwirbt nach § 159 Abs. 3 VVG bereits mit Bezeichnung als Bezugsberechtigter das Recht auf die Leistungen des Versicherers (siehe oben unter § 3B.II.2., S. 198).

Dafür spricht auch, dass die bei einer Direktversicherung zusätzlich normierten Schutzmechanismen, die dem Arbeitgeber nach Unverfallbarkeit verbieten, das Bezugsrecht zu widerrufen (§ 1b Abs. 2 S. 1 BetrAVG), die die Unwirksamkeit einer Klausel anordnen, nach der das Bezugsrecht durch die Beendigung des Arbeitsverhältnisses nach Unverfallbarkeit auflösend bedingt ist (§ 1b Abs. 2 S. 2 BetrAVG), und die die Einstandspflicht des Arbeitgebers bei Beleihung oder Abtretung der Ansprüche aus dem Versicherungsvertrag normieren (§ 1b Abs. 2 S. 3 BetrAVG), in § 1b Abs. 3 BetrAVG nicht in Bezug genommen werden. Sie gelten nicht für eine Pensionskassenzusage, da dank des zwingend erforderlichen eigenen Anspruchs gegen die Pensionskasse der Arbeitnehmer nicht schutzbedürftig ist.[1184]

Der Arbeitnehmer, dessen Leistungen der betrieblichen Altersversorgung durch eine Pensionskasse erfolgen sollen und dessen Arbeitgeber der Versicherungsnehmer des Versicherungsvertrags ist, befindet sich in der Insolvenz des Arbeitgebers also in der gleichen Situation wie der Arbeitnehmer, dem im Falle einer Direktversicherung ein unwiderrufliches Bezugsrecht zusteht.[1185] Zwar

---

1183 *Klatt*, S. 115.

1184 *Blomeyer/Rolfs/Otto*, § 1b Rn. 289; ErfK/*Steinmeyer*, § 1b BetrAVG Rn. 53; für die Entgeltumwandlung mit Verweis auf die nicht erforderliche Anwendbarkeit des § 1b Abs. 5 S. 2 BetrAVG und mit dem gleichen Ergebnis Steigenberger, S. 153.

1185 *Blomeyer/Rolfs/Otto*, Anhang zu § 1 Rn. 838b; *Steigenberger*, S. 107, der jedoch dem Insolvenzverwalter – wie auch schon beim unwiderruflichen Bezugsrecht in der Di-

kann der Insolvenzverwalter des Arbeitgebers über das Schicksal des Versicherungsvertrags entscheiden (siehe oben unter § 3B.II.2.b, S. 203 ff.), die daraus resultierenden Vermögensbestandteile gebühren jedoch dem Arbeitnehmer, dem insoweit ein Aussonderungsrecht nach § 47 InsO zusteht (siehe oben unter § 3B.II.2.d(2), S. 214).

Auch im Falle der Pensionskasse in der Form der Aktiengesellschaft besteht für den Insolvenzverwalter keine Möglichkeit, das Vermögen der Pensionskasse zur Insolvenzmasse zu ziehen. Zwar fallen die vom Aktionär gehaltenen Anteile in die Insolvenzmasse (so dass der Insolvenzverwalter diese auch veräußern kann),[1186] aber der Anteil des Aktionärs ist keine Mitberechtigung am Gesellschaftsvermögen, so dass dieses von seiner Insolvenz nicht berührt wird.[1187]

Außerdem fallen Aktionärsstellung und Versicherungsnehmer-Stellung des Arbeitgebers in der Praxis regelmäßig auseinander: Bietet ein Versicherungskonzern den speziellen Durchführungsweg der Pensionskasse an, wird diese in der Rechtsform der AG durch die Obergesellschaft gegründet, die dann auch alle Anteile an der AG hält.[1188] Der Arbeitgeber ist dann lediglich Versicherungsnehmer.[1189]

II. Pensionsfonds

Der Pensionsfonds unterfällt der gleichen Legaldefinition wie die Pensionskasse. Auch er stellt nach § 1b Abs. 3 S. 1 BetrAVG eine rechtsfähige Versorgungseinrichtung dar, die dem Arbeitnehmer oder den Hinterbliebenen auf ihre Leistungen einen Rechtsanspruch gewährt. Genauso wie die Pensionskasse unterliegt er der Aufsicht der BaFin, § 1 Abs. 1 Nr. 2 VAG.

Versicherungsrechtlich geregelt ist der Pensionsfonds in den §§ 112 ff. VAG. Nach § 112 Abs. 1 VAG ist der Pensionsfonds eine rechtsfähige Versorgungseinrichtung, die im Wege des Kapitaldeckungsverfahrens Leistungen der betrieblichen Altersversorgung für einen oder mehrere Arbeitgeber zugunsten von Arbeitnehmern erbringt, die Höhe der Leistungen oder die Höhe der für diese Leistungen zu entrichtenden künftigen Beiträge nicht für alle vorgesehenen Leistungsfälle durch versicherungsförmige Garantien zusagen darf, den Arbeit-

---

rektversicherung – kein Wahlrecht nach § 103 InsO gewährt, siehe dazu oben unter § 3B.II.2.b., S. 203.

1186 Kreft/*Eickmann*, § 35 InsO Rn. 23; MüKo-InsO/*Peters*, § 35 Rn. 251; Nerlich/Römermann/*Andres*, § 35 Rn. 52.

1187 MüKo-InsO/*Peters*, § 35 Rn. 250.

1188 *Klatt*, S. 115; *Steigenberger*, S. 107.

1189 *Klatt*, S. 115.

nehmern einen eigenen Anspruch auf Leistung gegen den Pensionsfonds einräumt und verpflichtet ist, die Altersversorgungsleistung als lebenslange Zahlung zu erbringen. Er wurde zum 1.1.2002 auf die Beschlussempfehlung des Ausschusses für Arbeit und Sozialordnung[1190] und den Wunsch des Bundesrates[1191] hin als neuer Durchführungsweg der betrieblichen Altersversorgung eingeführt.[1192]

Von der Pensionskasse unterscheidet sich der Pensionsfonds durch die Möglichkeit der Vermögensverwaltung, denn Versicherung und Kapitalanlage können auch durch Dritte erfolgen; außerdem besitzt er durch weniger strenge Anlageschutzregelungen größere Anlagefreiheiten.[1193] Ein weiterer Unterschied liegt darin, dass der Pensionsfonds gemäß § 112 Abs. 1 Nr. 2 VAG seine Leistungen nicht versicherungsförmig garantieren darf.[1194] Trotz der größeren Freiheit bei den Anlagemöglichkeiten bleibt es dem Pensionsfonds unbenommen, sich wie ein Versicherungsunternehmen zu verhalten, also die Prämien wie ein Versicherer zu kalkulieren und die Finanzmittel wie ein Versicherer anzulegen.[1195]

Mögliche Rechtsformen, in denen ein Pensionsfonds gegründet werden kann, sind gemäß § 113 Abs. 2 Nr. 3 VAG die Aktiengesellschaft (einschließlich der Europäischen Gesellschaft) und Pensionsfondsvereine auf Gegenseitigkeit (PVaG). Im Umkehrschluss aus § 1 Abs. 1 VAG zeigt sich, dass der Pensionsfonds kein Versicherungsunternehmen darstellt, da das VAG diesen gesondert aufführt; daher handelt es sich bei dem zwischen dem Arbeitnehmer und dem Pensionsfonds bestehenden Rechtsverhältnis nicht um ein Versicherungs-, sondern um ein Versorgungsverhältnis (vgl. auch § 113 Abs. 2 Nr. 8 VAG).[1196] Um Verwechselungen mit dem zwischen Arbeitgeber und Arbeitnehmer bestehenden Versorgungsverhältnis zu vermeiden, soll der Klarheit halber das mit dem Pensionsfonds bestehende Rechtsverhältnis im Folgenden trotzdem als Versicherungsverhältnis bezeichnet werden.

1190 Beschlussempfehlung des Ausschusses für Arbeit und Soziales zum AVmG, BT-Drucks. 14/5146, S. 4.

1191 Empfehlung des Bundesrates zum RegE zum AVmG, BR-Drucks. 764/1/00, S. 11.

1192 Eingefügt durch das Gesetz zur Reform der gesetzlichen Rentenversicherung und zur Förderung eines kapitalgedeckten Altersvorsorgevermögens (Altersvermögensgesetz – AvmG) vom 26.6.2001, BGBl. I, S. 1310.

1193 Bericht des Ausschusses für Arbeit und Sozialordnung zum AVmG, BT-Drucks. 14/5150, S. 53; Prölss/*Weigel*, § 112 Rn. 3; *Zeppenfeld/Rößler*, BB 2006, 1221, 1222.

1194 Siehe dazu schon oben unter § 2A.II.2.d., S. 35.

1195 *Höfer*, Betriebsrentenrecht, Rn. 1030.

1196 *Blomeyer/Rolfs/Otto*, Anhang zu § 1 Rn. 897.

Der Pensionsfonds erbringt seine Leistungen auf der Grundlage von Pensionsplänen, welche nach § 113 Abs. 2 Nr. 1 VAG die im Rahmen des Geschäftsplanes ausgestalteten Bedingungen zur planmäßigen Erbringung der Leistungen im Versorgungsfall sind. Sie sind das „finanzielle Dienstleistungsprodukt" der Pensionsfonds, in ihnen werden die Modalitäten der Beitragszahlung und die planmäßigen Leistungsvereinbarungen festgehalten.[1197]

Die große und für die insolvenzrechtliche Einordnung des Pensionsfonds maßgebliche Parallele zur Pensionskasse besteht darin, dass auch der Pensionsfonds eine rechtsfähige Versorgungseinrichtung sein muss, die dem Arbeitnehmer einen eigenen Rechtsanspruch gewährt (§ 1b Abs. 3 S. 1 BetrAVG, § 112 Abs. 1 S. 1 a.A. und S. 1 Nr. 3 VAG).

1. Insolvenzrechtliche Einordnung des Versicherungsverhältnisses mit dem Pensionsfonds

Zur insolvenzrechtlichen Einordnung des Versicherungsverhältnisses mit dem Pensionsfonds muss zunächst geklärt werden, wer Vertragspartner des Pensionsplans ist. Dies ist zumindest für den Pensionsfonds in der Rechtsform des PVaG nicht ganz klar. Teilweise wird behauptet, dass der Arbeitnehmer „Versicherungsnehmer", also Vertragspartner des Pensionsfonds ist.[1198] Dafür könnte der Vergleich mit der Pensionskasse herangezogen werden, bei der im Falle des VVaG regelmäßig der Arbeitnehmer Vertragspartner der Kasse ist.[1199]

Die wohl überwiegende Meinung geht jedoch davon aus, dass der Versicherungsvertrag grundsätzlich zwischen Arbeitgeber und Pensionsfonds geschlossen wird und daher nur der Arbeitgeber Vertragspartner und damit Versicherungsnehmer ist.[1200] Die anwendbaren Pensionspläne würden im Rahmen des Pensionfondsvertrags festgelegt, aus dem sich die Beitragspflicht des Arbeitgebers und die Pflicht des Pensionsfonds zur Erbringung der Leistungen zu betrieblichen Altersversorgung ergäben; daher sei es entscheidend, dass zu Beginn immer der Arbeitgeber den Vertrags schließt, ein originäres Arbeitnehmergeschäft sei nicht zulässig.[1201]

Ist der Arbeitnehmer Vertragspartner, gleicht die Situation derjenigen von Arbeitnehmern, die im Falle einer Pensionskassen-Versorgung durch einen

1197 Prölss/*Weigel*, § 112 Rn. 22.

1198 *Blomeyer/Rolfs/Otto*, Anhang zu § 1 Rn. 898.

1199 *de Groot*, S. 126.

1200 Ausführlich: *de Groot*, S. 125 ff.; *Höfer*, Betriebsrentenrecht, Rn. 1033; Prölss/*Weigel*, § 112 Rn. 28; *Steigenberger*, S. 112; *Zeppenfeld/Rößler*, BB 2006, 1221, 1222; wohl auch *Sasdrich*, Bundesarbeitsblatt 3/2002, 19, 23.

1201 Prölss/*Weigel*, § 112 Rn. 28.

VVaG Versicherungsnehmer des Versicherungsvertrags sind (siehe oben unter § 3C.I.1.a., S. 269 f.): Die Insolvenz des Arbeitgebers hat mangels Zuordnung des Vertrags zu seinem Vermögen keinerlei Auswirkungen auf dessen Bestand.[1202]

Ist hingegen der Arbeitgeber der Vertragspartner des Pensionsplans, muss parallel zu den Vorgaben für die Pensionskasse nach den Voraussetzungen für das Bestehen einer Pensionsfonds-Versorgung dem Arbeitnehmer trotzdem ein eigener Anspruch auf die Leistungen des Pensionsfonds eingeräumt werden (§ 112 Abs. 1 Nr. 3 VAG, § 1b Abs. 3 S. 1 BetrAVG). Dieses Forderungsrecht entsteht originär in der Person des Arbeitnehmers und hat damit niemals zum Vermögen des Arbeitgebers gehört.[1203] Dies hat zur Folge, dass parallel zur Pensionskasse in der Rechtsform einer AG, bei der in der Regel auch der Arbeitgeber Vertragspartner der Pensionskasse ist und dem Arbeitnehmer aber zwingend ein Anspruch gegen die Pensionskasse zustehen muss, dem Arbeitnehmer aufgrund dieses Anspruchs entsprechend einem unwiderruflich Bezugsberechtigten aus einer Direktversicherung ein Aussonderungsrecht nach § 47 InsO zusteht (siehe dazu oben unter § 3C.I.2., S. 272 f.).[1204]

Der überragende Teil der von der BaFin zugelassenen Pensionsfonds besteht jedoch in der Rechtsform der Aktiengesellschaft.[1205] In diesem Fall wird das Versicherungsverhältnis zwischen Arbeitgeber und Pensionsfonds begründet.[1206] Auch hier gehören die Ansprüche auf die Leistungen des Pensionsfonds (parallel zur Situation einer Pensionskasse in der Rechtsform der AG) jedoch zum Vermögen des Arbeitnehmer, da diesem nach § 112 Abs. 1 Nr. 3 VAG und § 1b Abs. 3 S. 1 BetrAVG zwingend ein Anspruch auf die Versicherungsleistungen zusteht.[1207] Die im Rahmen des Pensionsplans bestehenden Ansprüche des Versorgungsberechtigten fallen daher nicht in die Insolvenzmasse des Arbeitgebers.

2. Zugriffsmöglichkeiten des Insolvenzverwalters

Ebenso wie eine Pensionskasse (siehe oben unter § 3C.I.1.b., S. 270 ff.) muss der Pensionsfonds eine rechtsfähige Versorgungseinrichtung, also eine eigene Rechtspersönlichkeit sein.[1208] Der Arbeitgeber ist aufgrund einer schuldrechtli-

---

1202 *Blomeyer/Rolfs/Otto*, Vorb. Vor §§ 7 – 15 Rn. 41.

1203 Prölss/*Weigel*, § 112 Rn. 30.

1204 *Blomeyer/Rolfs/Otto*, Vorb. vor §§ 7 – 15 Rn. 41; *Steigenberger*, S. 112.

1205 Die Liste der Pensionsfonds mit Geschäftstätigkeit ist abrufbar unter http://www.bafin.de/SharedDocs/Downloads/DE/Liste/Unternehmensdatenbank/dl_li_vu_pensionsfonds_mit_gesch.html (20.1.2014).

1206 *Blomeyer/Rolfs/Otto*, Anhang zu § 1 Rn. 899; *de Groot*, S. 104 f.

1207 *Blomeyer/Rolfs/Otto*, Vorb. vor §§ 7 – 15 Rn. 41.

1208 *Höfer*, Betriebsrentenrecht, Rn. 1011; Prölss/*Weigel*, § 112 Rn. 12.

chen Verpflichtung aus dem Pensionsfondsvertrags, in dem auch die anwendbaren Pensionspläne festgelegt werden, zur Beitragszahlung und damit zur Finanzierung des Pensionsfonds verpflichtet.[1209] Diese Mittel werden auf den Pensionsfonds übertragen.

Da für die Qualifizierung als Pensionsfonds eine eigene Rechtspersönlichkeit erforderlich ist, liegt ein solcher nicht vor, wenn die Mittel betriebsintern angelegt werden, und auch nicht dann, wenn es lediglich zu einer treuhänderischen Übertragung kommt.[1210] Folglich ist parallel zur Pensionskasse eine Zugriffsmöglichkeit des Insolvenzverwalters des Arbeitgebers auf das Vermögen des Pensionsfonds ausgeschlossen.

3. Insolvenzsicherung durch den PSV

Die Situation des Versorgungsberechtigten ist in der Insolvenz des Arbeitgebers im Falle einer Pensionsfondsversorgung also vergleichbar mit der im Falle einer Pensionskassenversorgung: Weder ist der Versicherungsvertrag Teil der Insolvenzmasse, noch kann der Insolvenzverwalter auf das Vermögen des Pensionsfonds zugreifen, da es sich bei ihm um einen eigenständigen Rechtsträger handelt. Zudem unterliegt der Pensionsfonds der Aufsicht durch die BaFin.

Trotzdem hat der Gesetzgeber eine Insolvenzsicherung der Pensionsfondsversorgung durch den PSV vorgesehen. Nach § 7 Abs. 1 S. 2 Nr. 2, Abs. 2 S. 2 BetrAVG sind sowohl Versorgungsansprüche als auch Versorgungsanwartschaften, die auf einer Pensionsfondsversorgung beruhen, in der Insolvenz des Trägerunternehmens durch den PSV geschützt. Damit geht eine Beitragspflicht des zusagenden Arbeitgebers zur Insolvenzsicherung nach § 10 Abs. 1, Abs. 3 Nr. 4 BetrAVG einher.

Ob diese Insolvenzsicherung trotz der Parallelen zur Pensionskasse tatsächlich notwendig ist, war schon bei Einführung des Pensionsfonds umstritten. Begründet wurde die Erforderlichkeit des Insolvenzschutzes v.a. mit der erhöhten Anlagefreiheit des Pensionsfonds und dem damit für den Arbeitnehmer erhöhten Risiko im Vergleich zur Pensionskasse.[1211] Dagegen wurde eingewandt, dass der Pensionsfonds seine Gelder genauso sicher oder gar noch sicherer als eine Pensionskasse anlegen kann und in diesem Fall eine Insolvenzsicherung durch den

---

1209 *Blomeyer/Rolfs/Otto*, Anhang zu § 1 Rn. 903; Prölss/*Weigel*, § 112 Rn. 28.

1210 *Höfer*, Betriebsrentenrecht, Rn. 1011; Prölss/*Weigel*, § 112 Rn. 12; siehe zur Frage der nur treuhänderischen Übertragung auf Pensionskassen schon oben unter § 3C.I.1.b., S. 270.

1211 *Blomeyer/Rolfs/Otto*, § 7 BetrAVG Rn. 68; ErfK/*Steinmeyer*, § 7 BetrAVG Rn. 24; *Sasdrich*, Bundesarbeitsblatt 3/2002, 19, 23.

PSV nicht erforderlich und – auch unter Gleichstellungsgesichtspunkten - übermäßig sei.[1212]

Berücksichtigt wird das im Vergleich zu den anderen vom PSV geschützten Durchführungswegen geringere Risiko für die Arbeitnehmer im Falle des Pensionsfonds durch eine Modifizierung der Beitragspflicht des Arbeitgebers. Im Jahr 2003[1213] wurde rückwirkend zum 1.1.2002 § 10 Abs. 3 Nr. 4 BetrAVG eingeführt, wonach als Beitragsbemessungsgrundlage für eine Pensionsfonds-Versorgung nur ein Fünftel der Beitragsbemessungsgrundlage für eine Direktzusage heranzuziehen ist. Damit sollte dem geringeren Insolvenzrisiko Rechnung getragen werden.[1214]

Nach § 8 Abs. 1a BetrAVG hat der PSV im Sicherungsfall die gegen ihn gerichteten Ansprüche auf den Pensionsfonds, dessen Trägerunternehmen die Eintrittspflicht des PSV ausgelöst hat, zu übertragen, wenn die BaFin hierzu die Genehmigung erteilt. Die Vorschrift wurde aufgrund der Beschlussempfehlung des Vermittlungsausschusses in das BetrAVG aufgenommen.[1215] Sie zeigt, dass der Gesetzgeber wohl davon ausging, dass die Ausstattung des Pensionsfonds auch in der Insolvenz des Trägerunternehmens ausreichen kann, um die Versorgungsleistungen nach den Pensionsplänen zu erbringen.[1216] Erteilt die BaFin die Genehmigung zur Übertragung, die nach § 8 Abs. 1a S. 3 BetrAVG vom Pensionsfonds beantragt werden muss, hat der betroffene Pensionsfonds einen Anspruch auf Übertragung der gegen den PSV gerichteten Ansprüche gegenüber dem PSV.[1217] Der Pensionsfonds, der nach Ansicht der BaFin ausreichend dotiert ist, gewährt dann trotz der Insolvenz des Trägerunternehmens die versprochenen Versorgungsleistungen anstatt des PSV.[1218] Wird die Genehmigung nicht erteilt, so geht das Vermögen des Pensionsfonds genauso wie das Vermögen

1212 *Grabner/Brandl*, DB 2002, 945, 947; *Höfer*, Betriebsrentenrecht, Rn. 477.

1213 Eingeführt durch Gesetz zur Änderung des Sozialgesetzbuches und anderer Gesetzbücher vom 24.7.2003, BGBl. I S. 1526.

1214 *Blomeyer/Rolfs/Otto*, § 7 Rn. 69, § 10 Rn. 22; ErfK/*Steinmeyer*, § 10 BetrAVG Rn. 6; Förster/Cisch/Karst/*Hock*, § 10 Rn. 14.

1215 Beschlussempfehlung und Bericht des Vermittlungsausschusses zum AVmG, BT-Drucks. 14/5970, S. 15.

1216 *Blomeyer/Rolfs/Otto*, § 8 Rn. 19; Förster/Cisch/Karst/*Hock*, § 8 Rn. 2; *Höfer*, Betriebsrentenrecht, Rn. 498.

1217 BeckOK-ArbR/*Molkenbur*, § 8 BetrAVG Rn. 2; *Blomeyer/Rolfs/Otto*, § 8 Rn. 23; ErfK/*Steinmeyer*, § 8 BetrAVG Rn. 4; *Höfer*, Betriebsrentenrecht, Rn. 497.

1218 Förster/Cisch/Karst/*Hock*, § 8 Rn. 2.

einer Unterstützungskasse (siehe dazu unten unter § 3C.III.2.b., S. 289 f.) auf den PSV über, § 9 Abs. 3a BetrAVG.[1219]

Die Vorschrift des § 8 Abs. 1a BetrAVG zeugt genauso wie die geringere Beitragspflicht des Arbeitgebers zur Insolvenzsicherung davon, dass der Gesetzgeber den Pensionsfonds zwar in die gesetzliche Insolvenzsicherung aufgenommen hat, ihn aber nicht für im gleichen Maße durch die Insolvenz des Arbeitgebers gefährdet angesehen hat wie die restlichen insolvenzgeschützten Durchführungswege der betrieblichen Altersversorgung.

III. Unterstützungskassen

Bei einer Unterstützungskasse handelt es sich gemäß § 1b Abs. 4 S. 1 BetrAVG um eine rechtsfähige Versorgungseinrichtung, die auf ihre Leistungen keinen Rechtsanspruch gewährt. Der fehlende Rechtsanspruch seitens des Arbeitnehmers führt dazu, dass die Unterstützungskasse keiner Versicherungsaufsicht unterliegt.[1220]

In Anbetracht der durch die Rechtsprechung des BAG und des BVerfG entstandenen praktischen Bedeutungslosigkeit des Anspruchsausschlusses (siehe dazu bereits oben unter § 2A.II.2.e., S. 36 f.) und der Insolvenzsicherung der Unterstützungskassen-Versorgung durch den PSV (siehe dazu bereits oben unter § 2C.III.2., S. 83 und unten unter § 3C.III.1.b., S. 286) erscheint die Unterstützungskasse als „rechtliches Zwitterwesen“[1221]. Auf der einen Seite soll sie per definitionem keinen Anspruch gewähren, auf der anderen Seite soll der Versorgungsberechtigte aber Ansprüche gegenüber dem PSV geltend machen können, wenn sie die vorgesehene Versorgung nicht erbringt, weil über das Vermögen des Trägerunternehmens das Insolvenzverfahren eröffnet wurde. Dies läuft auf die Absicherung eines Schadens hinaus, der aus dogmatischer Sicht gar nicht eintreten kann, was darauf hindeutet, dass das BetrAVG entsprechend der höchstrichterlichen Rechtsprechung doch von einem Rechtsanspruch des Arbeitnehmers ausgeht.[1222]

1219 Zur Frage, inwieweit dies mit dem nach § 9 Abs. 2 BetrAVG angeordneten Übergang der Ansprüche und Anwartschaften auf den PSV kollidiert, siehe oben unter § 3D.II.2., S. 308 f.

1220 MünchHdb. ArbR/*Andresen/Cisch*, § 143 Rn. 85.

1221 *Reinecke*, DB 2009, 1182, 1182.

1222 BAG, Urteil vom 5.7.1979 – 3 AZR 197/78, AP BGB § 242 Nr. 9 Ruhegehalt-Unterstützungskassen; *Blomeyer/Rolfs/Otto*, § 7 Rn. 70.

1. Insolvenzrechtliche Einordnung des Begünstigungsverhältnisses

Nähme man die Legaldefinition der Unterstützungskasse als Grundlage für die insolvenzrechtliche Einordnung des für den Arbeitnehmer bestehenden Begünstigungsverhältnisses, bedeutete dies für den Arbeitnehmer, dass er mangels Rechtsanspruch auf Leistungen die Unterstützungskasse nicht direkt für die betrieblichen Versorgungsleistungen in Anspruch nehmen könnte und ihm dementsprechend auch keine rechtlichen Mittel zur Verfügung stünden, um die Leistungsgewährung durchzusetzen.[1223] Eine Stellung als Versicherungsnehmer wie im Falle der Pensionskasse als VVaG oder zumindest als versicherte Person in einem zwischen Arbeitgeber und Versorgungsträger geschlossenen Versicherungsvertrag mit Bezugsrecht oder eigenem Anspruch gegen den Versorgungsträger wie im Falle der Direktversicherung, der Pensionskasse als AG oder des Pensionsfonds käme dem Arbeitnehmer danach nicht zu.

Insofern kann hier auch nicht von einem zugunsten des Arbeitnehmers bestehenden Versicherungs- oder Versorgungsverhältnis mit der Unterstützungskasse gesprochen werden. Entsprechend der Formulierung in § 1b Abs. 4 S. 2 BetrAVG soll im Folgenden das Verhältnis, das dazu führt, dass dem Arbeitnehmer Leistungen der Unterstützungskasse zukommen sollen, als Begünstigungsverhältnis bezeichnet werden.

Welche Leistungen welchen Arbeitnehmern bei Eintritt des Versorgungsfalls gewährt werden sollen, ergibt sich aus der Satzung oder den Versorgungsrichtlinien der Unterstützungskassen.[1224] Gewährte man dem Arbeitnehmer aber keinen Rechtsanspruch, könnte er in der Insolvenz des Arbeitgebers auch keine Rechte an der für ihn in der Richtlinie vorgesehenen Begünstigung geltend machen. Dies könnte er ja auch sonst nicht. Daraus wird teilweise gefolgert, dass dem Arbeitnehmer wegen des fehlenden Rechtsanspruchs auf die Leistungen der Unterstützungskasse kein Aussonderungsrecht nach § 47 InsO an den Ansprüchen zustehe, die sich aus dem Deckungsverhältnis zwischen Arbeitgeber und Unterstützungskasse ergäben.[1225]

Wie aber bereits unter § 2A.II.2.e., S. 36 f. angesprochen, ist diese eingeschränkte Rechtsposition des Arbeitnehmers durch die Rechtsprechung des BAG und des BVerfG stark erweitert worden. Mittlerweile ist ein Anspruch des

---

1223 *Ahnert*, S. 77.

1224 BAG, Urteil vom 10.11.1977 – 3 AZR 705/76, AP BGB § 242 Nr. 8 Ruhegehalt-Unterstützungskasse; *Blomeyer/Rolfs/Otto*, Anhang zu § 1 Rn. 958.

1225 *Steigenberger*, S. 161.

Arbeitnehmers gegen die Unterstützungskasse allgemein anerkannt.[1226] Welche Anspruchsgrundlage ihm zugrunde liegt, ist jedoch umstritten.

a. *Einheitstheorie der Rechtsprechung und Vertrag zugunsten Dritter*

Trotz der in der Legaldefinition des § 1b Abs. 4 S. 1 BetrAVG festgeschriebenen rechtlichen Selbständigkeit der Unterstützungskasse sieht das BAG den rechtlichen und wirtschaftlichen Zusammenhang zwischen der Unterstützungskasse und ihrem Trägerunternehmen als so eng an, dass es sie „wirtschaftlich als Einheit“ und die „Unterstützungskasse lediglich als Instrument ihres Trägerunternehmens“ betrachtet.[1227] Diese sogenannte Einheitstheorie hatte den Zweck, die Haftung des Trägerunternehmens gegenüber dem Versorgungsberechtigten für den Fall sicherzustellen, dass die Unterstützungskasse vermögenslos oder nicht bereit ist, zu zahlen.[1228] Der in den Richtlinien oder der Satzung regelmäßig verankerte Ausschluss eines Rechtsanspruchs wurde umgedeutet in einen Widerrufsvorbehalt aus sachlichen Gründen.[1229] Soll der Kasse nun in bestimmten Fällen ein Widerrufsrecht zustehen, muss aber notwendigerweise auch ein Anspruch gegen sie bestehen, der aufgrund des Widerrufs in den von der Rechtsprechung vorgegebenen Fällen entfallen kann. Fraglich ist, welcher Art dieser Anspruch ist und worin er seinen Ursprung hat.

Das BAG hat u.a. in einem Urteil aus dem Jahr 1977[1230] dazu ausgeführt: „Die Leistungspflicht der Kasse gegenüber den Arbeitnehmern und Pensionären kann dabei entweder nach § 328 Abs. 1 BGB durch einen Vertrag zwischen Arbeitgeber und Kasse begründet oder in einem die Arbeitnehmer entsprechend § 328 Abs. 1 BGB begünstigenden Satzungsbestandteil zu sehen sein.“ Ginge man davon aus, dass zwischen dem Arbeitgeber und der Unterstützungskasse ein Vertrag zugunsten Dritter, nämlich der Arbeitnehmer, vorliegt,[1231] bedeutete

---

1226 BeckOK-ArbR/*Clemens*, § 1 BetrAVG Rn. 34; *Blomeyer/Rolfs/Otto*, Anhang zu § 1 Rn. 949 ff.; ErfK/*Steinmeyer*, § 1b BetrAVG Rn. 58; Förster/Cisch/Karst/*Löschhorn*, § 1b Rn. 83.

1227 BAG, Urteil vom 15.3.1979 – 3 AZR 859/77, NJW 1979, 2533, 2533.

1228 *Ahnert*, S. 72; *Blomeyer*, BB 1980, 789, 791.

1229 BAG, Urteil vom 18.11.2008 – 3 AZR 417/07, DB 2009, 1079, 1079; Urteil vom 31.7.2007 – 3 AZR 373/06, ZIP 2007, 2326, 2327; Urteil vom 10.11.1977 – 3 AZR 705/76, AP BGB § 242 Nr. 8 Ruhegehalt-Unterstützungskassen.

1230 BAG, Urteil vom 10.11.1977 – 3 AZR 705/76, AP BGB § 242 Nr. 8 Ruhegehalt-Unterstützungskasse; auch schon in BAG, Urteil vom 29.5.1968 - 3 AZR 459/67, AP BGB § 242 Nr. 127 Ruhegehalt; Urteil vom 30.10.1969 - 3 AZR 119/69, AP BGB § 242 Nr. 1 Ruhegehalt-Unterstützungskassen.

1231 So auch schon angedacht, aber offengelassen von BAG, Urteil vom 31.10.1969 – 3 AZR 119/69, NJW 1970, 1145, 1145; Urteil vom 17.5.1973 – 3 AZR 381/72, NJW

das gemäß § 328 Abs. 1 BGB, dass der Arbeitnehmer unmittelbar das Recht hätte, gegenüber der Unterstützungskasse Leistungen zu fordern. Auch der Versicherungsvertrag im Rahmen einer Direktversicherung ist als Vertrag zugunsten Dritter nach § 328 BGB einzuordnen (siehe dazu oben unter § 3B.I., S. 170).[1232] Die insolvenzrechtliche Einordnung des Begünstigungsverhältnisses müsste dann parallel zu dem des Lebensversicherungsvertrags bei einer Direktversicherung erfolgen.

Da nach Ansicht des BAG der Ausschluss des Rechtsanspruchs in einen Widerrufsvorbehalt umzudeuten ist, müsste die insolvenzrechtliche Einordnung entsprechend der Einordnung eines eingeschränkt unwiderruflichen Bezugsrechts erfolgen, aufgrund dessen der Arbeitnehmer auch grundsätzlich einen Anspruch auf die Versicherungsleistungen hat, der aber unter bestimmten Voraussetzungen widerrufen werden kann (siehe oben unter § 3B.II.3., S. 226). Lägen die Voraussetzungen für den Widerrufsvorbehalt vor, gehörten die Ansprüche zur Insolvenzmasse des Arbeitgebers, lägen sie nicht vor, bestünde für den Arbeitnehmer ein Aussonderungsrecht nach § 47 InsO.[1233] Insofern müssten die sachlichen Gründe vorliegen, die die Rechtsprechung für den Widerruf der Unterstützungskasse für erforderlich hält,[1234] damit der Insolvenzverwalter die aus dem Begünstigungsverhältnis resultierenden Ansprüche für die Insolvenzmasse geltend machen könnte.

Jedoch scheint die Konstellation der Direktversicherung nicht recht vergleichbar mit der der Unterstützungskassenzusage, denn das Vertragsverhältnis besteht bei der Direktversicherung mit einem externen Lebensversicherungsunternehmen, das völlig unabhängig vom Arbeitgeber besteht. Die Unterstützungskasse hingegen wurde häufig vom Arbeitgeber selbst (wenn auch unter Umständen zusammen mit anderen Unternehmen) gegründet, und zwar tatsächlich nur zu dem Zweck, die Altersversorgung der Arbeitnehmer durchzuführen. Die Einordnung der vertraglichen Bindung im Deckungsverhältnis als Vertrag zugunsten Dritter i.S.d. § 328 BGB wurde daher kritisiert. Die Interessenlage von Arbeitgeber, Arbeitnehmer und Unterstützungskasse soll eine andere sein als die, die normalerweise einem Vertrag zugunsten Dritter zugrunde liegt.

Beim Vertrag zugunsten Dritter kämen sowohl der Versprechensempfänger als auch der Dritte potentiell als an der Schuldnerleistung Interessierte in Betracht, die Leistung an den Dritten solle nur den Umweg einer doppelten Leis-

---

1973, 1946, 1947; bejahend wohl BeckOK-BGB/*Janoschek*, § 328 Rn. 25; Palandt/*Grüneberg*, § 328 Rn. 8.

1232 Den Vergleich zieht auch *Blomeyer*, BB 1980, 789, 793.

1233 Siehe zur Direktversicherung oben unter § 3B.II.3.a., S. 229 f.

1234 BAG, Urteil vom 31.7.2007 – 3 AZR 373/06, ZIP 2007, 2326, 2327.

tung über den Versprechensempfänger (also über den Arbeitgeber an den Arbeitnehmer) vermeiden.[1235] Die Unterstützungskasse schuldet dem Arbeitgeber aber nichts, was dieser an die Arbeitnehmer weiterleiten könnte.[1236] Im Gegenteil: Eine Unterstützungskasse soll gerade die Zuwendung des Arbeitgebers an den Arbeitnehmer weiterleiten.[1237] Wenn die Unterstützungskasse erst zu dem Zweck ins Leben gerufen wurde, Leistungen an die Arbeitnehmer zu erbringen, kann die zum Arbeitgeber bestehende vertragliche Verbindung nicht den Zweck haben, den Umweg der Leistungserbringung über den Arbeitgeber zu vermeiden. Der Arbeitgeber hätte ansonsten die Kasse gar nicht erst bilden müssen. Der Arbeitgeber kann auch nicht als an der Leistung der Unterstützungskasse Interessierter gesehen werden, denn er ist derjenige, der die Unterstützungskasse dotiert. Andernfalls wäre er sozusagen an seiner eigenen Leistung interessiert. Das zeigt auch den Unterschied zur Direktversicherung, in der der Arbeitgeber durchaus ein Interesse daran haben kann, die Leistungen des Versicherungsunternehmens selbst in Anspruch zu nehmen. Denn diese Leistungen sind die Leistungen eines anderen – nämlich des Versicherungsunternehmens.

Gegen eine Einordnung des Anspruchs als aus einem Vertrag zugunsten Dritter zwischen Arbeitgeber und Unterstützungskasse entspringend spricht auch die Tatsache, dass das BAG der Unterstützungskasse zugesteht, Leistungen mit Rücksicht auf die Beziehung zwischen Arbeitgeber und Arbeitnehmer, also mit Rücksicht auf das Valutaverhältnis, zu verweigern.[1238] Für den Vertrag zugunsten Dritter ist jedoch nach § 334 BGB nur vorgesehen, dass der Versprechende Einwendungen aus dem Deckungsverhältnis mit dem Versprechensempfänger gegenüber dem Dritten geltend machen kann.[1239]

Daher ist der Anspruch des Arbeitnehmers auf die Leistungen der Unterstützungskasse nicht als aus einem zwischen Arbeitgeber und Unterstützungskasse geschlossenen Vertrag zugunsten Dritter i.S.d. § 328 BGB herrührend einzuord-

---

1235 *Förster/Rühmann*, Anm. zu BAG, Urteil vom 17.5.1973, 3 AZR 381/72, AP BGB § 242 Nr. 6 Ruhegehalt-Unterstützungskassen; Palandt/*Grüneberg*, Einf. vor. § 328 Rn. 2; *Sieg*, Anm. zu BAG, Urteil vom 31.10.1969 – 3 AZR 119/69, SAE 1970, 227, 228.

1236 *Moll*, ZIP 1980, 497, 499.

1237 *Förster/Rühmann*, Anm. zu BAG, Urteil vom 17.5.1973, 3 AZR 381/72, AP BGB § 242 Nr. 6 Ruhegehalt-Unterstützungskassen; *Moll*, ZIP 1980, 497, 499.

1238 BAG, Urteil vom 31.10.1969 – 3 AZR 119/96, AP BGB § 242 Nr. 1 Ruhegehalt-Unterstützungskassen.

1239 *Moll*, ZIP 1980, 497, 499; *Kraft*, Anm. zu BAG, Urteil vom 10.11.1977, AP BGB § 242 Nr. 8 Ruhegehalt-Unterstützungskassen; *Sieg*, Anm. zu BAG, Urteil vom 31.10.1969 – 3 AZR 119/69, SAE 1970, 227, 228; aA: MüKo-BGB/*Gottwald*, § 328 Rn. 39, der darauf hinweist, dass § 334 BGB vertraglich ausgeschlossen werden könne.

nen. Die insolvenzrechtliche Einordnung erfolgt folglich auch nicht parallel zur Direktversicherung.

b. *Vertrauenshaftung*

Der von der Literatur der Einheitstheorie der Rechtsprechung entgegengesetzte Entwurf zur Begründung des Anspruchs des Arbeitnehmers auf Leistungen gegenüber der Unterstützungskasse beruht auf dem Konstrukt der Vertrauenshaftung.[1240] Auch die Rechtsprechung hat eine Vertrauenshaftung der Unterstützungskasse als Grundlage für den Anspruch des Arbeitnehmers als mögliche Alternative zum Vertrag zugunsten Dritter benannt, das Ergebnis aber offengelassen.[1241]

Nach der Theorie von der Vertrauenshaftung scheidet ein rechtsgeschäftlich begründeter Anspruch des Arbeitnehmers gegen die Unterstützungskasse aufgrund des eindeutigen Wortlauts des Gesetzes zwar aus, dies gelte aber nur für einen rechtsgeschäftlich begründeten, nicht für einen auf einer Vertrauenshaftung beruhenden Anspruch.[1242] Die Vertrauenshaftung basiert auf der Grundannahme, dass die Unterstützungskasse bei den Arbeitnehmern durch ihr eigenes Verhalten das Vertrauen erweckt hat, dass sie bei Eintritt des Versorgungsfalls Leistungen erbringen wird. Dass eine Unterstützungskasse existiert und dass diese Unterstützungskasse Leistungen der betrieblichen Altersversorgung zu gewähren beabsichtigt, wird im betroffenen Betrieb bekannt und indem die Unterstützungskasse dies duldet, schafft sie einen Vertrauenstatbestand.[1243] Unter Umständen wird sie auch selbst aktiv und gibt den Arbeitnehmern durch ihre Organe selbst bekannt, dass sie in den Kreis ihrer Begünstigten aufgenommen wurden; außerdem erfolgen ihrerseits über einen längeren Zeitraum hinweg regelmäßig Zahlungen, was bei den Arbeitnehmern berechtigterweise die Erwartungshaltung auslöst, ebenfalls Leistungen entsprechend der Richtlinien und Satzungen zu erhalten.[1244]

1240 *Ahnert*, S. 79 f.; *Blomeyer*, BB 1980, 789, 793 f.; *Blomeyer/Rolfs/Otto*, Anhang zu § 1 Rn. 950 f.; *Förster/Rühmann*, Anm. zu BAG, Urteil vom 17.5.1973 – 3 AZR 381/72, AP BGB § 242 Nr. 6 Ruhegehalt-Unterstützungskassen; *Moll*, ZIP 1980, 497, 500 ff; krit.: *Sieg*, Anm. zu BAG, Urteil vom 8.12.1972 – 3 AZR 203/72, SAE 1973, 204, 205.

1241 BAG, Urteil vom 10.11.1977 – 3 AZR 705/76, AP BGB § 242 Nr. 8 Ruhegehalt-Unterstützungskassen; Urteil vom 30.10.1969 - 3 AZR 119/69, AP BGB § 242 Nr. 1 Ruhegehalt-Unterstützungskassen; Urteil vom 29.5.1968 - 3 AZR 459/67, AP BGB § 242 Nr. 127 Ruhegehalt.

1242 *Blomeyer*, BB 1980, 789, 793; *Blomeyer/Rolfs/Otto*, Anhang zu § 1 Rn. 950.

1243 BAG, Urteil vom 29.5.1968 - 3 AZR 459/67, AP BGB § 242 Nr. 127 Ruhegehalt.

1244 *Moll*, ZIP 1980, 497, 500.

Wenn sich die Unterstützungskasse dann nach Eintritt des Versorgungsfalls auf die mangelnde Pflicht zur Zahlung der Leistungen beruft, verstößt sie damit gemäß § 242 BGB gegen Treu und Glauben und die Haftung tritt ein.[1245] Die Kasse haftet also für ihr eigenes Verhalten und muss es sich mit der Folge zurechnen lassen, dass auf Seiten der Arbeitnehmer Ansprüche entstehen.[1246]

Ist der Versorgungsfall noch nicht eingetreten, bestehen auf Seiten der Anwartschaftsberechtigten noch keine Ansprüche. Denn zu diesem Zeitpunkt bestand mangels Eintritt des Versorgungsfalls noch gar kein Vertrauen der Versorgungsberechtigten, dass eine Leistung seitens der Unterstützungskasse erbracht wird. Also können sie auch aus einer Vertrauenshaftung in der Insolvenz des Arbeitgebers noch gar keine Ansprüche herleiten, die der Insolvenzverwalter für die Insolvenzmasse geltend machen könnte. Für die Versorgungsberechtigten besteht dann aber ein umfassender Insolvenzschutz der Anwartschaftsberechtigten durch den PSV nach § 7 Abs. 2 S. 2 BetrAVG.[1247]

Ist der Versorgungsfall jedoch bereits eingetreten und will bzw. kann die Unterstützungskasse trotzdem nicht leisten, entstehen die Ansprüche der (ehemaligen) Arbeitnehmer. Diese Ansprüche beruhen aber auf einem zwischen dem Arbeitnehmer und der Unterstützungskasse bestehenden Verhältnis, in das der Arbeitgeber unmittelbar nicht involviert ist. Ähnlich wie bei einer Pensionskasse in der Rechtsform des VVaG, bei der der Arbeitnehmer selbst Versicherungsnehmer ist, hat der Arbeitgeber keine rechtliche Stellung, die den Insolvenzverwalter dazu bemächtigen könnte, diese Ansprüche für die Insolvenzmasse geltend zu machen.

2. Zugriffsmöglichkeiten des Insolvenzverwalters

Trotz dieser zunächst als sicher erscheinenden Stellung zumindest der Betriebsrentner, denen bereits ein Anspruch aufgrund Vertrauenshaftung gegen die Unterstützungskasse zusteht, können sie sich in der Insolvenz des Arbeitgebers nicht darauf verlassen, die ihnen versprochenen Leistungen zu erhalten. Dies beruht zum einen darauf, dass insbesondere im Falle der wirtschaftlichen Notlage des Arbeitgebers keineswegs sicher ist, dass die Unterstützungskasse durch

---

1245 BAG, Urteil vom 29.5.1968 - 3 AZR 459/67, AP BGB § 242 Nr. 127 Ruhegehalt.; *Binder/Gärtner*, NZA 2009, 1391, 1392; *Blomeyer*, BB 1980, 789, 793; *Blomeyer/Rolfs/Otto*, Anhang zu § 1 Rn. 951; *Förster/Rühmann*, Anm. zu BAG, Urteil vom 17.5.1973 – 3 AZR 381/72, AP BGB § 242 Nr. 6 Ruhegehalt-Unterstützungskassen; *Moll*, ZIP 1980, 497, 500.

1246 BAG, Urteil vom 29.5.1968 - 3 AZR 459/67, AP BGB § 242 Nr. 127 Ruhegehalt.

1247 Zur Frage, inwieweit dieser Insolvenzschutz bei einer nicht ausreichend dotierten Unterstützungskasse greift, siehe unten unter § 3D.II.1., S. 305 f.

ihn ausreichend dotiert wurde, um alle bestehenden Verpflichtungen zu befriedigen. Denn der Arbeitgeber verpflichtet sich zwar in der Regel vertraglich[1248] dazu, die Unterstützungskasse ausreichend zu dotieren.[1249] Außerdem wird zwischen Arbeitgeber und Unterstützungskasse, die im Auftrag des Arbeitgebers die betriebliche Altersversorgung seiner Arbeitnehmer abwickeln soll, ein Auftragsverhältnis angenommen, so dass die Unterstützungskasse einen Aufwendungsersatzanspruch für bereits entstandene Pensionsverpflichtungen nach § 670 BGB bzw. sogar einen Anspruch auf Vorschussleistung nach § 669 BGB hat.[1250] Ob diese Dotierung aber tatsächlich in wirtschaftlich schwierigen Zeiten des Trägerunternehmens erfolgt ist, ist fraglich.

Auch in Anbetracht der nicht vorhandenen gesetzlichen Regelungen darüber, wie die Unterstützungskasse die ihr überlassenen Vermögensmittel anzulegen hat, und angesichts der Möglichkeit, die ihr überlassenen Mittel an den Arbeitgeber als Darlehen zurückzugewähren (siehe oben unter § 2A.II.2.e., S. 37), ist nicht davon auszugehen, dass der Unterstützungskasse in der Insolvenz des Trägerunternehmens ausreichende Mittel zur Erfüllung der Versorgungsansprüche zur Verfügung stehen, auch wenn dies für eine kurze Zeit der Fall sein mag.[1251]

Insofern stellt sich dann die Frage nach der insolvenzrechtlichen Einordnung der Ausfallhaftung des Arbeitgebers, der für die nicht von der Unterstützungskasse befriedigten Ansprüche einzustehen hat (siehe dazu unten unter § 3D.II., S. 304 ff.).

Verfügt die Unterstützungskasse jedoch noch über Mittel, stellt sich für den Insolvenzverwalter des Arbeitgebers hier wiederum die Frage, ob für ihn die Möglichkeit besteht, diese Mittel zur Masse zu ziehen. Dies ist wiederum abhängig von der gewählten Rechtsform und der daraus resultierenden rechtlichen Stellung des Arbeitgebers.

a. Zugriff nach allgemeinen Regeln

Ist die Unterstützungskasse als eingetragener Verein gegründet, ist der Arbeitgeber regelmäßig Mitglied dieses Vereins.[1252] Im Falle der GmbH ist der Arbeit-

---

1248 Wie genau dies geschieht, ist abhängig von der gewählten Rechtsform der Unterstützungskasse, vgl. dazu Ahnert, S. 83 f.

1249 *Blomeyer/Rolfs/Otto*, Anhang zu § 1 Rn. 968.

1250 BAG, Urteil vom 10.11.1977 – 3 AZR 705/76, AP BGB § 242 Nr. 8 Ruhegehalt-Unterstützungskassen; *Ahnert*, S. 83 f.; Förster/Cisch/Karst/*Löschhorn*, § 1b Rn. 89; Schaub/*Vogelsang*, § 87 Rn. 18; *Steigenberger*, S. 113.

1251 *Blomeyer/Rolfs/Otto*, Vorb. vor §§ 7 – 15 Rn. 46.

1252 *Ahnert*, S. 83; *Ahrend/Rühmann*, DStR 1991, 1018, 1020; *Blomeyer/Rolfs/Otto*, Anhang zu § 1 Rn. 954; *Steigenberger*, S. 113.

geber in der Regel Gesellschafter der Unterstützungskasse[1253], unter Umständen sogar Alleingesellschafter einer Einpersonen-GmbH.[1254] Im seltenen Fall der Stiftung ist der Arbeitgeber der Stifter, der nach § 82 BGB das im Stiftungsgeschäft zugesagte Vermögen auf die Stiftung übertragen muss, wenn diese staatlich genehmigt wird.[1255]

Grundsätzlich gilt auch hier genauso wie im Falle der Pensionskasse oder des Pensionsfonds, dass die Insolvenz des Arbeitgebers wegen der rechtlichen Selbständigkeit der Unterstützungskasse zunächst einmal keine Auswirkungen auf das Vermögen der Unterstützungskasse hat. Vereinzelt kann aber nach den aufgrund der Rechtsform anwendbaren Rechtsvorschriften für den Insolvenzverwalter die Möglichkeit bestehen, das Vermögen der Unterstützungskasse doch noch zur Insolvenzmasse zu ziehen.

Wird z.B. über das Vermögen eines Gesellschafters einer Unterstüztungskasse in der Rechtsform der GmbH das Insolvenzverfahren eröffnet, erlangt der Insolvenzverwalter gemäß § 80 Abs. 1 InsO die Verwaltungs- und Verfügungsbefugnis über den Gesellschaftsanteil, er ist befugt, bestimmte Rechte für den Insolvenzschuldner auszuüben.[1256] Der Insolvenzverwalter tritt jedenfalls insoweit in die innergesellschaftliche Stellung des Schuldners ein, wie dies notwendig ist, um den Wert des Gesellschaftsanteils zu realisieren.[1257] Eine GmbH kann durch Gesellschafterbeschluss gemäß § 60 Abs. 1 Nr. 2 GmbHG aufgelöst und liquidiert werden. Diese Möglichkeit stünde nach allgemeinen Regeln nach Übergang der Verwaltungs- und Verfügungsbefugnis auch dem Insolvenzverwalter zu, wenn er denn die hierfür erforderlichen Voraussetzungen schafft.[1258]

Auch bei einer Stiftung wäre ein solches Handeln des Insolvenzverwalters denkbar. Die Zuwendungen, die der Stifter der Stiftung gewährt, sind zwar grundsätzlich in der Insolvenz des Stifters nicht der Insolvenzmasse zuzuordnen, weil die Vermögensübertragung an die Stiftung über eine bloß treuhänderische hinausgeht, auch wenn die Stiftung aufgrund des Stiftungszwecks in der Ver-

---

1253 *Ahnert*, S. 83; *Ahrend/Rühmann*, DStR 1991, 1018, 1020; *Blomeyer/Rolfs/Otto*, Anhang zu § 1 Rn. 954.

1254 *Steigenberger*, S. 114.

1255 *Ahnert,* S. 83.

1256 *Bergmann*, ZInsO 2004, 225, 225; Roth/*Altmeppen*, § 15 Rn. 64; Uhlenbruck/*Uhlenbruck*, § 80 Rn. 814; Wicke, § 15 Rn. 33.

1257 *Hess*, § 80 Rn. 387.

1258 BAG, Urteil vom 12.2.1991 – 3 AZR 30/90, NZA 1991, 723, 725; *Blomeyer/Rolfs/Otto*, Vorb. vor §§ 7 – 15 Rn. 46; *Schroeders*, KSzW 2010, 43, 49; *Steigenberger*, S. 114.

wendung der Mittel beschränkt ist.[1259] Der Stifter wollte schließlich sein Vermögen endgültig und nicht nur vorübergehend der Stiftung zuwenden.[1260] Denkbare wäre aber eine Auflösung der Stiftung in der Insolvenz des stiftenden Arbeitgebers, wenn die Satzung das für diesen Fall vorsieht.[1261]

Insofern ist es nach allgemeinen Regeln nicht undenkbar, dass der Insolvenzverwalter das Vermögen der Unterstützungskasse zur Insolvenzmasse zieht.

b *Vermögensübergang auf den PSV, § 9 Abs. 3 BetrAVG*

Im Falle der Unterstützungskasse gibt es jedoch eine Vorschrift, die all diese möglichen Überlegungen des Insolvenzverwalters zunichtemacht: § 9 Abs. 3 BetrAVG. Danach geht das Vermögen einer Unterstützungskasse einschließlich der Verbindlichkeiten auf den PSV über, wenn dieser zu Leistungen verpflichtet ist, die ohne den Eintritt des Sicherungsfalles die Unterstützungskasse erbringen würde (S. 1).

Sinn der Vorschrift war es zunächst einmal, die Tatsache zu kompensieren, dass aufgrund des nach der Legaldefinition geltenden Ausschlusses des Rechtanspruchs des Arbeitnehmers gegenüber der Unterstützungskasse § 9 Abs. 2 BetrAVG, der den Übergang der Ansprüche der Arbeitnehmer auf den PSV im Sicherungsfall anordnet, keine Anwendung findet. Mit dem Übergang des Vermögens sollten bestehende Aufwendungsersatz- bzw. Vorschussansprüche der Unterstützungskasse gegen den Arbeitgeber auf den PSV übergehen, die dieser dann gegenüber dem insolventen Arbeitgeber geltend machen kann.[1262] Angesichts der heute anerkannten Haftung der Unterstützungskasse gegenüber den Arbeitnehmern (siehe oben unter § 3C.III.1., S. 281 ff.) ist zumindest diese Zwecksetzung überholt, da insoweit auch § 9 Abs. 2 BetrAVG Anwendung findet.[1263]

Mit der Anordnung des Übergangs des Vermögens der Unterstützungskasse auf den PSV wird jedoch auch verhindert, dass der Insolvenzverwalter das Vermögen einer noch dotierten Kasse zur Insolvenzmasse zieht. Die für die betriebliche Altersversorgung vorgesehenen Mittel sollen nicht anderweitig als für den

1259 BGH, Urteil vom 10.12.2003 – IV ZR 249/02, NJW 2004, 1382, 1383; *Roth/Knof*, KTS 2009, 163, 195.

1260 *Hirte*, FS Werner, S. 222, 233.

1261 *Steigenberger*, S. 115.

1262 *Blomeyer/Rolfs/Otto*, § 9 Rn. 70; ErfK/*Steinmeyer*, § 9 BetrAVG Rn. 15.

1263 *Blomeyer/Rolfs/Otto*, § 9 Rn. 71; zur Frage, inwieweit dann der Vermögensübergang nach § 9 Abs. 3 BetrAVG mit dem Übergang der Ansprüche und Anwartschaften auf den PSV nach § 9 Abs. 2 BetrAVG kollidiert, siehe unten unter § 3D.II.2., S. 308 f.

Zweck der betrieblichen Altersversorgung verwendet und daher der Insolvenzmasse und dem Zugriff der übrigen Insolvenzgläubiger entzogen werden.[1264]

Der Vermögensübergang findet zwingend, und zwar auch dann statt, wenn die Unterstützungskasse ausnahmsweise einmal ausreichend dotiert oder gar überdotiert sein sollte, denn nur so kann verhindert werden, dass der Insolvenzverwalter das Vermögen der Unterstützungskasse zur Insolvenzmasse zu ziehen versucht.[1265] Wenn die übergegangenen Vermögenswerte die Verbindlichkeiten übersteigen, die den PSV aufgrund des Eintritts des Sicherungsfalls gegenüber den Versorgungsberechtigten treffen, hat dieser den übersteigenden Teil nach § 9 Abs. 3 S. 2 BetrAVG entsprechend der Satzung der Unterstützungskasse zu verwenden. Dies kann zu einer Erhöhung der laufenden Leistungen und der unverfallbaren Anwartschaften oder gar zu einer Ausschüttung von Leistungen an Versorgungsberechtigte mit verfallbaren Anwartschaften führen.[1266]

Maßgeblicher Zeitpunkt für den Vermögensübergang ist in Anlehnung an § 9 Abs. 2 BetrAVG die Eröffnung des Insolvenzverfahrens, so dass dem Insolvenzverwalter von Anfang an die Möglichkeit genommen wird, für die Versorgungsberechtigten nachteilige Handlungen an dem Vermögen der Unterstützungskasse vorzunehmen.[1267]

Zum Vermögen gehören neben allen vermögenswerten Gütern der Unterstützungskasse (bewegliches und unbewegliches Vermögen, Forderungen wie z.B. Ansprüche aus Rückdeckungsversicherungen, Aufwendungsersatz-, Vorschuss- oder Darlehensrückzahlungsansprüche[1268] gegenüber dem Arbeitgeber)[1269] auch – wie in § 9 Abs. 3 S. 1 BetrAVG ausdrücklich betont – die Verbindlichkeiten der Unterstützungskasse. Dies soll eine geordnete Abwicklung ermöglichen.[1270] Ist im Vermögen der Unterstützungskasse auch Grundvermö-

---

1264 BAG, Urteil vom 12.2.1991 – 3 AZR 30/90, NZA 1991, 723, 725; ErfK/*Steinmeyer*, § 9 BetrAVG Rn. 17; *Berenz*, DB 2006, 1006, 1006; *Griebeling*, DB 1991, 2336, 2340; Kemper/Kisters-Kölkes/Berenz/Huber/*Berenz*, § 9 Rn. 26; *Paulsdorff*, Kommentar Insolvenzsicherung, § 9 Rn. 85; *Schulte*, RPfleger 2007, 365, 366.

1265 BAG, Urteil vom 12.2.1991 – 3 AZR 30/90, NZA 1991, 723, 725; siehe auch Merkblatt 110/M7 des PSVaG, Stand 1.10, Ziff. 4.4, abrufbar unter http://www.psvag.de/pdf/m110_07.pdf (20.1.2014).

1266 *Berenz*, DB 2006, 1006, 1007; Kemper/Kisters-Kölkes/Berenz/Huber/*Berenz*, § 9 Rn. 27.

1267 BAG, Urteil vom 12.2.1991 – 3 AZR 30/90, NZA 1991, 723, 726; Urteil vom 6.10.1992 – 3 AZR 41/92, NZA 1993, 455, 456; *Berenz*, DB 2006, 1006, 1006; *Blomeyer/Rolfs/Otto*, § 9 Rn. 83.

1268 BAG, Urteil vom 6.10.1992 – 3 AZR 41/92, NZA 1993, 455, 456.

1269 *Blomeyer/Rolfs/Otto*, § 9 Rn. 78.

1270 Förster/Cisch/Karst/*Hock*, § 9 Rn. 9.

gen enthalten, wird aufgrund des Vermögensübergangs auf den PSV das Grundbuch unrichtig und muss berichtigt werden.[1271]

Nach dem Wortlaut des § 9 Abs. 3 S. 1 BetrAVG findet der Vermögensübergang nur dann statt, wenn der PSV zu Leistungen verpflichtet ist, was bedeuten würde, dass kein Vermögensübergang stattfinden würde, wenn nur unverfallbare Anwartschaften vorhanden wären und daher zum Zeitpunkt der Eröffnung des Insolvenzverfahrens unmittelbar keine Leistungsansprüche gegen den PSV bestünden. Nach allgemeiner Meinung entspricht dies nicht dem Normzweck der Vorschrift, so dass insoweit eine teleologische Extension bzw. eine analoge Anwendung auch auf den Übergang von nur unverfallbaren Anwartschaften vorzunehmen ist.[1272]

Der Vermögensübergang findet bei jedem Sicherungsfall i.S.d. § 7 Abs. 1 S. 4 BetrAVG statt; eine Ausnahme besteht jedoch für den außergerichtlichen Vergleich nach § 7 Abs. 1 S. 4 Nr. 2 BetrAVG, es sei denn, das Trägerunternehmen setzt seine Betriebstätigkeit nicht fort und wird aufgelöst (§ 9 Abs. 3 S. 4 BetrAVG). Der Vermögensübergang findet also immer dann statt, wenn aufgrund des Sicherungsfalls der Arbeitgeber auch seine Betriebstätigkeit einstellt.[1273]

Hat die Unterstützungskasse mehrere Trägerunternehmen, hat der PSV gegen die Unterstützungskasse einen Anspruch auf den Betrag, der dem Teil des Vermögens der Kasse entspricht, der auf das Unternehmen entfällt, bei dem der Sicherungsfall eingetreten ist (§ 9 Abs. 3 S. 3 BetrAVG). Zweck der Vorschrift ist es zu verhindern, dass die Insolvenz eines Trägerunternehmens auch die Versorgungsberechtigten der anderen Trägerunternehmen beeinträchtigt.[1274] Wie hoch der Anteil des insolventen Trägerunternehmens an dem Vermögen der Unterstützungskasse ist, bestimmt sich nach den zwischen den beteiligten Trägerunternehmen getroffenen Vereinbarungen, maßgeblich ist also in erster Linie der Gesellschaftsvertrag oder die Satzung der Unterstützungskasse.[1275]

Im Ergebnis kann der Insolvenzverwalter für den Fall, dass durch den PSV geschützte Anwartschaften und Versorgungsansprüche aufgrund der Unterstützungskassen-Zusage bestehen, nicht auf das Vermögen der Unterstützungskasse zugreifen, da § 9 Abs. 3 BetrAVG dessen Übergang auf den PSV mit Eröffnung des Insolvenzverfahrens anordnet.

1271 Siehe dazu *Schulte*, RPfleger 2007, 365, 366 f.

1272 *Blomeyer/Rolfs/Otto*, § 9 Rn. 74; ErfK/*Steinmeyer*, § 9 BetrAVG Rn. 16; *Höfer*, BetrAVG, § 9 Rn. 4721.

1273 *Berenz*, DB 2006, 1006, 1006.

1274 *Berenz*, DB 2006, 1006, 1008; *Blomeyer/Rolfs/Otto*, § 9 Rn. 89; ErfK/*Steinmeyer*, § 9 BetrAVG Rn. 19.

1275 BAG, Urteil vom 22.10.1991 – 3 AZR 1/91, ZIP 1992, 794, 796.

3. Rückgedeckte Unterstützungskasse

Die rückgedeckte Unterstützungskasse ist eine hinsichtlich der Finanzierung der Versorgungsleistungen abgewandelte Variante der klassischen Unterstützungskasse. Der klassischen Unterstützungskasse werden die Mittel zur Finanzierung der späteren Versorgungsleistungen vom Trägerunternehmen zugewendet. Diese Art der Finanzierung wird auch als „polsterfinanzierte" Unterstützungskasse bezeichnet.[1276] Im Gegensatz dazu schließt die Unterstützungskasse im Falle der rückgedeckten Unterstützungskasse mit einem Lebensversicherungsunternehmen eine Versicherung auf das Leben der Versorgungsberechtigten; durch diese Versicherung erfolgt die Finanzierung der im Leistungsplan der Unterstützungskasse festgelegten Leistungen an die Versorgungsberechtigten.[1277] Die Leistungen erbringt also bei Eintritt des Versorgungsfalls das Versicherungsunternehmen.[1278] Versicherungsnehmerin und Bezugsberechtigte ist die Unterstützungskasse, sie leistet die zu zahlenden Beiträge und erhält die Versicherungsleistungen.[1279]

Es gibt sowohl die Möglichkeit, alle zu erbringenden Versorgungsleistungen durch die Rückdeckungsversicherung abzudecken, als auch nur eine teilweise, partielle Abdeckung vorzunehmen. Bei Ersterer handelt es sich dann um eine sog. kongruent rückgedeckte Unterstützungskasse, für die in § 4 Abs. 4 BetrAVG i.d.F. bis zum 31.12.1999 eine Legaldefinition vorgesehen war. Danach handelte es sich bei einer kongruent rückgedeckten Unterstützungskasse um eine Unterstützungskasse i.S.d. BetrAVG, die sich die Mittel für ihre Versorgungsleistungen, die einem Leistungsempfänger oder Leistungsanwärter in Aussicht gestellt werden, in voller Höhe durch Abschluss einer Versicherung verschafft. Eine partielle Rückdeckung kommt in verschiedenen Varianten in Betracht: Alle Versorgungsleistungen werden nur zu einem Teil abgedeckt, es besteht eine volle Rückdeckung nur für einen bestimmten Teil des Personenstandes oder eine oder mehrere Komponenten der Versorgung (z.B. die Invaliditätsversorgung) werden nicht rückgedeckt.[1280]

1276 *Paschek/D'Souza/Duda*, BB 1998, 93, 93.

1277 *Ahnert*, S. 116.

1278 Moll/*Rengier*, MAH Arbeitsrecht, § 36 Rn. 128.

1279 BAG, Urteil vom 29.9.2010 – 3 AZR 107/08, NZI 2011, 152, 154; *Ahnert*, S. 116; Förster/Cisch/Karst/*Löschhorn*, § 1b Rn. 87; *Naumann*, VW 2007, 1257; aA: Schaub/*Vogelsang*, § 87 Rn. 23, der auch den Arbeitgeber als Versicherungsnehmer für möglich hält.

1280 *Paschek/D'Souza/Duda*, BB 1998, 93, 96 f.

In der Insolvenz des Trägerunternehmens hat das Bestehen einer Rückdeckungsversicherung auf Seiten der Unterstützungskasse aus Sicht der Versorgungsberechtigten keine Auswirkungen. Der Arbeitgeber ist nicht Vertragspartner der Rückdeckungsversicherung, daher kann er auch keine Rechte aus ihr geltend machen, sein Insolvenzverwalter also auch nicht den Rückkaufswert der Versicherung zur Masse ziehen.[1281] Der Versicherungsvertrag und alle daraus resultierenden Ansprüche und Verpflichtungen gehen mit dem Vermögen der Unterstützungskasse gemäß § 9 Abs. 3 BetrAVG auf den PSV über, so dass der Insolvenzverwalter des Arbeitgebers genauso wie auf das restliche Vermögen der Unterstützungskasse unabhängig von der gewählten Rechtsform keinen Zugriff hat.[1282]

IV. Zusammenfassung

Die drei verschiedenen Durchführungswege der betrieblichen Altersversorgung über einen Reservefonds mit eigener Rechtspersönlichkeit haben gemeinsam, dass der Insolvenzverwalter des Arbeitgebers einen aus dem Zuwendungsverhältnis entspringenden Anspruch des Versorgungsberechtigten nicht zugunsten der Insolvenzmasse geltend machen kann. Auch kann er nicht auf das beim externen Versorgungsträger vorhandene Vermögen zugreifen, auch wenn dies auf unterschiedlichen Gründen beruht, je nachdem, um welche Art des Reservefonds es sich handelt.

Die Pensionskasse stellt für die Versorgungsberechtigten in der Insolvenz des Arbeitgebers einen sicheren Durchführungsweg dar. Handelt es sich bei der Pensionskasse um einen VVaG, ist der Arbeitnehmer in der Regel selbst Versicherungsnehmer, so dass der Insolvenzverwalter keinen Zugriff auf das zugunsten des Arbeitnehmers bestehende Versicherungsverhältnis hat. Auch das Vermögen der Pensionskasse kann nicht zur Insolvenzmasse gezogen werden, da es sich bei der Pensionskasse um einen selbstständigen Rechtsträger handelt und die Vermögensübertragung auf diesen nicht nur treuhänderisch erfolgt. Daher ist das Vermögen der Pensionskasse nicht dem Arbeitgeber zuzuordnen. Gleiches gilt für eine Pensionskasse in der Rechtsform der AG, die eventuelle Aktionärsstellung des Arbeitgebers ändert daran nichts. In diesem Fall wird das Versicherungsverhältnis zugunsten des Versorgungsberechtigten vom Arbeitgeber begründet, jedoch steht dem Versorgungsberechtigten bei einer Pensionskassen-Versorgung schon per defintionem ein eigener Anspruch auf die Versicherungs-

1281 BAG, Urteil vom 29.9.2010 – 3 AZR 107/08, NZI 2011, 152, 154.

1282 BAG, Urteil vom 12.2.1991 – 3 AZR 30/90, NZA 1991, 723, 726; *Blomeyer/Rolfs/Otto*, § 9 Rn. 78.

leistungen zu, so dass ihm (parallel zur Direktversicherung mit unwiderruflichem Bezugsrecht) ein Aussonderungsanspruch an dem Versicherungsverhältnis zusteht. Da die betriebliche Altersversorgung des Versorgungsberechtigten grundsätzlich nicht durch die Insolvenz des Arbeitgebers berührt wird[1283], besteht für die Pensionskasse auch kein Insolvenzschutz durch den PSV.

Die insolvenzrechtliche Einordnung der Pensionsfonds-Versorgung erfolgt im Grunde parallel zur Pensionskasse. Für die Leistungen, die der Arbeitnehmer aufgrund des Pensionsplans zu erwarten hat, besteht zumindest ein Aussonderungsrecht des Versorgungsberechtigten, da ihm auch hier per definitionem ein eigener Anspruch auf die Leistungen eingeräumt worden sein muss. Auch auf das Vermögen des Pensionsfonds hat der Insolvenzverwalter aus den gleichen Gründen wie im Falle der Pensionskasse keinen Zugriff. Trotz dieser insolvenzrechtlichen Einordnung und der bestehenden Aufsicht durch die BaFin unterliegt der Pensionsfonds dem gesetzlichen Insolvenzschutz, was insbesondere mit der im Vergleich zur Pensionskasse höheren Anlagefreiheit begründet wird. Dem im Vergleich zu anderen Durchführungswegen doch geringeren Risiko wird durch eine Modifizierung der Beitragspflicht (§ 10 Abs. 3 Nr. 4 BetrAVG) und die Möglichkeit der Übertragung der gegen den PSV gerichteten Ansprüche der Versorgungsberechtigten auf den Pensionsfonds, wenn die BaFin dem zustimmt (§ 8 Abs. 1a BetrAVG), Rechnung getragen.

Die Unterstützungskasse gewährt dem Versorgungsberechtigten nach ihrer Legaldefinition zwar keinen Anspruch auf ihre Leistungen, dieser Ausschluss eines Rechtsanspruchs ist aber mittlerweile von Rechtsprechung und Literatur ausgehöhlt worden. Nach vorzugswürdiger Ansicht entsteht ein Anspruch gegen die Unterstützungskasse aufgrund Vertrauenshaftung, wenn die Unterstützungskasse bei Eintritt des Versorgungsfalls nicht leistet. Dieser Anspruch besteht zugunsten des Versorgungsberechtigten im Verhältnis zur rechtlich selbständigen Unterstützungskasse, so dass die Insolvenz des Arbeitgebers hierauf keinen Einfluss hat. Besteht lediglich eine unverfallbare Anwartschaft und ist der Versorgungsfall noch nicht eingetreten, besteht aber zunächst einmal für den Versorgungsberechtigten auch noch kein Anspruch, den er gegenüber der Unterstützungskasse geltend machen könnte. Insoweit greift dann aber ein umfassender Insolvenzschutz nach § 7 Abs. 2 S. 2 BetrAVG. Der nach allgemeinen Regeln in Abhängigkeit von der gewählten Rechtsform der Unterstützungskasse denkbare Versuch des Insolvenzverwalters, das Vermögen der Unterstützungskasse zur Insolvenzmasse zu ziehen, wird durch die Regelung des § 9 Abs. 3 BetrAVG

1283 Zur Frage, wie sich dies bei aufgrund von Prämienrückständen entstandenen Ansprüchen gegen den Arbeitgeber nach § 1 Abs. 1 S. 3 BetrAVG auswirkt, siehe unten unter § 3D.III., S. 309 ff.

zunichte gemacht. Danach geht das Vermögen der Unterstützungskasse auf den PSV über, so dass es dem Zugriff des Insolvenzverwalters verwehrt bleibt.

Die Insolvenz des Arbeitgebers hat also grundsätzlich auf das Vermögen der Reservefonds mit eigener Rechtspersönlichkeit keine Auswirkungen. Wo ein Zugriff des Insolvenzverwalters denkbar wäre, verhindert das BetrAVG dies. Auch die Ansprüche der Versorgungsberechtigten sind insolvenzfest. Wo dies nicht der Fall ist (unverfallbare Anwartschaft im Falle der Unterstützungskasse), greift der Insolvenzschutz durch den PSV.

D. Ausfallhaftung des Arbeitgebers, § 1 Abs. 1 S. 3 BetrAVG

Wie bereits oben erwähnt, ist insbesondere bei einer Unterstützungskasse, für die keine Versicherungsaufsicht durch die BaFin vorgesehen ist, eine nur mangelnde Dotierung durch den Arbeitgeber im Zusammenhang mit einer wirtschaftlich schwierigen Situation im Vorfeld der Eröffnung des Insolvenzverfahrens über das Vermögen des Arbeitgebers denkbar. Ebenso vorstellbar ist, dass der wirtschaftlich angeschlagene Arbeitgeber für einen gewissen Zeitraum keine Prämien an die Pensionskasse, den Pensionsfonds oder das Versicherungsunternehmen im Falle einer Direktversicherung gezahlt hat. In diesen Fällen muss der Arbeitgeber für die von ihm zugesagten Leistungen nach § 1 Abs. 1 S. 3 BetrAVG selbst einstehen, wenn der externe Versorgungsträger die zugesagten Leistungen nicht oder nicht vollständig erbringt.

Gleiches gilt, wenn die Versorgungszusage nicht auf einer bewussten Vereinbarung des Arbeitgebers beruht, sondern z.B. aufgrund des arbeitsrechtlichen Gleichbehandlungsgrundsatzes oder aus betrieblicher Übung entstanden ist, da in diesem Fall der Arbeitnehmer beim externen Versorgungsträger gar nicht als Versicherter bzw. Begünstigter existent ist und er somit von diesem auch keine Leistungen zu erwarten hat. (Siehe dazu schon oben unter § 3A.II., S. 99 ff.)

Wie bereits oben unter § 3A.II.2., S. 102 ff. dargestellt, findet, soweit der Versorgungsberechtigte einen Anspruch gegen den Arbeitgeber aufgrund von § 1 Abs. 1 S. 3 BetrAVG innehat, kein formaler Wechsel des Durchführungswegs hin zu einer Direktzusage statt, da ansonsten die nach den verschiedenen Durchführungswegen ausdifferenzierte Insolvenzsicherung der betrieblichen Altersversorgung keinen Sinn ergeben würde. Die Insolvenzsicherung orientiert sich also nur an dem ursprünglich zugesagten Durchführungsweg und springt für die ausbleibenden Leistungen der externen Versorgungsträger ein.

Da aber nicht jeder Versorgungsberechtigte, nicht jeder Versorgungsanspruch in voller Höhe und auch nicht jeder Durchführungsweg durch den PSV gegen durch die Insolvenz des Arbeitgebers bedingte Ausfälle geschützt ist, kann die Frage, wie die Ausfallhaftung des Arbeitgebers insolvenzrechtlich einzuordnen ist, für den Versorgungsberechtigten durchaus bedeutsam sein.

Wie im Folgenden zu zeigen sein wird, können jedoch auch innerhalb der eigentlich insolvenzgeschützten Durchführungswege für Versorgungsausfälle, die sonst die Ausfallhaftung des Arbeitgebers nach § 1 Abs. 1 S. 3 BetrAVG auslösen, Lücken in der gesetzlichen Insolvenzsicherung bestehen. Grund hierfür sind die Parameter, nach denen der PSV die Höhe seiner Leistungen bestimmt.

Daher soll nun im Folgenden die insolvenzrechtliche Einordnung der Ausfallhaftung des Arbeitgebers und insbesondere die Beantwortung der Frage, inwieweit hierfür gesetzlicher Insolvenzschutz besteht, wiederum separiert nach den verschiedenen Durchführungswegen erfolgen.

I. Direktversicherung

Im Falle der Direktversicherung kommt insbesondere eine Ausfallhaftung des Arbeitgebers nach § 1 Abs. 1 S. 3 BetrAVG wegen ausgebliebener Prämienzahlungen an das Versicherungsunternehmen in Betracht.[1284] Von Bedeutung ist die Frage insbesondere dann, wenn dem Versorgungsberechtigten ein unwiderrufliches Bezugsrecht oder ein eingeschränkt unwiderrufliches Bezugsrecht zusteht, dessen Widerrufsvorbehalte nicht erfüllt sind, denn in diesem Fall kann er die Versicherungsleistungen gemäß § 47 InsO aussondern. Durch einen Prämienrückstand kann aber der Wert dieser Versicherungsleistungen gemindert sein.[1285]

Das Versicherungsunternehmen ist nach § 38 Abs. 3 VVG bei Zahlungsverzug der Prämien nach Fristsetzung zur außerordentlichen Kündigung des Versicherungsvertrags berechtigt, wodurch sich nach § 166 Abs. 1 VVG die Versicherung in eine prämienfreie Versicherung umwandelt, deren Leistungen dann nach § 165 Abs. 3 S. 1 VVG unter Berücksichtigung der Prämienrückstände zu berechnen sind. Die Prämienrückstände wirken sich in diesem Fall also leistungsmindernd aus.[1286]

Da Gegenstand der Versorgungszusage lediglich ist, dass der Arbeitgeber dafür sorgt, dass der Versorgungsberechtigte bei Eintritt des Versorgungsfalls die zugesagten Leistungen erhält, nicht aber, wie genau diese Leistungen zustande kommen, verletzt er dadurch, dass er mit der Prämienzahlung in Verzug gerät, keine Pflicht im Versorgungsverhältnis zum Versorgungsberechtigten.[1287] Folglich hat dieser auch keinen Anspruch auf die Nachzahlung der rückständigen Prämien, den er als Insolvenzforderung geltend machen könnte.[1288] Etwas anderes kann sich allerdings dann ergeben, wenn die Versorgungsvereinbarung

1284 *Blomeyer/Rolfs/Otto*, § 7 Rn. 162.

1285 *Steigenberger*, S. 147.

1286 Prölss/Martin/*Reiff*, § 165 Rn. 17.

1287 *Blomeyer*, DB 1979, 835, 838; *Steinmeyer*, S. 169.

1288 Anders ist dies bei einer auf einer Entgeltumwandlung beruhenden Finanzierung der Direktversicherung, da hier die regelmäßige Prämienzahlung Teil der Versorgungszusage ist, *Steigenberger*, S. 147.

ausdrücklich einen bestimmten Durchführungsweg vorsieht und auch die Pflicht zur Beitragszahlung des Arbeitgebers in die Versorgungsvereinbarung aufgenommen wurde.[1289]

Übrig bleiben dann nur noch die Ansprüche, die der Versorgungsberechtigte aufgrund der Ausfallhaftung des Arbeitgebers nach § 1 Abs. 1 S. 3 BetrAVG geltend machen kann. Diese kann der Versorgungsberechtigte als unmittelbare Ansprüche gegen den Arbeitnehmer lediglich als Insolvenzforderung i.S.d. § 38 InsO geltend machen, ebenso wie einen eventuell bestehenden Anspruch auf Nachzahlung der Prämien an das Versicherungsunternehmen.[1290]

1. Insolvenzsicherung wegen Prämienrückstands bei einem unwiderruflichen Bezugsrecht

Gerade für Versorgungsberechtigte, zugunsten derer ein unwiderrufliches Bezugsrecht oder ein eingeschränkt unwiderrufliches Bezugsrecht bestellt wurde, ist diese Situation besonders unbefriedigend. Denn sie können zwar die Versicherungsleistungen aussondern, aber nur in der aufgrund des Prämienrückstands verminderten Höhe. Der Anspruch aufgrund der Ausfallhaftung des Arbeitgebers verspricht als Insolvenzforderung lediglich quotale Befriedigung. Der Insolvenzschutz des PSV besteht nach dem Wortlaut des Gesetzes aber nur bei einem widerruflichen Bezugsrecht oder bei einer Abtretung oder Beleihung der Versicherungsansprüche (vgl. § 7 Abs. 1 Nr. 1, Abs. 2 S. 1 Nr. 2) (siehe dazu unten unter § 3D.I.2., S. 301).

Daher wird teilweise gefordert, dass die Insolvenzsicherung durch den PSV auch auf Einbußen ausgeweitet werden solle, die auf Prämienrückstände des Arbeitgebers zurückzuführen sind.[1291] Die Begründungen hierfür sind unterschiedlicher Natur. Zum einen wird eine analoge Anwendung des § 7 Abs. 1 Nr. 1, Abs. 2 S. 1 Nr. 2 BetrAVG gefordert.[1292] Zum anderen wird der Schadensersatzanspruch des Versorgungsberechtigten aus der Versorgungszusage (soweit dieser denn besteht, ansonsten der Anspruch aufgrund der Ausfallhaftung nach § 1 Abs. 1 S. 3 BetrAVG) einer Direktzusage gleichgestellt, für die dann eine Eintrittspflicht des PSV besteht.[1293] Teilweise wird auch auf eine Gleichbehandlung

---

1289 BAG, Urteil vom 17.6.2008 – 3 AZR 254/07, AP BetrAVG § 1 Nr. 53; Urteil vom 12.6.2007 – 3 AZR 186/06, AP BetrAVG § 1 Nr. 47.

1290 *Steigenberger*, S. 152.

1291 *Höfer*, BetrAVG, § 7 Rn. 4415; *Langohr-Plato*, DB 1994, 325, 327; *Thürmann*, BB 1985, 1269, 1269 f.; auch Förster/Cisch/Karst/*Hock*, § 7 Rn. 22 fordert eine Lösung des Problems des mangelnden Insolvenzschutzes in der Rechtspraxis.

1292 *Langohr-Plato*, DB 1994, 325, 327.

1293 *Thürmann*, BB 1985, 1269, 1269 f.

mit der beliehenen Direktversicherung abgestellt, da es für den Versorgungsberechtigten keinen Unterschied mache, ob der Arbeitgeber sich dadurch liquide Mittel verschaffe, dass er die Direktversicherung beleihe oder dadurch, dass er die Beiträge gar nicht erst bezahle.[1294]

Die Rechtsprechung und ein Teil der Literatur gehen jedoch nicht davon aus, dass der mangelnde Insolvenzschutz bei Prämienrückstand auf ein Versehen des Gesetzgebers zurückzuführen ist, sondern dass hier eine gewollte Lücke im Insolvenzschutz der betrieblichen Altersversorgung vorliegt.[1295] Dies zeige bereits ein Vergleich mit der Beitragsverpflichtung des Arbeitgebers bei Direktversicherungen, die nur im Falle eines widerruflichen Bezugsrechts und sonst im Falle der Abtretung oder Beleihung der Versicherungsansprüche besteht; der PSV müsse aber keine Risiken absichern, für die er keine Beiträge verlangen kann; andere Risiken als die ausdrücklich genannten sehe das Gesetz nicht als so schutzwürdig an, dass Versicherungsschutz angeordnet werden müsse.[1296] Außerdem zeigten die Gesetzesmaterialien, dass der Gesetzgeber die Insolvenzrisiken bei einer Direktversicherung nicht umfassend habe sichern wollen, so dass keine Gesetzeslücke bestehe, die von einer analogen Anwendung des § 7 BetrAVG ausgefüllt werden könne. Vielmehr sei der Versorgungsberechtigte dergestalt zu schützen, dass ihm aufgrund einer Informationspflicht des Versicherers mitgeteilt werde, dass die Prämienzahlungen des Arbeitgebers ausblieben und er somit die Möglichkeit habe, die Beiträge vorübergehend selbst zu zahlen.[1297]

Diese Auslegung der Gesetzesmaterialien, aufgrund derer das BAG eine analogiefähige Gesetzeslücke ausschließt, wurde insofern angezweifelt, als der Prämienverzug als Beschädigung der Versicherungsleistung selbst darin gar nicht angesprochen wurde. Außerdem sei der Versorgungsberechtigte im Falle des Prämienverzugs im Gegensatz zur Beschädigung der Versicherungsleistungen durch eine Beleihung oder Abtretung an der wirtschaftlichen Beeinträchtigung seiner Altersversorgung gar nicht beteiligt, weil dieser nicht seiner Zustimmung bedürfe; wenn aber der Gesetzgeber für eine Beeinträchtigung der Versicherungsleistungen, an der der Arbeitnehmer mit seiner Zustimmung selbst mitgewirkt habe, einen Insolvenzschutz vorsehe, müsse dies erst recht für Beein-

---

1294 *Höfer*, BetrAVG, § 7 Rn. 4413.

1295 BAG, Urteil vom 17.11.1992 – 3 AZR 51/92, AP BetrAVG § 7 Nr. 1 Lebensversicherung; *Blomeyer/Rolfs/Otto*, § 7 Rn. 162; *Everhardt*, DB 1994, 1470, 1471; *Steigenberger*, S. 150.

1296 BAG, Urteil vom 17.11.1992 – 3 AZR 51/92, AP BetrAVG § 7 Nr. 1 Lebensversicherung.

1297 BAG, Urteil vom 17.11.1992 – 3 AZR 51/92, AP BetrAVG § 7 Nr. 1 Lebensversicherung.

trächtigungen gelten, die ohne Mitwirkung des Versorgungsberechtigten einträten.[1298]

Die Zweifel, ob der Gesetzgeber das Problem der Wertminderung der Versicherungsleistungen aufgrund mangelnder Prämienzahlung durch den Arbeitgeber erkannt hat, sind spätestens seit dem Rentenreformgesetz[1299] aus dem Jahr 1999 hinfällig.[1300] Der Regierungsentwurf hatte noch einen Insolvenzschutz der aufgrund Prämienrückstands entstandenen Beeinträchtigungen der Versicherungsleistungen mit der Begründung vorgesehen[1301], dass die Situation des Arbeitnehmers im Fall des Prämienverzugs vergleichbar sei mit der der Situation im Falle der Beleihung oder Abtretung.[1302] Dieser Vorschlag wurde jedoch nicht in das Gesetz übernommen. Von einer unbewussten Gesetzeslücke kann seitdem nicht mehr ausgegangen werden.

Im Ergebnis ist dem BAG also wohl darin zuzustimmen, dass kein Insolvenzschutz für aufgrund von Prämienrückständen entstandene Einbußen durch den PSV besteht. Insofern besteht hier eine Lücke im Insolvenzschutz der betrieblichen Altersversorgung, die in Einzelfällen bedenkliche Auswirkungen haben kann und die aus Sicht der versorgungsberechtigten Arbeitnehmer insbesondere im Hinblick auf den oben schon gezogenen Vergleich mit unter Zustimmung der Arbeitnehmer beliehenen oder abgetretenen Versorgungsansprüchen berechtigterweise auf Unverständnis stoßen wird.

Folge davon ist, dass der Anspruch aufgrund der Ausfallhaftung des Arbeitgebers nach § 1 Abs. 1 S. 3 BetrAVG auch nicht gemäß § 9 Abs. 2 BetrAVG auf den PSV übergeht, denn von diesem Forderungsübergang sind nur diejenigen Anwartschaften und Versorgungsansprüche betroffen, die auch einen Anspruch gegen den Träger der Insolvenzsicherung begründen.[1303] Da dies hier nicht der Fall ist, kann der Versorgungsberechtigte die hieraus bestehenden Ansprüche lediglich als Insolvenzforderung geltend machen.

In gewissem Maße ist allerdings der Gesetzgeber auf diesem Gebiet doch tätig geworden: Der bereits vom BAG unterbreitete Vorschlag, einen Schutz der Versorgungsberechtigten durch eine Informationspflicht des Versicherungsunternehmens über die ausbleibenden Zahlungen des Arbeitgebers herbeizuführen, wurde vom Gesetzgeber mit der VVG-Reform[1304] im Jahr 2008 durch die Ein-

---

1298 *Langohr-Plato*, DB 1994, 325, 327.

1299 Gesetz zur Reform der gesetzlichen Rentenversicherung (Rentenreformgesetz 1999 – RRG 1999) vom 16.12.1997, BGBl. I S. 2998.

1300 *Steigenberger*, S. 150.

1301 RegE RRG 1999, BT-Drucks. 13/8011, S. 33, 34.

1302 RegE RRG 1999, BT-Drucks. 13/8011, S. 70.

1303 BAG, Urteil vom 9.11.1999 – 3 AZR 361/98, NZA 2000, 1290, 1293.

1304 Gesetz zur Reform des Versicherungsvertragsrechts vom 23.11.2007, BGBl. I S. 2631.

führung des neuen § 166 Abs. 4 VVG umgesetzt. Damit sollte den Arbeitnehmern die Möglichkeit gegeben werden, mit eigenen Mitteln den Versicherungsschutz aufrechtzuerhalten.[1305] Die Diskussionen über die Rechtsgrundlage einer eventuellen Informationspflicht des Versicherungsunternehmens[1306] sind damit immerhin beendet.

2. Sonstige Insolvenzsicherung

Ist der Versorgungsberechtigte Inhaber eines nur widerruflichen Bezugsrechts an den Versicherungsleistungen oder wurden die Ansprüche aus dem Versicherungsvertrag vom Arbeitgeber abgetreten oder beliehen, unterfällt die Direktversicherung der gesetzlichen Insolvenzsicherung. Im Falle einer Abtretung, Beleihung oder auch Verpfändung der Ansprüche ist der Arbeitgeber gemäß § 1b Abs. 2 S. 3 BetrAVG verpflichtet, den Arbeitnehmer bei Eintritt des Versorgungsfalls so zu stellen, als ob die Abtretung, Beleihung oder Verpfändung nicht stattgefunden hätte. Tut er dies aufgrund der Eröffnung des Insolvenzverfahrens nicht, kann der Versorgungsberechtigte diese Ansprüche grundsätzlich nur als Insolvenzforderung geltend machen, es greift aber der Insolvenzschutz durch den PSV, § 7 Abs. 1 S. 2 Nr. 1, Abs. 2 S. 1 Nr. 2 (siehe dazu bereits oben unter § 3B.III., S. 253).

Auch bei einem nur widerruflichen Bezugsrecht besteht Insolvenzschutz für die Versorgungsberechtigten mit unverfallbaren Anwartschaften, § 7 Abs. 2 S. 1 Nr. 2 Alt. 1 BetrAVG. Hat der Arbeitgeber bereits vor Eintritt des Sicherungsfalls Prämien an das Versicherungsunternehmen nicht gezahlt und ist aufgrund dessen die Höhe der Versicherungsleistungen aus dem Versicherungsvertrag gesunken, stellt sich die Frage, ob diese Prämienrückstände auch bei einem grundsätzlich insolvenzgeschützten widerruflichen Bezugsrecht Auswirkungen für den Arbeitnehmer haben. Diese bestünden, wenn der PSV seine Leistungen aufgrund der verminderten Leistungserbringungen durch das Versicherungsunternehmen ebenfalls mindern dürfte.

Die Höhe der vom PSV zu erbringenden Leistungen bestimmen sich nach § 7 Abs. 2 S. 3 i.V.m. § 2 Abs. 2 S. 2 BetrAVG. Der PSV muss die Differenz zwischen Soll- und Ist-Versicherungsleistung ausgleichen, also die Differenz zwischen der zwischen Arbeitgeber und Versorgungsberechtigtem vereinbarten Versicherungsleistung und der Versicherungsleistung, die nach Eintritt des Si-

1305 RegE zum Gesetz zur Reform des Versicherungsvertragsrechts, BT-Drucks. 16/3945, S. 101.

1306 Vgl. *Langohr-Plato*, DB 1994, 325, 327 ff.

cherungsfalls tatsächlich noch besteht.[1307] Die Berechnung der Soll-Versicherungsleistung erfolgt aufgrund des Verweises in § 7 Abs. 2 S. 3 BetrAVG nach § 2 Abs. 2 S. 2 BetrAVG. Sie orientiert sich damit an der Situation der versicherungsförmigen Lösung, bei der die Höhe der Anwartschaft sich nur an dem Versicherungsvertrag orientiert und etwaige höhere Teilansprüche, die sich aus der ratierlichen Berechnung nach § 2 Abs. 2 S. 1 BetrAVG ergeben würden, nicht berücksichtigt werden (siehe dazu schon oben unter § 3B.II.2.d(4), S. 224).[1308]

Grundsätzlich ist also für die Höhe der aufgrund der Anwartschaft zu erbringenden Leistungen durch den PSV nur der Versicherungsvertrag maßgeblich. Übertrüge man nun die Rechtsprechung des BAG zur Insolvenzsicherung von Einbußen aufgrund Prämienrückstands[1309] auch auf das grundsätzlich insolvenzgesicherte widerrufliche Bezugsrecht, könnte der Versorgungsberechtigte nur die Leistungen vom PSV verlangen, die auch der Versicherer erbringen würde, und das sind die Leistungen, die aufgrund des Prämienrückstands vermindert wurden. Das Urteil des BAG betraf eine Direktversicherung mit unwiderruflichem Bezugsrecht zugunsten der Versorgungsberechtigten. In einem Urteil, dem eine ganz andere Problematik zugrunde lag (namentlich der Widerruf der Bezugsberechtigung und die Kündigung des Versicherungsvertrags bei einem widerruflichen Bezugsrecht), hat das BVerwG einen Schadensersatzanspruch des Arbeitnehmers als durch den PSV insolvenzgeschützt und daher Beitragsforderungen des PSV gegen den Arbeitgeber als gerechtfertigt angesehen.[1310] Die Anrufung des Gemeinsamen Senats der Obersten Gerichtshöfe unterblieb, was das BVerwG auf die unterschiedlichen Ursachen der Beeinträchtigung der Versicherungsleistungen, aber insbesondere auch darauf stützte, dass es sich im Falle des BAG um ein unwiderrufliches, im vorliegenden Fall aber um ein widerrufliches Bezugsrecht handelte, was wesentliche Unterschiede in der Insolvenzsicherung zur Folge habe.

Nach dem Wortlaut des Urteils des BVerwG wäre es durchaus denkbar, bei einem widerruflichen Bezugsrecht auch die Einbußen aufgrund Prämienrückstands mit in den Insolvenzschutz einzubeziehen. Andere gehen grundsätzlich davon aus, dass der Prämienrückstand keine Insolvenzsicherung auslöst, unabhängig davon, ob ein widerrufliches oder ein unwiderrufliches Bezugsrecht vor-

---

1307 *Blomeyer/Rolfs/Otto*, § 7 Rn. 225; ErfK/*Steinmeyer*, § 7 BetrAVG Rn. 50; Förster/Cisch/Karst/*Hock*, § 7 Rn. 29.

1308 ErfK/*Steinmeyer*, § 7 BetrAVG Rn. 50; *Höfer/Abt*, § 7 Rn. 125; Kemper/Kisters-Kölkes/Berenz/Huber/*Berenz*, § 7 Rn. 106.

1309 BAG, Urteil vom 17.11.1992 – 3 AZR 51/92, AP BetrAVG § 7 Nr. 1 Lebensversicherung.

1310 BVerwG, Urteil vom 28.6.1994 – 1 C 20/92, AP BetrAVG § 10 Nr. 3.

liegt.[1311] Dies hätte zur Folge, dass bei der Berechnung der Versicherungsleistungen, die der PSV erbringen muss, Einbußen aufgrund von Prämienrückständen nicht zu berücksichtigen sind, der PSV diese also auch nicht auszugleichen hat.[1312]

Eine anderweitige Beurteilung könnte sich ergeben, wenn man sich die Argumentation des BAG, die zum Ausschluss der Insolvenzsicherung bei Beitragsrückständen im Falle der unwiderruflichen Bezugsberechtigung führte, noch einmal vergegenwärtigt. Diese fußte – neben der Heranziehung der Gesetzesmaterialien – insbesondere auf der mangelnden Beitragspflicht des Arbeitgebers zur Insolvenzsicherung bei unwiderruflichen Bezugsrechten, bei denen die Versicherungsleistungen weder abgetreten noch beliehen wurden. Eintrittspflicht des PSV und Beitragspflicht des Arbeitgebers seien aufeinander abgestimmt, der PSV brauche keine Risiken abzusichern, für die er keine Beiträge verlangen könne.[1313]

Für die Direktversicherung mit widerruflichem Bezugsrecht besteht jedoch grundsätzlich eine Beitragspflicht des Arbeitgebers nach § 10 Abs. 1 S. 1 BetrAVG. Grundlage für die Berechnung der Beitragshöhe ist gemäß § 10 Abs. 3 Nr. 2 S. 1 BetrAVG das geschäftsplanmäßige Deckungskapital oder, soweit die Berechnung des Deckungskapitals nicht zum Geschäftsplan gehört, die Deckungsrückstellung. Damit sind die aufgrund des Versicherungsvertrags bis zum maßgeblichen Zeitpunkt insgesamt fälligen Prämien inklusive der üblichen Zinsen gemeint; dabei werden Beitragsrückstände genauso wie erfolgte Abtretungen, Beleihungen oder Verpfändungen des Bezugsrechts nicht berücksichtigt.[1314]

Der Arbeitgeber muss also auch bei bestehenden Prämienrückständen einen Beitrag an den PSV erbringen, der dem Deckungskapital entspricht, das ohne die nicht gezahlten Prämien existent wäre. Würde man nun aber dem Versorgungsberechtigten die Insolvenzsicherung durch den PSV hinsichtlich der Einbußen an den Versicherungsleistungen, die aufgrund der Prämienrückstände bestehen, verweigern, hätte der Arbeitgeber Beiträge zur Insolvenzsicherung gezahlt, die keine Entsprechung in den späteren Leistungen des PSV an den Versorgungsberechtigten finden. Nach dem vom BAG aufgestellten Grundsatz, dass

---

1311 So wohl *Blomeyer/Rolfs/Otto*, § 7 Rn. 159 ff.; *Langohr-Plato*, BAV, Rn. 771; *Steigenberger*, S. 151; lediglich auf das unwiderrufliche Bezugsrecht beziehen sich *Everhardt*, DB 1994, 1470 ff.; Förster/Cisch/Karst/*Hock*, § 7 Rn. 22; unklar Kemper/Kisters-Kölkes/Berenz/Huber/*Berenz*, § 7 Rn. 23 Fn. 39.

1312 *Blomeyer/Rolfs/Otto*, § 7 Rn. 232.

1313 BAG, Urteil vom 17.11.1992 – 3 AZR 51/92, AP BetrAVG § 7 Nr. 1 Lebensversicherung.

1314 BeckOK-ArbR/*Molkenbur*, § 10 BetrAVG Rn. 10; *Blomeyer/Rolfs/Otto*, § 10 Rn. 120; Förster/Cisch/Karst/*Hock*, § 10 Rn. 11.

sich Beitragsverpflichtung des Arbeitgebers und Leistungsverpflichtung des PSV im Insolvenzfall entsprechen müssen, müsste auch der Versorgungsberechtigte für die Einbußen wegen der Prämienrückstände Leistungen des PSV verlangen können. Schließlich hat der Arbeitgeber auch für diese Prämienrückstände Beiträge an den PSV erbracht. Sicherlich ließe sich hiergegen anbringen, dass ein Arbeitgeber, der schon nicht pflichtgemäß die Prämien an die Versicherung gezahlt hat, auch keine Beiträge an den PSV abgeführt haben wird. Dies ist aber keine zwingende Annahme, so dass für jeden Einzelfall nachgeprüft werden müsste, inwieweit nicht an den PSV gezahlt wurde und dementsprechend die Eintrittspflicht des PSV herabgesetzt werden. Ein solches Vorgehen ist jedoch mit einem großen Verwaltungsaufwand verbunden und daher nicht praktikabel.

Nach diesen Überlegungen müssen die Einbußen an den Versicherungsleistungen von Direktversicherungen aufgrund von Prämienrückständen zumindest im Fall des widerruflichen Bezugsrechts in den gesetzlichen Insolvenzschutz mit einbezogen werden und dürfen bei der Berechnung der vom PSV zu erbringenden Leistungen nicht berücksichtigt werden. Der PSV müsste die Leistungen erbringen, die die Versicherung erbracht hätte, wenn alle Prämien pünktlich gezahlt worden wären. Damit hätte für den Versorgungsberechtigten die Ausfallhaftung des Arbeitgebers nach § 1 Abs. 1 S. 3 BetrAVG wegen Prämienrückständen in der Insolvenz des Arbeitgebers keine Bedeutung, da ihnen diese Einbußen vom PSV ersetzt würden. Die Ansprüche des Versorgungsberechtigten gingen nach § 9 Abs. 2 BetrAVG auf den PSV über und dieser könnte sie als Insolvenzforderung geltend machen.

II. Unterstützungskasse und Pensionsfonds

Auch bei der betrieblichen Altersversorgung durch einen Pensionsfonds und insbesondere im Falle der Einschaltung einer Unterstützungskasse kann eine Ausfallhaftung des Arbeitgebers nach § 1 Abs. 1 S. 3 BetrAVG entstehen. Die Finanzierung der Unterstützungskasse und des Pensionsfonds erfolgt durch den Arbeitgeber aufgrund schuldrechtlicher Verpflichtungen, so dass insbesondere in wirtschaftlichen Krisenzeiten, wie sie der Insolvenz vorausgehen, eine nur unzureichende Dotierung bestehen kann. Dies gilt insbesondere für Unterstützungskassen, die nicht der Versicherungsaufsicht durch die BaFin unterliegen.

Werden aufgrund dessen die dem Versorgungsberechtigten zugesagten Leistungen nicht erbracht, tritt die Ausfallhaftung des Arbeitgebers nach § 1 Abs. 1 S. 3 BetrAVG ein, die er – genauso wie im Falle der Direktversicherung (siehe oben unter § 3D.I., S. 298) – zunächst einmal nur als Insolvenzforderung geltend machen kann.

1. Insolvenzschutz bei nicht ausreichender Dotierung

Fraglich ist aber auch hier wieder, inwieweit dies für den Versorgungsberechtigten, der in den Anwendungsbereich des BetrAVG fällt, überhaupt von Bedeutung ist. Die Bedeutung wäre gering, wenn der PSV trotz unzureichender Dotierung für die zugesagten Leistungen einstehen würde.

Nach §§ 7 Abs. 1 S. 2 Nr. 2, Abs. 2 S. 2 BetrAVG greift die Insolvenzsicherung immer dann, wenn über das Vermögen des Trägerunternehmens eines Pensionsfonds oder einer Unterstützungskasse das Insolvenzverfahren eröffnet wurde. Maßgebliches Ereignis ist also die Insolvenz des Arbeitgebers. Insofern wird der Wortlaut des § 7 Abs. 1 S. 2 Nr. 2 BetrAVG, der davon spricht, dass die Unterstützungskasse oder der Pensionsfonds die Leistungen nicht erbringt, weil über das Vermögen des Arbeitgebers das Insolvenzverfahren eröffnet wurde, allgemein als zu eng empfunden. Es genügt für das Eingreifen der gesetzlichen Insolvenzsicherung, dass über das Vermögen des Arbeitgebers das Insolvenzverfahren eröffnet wurde, unabhängig davon, ob die Unterstützungskasse oder der Pensionsfonds noch genügend Mittel hätte, um selbst Leistungen zu erbringen.[1315]

Bestehen bereits Versorgungsansprüche, muss der PSV die laufende Rente in unveränderter Höhe fortzahlen, da die Versorgungsberechtigten nach § 7 Abs. 1 S. 2 Nr. 2 i.V.m. S. 1 BetrAVG einen Anspruch in Höhe der Leistung haben, die aufrgund der Versorgungszusage zu erbringen gewesen wäre, wenn das Insolvenzverfahren nicht eröffnet worden wäre.[1316] Der Insolvenzschutz knüpft hier ohne Einschränkung an das an, was der Arbeitgeber zugesagt hat.[1317] Insofern dürften hier Einschränkungen, die sich aus der mangelnden Dotierung der Unterstützungskasse bzw. des Pensionsfonds ergeben, keinen Einfluss auf die Höhe der Leistungen des PSV haben.

Die Höhe des Anspruchs gegen den PSV bei unverfallbaren Anwartschaften ergibt sich für Unterstützungskassen und Pensionsfonds aus § 7 Abs. 2 S. 3 bzw. S. 5 BetrAVG. Bei Unterstützungskassen errechnet sie sich nach dem Teil der nach der Versorgungsregelung vorgesehenen Versorgung, der dem Verhältnis der Dauer der Betriebszugehörigkeit zu der Zeit vom Beginn der Betriebszugehörigkeit bis zum Erreichen der in der Versorgungsregelung vorgesehenen festen Altersgrenze entspricht. Für Pensionsfonds mit Leistungszusagen gelten die Bestimmungen für die unmittelbare Versorgungszusage entsprechend (also § 7

1315 BAG, Urteil vom 12.2.1991 – 3 AZR 30/90, NZA 1991, 723, 725; *Blomeyer/Rolfs/Otto*, § 7 Rn. 67, 72; Förster/Cisch/Karst/*Hock*, § 7 Rn. 23.

1316 BAG, Urteil vom 22.11.1994 – 3 AZR 767/93, NZA 1995, 887, 888; *Blomeyer/Rolfs/Otto*, § 7 Rn. 194.

1317 BAG, Urteil vom 22.11.1994 – 3 AZR 767/93, NZA 1995, 887, 888.

Abs. 2 S. 3 i.V.m. § 2 Abs. 1 BetrAVG), für Pensionsfonds mit Beitragszusagen mit Mindestleistung gilt § 2 Abs. 5b BetrAVG.

Die Berechnung der Höhe der PSV-Leistungen knüpft also für Unterstützungskassen an die in der Versorgungsregelung vorgesehene Versorgung an, die dann entsprechend dem ratierlichen Verfahren aus § 2 Abs. 1 BetrAVG von der vorgesehenen Betriebszugehörigkeit auf die tatsächliche Betriebszugehörigkeit heruntergebrochen wird. Im Unterschied zur Direktversicherung mit widerruflichem Bezugsrecht knüpft die Höhe des Anspruchs also nicht an das an, was der externe Versorgungsträger tatsächlich an Leistungen erbringen würde (siehe oben unter § 3D.I.2., S. 301), sondern an das, was in der Versorgungsregelung vorgesehen ist. Diese Versorgungsregelung besteht aber unabhängig von einer ausreichenden Dotierung der Unterstützungskasse.

Für den Versorgungsberechtigten bedeutet das, dass er in der Insolvenz des Arbeitgebers die Leistungen, die er ohne Eintritt des Sicherungsfalls wegen mangelnder Dotierung der Unterstützungskasse vom Arbeitgeber gemäß § 1 Abs. 1 S. 3 BetrAVG fordern müsste, vom PSV erhält. Für ihn ist in der Insolvenz also die Frage, ob die Unterstützungskasse ausreichend dotiert ist, unerheblich.

Für den Pensionsfonds ist für die Berechnung der Höhe der PSV-Leistungen zu unterscheiden zwischen Leistungszusagen und Beitragszusagen mit Mindestleistung. Für Erstere sollen die Bestimmungen für die unmittelbaren Versorgungszusagen (also Direktzusagen) entsprechend gelten, für Letztere soll § 2 Abs. 5b BetrAVG Anwendung finden (§ 7 Abs. 2 S. 5 BetrAVG).[1318]

Bei Leistungszusagen gilt für den Pensionsfonds also wie für die Direktzusage die ratierliche Berechnung nach § 2 Abs. 1 BetrAVG. Da in § 7 Abs. 2 S. 3 BetrAVG auf § 2 Abs. 5 BetrAVG verwiesen wird, ist als Berechnungsgrundlage gemäß § 2 Abs. 5 S. 3 BetrAVG der Pensionsplan und die sonstigen Geschäftsunterlagen anzuwenden.[1319] Die vom PSV zu erbringenden Versorgungsleistungen orientieren sich also auch hier nicht an dem tatsächlich beim Pensionsfonds vorhandenen Vermögen, sondern an dem, was der Pensionsplan als Leistung für den Versorgungsberechtigten vorgesehen hat. Entsprechend der Situation im Falle der Unterstützungskasse ist für den Versorgungsberechtigten auch hier die Frage, ob der Pensionsfonds ausreichend dotiert und die Beiträge an ihn vom Arbeitgeber regelmäßig erbracht wurden, unerheblich. Denn bei der

---

1318 Bei der Finanzierung der betrieblichen Altersversorgung durch Entgeltumwandlung erfolgt die Berechnung gemäß § 7 Abs. 2 S. 3 i.V.m. § 2 Abs. 5a BetrAVG nach der Höhe der bis zur Verfahrenseröffnung umgewandelten Entgeltbestandteile, Gleiches gilt für die Unterstützungskasse: *Steigenberger*, S. 159, 162.

1319 *Blomeyer/Rolfs/Otto*, § 7 Rn. 238; ErfK/*Steinmeyer*, § 7 BetrAVG Rn. 52.

Leistungszusage hat er die Leistungen, die er mangels ausreichender Dotierung sonst gemäß § 1 Abs. 1 S. 3 BetrAVG vom Arbeitgeber unmittelbar verlangen könnte, vom PSV zu erwarten.

Anders ist die Sachlage jedoch im Falle der Beitragszusage mit Mindestleistung durch einen Pensionsfonds, da hier nach § 7 Abs. 2 S. 5 letzter Hs. BetrAVG sich die Höhe des Anspruchs aufgrund einer unverfallbaren Anwartschaft aus § 2 Abs. 5b BetrAVG ergibt. Danach sind die Anwartschaften insolvenzgeschützt in der Höhe der Summe der bis dahin vom Arbeitgeber zugesagten Beiträge, soweit sie nicht rechnungsmäßig für einen biometrischen Risikoausgleich verbraucht wurden.[1320] Die Haftung des Arbeitgebers ist bei der Beitragszusage mit Mindestleistung auf die Mindestleistung beschränkt, die sich aus der Summe der zugesagten Beiträge ergibt; dementsprechend kann auch nur bis zu dieser Höhe eine Haftung des Arbeitgebers nach § 1 Abs. 1 S. 3 BetrAVG entstehen (siehe dazu oben unter § 3 A.II.2., S. 102).

Auch die §§ 7 Abs. 2 S. 5 i.V.m. 2 Abs. 5b BetrAVG bestimmen die bis zum Sicherungsfall zugesagten Beiträge als Mindesthöhe des Insolvenzschutzes. Folglich sind auch im Fall der Beitragszusage mit Mindestleistung die aufgrund einer Unterdeckung des Pensionsfonds bestehenden Ausfallhaftungsansprüche gegen den Arbeitgeber durch die Leistungen des PSV abgedeckt. Für den Versorgungsberechtigten ist auch hier die Frage, ob der Pensionsfonds ausreichend dotiert wurde, unerheblich. Denn sowohl der Arbeitgeber als auch der PSV haften bis zur Höhe der zugesagten Beiträge.

Diskussionen bestehen zur Frage, ob auch die durch den Pensionsfonds erwirtschafteten Erträge dem Insolvenzschutz unterfallen, der Versorgungsberechtigte also im Falle eines positiven Wirtschaftens des Pensionsfonds auch dementsprechend höhere Leistungen des PSV verlangen kann.[1321] Dies ist zu bejahen, da einerseits § 2 Abs. 5b Hs. 1 BetrAVG genau dies vorsieht[1322] und andererseits der PSV – wenn denn das Vermögen des Pensionsfonds gemäß §§ 9 Abs. 3a, 8 Abs. 1a BetrAVG auf ihn übergeht – aufgrund des Verweises auf § 9 Abs. 3 S. 2 BetrAVG sowieso die Überschüsse für die Versorgungsansprüche und –anwartschaften verwenden muss.[1323]

1320 Siehe auch Merkblatt 300/M14 des PSVaG, Stand 1.05, Ziff. 3.1, abrufbar unter http://www.psvag.de/pdf/M300_14.pdf (20.1.2014).

1321 Siehe dazu *Langohr-Plato/Teslau*, DB 2003, 661, 665.

1322 *Langohr-Plato/Teslau*, DB 2003, 661, 665.

1323 Davon geht auch der PSV selbst aus: Merkblatt 300/M14 des PSVaG, Stand 1.05, Ziff. 4.1, abrufbar unter http://www.psvag.de/pdf/M300_14.pdf (20.1.2014).

2. Übergang der Ansprüche und Anwartschaften (§ 9 Abs. 2 BetrAVG) und Vermögensübergang (§ 9 Abs. 3, 3a BetrAVG) auf den PSV

Die Ansprüche, die für den Versorgungsberechtigten aus § 1 Abs. 1 S. 3 BetrAVG bestehen, gehen genauso wie alle anderen Ansprüche und Anwartschaften, die einen Anspruch gegen den Träger der Insolvenzsicherung begründen, im Falle der Unterstützungskasse und des Pensionsfonds gemäß § 9 Abs. 2 BetrAVG auf den PSV über.

Wie bereits oben in Fn. 1219 und Fn. 1263 angedeutet, kollidiert dieser Übergang in der Regel mit dem gesetzlich angeordneten Übergang des Vermögens der Unterstützungskasse (§ 9 Abs. 3 BetrAVG, siehe dazu oben unter § 3C.III.2.b., S. 289 f.) und des Pensionsfonds, wenn die BaFin nicht die Genehmigung zur Übertragung der Ansprüche auf den Pensionsfonds erteilt hat (§§ 9 Abs. 3a, 8 Abs. 1a BetrAVG, vgl. dazu schon oben unter § 3C.II.3., S. 279), auf den PSV.

Denn zum einen soll das gesamte Vermögen der Unterstützungskasse bzw. des Pensionsfonds, das ja zur Erfüllung der Ansprüche der Versorgungsberechtigten bestimmt ist und das der PSV auch hierfür zu verwenden hat, auf den PSV übergehen; zum anderen soll es ihm aufgrund des § 9 Abs. 2 BetrAVG aber auch noch möglich sein, die Ansprüche gegenüber dem Arbeitgeber in Form von Insolvenzforderungen zur Tabelle anzumelden. Würde der PSV die hierauf entfallende Quote ausbezahlt bekommen, würde er sozusagen doppelt (und damit einmal zu viel) für seine nun bestehende Zahlungsverpflichtungen entschädigt: durch den Übergang des Vermögens der Unterstützungskasse bzw. des Pensionsfonds und durch den Übergang der Forderungen der Versorgungsberechtigten mit der daraus folgenden Befriedigung aus der Insolvenzmasse.

Aus diesem Grund gehen die Ansprüche und Anwartschaften der Versorgungsberechtigten nach § 9 Abs. 2 BetrAVG nur insoweit auf den PSV über, als sie nicht durch das in der Unterstützungskasse bzw. dem Pensionsfonds vorhandenen Vermögen befriedigt werden können.[1324] In der Insolvenz des Arbeitgebers muss also zunächst einmal das noch vorhandene Vermögen der Unterstützungskasse bzw. des Pensionsfonds festgestellt werden und dessen Wert sodann von der Summe der auf den PSV übergehenden Forderungen nach § 9 Abs. 2

1324 BAG, Urteil vom 6.10.1992 – 3 AZR 41/92, NZA 1993, 455, 457; Mitteilung des PSVaG 110/M7, Stand 1.10, Ziff. 3.2, abrufbar unter http://www.psvag.de/pdf/m110_07.pdf (20.1.2014); Förster/Cisch/Karst/*Hock*, § 9 Rn. 8; *Höfer*, BetrAVG, § 9 Rn. 4690; Kemper/Kisters-Kölkes/Berenz/Huber/*Berenz*, § 9 Rn. 32; *Steigenberger*, S. 160, 163; *Zwanziger*, § 108 Rn. 236.

BetrAVG abgezogen werden.[1325] Die übrig bleibenden Forderungen kann der PSV dann im Insolvenzverfahren geltend machen und zur Tabelle anmelden.[1326] Besteht das Vermögen der Unterstützungskasse oder des Pensionsfonds in einer Forderung gegen das insolvente Trägerunternehmen (z.B. einer Darlehensforderung), wird nur die hieraus resultierende Insolvenzquote von den nach § 9 Abs. 2 BetrAVG übergehenden Forderungen abgezogen, denn zu berücksichtigen ist nur, was die Versorgungsberechtigten auch tatsächlich aus den Vermögen hätten erhalten können, im Fall der Insolvenz also die Quote.[1327]

III. Pensionskasse

Auch im Falle der Pensionskassenversorgung kann sich eine Ausfallhaftung des Arbeitgebers nach § 1 Abs. 1 S. 3 BetrAVG ergeben. Dabei ist auch hier an eine den wirtschaftlichen Schwierigkeiten im Vorfeld einer Insolvenz geschuldete mangelnde Dotierung der Pensionskasse durch den Arbeitgeber zu denken.[1328]

Für den Versorgungsberechtigten ist die Situation insoweit eine andere im Vergleich zu den übrigen externen Versorgungsträgern, als bei einer Pensionskassenzusage überhaupt keine Insolvenzsicherung durch den PSV besteht. Dies ist im Normalfall auch nicht notwendig, da der Insolvenzverwalter des Arbeitgebers weder auf den zugunsten des Arbeitnehmers bestehenden Versicherungsvertrag noch auf das Vermögen der Pensionskasse zugreifen kann (siehe dazu oben unter § 3C.I., S. 266 ff.). Hat der Arbeitgeber nun aber die an die Pensionskasse zu zahlenden Prämien nicht erbracht, wirkt sich dies unmittelbar auf die Höhe der Leistungen aus, die der Versorgungsberechtigte bei Eintritt des Versorgungsfalls zu erwarten hat. Insoweit besteht die Ausfallhaftung des Arbeitgebers nach § 1 Abs. 1 S. 3 BetrAVG.[1329]

Fraglich ist nun, ob der Versorgungsberechtigte diese Ansprüche nur als Insolvenzforderungen geltend machen kann oder ob trotz des ansonsten fehlenden Insolvenzschutzes durch den PSV bei Pensionskassenzusagen in diesem Fall ein Insolvenzschutz ausnahmsweise anzunehmen ist. Dies wird teilweise bejaht.[1330]

1325 Kemper/Kisters-Kölkes/Berenz/Huber/*Berenz*, § 9 Rn. 32.

1326 *Zwanziger*, § 108 Rn. 236.

1327 BAG, Urteil vom 6.10.1992 – 3 AZR 41/92, NZA 1993, 455, 457.

1328 Siehe auch LAG Hessen, Urteil vom 3.3.2010 - 8 Sa 187/09, BetrAV 2010, 486, 489. In dem dem Urteil zugrunde liegenden Fall hatte die Pensionskasse entsprechend ihrer Satzung die Leistungen wegen eines aufgetretenen Fehlbetrags herabgesetzt. Der Arbeitgeber hatte hierfür gemäß § 1 Abs. 1 S. 3 BetrAVG einen Ausgleich zu schaffen.

1329 *Blomeyer/Rolfs/Otto*, § 7 Rn. 66.

1330 ErfK/*Steinmeyer*, § 7 Rn. 22; *Höfer*, BetrAVG, § 7 Rn. 4438.

Dagegen spricht jedoch, dass im Falle der Ausfallhaftung des Arbeitgebers grundsätzlich nicht von einem Wechsel des Durchführungswegs hin zu einer Direktzusage auszugehen ist, da ansonsten die ausdifferenzierten Regelungen des BetrAVG zum Insolvenzschutz der unterschiedlichen Durchführungswege nach § 7 BetrAVG keinen Sinn ergeben würde (siehe dazu schon oben unter § 3A.II.2., S. 104 f.).[1331]

Eine andere Beurteilung könnte sich jedoch aus einem Vorlagebeschluss des BAG an den EuGH aus dem Jahre 1999 ergeben.[1332] Schwerpunktmäßig betraf die Vorlage die Frage, ob Pensionskassen als Arbeitgeber i.S.d. Art. 119 EGV (heute Art. 157 AEUV) anzusehen sind und daher ebenso wie der Arbeitgeber selbst einen auf einem Verstoß gegen das Diskriminierungsverbot beruhenden Anspruch eines Versorgungsberechtigten erfüllen müssen. Als Argument dafür, dass dies bei den Pensionskassen nach deutschem Recht nicht erforderlich ist, wurde vom BAG angebracht, dass sich der Arbeitgeber auch ohne eine solche Erstreckung den Pflichten aus den Gleichbehandlungsgeboten und Diskriminierungsverboten nicht entziehen könne, da er selbst hierfür in vollem Umfang einstehe. Es handele sich bei der Einstandspflicht des Arbeitgebers um eine auf dem Grundsatz der Gleichbehandlung beruhende Versorgungsverbindlichkeit i.S.d. § 1 Abs. 1 S. 4 BetrAVG, der hieraus erwachsende Anspruch des Arbeitnehmers sei daher nach § 7 BetrAVG insolvenzgeschützt. Der PSV habe in diesem Fall für den Verschaffungsanspruch des Arbeitgebers einzustehen.[1333]

Würde man diese Einschätzung des BAG grundsätzlich auf alle Fälle ausweiten, in denen die Ausfallhaftung des Arbeitgebers nach § 1 Abs. 1 S. 3 BetrAVG greift, würde dies auch im Falle des Prämienrückstands bedeuten, dass der PSV für aufgrund dessen gegen den Arbeitgeber bestehende Ansprüche zahlen muss. Dem steht jedoch, wie bereits erwähnt, die Differenzierung der Insol-

---

1331 So auch *Blomeyer/Rolfs/Otto*, § 7 Rn. 165, § 1 Rn. 277.

1332 BAG, Beschluss vom 23.3.1999 – 3 AZR 631/97 (A), NZA 2000, 90 ff.; *Blomeyer/Rolfs/Otto*, § 7 Rn. 165.

1333 BAG, Beschluss vom 23.3.1999 – 3 AZR 631/97 (A), NZA 2000, 90, 92. Der EuGH hat in seiner hierzu ergangenen Entscheidung natürlich keine Ausführungen darüber gemacht, ob tatsächlich eine Insolvenzsicherung für den Verschaffungsanspruch besteht, sondern dies als gegeben hingenommen. Trotzdem hat er einen Anspruch des Versorgungsberechtigten aufgrund des Verstoßes gegen das Diskriminierungsverbot auch gegenüber der Pensionskasse bejaht: EuGH, Urteil vom 9.10.2001 – Rs. C-379/99 Pensionskasse für die Angestellten der Barmer Ersatzkasse V.V.a.G/Hans Menauer, NZA 2001, 1301, 1303. Die Tatsache, dass das BAG hier trotz grundsätzlich nicht bestehender Insolvenzsicherungspflicht eine Eintrittspflicht des PSV ausnimmt, ist angesichts der Systematik der gesetzlichen Insolvenzsicherung, die sich an den verschiednenen Durchführungswegen orientiert, durchaus kritisch zu sehen, *Blomeyer/Rolfs/Otto*, § 7 Rn. 165.

venzsicherung nach den verschiedenen Durchführungswegen nach § 7 BetrAVG entgegen.

Auch ein Vergleich zur Direktversicherung mit unwiderruflichem Bezugsrecht, bei der das BAG ausdrücklich eine Insolvenzsicherung für die Minderungen, die auf nicht gezahlten Prämien des Arbeitgebers beruhen, verneint hat (siehe dazu oben unter § 3D.I.1., S. 298 f.), lässt kein anderes Ergebnis zu. Denn im Grunde besteht hier die gleiche Situation: Die betriebliche Altersversorgung des Versorgungsberechtigten auf dem bis zur Eröffnung des Insolvenzverfahrens über das Vermögen des Arbeitgebers erreichten Stand ist aufgrund der gegebenen vertraglichen und vermögensrechtlichen Bedingungen im Grundsatz nicht in Gefahr, da keine Zugriffsmöglichkeit für den Insolvenzverwalter besteht. Daher besteht auch keine Pflicht zur Beitragszahlung für den Arbeitgeber nach § 10 BetrAVG. Dies gilt im Falle der Pensionskasse sogar grundsätzlich. Mangels Beitragspflicht kann nach den Grundsätzen des BAG dann aber auch keine Leistungspflicht des PSV bestehen, auch nicht für die auf die Prämienrückstände zurückzuführende Minderung der Leistungen der Pensionskasse.[1334]

Daher ist der Versorgungsberechtigte wegen der aufgrund eines Prämienausfalls verminderten Leistungen der Pensionskasse nicht insolvenzgeschützt. Er muss seine Forderungen als Insolvenzgläubiger geltend machen.

IV. Zusammenfassung

Die insolvenzrechtliche Einordnung des Anspruchs des Versorgungsberechtigten gegen den Arbeitgeber aufgrund dessen Ausfallhaftung nach § 1 Abs. 1 S. 3 BetrAVG ist für den Versorgungsberechtigten nicht immer vorteilhaft. Grundsätzlich besteht aufgrund dieses Anspruchs lediglich eine Insolvenzforderung nach § 38 InsO. Dieses Ergebnis wird nicht in allen Fällen durch die gesetzliche Insolvenzsicherung aufgefangen.

Das erste Gegenbeispiel sind Einbußen aufgrund mangelnder Prämienzahlung für eine Direktversicherung. Ein unwiderrufliches Bezugsrecht für eine Direktversicherung berechtigt den Versorgungsberechtigten zwar zur Aussonderung der Versicherungsleistungen, die Einbußen, die wegen nicht vollständiger Prämienzahlung des Arbeitgebers entstehen, sind jedoch nicht insolvenzgeschützt. Anders muss dies nach der hier vertretenen Ansicht bei einem widerruflichen Bezugsrecht sein, da hier eine Beitragspflicht des Arbeitgebers zur Insolvenzsicherung unabhängig von etwaigen Prämienausfällen besteht und insoweit

1334 Siehe zu der erforderlichen Parallelität von Beitragspflicht des Arbeitgebers und Leistungspflicht des PSV oben unter § 3D.I.1, S. 298 ff.

Beiträge gezahlt wurden, denen auch eine Leistungspflicht des PSV gegenüberstehen muss.

Auch im Falle der Unterstützungskassen- und Pensionsfonds-Versorgung werden aufgrund mangelnder Dotierung des externen Versorgungsträgers bestehende Einbußen in der Höhe der Anwartschaften vom PSV abgefangen.

Entstehen aufgrund von Prämienausfällen Einbußen bei der Versorgung durch eine Pensionskasse, führt auch dies zu einer Ausfallhaftung des Arbeitgebers nach § 1 Abs. 1 S. 3 BetrAVG. Teilweise wird für diese Ansprüche der Versorgungsberechtigten trotz der fehlenden Insolvenzsicherung für Pensionskassen-Versorgungen eine Insolvenzsicherung durch den PSV bejaht. Dies ist aber in Anbetracht der nach den verschiedenen Durchführungswegen ausdifferenzierten Insolvenzsicherung nach § 7 BetrAVG abzulehnen. Der Versorgungsberechtigte kann seine Forderungen lediglich als Insolvenzforderung geltend machen und erhält keine Leistungen des PSV.

§ 4 Ergebnisse

Wie bereits in der Einführung zu dieser Arbeit unter § 1, S. 3 f. angekündigt, ist die insolvenzrechtliche Einordnung der betrieblichen Altersversorgung eine für den juristische Laien schier unüberblickbare und auch für den Juristen nur mühsam zu durchdringende Fragestellung. Diese schon zu Beginn aufgestellte These hat sich im Ergebnis dieser Arbeit bestätigt.

Im Folgenden sollen nun die wichtigsten Ergebnisse zusammengefasst werden, wobei insoweit auch schon auf die unter § 3A.III.3., S. 144 f., § 3A.V., S. 168 f., § 3B.II.4., S. 250, § 3C.IV., S. 293 f. und § 3D.IV., S. 311 f. vorgenommenen Zwischenzusammenfassungen zu verweisen ist.

Die betriebliche Altersversorgung ist in der Insolvenz des Arbeitgebers nicht einheitlich der Insolvenzmasse oder den versorgungsberechtigten Arbeitnehmern zuzuordnen. Es kommt auf ihre Ausgestaltung, insbesondere auf den gewählten Durchführungsweg an. Auch die Art der Finanzierung kann – speziell im Falle der Entgeltumwandlung – eine Rolle spielen, wobei der Fokus der Arbeit und daher auch der nun folgenden Ergebnisse auf den Unterschieden zwischen den verschiedenen Durchführungswegen liegt.

Im Falle der Direktzusage verpflichtet sich der Arbeitgeber, die Leistungen der betrieblichen Altersversorgung selbst zu erbringen; es wird kein externer Versorgungsträger eingeschaltet. Der Arbeitgeber muss für diese Verbindlichkeiten gemäß § 249 HGB Bilanzrückstellungen bilden. Diese gesetzliche Pflicht ändert jedoch nichts daran, dass die für die Erfüllung der Verpflichtungen aus der Versorgungszusage vorgesehenen Vermögensbestandteile weiterhin dem Vermögen des Arbeitgebers zuzuordnen sind und sie daher gemäß § 35 InsO in die Insolvenzmasse fallen. Die Versorgungsberechtigten haben aufgrund der Versorgungszusage im klassischen Fall weder ein Aus- noch ein Absonderungsrecht. Wurde ein mittelbarer Durchführungsweg für die betriebliche Altersversorgung gewählt und greift gemäß § 1 Abs. 1 S. 3 BetrAVG die Ausfallhaftung des Arbeitgebers, weil der externe Versorgungsträger nicht (ausreichend) leistet, findet trotz der Zahlungspflicht des Arbeitgebers kein formaler Wechsel des Durchführungswegs zur Direktzusage statt.

Aufgrund der Versorgungszusage haben die Versorgungsberechtigten grundsätzlich die Stellung von einfachen Insolvenzgläubigern nach § 38 InsO. Ist der Versorgungsfall bereits eingetreten und erhält der Betriebsrentner bereits Versorgungsleistungen, so sind die zukünftig noch fällig werdenden Rentenansprüche bei feststehender Dauer der Versorgungsleistungen nach § 46 S. 1 InsO zu kapitalisieren. Steht nicht fest, wie lang noch Versorgungsleistungen zu erbringen sind – wie es bei einer Altersrente, die bis zum Tod des Versorgungsberechtigten gezahlt wird, regelmäßig der Fall sein wird – , erfolgt die Kapitalisierung nach § 46 S. 2 i.V.m. § 45 S. 1 InsO, wobei die Dauer, für die die Rentenzahlungen noch zu erbringen gewesen wären, zu schätzen ist. Die aufgrund der vorzeitigen Fälligstellung vorzunehmende Abzinsung sollte nach vorzugswürdiger Ansicht genauso wie im Falle der wiederkehrenden Leistungen mit bestimmter Dauer unter Anwendung des gesetzlichen Zinsfußes nach § 41 Abs. 2 InsO erfolgen.

Ist der Versorgungsfall noch nicht eingetreten, so können Versorgungsberechtigte, die lediglich eine verfallbare Anwartschaft auf Leistungen der betrieblichen Altersversorgung innehaben, in der Insolvenz des Arbeitgebers keine Ansprüche geltend machen, da ihnen eine dementsprechende Gläubigerposition fehlt. Unverfallbare Anwartschaften verschaffen dem Versorgungsberechtigten hingegen eine Gläubigerposition, die er auch im Insolvenzverfahren über das Vermögen des Arbeitgebers geltend machen kann. Auf den PSV nach § 9 Abs. 2 S. 1 BetrAVG übergegangene Anwartschaften sind aufgrund gesetzlicher Anordnung in § 9 Abs. 2 S. 3 BetrAVG als unbedingte Forderungen nach § 45 InsO geltend zu machen. Anwartschaften, die nicht auf den PSV übergegangen sind, sind nach vorzugswürdiger Ansicht nach § 45 InsO zu schätzen und bei der Abschlagsverteilung in voller Höhe zu berücksichten, als aufschiebend bedingte Forderung aber nach §§ 191 Abs. 1, 198 InsO zurückzubehalten, bis der Versorgungsfall eintritt. Wegen der hierüber bestehenden Streitigkeiten zwischen BAG und BGH hätte im Grunde der Gemeinsame Senat der Obersten Gerichtshöfe des Bundes angerufen werden müssen, was jedoch bisher unterblieben ist.

Diese Ergebnisse gelten für Versorgungsanwartschaften, die bereits vor Eröffnung des Insolvenzverfahrens über das Vermögen des Arbeitgebers erdient wurden. Anwartschaften, die nach Eröffnung des Insolvenzverfahrens erdient wurden, können hingegen als Masseforderungen geltend gemacht werden, wobei insoweit für den Insolvenzverwalter gemäß § 3 Abs. 4 BetrAVG die Möglichkeit besteht, diese Anwartschaften abzufinden, wenn die Betriebstätigkeit vollständig eingestellt und das Unternehmen liquidiert wird.

Die aus einer Direktzusage entspringenden Versorgungsansprüche und -anwartschaften werden grundsätzlich durch die gesetzliche Insolvenzsicherung gemäß § 7 Abs. 1 S. 1, Abs. 2 Nr. 1 BetrAVG umfassend geschützt. Wird eine Anwartschaft wegen des auch in der Insolvenz fortdauernden Arbeitsverhältnisses jedoch erst nach Eröffnung des Insolvenzverfahrens unverfallbar, greift die gesetzliche Insolvenzsicherung nicht, da bereits im Zeitpunkt des Sicherungsfalls, also der Eröffnung des Insolvenzverfahrens, eine unverfallbare Anwartschaft nach § 1b BetrAVG vorgelegen haben muss.

Die Sonderkonstruktion der Bildung eines nicht rechtsfähigen Vereins, dessen Mitglieder die Versorgungsberechtigten sind, und dem die für die betriebliche Altersversorgung vorgesehenen Vermögensbestandteile übertragen werden, kann die Situation der nicht gesetzlich insolvenzgeschützten Versorgungsberechtigten ebenso verbessern wie der Abschluss einer Rückdeckungsversicherung, die der Arbeitgeber an den Versorgungsberechtigten abtritt oder an der er ihm ein Pfandrecht bestellt. Auch die Begründung eines Contractual Trust Arrangements kann hilfreich sein.

Die im Rahmen der Direktzusage bestehenden Unsicherheiten bei der Form der Geltendmachung der Ansprüche und Anwartschaften der Versorgungsberechtigten im Insolvenzverfahren werden von den zur Direktversicherung existierenden noch übertroffen. Im Falle der Direktversicherung schließt der Arbeitgeber einen Versicherungsvertrag auf das Leben des Arbeitnehmers ab und gewährt ihm das Bezugsrecht für die Versicherungsleistungen. Von der Ausgestaltung dieses Bezugsrechts ist es in erster Linie abhängig, wie der Versicherungsvertrag in der Insolvenz des Arbeitgebers einzuordnen ist.

Wurde dem Arbeitnehmer lediglich ein widerrufliches Bezugsrecht gewährt, fällt der Versicherungsvertrag in der Insolvenz des Arbeitgebers in die Insolvenzmasse, der Versorgungsberechtigte hat keinen Anspruch auf Aussonderung nach § 47 InsO. Der Insolvenzverwalter kann aufgrund seines Wahlrechts nach § 103 InsO den Versicherungsvertrag nach den allgemeinen Vorschriften kündigen, macht sich jedoch dadurch unter Umständen in seiner Stellung als Arbeitgeber schadensersatzpflichtig. Eine weitere Möglichkeit besteht für den Insolvenzverwalter darin, den Versicherungsvertrag gegen ein Entgelt auf den Versorgungsberechtigten zu übertragen, so dass dieser ihn fortführen kann. Im ersten Monat nach Eröffnung des Insolvenzverfahrens hat der Versorgungsberechtigte hierauf sogar einen Anspruch nach § 170 VVG.

Wurde dem Versorgungsberechtigten ein unwiderrufliches Bezugsrecht in dem Versicherungsvertrag gewährt, so erwirbt er gemäß § 159 Abs. 3 VVG das Recht auf die Versicherungsleistungen sofort. Aus dieser doch sehr sicheren Rechtsposition wird in der Insolvenz des Arbeitgebers ein Aussonderungsrecht des Versorgungsberechtigten nach § 47 InsO an dem Versicherungsvertrag abgeleitet. Nach vorzugswürdiger Ansicht kann der Insolvenzverwalter zwar auch hier den Versicherungsvertrag kündigen, weil auch das Kündigungsrecht nach § 80 Abs. 1 InsO auf ihn übergegangen ist. Doch der hieraus entspringende Anspruch auf den Rückkaufswert der Versicherung steht nicht der Insolvenzmasse, sondern dem Versorgungsberechtigten zu. Das Versicherungsunternehmen ist dann verpflichtet, nur an den Versorgungsberechtigten zu leisten. Erfolgt die Leistung pflichtwidrig an den Arbeitgeber, so kann nach der neusten Rechtsprechung des BAG der Versorgungsberechtigte keine Ersatzaussonderung gemäß

§ 48 InsO vom Insolvenzverwalter verlangen, sondern muss sich weiterhin an das Versicherungsunternehmen halten, das sich daher in die Gefahr der doppelten Inanspruchnahme begibt.

Große Unsicherheiten bestehen bei der Frage der Einordnung des eingeschränkt unwiderruflichen Bezusgrechts. Dabei wird das grundsätzlich unwiderrufliche Bezugsrecht unter Bedingungen gestellt, in denen der Arbeitgeber doch noch die Versicherungsleistungen in Anspruch nehmen können soll. Grundsätzlich gilt, dass das eingeschränkt unwiderrufliche Bezugsrecht einem widerruflichen Bezugsrecht gleich zu behandeln ist, wenn die Voraussetzungen des Widerrufsvorbehalts vorliegen, und dass es einem unwiderruflichen Bezugsrecht entsprechend zu behandeln ist, wenn die Voraussetzungen des Vorbehalts nicht gegeben sind. Streit besteht bzgl. der insolvenzrechtlichen Einordnung eines eingeschränkt unwiderruflichen Bezugsrechts, das unter dem Vorbehalt der Beendigung des Arbeitsverhältnisses vor Eintritt der Unverfallbarkeit steht. Nach Ansicht des BGH soll dieser Vorbehalt grundsätzlich so ausgelegt werden, dass er nicht für die insolvenzbedingte Beendigung des Arbeitsverhältnisses gilt. Diese Auslegung wurde vom BAG heftig kritisiert und es kam zur Anrufung des Gemeinsamen Senats der Obersten Gerichtshöfe. Das Verfahren wurde leider ohne Entscheidung des Gemeinsamen Senats mit merkwürdiger Begründung eingestellt. Es ist zu erwarten, dass weiterhin unterschiedliche Ergebnisse bei identischem Sachverhalt erzielt werden, je nachdem vor welchem Gericht der Rechtsstreit ausgetragen wird. Trotz der für die versorgungsberechtigten Arbeitnehmer dann ungünstigeren insolvenzrechtlichen Einordnung ist im Ergebnis dem BAG zuzustimmen, das auch im Fall der insolvenzbedingten Beendigung des Arbeitsverhältnisses den Vorbehalt als erfüllt ansieht, so dass der Versicherungsvertrag in die Insolvenzmasse fällt.

Hat der Arbeitgeber die Ansprüche aus dem Versicherungsvertrag an einen Dritten abgetreten oder beliehen, ändert dies zwar grundsätzlich nichts an der insolvenzrechtlichen Einordnung des Versicherungsvertrags. Allerdings ist im Falle eines unwiderruflichen Bezugsrechts des Versorgungsberechtigten dessen Aussonderungsrecht nach § 47 InsO durch die Rechte des Dritten beschränkt. Daraus resultierende Nachteile hat der Arbeitgeber zwar gemäß § 1b Abs. 2 S. 3 BetrAVG auszugleichen, dieser Anspruch bringt den Versorgungsberechtigten in der Insolvenz des Arbeitgebers jedoch nur in die Position eines Insolvenzgläubigers nach § 38 InsO.

Allerdings hat der Gesetzgeber über die gesetzliche Insolvenzsicherung für einen ausreichenden Schutz der Versorgungsberechtigten gesorgt. Die betriebliche Altersversorgung im Wege der Direktversicherung ist grundsätzlich insoweit durch den gesetzlichen Insolvenzschutz abgesichert, wie es aufgrund der insolvenzrechtlichen Einordnung des Versicherungsvertrags erforderlich ist.

Nach § 7 Abs. 1 S. 2 Nr. 1, Abs. 2 Nr. 2 BetrAVG springt der PSV ein, wenn nur ein widerrufliches Bezugsrecht gewährt wurde oder die Ansprüche abgetreten oder beliehen wurden und der Arbeitgeber seiner Ausgleichsverpflichtung nach § 1b Abs. 2 S. 3 BetrAVG aufgrund der Insolvenz nicht nachkommt.

Wird eine betriebliche Altersversorgung über eine Pensionskasse, einen Pensionsfonds oder eine Unterstützungkasse durchgeführt, ist die Situation insoweit vergleichbar, als in allen drei Fällen die für die betriebliche Altersversorgung vorgesehenen Vermögensmassen auf einen externen Versorgungsträger übertragen werden. Im Ergebnis kann der Insolvenzverwalter auch in allen drei Fällen weder auf den aus dem Zuwendungsverhältnis mit dem externen Versorgungsträger resultierenden Anspruch des Versorgungsberechtigten noch auf das auf den externen Versorgungsträger übertragene Vermögen zugreifen. Unterschiedlich ist jedoch die Begründung hierfür.

Im Falle der Pensionskasse, die als VVaG ausgestaltet ist, ist der Arbeitnehmer in der Regel selbst Versicherungsnehmer, daher hat der Insolvenzverwalter keinen Zugriff auf den Versicherungsvertrag. Das Vermögen der Pensionskasse wurde ihr nicht nur treuhänderisch übertragen, so dass auch keine Zugriffsmöglichkeit des Insolvenzverwalters besteht. In der Rechtsform der AG wird das Versicherungsverhältnis zwar mit dem Arbeitgeber als Versicherungsnehmer begründet, da aber dem Versorgungsberechtigten schon per definitionem (§ 1b Abs. 3 S. 1 BetrAVG, § 118a Nr. 4 VAG) ein eigener Rechtsanspruch gegen die Pensionskasse zusteht, muss ihm ein Aussonderungsrecht an den Versicherungsleistungen zugesprochen werden. Auch das Vermögen der Pensionskasse ist vor dem Zugriff des Insolvenzverwalters gesichert, da die Aktionärsstellung des Arbeitgebers ihm nicht die Möglichkeit gibt, auf das Vermögen der Pensionskassen-AG zuzugreifen. Diesen Ergebnissen entspricht die Tatsache, dass für die Pensionskasse keine gesetzliche Insolvenzsicherung vorgesehen ist.

Obwohl diese Resultate im Grunde auch auf den Pensionsfonds sowohl in der Rechtsform des PVaG als auch in der der AG übertragbar sind und auch der Pensionsfonds der Aufsicht durch die BaFin unterliegt, besteht für diesen gemäß § 7 Abs. 1 S. 2 Nr. 2, Abs. 2 S. 3 BetrAVG eine gesetzliche Insolvenzsicherung durch den PSV. Dies ist wohl nur auf die dem Pensionsfonds gewährte größere Anlagefreiheit zurückzuführen. Der Tatsache, dass das Insolvenzrisiko im Vergleich zu anderen insolvenzgeschützten Durchführungswegen für den Versorgungsberechtigten hier doch geringer ist, wird durch eine Modifizierung der Beitragspflicht (§ 10 Abs. 3 Nr. 4 BetrAVG) Rechnung getragen. Außerdem kann mit Zustimmung der BaFin ein ausreichend dotierter Pensionsfonds auch in der Insolvenz des Trägerunternehmens anstatt des PSV die weitere Versorgung der Arbeitnehmer übernehmen (§ 8 Abs. 1a BetrAVG).

Anders ist die Situation im Falle der Unterstützungskasse. Trotz des in der Definition der Unterstützungskasse festgelegten Ausschlusses eines Rechtsanspruchs der Versorgungsberechtigten, wird ein solcher Rechtsanspruch (nach vorzugswürdiger Ansicht) aufgrund eines von der Unterstützungskasse gesetzten Vertrauenstatberstandes im Ergebnis doch bejaht. Ist der Versorgungsfall also bereits eingetreten, hat der Versorgungsberechtigte einen Anspruch gegen die Unterstützungskasse selbst, auf den die Insolvenz des Arbeitgebers grundsätzlich keine Auswirkungen hat. Ist der Versorgungsfall noch nicht eingetreten, besteht jedoch auch noch kein Anspruch des Versorgungsberechtigten gegen die Unterstützungskasse. Hier greift der gesetzliche Insolvenzschutz durch den PSV, der nach § 7 Abs. 1 S. 2 Nr. 2, Abs. 2 S. 2 BetrAVG im Falle der Unterstützungskassen-Versorgung sowohl für Versorgungsansprüche als auch für -anwartschaften einsteht. Zwar ist dem Insolvenzverwalter ein Zugriff auf das Vermögen der Unterstüztungskasse wegen § 9 Abs. 3 BetrAVG, nach dem das Vermögen der Unterstützungskasse auf den PSV übergeht, verwehrt. Allein diese Tatsache würde denjenigen Versorgungsberechtigten, die bereits eigene Ansprüche gegen die Unterstützungskasse geltend machen können, häufig jedoch wenig helfen, da mangels Überwachung durch die BaFin die Unterstützungskasse häufig nicht ausreichend dotiert sein wird. Daher ist die gesetzliche Insolvenzsicherung auch der Versorgungsansprüche im Falle der Unterstützungskassen-Versorgung erforderlich.

Erbringen externe Versorgungsträger ihre Leistungen nicht, greift die Ausfallhaftung des Arbeitgebers nach § 1 Abs. 1 S. 3 BetrAVG. Die hieraus resultierenden Ansprüche kann der Versorgungsberechtigte grundsätzlich nur als Insolvenzgläubiger nach § 38 InsO geltend machen. Generell wäre das auf den ersten Blick zumindest für die versorgungsberechtigten Arbeitnehmer, die dem Anwendungsbereich des BetrAVG unterfallen, wenig dramatisch, da sich die gesetzliche Insolvenzsicherung an dem in der Versorgungszusage benannten Durchführungsweg orientiert.

An einigen Stellen drohen dann aber doch Lücken im Insolvenzschutz, die entweder darauf zurückzuführen sind, dass im Falle eines Aussonderungsrechts eben nur die verminderten Leistungen des externen Versorgungsträgers zu erwarten sind, oder darauf, dass sich die Höhe der vom PSV zu erwartenden Leistungen an der Höhe der Leistungen orientiert, die der externe Versorgungsträger real (also in der verminderten Höhe) erbringen würde.

Im Falle einer Ausfallhaftung des Arbeitgebers aufgrund mangelnder Prämienzahlung bei einer Direktversicherung mit unwiderruflichem Bezugsrecht hat der Versorgungsberechtigte zwar ein Aussonderungsrecht an den Versicherungsleistungen. Sind diese aber wegen fehlender Prämienzahlungen durch den Arbeitgeber nur in verminderter Höhe zu erwarten, greift hier trotzdem kein Insolvenzschutz durch den PSV. Besteht ein widerrufliches Bezugsrecht, muss ein eventueller Prämienausfall nach hier vertretener Ansicht allerdings vom PSV aufgefangen werden, da insoweit auch eine Beitragspflicht des Arbeitgebers besteht.

Eine ähnliche Situation besteht für den Versorgungsberechtigten mit einer Pensionskassen-Versorgung. Grundsätzlich ist hier keine Insolvenzsicherung durch den PSV vorgesehen. Sollte eine Pensionskasse unterdotiert sein und aufgrund dessen nicht die vollen Leistungen erbringen, ändert dies nichts am fehlenden gesetzlichen Insolvenzschutz.

Im Falle von Pensionsfonds- und Unterstützungskassen-Versorgungen tritt der PSV für Einbußen, die auf einer mangelnden Dotierung des externen Versorgungsträgers beruhen, ein.

Die Folgen der insolvenzrechtlichen Einordnung der betrieblichen Altersversorgung werden im Großen und Ganzen in ausreichendem Maße durch den gesetzlich zwingenden Insolvenzschutz des PSV abgedeckt, so dass die Versorgungsberechtigten nur in Ausnahmefällen in der Gefahr stehen, ihre Leistungen der betrieblichen Altersversorgung aufgrund der Insolvenz des Arbeitgebers nicht zu erhalten. Dies gilt naturgemäß aber nur so lange, wie sie dem Anwendungsbereich des BetrAVG unterfallen. Angesichts der Tatsache, dass aus dem persönlichen Anwendungsbereich jedoch nur solche Versorgungsberechtigten herausfallen, die selbst als Unternehmer anzusehen sind und denen der Verlust der betrieblichen Altersversorgung als Resultat eigenen Handelns anzulasten ist, erscheint diese Grenze der gesetzlichen Insolvenzsicherung durchaus legitim.

Der Insolvenzverwalter bzw. die Insolvenzmasse und damit die Gruppe der Insolvenzgläubiger profitiert nur in zwei Fällen von den für die betriebliche Altersversorgung vorgesehenen Vermögensbestandteilen: zum einen im Fall der Direktzusage (soweit keine der oben unter § 3A.IV., S. 144 ff. aufgeführten Sonderkonstruktionen vorliegt) und im Fall der Direktversicherung unter Gewährung eines widerruflichen Bezugsrechts oder eines eingeschränkt unwiderruflichen Bezugsrecht, dessen Vorbehalt erfüllt ist. In allen anderen Fällen ist es dem Verwalter verwehrt, auf dieses Vermögen zuzugreifen.

Die Insolvenz des Arbeitgebers trifft den Arbeitnehmer in vielen Bereichen sehr hart. Auch ist es für den juristischen Laien kaum möglich, im Zeitpunkt der Zusage der betrieblichen Altersversorgung schon abzuschätzen, welche Auswirkungen eine mögliche Insolvenz seines Arbeitgebers für seine betriebliche Altersversorgung haben wird. Für genau diesen Bereich ist das Netz der gesetzlichen Insolvenzsicherung, das den Versorgungsberechtigten hinsichtlich seiner Versorgungsansprüche und auch –anwartschaften auffängt, jedoch ab dem Zeitpunkt der Unverfallbarkeit ziemlich lückenlos.

Wer nicht in dieses Netz der gesetzlichen Insolvenzsicherung fällt, insbesondere weil er nicht dem persönlichen Anwendungsbereich des BetrAVG angehört, sollte die Wahl und Ausgestaltung des Durchführungsweges sehr genau überdenken. Die insolvenzrechtliche Einordnung der betrieblichen Altersversorgung in der Insolvenz des Arbeitgebers folgt keinem einheitlichen Schema, das z.B. die Schutzbedürftigkeit des Versorgungsberechtigten in den Vordergrund rücken würde. Diese wird nur im Rahmen des BetrAVG berücksichtigt. Vielmehr erfolgt die Einordnung anhand des materiellen Inhalts des durch die Versorgungszusage festgelegten Durchführungswegs, der von unterschiedlichsten Rechtsgebieten geprägt wird und in dem Veränderungen von Nuancen in der Vertragsgestaltung zu völlig konträren Ergebnissen führen können, wie das Beispiel des Bezugsrechts in der Direktversicherung zeigt. Die Unsicherheiten aufgrund der teilweise uneinheitlichen Rechtsprechung der Gerichte in den verschiedenen Rechtswegen potenzieren diesen Eindruck der Unvorhersehbarkeit und Unübersichtlichkeit.

Insofern lässt sich auf die Frage, wie die betriebliche Altersversorgung in der Insolvenz des Arbeitgebers insolvenzrechtlich einzuordnen ist, keine einheitliche Antwort finden. Wie so häufig in der Juristerei müsste sie wie folgt beginnen: „Es kommt darauf an…“

§ 5 Stellungnahme

Die betriebliche Altersversorgung hat schon längst nicht mehr die Stellung einer rein freiwilligen Zuwendung des zusagenden Arbeitgebers. Sie wird selbst von den Regierenden in Deutschland als konstitutives Standbein der Altersversorgung gesehen (sog. zweite Säule). Sie soll im Zusammenspiel mit der gesetzlichen Rentenversicherung und der privaten Altersvorsorge dafür Sorge tragen, dass Menschen, die aus dem Erwerbsleben ausscheiden, ihren Lebensstandard auch im Rentenalter beibehalten können. Sie ist keine „Randerscheinung" im Arbeitsleben oder eine nur in bestimmten Wirtschaftskreisen vorzufindende Sonderkonstellation, sondern ein vom Gesetzgeber – insbesondere im Hinblick auf den seit dem Jahr 2002 bestehenden Anspruch auf Entgeltumwandlung – gewünschtes, gefordertes und hinsichtlich der Versorgung im Alter einkalkuliertes Massenphänomen.

Für Arbeitnehmer kann die Zusage einer betrieblichen Altersversorgung einen maßgeblichen Entscheidungsfaktor bei der Wahl des zukünftigen Arbeitgebers darstellen. Ob und wann dieser Arbeitgeber einmal zahlungsunfähig wird und das Insolvenzverfahren über sein Vermögen eröffnet wird, lässt sich nicht vorhersagen. Diese Unsicherheit besteht und ist dem Arbeitsverhältnis innewohnend, genauso wie andere Vertragspartner das Insolvenzrisiko ihres Gegenübers mit tragen müssen.

Allerdings hat der Gesetzgeber die Position der Arbeitnehmer, deren Arbeitsverhältnis zumeist die Grundlage ihrer Existenz ist, als besonders sicherungswürdig erkannt. Dienstverhältnisse des Gemeinschuldners bestehen nach § 108 Abs. 1 InsO trotz Eröffnung des Insolvenzverfahrens mit Wirkung für die Insolvenzmasse fort, es besteht insofern kein Wahlrecht des Insolvenzverwalters. Mit dem Insolvenzgeld nach §§ 183 ff. SGB III wurde eine sozialrechtliche Absicherung der Arbeitnehmer eingeführt, eine von der Bundesagentur für Arbeit zu gewährende Lohnersatzleistung für einen Zeitraum bis zu drei Monaten. Auf der anderen Seite hat der Gesetzgeber jedoch auch die Notwendigkeit erkannt, dem Insolvenzverwalter die Möglichkeit zu geben, sich von massebelastenden Verbindlichkeiten auch im Rahmen von bestehenden Arbeitsverhältnissen lösen zu können. So hat der Insolvenzverwalter nach § 113 InsO für die Beendigung des Arbeitsverhältnisses nur eine verkürzte Kündigungsfrist von drei Monaten einzuhalten, ebenso wie für massebelastende Betriebsvereinbarungen nach § 120 InsO.

Auch für die betriebliche Altersversorgung hat der Gesetzgeber die Schutzbedürftigkeit der Versorgungsberechtigten hinsichtlich der von ihnen bereits „erarbeiteten" Anwartschaften oder der für sie bestehenden Versorgungsansprüche erkannt. Von einem besonderen Schutz innerhalb des Insolvenzverfahrens, z.B. indem die für die betriebliche Altersversorgung vorgesehenen Vermögensbestandteile grundsätzlich dem Zugriff durch den Insolvenzverwalter entzogen werden, hat der Gesetzgeber allerdings abgesehen. Anstatt dessen wurde eine „externe“ Sicherung für den Fall, dass aufgrund der Insolvenz keine Zahlungen an die Versorgungsberechtigten erfolgen, eingeführt. Angepasst wurde demnach nicht die insolvenzrechtliche Einordnung, sondern der im Insolvenzfall Zahlende.

Genau diese Form der Absicherung steht von Arbeitgeberseite insbesondere im Hinblick auf das krisengeschüttelte Jahr 2009 unter großer Kritik (siehe dazu schon oben unter § 2C.II., S. 77 f.). Aufgrund der Insolvenz von Großunternehmen und der allgemeinen Erwartung des PSV, dass die Wirtschaftskrise langfristig zu extrem erhöhten Zahlungsverpflichtungen führen würde, war der Beitragssatz im Jahr 2009 sprunghaft gestiegen. Vor allem mittelständische Unternehmen kritisierten daraufhin, dass sie im Ergebnis mit dem allgemein erhöhten Beitragssatz die Pensionsversprechen von Großunternehmen zu retten hätten, ohne dass der PSV seinen für die Insolvenz von Großunternehmen angesparten „Notgroschen“ in der Form eines Ausgleichsfonds mit einem Volumen von 700 Millionen Euro verwendet hätte.[1335] Eine Klagewelle gegen die Beitragspraxis des PSV war Folge dessen.[1336] Die Gerichte haben jedoch bisher den Beitragssatz für das Jahr 2009 sowohl in erster als auch zweiter Instanz für rechtmäßig befunden.[1337] Weiterer Kritikschwerpunkt ist die zur Zeit bestehende Regelung der Beitragspflicht für die Unternehmen: Sie wird nicht davon tangiert, dass die Unternehmen anderweitige Insolvenzsicherungsmaßnahmen vornehmen, wie z.B. die Bildung eines Contractual Trust Arrangements oder einer rückgedeckten Unterstützungskasse.[1338]

1335 „Konzerne müssen für Pleitefirmen aufkommen“, Manager Magazin vom 5.12.2011, abrufbar unter http://www.manager-magazin.de/unternehmen/artikel/0,2828,801364-2,00.html (20.1.2014).

1336 „Konzerne müssen für Pleitefirmen aufkommen“, Manager Magazin vom 5.12.2011, abrufbar unter http://www.manager-magazin.de/unternehmen/artikel/0,2828,801364-2,00.html (20.1.2014).

1337 OVG Nordrhein-Westfalen, Beschluss vom 17.8.2012 – 12 A 1140/11, juris (27.1.2014); OVG Rheinland-Pfalz, Urteil vom 18.5.2012 – 7 A 11241/11, BetrAV 2012, 545 ff.; VG Frankfurt, Urteil vom 28.3.2012 – 2 K 256/11.F, ZIP 2012, 1525 ff.; VG München, Urteil vom 19.1.2012 – M 17 K 11.604 m.w.N; VG Würzburg, Urteil vom 2.11.2011 – W 3 K 10.1144, juris (27.1.2014); VG Düsseldorf, Urteil vom 6.4.2011 – 16 K 368/11, juris (27.1.2014).

1338 Siehe hierzu zum Beispiel das Gutachten der Heubeck AG: „Gutachten über eine risikoorientierte Beitragsgestaltung der Insolvenzsicherung der betrieblichen Altersversorgung“ vom 24.10.2011, abrufbar unter http://www.heubeck.de/home/pdf/IPV-

Inwieweit und ob der Gesetzgeber die Beitragsverpflichtung an diese tatsächlichen Veränderungen in der Organisation der betrieblichen Altersversorgung anpassen wird, bleibt abzuwarten. Erforderlich ist sie im Rahmen der momentanen Entwicklung in jedem Fall. Denn eine Verpflichtung des Arbeitgebers Beiträge zu zahlen, ohne dass dem eine entsprechende Einstandsverpflichtung und –notwendigkeit gegenüber steht, ist insbesondere aufgrund der vom Gesetz vorgesehenen und vom PSV umgesetzten Prämisse, dass der PSV nur dann zahlt, wenn dem auch eine Beitragspflicht des Arbeitgebers gegenüber steht (siehe dazu oben unter § 3D.I.1., S. 298 f.), nicht nachzuvollziehen. Schließlich sieht der PSV selbst seinen „alleinigen Zweck" darin, „die Gewährleistung der betrieblichen Altersversorgung für den Fall der Insolvenz eines Arbeitgebers" zu übernehmen.[1339] Ist das Erfordernis dieser Gewährleistung aufgrund der Organisation der betrieblichen Altersversorgung beim einzelnen Arbeitgeber jedoch nicht gegeben, so scheint die Beitragspflicht dieses Arbeitgebers nichts anderes zu sein, als die Pflicht, den PSV und damit gegebenenfalls die Insolvenzsicherung von Versorgungszusagen anderer Unternehmen zu finanzieren. Die fehlende Insolvenzsicherungsbedürftigkeit schlägt sich nicht in der Insolvenzsicherungspflicht nieder, es handelt sich also um eine gesetzliche Versicherung, der keine Gegenleistung gegenüber steht, weil sie ganz einfach nicht gebraucht wird.

Aus dem Blickwinkel der Versorgungsberechtigten stellt sich dieses System der externen Insolvenzsicherung - wie bereits zusammenfassend erörtert - zum überwiegenden Teil lückenlos dar, soweit denn der Versorgungsberechtigte in den persönlichen Anwendungsbereich des BetrAVG fällt. Sicherungslücken existieren im Falle der zum Zeitpunkt der Eröffnung des Insolvenzverfahrens noch verfallbaren Anwartschaften, was jedoch auf eine bewusste Entscheidung des Gesetzgebers zurückzuführen ist, der Anwartschaften erst nach dem Zeitpunkt der Unverfallbarkeit für schutzwürdig erachtet hat. Weitere partielle Lücken tun sich im Bereich der unterdotierten externen Versorgungsträger auf, die aufgrund der Unterdotierung keine ausreichende Leistung erbringen und die aufgrund des ihnen zugrunde liegenden Durchführungswegs aber nicht der gesetzlichen Insolvenzsicherung unterliegen. Folge dessen ist, dass der Versor-

---

Gutachten_HeubeckAG.pdf (20.1.2014) oder der hierauf beruhende Entwurf eines „Konzept(s) für eine stärker risikoorientierte PSV-Beitragsstruktur" der Bundesvereinigung der deutschen Arbeitgeber e.V. (BDA) vom 6.3.2012, abrufbar unter http://www.arbeitgeber.de/www/arbeitgeber.nsf/files/2C4FD96667526452C1257A8D004FF32A/$file/Konzeptentwurf-PSV-Beitragsstruktur.pdf (21.1.2014) (dazu kritisch: *Thüsing*, DB 2012, Beilage Nr. 05 zu Heft 38, S. 1 ff.); *Birkel/Obenberger*, BB 2011, 2051, 2051.

1339 http://www.psvag.de/framesets/wir1.html (20.1.2014).

gungsberechtigte die ihm versprochenen Leistungen zumindest zum Teil nicht bekommt, aber auch keine ausgleichenden Leistungen des PSV erwarten kann.

Sowohl die zurecht angeprangerte Ungerechtigkeit auf Seiten der beitragsverpflichteten Unternehmen als auch die Lücken im Bereich der Insolvenzsicherung haben den gleichen Ursprung: den starren Aufbau der gesetzlichen Insolvenzsicherung anhand des gewählten Durchführungsweges. Dieser berücksichtigt weder anderweitige Insolvenzsicherungsmaßnahmen noch Versorgungslücken, die zwar nicht unmittelbar auf der Insolvenz des Arbeitgebers und der insolvenzrechtlichen Einordnung der betrieblichen Altersversorgung beruhen, aber insbesondere im Zusammenhang mit finanziellen Schwierigkeiten des Arbeitgebers entstehen können.

Eine Alternative zu der starren Koppelung an den gewählten Durchführungsweg wäre es, die Insolvenzsicherung und die damit einhergehenden Beitragsverpflichtungen nur anhand des tatsächlichen Risikos, das für die für die betriebliche Altersversorgung vorgesehenen Vermögensbestandteile aufgrund der Insolvenz des Arbeitgebers besteht, zu bestimmen. Diesen Ansatz vertritt unter anderem auch das Heubeck-Gutachten, das eine Modifizierung der bisherigen Beitragsbemessungsgrundlage dahingehend vorschlägt, dass bei ihrer Festsetzung auch anrechenbare Vermögenswerte, die aufgrund einer rechtlichen Sicherungsmaßnahme (wie z.B. eines CTAs oder einer Verpfändungslösung) in der Insolvenz des Arbeitgebers vor der Einverleibung in die Insolvenzmasse geschützt sind, berücksichtigt werden.[1340]

Im Ergebnis wurde bei der Frage der gesetzlichen Insolvenzsicherung und würde auch bei einer Berücksichtigung bestehender Sicherungsmaßnahmen dem Insolvenzrecht also der Vorrang eingeräumt. Die insolvenzrechtlichen Wirkungen, die sich an dem zugrunde liegenden Durchführungsweg orientieren, werden unverändert gelassen und deren Folgen durch die daran anknüpfende Insolvenzsicherung abgemildert.

Eine unmittelbar in das Insolvenzverfahren selbst eingreifende Regelung bestünde zum Beispiel darin, die für die betriebliche Altersversorgung vorgesehenen finanziellen Mittel im Wege eines am Zweck der Verwendung ausgerichteten Aussonderungsrechts grundsätzlich der Zuordnung zur Insolvenzmasse zu entziehen. Für die Reservefonds mit eigener Rechtspersönlichkeit geschieht dies auch nach den jetzigen Regelungen bereits entweder aufgrund ihrer rechtlichen Konstruktion oder im Falle der Unterstützungskasse aufgrund des zwingenden

---

1340 Vgl. das Gutachten der Heubeck AG: „Gutachten über eine risikoorientierte Beitragsgestaltung der Insolvenzsicherung der betrieblichen Altersversorgung“ vom 24.10.2011, abrufbar unter http://www.heubeck.de/home/pdf/IPV-Gutachten_Heubeck AG.pdf (20.1.2014).

Übergangs des Vermögens der Unterstützungskasse auf den PSV (siehe zusammenfassend oben unter § 3C.IV., S. 293 f.). Eine von der jetzigen Rechtslage abweichende Situation ergäbe sich insoweit für die Direktzusage und eine Direktversicherung mit widerruflichem bzw. eingeschränkt unwiderruflichem Bezugsrecht, wenn die Voraussetzungen des Vorbehalts erfüllt sind, da nur in diesen Fällen momentan kein Aussonderungsrecht besteht bzw. die Vermögensbestandteile der Insolvenzmasse zugeordnet werden.

Diese Lösung allein gewährleistete jedoch keinen hinreichenden Schutz der Versorgungsberechtigten. Im Falle der Unterdotierung von selbständigen Reservefonds und bei Direktversicherungen, deren Prämien nicht in voller Höhe gezahlt wurden, hätte der Versorgungsberechtigte zwar ein Aussonderungsrecht, das aber aufgrund des verminderten Aussonderungsguts keine seinem Versorgungsanspruch entsprechende Befriedigung gewährleisten würde. Dieses Szenario zeigt sich bereits heute am Beispiel der Pensionskasse. Ist deren finanzielle Ausstattung mangelhaft, bleibt der Versorgungsberechtigte bei konsequenter Anwendung der aktuellen gesetzlichen Sicherungssystematik auf den hieraus resultierenden Minderleistungen sitzen bzw. kann den hieraus folgenden Ausfallhaftungsanspruch gegen seinen Arbeitgeber lediglich als Insolvenzgläubiger geltend machen (siehe dazu bereits oben unter § 3D.III., S. 309 ff.). Bei einer bestehenden Direktzusage bestünde schon die Frage, ob den in der Bilanz ausgewiesenen Rückstellungen auch reale Gegenwerte gegenüberstehen, an denen ein Aussonderungsrecht geltend gemacht werden könnte, und wenn ja, welche dies sein sollen.

Angesichts der bereits mehrfach beanstandeten Unübersichtlichkeit der Insolvenzfolgen für die verschiedenen Durchführungswege und der darauf abgestimmten Sicherungsmechanismen für alle Beteiligten könnte man mit der Kritik noch einen Schritt früher ansetzen: bei der Vielfältigkeit der Durchführungswege der betrieblichen Altersversorgung selbst. Sie führt dazu, dass nicht nur das Insolvenzrisiko selbst im Sinne der eventuell eintretenden Zahlungsunfähigkeit Unsicherheiten hervorruft, sondern dass es noch dazu für die Beteiligten, insbesondere für die Versorgungsberechtigten, nahezu undurchschaubar bleibt, was im Falle der Insolvenz des Arbeitgebers mit ihren Versorgungsanwartschaften und -ansprüchen geschieht. Zwar werden diese durch die externe Insolvenzsicherung in umfassendem Maße abgesichert. Doch bleibt der fade Beigeschmack, dass hier ein System geschaffen wurde, das es den von ihm Betroffenen fast unmöglich macht, die eigene Position innerhalb dieses Systems zu begreifen und einschätzen zu können. Faktisch kann ein juristisch unbedarfter Versorgungberechtigter, dem eine Altersversorgung zugesagt wird, nur darauf vertrauen, dass im Falle der Insolvenz des Arbeitgebers „schon alles abgesichert sein wird“, es sei denn, er holt sich juristischen Rat. Und auch hier bleiben zumindest in einigen Fallgestaltungen Ungewissheiten aufgrund einer uneinheitlichen Rechtsprechung der verschiedenen Obersten Gerichte.

Im Jahr 2003 hat das Bundesverfassungsgericht in einer Entscheidung zu den Anforderungen, die an die Verständlichkeit von Rechtsnormen, gerade auch im Hinblick auf ihr Zusammenspiel mit Normen aus anderen Regelungsbereichen, gestellt werden, ausgeführt:

> „Gesetzliche Regelungen müssen so gefasst sein, dass der Betroffene seine Normunterworfenheit und die Rechtslage so konkret erkennen kann, dass er sein Verhalten danach auszurichten vermag(…). (...) Nicht nur bei Eingriffen in die Freiheitssphäre des Einzelnen (…), sondern auch bei der Gewährung von Leistungen und deren zivilrechtlicher Behandlung müssen die Normen in ihrem Inhalt entsprechend ihrer Zwecksetzung für die Betroffenen klar und nachvollziehbar sowie in ihrer Ausgestaltung widerspruchsfrei sein. Soweit die praktische Bedeutung einer Regelung für den Normunterworfenen nicht nur von der Geltung und Anwendung einer Einzelnorm abhängt, sondern vom Zusammenspiel von Normen unterschiedlicher Regelungsbereiche (...), müssen die Klarheit des Norminhalts und die Voraussehbarkeit der Ergebnisse der Normanwendung gerade auch im Hinblick auf dieses Zusammenwirken gesichert sein.“[1341]

Der hier zitierte Beschluss des Bundesverfassungsgerichtes betraf die Anrechnung von Kindergeld auf den von einem Elternteil zu erbringenden Kindesunterhalt in Abhängigkeit von dessen finanzieller Leistungsfähigkeit bzw. deren ausnahmsweises Unterbleiben nach § 1612b Abs. 5 BGB a.F. Im Grunde ging es also um die Gewährung von Sozialleistungen in dem Sinne, dass aufgrund ihrer Gewährung eine Zahlungsverpflichtung vermindert wurde oder eben nicht.

Zwar erfolgen die vom PSV zu erbringenden Leistungen nicht unmittelbar von Staatsseite, sind aber doch Folge einer gesetzlichen Pflichtversicherung und nicht lediglich Produkt einer von Arbeitgeberseite aufgrund einer autarken Entscheidung abgeschlossenen Versicherung auf privatrechtlicher Basis. Die Einflussnahme auf und die Steuerung des PSV von staatlicher Seite sind immens, schließlich existiert er nur auf Grundlage des BetrAVG. Auch die für die betriebliche Altersversorgung vorgesehenen Durchführungswege sind durch das BetrAVG abschließend geregelt, abweichende Vereinbarungen werden u.a. durch die für sie nicht greifende Insolvenzsicherung sanktioniert. Die Unübersichtlichkeit der Situation ist also auf Entscheidungen des Gesetzgebers zurückzuführen und wird durch die für die betriebliche Altersversorgung geltenden Gesetze auch sehr eindrücklich widergespiegelt. Beispielsweise soll hierfür § 2 BetrAVG herangezogen werden: Wer einen unbedarften Blick in diese Norm wirft,

---

1341 BVerfG, Beschluss vom 9.4.2003 - 1 BvL 1/01 - 1 BvR 1749/01, NJW 2003, 2733, 2735.

die die Berechnung der Höhe der unverfallbaren Anwartschaften zum Gegenstand hat und sich hierzu u.a. des Verweises auf das Versicherungsaufsichtsgesetz und das Versicherungsvertragsgesetz bedient, wird wohl nicht zu der vom Bundesverfassungsgericht geforderten „konkreten“ Erkenntnis der Rechtslage und auch nicht unmittelbar zu dem Urteil kommen, dass diese Norm „klar und nachvollziehbar“ gestaltet ist.

Der Einfluss, den die insolvenzrechtlichen Regelungen im Falle der Insolvenz des Arbeitgebers auf dieses komplizierte Regelungswerk nimmt, wird angesichts der ungefilterten Anwendbarkeit der InsO sowohl arbeitgeber- als auch arbeitnehmerseitig zur endgültigen Verwirrung führen. Ob die Implementierung eines solchen Systems in einem Anwendungsbereich, in dem zumindest auf der einen Seite des Vertragsverhältnisses zum ganz überwiegenden Teil juristische Laien stehen, sinnvoll ist, muss wohl angezweifelt werden, selbst wenn das bestehende Sicherungssystem im Ergebnis einen ausreichenden Schutz der Versorgungsberechtigten bewirkt.

Literatur

Adolphsen, Jens: Die Rechtsstellung dinglich gesicherter Gläubiger in der Insolvenzordnung, in: *Arbeitskreis für Insolvenzwesen Köln e.V.* (Hrsg.): Kölner Schrift zur Insolvenzordnung, 3. Auflage, Münster 2009, S. 1326 – 1372.

ders.: Zivilprozessrecht, 3. Auflage, Baden-Baden 2012 (zitiert als: *Adolphsen*, Zivilprozessrecht).

Annert, Elke: Die betriebliche Altersversorgung durch Unterstützungskassen unter besonderer Berücksichtigung der Privatisierung öffentlich-rechtlicher Unternehmen, Diss., Universität Würzburg 2000.

Ahrend, Peter/Rühmann, Jochen: Die zivilrechtlichen und arbeitsrechtlichen Grundlagen einer über Pensionskassen oder Unterstützungskassen finanzierten betrieblichen Altersversorgung, DStR 1991, S. 1018 – 1021.

Ampferl, Hubert: Anmerkung zu BGH, Urteil vom 7.4.2005 – IX ZR 138/04, NZI 2005, S. 384 – 387.

Andres, Dirk/Leithaus, Rolf/Dahl, Michael: Insolvenzordnung, 2. Auflage, München 2011 (zitiert als: Andres/Leithaus/*Bearbeiter*).

Arend, Friedrich: Die insolvenzrechtliche Behandlung des Zahlungsanspruchs in fremder Währung, ZIP 1988, S. 69 – 76.

Armbrüster, Christian/Pilz, Knut: Schicksal des Lebensversicherungsvertrages in der Insolvenz des Versicherungsnehmers, KTS 2004, S. 481 – 503.

Bärenz, Christian: Von der Erlöschenstheorie zur Theorie der insolvenzrechtlichen Modifizierung – zur Dogmatik der neuen BGH-Rechtsprechung zu § 103 InsO, NZI 2006, S. 72 – 77.

Bamberger, Georg/Roth, Herbert (Hrsg.): Beck'scher Online-Kommentar BGB, Edition 29, München Stand: 1.11.2013 (zitiert als: BeckOK-BGB/*Bearbeiter*).

Bauer, Jobst-Hubertus/Arnold, Christian: Verbot der Altersdiskriminierung – Die Bartsch-Entscheidung des EuGH und ihre Folgen, NJW 2008, S. 3377 – 3383.

Bauer, Jobst-Hubertus/Göpfert, Burkard/Krieger, Steffen: Allgemeines Gleichbehandlungsgesetz, 3. Auflage, München 2011 (zitiert als: *Bauer/Göpfert/Krieger*).

Baumann, Horst/Beckmann, Roland Michael/Johannsen, Katharina/Johannsen, Ralf/Koch, Robert (Hrsg.): Bruck/Möller Versicherungsvertragsgesetz Großkommentar, Band 8/1 Lebensversicherung §§ 150-171 VVG, 9. Auflage 2013 (zitiert als: Bruck/Möller/*Bearbeiter*).

Baumbach, Adolf (Begr.): Handelsgesetzbuch, 36. Auflage, München 2014 (zitiert als: Baumbach/Hopt/*Bearbeiter*).

Beck, Charlotte: Anmerkung zu BAG, Urteil vom 15.6.2010 – 3 AZR 31/07, ArbRAktuell 2010, 555.

Beck, Siegfried/Depré, Peter (Hrsg.): Praxis der Insolvenz, 2. Auflage, München 2010 (zitiert als: Beck/Depré/*Bearbeiter*).

Beckmann, Roland Michael/Matusche-Beckmann, Annemarie (Hrsg.): Versicherungsrechts-Handbuch, 2. Auflage, München 2009 (zitiert als: Beckmann/Matusche-Beckmann/*Bearbeiter*).

Beinert/Hennerkes/Binz/Rauser, K.-D.: Zum Insolvenzschutz betrieblicher Versorgungsansprüche von Gesellschafter-Geschäftsführern, DB 1980, S. 2323 – 2328.

Benkel, Gert Andreas: Der Versicherungsverein auf Gegenseitigkeit – Das Gesellschaftsrecht der großen konzernfreien VVaG, 2. Auflage, München 2002 (zugleich Diss., Techn. Universität Darmstadt 1994).

Bepler, Klaus: Betriebliche Übungen. Ein erweiterter Rechtsprechungsbericht, RdA 2004, S. 226 – 241.

ders.: Die „zweifelhafte Rechtsquelle“ der betrieblichen Übung – Beharrungen und Entwicklungen, RdA 2005, S. 323 – 330.

Berenz, Claus: Übergang des Vermögens einer Unterstützungskasse auf den PSVaG bei Insolvenz des Trägerunternehmens – Systematik des § 9 Abs. 3 BetrAVG, DB 2006, S. 1006 – 1009.

Bergmann, Alfred: Die Verwaltungsbefugnis des Insolvenzverwalters über einen zur Insolvenzmasse gehörenden GmbH-Geschäftsanteil, ZInsO 2004, S. 225 – 229.

Berkowsky, Wilfried: Aktuelle arbeitsrechtliche Fragen in Krise und Insolvenz Februar/März 2008, NZI 2008, S. 288 – 290.

Binder, Ralph/Gärtner, Matthias: Der Arbeitgeber als streitgenössischer Nebenintervenient oder notwendiger Steitgenosse im Rechtsstreit des Betriebsrentners mit der Unterstützungskasse, NZA 2009, S. 1391 – 1396.

Birkel, Stefan/Obenberger, Thomas: Die Sicherung von Anrechten der betrieblichen Altersversorgung über ein Contractual Trust Arrangement im Insolvenzverfahren, BB 2011, S. 2051 - 2058.

Bitter, Georg: Lebensversicherung zur betrieblichen Altersversorgung im Insolvenzfall, WM 2005, S. 937.

ders.: Nicht fällige, bedingte und betragsmäßig unbestimmte Forderungen in der Insolvenz, systematische Grundlagen der insolvenzmäßigen Berücksichtigung unverfallbarer Versorgungsanwartschaften, NZI 2000, S. 399 – 405.

Blomeyer, Wolfgang: Anmerkung zu BAG, Urteil vom 8.6.1999 – 3 AZR 136/98, EWiR 2000, S. 111 – 112.

ders.: Beginn der Unverfallbarkeitsfristen gemäß § 1 Abs. 1 BetrAVG bei betrieblicher Altersversorgung durch Direktversicherung, DB 1979, S. 835 – 842.

ders.: Betriebliche Altersversorgung und Unterstützungskassen, BB 1980, S. 789 – 796.

ders.: Die Verpfändung von Rückdeckungsversicherungen an Versorgungsanwärter der betrieblichen Altersversorgung, VersR 1999, S. 653 – 665.

ders.: Rechtsfragen der Entgeltumwandlung und Lösungsansätze, NZA 2000, S. 281 – 291.

Blomeyer, Wolfgang/Kanz, Volkmar: Die Direktversicherung im Konkurs des Arbeitgebers, KTS 1985, S. 169 – 197.

Blomeyer, Wolfgang (Begr.)/*Otto, Klaus/Rolfs, Christian*: Betriebsrentengesetz, Gesetz zur Verbesserung der betrieblichen Altersversorgung, 5. Auflage, München 2010 (zitiert als: *Blomeyer/Rolfs/Otto*).

Bode, Christoph/Bergt, Volker H./Obenberger, Thomas: Doppelseitige Treuhand als Instrument der privatrechtlichen Insolvenzsicherung im Bereich der betrieblichen Altersversorgung, DB 2000, S. 1864 – 1867.

Böhm, Verena: Direktversicherung in der Insolvenz des Arbeitgebers, Stellungnahme zu einem Vorlagebeschluss des BAG an den Gemeinsamen Senat der obersten Gerichtshöfe des Bundes, BB 2007, S. 1502 – 1504.

Bötticher, Eduard: Anmerkung zu BAG, Urteil vom 17.5.1966 – 3 AZR 477, 65, AP BGB § 242 Nr. 110 Ruhegehalt.

Bork, Reinhard: Die Doppeltreuhand in der Insolvenz, NZI 1999, S. 337 – 344.

ders.: Einführung in das Insolvenzrecht, 6. Auflage, Tübingen 2012.

ders.: Zur Dogmatik des § 17 KO, in: Bettermann, Karl August/Löwisch, Manfred/Otto, Hansjörg/Schmidt, Karsten (Hrsg.): Festschrift für Albrecht Zeuner zum siebzigsten Geburtstag, Tübingen 1994, S. 297 – 315.

Braun, Eberhard (Hrsg.): Insolvenzordnung, 5. Auflage, München 2012 (zitiert als: Braun/*Bearbeiter*).

Cisch, Theodor/Böhm, Verena: Das Allgemeine Gleichbehandlungsgesetz und die betriebliche Altersversorgung in Deutschland, BB 2007, S. 602 – 610.

Conradi, Ulrike: Anmerkung zu BAG, Urteil vom 15.6.2010 – 3 AZR 334/06, BB 2011, S. 127.

Däubler, Wolfgang/Bertzbach, Martin: Allgemeines Gleichbehandlungsgesetz, 2. Auflage, Baden-Baden 2008 (zitiert als: Däubler/Bertzbach/*Bearbeiter*).

Ebenroth, Tomas/Boujong, Karlheinz/Joost, Detlev (Begr.): Handelsgesetzbuch, Band 1, §§ 1 – 342 e, 2. Auflage, München 2008 (zitiert als: Ebenroth/Boujong/Joost/*Bearbeiter*).

Elfring, Claus: Die Ersetzung intransparenter Klauseln in den Allgemeinen Bedingungen der kapitalbildenden Lebensversicherung im Rahmen des Treuhänderverfahrens nach § 172 II VVG, NJW 2005, S. 3677 – 3679.

ders.: Die Verwertung verpfändeter und abgetretener Lebensversicherungsansprüche in der Insolvenz, NJW 2005, S. 2192 – 2195.

ders.: Versicherungsverträge im Insolvenzrecht, BB 2004, S. 617 – 621.

Everhardt, Karl Hans: Insolvenzschutz für Direktversicherungen mit unwiderruflichem Bezugsrecht bei verringerter Versicherungsleistung wegen Prämienrückständen?, DB 1994, S. 1470 – 1473.

ders.: Nur Sicherstellung unverfallbarer Versorgungsanwartschaften nach § 67 KO im Konkurs des Arbeitgebers?, KTS 1992, S. 179 – 184.

Faldung, Armin: Die Woche im Arbeitsrecht – Im Blickpunkt, BB 2011, S. 435 – 436.

Fey, Gerd/Ries, Norbert/Lewe, Stefan: Ansatzstetigkeit nach BilMoG für Pensionsverpflichtungen i.S.d. Art. 28 EGHGB, BB 2010, S. 1011 – 1014.

Fischer, Gerhard/Thoms-Meyer, Dirk: Privatrechtlicher Insolvenzschutz für Arbeitnehmeransprüche aus deferred compensation, DB 2000, S. 1861 – 1864.

Flitsch, Michael: Anmerkung zu OLG München, Urteil vom 22.6.2004 – 25 U 5618/03, DZWIR 2004, S. 429 – 432.

Flitsch, Michael/Chardon, Christoph: Die Rechtsstellung des Pensions-Sicherungs-Vereins aG im Insolvenzplanverfahren, DZWIR 2004, S. 485 – 490.

Flitsch, Michael/Herbst, Christoph: Lebensversicherungsverträge in der Insolvenz des Arbeitgebers – Auswirkungen des (geänderten) Gesetzes zur Verbesserung der betrieblichen Altersversorgung (BetrAVG), BB 2003, S. 317 – 324.

Foerste, Ulrich: Insolvenzrecht, 5. Auflage, München 2010.

Förster, Wolfgang/Cisch, Theodor/Karst, Michael: Betriebsrentengesetz, Gesetz zur Verbesserung der betrieblichen Altersversorgung mit zivil-, arbeits- und steuerrechtlichen Vorschriften, 13. Auflage, München 2012 (zitiert als: Förster/Cisch/Karst/*Bearbeiter*).

Förster, Wolfgang/Rühmann, Jochen: Anmerkung zu BAG, Urteil vom 17.5.1973 – 3 AZR 381/72, AP BGB § 242 Nr. 6 Ruhegehalt-Unterstützungskassen.

Fortmann, Esther: Vollstreckung von Geldstrafen im Insolvenzverfahren und im Restschuldbefreiungsverfahren, ZInsO 2005, S. 140 – 142.

Frege, Michael C./Keller, Ulrich/Riedel, Ernst: Insolvenzrecht, 7. Auflage, München 2008 (zitiert als: *Frege/Keller/Riedel*).

Fridgen, Alexander: Zum Aussonderungsrecht bei der fremdnützigen Verwaltungstreuhand, ZinsO 2004, S. 530 – 540.

Gareis, Gerhard: Zum Verbot der Kündigung einer widerruflichen Direktversicherung durch den Konkurverwalter, BB 1987, S. 2157 – 2160.

Gebert, Yvonne: Anmerkung zu BGH, Beschluss vom 27.4.2010 – IX ZR 245/09, NZI 2010, S. 647 – 648.

Goette, Wulf: Zur Insolvenzsicherung von Versorgungszusagen für „Mitunternehmer", ZIP 1997, S. 1317 – 1324.

Goette, Wulf/Habersack, Mathias/Kalss, Susanne (Hrsg.) Münchener Kommentar zum Aktiengesetz, Band 1, §§ 1-75, 3. Auflage, München 2008 (zitiert als: MüKo-AktG/*Berabeiter).*

Gottwald, Peter (Hrsg.): Insolvenzrechts-Handbuch, 4. Auflage, München 2010 (zitiert als: Gottwald/*Bearbeiter*, Insolvenzrechts-Handbuch).

ders.: Kurzkommentar zu LAG München, Urteil vom 22.7.1987 – 4 Sa 60/87, EWiR 1988, S. 1011 – 1012.

Grabner, Edwin R./Brandl, Angelika: Zur Insolvenzsicherung von Pensionsfonds, DB 2002, S. 945 – 949.

Griebeling, Gert: Arbeits- und insolvenzrechtliche Fragen zur Unterstützungskasse, DB 1991, S. 2336 – 2342.

de Groot, Simone Evke: Der deutsche Pensionsfonds als Instrument der betrieblichen Alterversorgung im Spannungsfeld zwischen Betriebsrenten- und Versicherungsrecht, München 2010 (zugleich Diss., Universität Bielefeld 2008).

Großfeld, Bernhard: Bilanzrecht für Juristen – Das Bilanzrichtlinien-Gesetz vom 19.12.1985, NJW 1986, S. 955 – 962.

Grub, Volker: Der Einfluss des PSVaG auf das Insolvenzverfahren, DZWIR 2000, S. 223 – 228.

ders.: Der Rückgriffsanspruch des Pensions-Sicherungs-Vereins gemäß § 9 Abs. 2 BetrAVG, ZIP 1992, S. 159 – 162.

Güther, Robert/Kohly, Robert: Typische Probleme bei der Feststellung und Verwertung von Lebensversicherungsverträgen in der Unternehmensinsolvenz, ZIP 2006, S. 1229 – 1237.

Gummert, Hans/Weipert, Lutz (Hrsg.): Münchener Handbuch des Gesellschaftsrechts, Band 1, 3. Auflage, München 2009 (zitiert als: MünchHdb. GesRI/*Bearbeiter*).

Häsemeyer, Ludwig: Insolvenzrecht, 4. Auflage, Köln, München 2007.

Hager, Johannes: Der Anspruch des Pensionssicherungsvereins im Konkurs des Arbeitgebers, in: Corsten, Hans/Schuster, Leo/Stauss, Bernd (Hrsg.): Die soziale Dimension der Unternehmung, Berlin 1991, S. 81 – 95.

Hahn, Carl (Hrsg.): Die gesammten Materialien zur Konkursordnung und dem Einführungsgesetz zu derselben vom 1. Februar 1879 sowie zu dem Gesetze, betreffend die Anfechtung von Rechtshandlungen eines Schuldners außerhalb des Konkursverfahrens, vom 21. Juli 1879, Berlin 1881 (zitiert als: *Hahn*, Die gesammten Materialien zur Konkursordnung).

Hamisch, Ann-Christine: Gesetzlicher Insolvenzschutz für Betriebsrenten, AuA 2007, S 336 – 338.

Hardes, Wolfgang: Zur Bewertung von Pensionsrückstellungen, DB 1985, S. 1801 – 1806.

Hasse, Bodo: Zwangsvollstreckung in Kapitallebensversicherungen – Eine kritische Bestandsaufnahme de lege lata, VersR 2005, S. 15 – 36.

Hauck, Friedrich/Helml, Ewald/Biebl, Josef: Arbeitsgerichtsgesetz, 4. Auflage, München 2011 (zitiert als: Hauck/Helml/Biebl/*Bearbeiter*).

Heilmann, Hans: Zur Direktversicherung im Konkurs des Arbeitgebers, KTS 1986, S. 251 – 257.

Heither, Ulrike: Ergänzende Altersvorsorge durch Direktversicherung nach Gehaltsumwandlung: Vorteile und Gefahren, Berlin 1998 (zugleich Diss., Universität Göttingen 1998).

Henckel, Wolfram: Wert und Unwert juristischer Konstruktion im Konkursrecht, in: Bökelmann, Erhard/Henckel, Wolfram/Jahr, Günther (Hrsg.): Festschrift für Friedrich Weber zum 70. Geburtstag, Berlin, New York 1975, S. 237 – 252.

Henssler, Martin/Willemsen, Heinz Josef/Kalb, Heinz-Jürgen (Hrsg.): Arbeitsrecht Kommentar, 5. Auflage, Köln 2012 (zitiert als: H/W/K/*Bearbeiter*).

Hess, Harald: Insolvenzrecht Großkommentar, Band I (§§ 1 – 128 InsO), 2. Auflage, Heidelberg u.a. 2013 (zitiert als: *Hess*).

Hess, Harald/Weis, Michaela: Insolvenzrecht, 3. Auflage, Heidelberg 2005 (zitiert als: *Hess/Weis)*.

Hess, Harald/Weis, Michaela/Wienberg, Rüdiger: Insolvenzarbeitsrecht, Heidelberg 1997 (zitiert als: *Hess/Weis/Wienberg*).

Heuermann, Bernd/Brandis, Peter (Hrsg.): Blümich - Einkommenssteuergesetz, Körperschaftssteuergesetz, Gewerbesteuergesetz, 121. Ergänzungslieferung, München Stand: Oktober 2013 (zitiert als: Blümich/*Bearbeiter*).

Hiecke, Andreas/Vorwerk, Sabine: Das eingeschränkt unwiderrufliche Bezugsrecht in der Insolvenz des Arbeitgebers, DZWIR 2005, S. 448 - 451.

Hilger, Marie Luise: Das betriebliche Ruhegeld, Heidelberg 1959.

dies.: Insolvenzschutz für Pensionäre und Arbeitnehmer bei Betriebseinstellung, ZIP 1981, S. 460 – 462.

Hinkel, Lars/Laskos, Thomas: Das eingeschränkt unwiderrufliche Bezugsrecht in der Insolvenz des Arbeitgebers, ZInsO 2006, S. 1253 - 1256.

Hirte, Heribert: Stiftung und Insolvenz, in: Saenger, Ingo/Bayer, Walter/Koch, Elisabeth/Körber, Torsten (Hrsg.): Gründen und Stiften, Festschrift zum 70. Geburtstag des Jenaer Gründungsdekans und Stiftungsrechtlers Olaf Werner, Baden-Baden 2009, S. 222 – 240.

Höfer, Reinhold: Das neue Betriebsrentenrecht, München 2003 (zitiert als: *Höfer*, Betriebsrentenrecht).

ders.: Die betriebliche Altersversorgung im Regierungsentwurf zum Altersvermögensgesetz (AVmG), DB 2000, S. 2474 – 2478.

Höfer, Reinhold/Abt, Oskar: Gesetz zur Verbesserung der betrieblichen Altersversorgung, Band I: Arbeitsrechtlicher Teil, 2. Auflage, München 1982 (zitiert als: *Höfer/Abt*).

Höfer, Reinhold/Kaiser, Joachim: Pensionszusagen an beherrschende Gesellschafter-Geschäftsführer einer GmbH – Neues von der Finanzverwaltung und aus der Praxis, DStR 2003, S. 274 – 277.

Höfer, Reinhold/Küpper, Peter: Betriebliche Altersversorgung bei Umwandlung von Tätigkeitsvergütung, BB 1990, S. 849 – 851.

Höfer, Reinhold/Reinhard, Barbara/Reich, Torsten: Betriebsrentenrecht (BetrAVG), (Loseblatt), Band I: Arbeitsrecht, München Stand: März 2013 (zitiert als: *Höfer*, BetrAVG).

Hoos, Jan-Philipp/Kleinschmidt, Andreas: Verlängerung des durch das Finanzmarkstabilisierungsgesetz geänderten Überschuldungsbegriffs – Perpetuierung eines „unerwünschten Rechtszustands"?, NZG 2009, S. 1172 – 1173.

Hopfner, Sebastian: Schon wieder Neuerungen in § 1 BetrAVG? Abgrenzungsfragen bei der arbeitnehmerfinanzierten Altersversorgung, DB 2002, S. 1050 – 1055.

Hoppenrath, Martin/Berenz, Claus: Das neue Finanzierungsverfahren des PSVaG, DB 2007, S. 630 – 633.

Huber, Michael: Die Abwicklung gegenseitiger Verträge nach der Insolvenzordnung, NZI 1998, S. 97 – 102.

Huhn, Christoph/Bayer, Heiko: Bedingung auf den Insolvenzfall – Möglichkeit der Kreditsicherung oder Anfechtungsgefahr?, ZIP 2003, S. 1965 – 1971.

Jaeger, Ernst (Begr.): Insolvenzordnung, Band 1, §§ 1 – 55, Berlin 2004 (zitiert als: Jaeger/*Bearbeiter*).

Janca, Marcus: Der Lebensversicherungsvertrag im Insolvenzverfahren, ZInsO 2003, S. 449 – 453.

Jenal, Oliver: Direktversicherung mit nicht ausdrücklich unwiderruflichem Bezugsrecht in der Insolvenz des Arbeitgebers, Diss., Universität Frankfurt 2008.

Joussen, Jacob: Verfassungsrechtliche Bedenken gegen den aktuellen Beitragsbescheid des Pensionssicherungsvereins im Lichte der bisherigen Rechtsprechung, BB 2010, S. 1469 – 1474.

Kaulbach, Detlef/Bähr, Gunne/Pohlmann, Petra/Bürkle, Jürgen: Versicherungsaufsichtsgesetz, 5. Auflage, München 2012 (zitiert als: Fahr/Kaulbach/Bähr/Pohlmann/*Bearbeiter*).

Kayser, Godehard: Die Lebensversicherung in der Insolvenz des Arbeitgebers, Köln 2006 (zugleich Diss., Universität Münster 2006).

ders.: Die Lebensversicherung im Spannungsfeld der Interessen von Insolvenzmasse, Bezugsberechtigtem und Sicherungsnehmer – eine Zwischenbilanz, ZInsO 2004, S. 1321 – 1327.

Kemper, Kurt/Kisters-Kölkes, Margret/Berenz, Claus/Huber, Brigitte: BetrAVG, Kommentar zum Betriebsrentengesetz mit Insolvenzsicherung und Versorgungsausgleich, 5. Auflage, Köln 2013 (zitiert als: Kemper/Kisters-Kölkes/Berenz/Huber/*Bearbeiter*).

Keßler, Marco: Pensionsverpflichtungen nach neuem HGB und IFRS, Berlin 2010 (zugleich Diss., Universität des Saarlandes 2009).

Kießling, Erik: Entgeltfinanzierte Direktversicherungen in der Insolvenz des Arbeitgebers, NZI 2008, S. 469 – 472.

Kirchhof, Hans-Peter/Eidenmüller, Horst/Stürner, Rolf (Hrsg.): Münchener Kommentar zur Insolvenzordnung, Band 1, §§ 1 - 79, InsVV, 3. Auflage, München 2013; Band 2, §§ 80 - 216, 3. Auflage München 2013 (zitiert als: MüKo-InsO/*Bearbeiter*); Band 2, §§ 103 - 269, 2. Auflage, München 2008 (zitiert als MüKo-InsO2008/*Bearbeiter*).

Klatt, Michael: Die Pensionskasse in der betrieblichen Altersversorgung, Karlsruhe 2003.

König, Bernhard: Das Eintrittsrecht in den Lebensversicherungsvertrag (§ 177 öVVG/dVVG) im Konkurs des Versicherungsnehmers, NVersZ 2002, S. 481 – 484.

Koller, Ingo/Roth, Wulf-Henning/ Morck, Winfried: Handelsgesetzbuch, 7. Auflage, München 2011 (zitiert als: Koller/Roth/Morck/*Bearbeiter*).

Kraft, A.: Anmerkung zu BAG, Urteil vom 10.11.1977 – 3 AZR 705/76, AP BGB § 242 Nr. 8 Ruhegehalt-Unterstützungskassen.

Krause, Rüdiger: Anmerkung zu BAG, Beschluss vom 22.5.2007 – 3 AZR 334/06, AP BetrAVG § 1b Nr. 8.

Kreft, Gerhart (Hrsg.): Insolvenzordnung, 6. Auflage, Heidelberg 2011 (zitiert als: Kreft/*Bearbeiter*).

Kropff, Bruno/Semler, Johannes (Hrsg.): Münchener Kommentar zum Aktiengesetz, Band 5/1, §§ 148 – 151, 161 – 178 AktG, §§ 238 – 264 c, 342, 342 a HGB, 2. Auflage, München 2003 (zitiert als: MüKo-AktG/*Bearbeiter*).

Kübler, Bruno M./Prütting, Hanns/Bork, Reinhard (Hrsg.): Kommentar zur Insolvenzordnung (Loseblatt), Band I, Band II, Band III, Köln Stand: Januar 2014 (zitiert als: K/P/B/*Bearbeiter)*.

Küppers, Christoph/Louven, Christoph: Outsourcing und Insolvenzsicherung von Pensionsverpflichtungen durch Contractual ‚Trust' Arrangements (CTA's), BB 2004, S. 337 – 346.

Küppers, Christoph/Louven, Christoph/Schröder, Jan: Contractual Trust Arrangements – Insolvenzsicherung und Bilanzverkürzung, BB 2005, S. 763 – 770.

Langohr-Plato, Uwe: Betriebliche Altersversorgung, 6. Auflage, Münster 2013 (zitiert als: *Langohr-Plato*, BAV).

ders.: Die Direktversicherung in der aktuellen Entwicklung des Insolvenzrechts, DB 1994, S. 325 – 331.

ders.: Umsetzung der europäischen Antidiskriminierungsrichtlinien, BetrAV 2006, S. 451 – 454.

Langohr-Plato, Uwe/Morisse, Torsten: Insolvenzschutz von Wertguthaben aus Altersteilzeit, BB 2002, S. 2330 – 2333.

Langohr-Plato, Uwe/Teslau, Johannes: Die Beitragszusage mit Mindestleistung, DB 2003, S. 661 – 667.

von Laun, Kurt: Das Eintrittsrecht in der Lebensversicherung (§ 177 VVG n.F.), Hamburg 1940.

Leichum, Thomas: Die Direktversicherung in der betrieblichen Altersversorgung, Karlsuhe 2005.

Lessner, Jan/Klebeck, Ulf: Zur Arbeitgeberfähigkeit der GbR; Führt die BGH-Entscheidung vom 18.2.2002 – II ZR 331/00, ZIP 2002, 614 zu einem

Streit um die Teilrechtsfähigkeit mit dem BAG?, ZIP 2002, S. 1385 – 1389.

Löser, Arne: Zur rechtlichen Behandlung des eingeschränkt unwiderruflichen Bezugsrechts des Arbeitnehmers aus einer Direktversicherung in der Insolvenz des Arbeitgebers, ZInsO 2008, S. 649 – 655.

Löwisch, Manfred/Rieble, Volker: Tarifvertragsgesetz, 3. Auflage, München 2012 (zitiert als: *Löwisch/Rieble*).

Lucius, Friedemann/Veit, Annekatrin: Bilanzierung von Altersversorgungsverpflichtungen in der Handelsbilanz nach IDW ERS HFA 30, BB 2010, S. 235 – 239.

Lüders, Holger: Anmerkung zu BAG, Urteil vom 15.6.2010 – 3 AZR 31/07, GWR 2010, S. 486.

Marotzke, Wolfgang: Die dinglichen Sicherheiten im neuen Insolvenzrecht, ZZP 109 (1996), S. 429 – 471.

Meier, Karin: Bilanzierung betrieblicher Versorgungsverpflichtungen nach dem BilMoG, BB 2009, S. 998 – 1002.

dies.: Flexibilität und wirtschaftliche Chancen aus der Novellierung des BetrAVG, in: Höfer, Reinhold (Hrsg.): Neue Chancen für Betriebsrenten – Die Novellierung des Betriebsrentengesetzes, Stuttgart 1998, S. 93 – 114.

Moll, Wilhelm (Hrsg.): Münchener Anwalts-Handbuch Arbeitsrecht, 3. Auflage, München 2012 (zitiert als Moll/*Bearbeiter*, MAH Arbeitsrecht).

ders.: Zur Begründung von Versorgungsansprüchen gegen betriebliche Unterstützungskassen, ZIP 1980, S. 497 – 506.

Müller, Klaus: Die Einwirkung des Konkurses der OHG auf die persönliche Haftung des Gesellschafters, NJW 1968, S. 225 – 230.

Müller-Feldhammer, Ralf: Die Lebensversicherung in der Insolvenz des Versprechensempfängers, NZI 2001, S. 343 – 350.

Müller-Glöge, Rudi/Preis, Ulrich/Schmidt, Ingrid (Hrsg.): Erfurter Kommentar zum Arbeitsrecht, 14. Auflage, München 2014. (zitiert als: ErfK/*Bearbeiter*)

Musielak, Hans-Joachim (Hrsg.): Kommentar zur Zivilprozessordnung mit Gerichtsverfassungsgesetz, 10. Auflage, München 2014.

Naumann, Hans Peter: Rückgedeckte Unterstützungskasse im Aufwind, VW 2007, S. 1257.

Nerlich, Jörg/Römermann, Volker (Hrsg.): Insolvenzordnung, Loseblatt, München, Stand: Juli 2013 (zitiert als: Nerlich/Römermann/*Bearbeiter*).

Nicolini, Käte/Ahlberg, Hartwig (Hrsg.): Urheberrechtsgesetz, 2. Auflage, München 2000 (zitiert als: *Möhring/Nicolini*/Bearbeiter).

Otto, Hansjörg: Arbeitsrecht, 4. Auflage, Berlin 2008 (zitiert als: Otto, Arbeitsrecht).

Palandt, Otto (Begr.): Bürgerliches Gesetzbuch, 73. Auflage, München 2014 (zitiert als: Palandt/*Bearbeiter*).

Pape, Gerhard/Uhlenbruck, Wilhelm/Voigt-Salus, Joachim: Insolvenzrecht, 2. Auflage, München 2010.

Paschek, Winfried/D'Souza, Patricia/Duda, Bozena: Möglichkeiten und Klippen beim Übergang von der ‚polsterfinanzierten' zur ‚rückgedeckten' Unterstützungskasse, BB 1998, S. 93 – 98.

Passarge, Malte: Contractual Trust Arrangements als Instrumente zur Insolvenzsicherung von Pensionsverpflichtungen, Wertguthaben aus Altersteilzeit und von Arbeitszeitkonten, NZI 2006, S. 20 – 24.

Paulsdorff, Jürgen: Der Begriff der betrieblichen Altersversorgung als Gegenstand der Insolvenzsicherung, in: Förster, Wolfgang/Rößler, Norbert (Hrsg.): Betriebliche Altersversorgung in der Diskussion zwischen Praxis und Wissenschaft, Festschrift zum 60. Geburtstag von Peter Ahrend, Köln 1992, S. 195 – 207.

ders.: Kommentar zur Insolvenzsicherung der betrieblichen Altersversorgung, 2. Auflage, Heidelberg 1996 (zitiert als: *Paulsdorff*, Kommentar Insolvenzsicherung).

ders.: Neue Entwicklung und Probleme der Insolvenzsicherung der betrieblichen Altersversorgung, KTS 1977, S. 212 – 224.

Prahl, Albert: Aussonderung des widerruflichen Bezugsrechts aus einer arbeitnehmerfinanzierten Direktversicherung in der Insolvenz des Arbeitgebers, ZInsO 2003, S. 822 – 828.

ders.: Eintrittsrecht und Anfechtung bei der Kapitallebensversicherung, VersR 2005, S. 1036 – 1042.

Priebe, Klaus: Lebensversicherung und Insolvenz: Das eingeschränkt unwiderrufliche Bezugsrecht, ZInsO 2010, S. 2307 – 2313.

Prölss, Erich R. (Begr.): Versicherungsaufsichtsgesetz mit Europäischem Gemeinschaftsrecht und Recht der Bundesländer, 12. Auflage, München 2005 (zitiert als: Prölss/*Bearbeiter*).

Prölss, Erich R./Martin, Anton (Begr.): Versicherungsvertragsgesetz, 28. Auflage, München 2010 (zitiert als Prölss/Martin/*Bearbeiter*).

Rauscher, Thomas/Krüger, Wolfgang (Hrsg.): Münchener Kommentar zur Zivilprozessordnung, Band I, §§ 1 – 354, 4. Auflage, München 2013 (zitiert als: MüKo-ZPO/*Bearbeiter*).

Reichert, Gudrun: Betriebliche Altersversorgung des GmbH-Geschäftsführers – Pensionszusage oder Direktversicherung?, DStR 1997, S. 835 – 840.

Reinecke, Gerhard: Arbeitsrechtliche Rahmenbedingungen bei Unterstützungskassenzusagen, DB 2009, S. 1182 – 1186.

ders.: Der betriebsrentenrechtliche Verschaffungsanspruch oder der „richtige" Beklagte im Betriebsrentenrecht, in: Kisters-Kölkes, Margret (Hrsg.): Festschrift für Kurt Kemper zum 65. Geburtstag, München/Unterschleißheim 2005, S. 383 – 394.

ders.: Die Änderung des Gesetzes zur Verbesserung der betrieblichen Altersversorgung durch das Altersvermögensgesetz – neue Chancen für die betriebliche Altersversorgung, NJW 2001, S. 3511 – 3517.

Reischl, Klaus: Insolvenzrecht, 2. Auflage, Heidelberg, München, Landsberg, Frechen, Hamburg 2011.

Rengier, Bernhard: Betriebliche Altersversorgung und Allgemeines Gleichbehandlungsgesetz, NZA 2006, S. 1251 – 1257.

Reuter, Hans-Peter: Die Übertragung einer Rückdeckungsversicherung auf den Geschäftsführer der GmbH, GmbHR 2002, S. 6 – 7.

Rhein, Sylvia/Lasser, Daniel: Verwertungsmöglichkeiten einer an den Gesellschafter-Geschäftsführer verpfändeten Rückdeckungsversicherung in der Insolvenz der Gesellschaft, NZI 2007, S. 153 – 155.

Richardi, Reinhard (Hrsg.): Betriebsverfassungsgesetz mit Wahlordnung, 14. Auflage, München 2014 (zitiert als: Richardi/*Bearbeiter*).

Richardi, Reinhard/Wlotzke, Otfried/Wißmann, Hellmut/Oetker, Hartmut (Hrsg.): Münchener Handbuch zum Arbeitsrecht, Band 1 (Individualarbeitsrecht), 3. Auflage, München 2009 (zitiert als: MünchHdb. ArbR/*Bearbeiter*).

Römer, Wolfgang/Langheid, Theo/Rixecker, Roland: Versicherungsvertragsgesetz, 4. Auflage, München 2014 (zitiert als: Römer/Langheid/*Bearbeiter*).

Rößler, Nicolas: Anmerkung zu BAG, Urteil vom 15.6.2010 – 3 AZR 31/07, BB 2011, S. 253 – 255.

ders.: Contractual Trust Arrangements – eine rechtliche Bestandsaufnahme, BB 2010, S. 1405 – 1414.

ders.: Das Bezugsrecht aus Direktversicherungsverträgen in der Insolvenz des Arbeitgebers – Zu den Hintergründen des Vorlagebeschlusses des Ruhegeldsenats des BAG an den Gemeinsamen Senat der Obersten Gerichtshöfe des Bundes, NZI 2007, S. 631 – 634.

Rolfs, Christian: „Für die betriebliche Altersvorsorge gilt das Betriebsrentengesetz“ – Über das schwierige Verhältnis von AGG zu BetrAVG, NZA 2008, S. 553 – 559.

Rolfs, Christian/Giesen, Richard/Kreikebohm, Ralf/Udsching, Peter (Hrsg.): Beck`scher Online-Kommentar Arbeitsrecht, Edition 30, München Stand 1.12.2013 (zitiert als: BeckOK-ArbR/*Bearbeiter*).

Rolfs, Christian/de Groot, Simone Evke: Die Beitragspflicht zum Pensions-Sicherungs-Verein auf dem europa- und verfassungsrechtlichen Prüfstand, ZIP 2009, S. 785 – 791.

dies.: Verfassungswidrigkeit der Sonderbeitragspflicht zum Pensions-Sicherungs-Verein (§ 30i BetrAVG)?!, DB 2009, S. 61 – 66.

Rolfs, Christian/Schmid, Achim: Sicherung von Betriebsrenten durch Contractual Trust Arrangements, ZIP 2010, S. 701 – 708.

von Rom, Maximilian: Insolvenzsicherung und Jahresabschlussgestaltung durch doppelseitige Treuhandkonstruktionen, Baden-Baden 2010 (zugleich Diss., Universität Tübingen 2008).

Roth, Gregor/Knof, Béla: Die Stiftung in Krise und Insolvenz, KTS 2009, S. 163 – 198.

Roth, Günther H./Altmeppen, Holger: Gesetz betreffend die Gesellschaften mit beschränkter Haftung, 7. Auflage, München 2012 (zitiert als: *Roth/Altmeppen*).

Runkel, Hans P./Schnurbusch, Wolfram: Rechtsfolgen der Masseunzulänglichkeit, NZI 2000, S. 49 – 57.

Säcker, Franz Jürgen/Rixecker, Roland (Hrsg.): Münchener Kommentar zum Bürgerlichen Gesetzbuch, Band 1, § 1 - 240, ProstG, AGG, 6. Auflage, München 2012 (zitiert als: MüKo-BGB/*Bearbeiter*).

Sasdrich, Werner: Einführung von Pensionsfonds zur Stärkung der betrieblichen Altersversorgung, Bundesarbeitsblatt 3/2002, S. 19 – 23.

Schaub, Günter (Begr.): Arbeitsrechts-Handbuch, 15. Auflage, München 2013 (zitiert als: Schaub/*Bearbeiter*).

Schliemann, Harald: Tarifrecht für die Entgeltumwandlung bei Betriebsrenten, DB 2001, S. 2554 – 2556.

Schmeisser, Wilhelm/Blömer, Karsten: Modelle der betrieblichen Altersversorgung, DStR 1999, S. 334 – 342.

Schmidt, Karsten: Die BGB-Außengesellschaft: rechts- und parteifähig, Besprechung des Grundlagenurteils II ZR 331/00 vom 29.1.2001, NJW 2001, S. 993 – 1003.

ders.: Insolvenzgesetze KO/VglO/GesO, 17. Auflage, München 1997 (zitiert als: *Kilger/K.Schmidt*).

Schmidt, Karsten/Ebke, Werner F. (Hrsg.): Münchener Kommentar zum Handelsgesetzbuch, Band 4, §§ 238 – 342e HGB, 3. Auflage, München 2013 (zitiert als: MüKo-HGB/*Bearbeiter*).

Schnitker, Elmar/Sittard, Ulrich: Ist das Beitragssystem zum Pensions-Sicherungs-Verein noch verfassungsgemäß? Anregungen für systemkonforme Neuregelung, RdA 2010, S. 295 – 302.

Schrader, Peter/Straube, Gunnar: Insolvenzarbeitsrecht, München 2008.

Schroeders, Kathrin: Der Anteil des GmbH-Gesellschafters in der Insolvenz, KSzW 2010, S. 43 – 51.

Schulte, Rainer: Vermögensübergang auf den PSVaG nach dem Betriebsrentengesetz, RPfleger 2007, S. 365 – 367.

Schulze, Reiner (Schriftleitung): Bürgerliches Gesetzbuch Handkommentar, 7. Auflage, Baden-Baden 2012 (zitiert als: HK-BGB/*Bearbeiter*).

Schwark, Peter/Gunia, Susanne: Die Änderungen des BetrAVG sowie des VAG durch das sog. Hüttenknappschaftsgesetz vom 21.6.2002, DB 2003, S. 338 – 341.

Seppelt, Michael: Die Reichweite des Pfandrechts bei wiederkehrenden Leistungen am Beispiel rückgedeckter unmittelbarer Pensionszusagen, VersR 2003, S. 292 – 299.

Sieg, Karl: Anmerkung zu BAG, Urteil vom 8.12.1972 – 3 AZR 203/72, SAE 1973, S. 204 – 205.

ders.: Anmerkung zu BAG, Urteil vom 31.10.1969 – 3 AZR 119/69, SAE 1970, S. 227 - 228.

ders.: Kritische Betrachtungen zum Recht der Zwangsvollstreckung in Lebensversicherungsforderungen, in: Hauss, Fritz (Hrsg.): Festschrift für Ernst Klingmüller, Karlsruhe 1974, S. 447 – 464.

Smid, Stefan: Freigabe des Neuerwerbs in der Insolvenz selbständig tätiger Schuldner, DZWIR 2008, S. 133 – 142.

ders. (Hrsg.): Insolvenzordnung, 2. Auflage, Stuttgart 2001 (zitiert als: Smid/*Bearbeiter*).

Söllner, Alfred: Einseitige Leistungsbestimmung im Arbeitsverhältnis, Wiesbaden 1966.

Stahlschmidt, Jasper: Direktversicherungen und Rückdeckungsversicherungen in der Unternehmensinsolvenz, NZI 2006, S. 375 – 380.

Stegmann, Achim/Lind, Thorsten Patric: Der Lebensversicherungsvertrag in der Insolvenz, NVersZ 2002, S. 193 – 202.

Steigenberger, Andreas: Entgeltumwandlung in der Insolvenz, Berlin 2007 (zugleich Diss., Universität München 2006).

Steinbeck, Anja: Die Verwertbarkeit der Firma und der Marke in der Insolvenz, NZG 1999, S. 133 – 140.

Steinmeyer, Heinz-Dietrich: Betriebliche Altersversorgung und Arbeitsverhältnis, München 1991.

ders.: Allgemeines Gleichbehandlungsgesetz – ein unerträglicher Zustand für die betriebliche Altersversorgung!, BetrAV 2006, S. 601 – 602.

Stief, Volker: Der Begriff der betrieblichen Altersversorgung, Baden-Baden 1992 (zugleich Diss., Universität Bielefeld 1991).

Terbille, Michael (Begr.): Münchener Anwalts-Handbuch Versicherungsrecht, 3. Auflage, München 2013 (zitiert als: Terbille/Höra/*Bearbeiter*, MAH Versicherungsrecht).

Thoms-Meyer, Dirk: Grundsätze ordnungsgemäßer Bilanzierung für Pensionsrückstellungen, Düsseldorf 1996 (zugleich Diss., Universität Münster (Westfalen) 1995).

Thürmann, Dagmar: Direktversicherungsverträge im Rahmen der betrieblichen Altersversorgung und Konkurs des Arbeitgebers, BB 1985, S. 1269 – 1274.

Thüsing, Gregor: Risikoorientierte Differenzierung von Beiträgen zum PSVaG, DB 2012, Beilage Nr. 05 zu Heft 38, S. 1 – 29.

Thum, Rainer/Bitsch, Christian: Vereinbarkeit der Beitragspflicht zum Pensions-Sicherungs-Verein a.G. mit Gemeinschafts- und Verfassungsrecht?, BB 2010, S. 2693 – 2698.

Uebelhack, Birgit: Beitragszusage mit Mindestleistung – eine neue Zusageform für Betriebrenten, in: Richardi, Reinhard/Reichold, Hermann (Hrsg.): Altersgrenzen und Alterssicherung im Arbeitsrecht, Wolfgang Blomeyer zum Gedenken, München 2003, S. 467 – 494.

Uhlenbruck, Wilhelm/Hirte, Heribert/Vallender, Heinz (Hrsg.): Insolvenzordnung, 13. Auflage, München 2010 (zitiert als: Uhlenrbuck/*Bearbeiter*).

Ulbrich, Mathias/Nattermann, Johannes: Pensionsfonds vs. Pensionskasse – ein praktischer Vergleich, DZWIR 2002, S. 449 – 455.

Urbatsch, Peter: Grundzüge der betrieblichen Altersversorgung und des Versorgungsausgleichs, Pfaffenweiler 1991 (zugleich Diss., Universität Gießen 1991).

Viegener, Uta: Betriebliche Altersvorsorge in der Insolvenz – Widerruf von Bezugsrechten und Pfändungsschutz von Altersrenten, ZInsO 2006, S. 352 – 354.

Voigt, Joachim: Weiter im Schuldturm trotz Restschuldbefreiung? Gedanken zur Auslegung von §§ 286, 301 InsO, ZInsO 2002, S. 569 – 573.

Wackerbarth, Ulrich: Überschuldung und Fortführungsprognose, NZI 2009, S. 145 - 149.

Welker, Felix: Das Altersvermögensgesetz und seine Konsequenzen für die betriebliche Altersversorgung, Wiesbaden 2005 (zugleich Diss., Universität Mainz 2004).

Wente, Jürgen K.: Findet § 103 InsO bei Insolvenz des dienstverpflichteten Unternehmens Anwendung?, ZIP 2005, S. 335 – 339.

Westhelle, Fritz/Micksch, Cendy: Die insolvenzrechtliche Abwicklung der Direktversicherung, ZIP 2003, S. 2054 – 2060.

Wicke, Hartmut: Gesetz betreffend die Gesellschaften mit beschränkter Haftung (GmbHG), 2. Auflage, München 2011 (zitiert als: *Wicke*).

Wiedemann, Herbert/Moll, Wilhelm: Der persönliche Geltungsbereich des Gesetzes zur Verbesserung der betrieblichen Altersversorgung, RdA 1977, S. 13 – 25.

Wimmer, Klaus (Hrsg.): Frankfurter Kommentar zur Insolvenzordnung, 7. Auflage, Köln 2013 (zitiert als: FK-InsO/*Bearbeiter*).

Zeppenfeld, Guido/Rößler, Nicolas: Pensionsfonds: verbesserte Rahmenbedingungen für nationale und internationale Arbeitgeber und Anbieter, BB 2006, S. 1221 – 1228.

Zimmermann, Thomas: Probleme bei Direktversicherungen im Rahmen eines Gruppenversicherungsvertrages im Konkursverfahren, gerichtlichen Vergleichsverfahren und bei Betriebsübergang, VersR 1988, S. 885 – 889.

Zöllner, Wolfgang/Loritz, Karl-Georg, Hergenröder, Curt W.: Arbeitsrecht, 6. Auflage, München 2008 (zitiert als: *Zöllner/Loritz/Hergenröder*).

Zwanziger, Bertram: Kommentar zum Arbeitsrecht in der Insolvenzordnung, 4. Auflage, Frankfurt am Main 2010.

Internet-Quellen

Arbeitsgemeinschaft für betriebliche Altersversorgung e.V.:

„Mit der Betriebsrente in eine sicherere Zukunft", 2005, abrufbar unter http://www.infonetz-altersvorsorge.de/nn_10368/DE/Service/Downloads /BetrieblicheVorsorge/betriebsrente__aba,templateId=raw,property=publi cationFile.pdf/betriebsrente_aba (20.1.2014).

Bundesanstalt für Finanzdienstleistung:

Liste der zugelassenen Pensionsfonds mit Geschäftstätigkeit, abrufbar unter http://www.bafin.de/SharedDocs/Downloads/DE/Liste/Unternehmens datenbank/dl_li_vu_pensionsfonds_mit_gesch.html (20.1.2014).

Bundesministerium für Arbeit und Soziales:

Informationen zur zusätzlichen Altersvorsorge, abrufbar unter http:// www.bmas.de/DE/Themen/Rente/Zusaetzliche-Altersvorsorge/inhalt.html (20.1.2014).

Informationen zur Finanzierung der gesetzlichen Rentenversicherung, abrufbar unter http://www.bmas.de/DE/Themen/Rente/Gesetzliche-Renten versicherung/Wer-ist-versichert/inhalt.html (20.1.2014).

Informationen zur privaten Altersvorsorge, abrufbar unter http://www. bmas.de/DE/Themen/Rente/Zusaetzliche-Altersvorsorge/Private-Altersvo rsorge/private-altersvorsorge.html (20.1.2014).

Informationen zur betrieblichen Alterversorgung, abrufbar unter http://ww w.bmas.de/DE/Themen/Rente/Zusaetzliche-Altersvorsorge/Betriebliche-Altersvorsorge/betriebliche-altersvorsorge.html (20.1.2014).

Forschungsbericht Sozialforschung 430: Verbreitung der Altersvorsorge 2011, abrufbar unter http://www.bmas.de/SharedDocs/Downloads/DE /PDF-Publikationen/Forschungsberichte/fb-430-verbreitung-altersvorsorge.pdf?__blob=publicationFile (21.1.2014).

Information zu den Sozialversicherungsrechengrößen 2014: http://www. bmas.de/DE/Service/Presse/Pressemitteilungen/rechengroessen-sozialversicherung-2014.html (20.1.2014).

Bundevereinigung der Deutschen Arbeitgeber e.V. (BDA)

Entwurf eines „Konzept(s) für eine stärker risikoorientierte PSV-Beitragsstruktur"vom 6.3.2012, abrufbar unter http://www.arbeitgeber.de/www/arbeitgeber.nsf/files/2C4FD96667526452C1257A8D004FF32A/$file/Konzeptentwurf-PSV-Beitragsstruktur.pdf (21.1.2014).

CESifo-Gruppe:

Gemeinschaftsdiagnose für das Frühjahr 2013, abrufbar unter http://www.cesifo-group.de/de/ifoHome/facts/Forecasts/Gemeinschaftsdiagnose/Archiv/GD-20130418.html (20.1.2014).

Creditreform:

Insolvenzen in Deutschland, 1. Halbjahr 2013, abrufbar unter http://www.creditreform.de/fileadmin/user_upload/crefo/download_de/news_termine/wirtschaftsforschung/insolvenzen-deutschland/Insolvenzen_Deutschland_2013-01.pdf (20.1.2014).

Insolvenzen in Deutschland, Jahr 2012, abrufbar unter http://www.creditreform.de/fileadmin/user_upload/crefo/download_de/news_termine/wirtschaftsforschung/insolvenzen-deutschland/Insolvenzen_in_Deutschland_2012.pdf (20.1.2014).

Insolvenzen, Neugründungen, Löschungen, Jahr 2010, abrufbar unter http://www.creditreform.de/fileadmin/user_upload/crefo/download_de/news_termine/wirtschaftsforschung/insolvenzen-deutschland/Insolvenzen_in_Deutschland_2010.pdf (20.1.2014).

Insolvenzen, Neugründungen, Löschungen, Jahr 2009, abrufbar unter http://www.creditreform.de/fileadmin/user_upload/crefo/download_de/news_termine/wirtschaftsforschung/insolvenzen-deutschland/Insolvenzen_in_Deutschland_2009.pdf (20.1.2014).

Europäische Aufsichtsbehörde für das Versicherungswesen und die betriebliche Altersversorgung (European Insurance and Occupational Pensions Authority – EIOPA):

„EIOPA elects its first management board“, Pressemitteilung vom 10.1.2011, abrufbar unter https://eiopa.europa.eu/fileadmin/tx_dam/files /pressreleases/EIOPA-Founding-and-Management-Board.pdf (21.1.2014).

Europäische Kommission

Weissbuch: Eine Agenda für angemessene, sichere und nachhaltige Pensionen und Renten vom 16.2.2012, abrufbar unter http://eur-lex.europa.eu /LexUriServ/LexUriServ.do?uri=COM:2012:0055:FIN:DE:PDF (21.1.2014).

Grünbuch: Angemessene, nachhaltige und sichere europäische Pensions- und Rentensysteme vom 7.7.2010, abrufbar unter http://eur-lex.europa.eu/ LexUriServ/LexUriServ.do?uri=COM:2010:0365:FIN:DE:PDF (21.1.2014).

Europäisches Parlament

Entschließung des Europäischen Parlaments vom 21. Mai 2013 über eine Agenda für angemessene, sichere und und nachhaltige Pensionen und Renten, abrufbar unter http://www.europarl.europa.eu/sides/getDoc.do? pubRef=-//EP//TEXT+TA+P7-TA-2013-0204+0+DOC+XML+V0//DE& language=DE (21.1.2014).

Generali Pensionskasse AG:

Schematische Darstellung der Pensionskasse, abrufbar unter http://www.generali-pensionskasse.de/internet/ambgpk/ambgpk_inter. nsf/ContentByKey/MREH-64VFXU-DE-p (20.1.2014).

Gesamtverband der Deutschen Versicherungswirtschaft:

Allgemeine Bedingungen für die kapitalbildende Lebensversicherung, Stand 1.10.2013, abrufbar unter http://www.gdv.de/wp-content/uploads/2014/01/01-GDV-Musterbedingung-LV-kapitalbildende-Lebensversicherung-2013-n.pdf (20.1.2014).

Allgemeine Bedingungen für die Berufsunfähigkeits-Versicherung, Stand 1.10.2013, abrufbar unter http://www.gdv.de/wp-content/uploads/2013/11 /12-GDV-Musterbedingung-LV-Berufsunfaehigkeitsversicherung-2013. pdf (20.1.2014).

Heubeck AG:

„Gutachten über eine risikoorientierte Beitragsgestaltung der Insolvenzsicherung der betrieblichen Altersversorgung“ vom 24.10.2011, abrufbar unter http://www.heubeck.de/home/pdf/IPV-Gutachten_HeubeckAG.pdf (20.1.2014).

Manager Magazin:

„Konzerne müssen für Pleitefirmen aufkommen“, Manager Magazin vom 5.12.2011, abrufbar unter: http://www.manager-magazin.de/unternehmen /artikel/0,2828,801364-2,00.html (20.1.2014).

MER-Pensionskasse:

Allgemeine Versicherungsbedingungen (AVB) der MER-Pensionskasse V.V.a.G.-Tarif 1, abrufbar unter http://www.mer-pensionskasse.de/file admin/mer-pensionskasse/img/content/Gesamtseitendokument/pdf/AVB _MER_Tarif_1_2010.pdf (20.1.2014).

Satzung der MER-Pensionkasse Versicherungsverein auf Gegenseitigkeit, abrufbar unter http://www.mer-pensionskasse.de/fileadmin/mer-pensionskasse/img/content/Gesamtseitendokument/pdf/Satzung_2010.pdf (20.1.2014).

Pensionskasse Deutscher Eisenbahnen und Straßenbahnen VVaG Köln:

Satzung der Pensionskasse Deutscher Eisenbahnen und Straßenbahnen VVaG Köln (PKBaSSatzung), abrufbar unter http://www.gesetze-im-internet.de/bundesrecht/pkdbsa/gesamt.pdf (20.1.2014).

Pensions-Sicherungs-Verein auf Gegenseitigkeit:

Chronik der der Insolvenzsicherung der betrieblichen Altersversorgung, abrufbar unter http://www.psvag.de/framesets/chr.html (20.1.2014).

Informationen zur Verteilung von Beitragsspitzen, Stand 11.2010, abrufbar unter http://www.psvag.de/pdf/Informationen%20zur%20Beitragsver teilung.pdf (20.1.2014).

Übersicht über die Entwicklung des PSV von 1975 bis zum Jahr 2012, abrufbar unter http://www.psvag.de/pdf/entwicklung.pdf (21.1.2014).

Mitteilung zur Festsetzung des Beitragssatzes für 2013 und zum Vorschuss für 2014, abrufbar unter http://www.psvag.de/pdf/Mitteilungs text.pdf (21.1.2014).

Merkblatt 300/M3, Stand 3.12, Insolvenzsicherung der betrieblichen Altersversorgung, abrufbar unter http://www.psvag.de/pdf/m300_03. pdf (20.1.2014).

Merkblatt 110/M1, Stand 3.02, Die wesentlichen Grundsätze für die Übernahme betrieblicher Versorgungsleistungen aufgrund eigener Zustimmung des PENSIONS-SICHERUNGS-VEREINS (PSVaG) im Rahmen eines außergerichtlichen Vergleichs, abrufbar unter http://www.psvag.de/pdf/m110_01.pdf (20.1.2014).

Merkblatt 300/M1, Stand 3.10, Insolvenzsicherung für Versorgungszusagen an (Mit-) Unternehmer (persönlicher und sachlicher Geltungsbereich des Betriebsrentengesetzes), abrufbar unter http://www.psvag.de/pdf /m300_01.pdf (20.1.2014).

Merkblatt 110/M7, Stand 1.10, Erläuterungen zur Unterstützungskasse nach Eintritt eines Sicherungsfalls gemäß § 7 Abs. 1 BetrAVG, abrufbar unter http://www.psvag.de/pdf/m110_07.pdf (20.1.2014).

Merkblatt 300/M14, Stand 1.05, Gesetzliche Insolvenzsicherung bei Pensionsfonds, abrufbar unter http://www.psvag.de/pdf/M300_14.pdf (20.1.2014).

„Wir über uns“, abrufbar unter http://www.psvag.de/framesets/wir1.html (20.1.2014).

Schriften zum Verfahrensrecht

Herausgegeben von Jens Adolphsen, Peter Gottwald und Ulrich Haas

Band 1 Matthias Rauscher: Die neue Berufung in Zivilsachen. 2002.

Band 2 Jörn-Christian Schulze: Grenzen der objektiven Schiedsfähigkeit im Rahmen des § 1030 ZPO. Eine Betrachtung des Rechts der Schiedsfähigkeit nach der Schiedsverfahrensrechtsform. 2003.

Band 3 Roman Rodloff: Das vereinfachte Verfahren zur Festsetzung von Kindesunterhalt nach §§ 654 ff. ZPO. Zugleich ein Beitrag zur Unterhaltsannexklage nach § 653 ZPO und zum vereinfachten Abänderungsverfahren nach § 656 ZPO. 2003.

Band 4 Helia-Verena Daubach: Kammer oder Einzelrichter? Ist die Kammer ein Qualitätselement des Zivilprozesses? 2003.

Band 5 Thomas Gemmeke: Beweisverwertungsverbote im arbeitsgerichtlichen Verfahren. 2003.

Band 6 Wolfgang Kreißig: Der Sportverein in Krise und Insolvenz. 2004.

Band 7 Alexander M. Krämer: Leasingverträge in der Insolvenz. 2005.

Band 8 Timo Christian Walther: Das Verfahren bei Masseunzulänglichkeit nach den §§ 208 ff. InsO. 2005.

Band 9 Henning Müller: Die Lebensversicherung in der Zwangsvollstreckung. 2005.

Band 10 Oliver Hilsbos: Die Mitwirkungspflicht von Personenstandsbehörden in Nachlassverfahren. 2006.

Band 11 Matthias Holla: Der Einsatz von Schiedsgerichten im organisierten Sport. 2006.

Band 12 Matthias Hofmann: Die Eigenverwaltung in der Insolvenz. Darstellung eines Rechtsinstituts unter besonderer Berücksichtigung der Gesellschaftsinsolvenz. 2006.

Band 13 Christian Schindler: Rechtskraft und Innenbindung von Beschlüssen nach der ZPO-Reform. 2006.

Band 14 Carola Reimann-Dittrich: Die Finanzierungsfolgenverantwortung des Gesellschafters. 2006.

Band 15 Viktoria Kress: Internationale Zuständigkeit für elterliche Verantwortung in der Europäischen Union. Das neue europäische Familienverfahrensrecht in Fragen der elterlichen Verantwortung im Kontext der Haager Abkommen. 2006.

Band 16 Frank Martin Herget: Die internationale Zuständigkeit im Electronic Commerce in der Europäischen Union. 2006.

Band 17 Cornelia Drenckhahn: Urkundsvorlagepflichten im Zivilprozess und im arbeitsgerichtlichen Verfahren nach der ZPO-Reform unter besonderer Berücksichtigung der Neufassung des § 142 ZPO. 2007.

Band 18 Walter Boeckh: Beschwerde und Rechtsbeschwerde im Zivilverfahren. 2007.

Band 19 Gökçe Nazar Uzar: Rechtsmittel gegen Schiedssprüche nach dem neuen deutschen und türkischen Schiedsverfahrensrecht. 2007.

Band 20 Christa Kraemer: Eigenkapitalersatz und Insolvenz. Klassische und moderne Fallgruppen. 2007.

Band 21 Martin Beckmann: Statutarische Schiedsklauseln im deutschen Recht und internationalen Kontext. 2008.

Band 22 Ulf Pechartscheck: Entgeltansprüche aus Altersteilzeitarbeit in der Arbeitgeberinsolvenz. Analyse gegenwärtiger Sicherungsmodelle in Deutschland. 2008.

Band 23 Thomas Baumann: Patentstreitigkeiten vor Schiedsgerichten. Eine rechtsvergleichende Betrachtung ausgewählter Probleme nach deutschem und schweizerischem Recht. 2008.

Band 24 Désirée Cimmino: Das UNCITRAL-Modellgesetz über internationale ADR-Verfahren in Wirtschaftsstreitigkeiten. 2008.

Band 25 Ralf Burkhard: Der Einfluss der Schuldrechtsreform auf von § 103 InsO erfasste Kaufverträge. 2010.

Band 26 Stefan Roßkopf: Die Aufrechnung im deutschen und englischen Insolvenzrecht. Eine rechtsvergleichende Untersuchung. 2008.

Band 27 Thomas Rothammer: Die insolvenzrechtliche Restschuldbefreiung – Probleme und Lösungen. 2008.

Band 28 Franziska Schmalenberg: Anerkennung von Patenten in Europa. 2009.

Band 29 Michael Schaumann: Reform des Eigenkapitalersatzrechts im System der Gesellschafterhaftung. Unter Berücksichtigung der Änderungen durch das MoMiG. 2009.

Band 30 Hengliang Shen: Das Absonderungsrecht in der Insolvenz. Erfahrungen aus Deutschland und die Praxis in China. 2009.

Band 31 Alexander Panier: Der Grundsatz der Schadenseinheit. 2009.

Band 32 Ming-Sheng Liu: Die richterliche Hinweispflicht. Dogmatik und Rechtskultur. 2009.

Band 33 Lothar Czaja: Umsetzung der Kooperationsvorgaben durch die Europäische Insolvenzverordnung im deutschen Insolvenzverfahren. 2009.

Band 34 Stefanie Reiche: Die prozessualen Folgen eines Betriebsübergangs nach § 613a BGB. 2009.

Band 35 Christoph Stieber: Der gesicherte Geld- und Warenkredit in der Insolvenz. Das Insolvenzverwalterwahlrecht nach § 103 InsO und dessen Wirkungen auf die Sicherungsübereignung und den Eigentumsvorbehalt. 2009.

Band 36 Miguel Teixeira de Sousa: Die Zulässigkeitsprüfung im Zivilprozess. 2010.

Band 37 Michael Schulze: Das Besteuerungsverfahren der Personengesellschaft bei Insolvenz. 2010.

Band 38 Ulrich Hönle: Die deliktische Grundanknüpfung im IPR und IZVR. Auswirkungen der Kollisionsrechtsvereinheitlichung auf europäischer Ebene. 2011.

Band 39 Hilke Schapp: Die Präklusion von Gestaltungsrechten nach § 767 Abs. 2 ZPO. Eine kritische Untersuchung der Rechtsprechung unter besonderer Berücksichtigung der Rechtskraft und der materiellen Rechtslage. 2011.

Band 40 Moritz Büchele: Eingriff in Gesellschafterrechte im Insolvenzplan. 2011.

Band 41 Markus Wimmer: Unternehmenssanierung mittels Transfergesellschaften. 2011.

Band 42 Christoffer Bortz: Urheberrechtliche Lizenzen in nationaler und internationaler Insolvenz. 2012.

Band 43 Martin Wigand: Verzicht, Vergleich und sonstige Haftungsbeschränkungen im Gesellschaftsrecht. 2012.

Band 44 Michael Schick: Die Zwischenfeststellungsklage des § 256 Abs. 2 ZPO. 2013.

Band 45 Olaf Benning: Internationale Prinzipien für grenzüberschreitende Insolvenzverfahren. 2013.

Band 46 Gero von Jhering: Die Wirkung von Schiedsvereinbarungen, Schiedsklauseln und Schiedssprüchen im Gesellschaftsrecht. Eine Zusammenführung von Schiedsverfahrens- und Gesellschaftsrecht. 2013.

Band 47 Anne Hoßfeld: Die Abtretung schieds- und gerichtsstandsgebundener Forderungen. 2013.

Band 48 Fabian Camek: Das Schutzschirmverfahren nach § 270b InsO und seine Funktionalität im internationalen Rechtsvergleich. 2014.

Band 49 Silvio Kupsch: Grenzüberschreitende Insolvenzverfahren in Südafrika. 2014.

Band 50 Martina Daus: Die insolvenzrechtliche Einordnung der betrieblichen Altersversorgung in der Insolvenz des Arbeitgebers. 2014.

www.peterlang.com